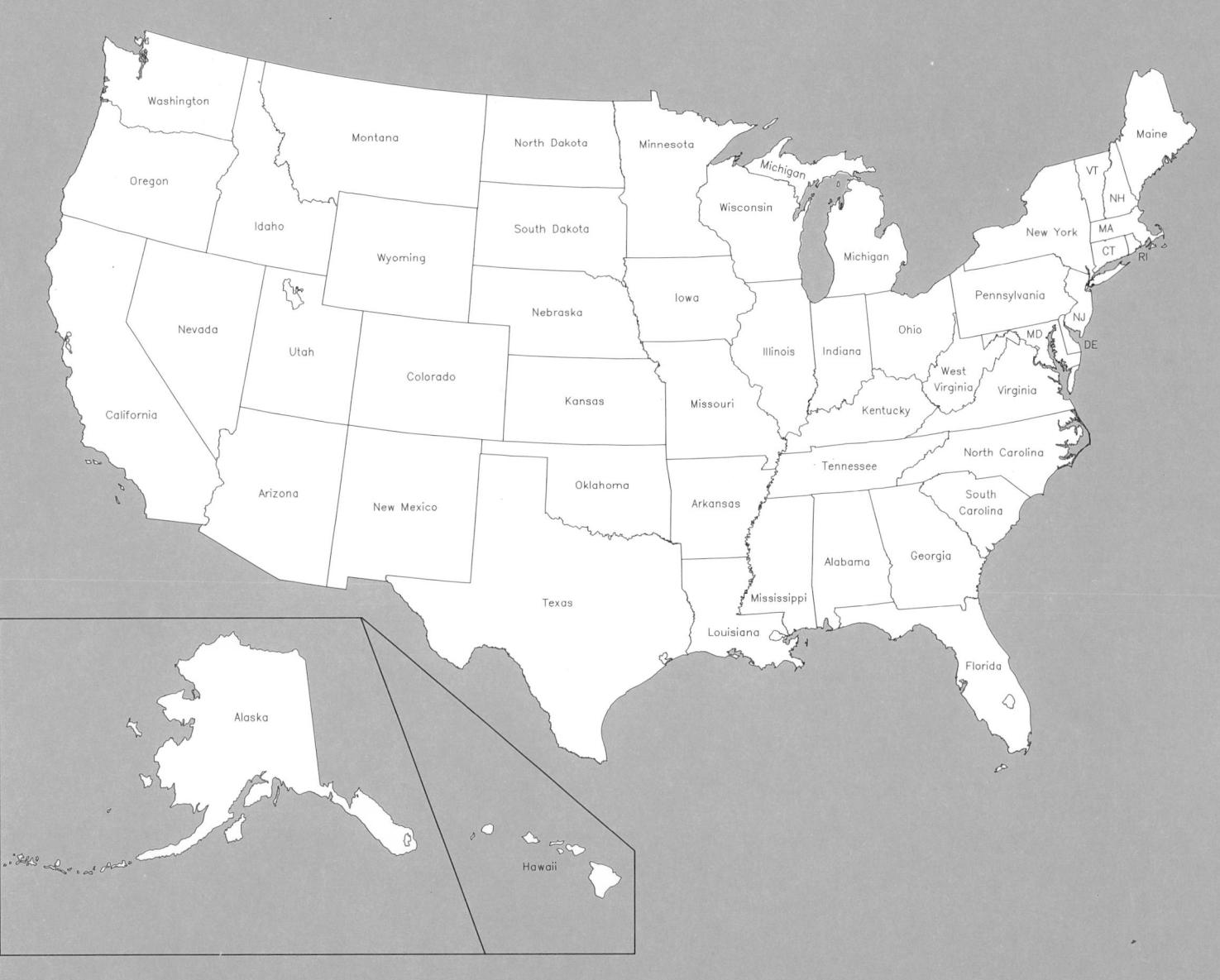

# The
# Almanac of
# State Legislatures

# *The* Almanac *of* State Legislatures

William Lilley III

Laurence J. DeFranco

William M. Diefenderfer III

CQ CONGRESSIONAL QUARTERLY INC.
Washington, D.C.

## A Note from the Publisher

*The Almanac of State Legislatures* is a unique reference. It provides the first detailed socio-economic snapshot of the nation's 6,743 state legislative districts. While many of the newly apportioned slices of geo-political terrain are small in land mass, they are nevertheless large in their political importance; the almanac lays down critical baseline data against which trends in legislative district demographics can be measured until the year 2000.

The almanac represents the first time that modern sophisticated computer mapping programs have been successfully meshed with publishing software for producing four-color map images. These mapping programs make possible a degree of precision never before achieved in a general reference book on this subject. The successful adaptation of four-color processing techniques has made the content much more accessible through graphic illustrations that were not possible before now. Thus the almanac captures with considerable precision the geographic boundaries of the 6,743 state legislative districts.

Through these techniques new references based on additional economic and demographic measures will be possible. Further manipulation and elaboration of the data make possible district rankings showing who speaks for the rich and who speaks for the poor, who speaks for the most educated and who speaks for the least educated, and so on. With a continued emphasis on state and local politics, the almanac and the material that underlies it represent an unusually rich lode of information for scholars, legislators and others.

Library of Congress Cataloging-in-Publication Data

Lilley, William.
    State data atlas : the almanac of state legislatures / William
Lilley III, Laurence J. DeFranco, William M. Diefenderfer III.
        p.    cm.
    ISBN 0-87187-959-X :
    1. United States--Administrative and political divisions--Maps.
2. Election districts--United States--Maps. 3. United States-
-Statistics, Vital--Maps. 4. United States--Economic
conditions,--1981- --Maps. 5. United States--Social
conditions,--1980- --Maps. I. DeFranco, Laurence J.
II. Diefenderfer, William Martin, 1945- . III. Title. IV. Title:
Almanac of state legislatures.
G1201.F7L5 1993 <G&M>
912.73--dc20
                                                    93-41800
                                                        CIP
                                                        MAP

# CONTENTS

# INTRODUCTION

This book constitutes a first-of-its-kind almanac of American state government and is a logical step forward from references about the national government. Many of its component parts are unique:

- For the first time, all 6,743 state house and senate legislative district boundaries are mapped accurately in one multicolor book using digital software technology;

- For the first time, one book provides a comprehensive politico-economic and socio-economic snapshot of each of the nation's 6,743 state legislative districts;

- For the first time, one book provides comparison between the socio-economic makeup of each individual legislative district and the socio-economic makeup of the relevant state.

In designing the almanac, we targeted four primary audiences: 1) scholars, 2) the media, 3) public officials and politicians, and 4) lobbyists and business people. We then selected thirteen socio-economic criteria that we believe are the most valuable to those readers. Those criteria are finely honed subsets of more general criteria for income, education, occupation, age, and race. Thus, the almanac organizes each of 6,743 state legislative districts according to precise socio-economic characteristics such as the percentage of households with incomes that exceed $100,000; the percentage of families receiving social security; and the percentage of employees in service industries. For example, an excerpt from the table on the newly apportioned Texas legislature shows: 1) the statewide average for all 150 house districts, and 2) the breakouts for two Houston house districts that abut each other geographically—districts 136 and 148.

This almanac demonstrates many things, including the extraordinarily wide ranges of wealth, education, occupation type and racial origin in the

## Texas House Districts:  Demographic Data

| House District | Household Income Avg. ($) | Household Income > $50K (%) | Household Income >$100K (%) | College Educ. (%) | Manf. (%) | Employment Type Service (%) | Employment Type Govt. (%) | Farm (%) | Age 55+ (%) | Receives Soc. Sec. (%) | African Amer. (%) | Hispanic Amer. (%) | Asian Amer. (%) |
|---|---|---|---|---|---|---|---|---|---|---|---|---|---|
| Texas | 35,667 | 21 | 4 | 26 | 22 | 68 | 5 | 5 | 18 | 22 | 12 | 26 | 2 |
| 136 | 68,138 | 37 | 14 | 45 | 18 | 74 | 2 | 6 | 20 | 17 | 6 | 16 | 4 |
| 148 | 26,744 | 13 | 2 | 13 | 30 | 63 | 2 | 5 | 16 | 22 | 10 | 62 | 2 |

political life of the fifty individual states.  Perhaps the almanac's greatest contribution to our political knowledge is that it provides a ready and precise measure of how rich or how poor a legislative district is, or how educational levels between districts compare.  Thus the almanac can tell with some rigor who represents the rich, the poor, the educated, the non-educated, the African American, the Hispanic and so forth.  The almanac's 279 multicolor maps are designed to position all these socio-economic elements in their relevant geo-political space; most noteworthy are the almanac's 186 city maps which make these visual correlations at the urban neighborhood level.  In short, this almanac uniquely demonstrates how diverse American society and American politics have become.

At the same time, the almanac captures the growth of socio-economic homogeneity within political jurisdictions while showing the increasing differences between political jurisdictions.  If today's software technology had existed twenty years ago, and if an almanac like this one had been compiled, the socio-economic and politico-economic picture would have been one of greater homogeneity both within jurisdictions and between jurisdictions.  Thus the almanac enables today's students of government to calibrate the specific kind and degree of diversification separating our political jurisdictions.

The Houston house districts excerpted above lie adjacent to each other geographically but are worlds apart economically and socially.  One is the richest house district in the state, and the other is almost the poorest.  One is largely white, the other is predominantly Hispanic.  This pattern of strikingly diverse political worlds living side by side in relatively small geographic areas repeats itself over and over in many of the states.  Shown next, for example, are excerpts from the almanac's pages on the newly apportioned districts of the New York State Assembly:  1) the statewide average for all 150 assembly districts, and 2) the breakouts for Manhattan Assembly District 68, which both abuts and partially encircles Manhattan Assembly District 73.  Like the Houston example, the Manhattan example shows that the state's wealthiest district abuts one of the state's poorest districts and that one district is largely white and the other is almost entirely African American and Hispanic.

## New York Assembly Districts: Demographic Data

| Assembly District | Household Income Avg. ($) | Household Income > $50K (%) | Household Income >$100K (%) | College Educ. (%) | Manf. (%) | Employment Type Service (%) | Employment Type Govt. (%) | Farm (%) | Age 55+ (%) | Receives Soc. Sec. (%) | African Amer. (%) | Hispanic Amer. (%) | Asian Amer. (%) |
|---|---|---|---|---|---|---|---|---|---|---|---|---|---|
| NY | 44,063 | 30 | 7 | 30 | 20 | 73 | 5 | 1 | 22 | 27 | 16 | 12 | 4 |
| 68 | 30,094 | 13 | 4 | 18 | 15 | 79 | 6 | 0 | 20 | 23 | 45 | 51 | 2 |
| 73 | 125,408 | 58 | 34 | 69 | 12 | 86 | 2 | 0 | 32 | 22 | 2 | 5 | 5 |

The almanac is designed for students to capture and measure these politically significant variances—for example, in West Philadelphia, two almost entirely white districts (Pennsylvania House Districts 148 and 154) encircle more than two-thirds of a district that is 67 percent African American; or, conversely, in western Pennsylvania, where two house districts north of Pittsburgh (7 and 8), which are almost two-thirds African American, encircle more than half of District 10 which is only 1 percent African American. Indeed, it appears that at the individual state level the nation's increasing diversity is reflected in the differences between political jurisdictions and not within them. Gone are the days when students of state government could assume that the socio-economic profile of abutting state legislative districts would show gradual change; instead we are confronted increasingly with sharply etched variances of economic and sociological differences.

We do not know why or how or when these geo-political variances came to life. We do not know how much is due to voluntary group clustering or how much is due to deliberate political redistricting. We do know that the variances exist and the almanac captures them. Also, it is important to recognize, and the almanac reflects it, that we are referring to legislative district "adjacencies," which are not geographically stretched or blatantly "gerrymandered" but which are geographically coherent and generally contiguous.

While the thirteen slices of socio-economic data that we chose offer rich opportunities for this kind of analytical exploration, and while more data are available that would further illuminate this emerging "diversity-polarity" political picture, we were limited by space considerations to a finite number of criteria. In other words, we chose the criteria here because we think they provide the socio-economic data "slices" of greatest interest to our target audiences, but we acknowledge the legitimacy of other criteria.

Finally, the almanac represents a methodological breakthrough in the use of computers. Only computer software could have made it possible to map the boundary lines of the 6,743 newly apportioned state legislative districts down to precise latitudinal and longitudinal geographical coordinates. The almanac was prepared entirely on computer and printed directly from those computer files.

Advanced computer software made it possible to produce and update efficiently a volume that is at once useful, comprehensive, orderly, and attractive.

Of the many people who have helped us develop our geopolitical mapping capability, five individuals were especially generous in their support. They helped us with their ideas and they stood behind our earlier, more primitive efforts. Our enterprise would not be where it is today without them. We take this opportunity to thank Derek L. Crawford, David I. Greenberg, David G. Laufer, Matthew J. Stover, and Ronald F. Stowe. Also we were blessed with the intellectual curiosity and book design skills of Congressional Quarterly's top publishing team—Patrick Bernuth, the general manager of CQ Books, and Nancy A. Lammers, its director of editorial design and production. The commitment of CQ's Betsi McGrath and Paula Anderson to the project also was greatly appreciated. The heavy lifting in the critical computer mapping areas was done by Thomas L.C. Vail, Jr., and Peter W. Fleury. Finally, Diane I. Ching, vice chairman and cofounder of InContext Inc., was responsible for much of the book's conception and design.

**William Lilley III**

**Laurence J. DeFranco**

**William M. Diefenderfer III**

# METHODOLOGY

## Political Boundaries

The boundaries of the 6,743 state political districts were created using data provided by state government agencies and state universities in all fifty states. The data were purchased in various formats: some states have geographical information system (GIS) divisions which keep boundaries in various types of computer digital formats. Other states have lists of geographic areas, such as census blocks, matched to political districts and stored on paper or computer disk. Still other states have only a written description of the boundaries: turn left at Main Street and proceed south to the railroad tracks. With the many permutations of the above, there were truly fifty different methods used to build these districts. In a few instances, only a simple computer file conversion was performed, other times boundaries were drawn on the computer screen on a street-by-street basis.

One of the many difficulties encountered during this project was the large number of inconsistencies and missing boundaries discovered when maps, written descriptions, lists of blocks and the actual redistricting law were compared. An official map might show a district's boundary going in one direction but the written description put it somewhere else. Most of the time the state was unable to explain these problems and calls had to be made to cities and towns to get more accurate information. Sometimes a trip to a local court house was the only way to fix a boundary problem.

This project could not have been done before the availability of sophisticated computer hardware and software. For example, mapping software was used to create the boundaries and aggregate the demographic data into the districts. But for all the advances in technology, much of the work still required human attention—such as making hundreds of phone calls, sifting through stacks of information, entering data and making maps—by a staff dedicated virtually fulltime to this project. It was also an expensive undertaking with some states charging over $1,000 just for their materials.

## Demographic Data

Data from the 1990 U.S. Census were used to create the tables. Digitized census block groups boundaries—containing between 250 and 500 households—were overlaid with the political boundaries and the data within those block groups were aggregated into the political districts. In the few cases where a political boundary split a block group, a percentage of that block group's data was allocated to each district on the basis of the block group's land area. Therefore, in some districts the number displayed on the table is not an exact count based on the census but a close estimate. The tables' analytic value is to give a good sense of the demographic makeup of each district and to compare them to other districts in its state and to districts around the country.

The following are definitions for the abbreviations used in the table headings:

| | |
|---|---|
| Avg. Household Income | Average household income in dollars. |
| >50K | Percentage of households with income greater than $50,000. |
| >100K | Percentage of households with income greater than $100,000. |
| College Educ. | Percentage of population aged 25 and older with at least a two-year college associates degree. |
| Manf. | Percentage of workers in manufacturing or construction industries. |
| Service | Percentage of workers in transportation, communications, wholesale, retail, finance, business, entertainment, health or other service industries. |
| Govt. | Percentage of workers in public administration. |
| Farm | Percentage of workers in agriculture or mining industries. |
| Age 55+ | Percentage of population aged 55 or older. |
| Receives Soc. Sec. | Percentage of households receiving social security income. |
| African Amer. | Percentage of population who are African American. |
| Hispanic Amer. | Percentage of population who are of Hispanic origin. |
| Asian Amer. | Percentage of population who are Asian American. |

# ABOUT THE AUTHORS

This almanac was prepared by the employees of **InContext**® Inc., an information company based at 1615 L Street, Suite 650, Washington, D.C. 20036 (phone 202-659-1023, fax 202-659-1109). InContext specializes in politico-economic analyses that take economic data (such as price changes of local goods and services) or socio-economic data (such as the thirteen socio-economic data arrayed in the almanac) and juxtapose those data with local geographic areas defined either by political jurisdiction (such as a state assembly district or city council district) or an economic service jurisdiction (such as a cable television franchise area, a telephone company service area, a daily newspaper service area, a local gas utility service area, a television market area, or a Yellow Pages market area).

InContext's analyses are distinguished by extensive and creative uses of digital computer software for multicolor mapping and charting. InContext's politico-economic analyses rely on the age-old adage that a picture is worth a thousand words.

**William Lilley III**, chairman and cofounder of InContext, Inc., is an economic historian with broad experience in the private and public sectors. Lilley was a senior corporate official of CBS Inc. in New York. Previously, he served as director of the U.S. Council on Wage and Price Stability and as staff director of the Budget Committee for the U.S. House of Representatives. He received his Ph.D. from Yale University, taught at Yale, and has written widely on economic policy and the communications media.

**Laurence J. DeFranco**, president and cofounder of InContext Inc., has been providing information to public and private sector leaders for over twelve years. DeFranco has coauthored several studies on the effects of economic policy on businesses. He has provided expert testimony and addressed industry leaders on telecommunications and advertising issues. He is also president of Program Flow, Inc., a research and consulting firm in McLean, Virginia. Previously, he worked for CBS Inc.

**William M. Diefenderfer III**, executive vice president and cofounder of InContext Inc., is a lawyer, strategist, and scholar with broad experience in the private and public sectors. Diefenderfer is a senior partner in the Washington law firm of Wunder, Diefenderfer, Cannon & Thelen. Previously, he served as deputy director of the President's Office of Management and Budget, as chief of staff of the U.S. Senate Committee on Finance and as chief counsel of the U.S. Senate Committee on Commerce, Science and Transportation.

# *The* Almanac *of* State Legislatures

# ALABAMA
## State Senate Districts

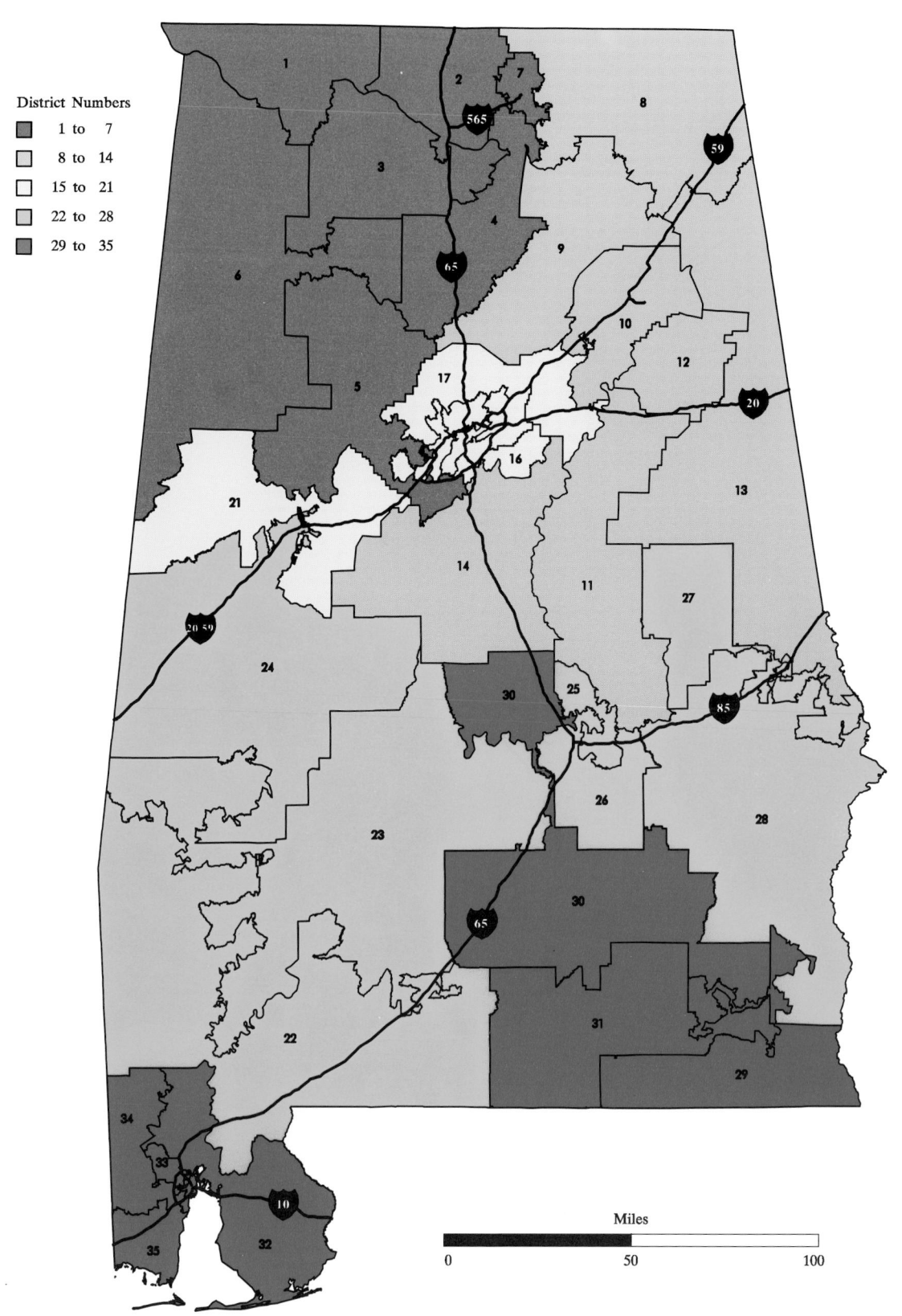

District Numbers

- 1 to 7
- 8 to 14
- 15 to 21
- 22 to 28
- 29 to 35

Miles

0    50    100

# BIRMINGHAM
## State Senate Districts

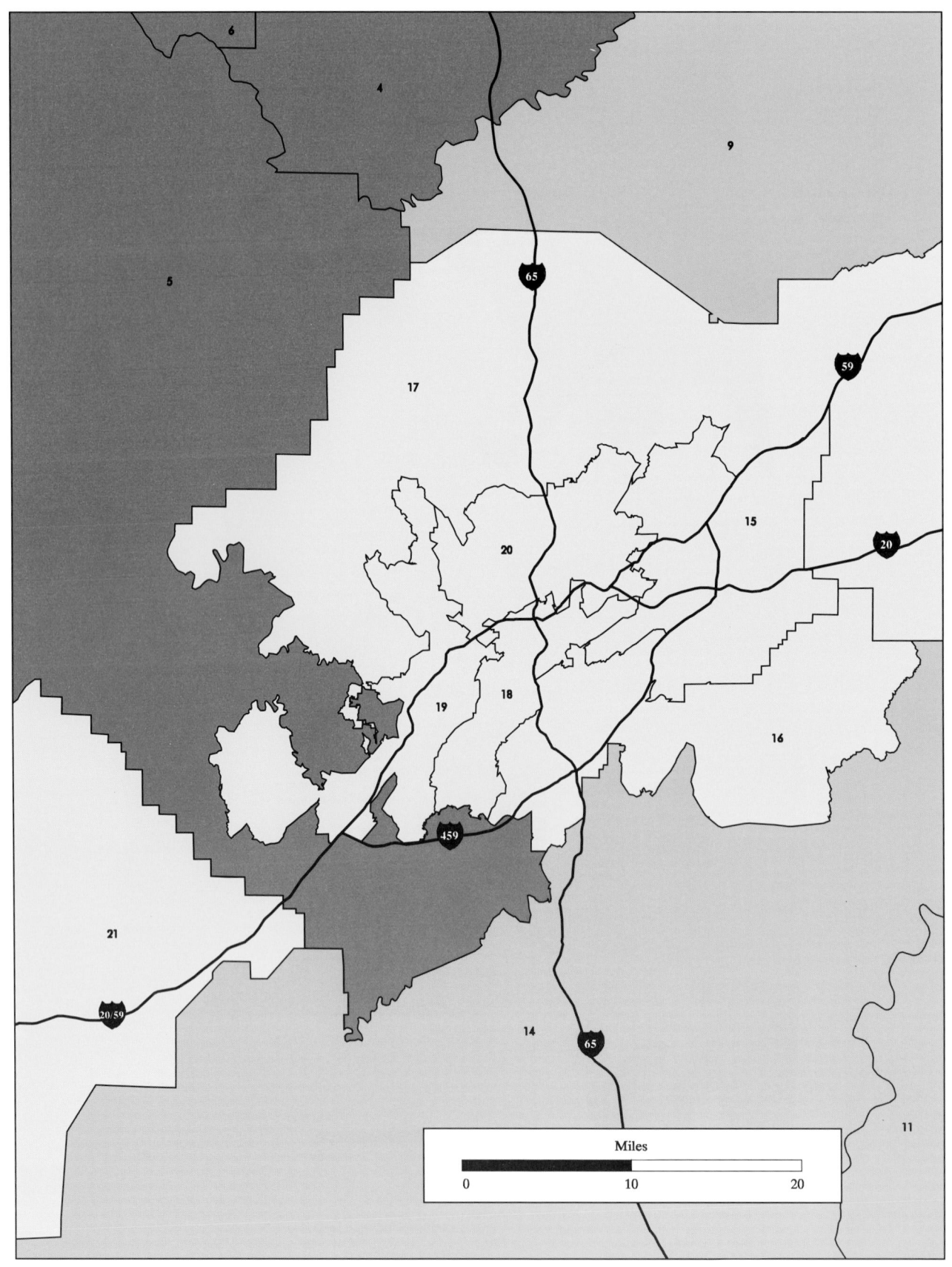

# Alabama State Senate Districts: Demographic Data

| Senate District | Household Income | | | College Educ. (%) | Manf. (%) | Employment Type | | | Age 55+ (%) | Receives Soc. Sec. (%) | African Amer. (%) | Hispanic Amer. (%) | Asian Amer. (%) |
| --- | --- | --- | --- | --- | --- | --- | --- | --- | --- | --- | --- | --- | --- |
| | Avg. ($) | > $50K (%) | >$100K (%) | | | Service (%) | Govt. (%) | Farm (%) | | | | | |
| Alabama | 30,468 | 16 | 2 | 21 | 31 | 61 | 5 | 3 | 22 | 29 | 25 | 1 | 1 |
| 1 | 29,896 | 16 | 2 | 19 | 34 | 60 | 4 | 3 | 25 | 32 | 13 | 0 | 0 |
| 2 | 37,968 | 26 | 3 | 30 | 38 | 51 | 8 | 2 | 17 | 20 | 13 | 1 | 1 |
| 3 | 30,509 | 17 | 1 | 16 | 43 | 50 | 4 | 3 | 21 | 27 | 12 | 0 | 0 |
| 4 | 34,036 | 21 | 3 | 27 | 34 | 54 | 8 | 4 | 20 | 25 | 3 | 1 | 1 |
| 5 | 32,376 | 18 | 2 | 16 | 26 | 63 | 3 | 8 | 22 | 31 | 7 | 0 | 0 |
| 6 | 24,769 | 9 | 1 | 10 | 48 | 45 | 3 | 5 | 25 | 33 | 7 | 0 | 0 |
| 7 | 38,607 | 26 | 4 | 34 | 27 | 61 | 11 | 1 | 21 | 23 | 30 | 1 | 2 |
| 8 | 27,635 | 13 | 1 | 13 | 46 | 46 | 4 | 4 | 22 | 28 | 4 | 0 | 0 |
| 9 | 26,939 | 12 | 1 | 14 | 40 | 50 | 5 | 5 | 24 | 30 | 1 | 1 | 0 |
| 10 | 27,835 | 13 | 1 | 15 | 36 | 57 | 5 | 2 | 26 | 34 | 13 | 0 | 0 |
| 11 | 27,188 | 13 | 1 | 15 | 40 | 50 | 7 | 3 | 23 | 31 | 29 | 1 | 0 |
| 12 | 28,113 | 13 | 1 | 19 | 29 | 57 | 12 | 2 | 22 | 28 | 19 | 1 | 1 |
| 13 | 26,347 | 11 | 1 | 12 | 52 | 42 | 3 | 3 | 25 | 33 | 20 | 0 | 0 |
| 14 | 34,392 | 22 | 3 | 20 | 31 | 63 | 3 | 3 | 19 | 25 | 12 | 0 | 0 |
| 15 | 43,039 | 28 | 5 | 30 | 19 | 75 | 5 | 1 | 24 | 27 | 8 | 1 | 1 |
| 16 | 56,915 | 41 | 11 | 53 | 13 | 82 | 3 | 1 | 20 | 21 | 3 | 1 | 1 |
| 17 | 33,007 | 19 | 2 | 14 | 28 | 65 | 4 | 3 | 21 | 28 | 6 | 0 | 0 |
| 18 | 24,355 | 11 | 2 | 28 | 14 | 79 | 5 | 1 | 23 | 28 | 66 | 0 | 1 |
| 19 | 23,326 | 8 | 0 | 14 | 22 | 71 | 5 | 3 | 26 | 38 | 62 | 0 | 0 |
| 20 | 23,818 | 10 | 1 | 15 | 22 | 71 | 5 | 1 | 23 | 34 | 63 | 0 | 0 |
| 21 | 31,204 | 17 | 3 | 25 | 24 | 68 | 3 | 5 | 21 | 26 | 19 | 1 | 1 |
| 22 | 25,225 | 12 | 1 | 12 | 43 | 48 | 5 | 4 | 23 | 32 | 28 | 0 | 0 |
| 23 | 23,078 | 11 | 2 | 15 | 39 | 51 | 5 | 4 | 22 | 34 | 61 | 0 | 0 |
| 24 | 22,304 | 10 | 1 | 17 | 31 | 61 | 4 | 5 | 21 | 32 | 61 | 0 | 0 |
| 25 | 41,586 | 28 | 4 | 36 | 15 | 70 | 13 | 2 | 21 | 25 | 13 | 1 | 1 |
| 26 | 24,175 | 10 | 1 | 19 | 21 | 67 | 10 | 2 | 18 | 27 | 70 | 1 | 0 |
| 27 | 29,003 | 16 | 2 | 24 | 36 | 58 | 4 | 2 | 20 | 24 | 18 | 1 | 1 |
| 28 | 24,210 | 10 | 1 | 17 | 36 | 54 | 6 | 4 | 22 | 30 | 59 | 1 | 0 |
| 29 | 28,348 | 13 | 2 | 18 | 30 | 60 | 6 | 5 | 21 | 28 | 24 | 1 | 1 |
| 30 | 26,869 | 13 | 1 | 16 | 32 | 57 | 7 | 4 | 23 | 31 | 28 | 0 | 0 |
| 31 | 28,380 | 14 | 1 | 20 | 30 | 59 | 7 | 4 | 23 | 30 | 15 | 1 | 1 |
| 32 | 32,314 | 18 | 2 | 20 | 29 | 64 | 3 | 4 | 25 | 32 | 12 | 1 | 0 |
| 33 | 21,136 | 9 | 1 | 16 | 23 | 71 | 4 | 2 | 22 | 34 | 65 | 1 | 0 |
| 34 | 39,875 | 23 | 5 | 31 | 22 | 73 | 3 | 2 | 19 | 23 | 9 | 1 | 1 |
| 35 | 28,822 | 14 | 2 | 16 | 26 | 67 | 3 | 3 | 19 | 27 | 28 | 1 | 1 |

# ALABAMA
## State House Districts

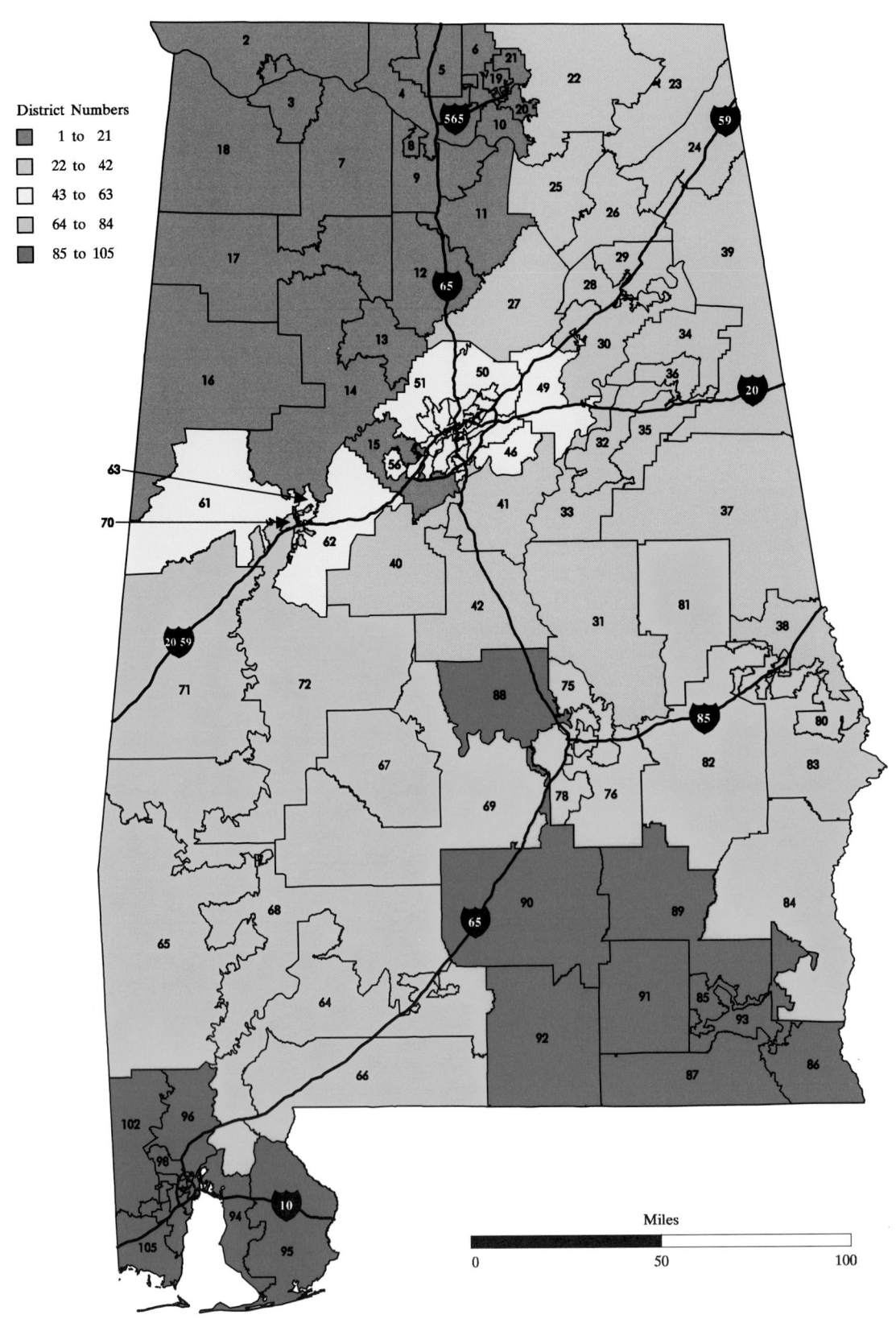

District Numbers

- 1 to 21
- 22 to 42
- 43 to 63
- 64 to 84
- 85 to 105

Miles

0    50    100

# BIRMINGHAM
## State House Districts

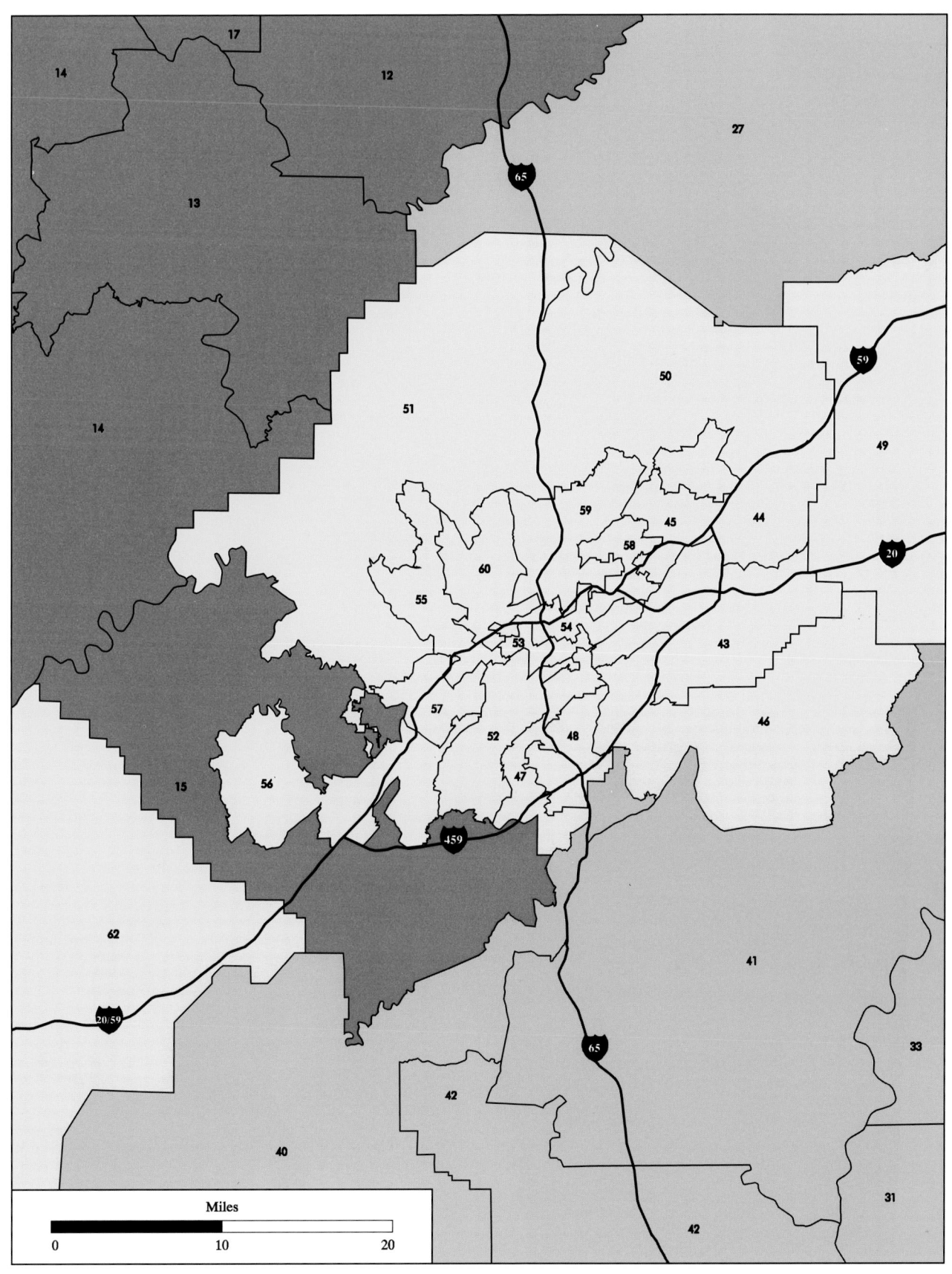

Miles

0          10          20

# MONTGOMERY
## State House Districts

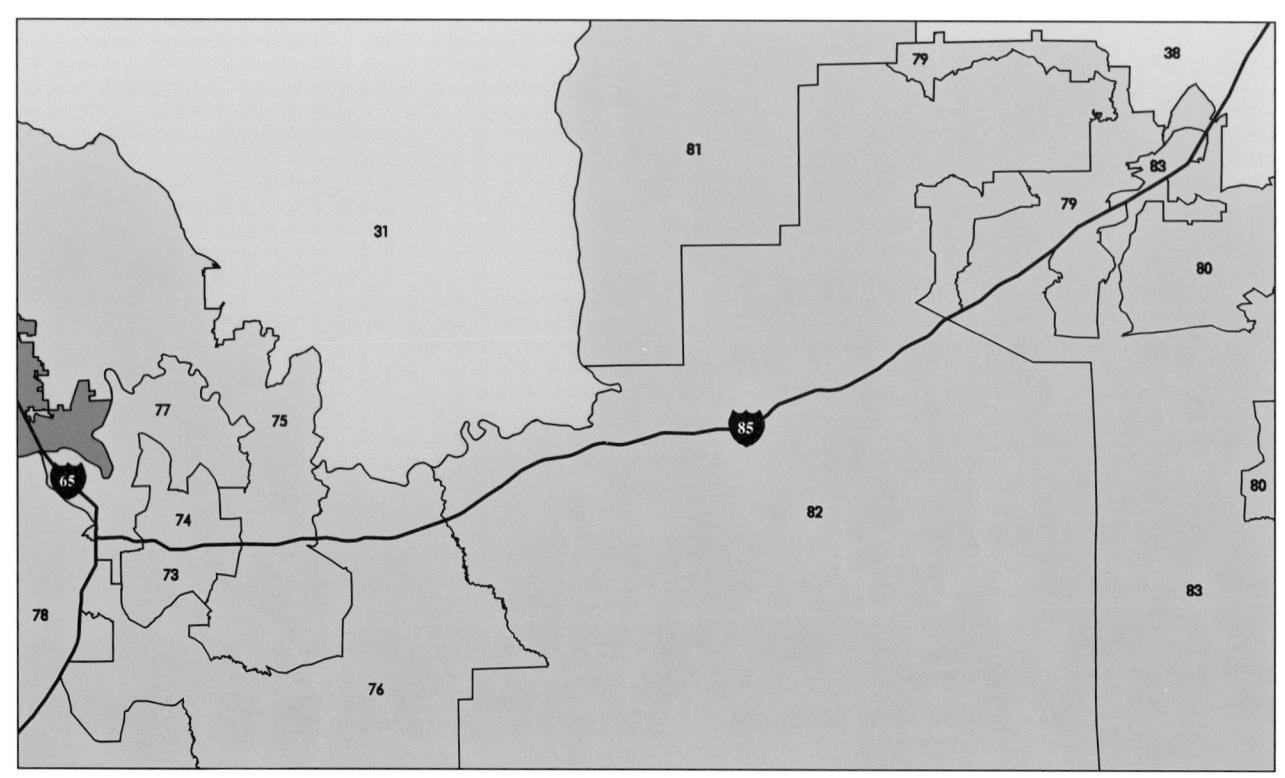

# MOBILE
## State House Districts

# Alabama State House Districts: Demographic Data

| House District | Household Income Avg. ($) | Household Income > $50K (%) | Household Income >$100K (%) | College Educ. (%) | Manf. (%) | Employment Type Service (%) | Employment Type Govt. (%) | Farm (%) | Age 55+ (%) | Receives Soc. Sec. (%) | African Amer. (%) | Hispanic Amer. (%) | Asian Amer. (%) |
|---|---|---|---|---|---|---|---|---|---|---|---|---|---|
| Alabama | 30,468 | 16 | 2 | 21 | 31 | 61 | 5 | 3 | 22 | 29 | 25 | 1 | 1 |
| 1 | 29,531 | 18 | 2 | 26 | 27 | 67 | 4 | 2 | 27 | 34 | 16 | 0 | 0 |
| 2 | 30,286 | 16 | 1 | 15 | 42 | 51 | 4 | 4 | 22 | 28 | 4 | 0 | 0 |
| 3 | 29,880 | 14 | 2 | 18 | 32 | 61 | 4 | 2 | 26 | 33 | 19 | 0 | 0 |
| 4 | 40,643 | 29 | 4 | 34 | 39 | 50 | 8 | 3 | 17 | 19 | 13 | 1 | 1 |
| 5 | 31,559 | 19 | 2 | 19 | 42 | 48 | 7 | 3 | 21 | 28 | 12 | 1 | 0 |
| 6 | 41,512 | 30 | 3 | 39 | 34 | 54 | 11 | 1 | 15 | 13 | 15 | 1 | 2 |
| 7 | 26,234 | 12 | 1 | 10 | 50 | 42 | 3 | 5 | 22 | 31 | 12 | 0 | 0 |
| 8 | 32,492 | 19 | 2 | 22 | 38 | 57 | 4 | 2 | 21 | 26 | 17 | 1 | 0 |
| 9 | 32,726 | 21 | 2 | 19 | 41 | 52 | 5 | 2 | 20 | 25 | 9 | 0 | 0 |
| 10 | 47,018 | 39 | 5 | 52 | 27 | 57 | 15 | 1 | 14 | 14 | 6 | 2 | 4 |
| 11 | 28,151 | 14 | 1 | 15 | 41 | 49 | 4 | 6 | 23 | 29 | 0 | 0 | 0 |
| 12 | 27,248 | 12 | 2 | 14 | 36 | 55 | 3 | 6 | 25 | 31 | 1 | 0 | 0 |
| 13 | 28,594 | 14 | 2 | 14 | 23 | 63 | 3 | 10 | 24 | 34 | 7 | 0 | 0 |
| 14 | 28,104 | 13 | 1 | 12 | 32 | 56 | 2 | 10 | 23 | 32 | 5 | 0 | 0 |
| 15 | 40,405 | 28 | 4 | 22 | 22 | 70 | 4 | 4 | 21 | 28 | 8 | 0 | 0 |
| 16 | 25,567 | 10 | 1 | 11 | 50 | 43 | 3 | 4 | 26 | 34 | 15 | 0 | 0 |
| 17 | 24,495 | 8 | 1 | 10 | 49 | 43 | 3 | 6 | 25 | 32 | 2 | 0 | 0 |
| 18 | 24,310 | 8 | 1 | 11 | 44 | 49 | 4 | 3 | 25 | 33 | 6 | 0 | 0 |
| 19 | 32,379 | 21 | 1 | 30 | 27 | 60 | 12 | 1 | 16 | 21 | 62 | 1 | 1 |
| 20 | 51,085 | 38 | 10 | 46 | 26 | 60 | 13 | 1 | 25 | 20 | 7 | 1 | 2 |
| 21 | 30,108 | 17 | 1 | 23 | 28 | 61 | 9 | 1 | 22 | 26 | 23 | 1 | 2 |
| 22 | 30,258 | 17 | 2 | 14 | 40 | 49 | 7 | 4 | 19 | 24 | 5 | 0 | 0 |
| 23 | 27,514 | 12 | 1 | 14 | 47 | 47 | 3 | 3 | 23 | 30 | 4 | 0 | 0 |
| 24 | 25,372 | 10 | 1 | 12 | 52 | 42 | 2 | 4 | 24 | 31 | 1 | 0 | 0 |
| 25 | 27,825 | 14 | 1 | 17 | 41 | 48 | 7 | 3 | 24 | 29 | 2 | 0 | 0 |
| 26 | 25,832 | 11 | 1 | 14 | 41 | 50 | 4 | 5 | 25 | 32 | 1 | 1 | 0 |
| 27 | 27,168 | 12 | 1 | 11 | 39 | 52 | 4 | 6 | 23 | 30 | 1 | 1 | 0 |
| 28 | 26,349 | 11 | 1 | 14 | 36 | 57 | 6 | 1 | 27 | 35 | 15 | 0 | 1 |
| 29 | 24,601 | 11 | 1 | 14 | 35 | 59 | 4 | 2 | 29 | 38 | 21 | 0 | 0 |
| 30 | 32,773 | 17 | 2 | 18 | 36 | 57 | 5 | 2 | 21 | 28 | 4 | 0 | 0 |
| 31 | 27,985 | 14 | 1 | 14 | 40 | 48 | 9 | 3 | 24 | 31 | 25 | 0 | 0 |
| 32 | 21,525 | 6 | 1 | 11 | 37 | 50 | 11 | 2 | 21 | 33 | 61 | 1 | 0 |
| 33 | 27,252 | 14 | 1 | 15 | 42 | 50 | 4 | 4 | 24 | 33 | 24 | 0 | 0 |
| 34 | 28,313 | 14 | 1 | 21 | 33 | 55 | 10 | 2 | 20 | 27 | 9 | 1 | 1 |
| 35 | 27,790 | 12 | 1 | 15 | 32 | 54 | 12 | 2 | 23 | 28 | 10 | 0 | 0 |
| 36 | 32,686 | 16 | 3 | 25 | 22 | 62 | 14 | 1 | 21 | 27 | 13 | 2 | 2 |
| 37 | 25,127 | 10 | 1 | 12 | 53 | 40 | 4 | 3 | 27 | 35 | 27 | 0 | 0 |
| 38 | 28,534 | 13 | 1 | 15 | 52 | 45 | 2 | 1 | 24 | 31 | 27 | 0 | 0 |
| 39 | 25,539 | 10 | 1 | 10 | 50 | 41 | 3 | 6 | 25 | 32 | 6 | 0 | 0 |
| 40 | 42,195 | 32 | 5 | 29 | 27 | 68 | 3 | 3 | 16 | 21 | 11 | 0 | 0 |
| 41 | 34,613 | 22 | 2 | 19 | 31 | 63 | 3 | 3 | 17 | 23 | 11 | 0 | 0 |
| 42 | 26,492 | 11 | 1 | 12 | 36 | 56 | 4 | 5 | 23 | 32 | 13 | 0 | 0 |
| 43 | 52,649 | 34 | 10 | 42 | 19 | 76 | 4 | 1 | 25 | 29 | 10 | 1 | 1 |
| 44 | 40,471 | 30 | 3 | 24 | 21 | 73 | 5 | 1 | 18 | 21 | 4 | 0 | 0 |
| 45 | 36,095 | 22 | 3 | 24 | 19 | 74 | 5 | 1 | 28 | 30 | 9 | 1 | 1 |
| 46 | 68,261 | 49 | 17 | 56 | 15 | 81 | 2 | 2 | 17 | 16 | 1 | 1 | 1 |
| 47 | 49,069 | 37 | 8 | 52 | 12 | 84 | 3 | 1 | 20 | 24 | 5 | 1 | 1 |
| 48 | 53,600 | 38 | 9 | 51 | 13 | 83 | 3 | 1 | 24 | 23 | 3 | 1 | 1 |
| 49 | 31,284 | 16 | 2 | 14 | 35 | 59 | 3 | 3 | 21 | 27 | 9 | 0 | 0 |
| 50 | 35,663 | 22 | 2 | 17 | 25 | 69 | 4 | 1 | 19 | 24 | 4 | 0 | 0 |

# Alabama State House Districts:  Demographic Data (cont.)

| House District | Household Income Avg. ($) | Household Income > $50K (%) | Household Income >$100K (%) | College Educ. (%) | Manf. (%) | Employment Type Service (%) | Employment Type Govt. (%) | Employment Type Farm (%) | Age 55+ (%) | Receives Soc. Sec. (%) | African Amer. (%) | Hispanic Amer. (%) | Asian Amer. (%) |
|---|---|---|---|---|---|---|---|---|---|---|---|---|---|
| Alabama | 30,468 | 16 | 2 | 21 | 31 | 61 | 5 | 3 | 22 | 29 | 25 | 1 | 1 |
| 51 | 32,071 | 18 | 1 | 11 | 25 | 66 | 5 | 4 | 23 | 31 | 5 | 0 | 0 |
| 52 | 26,151 | 12 | 1 | 29 | 15 | 79 | 5 | 1 | 18 | 23 | 68 | 0 | 1 |
| 53 | 23,120 | 9 | 2 | 32 | 13 | 80 | 5 | 2 | 22 | 27 | 66 | 1 | 2 |
| 54 | 23,995 | 11 | 2 | 24 | 15 | 79 | 5 | 1 | 27 | 35 | 66 | 0 | 0 |
| 55 | 22,501 | 7 | 0 | 15 | 21 | 72 | 5 | 2 | 26 | 39 | 61 | 0 | 0 |
| 56 | 20,945 | 7 | 0 | 11 | 24 | 68 | 3 | 4 | 26 | 39 | 61 | 0 | 0 |
| 57 | 26,499 | 11 | 0 | 17 | 21 | 72 | 5 | 3 | 26 | 36 | 64 | 0 | 0 |
| 58 | 21,031 | 7 | 0 | 13 | 23 | 71 | 5 | 1 | 23 | 35 | 60 | 0 | 0 |
| 59 | 23,104 | 9 | 1 | 11 | 25 | 70 | 4 | 1 | 24 | 36 | 64 | 0 | 0 |
| 60 | 27,389 | 14 | 1 | 20 | 19 | 71 | 8 | 2 | 23 | 32 | 67 | 0 | 0 |
| 61 | 28,503 | 15 | 2 | 17 | 31 | 60 | 3 | 5 | 24 | 31 | 26 | 0 | 0 |
| 62 | 32,666 | 20 | 2 | 22 | 25 | 64 | 4 | 7 | 19 | 25 | 12 | 1 | 0 |
| 63 | 32,312 | 18 | 4 | 36 | 17 | 78 | 3 | 2 | 21 | 23 | 19 | 1 | 2 |
| 64 | 25,815 | 13 | 1 | 14 | 47 | 46 | 4 | 3 | 23 | 33 | 29 | 0 | 0 |
| 65 | 25,598 | 12 | 1 | 12 | 47 | 45 | 4 | 4 | 22 | 32 | 29 | 0 | 0 |
| 66 | 24,312 | 11 | 1 | 12 | 37 | 51 | 7 | 5 | 23 | 32 | 26 | 1 | 0 |
| 67 | 22,113 | 10 | 2 | 18 | 31 | 60 | 5 | 5 | 24 | 35 | 63 | 0 | 0 |
| 68 | 24,399 | 12 | 1 | 13 | 47 | 46 | 4 | 3 | 22 | 33 | 57 | 0 | 0 |
| 69 | 22,632 | 10 | 1 | 15 | 38 | 50 | 7 | 6 | 21 | 32 | 63 | 0 | 0 |
| 70 | 21,081 | 9 | 1 | 22 | 20 | 75 | 3 | 2 | 18 | 28 | 58 | 1 | 1 |
| 71 | 22,808 | 11 | 1 | 15 | 34 | 57 | 4 | 5 | 23 | 33 | 66 | 0 | 0 |
| 72 | 23,027 | 10 | 1 | 14 | 38 | 51 | 4 | 7 | 24 | 34 | 60 | 0 | 0 |
| 73 | 49,160 | 34 | 7 | 46 | 12 | 74 | 13 | 1 | 25 | 27 | 11 | 1 | 1 |
| 74 | 34,605 | 21 | 2 | 29 | 16 | 68 | 15 | 2 | 25 | 28 | 8 | 1 | 1 |
| 75 | 40,686 | 28 | 4 | 33 | 19 | 68 | 12 | 2 | 14 | 18 | 21 | 1 | 1 |
| 76 | 28,453 | 14 | 1 | 22 | 20 | 67 | 11 | 2 | 15 | 22 | 66 | 1 | 0 |
| 77 | 21,062 | 7 | 1 | 18 | 20 | 69 | 9 | 1 | 22 | 32 | 71 | 1 | 0 |
| 78 | 23,236 | 10 | 1 | 18 | 24 | 64 | 10 | 2 | 16 | 27 | 73 | 1 | 0 |
| 79 | 26,188 | 16 | 3 | 51 | 16 | 78 | 3 | 3 | 12 | 12 | 11 | 1 | 3 |
| 80 | 31,982 | 18 | 2 | 16 | 38 | 57 | 4 | 2 | 21 | 26 | 17 | 1 | 0 |
| 81 | 28,722 | 13 | 2 | 16 | 54 | 40 | 4 | 2 | 26 | 33 | 26 | 0 | 0 |
| 82 | 22,308 | 9 | 1 | 24 | 25 | 62 | 7 | 5 | 22 | 29 | 74 | 0 | 1 |
| 83 | 24,291 | 10 | 1 | 12 | 40 | 52 | 6 | 2 | 20 | 28 | 60 | 1 | 0 |
| 84 | 26,247 | 12 | 2 | 16 | 43 | 47 | 5 | 5 | 24 | 33 | 40 | 1 | 0 |
| 85 | 22,991 | 8 | 1 | 18 | 29 | 59 | 9 | 4 | 17 | 27 | 45 | 2 | 1 |
| 86 | 30,326 | 14 | 2 | 17 | 28 | 63 | 4 | 5 | 22 | 28 | 17 | 1 | 0 |
| 87 | 30,801 | 17 | 2 | 19 | 32 | 57 | 6 | 6 | 24 | 29 | 9 | 1 | 0 |
| 88 | 32,286 | 20 | 1 | 19 | 28 | 58 | 11 | 3 | 18 | 25 | 20 | 1 | 0 |
| 89 | 26,035 | 11 | 2 | 17 | 31 | 59 | 6 | 4 | 23 | 31 | 29 | 0 | 0 |
| 90 | 22,354 | 8 | 1 | 12 | 37 | 53 | 4 | 6 | 27 | 37 | 35 | 0 | 0 |
| 91 | 29,747 | 16 | 2 | 23 | 30 | 57 | 9 | 5 | 23 | 28 | 17 | 1 | 1 |
| 92 | 23,415 | 9 | 1 | 15 | 39 | 51 | 4 | 6 | 28 | 37 | 13 | 0 | 0 |
| 93 | 31,885 | 17 | 2 | 24 | 23 | 67 | 7 | 3 | 20 | 23 | 14 | 1 | 1 |
| 94 | 37,693 | 24 | 4 | 30 | 23 | 70 | 3 | 4 | 25 | 31 | 14 | 1 | 0 |
| 95 | 29,195 | 14 | 1 | 17 | 30 | 61 | 4 | 6 | 28 | 35 | 8 | 1 | 0 |
| 96 | 29,660 | 15 | 1 | 12 | 35 | 61 | 3 | 1 | 22 | 30 | 14 | 1 | 0 |
| 97 | 20,087 | 9 | 1 | 18 | 22 | 72 | 5 | 1 | 23 | 34 | 65 | 1 | 0 |
| 98 | 20,176 | 9 | 0 | 11 | 28 | 66 | 4 | 2 | 19 | 32 | 64 | 0 | 0 |
| 99 | 23,098 | 9 | 0 | 18 | 21 | 73 | 4 | 1 | 24 | 35 | 64 | 1 | 0 |
| 100 | 43,869 | 29 | 6 | 41 | 20 | 75 | 4 | 1 | 15 | 18 | 9 | 1 | 2 |

# Alabama State House Districts: Demographic Data (cont.)

| House District | Household Income Avg. ($) | Household Income > $50K (%) | Household Income >$100K (%) | College Educ. (%) | Manf. (%) | Employment Type Service (%) | Employment Type Govt. (%) | Employment Type Farm (%) | Age 55+ (%) | Receives Soc. Sec. (%) | African Amer. (%) | Hispanic Amer. (%) | Asian Amer. (%) |
|---|---|---|---|---|---|---|---|---|---|---|---|---|---|
| Alabama | 30,468 | 16 | 2 | 21 | 31 | 61 | 5 | 3 | 22 | 29 | 25 | 1 | 1 |
| 101 | 41,111 | 22 | 6 | 34 | 17 | 79 | 3 | 1 | 27 | 29 | 13 | 1 | 2 |
| 102 | 33,727 | 19 | 2 | 17 | 30 | 63 | 3 | 4 | 14 | 21 | 5 | 1 | 0 |
| 103 | 21,945 | 8 | 1 | 16 | 21 | 74 | 4 | 1 | 22 | 34 | 65 | 1 | 0 |
| 104 | 36,914 | 22 | 3 | 22 | 25 | 69 | 4 | 2 | 19 | 24 | 7 | 1 | 1 |
| 105 | 27,167 | 12 | 1 | 11 | 32 | 59 | 2 | 7 | 17 | 25 | 12 | 1 | 3 |

# ALASKA
## State Senate Districts

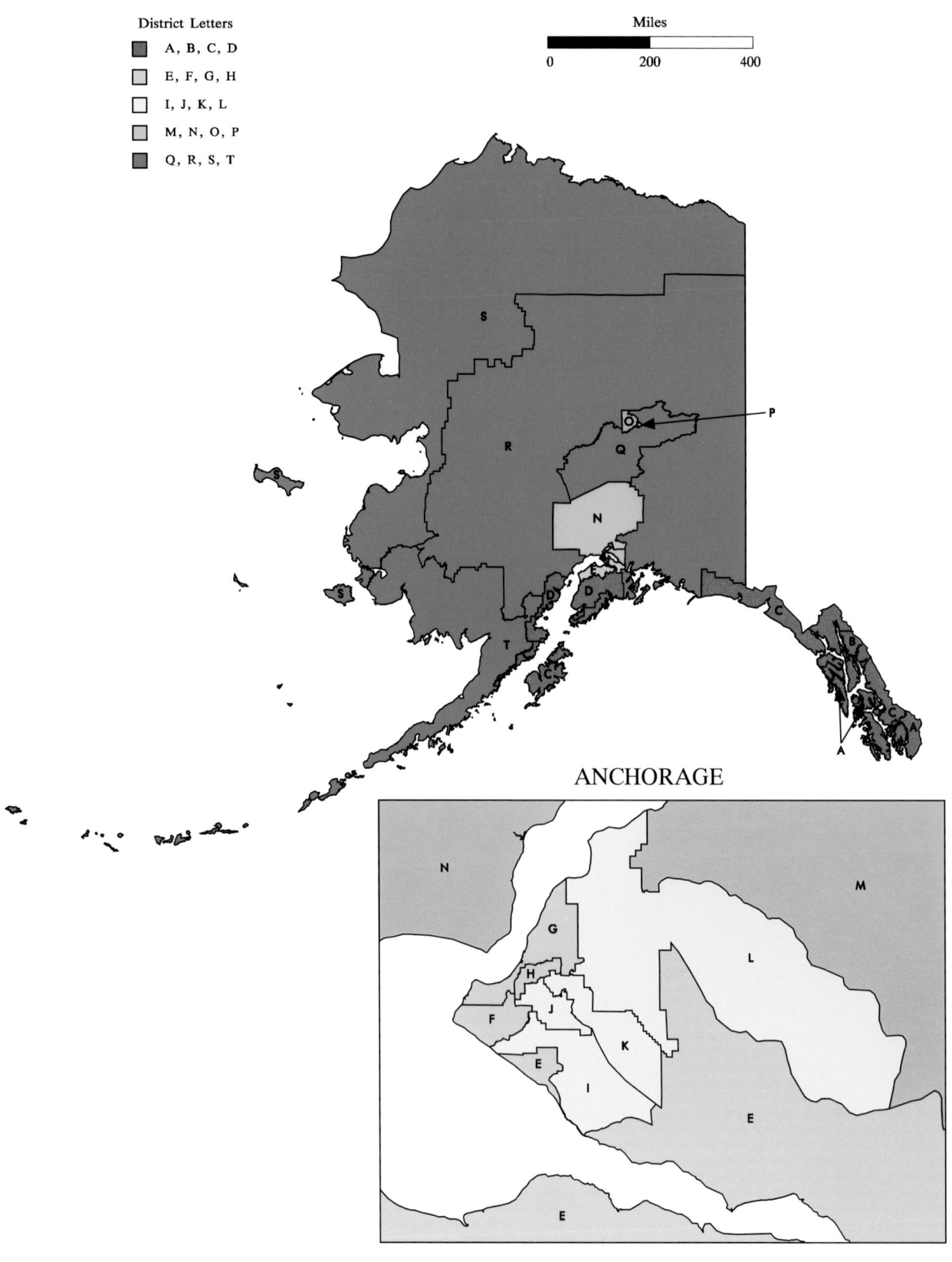

District Letters
- A, B, C, D
- E, F, G, H
- I, J, K, L
- M, N, O, P
- Q, R, S, T

Miles
0    200    400

ANCHORAGE

# Alaska State Senate Districts: Demographic Data

| Senate District | Household Income Avg. ($) | > $50K (%) | >$100K (%) | College Educ. (%) | Manf. (%) | Employment Type Service (%) | Govt. (%) | Farm (%) | Age 55+ (%) | Receives Soc. Sec. (%) | African Amer. (%) | Hispanic Amer. (%) | Asian Amer. (%) |
|---|---|---|---|---|---|---|---|---|---|---|---|---|---|
| Alaska | 49,771 | 40 | 8 | 30 | 13 | 67 | 13 | 7 | 9 | 11 | 4 | 3 | 4 |
| A | 50,501 | 42 | 7 | 27 | 23 | 59 | 7 | 11 | 13 | 16 | 0 | 2 | 3 |
| B | 53,439 | 47 | 9 | 37 | 8 | 55 | 29 | 7 | 11 | 12 | 1 | 3 | 4 |
| C | 50,755 | 38 | 7 | 23 | 29 | 50 | 9 | 13 | 9 | 11 | 1 | 3 | 6 |
| D | 51,779 | 42 | 9 | 27 | 18 | 60 | 8 | 14 | 12 | 14 | 0 | 2 | 1 |
| E | 62,116 | 56 | 15 | 35 | 13 | 63 | 9 | 15 | 8 | 8 | 1 | 2 | 2 |
| F | 56,342 | 49 | 9 | 33 | 10 | 73 | 11 | 6 | 9 | 9 | 4 | 3 | 6 |
| G | 50,724 | 37 | 9 | 36 | 8 | 75 | 12 | 5 | 10 | 12 | 7 | 4 | 7 |
| H | 34,855 | 22 | 3 | 25 | 11 | 76 | 10 | 4 | 14 | 14 | 9 | 7 | 8 |
| I | 67,573 | 59 | 16 | 43 | 10 | 69 | 11 | 10 | 7 | 6 | 3 | 3 | 3 |
| J | 52,020 | 41 | 8 | 38 | 9 | 75 | 11 | 5 | 11 | 9 | 6 | 4 | 5 |
| K | 55,665 | 47 | 10 | 37 | 10 | 72 | 13 | 5 | 10 | 9 | 8 | 4 | 4 |
| L | 46,607 | 36 | 7 | 31 | 10 | 67 | 17 | 6 | 5 | 6 | 12 | 5 | 3 |
| M | 52,340 | 45 | 7 | 31 | 11 | 67 | 15 | 6 | 8 | 10 | 1 | 2 | 1 |
| N | 46,359 | 37 | 5 | 26 | 15 | 65 | 11 | 9 | 11 | 14 | 1 | 2 | 1 |
| O | 48,545 | 39 | 6 | 43 | 12 | 75 | 12 | 2 | 8 | 7 | 5 | 3 | 3 |
| P | 42,445 | 34 | 4 | 22 | 12 | 75 | 11 | 2 | 13 | 14 | 8 | 4 | 2 |
| Q | 43,054 | 32 | 4 | 28 | 13 | 68 | 15 | 3 | 4 | 6 | 9 | 4 | 2 |
| R | 43,474 | 31 | 7 | 22 | 12 | 63 | 14 | 11 | 11 | 12 | 2 | 2 | 2 |
| S | 40,399 | 30 | 6 | 16 | 8 | 69 | 19 | 5 | 10 | 16 | 0 | 1 | 1 |
| T | 41,542 | 30 | 5 | 21 | 21 | 61 | 13 | 5 | 7 | 9 | 3 | 4 | 5 |

# ALASKA
## State House Districts

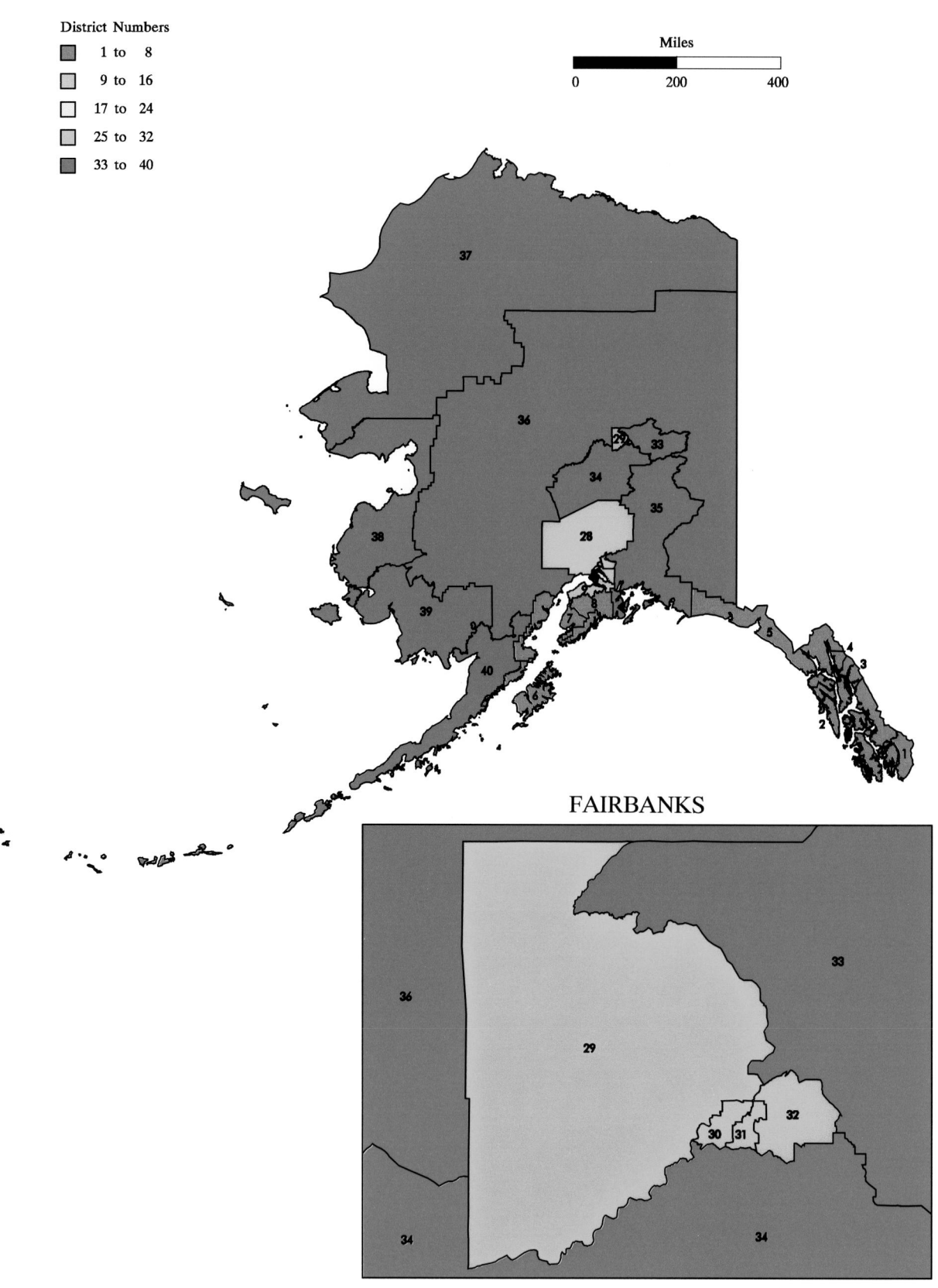

District Numbers
- 1 to 8
- 9 to 16
- 17 to 24
- 25 to 32
- 33 to 40

Miles
0    200    400

FAIRBANKS

# ANCHORAGE
## State House Districts

# Alaska State House Districts: Demographic Data

| House District | Household Income Avg. ($) | > $50K (%) | >$100K (%) | College Educ. (%) | Manf. (%) | Employment Type Service (%) | Govt. (%) | Farm (%) | Age 55+ (%) | Receives Soc. Sec. (%) | African Amer. (%) | Hispanic Amer. (%) | Asian Amer. (%) |
|---|---|---|---|---|---|---|---|---|---|---|---|---|---|
| Alaska | 49,771 | 40 | 8 | 30 | 13 | 67 | 13 | 7 | 9 | 11 | 4 | 3 | 4 |
| 1 | 51,217 | 43 | 7 | 27 | 25 | 61 | 8 | 6 | 13 | 16 | 0 | 2 | 4 |
| 2 | 49,798 | 41 | 6 | 27 | 20 | 57 | 6 | 16 | 13 | 16 | 0 | 2 | 3 |
| 3 | 49,858 | 41 | 7 | 37 | 8 | 56 | 30 | 7 | 14 | 16 | 1 | 3 | 5 |
| 4 | 57,657 | 54 | 10 | 37 | 8 | 55 | 29 | 8 | 8 | 7 | 1 | 2 | 4 |
| 5 | 43,562 | 34 | 4 | 19 | 36 | 47 | 7 | 10 | 11 | 13 | 0 | 2 | 1 |
| 6 | 60,165 | 43 | 11 | 27 | 21 | 53 | 10 | 15 | 8 | 10 | 1 | 5 | 11 |
| 7 | 51,554 | 40 | 10 | 29 | 20 | 56 | 6 | 17 | 12 | 15 | 0 | 2 | 1 |
| 8 | 52,038 | 45 | 8 | 26 | 15 | 63 | 10 | 12 | 12 | 14 | 1 | 2 | 1 |
| 9 | 50,192 | 44 | 7 | 22 | 18 | 56 | 8 | 18 | 10 | 12 | 1 | 2 | 1 |
| 10 | 72,760 | 68 | 22 | 46 | 9 | 67 | 10 | 14 | 7 | 5 | 2 | 3 | 3 |
| 11 | 53,848 | 47 | 8 | 32 | 10 | 71 | 13 | 6 | 9 | 10 | 4 | 4 | 6 |
| 12 | 59,293 | 52 | 11 | 34 | 10 | 74 | 9 | 7 | 8 | 8 | 4 | 3 | 7 |
| 13 | 60,400 | 47 | 13 | 44 | 7 | 76 | 11 | 6 | 15 | 14 | 2 | 3 | 8 |
| 14 | 37,155 | 24 | 2 | 25 | 8 | 74 | 14 | 3 | 5 | 8 | 12 | 5 | 5 |
| 15 | 38,445 | 26 | 4 | 32 | 11 | 74 | 11 | 4 | 16 | 14 | 5 | 5 | 8 |
| 16 | 31,132 | 17 | 2 | 19 | 10 | 78 | 9 | 4 | 12 | 14 | 13 | 8 | 7 |
| 17 | 52,761 | 43 | 6 | 35 | 9 | 73 | 10 | 8 | 7 | 5 | 5 | 3 | 5 |
| 18 | 86,593 | 78 | 29 | 52 | 11 | 65 | 11 | 13 | 7 | 7 | 2 | 2 | 2 |
| 19 | 47,202 | 38 | 5 | 35 | 10 | 73 | 12 | 5 | 6 | 6 | 7 | 4 | 5 |
| 20 | 56,427 | 43 | 11 | 40 | 9 | 76 | 10 | 5 | 15 | 13 | 5 | 3 | 6 |
| 21 | 47,979 | 35 | 8 | 34 | 9 | 75 | 11 | 4 | 11 | 10 | 9 | 4 | 5 |
| 22 | 62,712 | 58 | 12 | 39 | 10 | 70 | 14 | 6 | 9 | 8 | 8 | 4 | 4 |
| 23 | 38,633 | 22 | 5 | 22 | 9 | 70 | 16 | 5 | 6 | 8 | 17 | 6 | 4 |
| 24 | 51,549 | 45 | 8 | 36 | 10 | 65 | 18 | 6 | 5 | 5 | 9 | 5 | 2 |
| 25 | 51,798 | 45 | 7 | 34 | 10 | 67 | 18 | 5 | 7 | 10 | 2 | 2 | 2 |
| 26 | 52,945 | 45 | 7 | 28 | 13 | 68 | 11 | 8 | 9 | 9 | 1 | 2 | 1 |
| 27 | 50,272 | 43 | 7 | 28 | 14 | 65 | 12 | 8 | 11 | 14 | 1 | 2 | 1 |
| 28 | 42,636 | 32 | 4 | 24 | 15 | 64 | 10 | 10 | 11 | 15 | 0 | 2 | 1 |
| 29 | 54,409 | 46 | 8 | 58 | 9 | 76 | 13 | 2 | 6 | 5 | 2 | 2 | 3 |
| 30 | 43,388 | 34 | 4 | 28 | 15 | 74 | 10 | 1 | 11 | 10 | 7 | 4 | 3 |
| 31 | 38,655 | 29 | 4 | 21 | 12 | 76 | 10 | 2 | 15 | 16 | 10 | 4 | 3 |
| 32 | 53,095 | 48 | 6 | 24 | 13 | 72 | 12 | 3 | 8 | 9 | 2 | 2 | 1 |
| 33 | 50,691 | 45 | 7 | 32 | 15 | 66 | 15 | 3 | 6 | 7 | 2 | 2 | 1 |
| 34 | 37,262 | 23 | 3 | 24 | 11 | 71 | 14 | 4 | 3 | 5 | 13 | 6 | 3 |
| 35 | 55,648 | 42 | 11 | 25 | 14 | 60 | 13 | 14 | 10 | 11 | 3 | 3 | 3 |
| 36 | 27,984 | 16 | 2 | 17 | 8 | 70 | 15 | 7 | 12 | 14 | 1 | 1 | 0 |
| 37 | 47,675 | 37 | 8 | 17 | 10 | 63 | 21 | 6 | 9 | 13 | 0 | 1 | 3 |
| 38 | 33,704 | 23 | 3 | 16 | 5 | 76 | 16 | 4 | 10 | 18 | 0 | 1 | 1 |
| 39 | 37,923 | 27 | 4 | 19 | 4 | 78 | 16 | 2 | 10 | 12 | 0 | 1 | 1 |
| 40 | 46,105 | 35 | 7 | 22 | 33 | 48 | 11 | 7 | 5 | 6 | 5 | 7 | 10 |

# ARIZONA
## State Legislative Districts

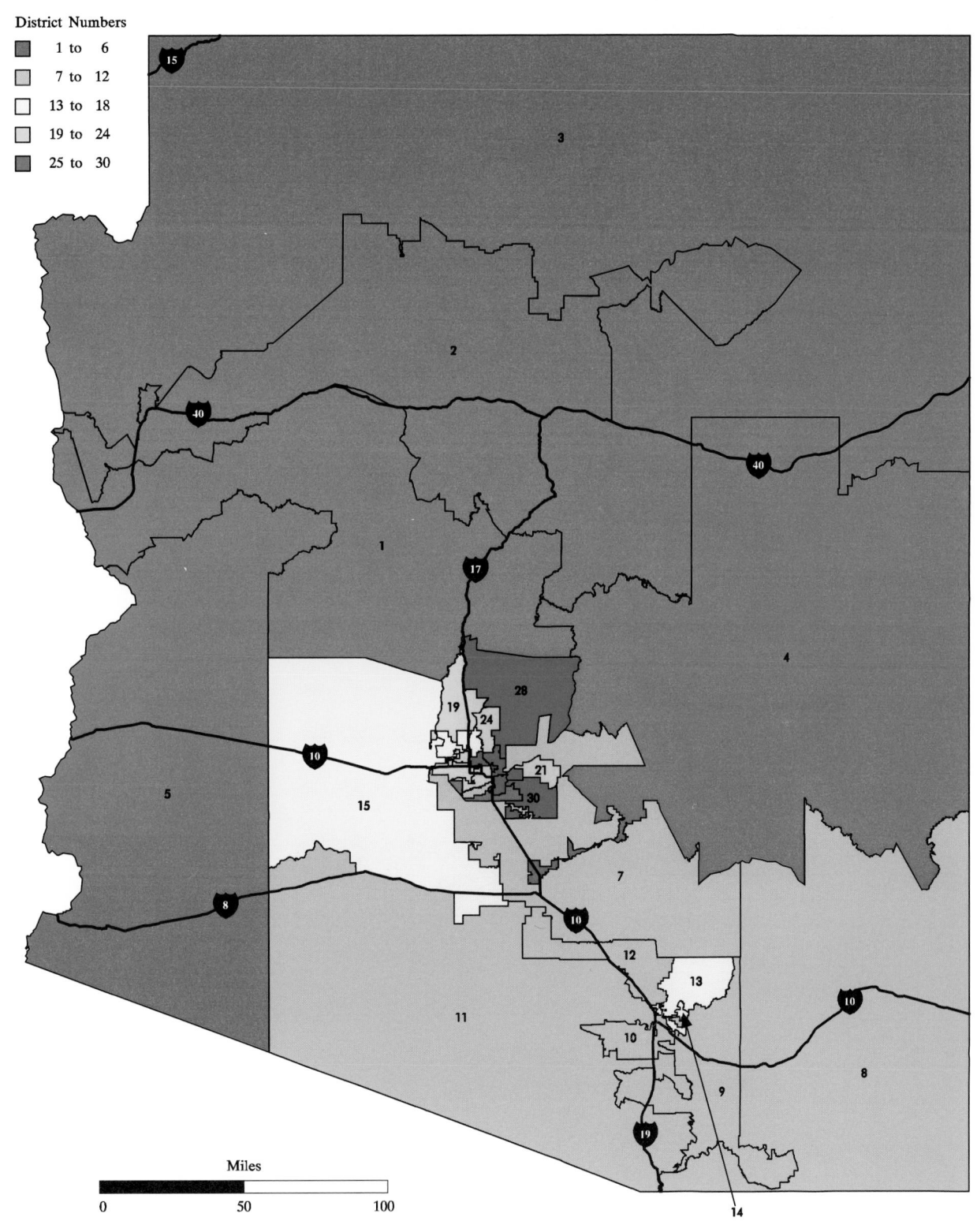

District Numbers
- ▓ 1 to 6
- ░ 7 to 12
- ☐ 13 to 18
- ▫ 19 to 24
- ▓ 25 to 30

Miles

0    50    100

# PHOENIX
## State Legislative Districts

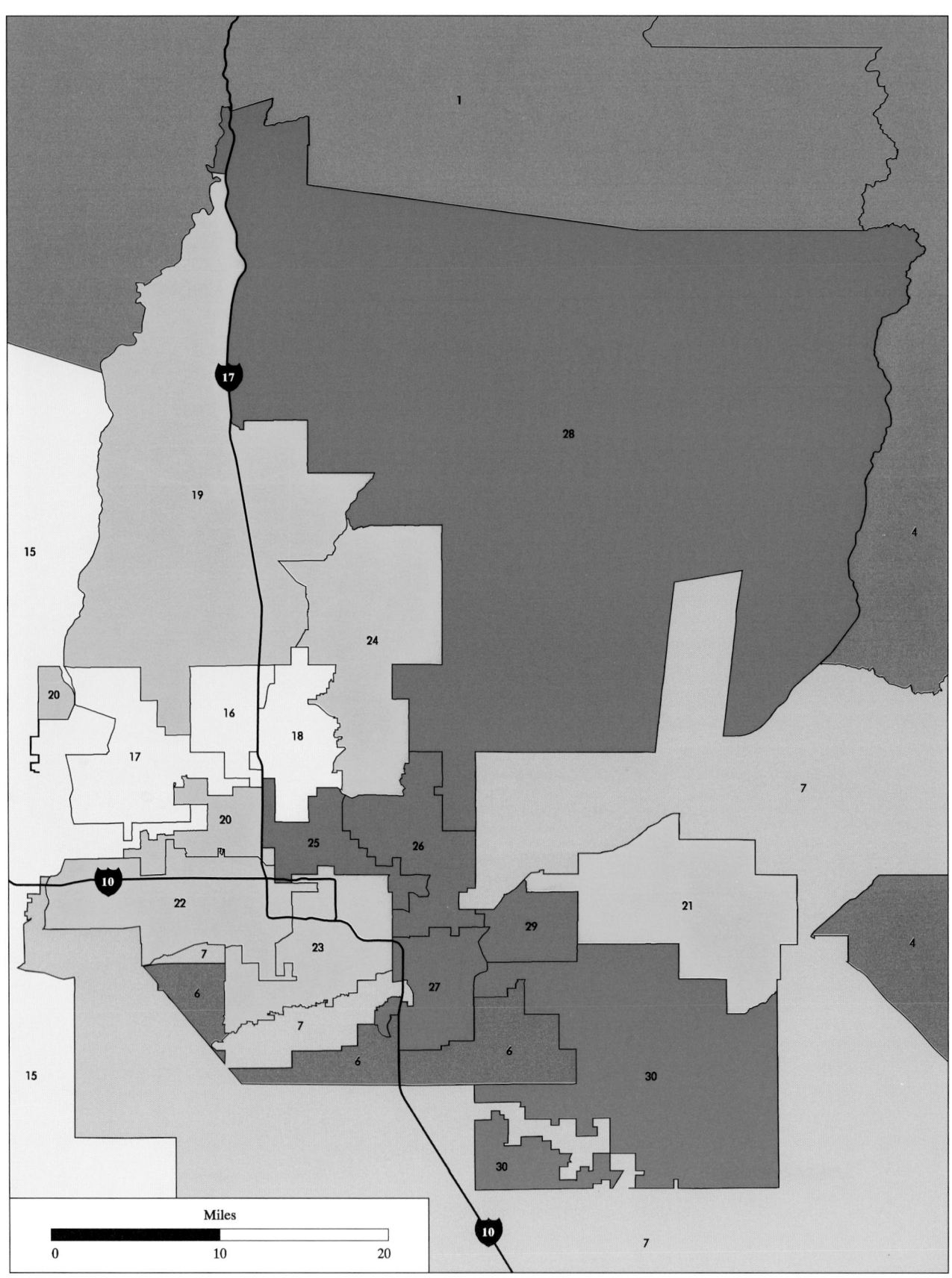

# Arizona State Legislative Districts:  Demographic Data

| Legislative District | Household Income Avg. ($) | Household Income > $50K (%) | Household Income >$100K (%) | College Educ. (%) | Manf. (%) | Employment Type Service (%) | Employment Type Govt. (%) | Employment Type Farm (%) | Age 55+ (%) | Receives Soc. Sec. (%) | African Amer. (%) | Hispanic Amer. (%) | Asian Amer. (%) |
|---|---|---|---|---|---|---|---|---|---|---|---|---|---|
| Arizona | 35,507 | 21 | 3 | 27 | 20 | 70 | 6 | 4 | 21 | 27 | 3 | 19 | 2 |
| 1 | 29,401 | 13 | 2 | 21 | 22 | 70 | 4 | 4 | 36 | 42 | 0 | 6 | 0 |
| 2 | 32,018 | 17 | 3 | 28 | 17 | 73 | 7 | 3 | 22 | 28 | 1 | 10 | 1 |
| 3 | 20,155 | 8 | 0 | 12 | 15 | 69 | 10 | 6 | 14 | 22 | 0 | 2 | 0 |
| 4 | 28,834 | 14 | 2 | 17 | 19 | 62 | 8 | 11 | 22 | 30 | 1 | 17 | 0 |
| 5 | 29,271 | 15 | 2 | 18 | 13 | 62 | 11 | 14 | 23 | 31 | 3 | 38 | 1 |
| 6 | 46,555 | 36 | 5 | 39 | 29 | 65 | 4 | 2 | 9 | 12 | 2 | 14 | 3 |
| 7 | 25,796 | 10 | 1 | 13 | 23 | 57 | 8 | 12 | 20 | 29 | 4 | 34 | 0 |
| 8 | 27,117 | 13 | 1 | 21 | 13 | 65 | 14 | 8 | 23 | 33 | 3 | 38 | 1 |
| 9 | 35,619 | 19 | 2 | 28 | 16 | 72 | 9 | 3 | 27 | 33 | 5 | 14 | 2 |
| 10 | 23,461 | 8 | 1 | 14 | 24 | 65 | 6 | 4 | 18 | 28 | 4 | 54 | 1 |
| 11 | 27,032 | 13 | 1 | 19 | 20 | 68 | 7 | 6 | 18 | 25 | 3 | 48 | 1 |
| 12 | 39,732 | 25 | 4 | 36 | 17 | 74 | 6 | 4 | 23 | 27 | 1 | 11 | 2 |
| 13 | 39,461 | 24 | 6 | 43 | 14 | 80 | 4 | 2 | 25 | 27 | 2 | 10 | 2 |
| 14 | 29,684 | 15 | 3 | 35 | 13 | 81 | 5 | 2 | 20 | 25 | 4 | 14 | 3 |
| 15 | 34,509 | 19 | 3 | 22 | 20 | 66 | 6 | 7 | 37 | 47 | 3 | 15 | 1 |
| 16 | 40,527 | 30 | 2 | 30 | 21 | 73 | 6 | 1 | 14 | 17 | 2 | 8 | 2 |
| 17 | 34,123 | 20 | 2 | 25 | 20 | 73 | 6 | 1 | 28 | 36 | 3 | 14 | 2 |
| 18 | 42,669 | 27 | 7 | 35 | 19 | 75 | 5 | 1 | 22 | 24 | 2 | 8 | 2 |
| 19 | 42,125 | 31 | 3 | 29 | 24 | 69 | 6 | 1 | 19 | 25 | 1 | 6 | 2 |
| 20 | 28,302 | 12 | 1 | 15 | 24 | 67 | 6 | 3 | 17 | 23 | 5 | 28 | 2 |
| 21 | 33,489 | 19 | 2 | 21 | 27 | 67 | 4 | 2 | 34 | 43 | 1 | 6 | 1 |
| 22 | 25,375 | 9 | 1 | 10 | 29 | 62 | 6 | 4 | 13 | 20 | 10 | 50 | 2 |
| 23 | 24,083 | 9 | 1 | 11 | 29 | 61 | 5 | 5 | 14 | 25 | 17 | 54 | 1 |
| 24 | 45,475 | 31 | 6 | 34 | 19 | 75 | 4 | 2 | 17 | 20 | 1 | 5 | 1 |
| 25 | 31,089 | 15 | 3 | 29 | 17 | 76 | 5 | 2 | 23 | 25 | 4 | 18 | 2 |
| 26 | 48,118 | 28 | 8 | 40 | 17 | 78 | 3 | 2 | 26 | 26 | 1 | 8 | 2 |
| 27 | 42,582 | 31 | 5 | 46 | 22 | 73 | 4 | 1 | 13 | 14 | 3 | 10 | 4 |
| 28 | 63,902 | 48 | 15 | 46 | 17 | 79 | 3 | 1 | 24 | 25 | 1 | 3 | 1 |
| 29 | 30,886 | 15 | 2 | 26 | 26 | 69 | 3 | 2 | 15 | 18 | 2 | 16 | 1 |
| 30 | 41,639 | 30 | 4 | 34 | 26 | 67 | 5 | 3 | 20 | 26 | 2 | 10 | 1 |

# ARKANSAS
## State Senate Districts

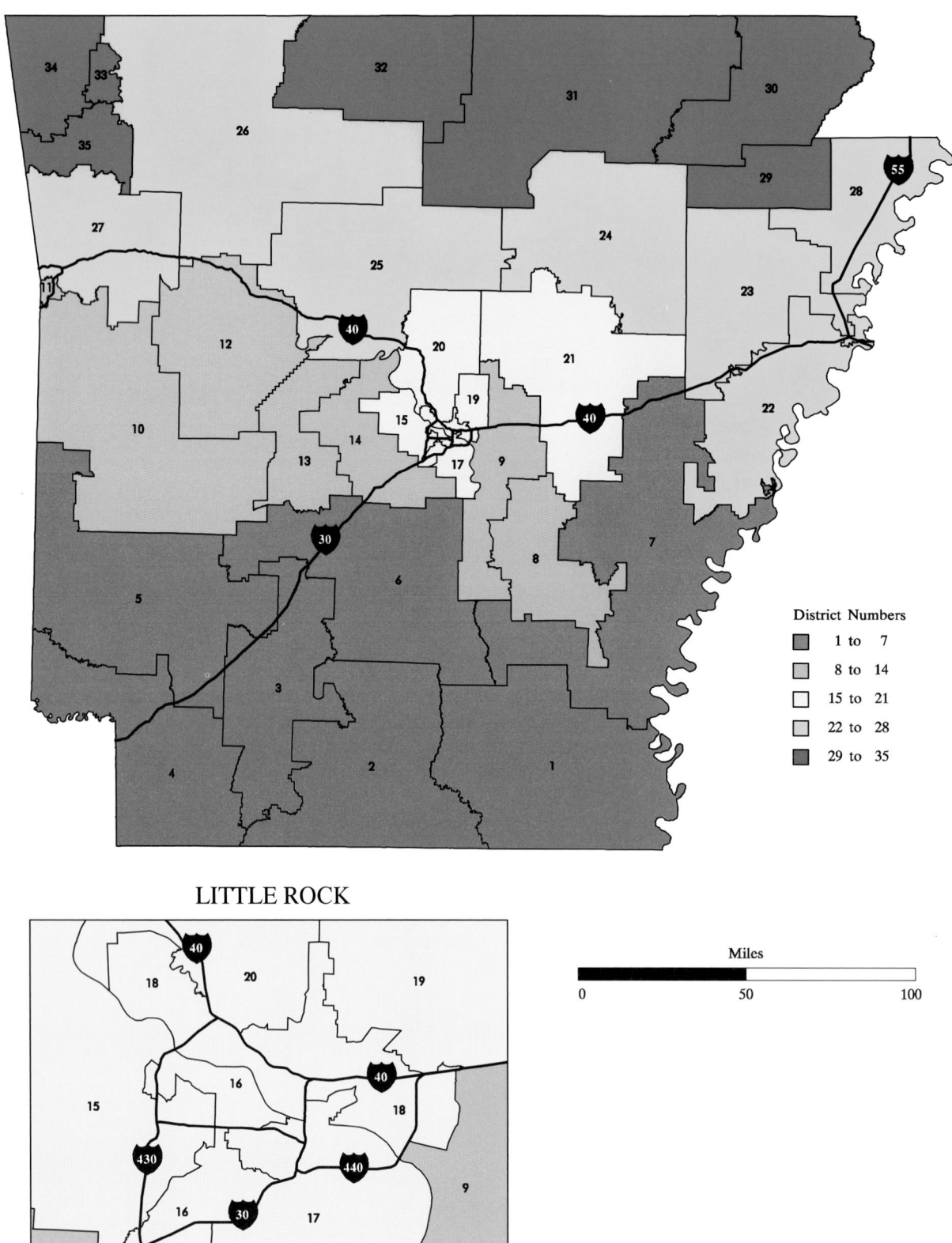

District Numbers

- 1 to 7
- 8 to 14
- 15 to 21
- 22 to 28
- 29 to 35

LITTLE ROCK

Miles

0    50    100

# Arkansas State Senate Districts:  Demographic Data

| Senate District | Household Income Avg. ($) | > $50K (%) | >$100K (%) | College Educ. (%) | Manf. (%) | Employment Type Service (%) | Govt. (%) | Farm (%) | Age 55+ (%) | Receives Soc. Sec. (%) | African Amer. (%) | Hispanic Amer. (%) | Asian Amer. (%) |
|---|---|---|---|---|---|---|---|---|---|---|---|---|---|
| Arkansas | 27,393 | 12 | 2 | 17 | 29 | 61 | 4 | 5 | 24 | 32 | 16 | 1 | 1 |
| 1 | 24,112 | 11 | 1 | 12 | 38 | 50 | 4 | 8 | 25 | 33 | 34 | 1 | 0 |
| 2 | 27,060 | 12 | 1 | 15 | 37 | 56 | 3 | 5 | 25 | 33 | 29 | 0 | 0 |
| 3 | 25,023 | 11 | 1 | 18 | 31 | 60 | 4 | 5 | 27 | 35 | 33 | 0 | 0 |
| 4 | 24,914 | 12 | 1 | 12 | 32 | 57 | 5 | 5 | 24 | 32 | 25 | 1 | 0 |
| 5 | 23,392 | 8 | 1 | 12 | 39 | 48 | 3 | 10 | 27 | 35 | 15 | 2 | 0 |
| 6 | 25,930 | 11 | 1 | 13 | 34 | 58 | 4 | 3 | 26 | 34 | 12 | 0 | 0 |
| 7 | 24,635 | 10 | 2 | 12 | 28 | 55 | 4 | 13 | 25 | 35 | 30 | 1 | 0 |
| 8 | 20,925 | 8 | 1 | 12 | 24 | 58 | 9 | 8 | 21 | 34 | 65 | 1 | 0 |
| 9 | 32,342 | 18 | 2 | 18 | 27 | 63 | 6 | 4 | 20 | 26 | 11 | 1 | 0 |
| 10 | 25,673 | 10 | 1 | 13 | 37 | 52 | 3 | 8 | 25 | 34 | 0 | 1 | 1 |
| 11 | 31,402 | 15 | 3 | 24 | 32 | 63 | 4 | 2 | 24 | 29 | 8 | 1 | 4 |
| 12 | 25,257 | 9 | 1 | 15 | 36 | 55 | 3 | 6 | 25 | 34 | 3 | 1 | 1 |
| 13 | 26,215 | 11 | 2 | 18 | 23 | 69 | 3 | 5 | 36 | 43 | 9 | 1 | 0 |
| 14 | 31,672 | 16 | 2 | 16 | 28 | 66 | 4 | 2 | 20 | 27 | 2 | 1 | 0 |
| 15 | 44,863 | 31 | 6 | 44 | 12 | 79 | 7 | 2 | 19 | 20 | 16 | 1 | 1 |
| 16 | 39,044 | 22 | 5 | 37 | 16 | 77 | 6 | 1 | 21 | 23 | 19 | 1 | 1 |
| 17 | 21,668 | 8 | 1 | 15 | 23 | 70 | 6 | 2 | 20 | 31 | 67 | 1 | 0 |
| 18 | 31,843 | 19 | 2 | 24 | 17 | 76 | 6 | 1 | 23 | 27 | 20 | 1 | 0 |
| 19 | 33,851 | 19 | 2 | 22 | 20 | 70 | 8 | 1 | 14 | 17 | 12 | 2 | 1 |
| 20 | 28,160 | 13 | 1 | 21 | 29 | 65 | 4 | 2 | 18 | 25 | 8 | 1 | 0 |
| 21 | 25,725 | 10 | 1 | 14 | 29 | 60 | 3 | 8 | 24 | 34 | 6 | 1 | 0 |
| 22 | 19,471 | 6 | 1 | 11 | 24 | 63 | 4 | 9 | 21 | 34 | 61 | 1 | 0 |
| 23 | 27,338 | 12 | 2 | 13 | 26 | 61 | 3 | 10 | 21 | 29 | 20 | 1 | 0 |
| 24 | 24,654 | 9 | 2 | 11 | 33 | 56 | 3 | 8 | 26 | 36 | 8 | 0 | 0 |
| 25 | 23,992 | 9 | 1 | 13 | 36 | 54 | 3 | 7 | 29 | 38 | 4 | 1 | 0 |
| 26 | 24,153 | 7 | 1 | 13 | 38 | 50 | 2 | 10 | 27 | 36 | 0 | 1 | 0 |
| 27 | 25,768 | 10 | 1 | 12 | 37 | 53 | 3 | 7 | 22 | 31 | 1 | 1 | 1 |
| 28 | 23,325 | 8 | 1 | 12 | 38 | 49 | 5 | 8 | 20 | 30 | 26 | 1 | 1 |
| 29 | 29,663 | 13 | 2 | 20 | 28 | 65 | 3 | 5 | 21 | 27 | 6 | 1 | 1 |
| 30 | 23,336 | 7 | 1 | 9 | 39 | 52 | 2 | 7 | 27 | 36 | 0 | 0 | 0 |
| 31 | 20,449 | 5 | 1 | 11 | 36 | 52 | 3 | 9 | 33 | 43 | 0 | 0 | 0 |
| 32 | 24,473 | 8 | 1 | 14 | 30 | 62 | 3 | 5 | 36 | 45 | 0 | 1 | 0 |
| 33 | 31,190 | 14 | 2 | 18 | 32 | 63 | 2 | 3 | 23 | 30 | 0 | 2 | 1 |
| 34 | 31,761 | 14 | 2 | 19 | 31 | 60 | 1 | 8 | 27 | 35 | 0 | 1 | 0 |
| 35 | 29,767 | 14 | 2 | 30 | 24 | 70 | 2 | 4 | 18 | 22 | 2 | 1 | 1 |

# ARKANSAS
## State House Districts

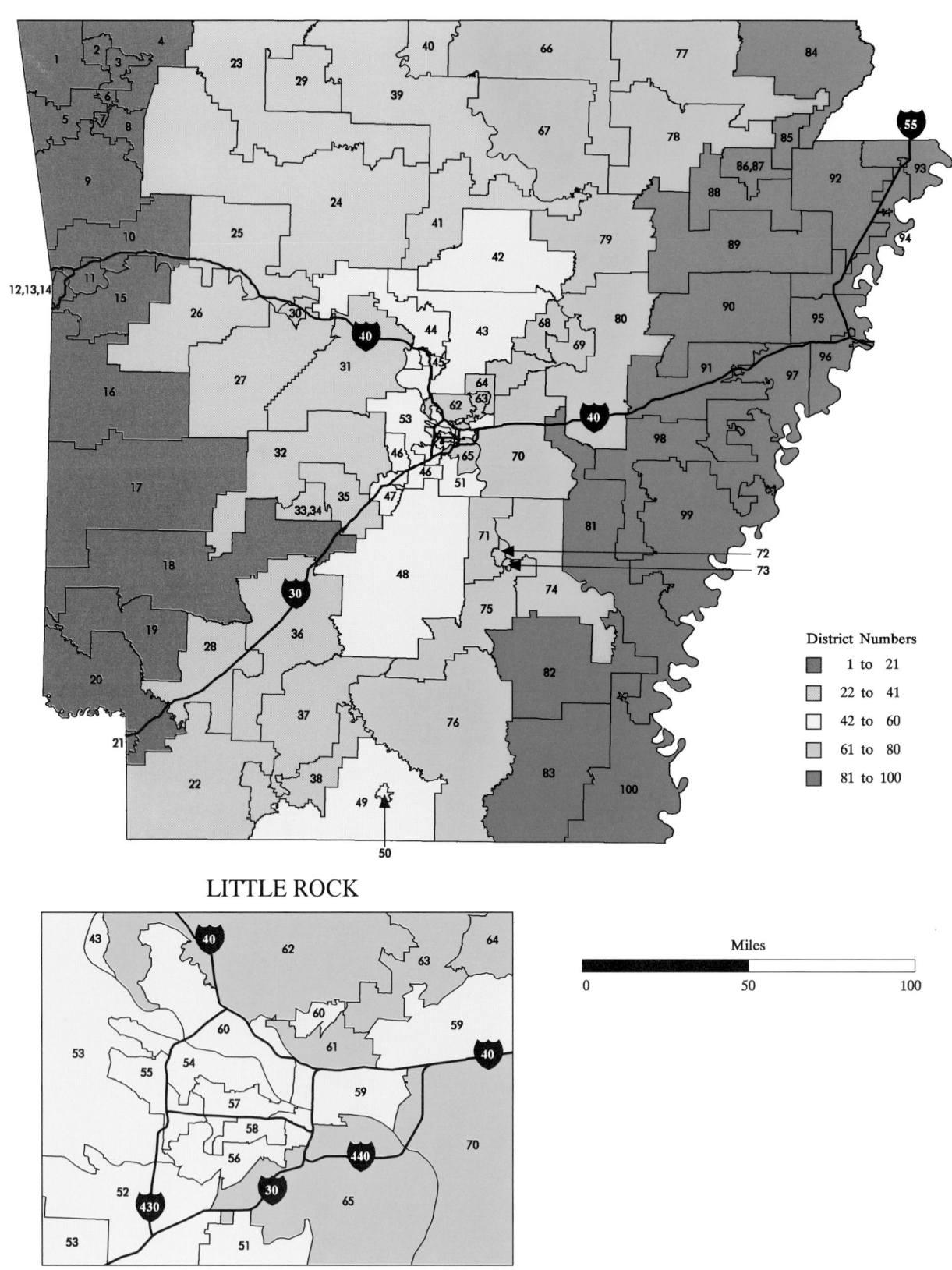

District Numbers
- 1 to 21
- 22 to 41
- 42 to 60
- 61 to 80
- 81 to 100

LITTLE ROCK

Miles
0      50      100

# Arkansas State House Districts: Demographic Data

| House District* | Household Income Avg. ($) | > $50K (%) | >$100K (%) | College Educ. (%) | Manf. (%) | Employment Type Service (%) | Govt. (%) | Farm (%) | Age 55+ (%) | Receives Soc. Sec. (%) | African Amer. (%) | Hispanic Amer. (%) | Asian Amer. (%) |
|---|---|---|---|---|---|---|---|---|---|---|---|---|---|
| Arkansas | 27,393 | 12 | 2 | 17 | 29 | 61 | 4 | 5 | 24 | 32 | 16 | 1 | 1 |
| 1 | 29,956 | 13 | 2 | 16 | 34 | 53 | 1 | 11 | 26 | 35 | 0 | 1 | 0 |
| 2 | 34,271 | 18 | 3 | 21 | 26 | 71 | 1 | 2 | 22 | 29 | 0 | 1 | 1 |
| 3 | 31,061 | 15 | 2 | 18 | 37 | 59 | 2 | 3 | 27 | 34 | 0 | 2 | 1 |
| 4 | 31,764 | 13 | 2 | 21 | 32 | 60 | 2 | 6 | 38 | 45 | 0 | 1 | 0 |
| 5 | 31,392 | 14 | 2 | 19 | 33 | 58 | 2 | 8 | 21 | 26 | 0 | 2 | 0 |
| 6 | 29,217 | 10 | 2 | 17 | 31 | 65 | 2 | 2 | 22 | 28 | 0 | 2 | 1 |
| 7 | 25,753 | 12 | 2 | 44 | 16 | 80 | 2 | 2 | 13 | 15 | 4 | 2 | 2 |
| 8 | 36,331 | 20 | 4 | 32 | 25 | 69 | 3 | 3 | 19 | 24 | 2 | 1 | 1 |
| 9 | 27,198 | 9 | 1 | 12 | 34 | 53 | 3 | 10 | 22 | 32 | 0 | 1 | 0 |
| 10 | 27,073 | 10 | 2 | 12 | 36 | 55 | 3 | 7 | 22 | 30 | 0 | 1 | 0 |
| 11 | 24,962 | 10 | 1 | 13 | 37 | 56 | 4 | 3 | 21 | 28 | 2 | 1 | 1 |
| 13* | 30,963 | 15 | 3 | 23 | 32 | 62 | 3 | 2 | 24 | 29 | 8 | 1 | 4 |
| 15 | 31,033 | 15 | 2 | 19 | 34 | 57 | 3 | 6 | 20 | 27 | 0 | 1 | 1 |
| 16 | 24,971 | 8 | 1 | 11 | 41 | 47 | 4 | 8 | 24 | 34 | 0 | 1 | 0 |
| 17 | 22,079 | 7 | 1 | 13 | 34 | 50 | 3 | 12 | 31 | 41 | 0 | 1 | 0 |
| 18 | 24,648 | 9 | 1 | 11 | 38 | 49 | 3 | 10 | 26 | 33 | 2 | 1 | 0 |
| 19 | 24,747 | 9 | 1 | 11 | 42 | 47 | 3 | 9 | 26 | 35 | 19 | 3 | 0 |
| 20 | 26,900 | 13 | 1 | 11 | 37 | 54 | 4 | 5 | 23 | 30 | 19 | 1 | 0 |
| 21 | 25,408 | 13 | 2 | 17 | 26 | 66 | 7 | 1 | 24 | 31 | 31 | 1 | 1 |
| 22 | 22,090 | 9 | 1 | 9 | 33 | 53 | 4 | 9 | 25 | 36 | 24 | 1 | 0 |
| 23 | 23,253 | 6 | 1 | 10 | 42 | 47 | 2 | 9 | 26 | 34 | 0 | 1 | 0 |
| 24 | 20,631 | 5 | 1 | 10 | 37 | 47 | 2 | 13 | 27 | 38 | 0 | 1 | 0 |
| 25 | 24,460 | 9 | 1 | 15 | 37 | 54 | 2 | 7 | 25 | 33 | 1 | 1 | 0 |
| 26 | 21,961 | 6 | 1 | 10 | 40 | 47 | 4 | 9 | 26 | 38 | 1 | 1 | 0 |
| 27 | 24,401 | 8 | 1 | 9 | 42 | 46 | 3 | 9 | 25 | 35 | 2 | 1 | 0 |
| 28 | 23,135 | 8 | 1 | 14 | 36 | 52 | 5 | 8 | 27 | 35 | 31 | 1 | 0 |
| 29 | 25,415 | 9 | 2 | 15 | 29 | 64 | 3 | 4 | 27 | 34 | 0 | 1 | 0 |
| 30 | 29,213 | 15 | 2 | 24 | 28 | 67 | 3 | 3 | 21 | 27 | 4 | 1 | 1 |
| 31 | 23,932 | 8 | 1 | 12 | 37 | 52 | 4 | 7 | 26 | 36 | 11 | 1 | 0 |
| 32 | 29,178 | 13 | 2 | 20 | 30 | 63 | 2 | 5 | 36 | 44 | 2 | 1 | 0 |
| 33* | 26,117 | 11 | 2 | 18 | 20 | 73 | 4 | 3 | 35 | 41 | 11 | 1 | 0 |
| 35 | 24,226 | 8 | 1 | 13 | 31 | 62 | 3 | 4 | 26 | 36 | 11 | 1 | 0 |
| 36 | 24,154 | 10 | 1 | 19 | 24 | 66 | 5 | 5 | 25 | 34 | 24 | 1 | 0 |
| 37 | 21,221 | 8 | 1 | 13 | 39 | 53 | 4 | 4 | 27 | 36 | 56 | 0 | 0 |
| 38 | 29,876 | 16 | 2 | 22 | 33 | 58 | 3 | 5 | 26 | 33 | 18 | 0 | 0 |
| 39 | 21,655 | 5 | 1 | 12 | 34 | 55 | 3 | 8 | 34 | 43 | 0 | 0 | 0 |
| 40 | 24,889 | 9 | 2 | 15 | 30 | 64 | 3 | 4 | 43 | 52 | 0 | 1 | 0 |
| 41 | 25,874 | 10 | 1 | 16 | 30 | 62 | 3 | 6 | 32 | 40 | 2 | 1 | 0 |
| 42 | 23,631 | 7 | 1 | 11 | 37 | 53 | 3 | 7 | 33 | 40 | 0 | 1 | 0 |
| 43 | 25,924 | 10 | 1 | 12 | 34 | 56 | 5 | 6 | 21 | 28 | 6 | 1 | 0 |
| 44 | 29,990 | 16 | 2 | 20 | 33 | 60 | 3 | 5 | 18 | 25 | 5 | 1 | 0 |
| 45 | 25,852 | 10 | 1 | 26 | 25 | 71 | 3 | 2 | 18 | 27 | 11 | 1 | 1 |
| 46 | 33,299 | 17 | 2 | 17 | 26 | 67 | 5 | 1 | 16 | 22 | 3 | 1 | 1 |
| 47 | 30,459 | 15 | 2 | 16 | 29 | 66 | 4 | 1 | 25 | 32 | 2 | 1 | 0 |
| 48 | 26,758 | 11 | 1 | 12 | 37 | 55 | 5 | 3 | 22 | 29 | 8 | 0 | 0 |
| 49 | 29,370 | 14 | 2 | 15 | 36 | 56 | 2 | 6 | 23 | 31 | 21 | 0 | 0 |
| 50 | 25,770 | 11 | 2 | 19 | 29 | 64 | 3 | 4 | 29 | 36 | 40 | 0 | 0 |
| 51 | 28,897 | 14 | 1 | 14 | 25 | 68 | 5 | 1 | 15 | 20 | 26 | 1 | 1 |
| 52 | 34,026 | 21 | 2 | 24 | 20 | 73 | 5 | 1 | 17 | 20 | 20 | 1 | 0 |
| 53 | 43,359 | 29 | 5 | 39 | 17 | 76 | 5 | 2 | 16 | 21 | 6 | 1 | 1 |

# Arkansas State House Districts:  Demographic Data (cont.)

| House District* | Household Income Avg. ($) | Household Income > $50K (%) | Household Income >$100K (%) | College Educ. (%) | Manf. (%) | Employment Type Service (%) | Employment Type Govt. (%) | Farm (%) | Age 55+ (%) | Receives Soc. Sec. (%) | African Amer. (%) | Hispanic Amer. (%) | Asian Amer. (%) |
|---|---|---|---|---|---|---|---|---|---|---|---|---|---|
| Arkansas | 27,393 | 12 | 2 | 17 | 29 | 61 | 4 | 5 | 24 | 32 | 16 | 1 | 1 |
| 54 | 56,455 | 37 | 12 | 55 | 9 | 84 | 6 | 1 | 24 | 22 | 4 | 1 | 1 |
| 55 | 50,146 | 35 | 8 | 49 | 10 | 82 | 7 | 1 | 17 | 17 | 15 | 1 | 2 |
| 56 | 24,887 | 11 | 1 | 23 | 18 | 73 | 8 | 2 | 21 | 28 | 60 | 1 | 1 |
| 57 | 36,944 | 23 | 5 | 45 | 11 | 81 | 8 | 1 | 28 | 26 | 14 | 1 | 1 |
| 58 | 20,649 | 7 | 0 | 18 | 18 | 73 | 7 | 2 | 22 | 32 | 77 | 0 | 0 |
| 59 | 19,290 | 5 | 0 | 10 | 22 | 72 | 5 | 1 | 23 | 35 | 59 | 0 | 0 |
| 60 | 33,404 | 20 | 2 | 25 | 17 | 76 | 6 | 1 | 20 | 24 | 13 | 1 | 0 |
| 61 | 36,319 | 23 | 4 | 29 | 15 | 77 | 7 | 1 | 27 | 28 | 8 | 1 | 0 |
| 62 | 35,429 | 23 | 2 | 24 | 19 | 73 | 7 | 1 | 14 | 19 | 6 | 1 | 0 |
| 63 | 39,108 | 24 | 3 | 27 | 18 | 72 | 9 | 1 | 11 | 14 | 10 | 2 | 1 |
| 64 | 28,536 | 14 | 0 | 17 | 22 | 68 | 8 | 1 | 16 | 20 | 14 | 1 | 2 |
| 65 | 22,062 | 8 | 1 | 14 | 24 | 69 | 6 | 1 | 20 | 28 | 63 | 0 | 0 |
| 66 | 21,935 | 6 | 1 | 10 | 30 | 59 | 2 | 8 | 40 | 50 | 0 | 0 | 0 |
| 67 | 22,123 | 6 | 1 | 12 | 33 | 55 | 3 | 8 | 32 | 41 | 1 | 1 | 0 |
| 68 | 29,649 | 13 | 2 | 21 | 23 | 72 | 3 | 2 | 23 | 32 | 4 | 1 | 0 |
| 69 | 27,942 | 13 | 1 | 15 | 29 | 63 | 5 | 3 | 19 | 26 | 3 | 1 | 0 |
| 70 | 28,381 | 12 | 2 | 12 | 26 | 59 | 5 | 11 | 21 | 29 | 15 | 1 | 0 |
| 71 | 32,620 | 20 | 1 | 18 | 27 | 63 | 9 | 2 | 19 | 25 | 12 | 1 | 1 |
| 72 | 20,786 | 7 | 0 | 14 | 27 | 63 | 9 | 2 | 21 | 34 | 62 | 0 | 0 |
| 73 | 21,554 | 8 | 1 | 16 | 23 | 67 | 8 | 2 | 25 | 36 | 65 | 1 | 0 |
| 74 | 22,159 | 8 | 2 | 8 | 26 | 47 | 12 | 16 | 19 | 32 | 57 | 1 | 0 |
| 75 | 32,817 | 19 | 3 | 18 | 33 | 60 | 5 | 3 | 25 | 31 | 25 | 0 | 0 |
| 76 | 23,832 | 9 | 1 | 12 | 45 | 47 | 5 | 4 | 26 | 36 | 29 | 1 | 0 |
| 77 | 21,302 | 7 | 1 | 9 | 44 | 47 | 3 | 7 | 28 | 37 | 1 | 0 | 0 |
| 78 | 21,031 | 5 | 1 | 8 | 34 | 54 | 3 | 10 | 27 | 38 | 0 | 0 | 0 |
| 79 | 25,016 | 9 | 2 | 10 | 32 | 57 | 4 | 8 | 25 | 36 | 9 | 0 | 0 |
| 80 | 22,289 | 7 | 1 | 9 | 36 | 51 | 3 | 11 | 25 | 37 | 12 | 0 | 0 |
| 81 | 29,812 | 14 | 2 | 14 | 28 | 54 | 3 | 15 | 25 | 34 | 21 | 0 | 0 |
| 82 | 25,550 | 10 | 2 | 14 | 36 | 51 | 5 | 8 | 22 | 31 | 22 | 1 | 0 |
| 83 | 26,717 | 13 | 1 | 12 | 47 | 47 | 3 | 3 | 23 | 31 | 23 | 1 | 0 |
| 84 | 21,709 | 6 | 1 | 7 | 41 | 46 | 2 | 11 | 31 | 40 | 0 | 0 | 0 |
| 85 | 25,723 | 9 | 2 | 12 | 39 | 58 | 2 | 2 | 26 | 34 | 0 | 1 | 0 |
| 86* | 31,665 | 15 | 3 | 24 | 26 | 69 | 3 | 3 | 20 | 25 | 8 | 1 | 1 |
| 88 | 25,427 | 9 | 1 | 12 | 34 | 57 | 2 | 6 | 20 | 27 | 2 | 1 | 0 |
| 89 | 23,452 | 8 | 1 | 7 | 31 | 50 | 3 | 16 | 26 | 37 | 9 | 0 | 0 |
| 90 | 23,879 | 9 | 1 | 10 | 33 | 50 | 2 | 14 | 23 | 33 | 23 | 0 | 0 |
| 91 | 20,640 | 7 | 1 | 12 | 25 | 62 | 4 | 10 | 23 | 33 | 41 | 1 | 0 |
| 92 | 21,832 | 6 | 1 | 8 | 40 | 44 | 3 | 13 | 26 | 37 | 5 | 1 | 0 |
| 93 | 28,814 | 12 | 1 | 21 | 29 | 57 | 9 | 5 | 17 | 21 | 13 | 2 | 1 |
| 94 | 19,720 | 6 | 1 | 9 | 42 | 46 | 4 | 8 | 20 | 33 | 56 | 1 | 0 |
| 95 | 21,795 | 6 | 1 | 9 | 22 | 67 | 4 | 6 | 18 | 28 | 64 | 1 | 0 |
| 96 | 32,984 | 17 | 2 | 17 | 19 | 73 | 4 | 4 | 18 | 22 | 18 | 1 | 0 |
| 97 | 17,797 | 5 | 1 | 11 | 24 | 58 | 4 | 14 | 23 | 35 | 61 | 1 | 0 |
| 98 | 21,610 | 7 | 1 | 12 | 26 | 58 | 4 | 11 | 26 | 37 | 37 | 1 | 0 |
| 99 | 17,470 | 6 | 1 | 12 | 22 | 59 | 4 | 15 | 24 | 39 | 60 | 1 | 0 |
| 100 | 21,677 | 10 | 2 | 11 | 21 | 54 | 5 | 19 | 25 | 36 | 56 | 1 | 0 |

\* Some house districts have multiple representatives:  12, 13, and 14 have one boundary and 3 representatives: 33 & 34 and 86 & 87 have one boundary each and two representatives each.

# CALIFORNIA
## State Senate Districts

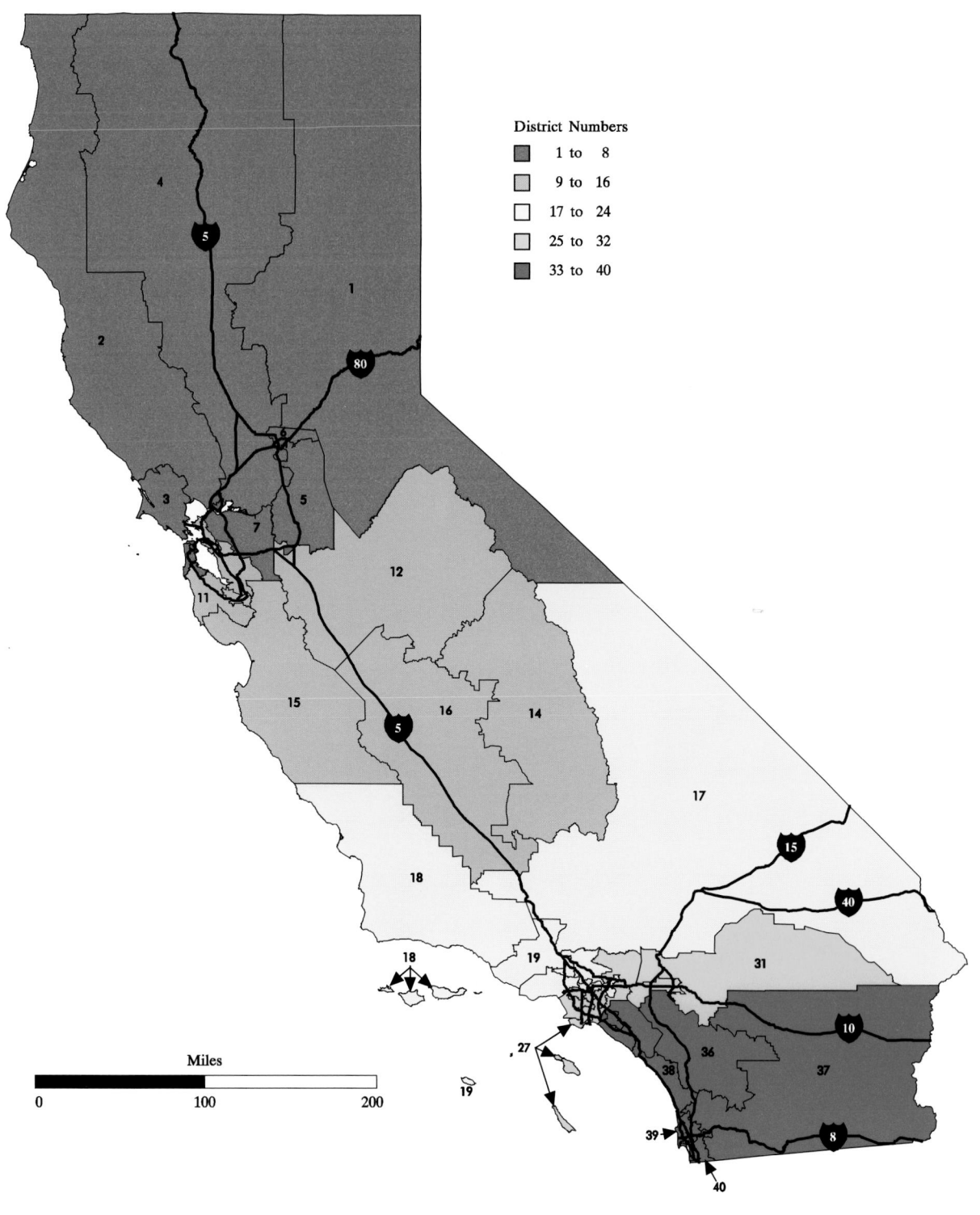

District Numbers
- 1 to 8
- 9 to 16
- 17 to 24
- 25 to 32
- 33 to 40

Miles

0          100          200

# LOS ANGELES
## State Senate Districts

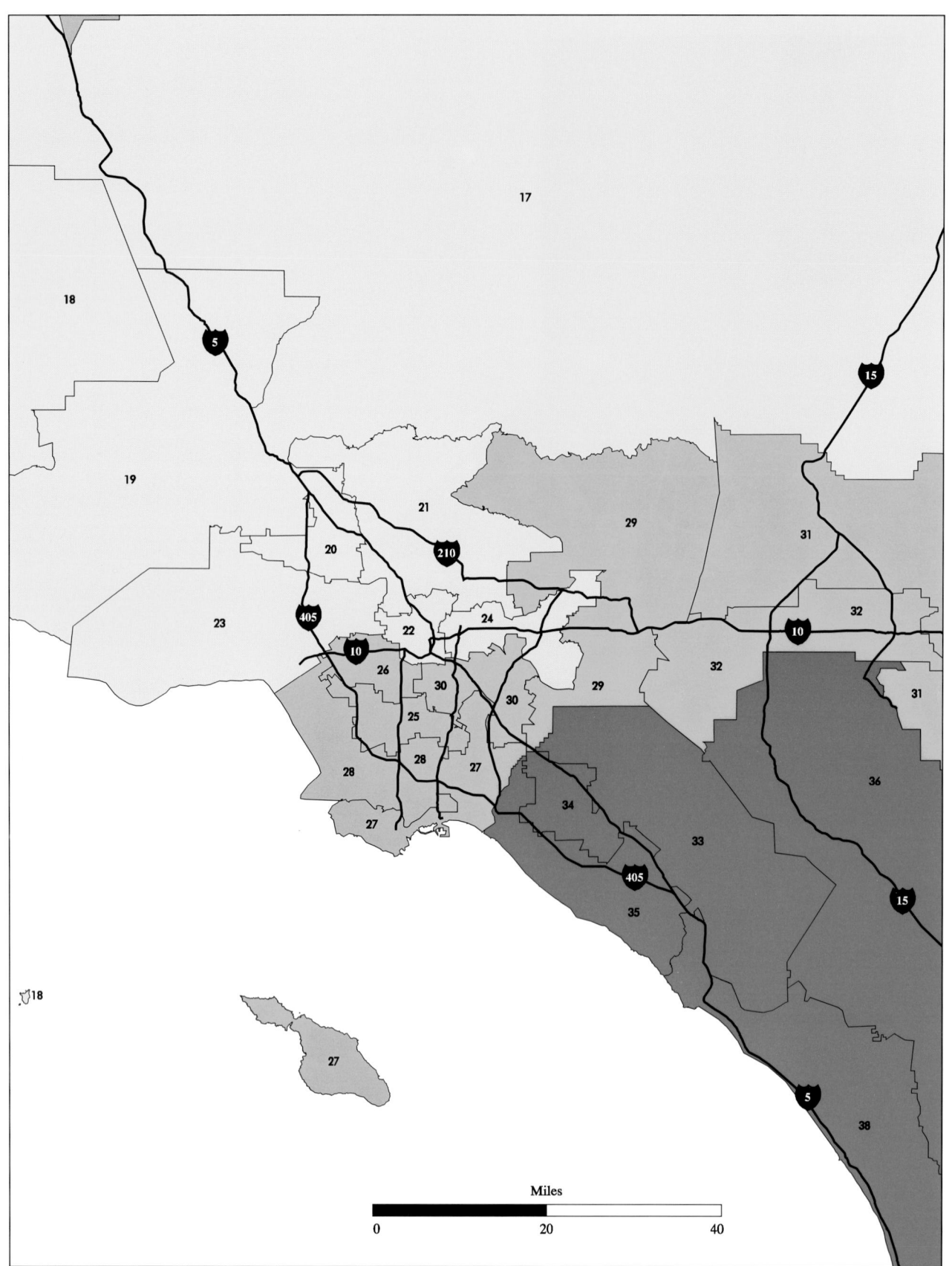

Miles

0               20             40

# SAN FRANCISCO
## State Senate Districts

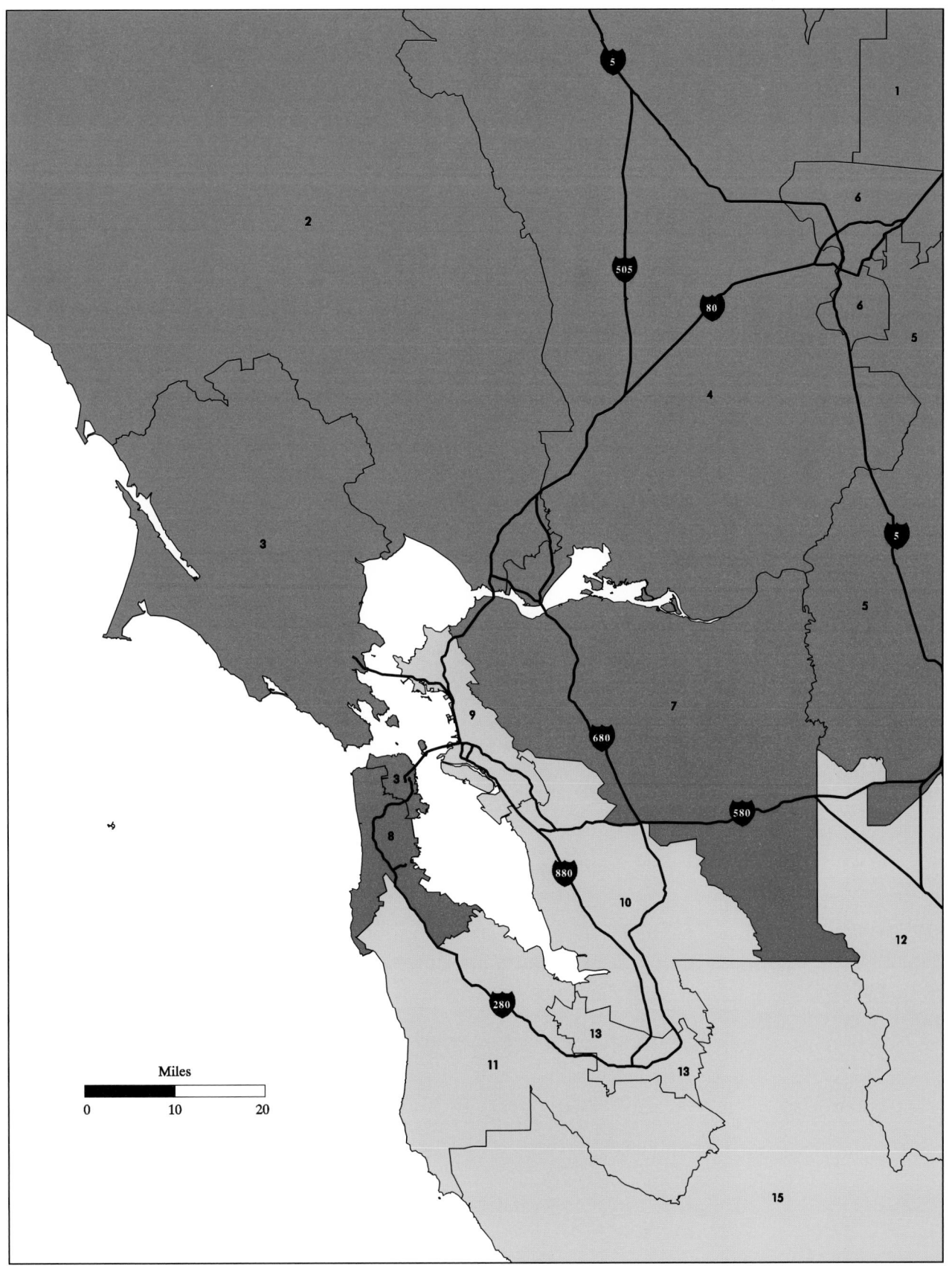

Miles

0    10    20

# California State Senate Districts:  Demographic Data

| Senate District | Household Income Avg. ($) | Household Income > $50K (%) | Household Income >$100K (%) | College Educ. (%) | Manf. (%) | Employment Type Service (%) | Employment Type Govt. (%) | Farm (%) | Age 55+ (%) | Receives Soc. Sec. (%) | African Amer. (%) | Hispanic Amer. (%) | Asian Amer. (%) |
|---|---|---|---|---|---|---|---|---|---|---|---|---|---|
| Calif | 46,327 | 33 | 7 | 31 | 25 | 67 | 5 | 4 | 18 | 22 | 7 | 26 | 10 |
| 1 | 37,468 | 24 | 4 | 28 | 21 | 67 | 7 | 5 | 23 | 30 | 1 | 7 | 2 |
| 2 | 39,495 | 26 | 4 | 30 | 22 | 67 | 5 | 5 | 23 | 29 | 4 | 10 | 5 |
| 3 | 50,137 | 34 | 10 | 43 | 16 | 79 | 4 | 2 | 21 | 21 | 8 | 12 | 13 |
| 4 | 36,479 | 24 | 3 | 26 | 19 | 66 | 7 | 8 | 19 | 25 | 4 | 13 | 6 |
| 5 | 40,064 | 27 | 4 | 28 | 19 | 66 | 10 | 5 | 18 | 23 | 6 | 18 | 11 |
| 6 | 38,341 | 26 | 4 | 31 | 16 | 67 | 15 | 2 | 18 | 22 | 11 | 13 | 10 |
| 7 | 58,849 | 49 | 12 | 42 | 21 | 73 | 4 | 2 | 18 | 20 | 4 | 10 | 8 |
| 8 | 52,644 | 40 | 9 | 39 | 16 | 79 | 4 | 1 | 24 | 26 | 6 | 15 | 29 |
| 9 | 40,802 | 27 | 6 | 40 | 16 | 77 | 6 | 1 | 19 | 23 | 32 | 13 | 15 |
| 10 | 51,511 | 44 | 7 | 33 | 32 | 63 | 4 | 1 | 17 | 19 | 6 | 17 | 20 |
| 11 | 70,332 | 55 | 18 | 50 | 29 | 66 | 3 | 2 | 19 | 20 | 4 | 12 | 10 |
| 12 | 37,391 | 23 | 4 | 22 | 23 | 61 | 4 | 11 | 18 | 26 | 3 | 24 | 5 |
| 13 | 47,670 | 39 | 6 | 35 | 40 | 56 | 3 | 2 | 16 | 18 | 5 | 29 | 18 |
| 14 | 37,681 | 24 | 4 | 27 | 16 | 70 | 6 | 9 | 19 | 25 | 3 | 20 | 4 |
| 15 | 47,163 | 34 | 7 | 33 | 23 | 62 | 5 | 10 | 17 | 22 | 4 | 30 | 7 |
| 16 | 27,955 | 12 | 2 | 12 | 16 | 53 | 5 | 27 | 16 | 25 | 6 | 51 | 7 |
| 17 | 43,392 | 33 | 5 | 24 | 27 | 63 | 8 | 3 | 15 | 20 | 5 | 16 | 3 |
| 18 | 45,047 | 31 | 6 | 33 | 20 | 67 | 6 | 8 | 21 | 26 | 2 | 22 | 3 |
| 19 | 58,832 | 49 | 12 | 34 | 25 | 66 | 5 | 4 | 17 | 19 | 3 | 24 | 8 |
| 20 | 41,096 | 29 | 5 | 25 | 30 | 66 | 2 | 2 | 15 | 19 | 5 | 46 | 7 |
| 21 | 51,092 | 36 | 10 | 39 | 20 | 76 | 3 | 1 | 22 | 21 | 7 | 22 | 12 |
| 22 | 27,619 | 13 | 2 | 19 | 32 | 64 | 2 | 1 | 13 | 17 | 5 | 67 | 18 |
| 23 | 75,753 | 45 | 19 | 51 | 15 | 83 | 2 | 1 | 24 | 21 | 3 | 10 | 7 |
| 24 | 38,475 | 27 | 4 | 21 | 31 | 64 | 3 | 2 | 16 | 20 | 2 | 59 | 21 |
| 25 | 34,494 | 22 | 3 | 18 | 32 | 62 | 4 | 2 | 13 | 19 | 37 | 42 | 7 |
| 26 | 35,407 | 21 | 5 | 25 | 24 | 71 | 4 | 2 | 17 | 22 | 43 | 37 | 6 |
| 27 | 51,225 | 38 | 9 | 35 | 27 | 68 | 3 | 1 | 20 | 22 | 6 | 20 | 12 |
| 28 | 51,310 | 40 | 10 | 36 | 29 | 66 | 3 | 2 | 16 | 18 | 13 | 26 | 15 |
| 29 | 54,775 | 45 | 9 | 35 | 25 | 69 | 4 | 1 | 18 | 20 | 6 | 26 | 13 |
| 30 | 34,920 | 22 | 2 | 13 | 39 | 57 | 2 | 1 | 14 | 21 | 2 | 75 | 5 |
| 31 | 42,031 | 30 | 5 | 27 | 23 | 69 | 6 | 2 | 19 | 26 | 7 | 18 | 4 |
| 32 | 37,543 | 26 | 3 | 19 | 30 | 63 | 4 | 3 | 12 | 18 | 11 | 40 | 5 |
| 33 | 62,495 | 52 | 14 | 41 | 28 | 67 | 3 | 2 | 16 | 16 | 2 | 18 | 9 |
| 34 | 41,526 | 31 | 3 | 20 | 37 | 57 | 2 | 3 | 14 | 19 | 2 | 44 | 14 |
| 35 | 62,551 | 49 | 14 | 45 | 26 | 70 | 3 | 1 | 19 | 20 | 2 | 11 | 10 |
| 36 | 43,805 | 32 | 5 | 24 | 30 | 61 | 4 | 4 | 19 | 25 | 5 | 23 | 4 |
| 37 | 46,373 | 33 | 7 | 29 | 21 | 67 | 5 | 7 | 21 | 27 | 2 | 28 | 4 |
| 38 | 52,755 | 39 | 10 | 37 | 24 | 69 | 4 | 3 | 19 | 24 | 3 | 18 | 4 |
| 39 | 44,015 | 29 | 6 | 41 | 19 | 75 | 5 | 1 | 19 | 21 | 6 | 13 | 9 |
| 40 | 36,173 | 23 | 3 | 23 | 23 | 68 | 7 | 2 | 17 | 21 | 11 | 34 | 11 |

# CALIFORNIA
## State Assembly Districts

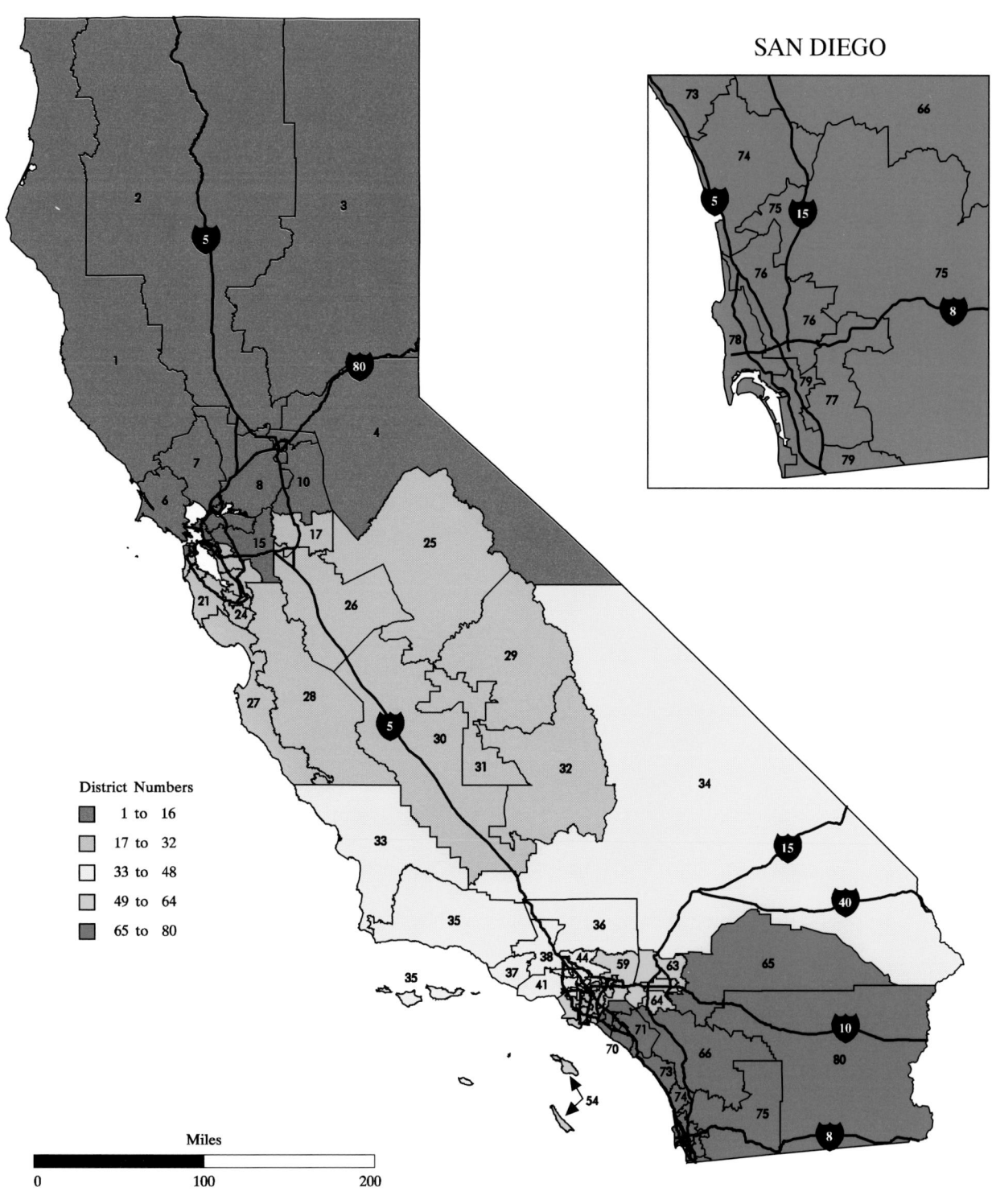

SAN DIEGO

District Numbers
- 1 to 16
- 17 to 32
- 33 to 48
- 49 to 64
- 65 to 80

Miles

0       100       200

# LOS ANGELES
## State Assembly Districts

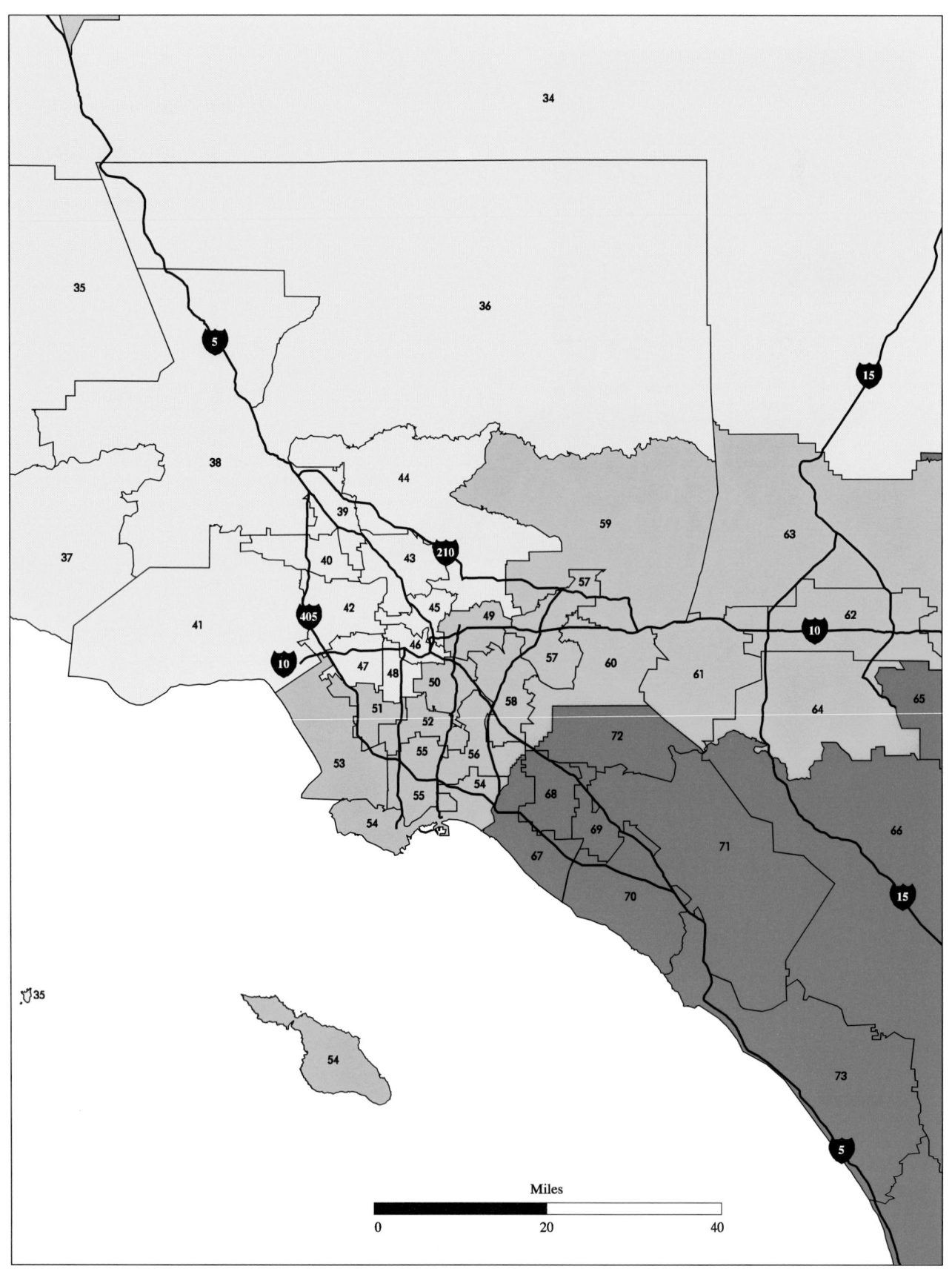

Miles

0        20        40

# SAN FRANCISCO
## State Assembly Districts

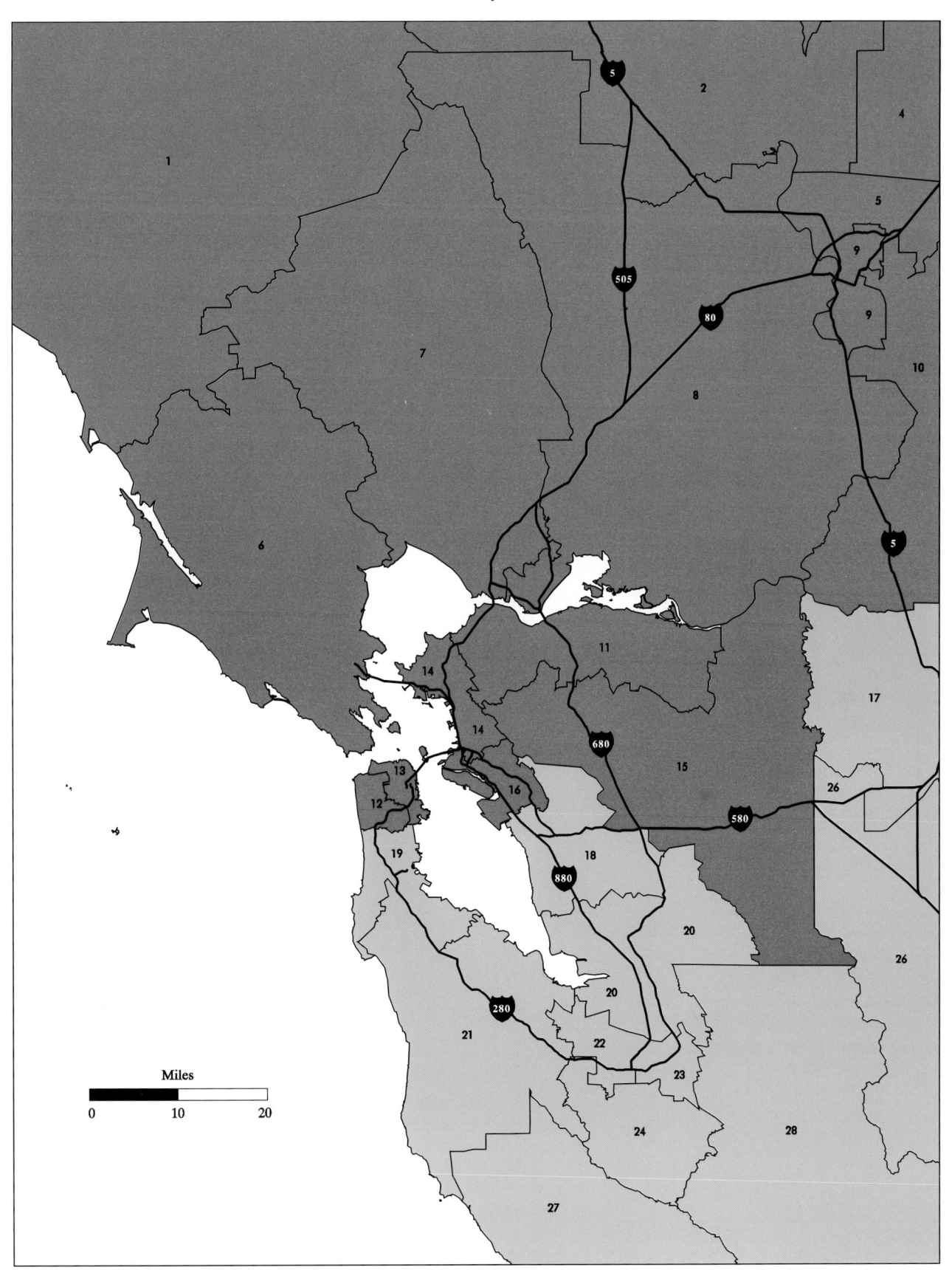

# California State Assembly Districts: Demographic Data

| Assembly District | Household Income Avg. ($) | Household Income > $50K (%) | Household Income >$100K (%) | College Educ. (%) | Manf. (%) | Employment Type Service (%) | Employment Type Govt. (%) | Farm (%) | Age 55+ (%) | Receives Soc. Sec. (%) | African Amer. (%) | Hispanic Amer. (%) | Asian Amer. (%) |
|---|---|---|---|---|---|---|---|---|---|---|---|---|---|
| Calif | 46,327 | 33 | 7 | 31 | 25 | 67 | 5 | 4 | 18 | 22 | 7 | 26 | 10 |
| 1 | 34,972 | 20 | 3 | 27 | 23 | 66 | 5 | 7 | 23 | 30 | 1 | 9 | 2 |
| 2 | 31,515 | 17 | 2 | 21 | 21 | 63 | 5 | 11 | 24 | 31 | 1 | 10 | 3 |
| 3 | 32,124 | 17 | 3 | 27 | 20 | 68 | 6 | 7 | 25 | 32 | 2 | 7 | 3 |
| 4 | 42,888 | 31 | 5 | 30 | 22 | 66 | 8 | 4 | 22 | 27 | 1 | 8 | 2 |
| 5 | 43,364 | 31 | 5 | 32 | 17 | 69 | 12 | 1 | 18 | 20 | 5 | 7 | 4 |
| 6 | 59,219 | 44 | 13 | 45 | 17 | 76 | 4 | 3 | 20 | 22 | 3 | 9 | 4 |
| 7 | 44,159 | 32 | 5 | 33 | 22 | 69 | 6 | 4 | 23 | 27 | 7 | 12 | 9 |
| 8 | 41,898 | 31 | 4 | 31 | 18 | 68 | 9 | 5 | 15 | 18 | 7 | 17 | 9 |
| 9 | 33,429 | 21 | 2 | 29 | 15 | 65 | 17 | 2 | 19 | 24 | 17 | 18 | 16 |
| 10 | 43,125 | 30 | 5 | 34 | 17 | 68 | 12 | 3 | 20 | 23 | 5 | 11 | 7 |
| 11 | 47,128 | 40 | 5 | 33 | 21 | 71 | 5 | 2 | 16 | 19 | 6 | 13 | 10 |
| 12 | 49,988 | 37 | 8 | 41 | 15 | 80 | 5 | 1 | 25 | 28 | 8 | 13 | 37 |
| 13 | 42,435 | 27 | 7 | 42 | 14 | 81 | 4 | 1 | 21 | 21 | 14 | 15 | 22 |
| 14 | 39,729 | 27 | 5 | 46 | 15 | 78 | 6 | 1 | 20 | 23 | 29 | 11 | 13 |
| 15 | 70,266 | 58 | 18 | 50 | 20 | 74 | 4 | 2 | 19 | 20 | 2 | 7 | 6 |
| 16 | 42,051 | 28 | 7 | 34 | 17 | 75 | 7 | 1 | 19 | 22 | 35 | 15 | 17 |
| 17 | 36,498 | 24 | 3 | 22 | 22 | 65 | 7 | 6 | 17 | 24 | 7 | 25 | 15 |
| 18 | 45,052 | 35 | 5 | 27 | 24 | 70 | 5 | 1 | 21 | 24 | 7 | 19 | 15 |
| 19 | 55,290 | 44 | 9 | 37 | 17 | 78 | 4 | 1 | 22 | 23 | 4 | 17 | 22 |
| 20 | 58,735 | 54 | 10 | 38 | 38 | 57 | 3 | 1 | 13 | 13 | 4 | 16 | 24 |
| 21 | 72,158 | 53 | 19 | 54 | 24 | 71 | 3 | 2 | 21 | 22 | 6 | 14 | 9 |
| 22 | 51,876 | 44 | 8 | 44 | 40 | 56 | 2 | 1 | 18 | 18 | 3 | 14 | 16 |
| 23 | 41,792 | 33 | 4 | 24 | 39 | 56 | 3 | 2 | 13 | 17 | 6 | 43 | 20 |
| 24 | 68,440 | 58 | 16 | 47 | 34 | 62 | 3 | 1 | 17 | 17 | 2 | 10 | 12 |
| 25 | 40,164 | 26 | 5 | 26 | 22 | 65 | 5 | 8 | 20 | 27 | 2 | 18 | 3 |
| 26 | 34,223 | 19 | 3 | 17 | 25 | 57 | 4 | 15 | 17 | 25 | 4 | 31 | 7 |
| 27 | 48,374 | 35 | 8 | 41 | 20 | 70 | 5 | 5 | 19 | 23 | 5 | 13 | 6 |
| 28 | 45,679 | 34 | 6 | 24 | 25 | 55 | 5 | 16 | 15 | 22 | 3 | 46 | 8 |
| 29 | 38,225 | 25 | 4 | 31 | 16 | 72 | 6 | 6 | 19 | 24 | 3 | 20 | 6 |
| 30 | 29,462 | 13 | 2 | 12 | 13 | 51 | 5 | 30 | 15 | 23 | 6 | 49 | 4 |
| 31 | 26,467 | 11 | 2 | 13 | 18 | 54 | 5 | 23 | 17 | 26 | 6 | 52 | 10 |
| 32 | 37,118 | 23 | 4 | 23 | 16 | 67 | 5 | 11 | 19 | 26 | 3 | 20 | 3 |
| 33 | 39,463 | 26 | 4 | 29 | 19 | 65 | 6 | 9 | 21 | 27 | 3 | 21 | 4 |
| 34 | 36,458 | 23 | 3 | 20 | 22 | 62 | 12 | 3 | 18 | 24 | 6 | 16 | 2 |
| 35 | 50,489 | 36 | 9 | 37 | 21 | 68 | 5 | 6 | 21 | 26 | 1 | 24 | 3 |
| 36 | 50,541 | 42 | 7 | 28 | 30 | 63 | 6 | 2 | 12 | 16 | 5 | 16 | 4 |
| 37 | 54,155 | 45 | 9 | 31 | 25 | 61 | 7 | 7 | 17 | 21 | 3 | 31 | 6 |
| 38 | 63,145 | 53 | 14 | 37 | 26 | 70 | 3 | 2 | 16 | 17 | 3 | 16 | 9 |
| 39 | 38,126 | 26 | 3 | 17 | 37 | 58 | 2 | 3 | 13 | 18 | 7 | 62 | 7 |
| 40 | 43,167 | 30 | 6 | 31 | 23 | 73 | 2 | 2 | 18 | 19 | 4 | 30 | 8 |
| 41 | 81,288 | 52 | 23 | 51 | 18 | 79 | 2 | 1 | 23 | 21 | 2 | 10 | 6 |
| 42 | 71,144 | 40 | 17 | 52 | 12 | 86 | 2 | 1 | 25 | 21 | 3 | 10 | 8 |
| 43 | 44,800 | 30 | 8 | 35 | 21 | 75 | 3 | 1 | 22 | 21 | 2 | 25 | 12 |
| 44 | 57,859 | 42 | 12 | 44 | 19 | 76 | 3 | 2 | 21 | 22 | 12 | 19 | 11 |
| 45 | 31,452 | 18 | 3 | 21 | 30 | 67 | 2 | 1 | 14 | 18 | 2 | 63 | 19 |
| 46 | 23,822 | 9 | 1 | 16 | 35 | 62 | 2 | 1 | 13 | 16 | 7 | 70 | 16 |
| 47 | 43,143 | 29 | 7 | 36 | 17 | 78 | 4 | 1 | 21 | 22 | 40 | 23 | 9 |
| 48 | 24,194 | 11 | 1 | 11 | 35 | 60 | 3 | 2 | 14 | 23 | 46 | 52 | 3 |
| 49 | 36,614 | 24 | 3 | 23 | 26 | 69 | 4 | 1 | 18 | 23 | 1 | 55 | 29 |
| 50 | 28,776 | 14 | 1 | 7 | 45 | 52 | 2 | 1 | 11 | 18 | 2 | 89 | 1 |

# California State Assembly Districts: Demographic Data (cont.)

| Assembly District | Household Income Avg. ($) | Household Income > $50K (%) | Household Income >$100K (%) | College Educ. (%) | Manf. (%) | Service (%) | Govt. (%) | Farm (%) | Age 55+ (%) | Receives Soc. Sec. (%) | African Amer. (%) | Hispanic Amer. (%) | Asian Amer. (%) |
|---|---|---|---|---|---|---|---|---|---|---|---|---|---|
| Calif | 46,327 | 33 | 7 | 31 | 25 | 67 | 5 | 4 | 18 | 22 | 7 | 26 | 10 |
| 51 | 37,146 | 25 | 3 | 23 | 28 | 66 | 4 | 2 | 14 | 17 | 37 | 36 | 6 |
| 52 | 31,242 | 18 | 2 | 13 | 38 | 58 | 3 | 2 | 13 | 20 | 36 | 48 | 7 |
| 53 | 60,751 | 49 | 14 | 48 | 27 | 69 | 3 | 1 | 19 | 17 | 2 | 12 | 12 |
| 54 | 55,483 | 40 | 12 | 41 | 25 | 70 | 4 | 1 | 21 | 22 | 6 | 19 | 9 |
| 55 | 36,823 | 26 | 3 | 20 | 33 | 61 | 4 | 2 | 14 | 18 | 23 | 41 | 18 |
| 56 | 46,398 | 36 | 6 | 28 | 29 | 66 | 3 | 1 | 19 | 23 | 7 | 22 | 16 |
| 57 | 40,590 | 29 | 4 | 18 | 36 | 59 | 2 | 2 | 13 | 18 | 3 | 63 | 13 |
| 58 | 40,014 | 29 | 3 | 18 | 33 | 62 | 3 | 1 | 17 | 23 | 2 | 62 | 8 |
| 59 | 52,924 | 42 | 9 | 36 | 24 | 70 | 4 | 2 | 20 | 23 | 6 | 21 | 9 |
| 60 | 56,900 | 49 | 10 | 35 | 26 | 69 | 4 | 1 | 16 | 17 | 6 | 30 | 18 |
| 61 | 41,623 | 32 | 3 | 20 | 33 | 60 | 4 | 4 | 11 | 16 | 8 | 42 | 5 |
| 62 | 33,690 | 21 | 2 | 18 | 27 | 66 | 5 | 2 | 13 | 20 | 13 | 39 | 5 |
| 63 | 47,522 | 37 | 6 | 33 | 22 | 70 | 6 | 2 | 15 | 19 | 7 | 18 | 5 |
| 64 | 43,254 | 32 | 5 | 24 | 30 | 62 | 5 | 3 | 14 | 19 | 7 | 27 | 5 |
| 65 | 36,661 | 24 | 3 | 22 | 24 | 67 | 7 | 3 | 23 | 33 | 6 | 17 | 4 |
| 66 | 44,302 | 33 | 6 | 24 | 31 | 60 | 4 | 5 | 23 | 30 | 3 | 20 | 3 |
| 67 | 59,471 | 50 | 12 | 41 | 28 | 68 | 3 | 1 | 19 | 20 | 1 | 11 | 11 |
| 68 | 43,622 | 34 | 4 | 25 | 33 | 62 | 3 | 2 | 18 | 20 | 2 | 23 | 17 |
| 69 | 38,663 | 27 | 3 | 15 | 41 | 52 | 2 | 5 | 11 | 17 | 2 | 65 | 10 |
| 70 | 65,340 | 47 | 15 | 49 | 24 | 73 | 2 | 1 | 19 | 19 | 2 | 12 | 9 |
| 71 | 65,914 | 55 | 15 | 43 | 26 | 69 | 4 | 1 | 15 | 16 | 2 | 15 | 8 |
| 72 | 59,075 | 49 | 12 | 38 | 30 | 66 | 3 | 2 | 17 | 17 | 2 | 21 | 10 |
| 73 | 54,009 | 40 | 11 | 38 | 23 | 69 | 4 | 3 | 19 | 23 | 5 | 17 | 5 |
| 74 | 51,539 | 38 | 9 | 37 | 25 | 68 | 3 | 4 | 20 | 25 | 2 | 19 | 4 |
| 75 | 53,418 | 44 | 8 | 37 | 26 | 67 | 5 | 2 | 17 | 21 | 2 | 9 | 6 |
| 76 | 40,074 | 28 | 4 | 38 | 20 | 74 | 5 | 1 | 17 | 19 | 8 | 13 | 12 |
| 77 | 42,135 | 30 | 4 | 30 | 22 | 70 | 7 | 2 | 19 | 22 | 6 | 18 | 10 |
| 78 | 47,711 | 31 | 8 | 44 | 18 | 76 | 5 | 1 | 21 | 23 | 4 | 13 | 5 |
| 79 | 29,077 | 15 | 1 | 16 | 25 | 65 | 8 | 3 | 14 | 21 | 16 | 49 | 12 |
| 80 | 39,449 | 23 | 5 | 20 | 15 | 67 | 4 | 13 | 25 | 32 | 3 | 46 | 2 |

# COLORADO
## State Senate Districts

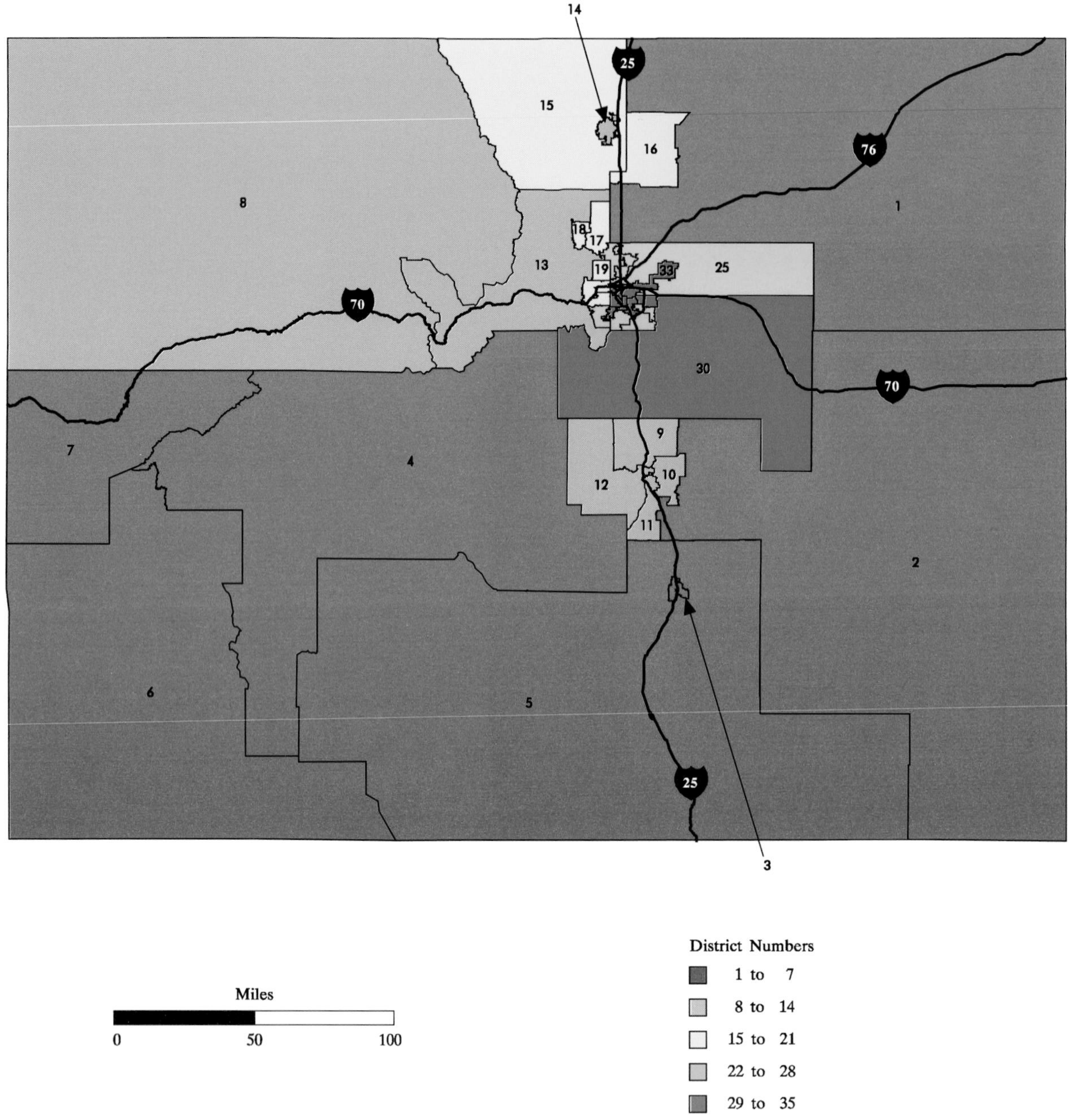

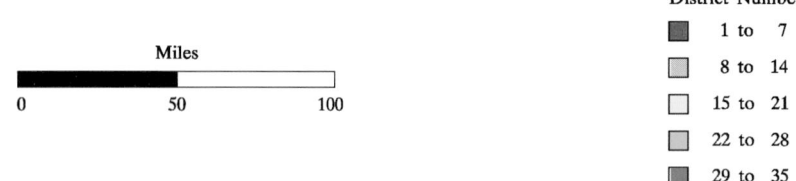

14
25
15
16
76
8
1
18
17
13
19
33
25
70
30
70
7
9
4
10
12
11
2
6
5
25
3
Miles
0
50
100
District Numbers
1 to 7
8 to 14
15 to 21
22 to 28
29 to 35

# DENVER
## State Senate Districts

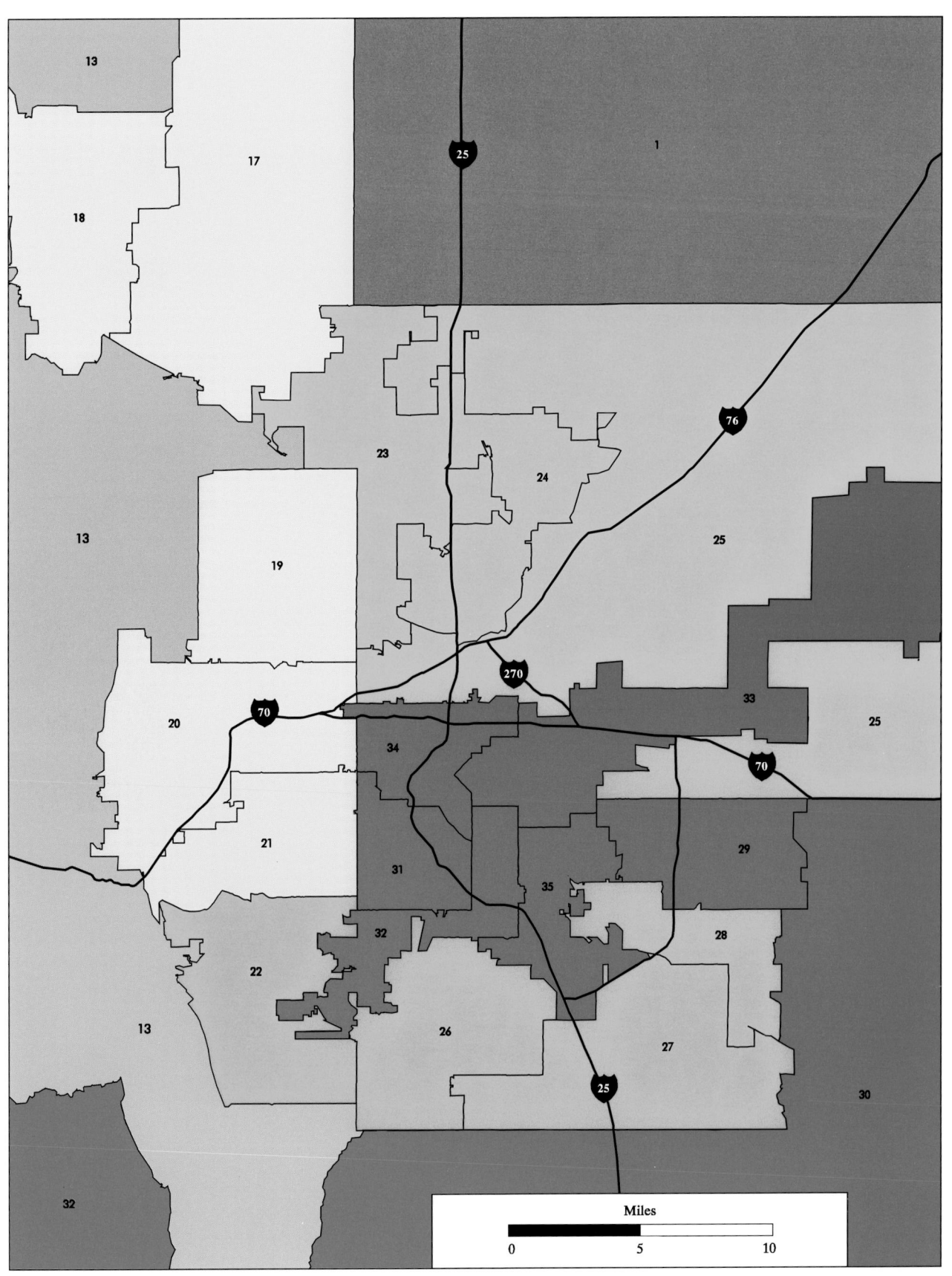

# Colorado State Senate Districts: Demographic Data

| Senate District | Household Income Avg. ($) | > $50K (%) | >$100K (%) | College Educ. (%) | Manf. (%) | Employment Type Service (%) | Govt. (%) | Farm (%) | Age 55+ (%) | Receives Soc. Sec. (%) | African Amer. (%) | Hispanic Amer. (%) | Asian Amer. (%) |
|---|---|---|---|---|---|---|---|---|---|---|---|---|---|
| Colorado | 37,581 | 24 | 4 | 34 | 19 | 71 | 5 | 4 | 18 | 20 | 4 | 13 | 2 |
| 1 | 29,466 | 14 | 2 | 19 | 18 | 59 | 4 | 20 | 23 | 27 | 0 | 14 | 0 |
| 2 | 27,347 | 12 | 2 | 20 | 15 | 64 | 7 | 15 | 22 | 28 | 3 | 18 | 1 |
| 3 | 24,745 | 10 | 1 | 19 | 19 | 72 | 7 | 2 | 27 | 33 | 2 | 40 | 1 |
| 4 | 31,993 | 16 | 3 | 28 | 15 | 69 | 8 | 8 | 23 | 28 | 1 | 7 | 0 |
| 5 | 26,699 | 12 | 2 | 23 | 14 | 68 | 6 | 12 | 23 | 30 | 1 | 37 | 1 |
| 6 | 29,677 | 14 | 2 | 26 | 17 | 67 | 6 | 11 | 22 | 27 | 0 | 11 | 0 |
| 7 | 30,000 | 14 | 2 | 25 | 18 | 73 | 5 | 5 | 24 | 29 | 0 | 8 | 1 |
| 8 | 37,627 | 22 | 3 | 33 | 16 | 67 | 5 | 12 | 14 | 16 | 0 | 7 | 0 |
| 9 | 48,543 | 39 | 6 | 51 | 24 | 69 | 6 | 1 | 11 | 12 | 3 | 5 | 2 |
| 10 | 34,676 | 20 | 2 | 32 | 21 | 72 | 7 | 1 | 14 | 16 | 7 | 8 | 3 |
| 11 | 25,494 | 9 | 1 | 22 | 21 | 71 | 7 | 1 | 13 | 16 | 17 | 14 | 4 |
| 12 | 36,883 | 21 | 4 | 38 | 22 | 72 | 4 | 2 | 23 | 25 | 2 | 7 | 1 |
| 13 | 55,309 | 44 | 10 | 51 | 20 | 71 | 5 | 4 | 12 | 11 | 0 | 3 | 1 |
| 14 | 34,749 | 23 | 3 | 48 | 21 | 73 | 4 | 2 | 13 | 15 | 1 | 7 | 2 |
| 15 | 38,209 | 24 | 3 | 32 | 31 | 61 | 4 | 4 | 19 | 24 | 0 | 6 | 1 |
| 16 | 30,482 | 16 | 2 | 28 | 23 | 67 | 4 | 7 | 17 | 23 | 1 | 21 | 1 |
| 17 | 42,816 | 31 | 4 | 37 | 29 | 65 | 4 | 2 | 14 | 17 | 1 | 10 | 2 |
| 18 | 41,447 | 29 | 6 | 62 | 16 | 80 | 3 | 1 | 13 | 14 | 1 | 5 | 4 |
| 19 | 46,477 | 38 | 3 | 36 | 22 | 71 | 5 | 2 | 11 | 12 | 1 | 8 | 2 |
| 20 | 37,076 | 23 | 4 | 31 | 22 | 69 | 5 | 3 | 23 | 24 | 1 | 7 | 2 |
| 21 | 37,682 | 24 | 3 | 34 | 18 | 72 | 8 | 2 | 21 | 20 | 1 | 10 | 2 |
| 22 | 50,305 | 43 | 5 | 44 | 20 | 69 | 8 | 3 | 11 | 11 | 1 | 7 | 2 |
| 23 | 40,147 | 27 | 3 | 28 | 24 | 70 | 4 | 2 | 15 | 16 | 1 | 12 | 3 |
| 24 | 34,104 | 19 | 1 | 19 | 24 | 70 | 5 | 1 | 13 | 16 | 1 | 19 | 2 |
| 25 | 30,122 | 15 | 1 | 16 | 22 | 69 | 5 | 4 | 18 | 21 | 7 | 22 | 2 |
| 26 | 48,770 | 31 | 8 | 39 | 19 | 75 | 3 | 3 | 22 | 23 | 1 | 6 | 1 |
| 27 | 67,149 | 57 | 15 | 59 | 15 | 78 | 3 | 4 | 11 | 9 | 2 | 3 | 2 |
| 28 | 43,346 | 32 | 4 | 43 | 15 | 78 | 5 | 2 | 12 | 13 | 7 | 5 | 3 |
| 29 | 33,290 | 19 | 1 | 31 | 13 | 78 | 7 | 2 | 14 | 14 | 14 | 7 | 4 |
| 30 | 56,415 | 48 | 9 | 44 | 21 | 69 | 5 | 5 | 10 | 11 | 1 | 3 | 1 |
| 31 | 25,915 | 11 | 1 | 21 | 20 | 72 | 5 | 3 | 20 | 25 | 3 | 43 | 3 |
| 32 | 41,592 | 26 | 6 | 44 | 15 | 76 | 6 | 2 | 24 | 24 | 2 | 12 | 3 |
| 33 | 31,758 | 18 | 3 | 32 | 12 | 79 | 7 | 2 | 19 | 21 | 47 | 11 | 2 |
| 34 | 24,341 | 10 | 1 | 24 | 18 | 73 | 6 | 3 | 21 | 26 | 6 | 44 | 2 |
| 35 | 43,617 | 28 | 7 | 49 | 11 | 82 | 5 | 3 | 27 | 23 | 7 | 5 | 3 |

# COLORADO
## State House Districts

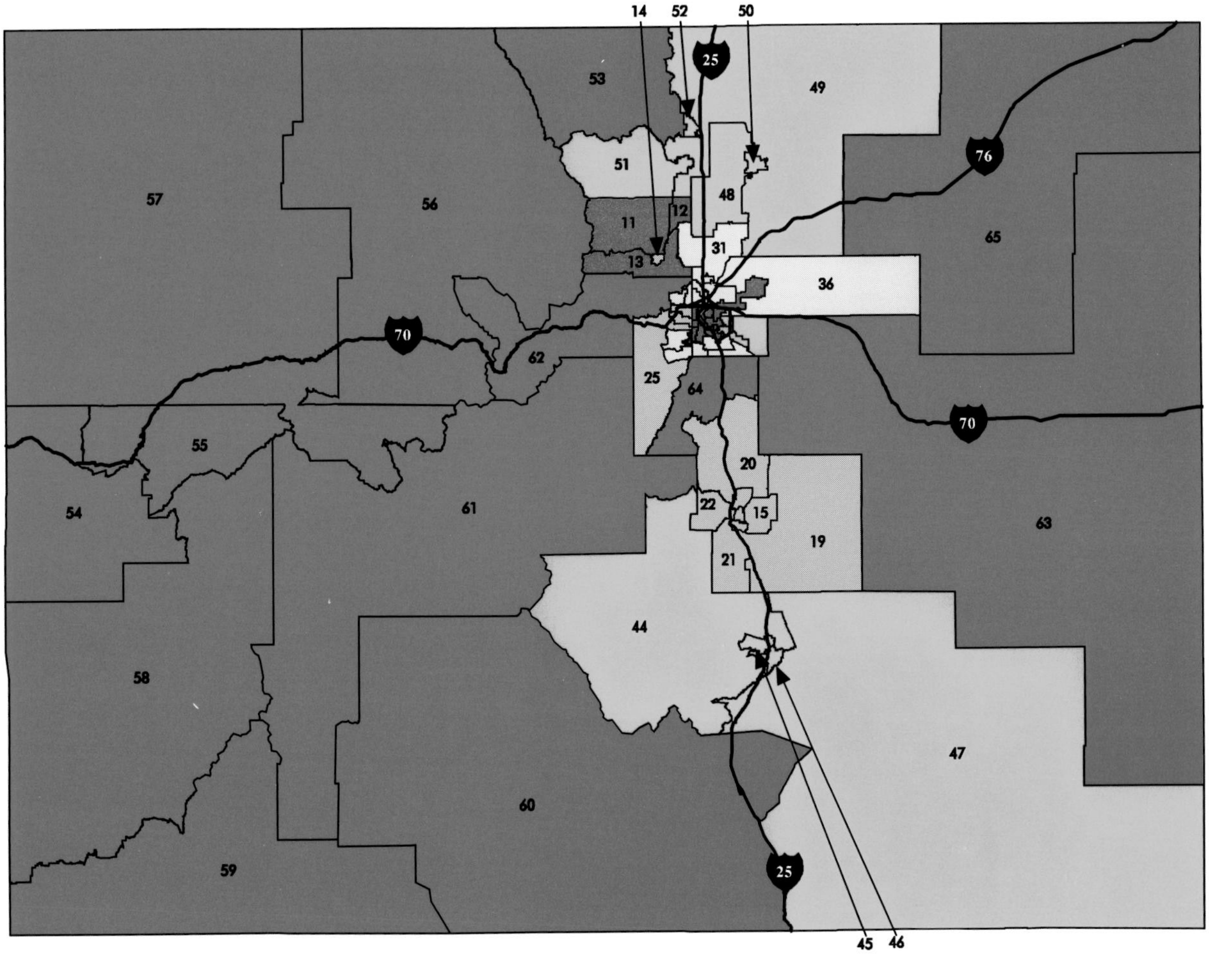

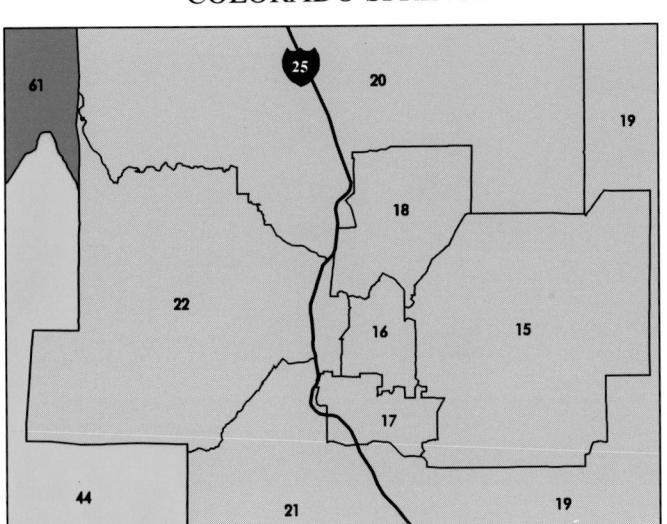

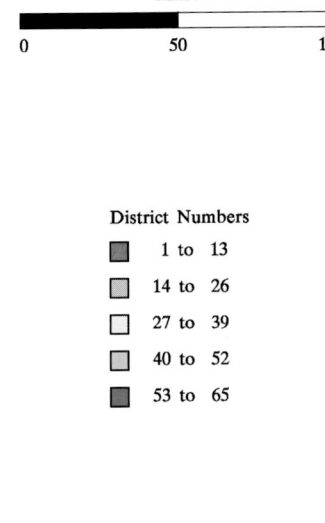

### COLORADO SPRINGS

Miles

0    50    100

**District Numbers**

1 to 13
14 to 26
27 to 39
40 to 52
53 to 65

# DENVER
## State House Districts

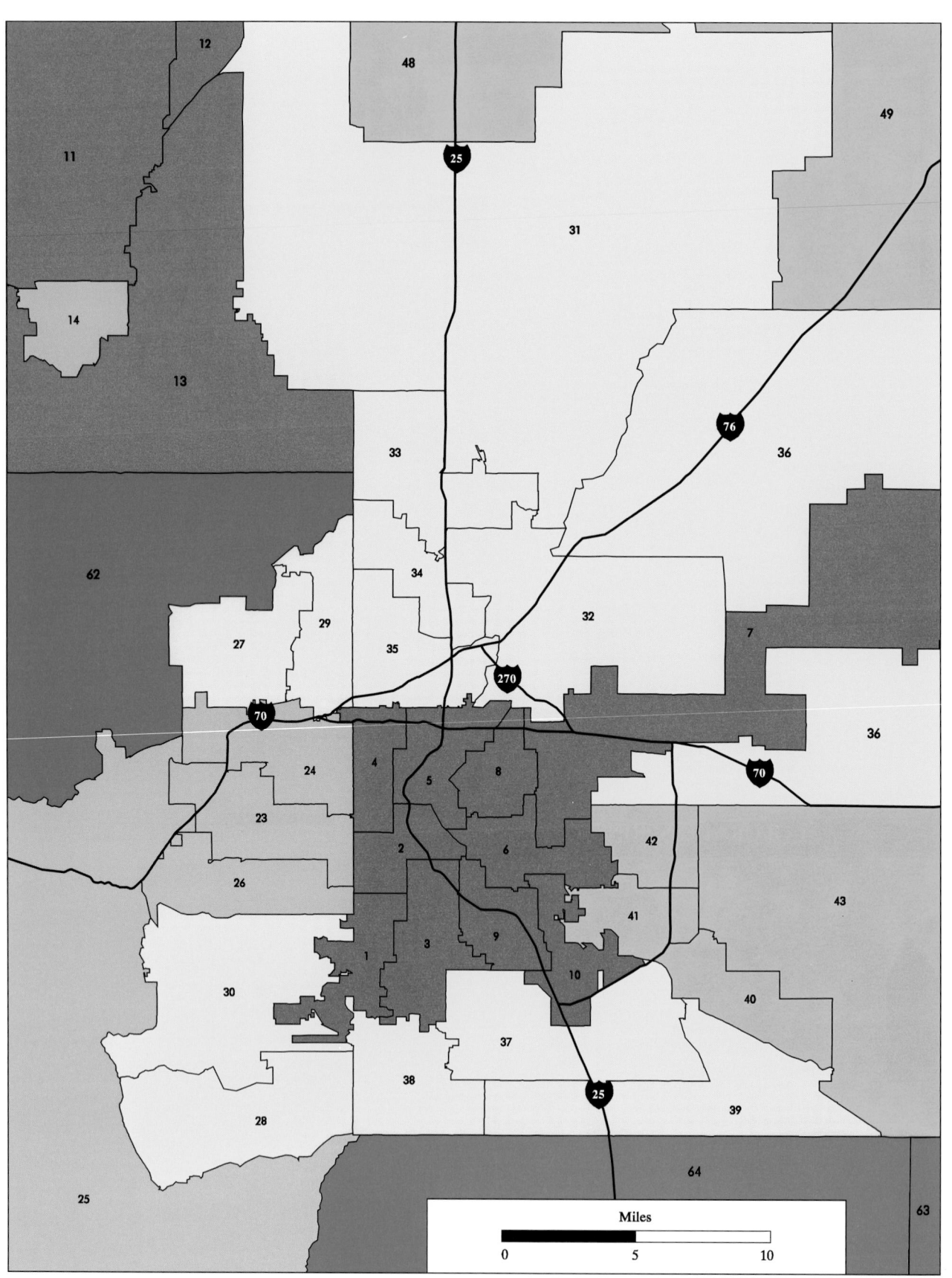

# Colorado State House Districts:  Demographic Data

| House District | Household Income Avg. ($) | > $50K (%) | >$100K (%) | College Educ. (%) | Manf. (%) | Employment Type Service (%) | Govt. (%) | Farm (%) | Age 55+ (%) | Receives Soc. Sec. (%) | African Amer. (%) | Hispanic Amer. (%) | Asian Amer. (%) |
|---|---|---|---|---|---|---|---|---|---|---|---|---|---|
| Colorado | 37,581 | 24 | 4 | 34 | 19 | 71 | 5 | 4 | 18 | 20 | 4 | 13 | 2 |
| 1 | 36,237 | 22 | 2 | 27 | 21 | 70 | 8 | 2 | 24 | 25 | 1 | 21 | 3 |
| 2 | 23,672 | 8 | 1 | 19 | 20 | 72 | 5 | 3 | 19 | 25 | 3 | 49 | 2 |
| 3 | 29,109 | 13 | 1 | 25 | 21 | 74 | 4 | 2 | 21 | 25 | 2 | 19 | 2 |
| 4 | 26,285 | 11 | 1 | 20 | 21 | 71 | 7 | 2 | 23 | 31 | 2 | 44 | 3 |
| 5 | 22,150 | 8 | 2 | 23 | 17 | 74 | 5 | 3 | 20 | 24 | 8 | 48 | 2 |
| 6 | 47,333 | 27 | 10 | 53 | 9 | 84 | 5 | 2 | 27 | 28 | 7 | 6 | 2 |
| 7 | 38,100 | 24 | 4 | 31 | 13 | 78 | 8 | 2 | 16 | 18 | 46 | 9 | 2 |
| 8 | 26,879 | 13 | 3 | 31 | 12 | 80 | 6 | 2 | 22 | 25 | 44 | 16 | 1 |
| 9 | 40,229 | 27 | 5 | 51 | 12 | 80 | 5 | 3 | 26 | 25 | 2 | 5 | 2 |
| 10 | 43,484 | 28 | 7 | 51 | 11 | 82 | 5 | 3 | 23 | 17 | 7 | 5 | 3 |
| 11 | 44,416 | 31 | 7 | 57 | 19 | 75 | 3 | 2 | 14 | 14 | 1 | 5 | 2 |
| 12 | 37,719 | 25 | 3 | 30 | 30 | 64 | 4 | 2 | 17 | 20 | 0 | 11 | 1 |
| 13 | 52,873 | 42 | 8 | 52 | 25 | 69 | 4 | 1 | 13 | 13 | 1 | 4 | 2 |
| 14 | 39,766 | 28 | 6 | 65 | 13 | 82 | 3 | 1 | 13 | 14 | 1 | 5 | 5 |
| 15 | 36,630 | 23 | 2 | 34 | 21 | 71 | 7 | 1 | 11 | 12 | 7 | 7 | 3 |
| 16 | 31,866 | 17 | 2 | 31 | 19 | 74 | 6 | 1 | 24 | 25 | 6 | 9 | 2 |
| 17 | 23,843 | 7 | 0 | 19 | 21 | 72 | 6 | 1 | 15 | 19 | 17 | 16 | 4 |
| 18 | 42,662 | 31 | 3 | 47 | 23 | 70 | 6 | 1 | 9 | 10 | 3 | 6 | 2 |
| 19 | 31,680 | 14 | 1 | 21 | 23 | 66 | 9 | 2 | 13 | 17 | 9 | 10 | 3 |
| 20 | 54,877 | 46 | 9 | 51 | 24 | 67 | 6 | 3 | 11 | 13 | 2 | 4 | 2 |
| 21 | 40,045 | 23 | 6 | 39 | 19 | 74 | 5 | 2 | 16 | 19 | 9 | 8 | 2 |
| 22 | 34,145 | 20 | 3 | 39 | 24 | 71 | 4 | 1 | 20 | 22 | 2 | 8 | 1 |
| 23 | 39,435 | 26 | 4 | 37 | 17 | 73 | 8 | 3 | 23 | 22 | 1 | 9 | 2 |
| 24 | 33,199 | 18 | 3 | 28 | 20 | 72 | 5 | 3 | 26 | 27 | 1 | 9 | 2 |
| 25 | 54,174 | 41 | 10 | 47 | 21 | 69 | 6 | 3 | 14 | 14 | 1 | 3 | 1 |
| 26 | 43,476 | 32 | 4 | 37 | 18 | 70 | 10 | 2 | 19 | 17 | 1 | 8 | 2 |
| 27 | 47,569 | 41 | 4 | 37 | 23 | 70 | 5 | 3 | 15 | 16 | 0 | 6 | 1 |
| 28 | 57,935 | 52 | 8 | 48 | 23 | 68 | 5 | 3 | 9 | 9 | 1 | 5 | 2 |
| 29 | 37,669 | 24 | 2 | 28 | 22 | 70 | 5 | 2 | 15 | 17 | 1 | 9 | 2 |
| 30 | 50,713 | 43 | 6 | 45 | 20 | 69 | 8 | 3 | 10 | 10 | 1 | 7 | 2 |
| 31 | 40,269 | 28 | 2 | 29 | 27 | 63 | 5 | 5 | 12 | 15 | 1 | 17 | 2 |
| 32 | 29,585 | 13 | 0 | 12 | 26 | 68 | 4 | 2 | 15 | 19 | 2 | 27 | 1 |
| 33 | 39,860 | 27 | 2 | 27 | 23 | 72 | 4 | 2 | 13 | 14 | 1 | 12 | 2 |
| 34 | 35,565 | 22 | 2 | 22 | 23 | 71 | 4 | 1 | 15 | 17 | 1 | 18 | 3 |
| 35 | 31,361 | 16 | 1 | 17 | 25 | 70 | 4 | 2 | 19 | 22 | 1 | 22 | 5 |
| 36 | 30,595 | 16 | 1 | 19 | 20 | 69 | 6 | 5 | 17 | 20 | 12 | 16 | 3 |
| 37 | 74,386 | 50 | 17 | 53 | 15 | 79 | 3 | 4 | 16 | 15 | 1 | 3 | 2 |
| 38 | 48,148 | 40 | 7 | 47 | 20 | 73 | 4 | 4 | 21 | 22 | 1 | 5 | 2 |
| 39 | 73,017 | 65 | 19 | 62 | 15 | 77 | 3 | 4 | 10 | 9 | 2 | 3 | 2 |
| 40 | 44,385 | 33 | 3 | 41 | 16 | 77 | 5 | 2 | 11 | 15 | 5 | 5 | 3 |
| 41 | 40,817 | 28 | 4 | 46 | 13 | 80 | 5 | 2 | 13 | 12 | 10 | 5 | 5 |
| 42 | 31,056 | 16 | 1 | 28 | 12 | 79 | 7 | 2 | 18 | 17 | 15 | 8 | 4 |
| 43 | 39,774 | 28 | 1 | 35 | 14 | 77 | 7 | 2 | 6 | 7 | 10 | 7 | 4 |
| 44 | 28,489 | 14 | 2 | 22 | 17 | 67 | 10 | 5 | 25 | 33 | 2 | 13 | 0 |
| 45 | 27,308 | 12 | 2 | 24 | 17 | 74 | 7 | 2 | 27 | 33 | 2 | 29 | 1 |
| 46 | 23,757 | 8 | 0 | 15 | 20 | 71 | 7 | 2 | 25 | 31 | 2 | 47 | 0 |
| 47 | 24,496 | 10 | 1 | 20 | 11 | 67 | 6 | 15 | 27 | 34 | 1 | 31 | 1 |
| 48 | 38,061 | 25 | 3 | 31 | 24 | 64 | 4 | 9 | 17 | 21 | 0 | 15 | 1 |
| 49 | 40,635 | 26 | 4 | 29 | 25 | 59 | 4 | 13 | 18 | 20 | 0 | 9 | 1 |
| 50 | 24,020 | 8 | 1 | 24 | 23 | 69 | 4 | 4 | 18 | 24 | 1 | 27 | 1 |

# Colorado State House Districts:  Demographic Data (cont.)

| House District | Household Income Avg. ($) | > $50K (%) | >$100K (%) | College Educ. (%) | Manf. (%) | Employment Type Service (%) | Govt. (%) | Farm (%) | Age 55+ (%) | Receives Soc. Sec. (%) | African Amer. (%) | Hispanic Amer. (%) | Asian Amer. (%) |
|---|---|---|---|---|---|---|---|---|---|---|---|---|---|
| Colorado | 37,581 | 24 | 4 | 34 | 19 | 71 | 5 | 4 | 18 | 20 | 4 | 13 | 2 |
| 51 | 36,753 | 23 | 2 | 30 | 34 | 60 | 4 | 2 | 22 | 28 | 0 | 5 | 1 |
| 52 | 36,392 | 24 | 3 | 48 | 23 | 71 | 4 | 2 | 16 | 18 | 1 | 8 | 2 |
| 53 | 30,088 | 17 | 1 | 44 | 21 | 73 | 4 | 3 | 11 | 14 | 1 | 6 | 3 |
| 54 | 29,320 | 14 | 2 | 24 | 19 | 69 | 4 | 7 | 23 | 30 | 0 | 10 | 1 |
| 55 | 29,639 | 13 | 2 | 24 | 16 | 75 | 5 | 4 | 25 | 30 | 1 | 7 | 1 |
| 56 | 41,499 | 26 | 5 | 40 | 17 | 71 | 5 | 7 | 10 | 11 | 0 | 8 | 0 |
| 57 | 37,254 | 21 | 4 | 31 | 16 | 64 | 4 | 16 | 16 | 19 | 0 | 5 | 0 |
| 58 | 28,487 | 13 | 2 | 23 | 17 | 63 | 5 | 15 | 27 | 33 | 0 | 8 | 0 |
| 59 | 30,461 | 14 | 3 | 30 | 16 | 70 | 6 | 8 | 19 | 23 | 0 | 12 | 0 |
| 60 | 23,537 | 9 | 1 | 21 | 12 | 66 | 6 | 16 | 23 | 31 | 0 | 45 | 0 |
| 61 | 34,621 | 18 | 3 | 34 | 17 | 71 | 6 | 6 | 17 | 19 | 1 | 7 | 0 |
| 62 | 44,895 | 35 | 4 | 42 | 20 | 70 | 6 | 3 | 9 | 10 | 0 | 5 | 2 |
| 63 | 29,831 | 14 | 2 | 21 | 14 | 60 | 5 | 21 | 22 | 27 | 0 | 8 | 0 |
| 64 | 63,456 | 56 | 12 | 51 | 20 | 72 | 4 | 4 | 9 | 10 | 1 | 3 | 1 |
| 65 | 27,534 | 12 | 2 | 20 | 15 | 62 | 4 | 19 | 26 | 30 | 0 | 12 | 0 |

# CONNECTICUT
## State Senate Districts

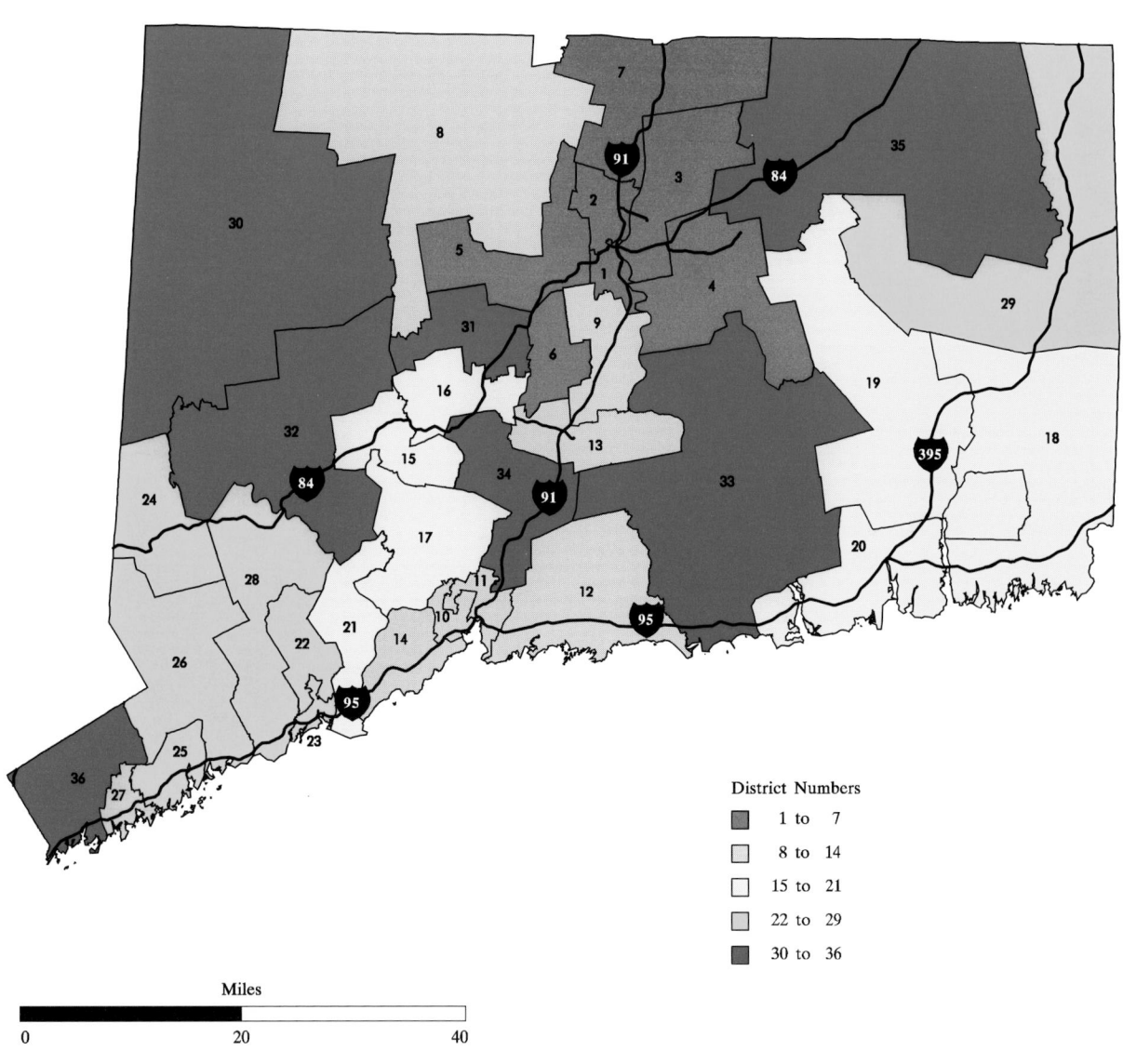

District Numbers
- 1 to 7
- 8 to 14
- 15 to 21
- 22 to 29
- 30 to 36

Miles

0    20    40

# Connecticut State Senate Districts: Demographic Data

| Senate District | Household Income Avg. ($) | > $50K (%) | >$100K (%) | College Educ. (%) | Manf. (%) | Employment Type Service (%) | Govt. (%) | Farm (%) | Age 55+ (%) | Receives Soc. Sec. (%) | African Amer. (%) | Hispanic Amer. (%) | Asian Amer. (%) |
|---|---|---|---|---|---|---|---|---|---|---|---|---|---|
| Conn. | 53,228 | 40 | 9 | 34 | 27 | 68 | 4 | 1 | 23 | 27 | 8 | 6 | 2 |
| 1 | 31,862 | 19 | 2 | 22 | 21 | 71 | 6 | 2 | 20 | 26 | 14 | 37 | 2 |
| 2 | 34,182 | 23 | 3 | 23 | 20 | 73 | 6 | 1 | 18 | 24 | 59 | 14 | 1 |
| 3 | 47,146 | 39 | 5 | 27 | 27 | 68 | 4 | 1 | 22 | 25 | 6 | 4 | 2 |
| 4 | 54,367 | 45 | 10 | 41 | 22 | 73 | 4 | 1 | 22 | 25 | 3 | 2 | 2 |
| 5 | 68,850 | 52 | 17 | 52 | 18 | 77 | 4 | 1 | 30 | 32 | 3 | 2 | 2 |
| 6 | 39,427 | 27 | 3 | 23 | 28 | 66 | 4 | 1 | 26 | 32 | 6 | 14 | 2 |
| 7 | 52,353 | 45 | 6 | 30 | 30 | 65 | 4 | 1 | 22 | 25 | 4 | 2 | 1 |
| 8 | 65,660 | 54 | 15 | 47 | 26 | 69 | 3 | 2 | 20 | 22 | 1 | 1 | 1 |
| 9 | 51,527 | 44 | 7 | 37 | 21 | 73 | 6 | 1 | 26 | 28 | 3 | 2 | 1 |
| 10 | 32,112 | 20 | 3 | 26 | 22 | 73 | 4 | 1 | 17 | 23 | 44 | 12 | 3 |
| 11 | 38,540 | 27 | 5 | 34 | 21 | 74 | 4 | 1 | 24 | 30 | 16 | 9 | 2 |
| 12 | 58,819 | 47 | 11 | 40 | 24 | 71 | 3 | 1 | 23 | 26 | 1 | 1 | 1 |
| 13 | 40,848 | 30 | 3 | 25 | 29 | 66 | 4 | 1 | 23 | 29 | 7 | 10 | 1 |
| 14 | 51,212 | 42 | 8 | 31 | 26 | 70 | 3 | 1 | 25 | 31 | 2 | 2 | 1 |
| 15 | 41,641 | 31 | 4 | 25 | 35 | 61 | 4 | 1 | 23 | 30 | 5 | 11 | 1 |
| 16 | 42,835 | 34 | 4 | 23 | 32 | 63 | 4 | 1 | 23 | 29 | 11 | 6 | 1 |
| 17 | 50,256 | 39 | 7 | 33 | 27 | 69 | 3 | 1 | 26 | 31 | 4 | 2 | 1 |
| 18 | 43,089 | 31 | 4 | 28 | 34 | 59 | 5 | 2 | 19 | 24 | 4 | 2 | 1 |
| 19 | 41,871 | 31 | 4 | 27 | 28 | 65 | 6 | 2 | 20 | 26 | 3 | 2 | 2 |
| 20 | 48,205 | 38 | 7 | 34 | 28 | 65 | 6 | 1 | 23 | 27 | 7 | 5 | 2 |
| 21 | 50,968 | 44 | 7 | 29 | 32 | 64 | 3 | 1 | 27 | 32 | 5 | 3 | 1 |
| 22 | 53,236 | 43 | 10 | 31 | 29 | 66 | 4 | 1 | 28 | 33 | 6 | 7 | 2 |
| 23 | 31,049 | 18 | 2 | 13 | 33 | 62 | 4 | 1 | 17 | 25 | 35 | 34 | 3 |
| 24 | 54,881 | 47 | 10 | 35 | 33 | 63 | 3 | 1 | 19 | 23 | 5 | 6 | 3 |
| 25 | 70,671 | 51 | 16 | 40 | 26 | 70 | 2 | 2 | 23 | 22 | 14 | 8 | 2 |
| 26 | 115,850 | 73 | 41 | 65 | 20 | 76 | 1 | 2 | 22 | 21 | 1 | 2 | 2 |
| 27 | 58,821 | 45 | 12 | 37 | 24 | 71 | 3 | 2 | 23 | 24 | 21 | 11 | 2 |
| 28 | 73,781 | 59 | 21 | 48 | 25 | 71 | 2 | 2 | 24 | 26 | 1 | 2 | 1 |
| 29 | 38,775 | 26 | 3 | 24 | 30 | 64 | 3 | 3 | 20 | 29 | 1 | 5 | 1 |
| 30 | 52,829 | 38 | 8 | 33 | 31 | 63 | 3 | 3 | 25 | 29 | 1 | 1 | 1 |
| 31 | 44,239 | 35 | 4 | 23 | 34 | 61 | 4 | 1 | 22 | 27 | 2 | 2 | 1 |
| 32 | 57,533 | 50 | 10 | 38 | 32 | 63 | 3 | 2 | 22 | 28 | 1 | 1 | 1 |
| 33 | 53,773 | 47 | 8 | 37 | 29 | 66 | 3 | 2 | 20 | 24 | 1 | 1 | 1 |
| 34 | 57,001 | 47 | 10 | 36 | 26 | 69 | 3 | 1 | 24 | 27 | 2 | 3 | 1 |
| 35 | 48,191 | 40 | 5 | 33 | 28 | 65 | 4 | 2 | 18 | 21 | 1 | 1 | 1 |
| 36 | 125,673 | 66 | 38 | 57 | 18 | 78 | 2 | 2 | 27 | 26 | 2 | 4 | 3 |

# CONNECTICUT
## State Assembly Districts

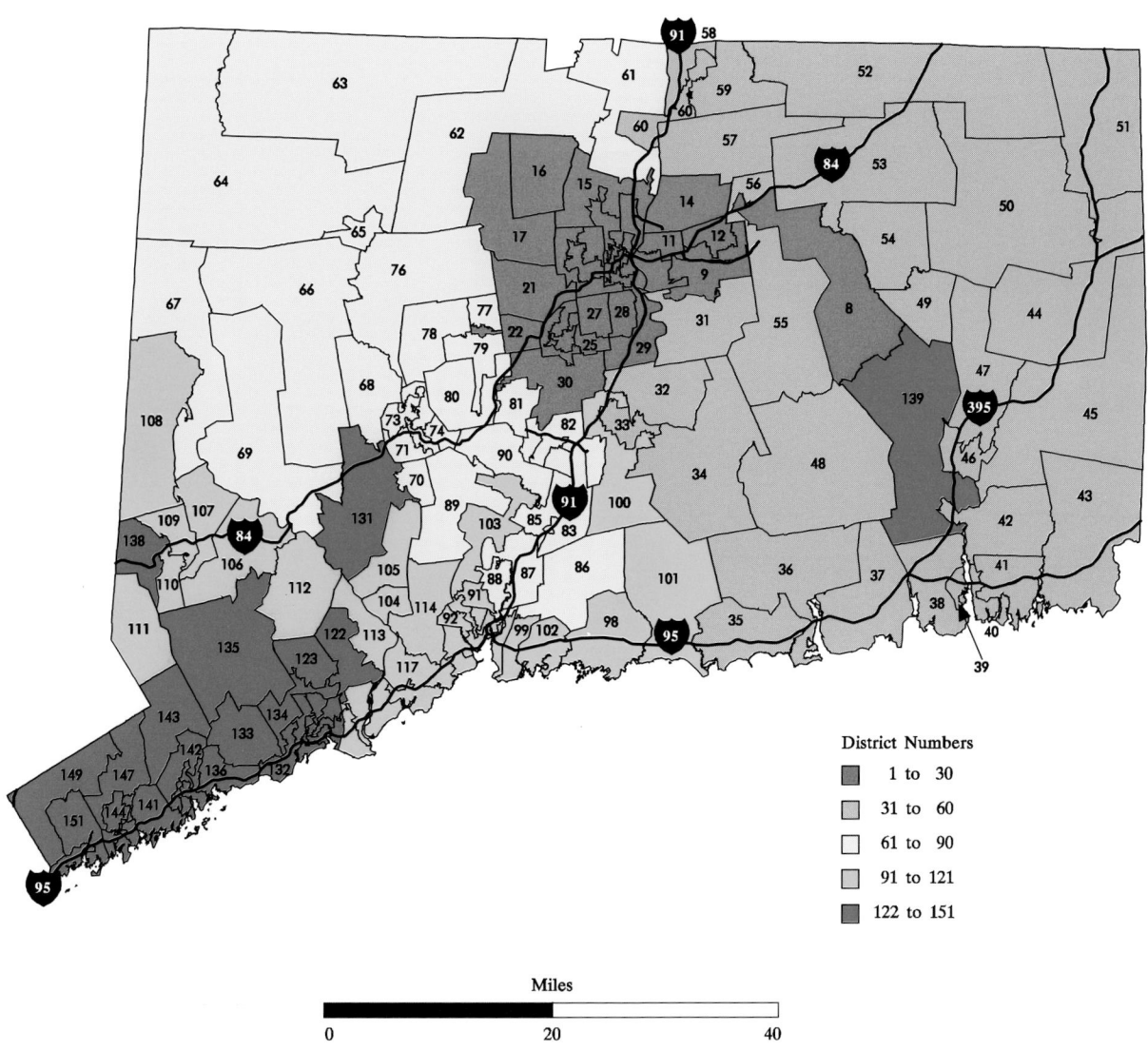

District Numbers

- 1 to 30
- 31 to 60
- 61 to 90
- 91 to 121
- 122 to 151

Miles

0          20          40

# BRIDGEPORT/NEW HAVEN
## State Assembly Districts

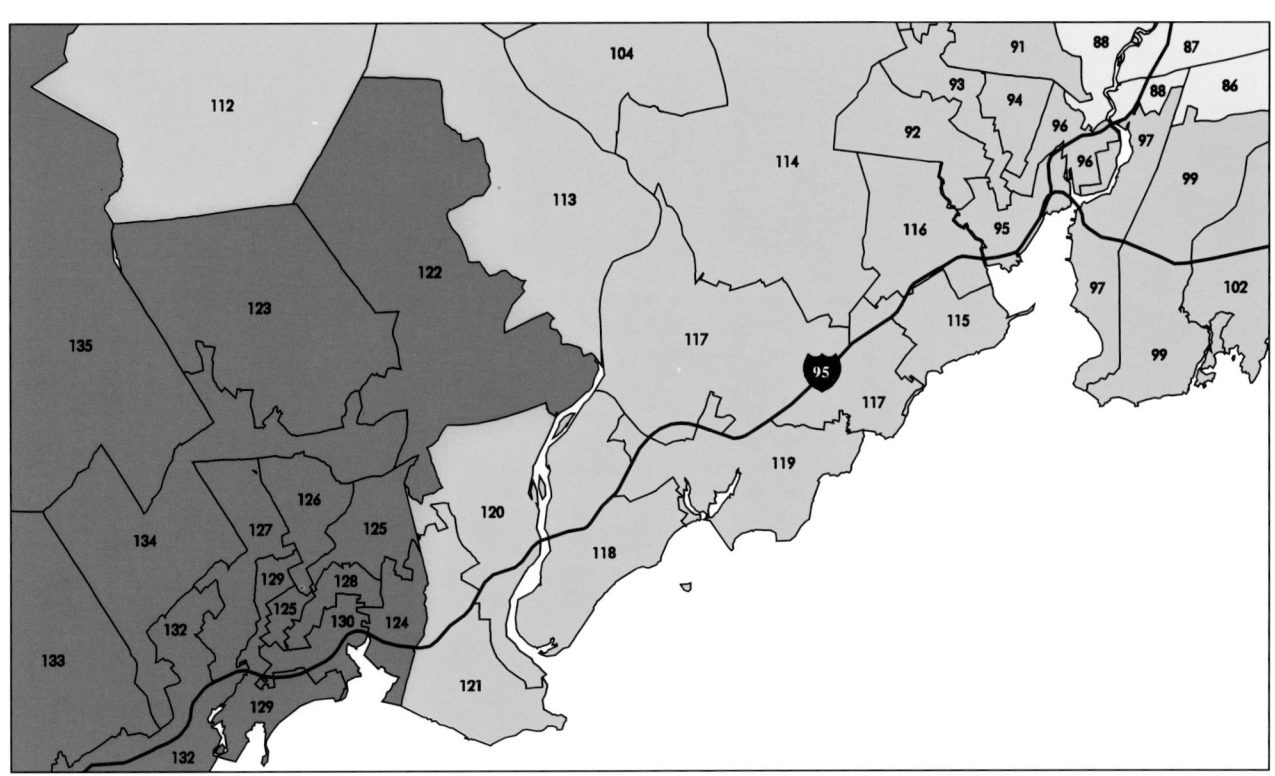

# STAMFORD/WESTPORT
## State Assembly Districts

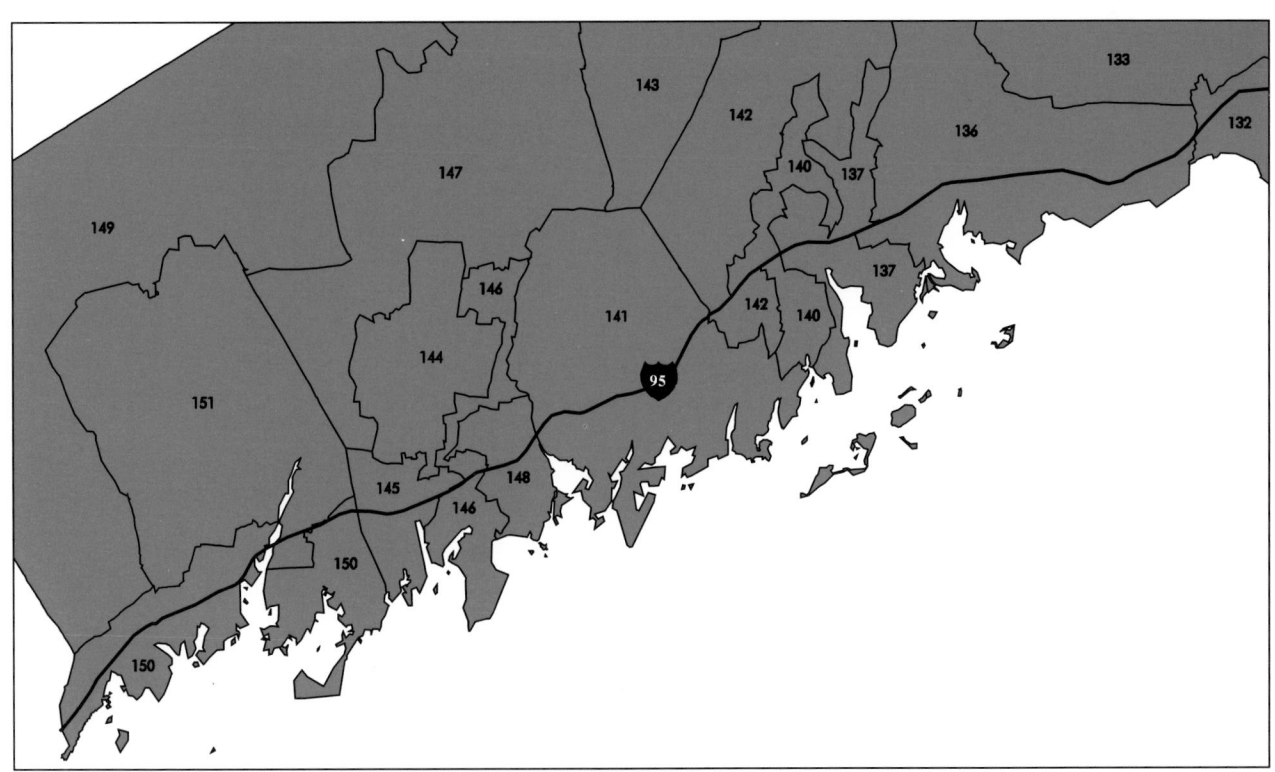

# Connecticut State Assembly Districts: Demographic Data

| Assembly District | Household Income Avg. ($) | Household Income > $50K (%) | Household Income >$100K (%) | College Educ. (%) | Manf. (%) | Employment Type Service (%) | Employment Type Govt. (%) | Farm (%) | Age 55+ (%) | Receives Soc. Sec. (%) | African Amer. (%) | Hispanic Amer. (%) | Asian Amer. (%) |
|---|---|---|---|---|---|---|---|---|---|---|---|---|---|
| Conn. | 53,228 | 40 | 9 | 34 | 27 | 68 | 4 | 1 | 23 | 27 | 8 | 6 | 2 |
| 1 | 41,619 | 29 | 5 | 26 | 18 | 75 | 6 | 1 | 20 | 25 | 60 | 6 | 1 |
| 2 | 28,078 | 12 | 2 | 28 | 17 | 76 | 6 | 1 | 15 | 19 | 54 | 19 | 2 |
| 3 | 25,190 | 11 | 1 | 17 | 25 | 68 | 5 | 2 | 14 | 20 | 17 | 55 | 3 |
| 4 | 23,510 | 10 | 1 | 16 | 23 | 70 | 5 | 2 | 13 | 22 | 19 | 55 | 2 |
| 5 | 22,575 | 10 | 2 | 14 | 20 | 74 | 5 | 2 | 12 | 19 | 58 | 39 | 1 |
| 6 | 31,579 | 18 | 1 | 19 | 23 | 70 | 6 | 1 | 20 | 23 | 13 | 33 | 1 |
| 7 | 37,444 | 28 | 3 | 18 | 22 | 71 | 7 | 0 | 20 | 26 | 68 | 8 | 1 |
| 8 | 54,312 | 50 | 7 | 38 | 25 | 69 | 4 | 2 | 18 | 20 | 1 | 1 | 1 |
| 9 | 63,451 | 53 | 11 | 40 | 20 | 74 | 5 | 1 | 25 | 28 | 2 | 3 | 2 |
| 10 | 38,567 | 28 | 3 | 19 | 27 | 67 | 6 | 1 | 27 | 32 | 8 | 6 | 2 |
| 11 | 38,905 | 28 | 2 | 20 | 27 | 68 | 5 | 1 | 23 | 25 | 11 | 7 | 3 |
| 12 | 43,370 | 34 | 3 | 31 | 24 | 72 | 4 | 0 | 23 | 29 | 3 | 2 | 2 |
| 13 | 41,470 | 32 | 4 | 31 | 22 | 73 | 4 | 1 | 25 | 30 | 5 | 3 | 2 |
| 14 | 64,099 | 60 | 11 | 40 | 25 | 70 | 4 | 1 | 17 | 16 | 2 | 2 | 3 |
| 15 | 56,733 | 46 | 10 | 40 | 20 | 73 | 6 | 1 | 30 | 34 | 26 | 3 | 2 |
| 16 | 78,687 | 66 | 23 | 64 | 19 | 77 | 3 | 1 | 20 | 18 | 1 | 1 | 2 |
| 17 | 77,879 | 60 | 23 | 56 | 19 | 76 | 3 | 2 | 23 | 22 | 1 | 1 | 1 |
| 18 | 70,206 | 51 | 20 | 57 | 12 | 82 | 5 | 1 | 34 | 36 | 2 | 2 | 2 |
| 19 | 66,496 | 50 | 15 | 55 | 16 | 79 | 4 | 0 | 31 | 34 | 2 | 3 | 3 |
| 20 | 59,393 | 43 | 12 | 39 | 19 | 74 | 6 | 1 | 34 | 38 | 3 | 6 | 3 |
| 21 | 70,415 | 55 | 17 | 51 | 20 | 76 | 3 | 1 | 25 | 28 | 1 | 1 | 2 |
| 22 | 42,499 | 32 | 4 | 23 | 32 | 63 | 4 | 1 | 24 | 27 | 2 | 2 | 1 |
| 23 | 41,602 | 28 | 4 | 22 | 31 | 64 | 4 | 1 | 26 | 33 | 10 | 15 | 3 |
| 24 | 29,164 | 16 | 2 | 18 | 30 | 66 | 3 | 1 | 25 | 34 | 7 | 25 | 1 |
| 25 | 46,034 | 33 | 5 | 26 | 23 | 70 | 6 | 1 | 22 | 28 | 6 | 8 | 2 |
| 26 | 36,369 | 24 | 2 | 24 | 30 | 65 | 4 | 1 | 30 | 30 | 5 | 11 | 1 |
| 27 | 49,396 | 42 | 5 | 31 | 21 | 73 | 6 | 1 | 30 | 34 | 1 | 2 | 1 |
| 28 | 56,535 | 45 | 11 | 36 | 18 | 72 | 9 | 1 | 36 | 40 | 1 | 2 | 1 |
| 29 | 50,551 | 43 | 6 | 38 | 17 | 76 | 6 | 1 | 27 | 27 | 2 | 2 | 1 |
| 30 | 58,530 | 50 | 9 | 32 | 25 | 68 | 5 | 2 | 24 | 30 | 1 | 1 | 1 |
| 31 | 69,056 | 60 | 20 | 55 | 18 | 75 | 4 | 2 | 23 | 25 | 1 | 2 | 2 |
| 32 | 50,725 | 46 | 6 | 36 | 25 | 69 | 5 | 1 | 24 | 29 | 3 | 2 | 1 |
| 33 | 38,780 | 26 | 3 | 27 | 24 | 71 | 5 | 1 | 19 | 26 | 13 | 4 | 2 |
| 34 | 53,812 | 48 | 7 | 36 | 30 | 65 | 4 | 1 | 18 | 20 | 4 | 1 | 1 |
| 35 | 52,649 | 42 | 7 | 34 | 28 | 69 | 2 | 2 | 23 | 27 | 1 | 2 | 1 |
| 36 | 56,640 | 44 | 9 | 40 | 30 | 65 | 3 | 2 | 29 | 33 | 1 | 1 | 1 |
| 37 | 57,792 | 48 | 10 | 44 | 27 | 66 | 6 | 1 | 22 | 25 | 3 | 2 | 1 |
| 38 | 49,346 | 40 | 7 | 32 | 28 | 65 | 6 | 1 | 30 | 31 | 2 | 2 | 1 |
| 39 | 28,588 | 15 | 1 | 17 | 26 | 67 | 6 | 1 | 18 | 28 | 19 | 15 | 2 |
| 40 | 34,855 | 20 | 2 | 23 | 33 | 60 | 7 | 1 | 18 | 23 | 10 | 5 | 2 |
| 41 | 44,767 | 32 | 5 | 34 | 32 | 62 | 5 | 1 | 17 | 20 | 4 | 3 | 2 |
| 42 | 52,890 | 48 | 7 | 36 | 34 | 58 | 7 | 2 | 12 | 17 | 4 | 3 | 2 |
| 43 | 49,947 | 38 | 6 | 34 | 36 | 57 | 5 | 2 | 25 | 28 | 1 | 1 | 1 |
| 44 | 38,465 | 26 | 2 | 17 | 39 | 56 | 2 | 3 | 18 | 26 | 0 | 1 | 1 |
| 45 | 40,516 | 29 | 2 | 19 | 34 | 58 | 5 | 3 | 20 | 26 | 1 | 1 | 1 |
| 46 | 35,847 | 24 | 3 | 23 | 30 | 62 | 6 | 2 | 24 | 30 | 7 | 4 | 1 |
| 47 | 38,863 | 24 | 4 | 22 | 30 | 62 | 5 | 3 | 23 | 29 | 3 | 2 | 1 |
| 48 | 49,508 | 44 | 5 | 35 | 28 | 65 | 5 | 2 | 17 | 20 | 1 | 1 | 1 |
| 49 | 34,666 | 23 | 3 | 23 | 24 | 70 | 3 | 3 | 21 | 29 | 3 | 15 | 1 |
| 50 | 42,644 | 29 | 4 | 26 | 32 | 60 | 4 | 4 | 20 | 25 | 1 | 1 | 1 |

# Connecticut State Assembly Districts: Demographic Data (cont.)

| Assembly District | Household Income Avg. ($) | > $50K (%) | >$100K (%) | College Educ. (%) | Manf. (%) | Employment Type Service (%) | Govt. (%) | Farm (%) | Age 55+ (%) | Receives Soc. Sec. (%) | African Amer. (%) | Hispanic Amer. (%) | Asian Amer. (%) |
|---|---|---|---|---|---|---|---|---|---|---|---|---|---|
| Conn. | 53,228 | 40 | 9 | 34 | 27 | 68 | 4 | 1 | 23 | 27 | 8 | 6 | 2 |
| 51 | 37,645 | 24 | 3 | 20 | 36 | 59 | 3 | 2 | 24 | 32 | 1 | 1 | 0 |
| 52 | 46,885 | 37 | 5 | 28 | 34 | 58 | 5 | 3 | 20 | 28 | 0 | 1 | 1 |
| 53 | 53,098 | 49 | 6 | 40 | 24 | 70 | 5 | 2 | 13 | 15 | 1 | 1 | 1 |
| 54 | 50,127 | 38 | 8 | 58 | 10 | 84 | 5 | 1 | 13 | 24 | 3 | 3 | 6 |
| 55 | 59,558 | 56 | 10 | 45 | 24 | 69 | 5 | 1 | 14 | 17 | 1 | 1 | 1 |
| 56 | 41,251 | 30 | 2 | 30 | 29 | 66 | 4 | 1 | 20 | 23 | 3 | 2 | 2 |
| 57 | 47,844 | 39 | 5 | 29 | 31 | 64 | 3 | 2 | 19 | 21 | 2 | 1 | 1 |
| 58 | 42,111 | 33 | 2 | 24 | 32 | 64 | 3 | 1 | 23 | 28 | 1 | 2 | 1 |
| 59 | 55,058 | 51 | 6 | 25 | 30 | 65 | 4 | 1 | 18 | 23 | 8 | 4 | 1 |
| 60 | 47,663 | 42 | 4 | 28 | 30 | 65 | 4 | 1 | 23 | 26 | 1 | 1 | 1 |
| 61 | 64,742 | 55 | 12 | 40 | 28 | 66 | 3 | 2 | 21 | 22 | 5 | 2 | 2 |
| 62 | 61,352 | 56 | 11 | 46 | 28 | 67 | 4 | 2 | 17 | 19 | 1 | 1 | 1 |
| 63 | 44,951 | 32 | 5 | 28 | 35 | 58 | 3 | 3 | 23 | 29 | 1 | 1 | 0 |
| 64 | 58,062 | 40 | 11 | 38 | 29 | 65 | 3 | 3 | 27 | 28 | 1 | 1 | 1 |
| 65 | 35,302 | 22 | 2 | 19 | 36 | 59 | 4 | 1 | 29 | 35 | 2 | 1 | 1 |
| 66 | 59,971 | 46 | 11 | 43 | 28 | 64 | 3 | 4 | 24 | 28 | 1 | 1 | 1 |
| 67 | 56,520 | 49 | 9 | 38 | 33 | 64 | 2 | 2 | 17 | 20 | 2 | 2 | 2 |
| 68 | 51,276 | 44 | 7 | 29 | 35 | 61 | 3 | 1 | 23 | 29 | 1 | 1 | 1 |
| 69 | 61,652 | 48 | 13 | 42 | 27 | 66 | 4 | 3 | 33 | 42 | 1 | 1 | 1 |
| 70 | 44,500 | 36 | 3 | 25 | 38 | 58 | 4 | 0 | 18 | 25 | 2 | 3 | 1 |
| 71 | 40,423 | 30 | 4 | 23 | 32 | 63 | 4 | 1 | 28 | 34 | 4 | 6 | 1 |
| 72 | 28,556 | 16 | 2 | 14 | 33 | 62 | 4 | 1 | 24 | 33 | 35 | 15 | 1 |
| 73 | 42,796 | 34 | 4 | 30 | 28 | 66 | 5 | 1 | 26 | 31 | 7 | 6 | 1 |
| 74 | 36,533 | 26 | 2 | 22 | 31 | 64 | 5 | 1 | 28 | 32 | 8 | 5 | 1 |
| 75 | 28,333 | 16 | 1 | 12 | 44 | 51 | 4 | 1 | 20 | 27 | 13 | 34 | 1 |
| 76 | 58,836 | 48 | 8 | 34 | 33 | 61 | 3 | 2 | 18 | 23 | 0 | 1 | 0 |
| 77 | 44,608 | 38 | 3 | 24 | 36 | 59 | 4 | 1 | 24 | 30 | 2 | 3 | 1 |
| 78 | 44,144 | 35 | 4 | 23 | 37 | 59 | 4 | 1 | 22 | 28 | 1 | 1 | 1 |
| 79 | 42,231 | 33 | 2 | 20 | 36 | 60 | 3 | 1 | 20 | 24 | 2 | 3 | 1 |
| 80 | 53,854 | 47 | 7 | 25 | 33 | 63 | 3 | 1 | 22 | 27 | 1 | 1 | 0 |
| 81 | 51,657 | 43 | 6 | 30 | 29 | 66 | 3 | 1 | 22 | 30 | 1 | 1 | 1 |
| 82 | 44,434 | 36 | 3 | 28 | 31 | 63 | 4 | 1 | 23 | 26 | 3 | 8 | 1 |
| 83 | 48,253 | 39 | 6 | 28 | 29 | 66 | 4 | 1 | 25 | 27 | 2 | 4 | 1 |
| 84 | 31,343 | 19 | 1 | 15 | 33 | 62 | 3 | 1 | 21 | 31 | 7 | 25 | 1 |
| 85 | 46,510 | 36 | 5 | 29 | 29 | 67 | 3 | 1 | 23 | 26 | 1 | 4 | 1 |
| 86 | 55,462 | 50 | 8 | 33 | 26 | 70 | 3 | 1 | 18 | 21 | 1 | 1 | 1 |
| 87 | 54,599 | 48 | 9 | 30 | 24 | 71 | 4 | 1 | 28 | 34 | 3 | 1 | 2 |
| 88 | 51,919 | 38 | 9 | 44 | 20 | 75 | 4 | 1 | 31 | 31 | 6 | 2 | 2 |
| 89 | 64,048 | 56 | 13 | 43 | 26 | 69 | 3 | 2 | 21 | 24 | 2 | 1 | 1 |
| 90 | 59,407 | 50 | 10 | 37 | 27 | 68 | 4 | 2 | 21 | 25 | 5 | 4 | 1 |
| 91 | 43,080 | 33 | 5 | 32 | 20 | 76 | 3 | 1 | 30 | 37 | 15 | 3 | 1 |
| 92 | 40,945 | 28 | 7 | 40 | 18 | 78 | 4 | 0 | 23 | 24 | 33 | 6 | 2 |
| 93 | 30,753 | 19 | 3 | 31 | 17 | 77 | 5 | 0 | 14 | 21 | 52 | 8 | 2 |
| 94 | 30,058 | 18 | 5 | 30 | 17 | 80 | 3 | 0 | 13 | 22 | 61 | 5 | 6 |
| 95 | 25,513 | 13 | 1 | 17 | 30 | 65 | 4 | 1 | 15 | 25 | 48 | 33 | 1 |
| 96 | 32,259 | 18 | 4 | 45 | 20 | 76 | 4 | 0 | 17 | 21 | 18 | 21 | 4 |
| 97 | 33,809 | 25 | 2 | 23 | 24 | 70 | 5 | 1 | 31 | 42 | 10 | 8 | 1 |
| 98 | 68,570 | 55 | 17 | 50 | 23 | 73 | 2 | 2 | 21 | 22 | 1 | 2 | 1 |
| 99 | 41,939 | 29 | 4 | 20 | 28 | 68 | 3 | 1 | 28 | 34 | 1 | 2 | 0 |
| 100 | 51,202 | 44 | 6 | 43 | 24 | 70 | 5 | 1 | 18 | 20 | 5 | 2 | 1 |

# Connecticut State Assembly Districts: Demographic Data (cont.)

| Assembly District | Household Income Avg. ($) | Household Income > $50K (%) | Household Income >$100K (%) | College Educ. (%) | Manf. (%) | Employment Type Service (%) | Employment Type Govt. (%) | Employment Type Farm (%) | Age 55+ (%) | Receives Soc. Sec. (%) | African Amer. (%) | Hispanic Amer. (%) | Asian Amer. (%) |
|---|---|---|---|---|---|---|---|---|---|---|---|---|---|
| Conn. | 53,228 | 40 | 9 | 34 | 27 | 68 | 4 | 1 | 23 | 27 | 8 | 6 | 2 |
| 101 | 74,601 | 58 | 19 | 52 | 24 | 71 | 3 | 2 | 21 | 23 | 0 | 1 | 1 |
| 102 | 50,024 | 41 | 7 | 39 | 23 | 74 | 3 | 1 | 25 | 27 | 1 | 2 | 1 |
| 103 | 58,003 | 51 | 11 | 44 | 20 | 75 | 3 | 1 | 25 | 25 | 3 | 2 | 2 |
| 104 | 37,636 | 29 | 2 | 20 | 35 | 61 | 4 | 1 | 26 | 34 | 7 | 4 | 1 |
| 105 | 46,556 | 38 | 5 | 27 | 35 | 61 | 3 | 1 | 22 | 26 | 1 | 1 | 1 |
| 106 | 63,101 | 57 | 14 | 44 | 31 | 65 | 2 | 2 | 18 | 21 | 1 | 2 | 1 |
| 107 | 65,370 | 60 | 15 | 46 | 31 | 66 | 2 | 1 | 17 | 20 | 1 | 2 | 2 |
| 108 | 68,606 | 59 | 17 | 41 | 30 | 66 | 1 | 2 | 18 | 22 | 0 | 2 | 1 |
| 109 | 54,930 | 49 | 8 | 35 | 32 | 65 | 2 | 1 | 19 | 23 | 6 | 6 | 3 |
| 110 | 37,925 | 27 | 4 | 23 | 38 | 58 | 3 | 1 | 21 | 27 | 8 | 13 | 5 |
| 111 | 94,532 | 71 | 35 | 62 | 22 | 74 | 2 | 3 | 19 | 19 | 1 | 2 | 1 |
| 112 | 67,467 | 65 | 15 | 44 | 31 | 65 | 3 | 1 | 16 | 18 | 1 | 2 | 1 |
| 113 | 50,424 | 43 | 6 | 28 | 34 | 62 | 3 | 1 | 24 | 26 | 1 | 3 | 1 |
| 114 | 78,000 | 56 | 21 | 47 | 22 | 74 | 3 | 1 | 29 | 31 | 1 | 1 | 2 |
| 115 | 38,413 | 28 | 3 | 22 | 23 | 73 | 4 | 1 | 24 | 29 | 8 | 3 | 2 |
| 116 | 37,568 | 26 | 1 | 23 | 24 | 71 | 4 | 1 | 20 | 24 | 22 | 5 | 3 |
| 117 | 56,445 | 48 | 10 | 33 | 26 | 71 | 3 | 1 | 27 | 33 | 1 | 1 | 1 |
| 118 | 48,311 | 39 | 6 | 26 | 32 | 64 | 3 | 1 | 23 | 30 | 1 | 3 | 1 |
| 119 | 51,815 | 44 | 7 | 33 | 28 | 68 | 3 | 1 | 23 | 26 | 2 | 2 | 1 |
| 120 | 50,633 | 44 | 7 | 29 | 31 | 66 | 3 | 0 | 31 | 39 | 2 | 3 | 1 |
| 121 | 38,991 | 31 | 2 | 21 | 30 | 66 | 3 | 1 | 28 | 37 | 17 | 5 | 1 |
| 122 | 68,425 | 60 | 18 | 40 | 32 | 64 | 3 | 1 | 26 | 29 | 1 | 2 | 1 |
| 123 | 76,953 | 62 | 21 | 43 | 25 | 71 | 3 | 1 | 27 | 31 | 1 | 2 | 2 |
| 124 | 29,436 | 15 | 1 | 9 | 33 | 62 | 4 | 0 | 20 | 28 | 50 | 24 | 1 |
| 125 | 38,394 | 29 | 3 | 20 | 30 | 64 | 5 | 1 | 24 | 31 | 17 | 20 | 2 |
| 126 | 40,814 | 33 | 2 | 18 | 30 | 63 | 5 | 1 | 19 | 25 | 35 | 15 | 2 |
| 127 | 47,835 | 38 | 7 | 29 | 29 | 66 | 4 | 1 | 32 | 35 | 3 | 5 | 2 |
| 128 | 27,727 | 13 | 1 | 8 | 42 | 55 | 3 | 1 | 13 | 23 | 26 | 50 | 5 |
| 129 | 37,378 | 26 | 4 | 25 | 26 | 68 | 5 | 1 | 24 | 32 | 15 | 17 | 2 |
| 130 | 24,680 | 12 | 2 | 8 | 31 | 63 | 4 | 2 | 16 | 25 | 33 | 50 | 4 |
| 131 | 56,403 | 47 | 9 | 35 | 34 | 62 | 4 | 1 | 19 | 24 | 1 | 2 | 1 |
| 132 | 63,248 | 49 | 14 | 44 | 23 | 73 | 2 | 2 | 28 | 32 | 1 | 2 | 1 |
| 133 | 121,502 | 75 | 43 | 66 | 19 | 78 | 1 | 2 | 27 | 24 | 1 | 2 | 1 |
| 134 | 72,922 | 62 | 21 | 47 | 22 | 73 | 3 | 1 | 29 | 34 | 1 | 2 | 1 |
| 135 | 108,863 | 73 | 39 | 60 | 25 | 70 | 2 | 3 | 20 | 19 | 1 | 1 | 1 |
| 136 | 95,242 | 65 | 29 | 53 | 22 | 74 | 2 | 1 | 27 | 25 | 3 | 3 | 2 |
| 137 | 49,157 | 39 | 8 | 33 | 28 | 69 | 2 | 1 | 22 | 21 | 16 | 10 | 2 |
| 138 | 62,683 | 53 | 13 | 41 | 32 | 63 | 3 | 1 | 18 | 20 | 5 | 4 | 4 |
| 139 | 45,462 | 38 | 3 | 24 | 33 | 59 | 6 | 2 | 18 | 21 | 2 | 2 | 1 |
| 140 | 44,215 | 36 | 5 | 23 | 29 | 66 | 3 | 2 | 17 | 20 | 34 | 18 | 1 |
| 141 | 134,437 | 74 | 42 | 65 | 20 | 76 | 1 | 2 | 24 | 22 | 1 | 2 | 2 |
| 142 | 76,945 | 63 | 20 | 48 | 24 | 72 | 2 | 1 | 25 | 25 | 5 | 3 | 2 |
| 143 | 126,332 | 75 | 46 | 67 | 19 | 78 | 1 | 2 | 22 | 21 | 1 | 1 | 2 |
| 144 | 65,495 | 53 | 14 | 43 | 23 | 71 | 3 | 2 | 27 | 30 | 9 | 6 | 3 |
| 145 | 40,237 | 26 | 4 | 17 | 29 | 65 | 4 | 3 | 18 | 25 | 51 | 21 | 1 |
| 146 | 59,679 | 47 | 12 | 43 | 23 | 73 | 3 | 2 | 22 | 22 | 12 | 10 | 3 |
| 147 | 135,315 | 73 | 43 | 60 | 21 | 75 | 2 | 2 | 27 | 25 | 2 | 2 | 2 |
| 148 | 51,067 | 43 | 9 | 34 | 24 | 73 | 2 | 1 | 23 | 22 | 17 | 11 | 3 |
| 149 | 153,121 | 73 | 46 | 59 | 18 | 78 | 2 | 3 | 27 | 23 | 2 | 3 | 2 |
| 150 | 96,032 | 56 | 26 | 51 | 17 | 78 | 3 | 2 | 27 | 28 | 4 | 6 | 3 |
| 151 | 126,326 | 65 | 39 | 58 | 15 | 81 | 2 | 2 | 28 | 28 | 1 | 4 | 4 |

# DELAWARE
## State Senate Districts

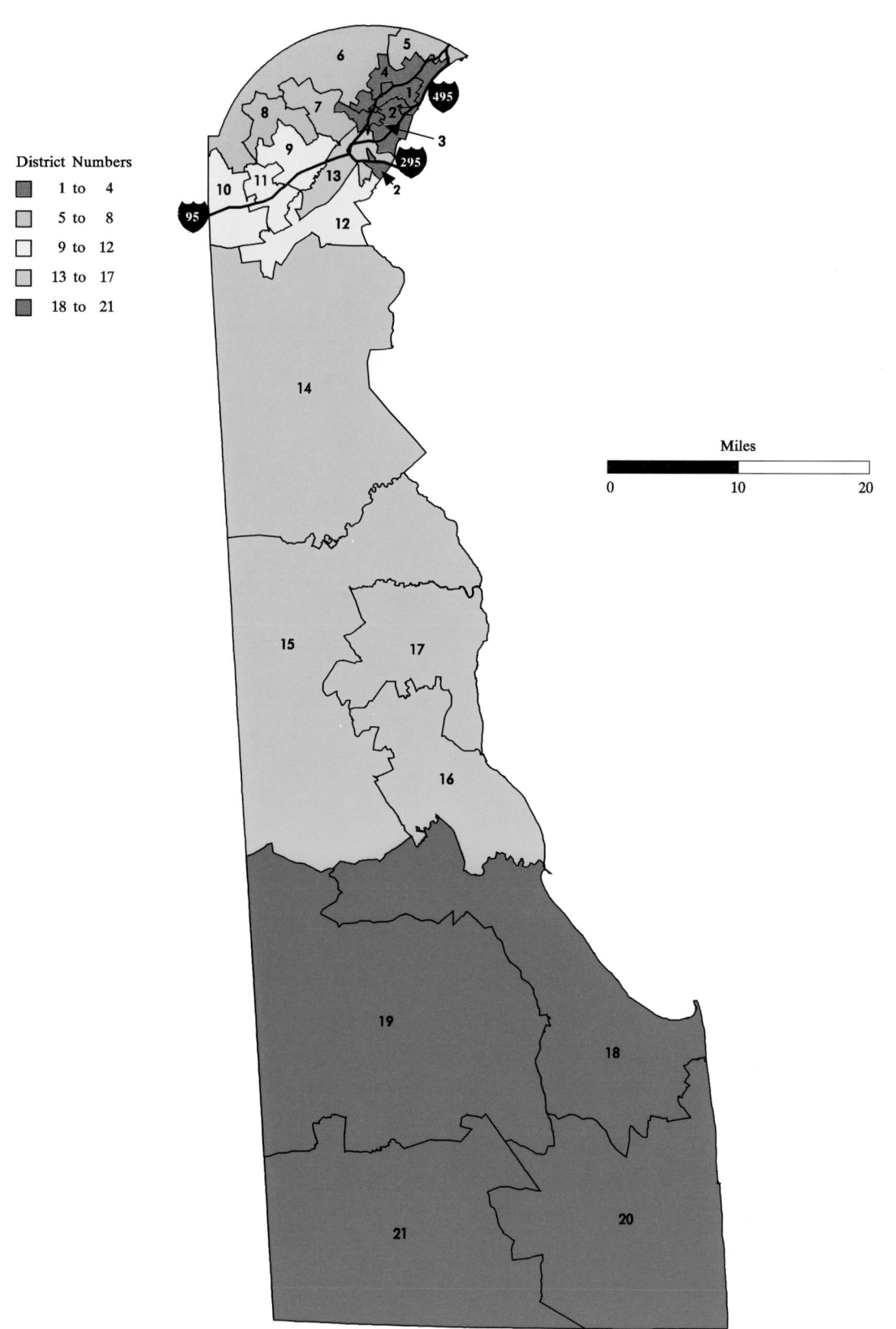

District Numbers

- 1 to 4
- 5 to 8
- 9 to 12
- 13 to 17
- 18 to 21

Miles

0    10    20

# Delaware State Senate Districts:  Demographic Data

| Senate District | Household Income Avg. ($) | > $50K (%) | >$100K (%) | College Educ. (%) | Manf. (%) | Employment Type Service (%) | Govt. (%) | Farm (%) | Age 55+ (%) | Receives Soc. Sec. (%) | African Amer. (%) | Hispanic Amer. (%) | Asian Amer. (%) |
|---|---|---|---|---|---|---|---|---|---|---|---|---|---|
| Delaware | 42,020 | 29 | 5 | 28 | 27 | 66 | 5 | 2 | 21 | 26 | 17 | 2 | 1 |
| 1 | 44,679 | 29 | 6 | 37 | 23 | 70 | 6 | 1 | 26 | 32 | 28 | 2 | 1 |
| 2 | 30,785 | 17 | 2 | 15 | 24 | 71 | 4 | 1 | 20 | 29 | 67 | 3 | 0 |
| 3 | 29,161 | 16 | 1 | 16 | 24 | 70 | 5 | 1 | 21 | 31 | 44 | 13 | 0 |
| 4 | 54,547 | 43 | 9 | 42 | 24 | 72 | 3 | 1 | 29 | 31 | 5 | 1 | 1 |
| 5 | 54,271 | 45 | 8 | 42 | 27 | 70 | 3 | 1 | 24 | 27 | 7 | 1 | 2 |
| 6 | 82,052 | 59 | 22 | 58 | 27 | 69 | 2 | 2 | 22 | 24 | 3 | 1 | 3 |
| 7 | 47,228 | 35 | 6 | 26 | 30 | 66 | 3 | 0 | 28 | 33 | 4 | 2 | 1 |
| 8 | 52,070 | 45 | 6 | 46 | 32 | 64 | 2 | 2 | 18 | 19 | 3 | 2 | 3 |
| 9 | 41,613 | 32 | 2 | 29 | 28 | 68 | 3 | 1 | 20 | 22 | 8 | 2 | 2 |
| 10 | 45,391 | 36 | 5 | 45 | 22 | 74 | 3 | 1 | 13 | 18 | 6 | 2 | 3 |
| 11 | 41,608 | 31 | 1 | 28 | 30 | 67 | 2 | 1 | 11 | 15 | 12 | 3 | 2 |
| 12 | 42,928 | 34 | 3 | 27 | 29 | 66 | 4 | 1 | 14 | 19 | 12 | 2 | 1 |
| 13 | 38,116 | 26 | 2 | 18 | 27 | 68 | 4 | 1 | 18 | 22 | 20 | 2 | 1 |
| 14 | 42,676 | 34 | 3 | 18 | 33 | 58 | 6 | 3 | 16 | 25 | 13 | 1 | 0 |
| 15 | 34,080 | 18 | 2 | 12 | 31 | 54 | 10 | 5 | 20 | 24 | 11 | 1 | 1 |
| 16 | 36,912 | 23 | 2 | 26 | 23 | 63 | 12 | 1 | 15 | 19 | 18 | 3 | 2 |
| 17 | 35,382 | 21 | 3 | 29 | 22 | 66 | 10 | 2 | 19 | 23 | 29 | 3 | 2 |
| 18 | 32,995 | 19 | 3 | 20 | 27 | 62 | 6 | 5 | 30 | 37 | 14 | 2 | 1 |
| 19 | 32,847 | 17 | 3 | 18 | 33 | 55 | 6 | 6 | 23 | 31 | 22 | 2 | 0 |
| 20 | 31,728 | 18 | 3 | 18 | 26 | 62 | 4 | 7 | 35 | 40 | 15 | 1 | 0 |
| 21 | 31,771 | 19 | 2 | 17 | 32 | 57 | 4 | 7 | 23 | 30 | 15 | 1 | 1 |

# DELAWARE
## State House Districts

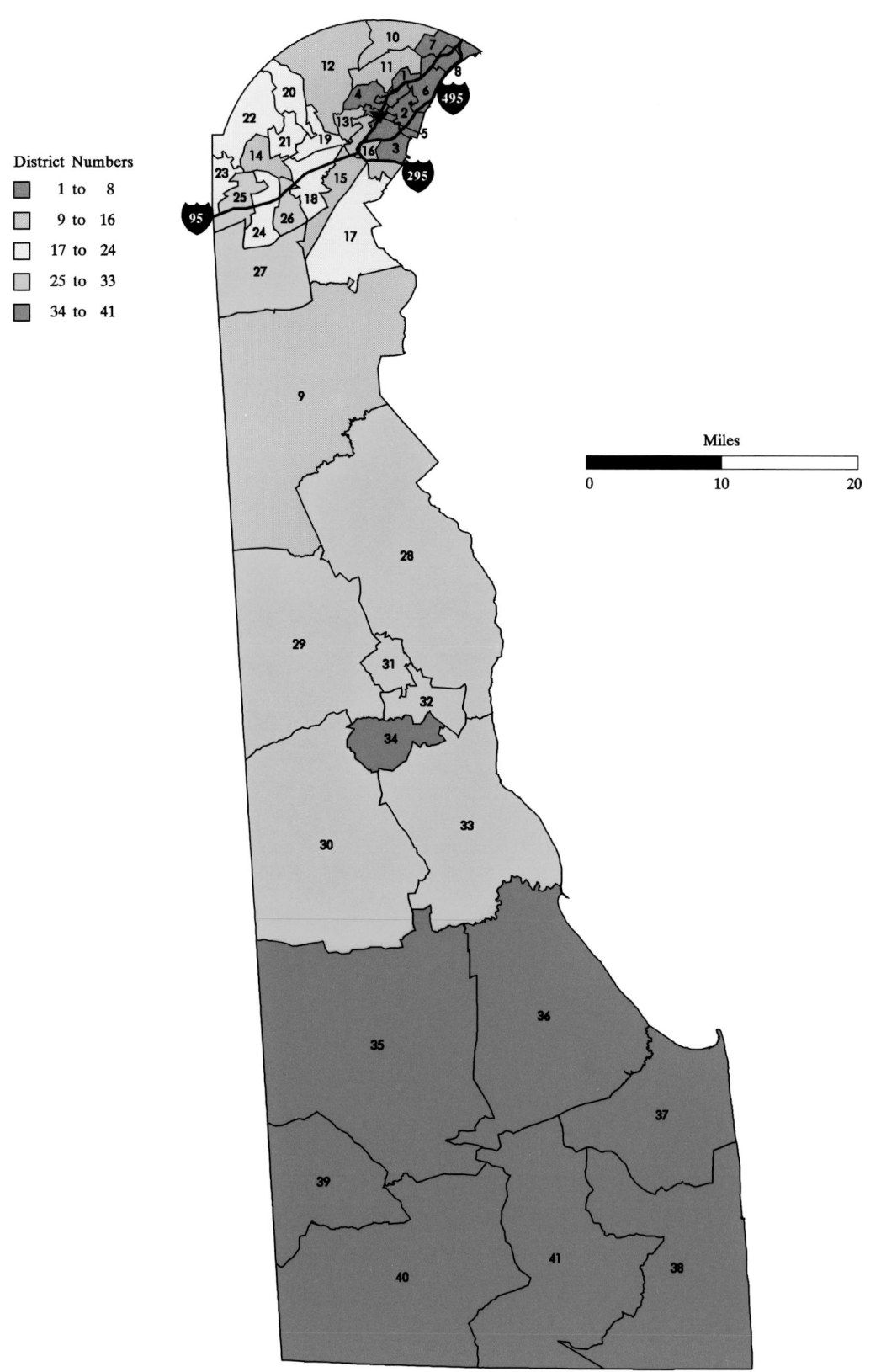

District Numbers

- 1 to 8
- 9 to 16
- 17 to 24
- 25 to 33
- 34 to 41

Miles

0    10    20

# Delaware State House Districts:  Demographic Data

| House District | Household Income Avg. ($) | Household Income > $50K (%) | Household Income >$100K (%) | College Educ. (%) | Manf. (%) | Employment Type Service (%) | Employment Type Govt. (%) | Farm (%) | Age 55+ (%) | Receives Soc. Sec. (%) | African Amer. (%) | Hispanic Amer. (%) | Asian Amer. (%) |
|---|---|---|---|---|---|---|---|---|---|---|---|---|---|
| Delaware | 42,020 | 29 | 5 | 28 | 27 | 66 | 5 | 2 | 21 | 26 | 17 | 2 | 1 |
| 1 | 37,893 | 25 | 5 | 32 | 23 | 69 | 7 | 1 | 23 | 30 | 47 | 2 | 1 |
| 2 | 27,931 | 14 | 1 | 14 | 21 | 75 | 4 | 1 | 18 | 28 | 81 | 2 | 0 |
| 3 | 26,499 | 13 | 1 | 9 | 25 | 69 | 5 | 1 | 22 | 32 | 70 | 4 | 0 |
| 4 | 56,649 | 32 | 12 | 44 | 22 | 72 | 4 | 2 | 28 | 30 | 27 | 4 | 1 |
| 5 | 30,203 | 17 | 2 | 16 | 23 | 69 | 7 | 1 | 20 | 31 | 43 | 20 | 0 |
| 6 | 50,757 | 40 | 8 | 41 | 24 | 72 | 4 | 1 | 26 | 30 | 11 | 1 | 1 |
| 7 | 46,226 | 35 | 5 | 39 | 25 | 70 | 3 | 1 | 23 | 27 | 10 | 2 | 2 |
| 8 | 43,997 | 33 | 4 | 29 | 25 | 71 | 3 | 1 | 24 | 28 | 6 | 1 | 1 |
| 9 | 41,880 | 32 | 2 | 18 | 33 | 57 | 5 | 4 | 17 | 25 | 10 | 1 | 0 |
| 10 | 67,414 | 59 | 14 | 50 | 27 | 70 | 2 | 1 | 23 | 25 | 3 | 1 | 3 |
| 11 | 69,250 | 56 | 16 | 54 | 25 | 71 | 2 | 1 | 35 | 38 | 2 | 1 | 2 |
| 12 | 80,306 | 52 | 19 | 43 | 29 | 68 | 2 | 1 | 33 | 34 | 5 | 1 | 2 |
| 13 | 37,186 | 24 | 1 | 16 | 30 | 66 | 3 | 1 | 27 | 37 | 3 | 2 | 0 |
| 14 | 39,395 | 27 | 2 | 34 | 27 | 69 | 3 | 1 | 14 | 17 | 10 | 4 | 3 |
| 15 | 38,439 | 26 | 1 | 19 | 28 | 67 | 3 | 2 | 14 | 18 | 14 | 3 | 1 |
| 16 | 34,520 | 21 | 2 | 11 | 29 | 67 | 3 | 1 | 25 | 31 | 12 | 3 | 0 |
| 17 | 41,010 | 30 | 3 | 21 | 29 | 65 | 5 | 1 | 21 | 27 | 13 | 2 | 1 |
| 18 | 44,137 | 36 | 3 | 32 | 28 | 69 | 3 | 1 | 11 | 14 | 10 | 2 | 2 |
| 19 | 37,702 | 27 | 2 | 22 | 29 | 66 | 3 | 2 | 26 | 30 | 6 | 2 | 1 |
| 20 | 64,882 | 63 | 12 | 51 | 35 | 61 | 2 | 1 | 16 | 16 | 2 | 2 | 3 |
| 21 | 49,511 | 44 | 4 | 44 | 29 | 68 | 2 | 1 | 19 | 18 | 4 | 2 | 3 |
| 22 | 65,549 | 59 | 15 | 61 | 29 | 67 | 2 | 2 | 14 | 15 | 4 | 1 | 4 |
| 23 | 46,983 | 39 | 6 | 56 | 20 | 76 | 3 | 1 | 16 | 21 | 5 | 2 | 3 |
| 24 | 41,679 | 32 | 3 | 28 | 29 | 68 | 3 | 1 | 12 | 15 | 9 | 2 | 1 |
| 25 | 41,517 | 31 | 3 | 36 | 22 | 75 | 2 | 1 | 13 | 20 | 7 | 1 | 3 |
| 26 | 41,858 | 31 | 1 | 28 | 32 | 65 | 2 | 1 | 6 | 8 | 15 | 3 | 2 |
| 27 | 49,291 | 48 | 4 | 30 | 33 | 62 | 3 | 1 | 10 | 15 | 8 | 2 | 2 |
| 28 | 35,029 | 20 | 2 | 17 | 23 | 63 | 9 | 5 | 19 | 24 | 24 | 3 | 1 |
| 29 | 35,583 | 19 | 2 | 15 | 31 | 55 | 9 | 4 | 21 | 25 | 9 | 1 | 1 |
| 30 | 30,852 | 16 | 1 | 12 | 32 | 53 | 10 | 5 | 19 | 26 | 12 | 1 | 0 |
| 31 | 39,356 | 27 | 5 | 37 | 19 | 69 | 11 | 1 | 18 | 24 | 31 | 3 | 2 |
| 32 | 35,174 | 21 | 2 | 29 | 24 | 63 | 12 | 1 | 16 | 20 | 26 | 3 | 2 |
| 33 | 31,486 | 17 | 1 | 17 | 26 | 60 | 11 | 3 | 18 | 25 | 16 | 3 | 1 |
| 34 | 39,675 | 25 | 3 | 26 | 23 | 64 | 11 | 2 | 17 | 20 | 19 | 3 | 2 |
| 35 | 34,147 | 17 | 3 | 18 | 35 | 53 | 5 | 7 | 22 | 33 | 19 | 2 | 0 |
| 36 | 31,031 | 16 | 2 | 18 | 30 | 59 | 6 | 5 | 24 | 31 | 22 | 3 | 1 |
| 37 | 36,180 | 22 | 5 | 24 | 21 | 69 | 5 | 5 | 38 | 41 | 11 | 1 | 1 |
| 38 | 31,312 | 17 | 3 | 18 | 27 | 62 | 5 | 6 | 38 | 43 | 11 | 1 | 0 |
| 39 | 33,159 | 21 | 2 | 24 | 32 | 60 | 4 | 3 | 25 | 30 | 18 | 1 | 1 |
| 40 | 31,225 | 19 | 2 | 13 | 33 | 55 | 4 | 8 | 22 | 29 | 14 | 1 | 0 |
| 41 | 30,528 | 16 | 2 | 15 | 28 | 58 | 5 | 8 | 24 | 32 | 20 | 1 | 0 |

# FLORIDA
## State Senate Districts

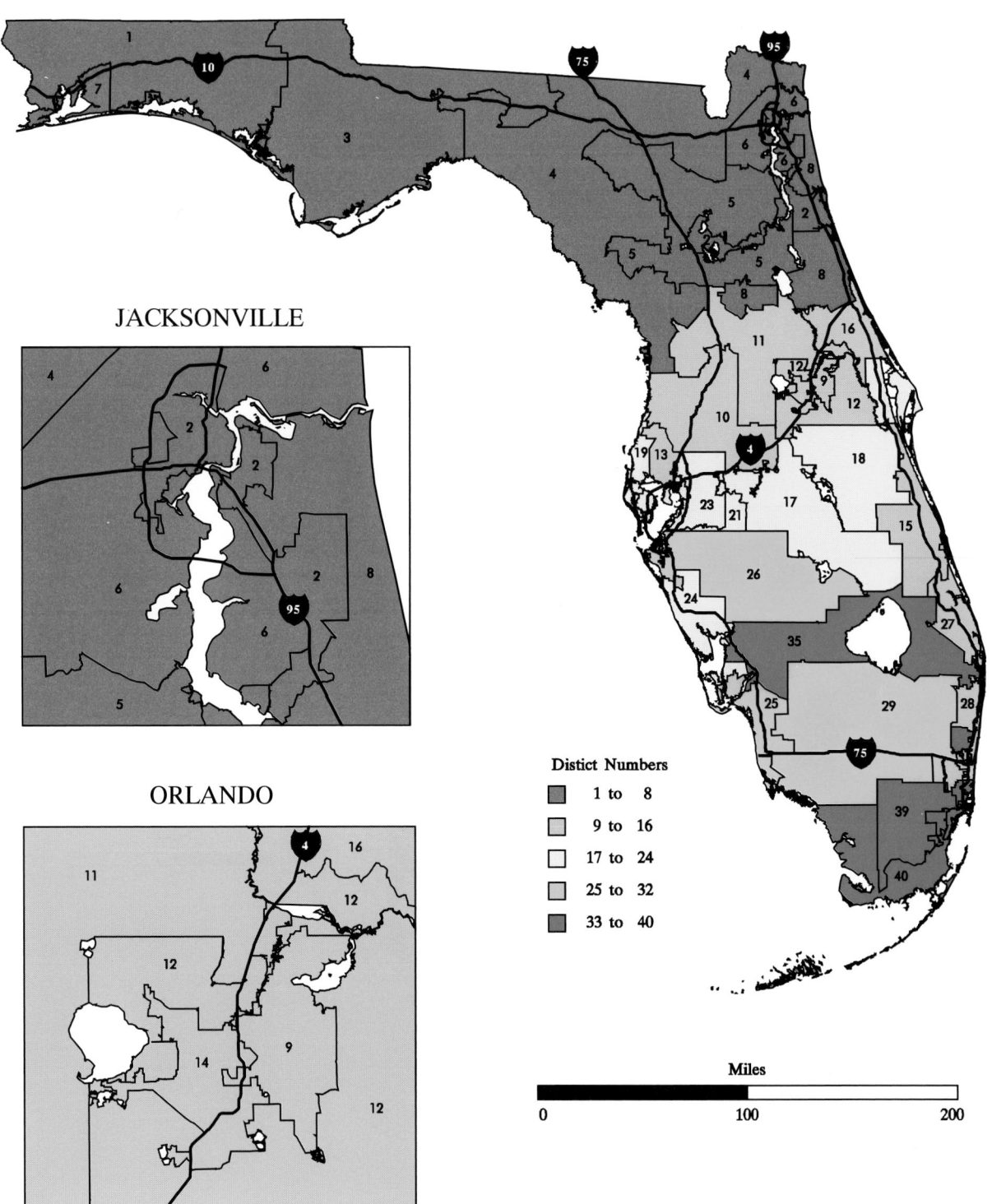

JACKSONVILLE

ORLANDO

District Numbers

| | |
|---|---|
| ▩ | 1 to 8 |
| ▩ | 9 to 16 |
| ▢ | 17 to 24 |
| ▩ | 25 to 32 |
| ▩ | 33 to 40 |

Miles

0          100          200

# TAMPA
## State Senate Districts

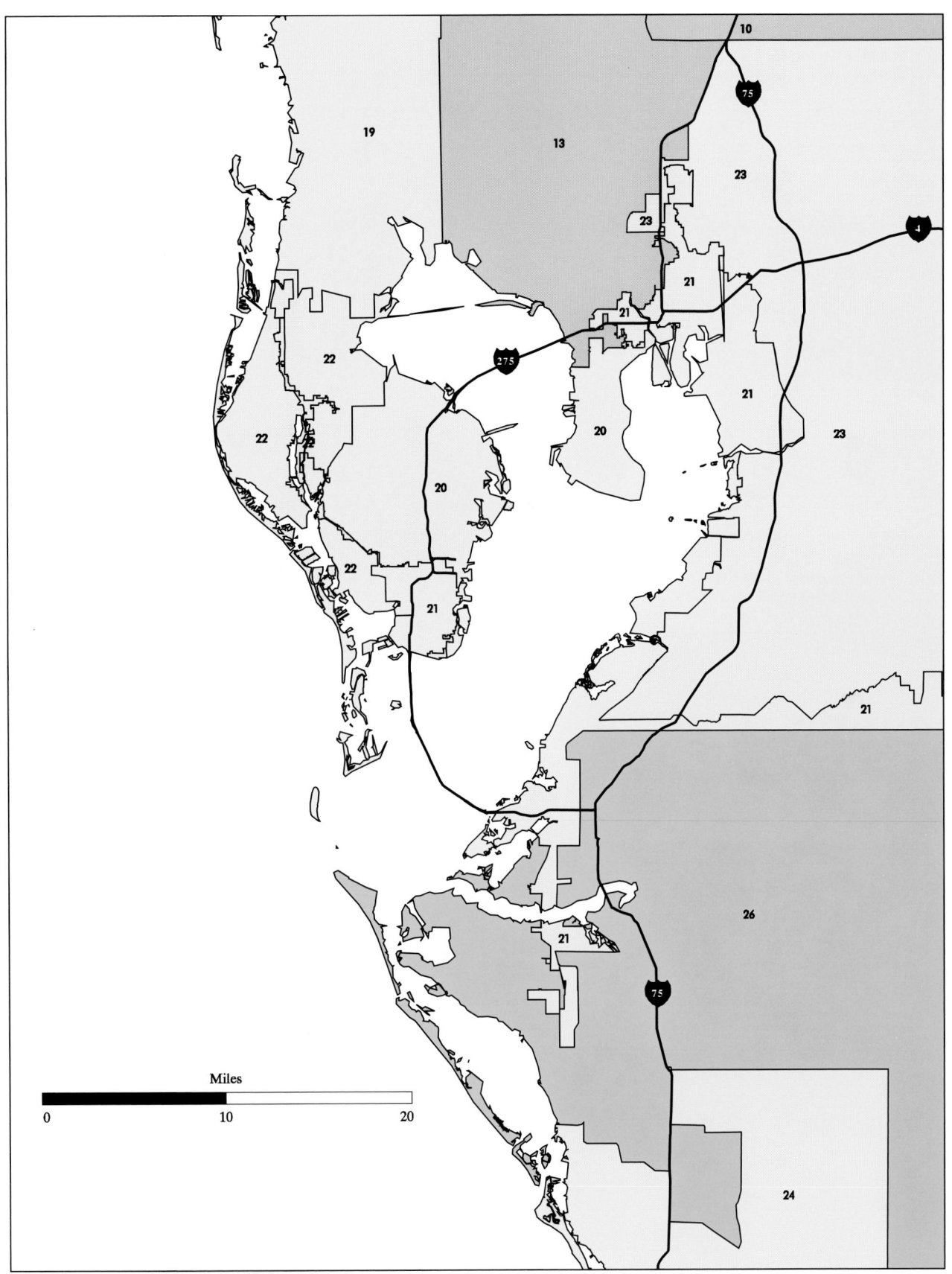

Miles

0            10            20

## Florida State Senate Districts: Demographic Data

| Senate District | Household Income Avg. ($) | > $50K (%) | >$100K (%) | College Educ. (%) | Manf. (%) | Employment Type Service (%) | Govt. (%) | Farm (%) | Age 55+ (%) | Receives Soc. Sec. (%) | African Amer. (%) | Hispanic Amer. (%) | Asian Amer. (%) |
|---|---|---|---|---|---|---|---|---|---|---|---|---|---|
| Florida | 36,530 | 21 | 4 | 25 | 19 | 72 | 5 | 3 | 28 | 34 | 14 | 12 | 1 |
| 1 | 27,838 | 13 | 1 | 19 | 22 | 65 | 10 | 4 | 21 | 28 | 19 | 2 | 1 |
| 2 | 27,140 | 13 | 1 | 17 | 18 | 74 | 6 | 2 | 22 | 29 | 47 | 2 | 1 |
| 3 | 29,253 | 15 | 2 | 26 | 16 | 65 | 15 | 4 | 18 | 24 | 28 | 2 | 1 |
| 4 | 31,957 | 17 | 3 | 22 | 21 | 62 | 12 | 6 | 26 | 33 | 15 | 2 | 0 |
| 5 | 29,360 | 15 | 2 | 30 | 16 | 73 | 7 | 5 | 22 | 27 | 13 | 3 | 2 |
| 6 | 42,146 | 28 | 4 | 29 | 17 | 75 | 7 | 2 | 16 | 20 | 6 | 3 | 2 |
| 7 | 35,442 | 20 | 3 | 31 | 16 | 71 | 11 | 2 | 21 | 23 | 8 | 2 | 2 |
| 8 | 39,561 | 23 | 4 | 30 | 17 | 74 | 5 | 3 | 23 | 28 | 8 | 4 | 2 |
| 9 | 41,199 | 26 | 4 | 35 | 19 | 75 | 5 | 2 | 19 | 22 | 4 | 10 | 2 |
| 10 | 28,352 | 12 | 1 | 15 | 22 | 68 | 4 | 5 | 36 | 45 | 5 | 3 | 0 |
| 11 | 30,459 | 14 | 2 | 18 | 21 | 69 | 5 | 6 | 38 | 46 | 9 | 3 | 0 |
| 12 | 44,437 | 31 | 5 | 33 | 19 | 75 | 3 | 3 | 18 | 21 | 5 | 8 | 2 |
| 13 | 38,121 | 23 | 4 | 29 | 16 | 78 | 4 | 2 | 24 | 28 | 4 | 15 | 2 |
| 14 | 32,403 | 17 | 2 | 23 | 20 | 74 | 4 | 2 | 19 | 24 | 30 | 8 | 2 |
| 15 | 32,487 | 17 | 2 | 22 | 27 | 64 | 5 | 5 | 29 | 35 | 15 | 4 | 1 |
| 16 | 30,634 | 14 | 2 | 21 | 20 | 71 | 5 | 3 | 35 | 42 | 9 | 3 | 1 |
| 17 | 32,308 | 15 | 3 | 19 | 21 | 67 | 5 | 7 | 31 | 39 | 11 | 5 | 1 |
| 18 | 37,962 | 24 | 3 | 28 | 24 | 67 | 7 | 2 | 26 | 30 | 6 | 6 | 1 |
| 19 | 33,698 | 18 | 3 | 23 | 17 | 77 | 4 | 2 | 42 | 48 | 2 | 2 | 1 |
| 20 | 34,048 | 18 | 3 | 27 | 20 | 74 | 4 | 2 | 32 | 37 | 3 | 4 | 2 |
| 21 | 23,432 | 8 | 1 | 14 | 21 | 70 | 4 | 4 | 24 | 32 | 48 | 9 | 1 |
| 22 | 37,004 | 21 | 4 | 26 | 20 | 74 | 4 | 2 | 41 | 44 | 3 | 2 | 1 |
| 23 | 36,308 | 22 | 3 | 26 | 17 | 73 | 4 | 6 | 21 | 26 | 6 | 9 | 1 |
| 24 | 36,764 | 19 | 4 | 24 | 18 | 76 | 3 | 3 | 50 | 54 | 2 | 2 | 1 |
| 25 | 46,635 | 27 | 7 | 28 | 18 | 74 | 4 | 3 | 39 | 42 | 2 | 5 | 0 |
| 26 | 35,580 | 19 | 4 | 23 | 20 | 69 | 4 | 7 | 38 | 45 | 6 | 5 | 1 |
| 27 | 52,926 | 32 | 9 | 32 | 21 | 72 | 3 | 3 | 39 | 43 | 3 | 4 | 1 |
| 28 | 46,653 | 29 | 7 | 29 | 18 | 76 | 3 | 3 | 41 | 46 | 3 | 7 | 1 |
| 29 | 36,765 | 22 | 4 | 23 | 18 | 70 | 5 | 7 | 28 | 35 | 15 | 14 | 1 |
| 30 | 29,221 | 14 | 2 | 17 | 21 | 71 | 4 | 4 | 22 | 29 | 55 | 8 | 1 |
| 31 | 49,288 | 31 | 9 | 32 | 18 | 77 | 3 | 2 | 35 | 38 | 6 | 7 | 1 |
| 32 | 43,439 | 32 | 5 | 28 | 18 | 75 | 6 | 1 | 21 | 25 | 12 | 20 | 2 |
| 33 | 40,094 | 26 | 5 | 26 | 18 | 76 | 4 | 1 | 33 | 41 | 6 | 7 | 2 |
| 34 | 41,215 | 25 | 7 | 30 | 19 | 76 | 4 | 2 | 30 | 28 | 3 | 65 | 1 |
| 35 | 32,818 | 18 | 2 | 19 | 20 | 69 | 5 | 5 | 31 | 39 | 13 | 9 | 1 |
| 36 | 27,742 | 14 | 2 | 16 | 21 | 72 | 5 | 2 | 19 | 24 | 58 | 30 | 1 |
| 37 | 44,700 | 32 | 6 | 36 | 14 | 80 | 4 | 1 | 18 | 17 | 4 | 63 | 2 |
| 38 | 42,375 | 23 | 8 | 31 | 13 | 82 | 4 | 1 | 35 | 36 | 12 | 31 | 2 |
| 39 | 34,233 | 21 | 3 | 20 | 27 | 67 | 4 | 2 | 22 | 20 | 4 | 74 | 1 |
| 40 | 34,921 | 18 | 4 | 21 | 15 | 73 | 6 | 6 | 20 | 24 | 37 | 24 | 1 |

# FLORIDA
## State House Districts

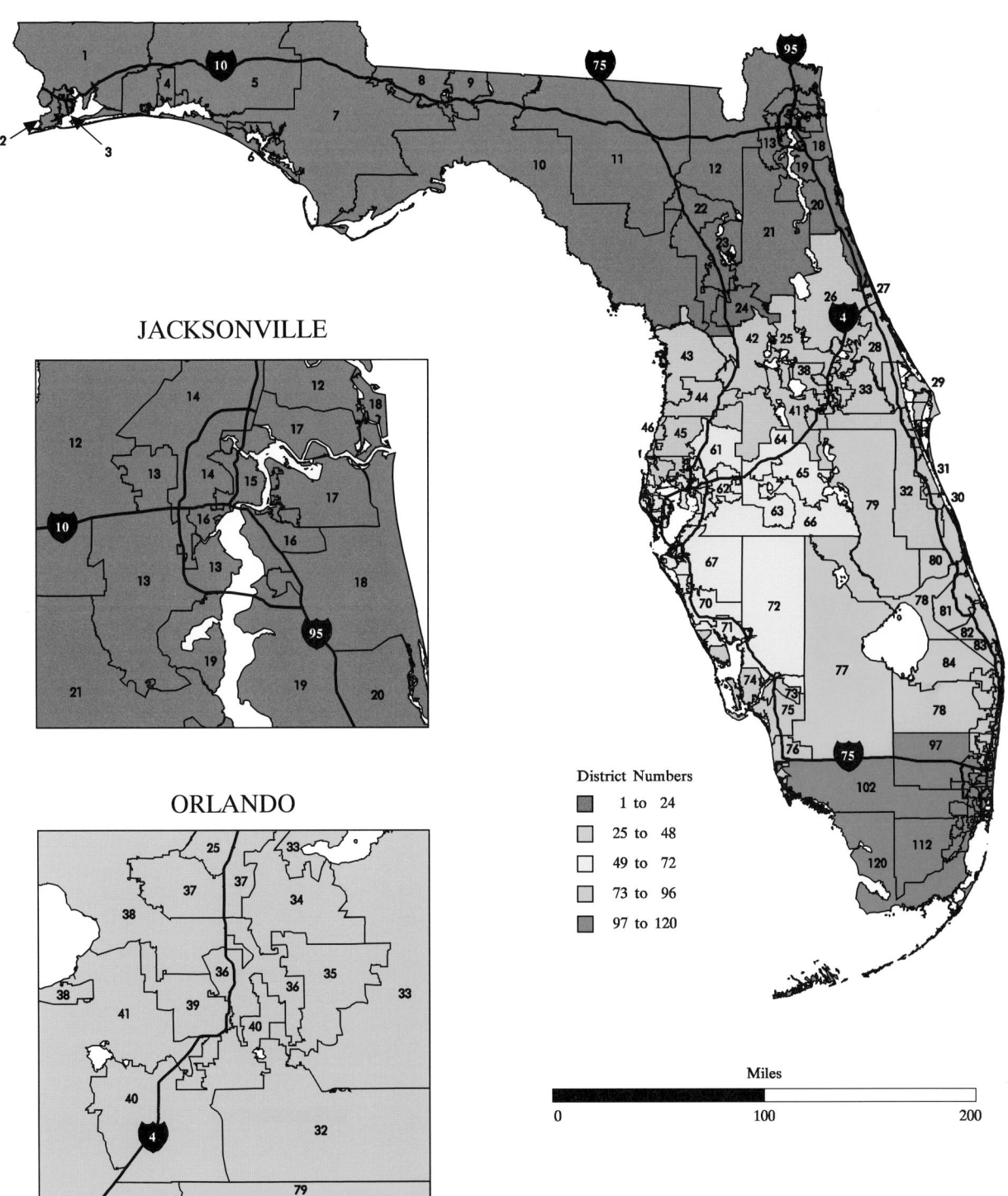

JACKSONVILLE

ORLANDO

District Numbers

1 to 24
25 to 48
49 to 72
73 to 96
97 to 120

Miles

0          100          200

# GOLD COAST
## State House Districts

# TAMPA
## State House Districts

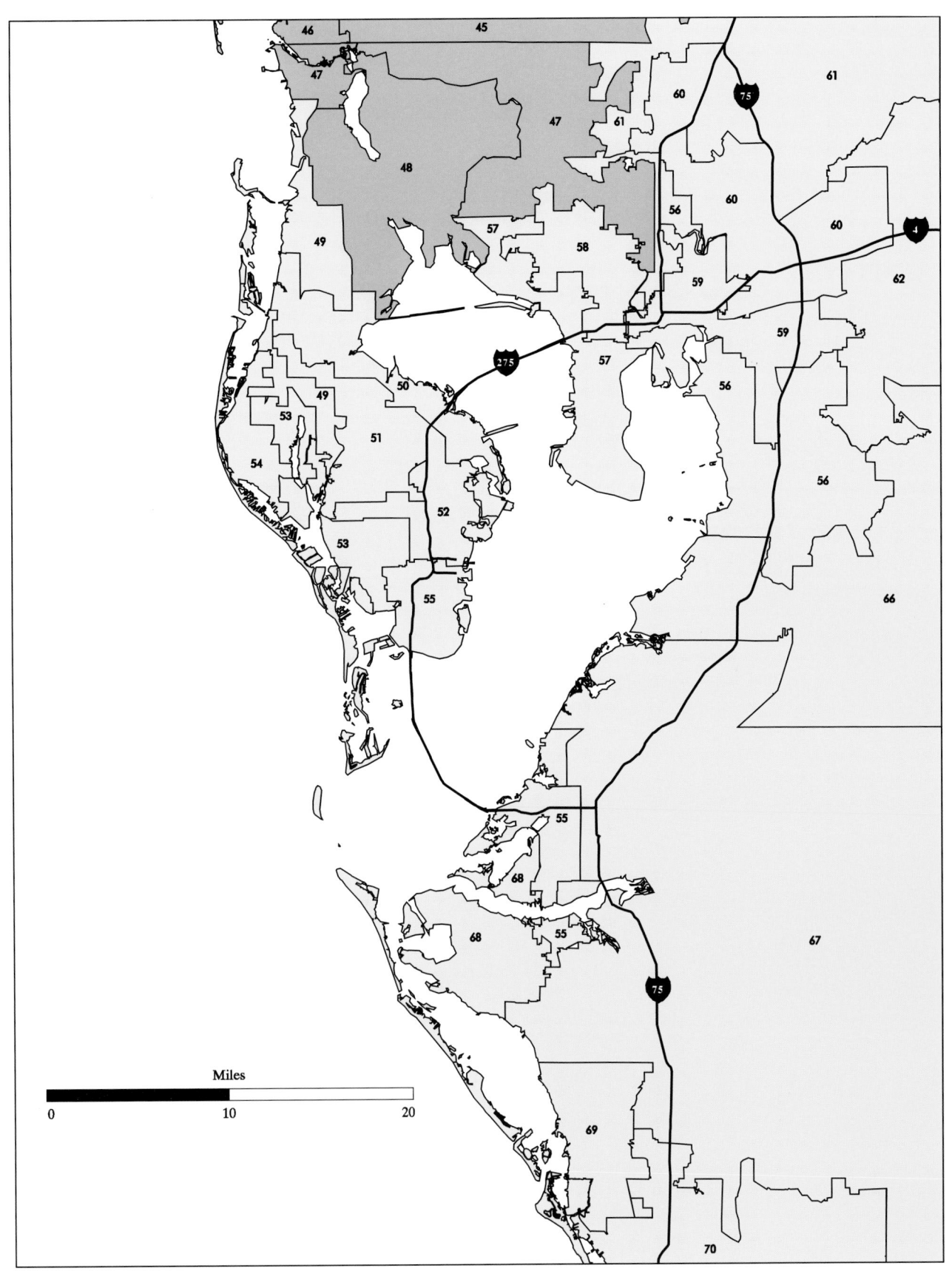

Miles

0          10          20

## Florida State House Districts: Demographic Data

| House District | Household Income Avg. ($) | > $50K (%) | >$100K (%) | College Educ. (%) | Manf. (%) | Employment Type Service (%) | Govt. (%) | Farm (%) | Age 55+ (%) | Receives Soc. Sec. (%) | African Amer. (%) | Hispanic Amer. (%) | Asian Amer. (%) |
|---|---|---|---|---|---|---|---|---|---|---|---|---|---|
| Florida | 36,530 | 21 | 4 | 25 | 19 | 72 | 5 | 3 | 28 | 34 | 14 | 12 | 1 |
| 1 | 30,623 | 15 | 1 | 22 | 26 | 62 | 8 | 4 | 18 | 24 | 8 | 1 | 1 |
| 2 | 35,385 | 20 | 2 | 30 | 17 | 70 | 12 | 2 | 20 | 23 | 8 | 2 | 2 |
| 3 | 26,107 | 11 | 2 | 22 | 17 | 73 | 9 | 1 | 23 | 30 | 37 | 2 | 2 |
| 4 | 39,880 | 26 | 4 | 36 | 16 | 70 | 12 | 2 | 21 | 21 | 4 | 3 | 2 |
| 5 | 26,058 | 10 | 1 | 17 | 23 | 60 | 11 | 6 | 21 | 27 | 12 | 2 | 2 |
| 6 | 31,431 | 15 | 2 | 23 | 16 | 73 | 9 | 2 | 22 | 27 | 12 | 2 | 2 |
| 7 | 27,709 | 13 | 1 | 16 | 22 | 60 | 12 | 6 | 23 | 31 | 17 | 2 | 0 |
| 8 | 22,326 | 9 | 1 | 25 | 13 | 68 | 15 | 3 | 15 | 21 | 51 | 2 | 1 |
| 9 | 45,231 | 33 | 5 | 54 | 9 | 68 | 22 | 1 | 16 | 17 | 13 | 3 | 1 |
| 10 | 26,229 | 11 | 2 | 15 | 22 | 60 | 11 | 7 | 26 | 34 | 17 | 1 | 0 |
| 11 | 26,450 | 11 | 2 | 15 | 24 | 58 | 8 | 10 | 24 | 33 | 22 | 2 | 0 |
| 12 | 32,491 | 18 | 2 | 14 | 25 | 60 | 10 | 4 | 18 | 26 | 14 | 1 | 0 |
| 13 | 38,329 | 21 | 3 | 25 | 17 | 73 | 8 | 1 | 13 | 17 | 9 | 4 | 3 |
| 14 | 27,408 | 14 | 1 | 14 | 19 | 73 | 7 | 1 | 21 | 29 | 55 | 2 | 1 |
| 15 | 24,827 | 11 | 1 | 17 | 17 | 75 | 6 | 1 | 23 | 32 | 56 | 1 | 1 |
| 16 | 35,137 | 19 | 3 | 26 | 17 | 77 | 5 | 1 | 25 | 29 | 13 | 3 | 2 |
| 17 | 39,361 | 25 | 3 | 29 | 16 | 76 | 6 | 2 | 16 | 19 | 10 | 3 | 3 |
| 18 | 46,246 | 27 | 6 | 40 | 14 | 79 | 6 | 2 | 16 | 18 | 9 | 3 | 2 |
| 19 | 49,859 | 40 | 6 | 38 | 15 | 77 | 6 | 1 | 14 | 15 | 4 | 3 | 2 |
| 20 | 34,828 | 19 | 3 | 24 | 20 | 71 | 6 | 3 | 33 | 40 | 9 | 3 | 1 |
| 21 | 27,635 | 13 | 2 | 14 | 25 | 63 | 6 | 5 | 28 | 36 | 13 | 2 | 0 |
| 22 | 37,170 | 23 | 4 | 42 | 13 | 78 | 6 | 4 | 22 | 26 | 12 | 4 | 2 |
| 23 | 22,368 | 9 | 1 | 34 | 11 | 80 | 6 | 4 | 15 | 20 | 32 | 4 | 3 |
| 24 | 31,510 | 14 | 2 | 21 | 22 | 69 | 5 | 4 | 33 | 41 | 8 | 3 | 1 |
| 25 | 37,630 | 21 | 5 | 23 | 20 | 70 | 4 | 5 | 34 | 42 | 6 | 4 | 1 |
| 26 | 30,805 | 14 | 2 | 19 | 23 | 63 | 6 | 8 | 30 | 39 | 9 | 7 | 1 |
| 27 | 29,646 | 13 | 3 | 23 | 18 | 76 | 4 | 2 | 34 | 40 | 19 | 2 | 1 |
| 28 | 31,574 | 16 | 2 | 21 | 20 | 72 | 6 | 3 | 37 | 44 | 3 | 2 | 1 |
| 29 | 33,916 | 20 | 2 | 25 | 27 | 62 | 9 | 2 | 23 | 28 | 16 | 2 | 1 |
| 30 | 43,476 | 31 | 5 | 37 | 27 | 64 | 6 | 2 | 34 | 36 | 3 | 3 | 1 |
| 31 | 30,968 | 16 | 1 | 24 | 32 | 62 | 5 | 2 | 29 | 33 | 8 | 4 | 2 |
| 32 | 40,148 | 26 | 3 | 27 | 26 | 66 | 6 | 3 | 21 | 24 | 5 | 7 | 1 |
| 33 | 36,210 | 21 | 2 | 22 | 26 | 66 | 5 | 3 | 20 | 28 | 15 | 6 | 1 |
| 34 | 45,484 | 33 | 5 | 36 | 19 | 75 | 4 | 2 | 19 | 22 | 4 | 7 | 2 |
| 35 | 36,860 | 22 | 2 | 35 | 18 | 75 | 5 | 1 | 14 | 15 | 3 | 13 | 3 |
| 36 | 38,375 | 21 | 5 | 35 | 16 | 78 | 4 | 2 | 25 | 29 | 5 | 9 | 2 |
| 37 | 45,584 | 33 | 6 | 38 | 18 | 77 | 3 | 2 | 17 | 18 | 5 | 7 | 2 |
| 38 | 33,117 | 18 | 2 | 22 | 21 | 70 | 3 | 6 | 19 | 24 | 22 | 7 | 1 |
| 39 | 27,592 | 12 | 1 | 16 | 20 | 74 | 4 | 2 | 17 | 23 | 52 | 7 | 1 |
| 40 | 43,542 | 28 | 5 | 33 | 17 | 78 | 3 | 1 | 22 | 24 | 6 | 11 | 3 |
| 41 | 40,630 | 26 | 4 | 29 | 19 | 75 | 3 | 3 | 20 | 24 | 9 | 7 | 2 |
| 42 | 26,744 | 10 | 1 | 14 | 22 | 67 | 5 | 6 | 42 | 51 | 10 | 2 | 0 |
| 43 | 27,334 | 12 | 1 | 15 | 19 | 73 | 4 | 4 | 47 | 53 | 2 | 2 | 0 |
| 44 | 28,808 | 12 | 2 | 15 | 21 | 69 | 4 | 6 | 40 | 49 | 5 | 4 | 0 |
| 45 | 27,281 | 10 | 1 | 14 | 20 | 71 | 4 | 5 | 36 | 45 | 3 | 4 | 0 |
| 46 | 25,121 | 9 | 1 | 13 | 17 | 77 | 4 | 2 | 56 | 62 | 0 | 2 | 1 |
| 47 | 41,317 | 28 | 5 | 34 | 15 | 79 | 4 | 2 | 21 | 25 | 5 | 9 | 2 |
| 48 | 44,387 | 30 | 6 | 33 | 18 | 77 | 3 | 2 | 31 | 35 | 1 | 3 | 1 |
| 49 | 36,796 | 19 | 4 | 25 | 20 | 74 | 5 | 2 | 43 | 47 | 1 | 2 | 1 |
| 50 | 33,056 | 18 | 3 | 28 | 19 | 76 | 4 | 1 | 33 | 36 | 8 | 3 | 1 |

# Florida State House Districts: Demographic Data (cont.)

| House District | Household Income Avg. ($) | > $50K (%) | >$100K (%) | College Educ. (%) | Manf. (%) | Service (%) | Govt. (%) | Farm (%) | Age 55+ (%) | Receives Soc. Sec. (%) | African Amer. (%) | Hispanic Amer. (%) | Asian Amer. (%) |
|---|---|---|---|---|---|---|---|---|---|---|---|---|---|
| Florida | 36,530 | 21 | 4 | 25 | 19 | 72 | 5 | 3 | 28 | 34 | 14 | 12 | 1 |
| 51 | 30,044 | 14 | 1 | 18 | 27 | 68 | 4 | 2 | 32 | 40 | 3 | 3 | 2 |
| 52 | 29,675 | 14 | 2 | 22 | 22 | 72 | 3 | 2 | 36 | 43 | 2 | 3 | 2 |
| 53 | 29,626 | 13 | 1 | 21 | 21 | 73 | 4 | 2 | 40 | 46 | 4 | 2 | 1 |
| 54 | 44,806 | 29 | 7 | 32 | 17 | 77 | 3 | 2 | 47 | 48 | 0 | 2 | 1 |
| 55 | 25,945 | 11 | 1 | 19 | 20 | 71 | 5 | 4 | 27 | 35 | 52 | 5 | 1 |
| 56 | 34,031 | 19 | 3 | 25 | 17 | 77 | 4 | 3 | 20 | 25 | 10 | 11 | 1 |
| 57 | 43,507 | 25 | 6 | 36 | 15 | 79 | 5 | 1 | 23 | 25 | 5 | 10 | 2 |
| 58 | 32,316 | 17 | 2 | 24 | 18 | 76 | 4 | 1 | 21 | 24 | 8 | 31 | 2 |
| 59 | 23,443 | 10 | 1 | 15 | 19 | 73 | 5 | 2 | 20 | 28 | 56 | 11 | 1 |
| 60 | 32,403 | 17 | 3 | 32 | 15 | 78 | 4 | 2 | 15 | 18 | 11 | 8 | 2 |
| 61 | 33,243 | 17 | 3 | 22 | 19 | 72 | 5 | 4 | 31 | 38 | 7 | 5 | 1 |
| 62 | 40,779 | 29 | 3 | 25 | 19 | 71 | 4 | 6 | 19 | 23 | 4 | 9 | 1 |
| 63 | 35,717 | 20 | 3 | 21 | 24 | 65 | 5 | 6 | 26 | 33 | 8 | 4 | 1 |
| 64 | 28,521 | 12 | 1 | 17 | 23 | 70 | 4 | 3 | 26 | 34 | 16 | 3 | 1 |
| 65 | 29,222 | 13 | 2 | 16 | 21 | 69 | 4 | 6 | 34 | 42 | 20 | 4 | 0 |
| 66 | 35,442 | 19 | 4 | 21 | 19 | 64 | 4 | 12 | 30 | 40 | 7 | 10 | 1 |
| 67 | 36,772 | 21 | 4 | 24 | 24 | 66 | 4 | 6 | 41 | 48 | 3 | 5 | 0 |
| 68 | 33,808 | 17 | 3 | 24 | 21 | 72 | 4 | 3 | 41 | 47 | 2 | 3 | 1 |
| 69 | 37,286 | 20 | 4 | 28 | 19 | 76 | 3 | 2 | 36 | 40 | 10 | 3 | 1 |
| 70 | 45,033 | 26 | 7 | 31 | 17 | 78 | 3 | 3 | 51 | 54 | 1 | 1 | 0 |
| 71 | 30,607 | 13 | 2 | 18 | 19 | 74 | 4 | 3 | 49 | 55 | 3 | 2 | 1 |
| 72 | 31,126 | 15 | 2 | 15 | 19 | 64 | 5 | 12 | 37 | 47 | 6 | 8 | 0 |
| 73 | 30,914 | 15 | 2 | 19 | 19 | 73 | 4 | 3 | 29 | 36 | 18 | 7 | 1 |
| 74 | 40,602 | 22 | 5 | 24 | 18 | 75 | 4 | 3 | 42 | 47 | 1 | 3 | 1 |
| 75 | 41,513 | 24 | 6 | 26 | 17 | 75 | 3 | 4 | 44 | 48 | 1 | 4 | 0 |
| 76 | 58,213 | 34 | 11 | 32 | 19 | 73 | 4 | 3 | 38 | 40 | 2 | 6 | 0 |
| 77 | 27,236 | 11 | 2 | 14 | 15 | 58 | 5 | 21 | 34 | 43 | 13 | 19 | 0 |
| 78 | 33,993 | 19 | 4 | 20 | 17 | 66 | 6 | 11 | 32 | 40 | 24 | 7 | 1 |
| 79 | 32,187 | 16 | 1 | 17 | 18 | 72 | 4 | 6 | 21 | 27 | 7 | 13 | 1 |
| 80 | 41,104 | 22 | 6 | 25 | 19 | 71 | 4 | 5 | 43 | 48 | 8 | 2 | 1 |
| 81 | 41,369 | 25 | 4 | 24 | 21 | 71 | 4 | 4 | 34 | 41 | 3 | 4 | 1 |
| 82 | 52,389 | 32 | 9 | 31 | 23 | 71 | 3 | 3 | 40 | 44 | 4 | 3 | 1 |
| 83 | 58,246 | 35 | 11 | 35 | 22 | 72 | 4 | 2 | 36 | 40 | 2 | 3 | 1 |
| 84 | 32,088 | 17 | 3 | 19 | 21 | 64 | 5 | 10 | 20 | 25 | 56 | 10 | 1 |
| 85 | 38,546 | 23 | 3 | 23 | 21 | 71 | 5 | 4 | 28 | 34 | 6 | 9 | 1 |
| 86 | 31,429 | 16 | 2 | 21 | 20 | 72 | 5 | 4 | 31 | 39 | 15 | 16 | 1 |
| 87 | 52,901 | 33 | 10 | 34 | 17 | 77 | 4 | 3 | 33 | 38 | 4 | 6 | 1 |
| 88 | 40,729 | 26 | 4 | 25 | 19 | 72 | 4 | 5 | 38 | 45 | 12 | 8 | 1 |
| 89 | 54,093 | 34 | 10 | 33 | 15 | 80 | 2 | 2 | 46 | 51 | 1 | 4 | 1 |
| 90 | 37,201 | 23 | 4 | 23 | 20 | 74 | 3 | 3 | 33 | 40 | 15 | 7 | 1 |
| 91 | 60,760 | 38 | 14 | 38 | 14 | 82 | 3 | 1 | 44 | 43 | 1 | 4 | 1 |
| 92 | 40,145 | 24 | 5 | 27 | 19 | 76 | 4 | 2 | 30 | 31 | 5 | 9 | 1 |
| 93 | 28,744 | 15 | 2 | 16 | 22 | 71 | 3 | 4 | 20 | 27 | 55 | 7 | 1 |
| 94 | 28,366 | 14 | 1 | 18 | 20 | 74 | 5 | 2 | 23 | 30 | 56 | 7 | 1 |
| 95 | 35,761 | 22 | 3 | 23 | 20 | 75 | 4 | 1 | 39 | 46 | 5 | 7 | 1 |
| 96 | 46,159 | 33 | 7 | 31 | 17 | 78 | 4 | 1 | 23 | 32 | 5 | 7 | 2 |
| 97 | 48,841 | 38 | 6 | 33 | 16 | 76 | 6 | 2 | 23 | 28 | 4 | 11 | 2 |
| 98 | 46,210 | 34 | 6 | 33 | 16 | 77 | 5 | 1 | 29 | 36 | 5 | 8 | 2 |
| 99 | 40,434 | 27 | 4 | 26 | 17 | 75 | 5 | 2 | 22 | 25 | 11 | 10 | 2 |
| 100 | 37,774 | 22 | 5 | 22 | 19 | 75 | 4 | 2 | 37 | 43 | 4 | 12 | 1 |

# Florida State House Districts:  Demographic Data (cont.)

| House District | Household Income Avg. ($) | > $50K (%) | >$100K (%) | College Educ. (%) | Manf. (%) | Service (%) | Govt. (%) | Farm (%) | Age 55+ (%) | Receives Soc. Sec. (%) | African Amer. (%) | Hispanic Amer. (%) | Asian Amer. (%) |
|---|---|---|---|---|---|---|---|---|---|---|---|---|---|
| Florida | 36,530 | 21 | 4 | 25 | 19 | 72 | 5 | 3 | 28 | 34 | 14 | 12 | 1 |
| 101 | 32,892 | 19 | 3 | 20 | 18 | 75 | 5 | 2 | 34 | 40 | 18 | 14 | 1 |
| 102 | 37,159 | 22 | 3 | 21 | 26 | 68 | 4 | 2 | 21 | 22 | 5 | 66 | 1 |
| 103 | 33,336 | 20 | 1 | 19 | 18 | 75 | 6 | 1 | 14 | 18 | 61 | 28 | 1 |
| 104 | 33,617 | 17 | 3 | 21 | 15 | 78 | 6 | 1 | 19 | 24 | 59 | 16 | 1 |
| 105 | 37,955 | 22 | 5 | 27 | 14 | 80 | 5 | 1 | 29 | 35 | 20 | 19 | 3 |
| 106 | 43,539 | 23 | 9 | 31 | 12 | 84 | 3 | 1 | 44 | 45 | 5 | 32 | 1 |
| 107 | 36,319 | 18 | 7 | 29 | 19 | 77 | 3 | 1 | 34 | 30 | 4 | 65 | 1 |
| 108 | 28,058 | 15 | 2 | 19 | 20 | 72 | 5 | 3 | 18 | 24 | 66 | 16 | 1 |
| 109 | 21,047 | 8 | 1 | 9 | 27 | 67 | 4 | 2 | 20 | 24 | 63 | 34 | 0 |
| 110 | 31,892 | 18 | 3 | 15 | 34 | 62 | 2 | 1 | 27 | 24 | 3 | 83 | 1 |
| 111 | 31,424 | 16 | 4 | 21 | 26 | 70 | 3 | 1 | 29 | 27 | 4 | 76 | 1 |
| 112 | 43,230 | 32 | 4 | 32 | 16 | 77 | 5 | 2 | 14 | 15 | 5 | 66 | 2 |
| 113 | 32,601 | 16 | 5 | 21 | 23 | 73 | 3 | 1 | 31 | 29 | 10 | 74 | 1 |
| 114 | 38,261 | 26 | 3 | 28 | 18 | 77 | 3 | 2 | 21 | 19 | 2 | 78 | 1 |
| 115 | 48,973 | 32 | 8 | 36 | 15 | 80 | 4 | 1 | 25 | 24 | 2 | 65 | 2 |
| 116 | 47,584 | 37 | 6 | 45 | 11 | 83 | 5 | 1 | 14 | 14 | 5 | 46 | 3 |
| 117 | 39,365 | 23 | 5 | 28 | 19 | 76 | 4 | 2 | 32 | 31 | 5 | 68 | 1 |
| 118 | 40,570 | 27 | 5 | 26 | 13 | 76 | 6 | 5 | 15 | 19 | 35 | 27 | 2 |
| 119 | 54,157 | 38 | 11 | 35 | 13 | 76 | 6 | 5 | 19 | 22 | 12 | 25 | 2 |
| 120 | 39,811 | 22 | 5 | 25 | 14 | 71 | 7 | 7 | 23 | 25 | 12 | 19 | 1 |

# GEORGIA
## State Senate Districts

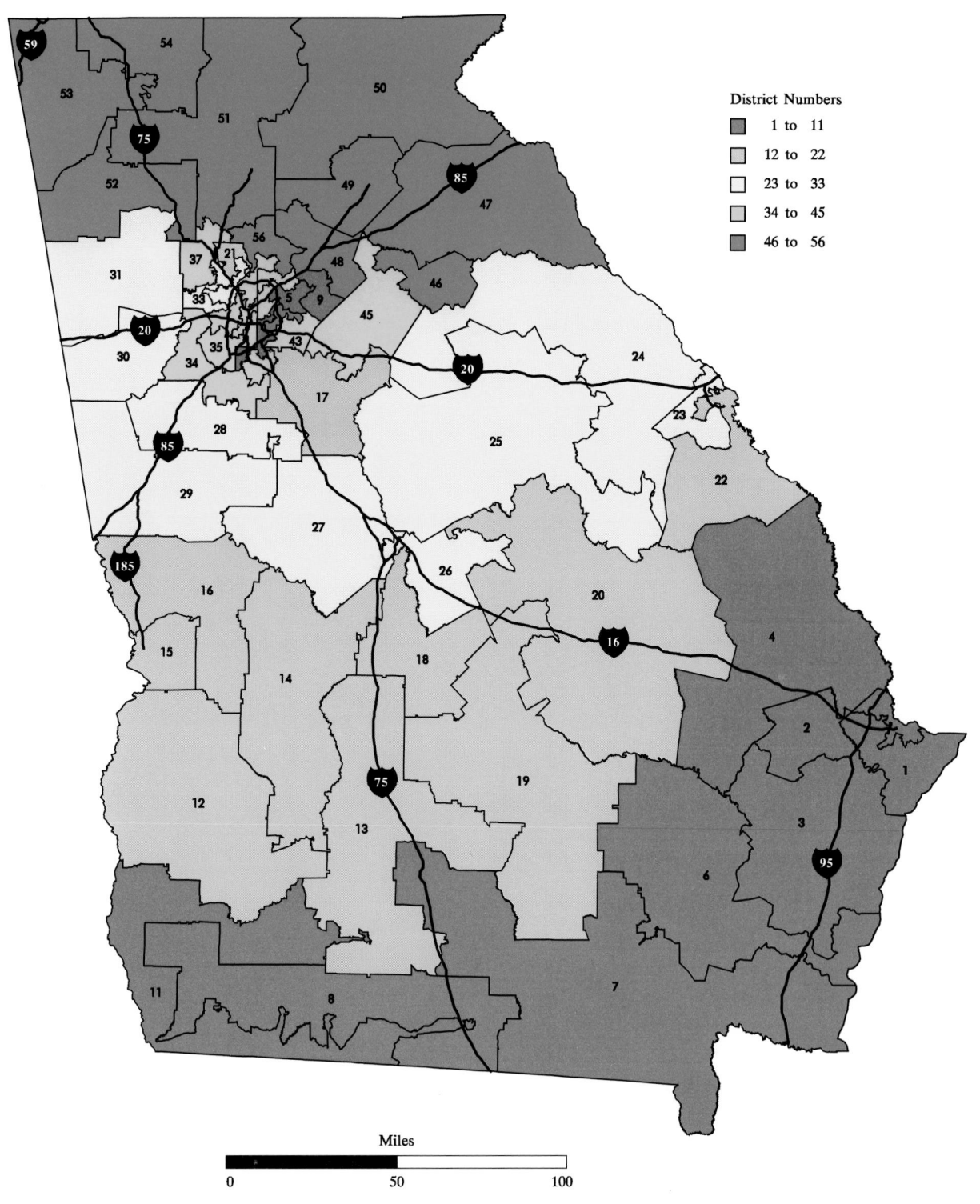

District Numbers

- 1 to 11
- 12 to 22
- 23 to 33
- 34 to 45
- 46 to 56

Miles

0    50    100

# ATLANTA
## State Senate Districts

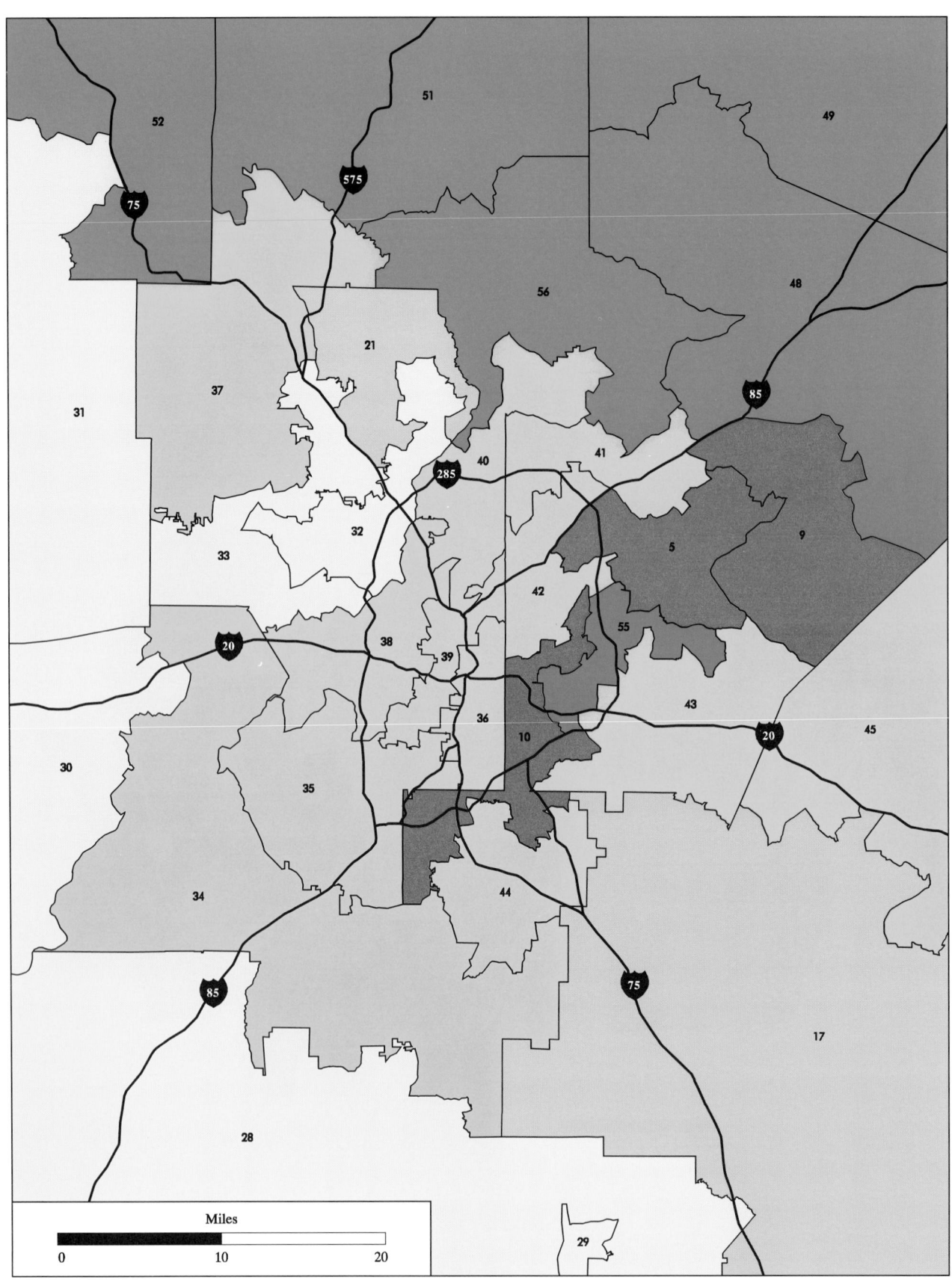

Miles

0          10          20

# Georgia State Senate Districts:  Demographic Data

| Senate District | Household Income | | | College Educ. | Employment Type | | | | Age 55+ | Receives Soc. Sec. | African Amer. | Hispanic Amer. | Asian Amer. |
| | Avg. ($) | > $50K (%) | >$100K (%) | (%) | Manf. (%) | Service (%) | Govt. (%) | Farm (%) | (%) | (%) | (%) | (%) | (%) |
|---|---|---|---|---|---|---|---|---|---|---|---|---|---|
| Georgia | 36,802 | 23 | 4 | 24 | 27 | 65 | 6 | 3 | 18 | 23 | 27 | 2 | 1 |
| 1 | 41,894 | 27 | 5 | 30 | 23 | 71 | 5 | 1 | 22 | 25 | 14 | 1 | 1 |
| 2 | 24,174 | 10 | 1 | 15 | 23 | 70 | 6 | 1 | 18 | 29 | 60 | 2 | 1 |
| 3 | 28,338 | 14 | 1 | 17 | 25 | 61 | 11 | 2 | 15 | 22 | 33 | 3 | 1 |
| 4 | 27,240 | 13 | 1 | 15 | 31 | 57 | 7 | 6 | 19 | 27 | 28 | 1 | 0 |
| 5 | 54,947 | 43 | 9 | 46 | 17 | 78 | 5 | 1 | 17 | 16 | 9 | 3 | 4 |
| 6 | 31,089 | 17 | 3 | 18 | 29 | 60 | 6 | 5 | 24 | 32 | 18 | 1 | 0 |
| 7 | 28,142 | 13 | 1 | 16 | 31 | 55 | 7 | 7 | 18 | 25 | 21 | 2 | 1 |
| 8 | 30,396 | 15 | 2 | 19 | 27 | 62 | 5 | 7 | 20 | 27 | 24 | 1 | 1 |
| 9 | 52,146 | 45 | 6 | 38 | 21 | 73 | 4 | 1 | 9 | 12 | 3 | 2 | 2 |
| 10 | 31,313 | 17 | 1 | 22 | 17 | 75 | 7 | 1 | 14 | 18 | 68 | 1 | 2 |
| 11 | 22,721 | 9 | 1 | 13 | 33 | 53 | 4 | 10 | 23 | 32 | 55 | 1 | 0 |
| 12 | 25,065 | 11 | 1 | 16 | 28 | 59 | 8 | 6 | 20 | 27 | 62 | 1 | 0 |
| 13 | 26,059 | 12 | 1 | 12 | 31 | 54 | 6 | 9 | 22 | 31 | 31 | 2 | 0 |
| 14 | 31,279 | 18 | 2 | 21 | 27 | 60 | 8 | 6 | 20 | 27 | 36 | 1 | 0 |
| 15 | 24,776 | 8 | 1 | 17 | 24 | 64 | 11 | 1 | 14 | 20 | 57 | 5 | 2 |
| 16 | 36,649 | 22 | 4 | 26 | 26 | 65 | 6 | 2 | 23 | 28 | 19 | 1 | 1 |
| 17 | 41,267 | 29 | 3 | 18 | 26 | 66 | 6 | 2 | 16 | 21 | 13 | 1 | 1 |
| 18 | 33,599 | 20 | 2 | 20 | 21 | 56 | 20 | 3 | 18 | 20 | 22 | 1 | 1 |
| 19 | 26,254 | 12 | 2 | 15 | 36 | 51 | 6 | 7 | 22 | 30 | 29 | 1 | 0 |
| 20 | 25,711 | 11 | 1 | 12 | 34 | 52 | 5 | 8 | 22 | 30 | 32 | 1 | 0 |
| 21 | 60,745 | 55 | 11 | 48 | 18 | 78 | 3 | 1 | 10 | 12 | 4 | 2 | 2 |
| 22 | 24,866 | 11 | 1 | 15 | 27 | 65 | 7 | 2 | 18 | 26 | 60 | 1 | 1 |
| 23 | 40,409 | 26 | 4 | 32 | 24 | 69 | 6 | 1 | 16 | 20 | 20 | 2 | 2 |
| 24 | 32,526 | 19 | 2 | 18 | 34 | 55 | 6 | 5 | 19 | 25 | 29 | 1 | 1 |
| 25 | 29,956 | 17 | 2 | 14 | 34 | 54 | 7 | 5 | 21 | 28 | 44 | 1 | 0 |
| 26 | 24,873 | 12 | 1 | 12 | 24 | 64 | 8 | 4 | 22 | 31 | 60 | 1 | 0 |
| 27 | 39,531 | 25 | 4 | 24 | 30 | 60 | 8 | 2 | 21 | 27 | 21 | 1 | 1 |
| 28 | 40,977 | 29 | 4 | 22 | 30 | 63 | 6 | 2 | 17 | 24 | 17 | 1 | 1 |
| 29 | 28,883 | 14 | 2 | 13 | 43 | 50 | 4 | 3 | 22 | 31 | 35 | 1 | 0 |
| 30 | 34,366 | 20 | 2 | 16 | 34 | 61 | 4 | 2 | 17 | 23 | 13 | 1 | 0 |
| 31 | 31,268 | 17 | 2 | 11 | 42 | 52 | 4 | 2 | 20 | 27 | 9 | 1 | 0 |
| 32 | 53,955 | 40 | 10 | 48 | 16 | 79 | 3 | 1 | 13 | 12 | 10 | 2 | 2 |
| 33 | 34,968 | 21 | 2 | 23 | 23 | 71 | 5 | 1 | 17 | 19 | 15 | 3 | 2 |
| 34 | 46,866 | 38 | 5 | 24 | 20 | 72 | 6 | 1 | 13 | 17 | 11 | 2 | 1 |
| 35 | 33,351 | 21 | 2 | 25 | 17 | 74 | 9 | 1 | 15 | 20 | 71 | 2 | 2 |
| 36 | 24,522 | 12 | 2 | 22 | 18 | 73 | 7 | 2 | 16 | 22 | 70 | 3 | 1 |
| 37 | 49,752 | 42 | 5 | 35 | 24 | 71 | 4 | 1 | 11 | 13 | 5 | 2 | 1 |
| 38 | 39,221 | 21 | 6 | 26 | 17 | 75 | 7 | 1 | 20 | 24 | 80 | 1 | 0 |
| 39 | 32,499 | 17 | 4 | 30 | 14 | 78 | 6 | 1 | 16 | 22 | 66 | 2 | 2 |
| 40 | 76,024 | 48 | 20 | 60 | 12 | 84 | 2 | 1 | 20 | 20 | 6 | 3 | 2 |
| 41 | 53,209 | 39 | 9 | 46 | 20 | 76 | 3 | 1 | 12 | 11 | 11 | 4 | 5 |
| 42 | 43,645 | 30 | 6 | 49 | 14 | 79 | 5 | 1 | 21 | 22 | 13 | 6 | 5 |
| 43 | 44,183 | 34 | 3 | 35 | 17 | 73 | 8 | 1 | 11 | 14 | 65 | 2 | 1 |
| 44 | 36,150 | 23 | 2 | 18 | 19 | 73 | 7 | 1 | 14 | 17 | 17 | 2 | 3 |
| 45 | 35,952 | 21 | 2 | 15 | 37 | 56 | 5 | 2 | 18 | 25 | 17 | 1 | 1 |
| 46 | 31,643 | 18 | 3 | 36 | 20 | 72 | 5 | 3 | 16 | 21 | 22 | 1 | 2 |
| 47 | 28,224 | 12 | 1 | 12 | 42 | 48 | 4 | 6 | 23 | 30 | 14 | 1 | 0 |
| 48 | 45,004 | 35 | 4 | 28 | 29 | 65 | 3 | 2 | 12 | 15 | 4 | 2 | 1 |
| 49 | 37,926 | 23 | 4 | 20 | 36 | 56 | 4 | 4 | 19 | 24 | 7 | 4 | 1 |
| 50 | 28,940 | 14 | 2 | 16 | 39 | 52 | 4 | 5 | 25 | 33 | 4 | 1 | 1 |

# Georgia State Senate Districts:  Demographic Data (cont.)

| Senate District | Household Income Avg. ($) | > $50K (%) | >$100K (%) | College Educ. (%) | Manf. (%) | Employment Type Service (%) | Govt. (%) | Farm (%) | Age 55+ (%) | Receives Soc. Sec. (%) | African Amer. (%) | Hispanic Amer. (%) | Asian Amer. (%) |
|---|---|---|---|---|---|---|---|---|---|---|---|---|---|
| Georgia | 36,802 | 23 | 4 | 24 | 27 | 65 | 6 | 3 | 18 | 23 | 27 | 2 | 1 |
| 51 | 31,915 | 17 | 2 | 14 | 42 | 50 | 3 | 4 | 21 | 27 | 2 | 1 | 0 |
| 52 | 31,422 | 17 | 2 | 16 | 36 | 58 | 4 | 2 | 22 | 29 | 12 | 1 | 0 |
| 53 | 28,836 | 13 | 1 | 12 | 49 | 47 | 2 | 2 | 22 | 29 | 4 | 1 | 0 |
| 54 | 32,093 | 16 | 2 | 14 | 48 | 48 | 2 | 2 | 19 | 24 | 2 | 2 | 0 |
| 55 | 35,382 | 22 | 2 | 29 | 17 | 75 | 7 | 1 | 11 | 15 | 64 | 2 | 3 |
| 56 | 64,293 | 52 | 15 | 52 | 20 | 77 | 2 | 1 | 12 | 12 | 3 | 2 | 2 |

# GEORGIA
## State House Districts

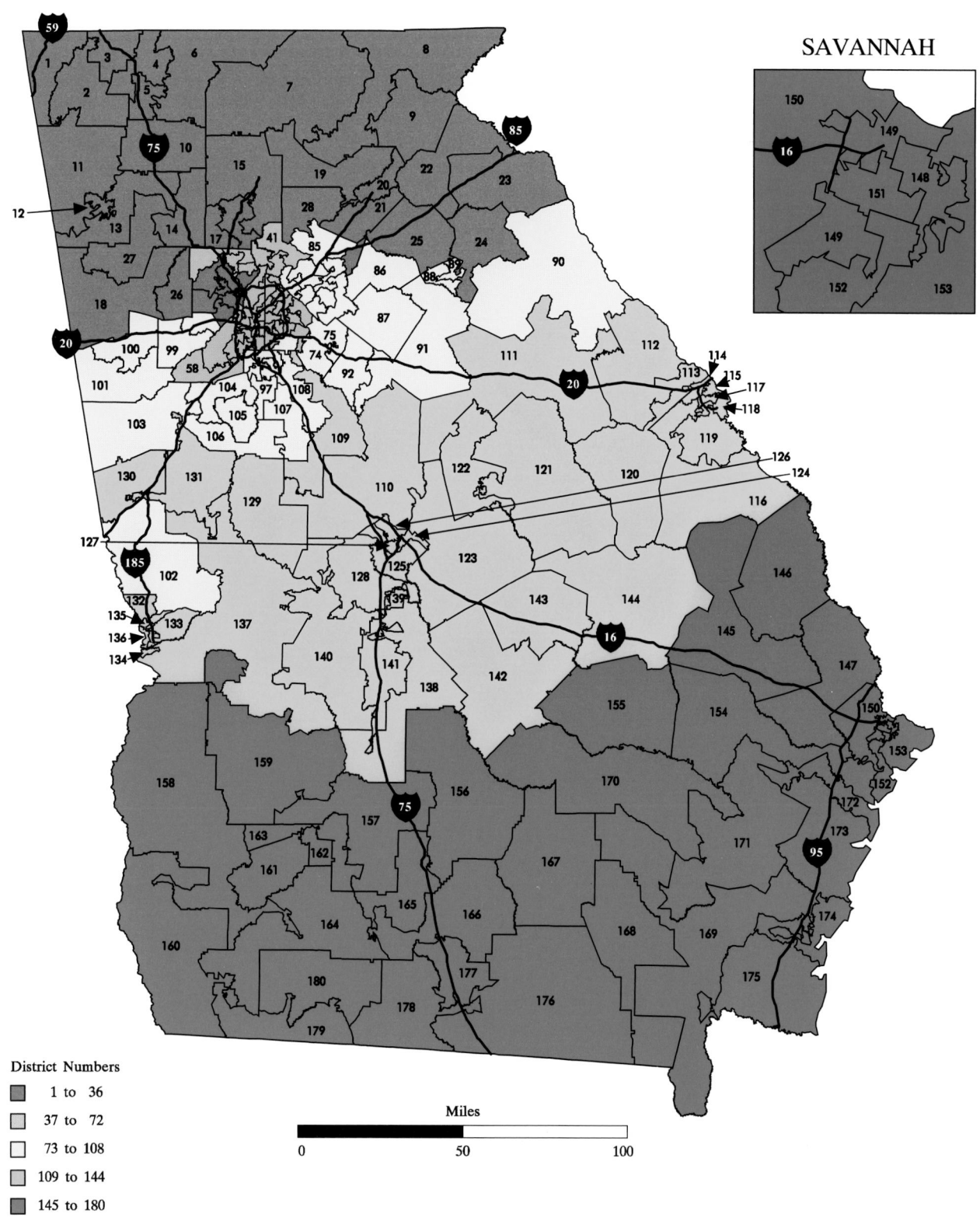

SAVANNAH

**District Numbers**
- 1 to 36
- 37 to 72
- 73 to 108
- 109 to 144
- 145 to 180

Miles

0    50    100

# ATLANTA
## State House Districts

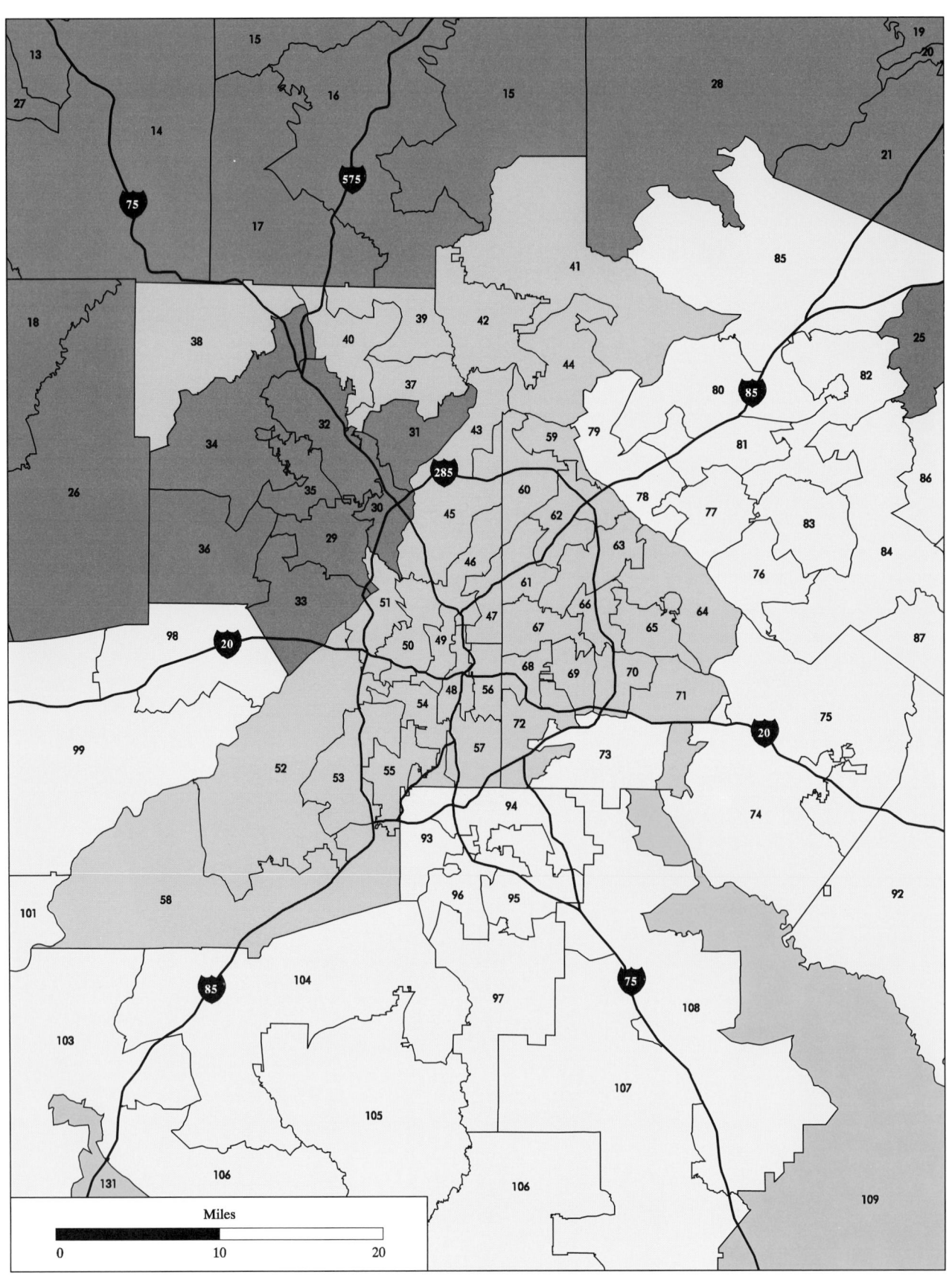

Miles

0    10    20

# Georgia State House Districts:  Demographic Data

| House District | Household Income Avg. ($) | Household Income > $50K (%) | Household Income >$100K (%) | College Educ. (%) | Manf. (%) | Employment Type Service (%) | Employment Type Govt. (%) | Employment Type Farm (%) | Age 55+ (%) | Receives Soc. Sec. (%) | African Amer. (%) | Hispanic Amer. (%) | Asian Amer. (%) |
|---|---|---|---|---|---|---|---|---|---|---|---|---|---|
| Georgia | 36,802 | 23 | 4 | 24 | 27 | 65 | 6 | 3 | 18 | 23 | 27 | 2 | 1 |
| 1 | 27,819 | 11 | 1 | 14 | 38 | 58 | 2 | 2 | 23 | 30 | 2 | 0 | 0 |
| 2 | 27,779 | 12 | 1 | 12 | 46 | 50 | 3 | 2 | 23 | 30 | 5 | 0 | 0 |
| 3 | 29,859 | 16 | 1 | 14 | 37 | 60 | 2 | 1 | 19 | 25 | 1 | 0 | 0 |
| 4 | 34,056 | 19 | 2 | 15 | 52 | 44 | 3 | 2 | 17 | 22 | 3 | 2 | 0 |
| 5 | 37,819 | 21 | 4 | 19 | 52 | 44 | 2 | 1 | 20 | 23 | 5 | 5 | 1 |
| 6 | 27,785 | 11 | 1 | 9 | 57 | 38 | 2 | 2 | 20 | 27 | 0 | 1 | 0 |
| 7 | 26,471 | 11 | 1 | 13 | 40 | 49 | 4 | 8 | 28 | 34 | 0 | 1 | 0 |
| 8 | 28,327 | 13 | 2 | 16 | 37 | 54 | 4 | 5 | 27 | 35 | 1 | 1 | 0 |
| 9 | 29,652 | 15 | 2 | 16 | 40 | 49 | 5 | 5 | 23 | 30 | 5 | 1 | 2 |
| 10 | 31,532 | 15 | 2 | 12 | 54 | 40 | 2 | 3 | 19 | 24 | 4 | 1 | 0 |
| 11 | 29,189 | 15 | 2 | 13 | 47 | 48 | 3 | 2 | 23 | 30 | 6 | 0 | 0 |
| 12 | 28,698 | 15 | 2 | 18 | 31 | 65 | 4 | 1 | 27 | 37 | 26 | 2 | 1 |
| 13 | 31,529 | 17 | 2 | 16 | 39 | 55 | 4 | 2 | 23 | 29 | 7 | 1 | 0 |
| 14 | 33,530 | 18 | 2 | 13 | 41 | 53 | 3 | 3 | 19 | 25 | 10 | 1 | 0 |
| 15 | 37,169 | 23 | 4 | 16 | 34 | 57 | 3 | 6 | 20 | 25 | 1 | 0 | 0 |
| 16 | 40,627 | 31 | 2 | 25 | 30 | 64 | 4 | 2 | 14 | 20 | 3 | 1 | 0 |
| 17 | 44,204 | 37 | 3 | 27 | 26 | 69 | 4 | 1 | 9 | 12 | 2 | 1 | 1 |
| 18 | 28,799 | 14 | 1 | 9 | 46 | 48 | 4 | 2 | 21 | 27 | 6 | 1 | 0 |
| 19 | 38,521 | 24 | 4 | 21 | 33 | 58 | 4 | 5 | 18 | 22 | 0 | 2 | 0 |
| 20 | 34,489 | 19 | 4 | 21 | 37 | 56 | 3 | 3 | 22 | 30 | 18 | 8 | 1 |
| 21 | 35,772 | 20 | 2 | 17 | 41 | 52 | 4 | 3 | 17 | 20 | 5 | 3 | 0 |
| 22 | 28,261 | 12 | 2 | 16 | 44 | 48 | 4 | 4 | 23 | 33 | 9 | 1 | 0 |
| 23 | 27,761 | 12 | 2 | 13 | 48 | 43 | 3 | 6 | 26 | 34 | 16 | 0 | 0 |
| 24 | 33,324 | 19 | 3 | 27 | 28 | 62 | 5 | 5 | 17 | 22 | 13 | 1 | 1 |
| 25 | 31,633 | 17 | 2 | 13 | 37 | 53 | 5 | 6 | 19 | 25 | 9 | 1 | 0 |
| 26 | 35,876 | 21 | 1 | 12 | 33 | 61 | 4 | 1 | 13 | 19 | 4 | 1 | 0 |
| 27 | 28,364 | 14 | 2 | 11 | 46 | 49 | 4 | 2 | 22 | 32 | 13 | 1 | 0 |
| 28 | 43,296 | 32 | 5 | 20 | 34 | 60 | 3 | 4 | 17 | 21 | 0 | 1 | 0 |
| 29 | 41,554 | 29 | 4 | 32 | 19 | 76 | 5 | 1 | 17 | 19 | 14 | 2 | 2 |
| 30 | 44,709 | 26 | 5 | 56 | 15 | 81 | 3 | 1 | 10 | 7 | 15 | 3 | 3 |
| 31 | 74,190 | 60 | 22 | 59 | 14 | 82 | 3 | 1 | 14 | 12 | 3 | 2 | 2 |
| 32 | 32,309 | 16 | 3 | 31 | 21 | 74 | 4 | 1 | 17 | 19 | 23 | 4 | 2 |
| 33 | 37,745 | 27 | 2 | 20 | 23 | 70 | 6 | 1 | 17 | 20 | 21 | 2 | 1 |
| 34 | 55,825 | 49 | 7 | 40 | 23 | 72 | 5 | 1 | 11 | 12 | 6 | 2 | 1 |
| 35 | 36,765 | 22 | 3 | 25 | 25 | 69 | 5 | 1 | 17 | 19 | 12 | 3 | 2 |
| 36 | 41,657 | 31 | 3 | 21 | 23 | 71 | 5 | 1 | 14 | 18 | 9 | 1 | 1 |
| 37 | 75,041 | 66 | 21 | 59 | 16 | 80 | 3 | 1 | 9 | 11 | 3 | 2 | 3 |
| 38 | 49,016 | 43 | 5 | 33 | 24 | 71 | 4 | 1 | 11 | 13 | 4 | 1 | 1 |
| 39 | 66,268 | 64 | 13 | 51 | 18 | 79 | 3 | 1 | 6 | 7 | 3 | 2 | 1 |
| 40 | 56,605 | 56 | 6 | 43 | 20 | 75 | 3 | 1 | 11 | 11 | 4 | 2 | 2 |
| 41 | 68,614 | 54 | 16 | 49 | 20 | 76 | 2 | 2 | 13 | 13 | 2 | 2 | 2 |
| 42 | 65,120 | 55 | 15 | 50 | 18 | 79 | 2 | 1 | 16 | 16 | 4 | 2 | 1 |
| 43 | 66,000 | 40 | 16 | 58 | 13 | 85 | 2 | 1 | 15 | 13 | 9 | 3 | 2 |
| 44 | 75,445 | 57 | 21 | 62 | 17 | 80 | 1 | 1 | 9 | 7 | 4 | 2 | 3 |
| 45 | 100,418 | 56 | 31 | 63 | 12 | 85 | 2 | 1 | 26 | 25 | 5 | 3 | 1 |
| 46 | 70,842 | 42 | 18 | 63 | 9 | 87 | 3 | 1 | 27 | 27 | 6 | 2 | 1 |
| 47 | 44,917 | 29 | 9 | 58 | 11 | 82 | 5 | 1 | 18 | 17 | 13 | 5 | 2 |
| 48 | 14,717 | 4 | 0 | 11 | 16 | 74 | 6 | 4 | 15 | 26 | 81 | 1 | 2 |
| 49 | 20,414 | 7 | 1 | 17 | 14 | 77 | 6 | 2 | 16 | 27 | 84 | 1 | 1 |
| 50 | 28,826 | 15 | 3 | 23 | 17 | 75 | 6 | 1 | 23 | 27 | 81 | 1 | 0 |

# Georgia State House Districts: Demographic Data (cont.)

| House District | Household Income Avg. ($) | Household Income > $50K (%) | Household Income >$100K (%) | College Educ. (%) | Manf. (%) | Employment Type Service (%) | Employment Type Govt. (%) | Farm (%) | Age 55+ (%) | Receives Soc. Sec. (%) | African Amer. (%) | Hispanic Amer. (%) | Asian Amer. (%) |
|---|---|---|---|---|---|---|---|---|---|---|---|---|---|
| Georgia | 36,802 | 23 | 4 | 24 | 27 | 65 | 6 | 3 | 18 | 23 | 27 | 2 | 1 |
| 51 | 24,204 | 12 | 1 | 17 | 19 | 74 | 6 | 1 | 18 | 22 | 89 | 0 | 0 |
| 52 | 37,972 | 28 | 3 | 25 | 18 | 74 | 7 | 1 | 16 | 19 | 79 | 1 | 0 |
| 53 | 32,028 | 20 | 1 | 28 | 15 | 75 | 9 | 1 | 13 | 19 | 88 | 1 | 1 |
| 54 | 27,746 | 13 | 1 | 18 | 18 | 73 | 8 | 1 | 20 | 27 | 76 | 1 | 1 |
| 55 | 29,592 | 16 | 1 | 22 | 16 | 75 | 8 | 1 | 16 | 21 | 71 | 2 | 2 |
| 56 | 22,793 | 9 | 1 | 21 | 21 | 71 | 6 | 2 | 19 | 24 | 63 | 7 | 1 |
| 57 | 23,279 | 9 | 1 | 9 | 21 | 70 | 8 | 1 | 13 | 20 | 80 | 2 | 2 |
| 58 | 37,200 | 25 | 1 | 25 | 18 | 73 | 8 | 1 | 14 | 18 | 62 | 1 | 1 |
| 59 | 57,725 | 44 | 13 | 53 | 16 | 79 | 4 | 1 | 18 | 14 | 10 | 4 | 7 |
| 60 | 65,394 | 50 | 17 | 55 | 15 | 79 | 4 | 2 | 21 | 19 | 9 | 3 | 3 |
| 61 | 40,721 | 26 | 4 | 46 | 15 | 79 | 4 | 1 | 20 | 18 | 15 | 8 | 5 |
| 62 | 43,424 | 29 | 5 | 41 | 18 | 76 | 5 | 1 | 17 | 16 | 20 | 10 | 7 |
| 63 | 54,209 | 45 | 10 | 50 | 13 | 79 | 6 | 1 | 30 | 29 | 3 | 2 | 3 |
| 64 | 55,130 | 38 | 8 | 42 | 16 | 78 | 6 | 1 | 14 | 13 | 20 | 2 | 3 |
| 65 | 45,658 | 36 | 4 | 44 | 14 | 78 | 6 | 2 | 12 | 14 | 30 | 2 | 5 |
| 66 | 31,661 | 17 | 1 | 32 | 17 | 76 | 6 | 1 | 11 | 13 | 52 | 3 | 5 |
| 67 | 46,715 | 33 | 8 | 60 | 10 | 83 | 6 | 1 | 23 | 25 | 9 | 2 | 2 |
| 68 | 22,772 | 9 | 1 | 12 | 19 | 74 | 6 | 1 | 18 | 28 | 91 | 1 | 0 |
| 69 | 31,711 | 17 | 1 | 22 | 16 | 75 | 8 | 1 | 14 | 20 | 77 | 1 | 1 |
| 70 | 40,224 | 27 | 2 | 29 | 19 | 72 | 8 | 1 | 13 | 16 | 67 | 2 | 3 |
| 71 | 42,922 | 30 | 3 | 40 | 16 | 74 | 9 | 1 | 8 | 10 | 64 | 2 | 2 |
| 72 | 32,456 | 18 | 1 | 16 | 18 | 73 | 9 | 0 | 10 | 16 | 91 | 1 | 0 |
| 73 | 44,564 | 36 | 3 | 31 | 16 | 74 | 10 | 0 | 10 | 14 | 86 | 1 | 0 |
| 74 | 46,198 | 33 | 5 | 26 | 24 | 68 | 7 | 1 | 15 | 17 | 16 | 1 | 1 |
| 75 | 43,571 | 31 | 4 | 23 | 30 | 63 | 5 | 2 | 17 | 21 | 15 | 1 | 1 |
| 76 | 57,155 | 52 | 8 | 42 | 20 | 74 | 4 | 2 | 10 | 14 | 1 | 2 | 1 |
| 77 | 58,504 | 53 | 9 | 42 | 19 | 76 | 4 | 1 | 12 | 14 | 2 | 2 | 3 |
| 78 | 41,189 | 27 | 2 | 39 | 22 | 74 | 3 | 1 | 7 | 7 | 12 | 5 | 9 |
| 79 | 51,484 | 36 | 9 | 46 | 22 | 75 | 2 | 1 | 8 | 8 | 12 | 4 | 5 |
| 80 | 49,545 | 39 | 5 | 42 | 26 | 70 | 3 | 1 | 10 | 9 | 5 | 2 | 3 |
| 81 | 47,289 | 34 | 3 | 40 | 22 | 74 | 3 | 1 | 7 | 7 | 6 | 4 | 5 |
| 82 | 47,946 | 41 | 4 | 32 | 25 | 70 | 4 | 1 | 8 | 11 | 2 | 2 | 1 |
| 83 | 56,417 | 53 | 8 | 38 | 21 | 73 | 4 | 1 | 10 | 12 | 1 | 1 | 1 |
| 84 | 46,470 | 39 | 5 | 29 | 24 | 70 | 5 | 2 | 13 | 17 | 4 | 1 | 1 |
| 85 | 42,354 | 31 | 4 | 21 | 33 | 62 | 3 | 2 | 14 | 19 | 5 | 2 | 1 |
| 86 | 33,505 | 19 | 2 | 14 | 37 | 56 | 4 | 3 | 18 | 24 | 10 | 1 | 1 |
| 87 | 33,710 | 19 | 2 | 13 | 40 | 52 | 5 | 3 | 19 | 29 | 20 | 1 | 0 |
| 88 | 34,282 | 21 | 5 | 52 | 14 | 78 | 5 | 4 | 14 | 17 | 16 | 2 | 3 |
| 89 | 20,575 | 7 | 1 | 26 | 21 | 73 | 3 | 3 | 15 | 23 | 42 | 1 | 2 |
| 90 | 26,102 | 9 | 1 | 13 | 40 | 48 | 5 | 7 | 24 | 32 | 30 | 1 | 0 |
| 91 | 38,506 | 25 | 4 | 24 | 30 | 59 | 5 | 6 | 18 | 24 | 18 | 1 | 0 |
| 92 | 32,387 | 18 | 2 | 12 | 41 | 54 | 4 | 1 | 19 | 26 | 24 | 1 | 0 |
| 93 | 33,555 | 17 | 1 | 26 | 15 | 76 | 8 | 1 | 10 | 10 | 56 | 2 | 4 |
| 94 | 33,154 | 18 | 2 | 14 | 21 | 71 | 7 | 1 | 17 | 21 | 21 | 2 | 2 |
| 95 | 38,949 | 27 | 2 | 20 | 18 | 74 | 7 | 1 | 14 | 17 | 14 | 2 | 2 |
| 96 | 35,101 | 20 | 1 | 19 | 20 | 73 | 6 | 1 | 11 | 13 | 18 | 2 | 3 |
| 97 | 46,304 | 36 | 4 | 25 | 17 | 74 | 7 | 1 | 10 | 13 | 13 | 2 | 2 |
| 98 | 38,676 | 27 | 3 | 16 | 25 | 68 | 5 | 1 | 15 | 21 | 10 | 1 | 1 |
| 99 | 43,705 | 33 | 3 | 18 | 27 | 67 | 5 | 1 | 12 | 16 | 5 | 1 | 0 |
| 100 | 30,026 | 14 | 1 | 16 | 39 | 57 | 3 | 2 | 18 | 25 | 14 | 1 | 0 |

# Georgia State House Districts:  Demographic Data (cont.)

| House District | Household Income Avg. ($) | > $50K (%) | >$100K (%) | College Educ. (%) | Manf. (%) | Service (%) | Govt. (%) | Farm (%) | Age 55+ (%) | Receives Soc. Sec. (%) | African Amer. (%) | Hispanic Amer. (%) | Asian Amer. (%) |
|---|---|---|---|---|---|---|---|---|---|---|---|---|---|
| Georgia | 36,802 | 23 | 4 | 24 | 27 | 65 | 6 | 3 | 18 | 23 | 27 | 2 | 1 |
| 101 | 31,538 | 16 | 2 | 16 | 39 | 57 | 2 | 3 | 17 | 24 | 18 | 1 | 0 |
| 102 | 35,967 | 22 | 3 | 19 | 35 | 57 | 6 | 3 | 20 | 26 | 24 | 1 | 1 |
| 103 | 37,247 | 23 | 4 | 16 | 37 | 56 | 4 | 3 | 19 | 26 | 16 | 1 | 0 |
| 104 | 52,387 | 45 | 7 | 25 | 18 | 75 | 6 | 1 | 15 | 18 | 8 | 1 | 1 |
| 105 | 57,085 | 52 | 9 | 37 | 18 | 74 | 7 | 1 | 13 | 17 | 4 | 2 | 2 |
| 106 | 33,504 | 21 | 2 | 16 | 32 | 58 | 7 | 3 | 20 | 27 | 21 | 1 | 0 |
| 107 | 32,600 | 19 | 2 | 13 | 34 | 59 | 6 | 1 | 19 | 26 | 29 | 1 | 0 |
| 108 | 39,596 | 28 | 2 | 16 | 22 | 70 | 7 | 2 | 16 | 21 | 13 | 1 | 1 |
| 109 | 35,504 | 22 | 2 | 13 | 33 | 58 | 6 | 2 | 19 | 27 | 25 | 1 | 0 |
| 110 | 33,131 | 20 | 3 | 18 | 34 | 54 | 8 | 4 | 20 | 27 | 29 | 1 | 0 |
| 111 | 25,929 | 12 | 2 | 11 | 44 | 46 | 5 | 6 | 23 | 33 | 53 | 1 | 0 |
| 112 | 31,029 | 16 | 2 | 16 | 36 | 55 | 5 | 4 | 20 | 25 | 32 | 1 | 0 |
| 113 | 52,761 | 43 | 8 | 39 | 25 | 68 | 6 | 1 | 11 | 13 | 7 | 1 | 3 |
| 114 | 45,659 | 31 | 6 | 43 | 21 | 72 | 6 | 1 | 17 | 16 | 15 | 2 | 3 |
| 115 | 32,755 | 19 | 4 | 31 | 19 | 75 | 5 | 1 | 27 | 33 | 30 | 1 | 1 |
| 116 | 25,873 | 12 | 1 | 18 | 30 | 59 | 6 | 4 | 12 | 21 | 51 | 3 | 2 |
| 117 | 24,739 | 10 | 1 | 13 | 24 | 68 | 7 | 1 | 19 | 25 | 66 | 2 | 1 |
| 118 | 23,185 | 9 | 0 | 13 | 27 | 67 | 6 | 1 | 18 | 26 | 65 | 1 | 1 |
| 119 | 33,128 | 18 | 1 | 15 | 31 | 60 | 7 | 2 | 14 | 18 | 24 | 2 | 2 |
| 120 | 26,875 | 12 | 1 | 12 | 37 | 51 | 6 | 5 | 19 | 27 | 38 | 1 | 0 |
| 121 | 25,690 | 11 | 1 | 11 | 30 | 53 | 6 | 10 | 21 | 30 | 61 | 0 | 0 |
| 122 | 34,361 | 21 | 3 | 20 | 27 | 60 | 9 | 4 | 20 | 25 | 32 | 1 | 1 |
| 123 | 31,231 | 17 | 2 | 11 | 30 | 51 | 8 | 11 | 19 | 26 | 37 | 0 | 0 |
| 124 | 23,763 | 11 | 2 | 14 | 22 | 69 | 8 | 2 | 22 | 33 | 67 | 1 | 0 |
| 125 | 38,987 | 26 | 3 | 18 | 24 | 64 | 11 | 1 | 18 | 24 | 20 | 1 | 0 |
| 126 | 47,000 | 32 | 7 | 40 | 15 | 77 | 6 | 1 | 24 | 27 | 19 | 1 | 1 |
| 127 | 23,659 | 10 | 1 | 10 | 23 | 66 | 9 | 1 | 22 | 31 | 68 | 1 | 0 |
| 128 | 35,687 | 22 | 2 | 20 | 24 | 57 | 16 | 3 | 16 | 20 | 19 | 2 | 1 |
| 129 | 29,254 | 13 | 2 | 13 | 43 | 48 | 6 | 2 | 24 | 32 | 26 | 0 | 0 |
| 130 | 35,156 | 20 | 3 | 21 | 41 | 54 | 3 | 2 | 22 | 28 | 17 | 1 | 1 |
| 131 | 24,558 | 10 | 1 | 10 | 46 | 49 | 3 | 2 | 22 | 33 | 58 | 1 | 0 |
| 132 | 42,923 | 28 | 5 | 29 | 24 | 69 | 6 | 1 | 23 | 27 | 7 | 2 | 1 |
| 133 | 28,557 | 11 | 1 | 17 | 23 | 65 | 11 | 1 | 12 | 16 | 51 | 6 | 2 |
| 134 | 23,408 | 8 | 1 | 17 | 25 | 62 | 12 | 1 | 14 | 18 | 69 | 4 | 1 |
| 135 | 33,490 | 19 | 4 | 29 | 22 | 71 | 6 | 1 | 26 | 31 | 19 | 2 | 1 |
| 136 | 21,415 | 6 | 1 | 12 | 27 | 63 | 9 | 1 | 23 | 29 | 66 | 3 | 2 |
| 137 | 27,860 | 13 | 1 | 18 | 33 | 54 | 6 | 6 | 15 | 26 | 36 | 4 | 1 |
| 138 | 32,623 | 19 | 2 | 18 | 25 | 57 | 13 | 6 | 21 | 26 | 24 | 1 | 0 |
| 139 | 36,640 | 23 | 2 | 24 | 16 | 59 | 25 | 0 | 17 | 18 | 13 | 2 | 1 |
| 140 | 24,464 | 11 | 1 | 13 | 31 | 51 | 7 | 10 | 20 | 31 | 63 | 1 | 0 |
| 141 | 26,220 | 11 | 1 | 13 | 25 | 55 | 16 | 4 | 18 | 23 | 49 | 1 | 1 |
| 142 | 25,237 | 12 | 1 | 13 | 34 | 49 | 11 | 7 | 24 | 31 | 26 | 1 | 0 |
| 143 | 28,786 | 15 | 2 | 17 | 35 | 54 | 6 | 5 | 23 | 28 | 35 | 0 | 0 |
| 144 | 23,259 | 8 | 1 | 11 | 40 | 50 | 4 | 6 | 23 | 34 | 33 | 0 | 0 |
| 145 | 25,873 | 12 | 2 | 17 | 28 | 60 | 4 | 8 | 19 | 26 | 28 | 1 | 0 |
| 146 | 26,120 | 13 | 1 | 19 | 30 | 61 | 5 | 4 | 21 | 29 | 37 | 1 | 0 |
| 147 | 30,535 | 16 | 1 | 10 | 37 | 56 | 5 | 2 | 15 | 24 | 15 | 1 | 0 |
| 148 | 23,693 | 10 | 0 | 15 | 20 | 72 | 7 | 1 | 20 | 31 | 66 | 1 | 1 |
| 149 | 23,997 | 10 | 1 | 20 | 19 | 74 | 6 | 1 | 21 | 30 | 64 | 2 | 1 |
| 150 | 32,921 | 17 | 1 | 15 | 32 | 62 | 5 | 1 | 17 | 22 | 20 | 1 | 1 |

# Georgia State House Districts:  Demographic Data (cont.)

| House District | Household Income Avg. ($) | Household Income > $50K (%) | Household Income >$100K (%) | College Educ. (%) | Manf. (%) | Employment Type Service (%) | Employment Type Govt. (%) | Farm (%) | Age 55+ (%) | Receives Soc. Sec. (%) | African Amer. (%) | Hispanic Amer. (%) | Asian Amer. (%) |
|---|---|---|---|---|---|---|---|---|---|---|---|---|---|
| Georgia | 36,802 | 23 | 4 | 24 | 27 | 65 | 6 | 3 | 18 | 23 | 27 | 2 | 1 |
| 151 | 27,282 | 13 | 2 | 20 | 19 | 73 | 6 | 2 | 27 | 37 | 62 | 1 | 0 |
| 152 | 39,753 | 26 | 3 | 31 | 19 | 74 | 6 | 1 | 20 | 22 | 17 | 2 | 2 |
| 153 | 53,753 | 39 | 10 | 38 | 23 | 71 | 5 | 1 | 23 | 25 | 8 | 1 | 2 |
| 154 | 27,801 | 12 | 1 | 14 | 26 | 51 | 14 | 9 | 14 | 26 | 31 | 4 | 1 |
| 155 | 26,267 | 13 | 2 | 14 | 31 | 58 | 5 | 6 | 21 | 29 | 25 | 3 | 0 |
| 156 | 26,043 | 13 | 1 | 12 | 34 | 53 | 4 | 8 | 23 | 31 | 29 | 1 | 0 |
| 157 | 28,580 | 15 | 1 | 14 | 28 | 54 | 9 | 9 | 18 | 26 | 27 | 1 | 0 |
| 158 | 21,648 | 8 | 1 | 12 | 34 | 49 | 6 | 11 | 25 | 36 | 59 | 0 | 0 |
| 159 | 24,675 | 10 | 1 | 14 | 32 | 53 | 6 | 8 | 22 | 31 | 54 | 1 | 0 |
| 160 | 26,505 | 12 | 2 | 15 | 31 | 52 | 5 | 12 | 25 | 33 | 33 | 2 | 0 |
| 161 | 24,317 | 11 | 1 | 16 | 26 | 63 | 7 | 4 | 18 | 25 | 69 | 1 | 0 |
| 162 | 21,211 | 8 | 0 | 11 | 24 | 63 | 11 | 2 | 15 | 22 | 66 | 1 | 0 |
| 163 | 42,787 | 29 | 5 | 33 | 21 | 68 | 9 | 2 | 21 | 23 | 14 | 1 | 1 |
| 164 | 25,271 | 11 | 2 | 12 | 31 | 52 | 5 | 13 | 21 | 30 | 38 | 2 | 0 |
| 165 | 28,560 | 13 | 2 | 18 | 26 | 58 | 6 | 10 | 20 | 28 | 26 | 5 | 0 |
| 166 | 26,424 | 11 | 1 | 13 | 37 | 51 | 4 | 7 | 24 | 31 | 17 | 2 | 0 |
| 167 | 26,935 | 12 | 2 | 15 | 35 | 51 | 4 | 10 | 19 | 27 | 26 | 2 | 0 |
| 168 | 25,734 | 11 | 1 | 14 | 25 | 66 | 7 | 3 | 25 | 35 | 26 | 1 | 0 |
| 169 | 27,078 | 13 | 1 | 10 | 34 | 55 | 6 | 6 | 18 | 28 | 13 | 1 | 0 |
| 170 | 26,087 | 12 | 1 | 11 | 40 | 50 | 4 | 6 | 21 | 30 | 20 | 1 | 0 |
| 171 | 267,91 | 12 | 1 | 13 | 31 | 57 | 8 | 5 | 19 | 28 | 21 | 2 | 0 |
| 172 | 27,644 | 11 | 1 | 21 | 16 | 63 | 20 | 1 | 9 | 12 | 34 | 6 | 3 |
| 173 | 24,210 | 9 | 1 | 12 | 28 | 60 | 9 | 3 | 19 | 28 | 53 | 1 | 0 |
| 174 | 40,171 | 27 | 4 | 31 | 23 | 66 | 9 | 2 | 26 | 31 | 15 | 1 | 1 |
| 175 | 31,066 | 14 | 1 | 20 | 30 | 54 | 14 | 2 | 11 | 16 | 22 | 2 | 1 |
| 176 | 27,959 | 13 | 2 | 15 | 29 | 61 | 5 | 5 | 18 | 26 | 22 | 1 | 1 |
| 177 | 35,639 | 20 | 3 | 27 | 21 | 69 | 6 | 4 | 16 | 23 | 20 | 2 | 1 |
| 178 | 21,281 | 7 | 0 | 11 | 30 | 56 | 5 | 9 | 21 | 30 | 58 | 1 | 0 |
| 179 | 24,335 | 11 | 2 | 17 | 35 | 54 | 4 | 7 | 23 | 34 | 57 | 1 | 0 |
| 180 | 27,793 | 12 | 2 | 14 | 31 | 57 | 4 | 9 | 22 | 31 | 22 | 1 | 0 |

# HAWAII
## State Senate Districts

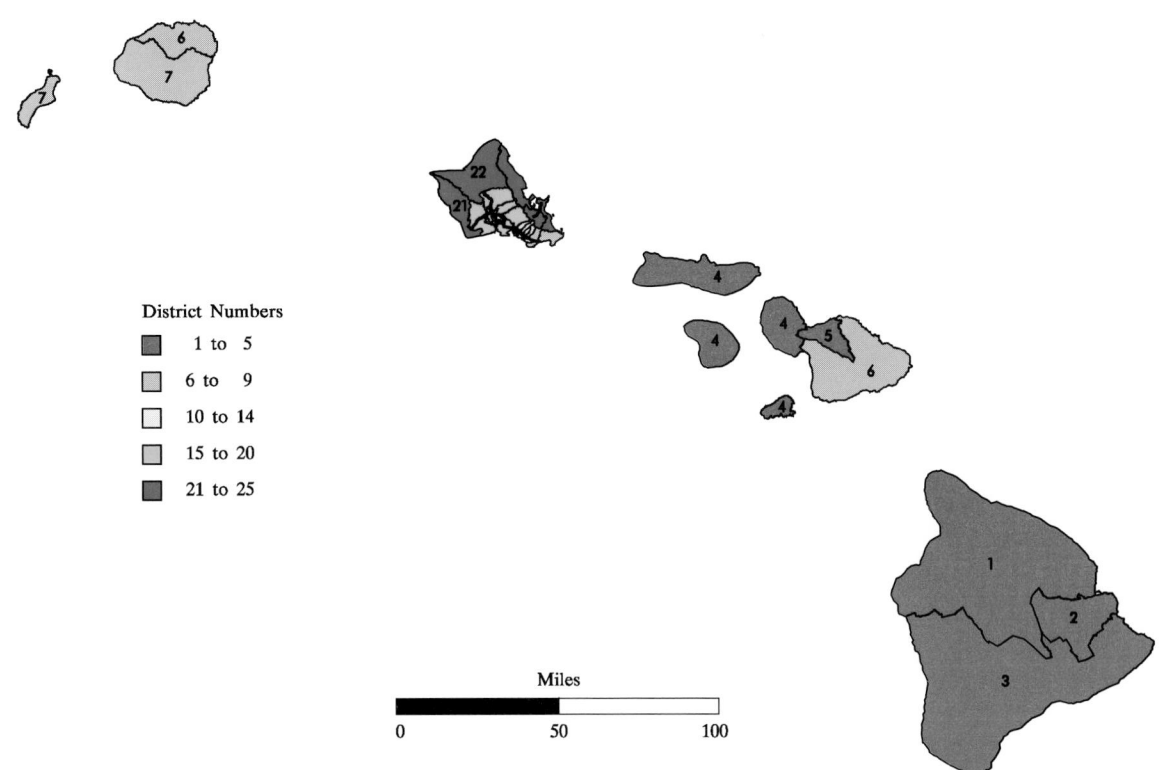

District Numbers
- 1 to 5
- 6 to 9
- 10 to 14
- 15 to 20
- 21 to 25

Miles

0          50          100

# OAHU
## State Senate Districts

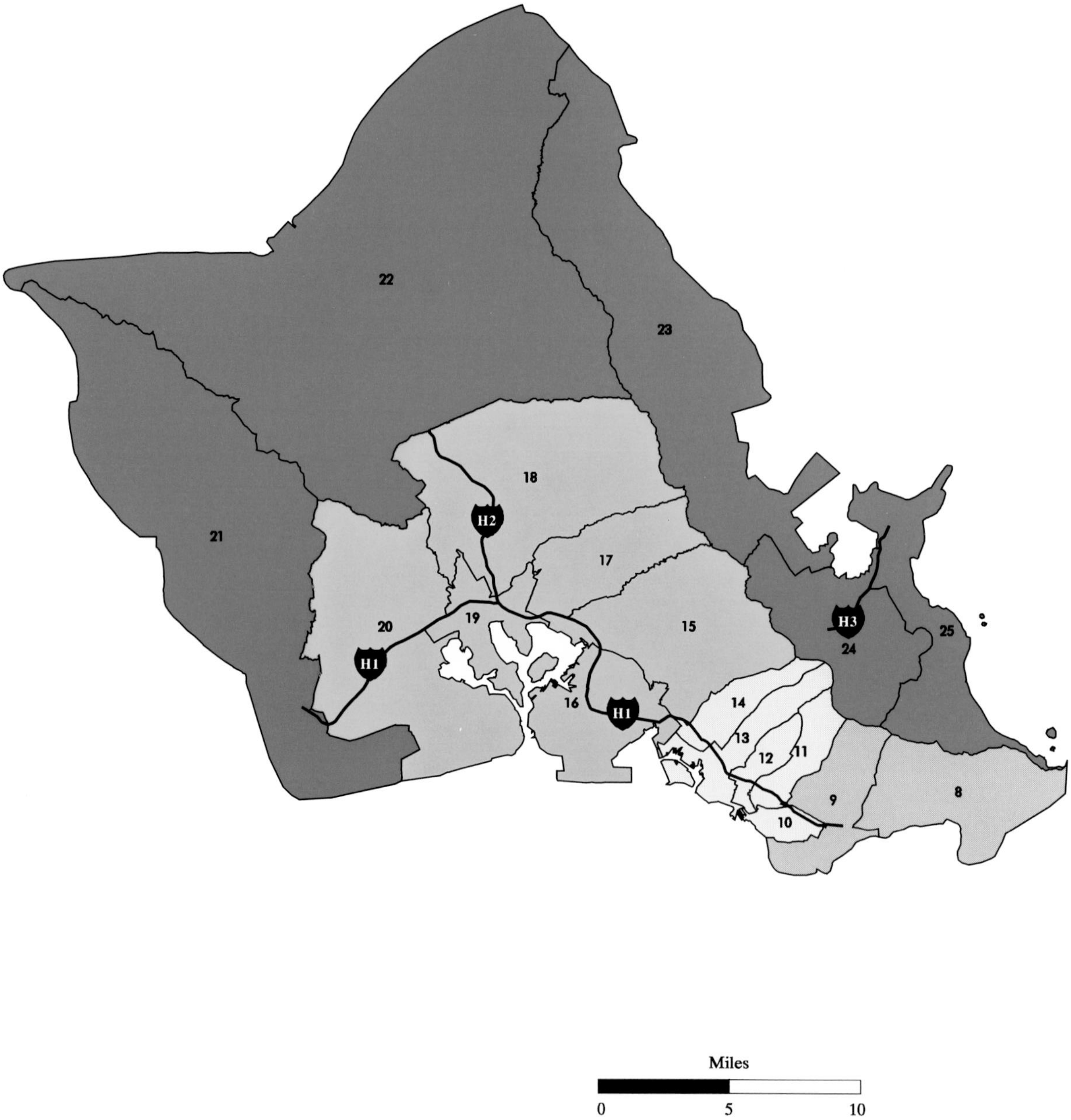

22

23

18

21

17

H2

19

20

15

H3

24

25

H1

16

H1

14

13

11

12

8

9

10

Miles

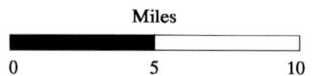

0          5          10

# Hawaii State Senate Districts: Demographic Data

| Senate District | Household Income Avg. ($) | > $50K (%) | >$100K (%) | College Educ. (%) | Manf. (%) | Service (%) | Govt. (%) | Farm (%) | Age 55+ (%) | Receives Soc. Sec. (%) | African Amer. (%) | Hispanic Amer. (%) | Asian Amer. (%) |
|---|---|---|---|---|---|---|---|---|---|---|---|---|---|
| Hawaii | 48,038 | 37 | 7 | 31 | 15 | 72 | 9 | 3 | 20 | 25 | 2 | 7 | 62 |
| 1 | 41,220 | 25 | 5 | 26 | 18 | 64 | 4 | 13 | 20 | 28 | 0 | 10 | 54 |
| 2 | 36,781 | 25 | 3 | 32 | 13 | 70 | 10 | 7 | 24 | 32 | 1 | 9 | 69 |
| 3 | 35,197 | 22 | 3 | 26 | 18 | 62 | 5 | 15 | 20 | 29 | 1 | 9 | 48 |
| 4 | 45,595 | 33 | 6 | 23 | 17 | 69 | 6 | 8 | 20 | 27 | 0 | 7 | 68 |
| 5 | 46,547 | 36 | 6 | 26 | 22 | 66 | 6 | 6 | 21 | 30 | 0 | 9 | 65 |
| 6 | 47,436 | 34 | 6 | 31 | 22 | 65 | 5 | 8 | 16 | 21 | 1 | 9 | 39 |
| 7 | 44,665 | 33 | 5 | 26 | 18 | 67 | 7 | 8 | 23 | 33 | 0 | 11 | 66 |
| 8 | 81,846 | 69 | 23 | 50 | 10 | 80 | 8 | 2 | 23 | 25 | 1 | 3 | 60 |
| 9 | 65,849 | 49 | 16 | 41 | 11 | 80 | 7 | 1 | 32 | 40 | 0 | 3 | 70 |
| 10 | 40,608 | 26 | 4 | 33 | 12 | 79 | 8 | 1 | 29 | 29 | 1 | 4 | 63 |
| 11 | 45,155 | 31 | 8 | 41 | 11 | 80 | 8 | 1 | 26 | 28 | 1 | 3 | 76 |
| 12 | 41,410 | 26 | 6 | 41 | 9 | 82 | 8 | 1 | 29 | 26 | 1 | 4 | 62 |
| 13 | 43,203 | 28 | 7 | 32 | 12 | 80 | 7 | 1 | 29 | 27 | 1 | 5 | 74 |
| 14 | 46,898 | 34 | 7 | 23 | 16 | 75 | 7 | 2 | 30 | 42 | 0 | 6 | 88 |
| 15 | 52,246 | 43 | 10 | 27 | 16 | 71 | 11 | 2 | 22 | 29 | 2 | 7 | 76 |
| 16 | 42,939 | 29 | 5 | 29 | 13 | 75 | 11 | 1 | 10 | 13 | 8 | 8 | 45 |
| 17 | 59,343 | 57 | 10 | 35 | 16 | 71 | 12 | 1 | 18 | 20 | 2 | 6 | 75 |
| 18 | 54,373 | 51 | 6 | 43 | 15 | 68 | 16 | 1 | 8 | 10 | 4 | 6 | 57 |
| 19 | 46,840 | 40 | 6 | 20 | 19 | 69 | 10 | 2 | 19 | 25 | 3 | 10 | 78 |
| 20 | 47,363 | 42 | 3 | 27 | 17 | 70 | 11 | 2 | 11 | 15 | 3 | 10 | 61 |
| 21 | 37,669 | 25 | 3 | 16 | 21 | 66 | 10 | 4 | 12 | 20 | 3 | 14 | 65 |
| 22 | 39,564 | 26 | 4 | 22 | 20 | 65 | 11 | 5 | 14 | 22 | 10 | 10 | 45 |
| 23 | 53,242 | 45 | 9 | 34 | 14 | 74 | 8 | 3 | 15 | 20 | 1 | 8 | 63 |
| 24 | 60,464 | 57 | 11 | 38 | 14 | 74 | 10 | 2 | 21 | 25 | 1 | 6 | 62 |
| 25 | 54,896 | 45 | 10 | 34 | 15 | 73 | 9 | 2 | 15 | 22 | 5 | 8 | 37 |

# HAWAII
## State House Districts

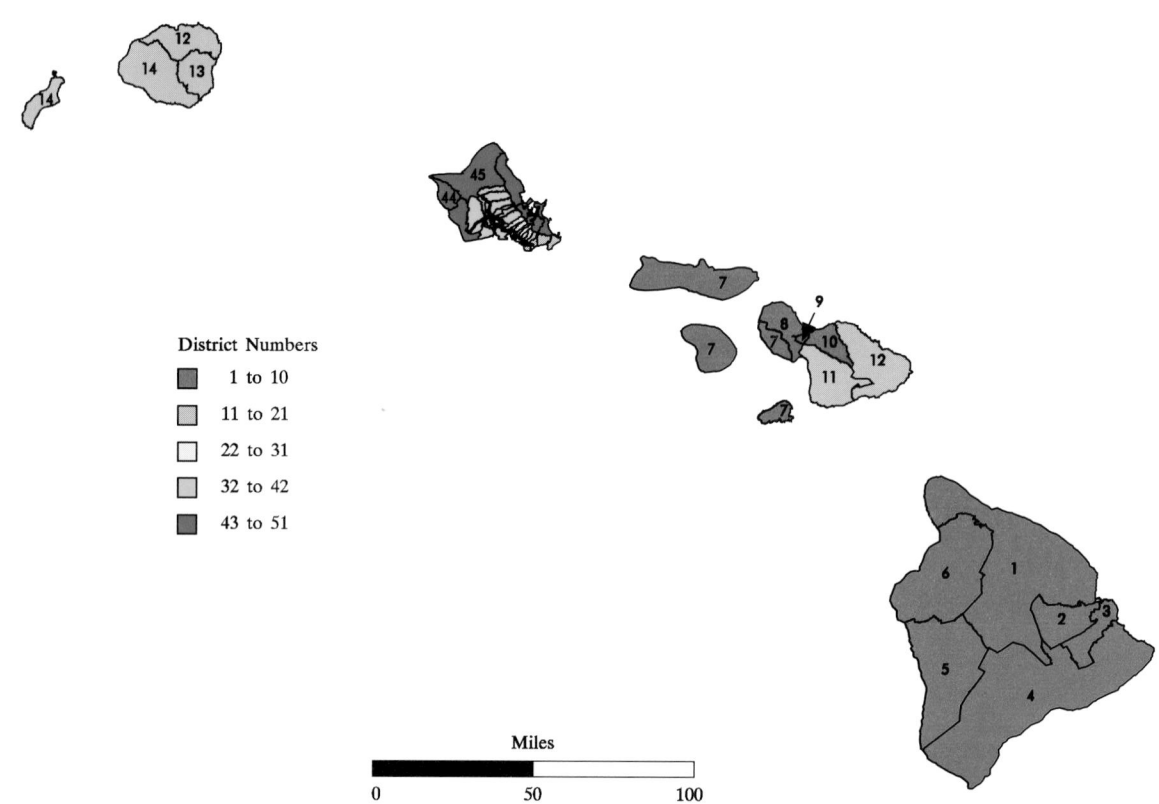

District Numbers

- 1 to 10
- 11 to 21
- 22 to 31
- 32 to 42
- 43 to 51

Miles

0  50  100

# OAHU
## State House Districts

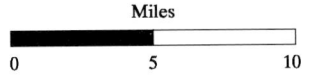

# Hawaii State House Districts: Demographic Data

| House District | Household Income Avg. ($) | Household Income > $50K (%) | Household Income >$100K (%) | College Educ. (%) | Manf. (%) | Employment Type Service (%) | Employment Type Govt. (%) | Farm (%) | Age 55+ (%) | Receives Soc. Sec. (%) | African Amer. (%) | Hispanic Amer. (%) | Asian Amer. (%) |
|---|---|---|---|---|---|---|---|---|---|---|---|---|---|
| Hawaii | 48,038 | 37 | 7 | 31 | 15 | 72 | 9 | 3 | 20 | 25 | 2 | 7 | 62 |
| 1 | 33,155 | 17 | 3 | 20 | 14 | 61 | 5 | 20 | 26 | 39 | 0 | 11 | 64 |
| 2 | 34,985 | 22 | 4 | 32 | 12 | 72 | 11 | 5 | 25 | 33 | 1 | 10 | 66 |
| 3 | 38,801 | 29 | 3 | 33 | 14 | 69 | 9 | 8 | 23 | 32 | 0 | 8 | 71 |
| 4 | 26,951 | 14 | 1 | 21 | 20 | 55 | 5 | 19 | 19 | 30 | 1 | 10 | 51 |
| 5 | 43,064 | 29 | 5 | 29 | 17 | 68 | 5 | 11 | 21 | 27 | 0 | 7 | 45 |
| 6 | 49,289 | 33 | 8 | 32 | 21 | 67 | 4 | 7 | 14 | 17 | 0 | 9 | 43 |
| 7 | 41,601 | 29 | 4 | 18 | 13 | 69 | 6 | 13 | 21 | 31 | 0 | 6 | 74 |
| 8 | 48,689 | 36 | 7 | 27 | 20 | 70 | 6 | 4 | 19 | 24 | 1 | 7 | 61 |
| 9 | 45,184 | 35 | 5 | 24 | 20 | 67 | 7 | 6 | 26 | 40 | 0 | 8 | 81 |
| 10 | 48,741 | 38 | 7 | 29 | 25 | 64 | 5 | 6 | 15 | 22 | 0 | 10 | 50 |
| 11 | 52,766 | 39 | 7 | 34 | 22 | 69 | 4 | 6 | 17 | 21 | 1 | 7 | 31 |
| 12 | 41,529 | 29 | 5 | 27 | 23 | 61 | 6 | 11 | 16 | 22 | 0 | 11 | 47 |
| 13 | 46,922 | 35 | 5 | 28 | 17 | 70 | 6 | 7 | 22 | 29 | 0 | 10 | 66 |
| 14 | 42,592 | 31 | 4 | 25 | 20 | 63 | 8 | 9 | 23 | 35 | 0 | 12 | 66 |
| 15 | 76,141 | 72 | 20 | 48 | 11 | 78 | 9 | 2 | 18 | 18 | 1 | 3 | 58 |
| 16 | 73,697 | 64 | 19 | 49 | 10 | 81 | 8 | 1 | 27 | 31 | 1 | 3 | 62 |
| 17 | 93,454 | 63 | 28 | 50 | 10 | 82 | 6 | 1 | 33 | 40 | 0 | 2 | 62 |
| 18 | 48,450 | 40 | 8 | 33 | 12 | 78 | 9 | 1 | 29 | 39 | 0 | 5 | 80 |
| 19 | 51,650 | 36 | 9 | 33 | 13 | 78 | 8 | 1 | 34 | 37 | 1 | 4 | 64 |
| 20 | 36,505 | 23 | 2 | 31 | 13 | 78 | 7 | 1 | 25 | 26 | 1 | 4 | 79 |
| 21 | 38,809 | 23 | 4 | 40 | 10 | 83 | 6 | 1 | 31 | 26 | 2 | 4 | 43 |
| 22 | 31,154 | 17 | 2 | 31 | 10 | 82 | 7 | 1 | 30 | 28 | 1 | 3 | 77 |
| 23 | 65,014 | 52 | 17 | 50 | 10 | 81 | 8 | 1 | 28 | 35 | 1 | 3 | 73 |
| 24 | 47,938 | 31 | 8 | 47 | 10 | 82 | 8 | 1 | 24 | 22 | 1 | 4 | 64 |
| 25 | 36,033 | 23 | 4 | 35 | 11 | 81 | 8 | 1 | 30 | 22 | 2 | 5 | 67 |
| 26 | 54,993 | 38 | 11 | 39 | 12 | 80 | 8 | 1 | 28 | 30 | 1 | 4 | 73 |
| 27 | 51,139 | 38 | 8 | 28 | 13 | 77 | 9 | 2 | 36 | 43 | 0 | 4 | 85 |
| 28 | 49,003 | 41 | 9 | 17 | 19 | 72 | 7 | 2 | 26 | 39 | 0 | 6 | 89 |
| 29 | 35,589 | 24 | 4 | 19 | 18 | 74 | 6 | 2 | 23 | 32 | 3 | 6 | 82 |
| 30 | 33,224 | 18 | 3 | 16 | 18 | 74 | 7 | 2 | 21 | 31 | 2 | 8 | 84 |
| 31 | 53,252 | 42 | 9 | 32 | 14 | 75 | 11 | 1 | 20 | 20 | 4 | 6 | 74 |
| 32 | 38,657 | 24 | 3 | 29 | 12 | 74 | 12 | 1 | 6 | 9 | 11 | 8 | 30 |
| 33 | 54,379 | 44 | 9 | 35 | 16 | 71 | 13 | 1 | 20 | 21 | 2 | 7 | 63 |
| 34 | 62,348 | 61 | 11 | 38 | 16 | 72 | 12 | 1 | 16 | 19 | 2 | 5 | 76 |
| 35 | 66,821 | 69 | 13 | 32 | 17 | 69 | 14 | 1 | 21 | 23 | 1 | 5 | 83 |
| 36 | 41,811 | 30 | 4 | 17 | 19 | 70 | 9 | 3 | 19 | 26 | 3 | 10 | 74 |
| 37 | 49,434 | 47 | 6 | 21 | 19 | 70 | 10 | 1 | 18 | 25 | 2 | 11 | 80 |
| 38 | 55,408 | 54 | 6 | 47 | 15 | 67 | 17 | 1 | 7 | 8 | 3 | 5 | 62 |
| 39 | 53,398 | 48 | 6 | 40 | 15 | 68 | 16 | 1 | 9 | 12 | 5 | 6 | 53 |
| 40 | 41,527 | 29 | 5 | 18 | 19 | 67 | 11 | 4 | 22 | 29 | 4 | 10 | 70 |
| 41 | 41,016 | 32 | 3 | 21 | 17 | 72 | 9 | 1 | 10 | 14 | 3 | 11 | 58 |
| 42 | 53,931 | 52 | 4 | 32 | 17 | 66 | 13 | 4 | 12 | 16 | 2 | 9 | 65 |
| 43 | 39,134 | 25 | 4 | 14 | 21 | 64 | 10 | 4 | 10 | 18 | 3 | 13 | 64 |
| 44 | 36,179 | 24 | 3 | 19 | 20 | 67 | 9 | 3 | 14 | 22 | 2 | 15 | 66 |
| 45 | 37,647 | 23 | 3 | 25 | 20 | 64 | 11 | 5 | 9 | 17 | 14 | 10 | 32 |
| 46 | 48,624 | 39 | 7 | 31 | 14 | 75 | 7 | 4 | 14 | 20 | 1 | 7 | 63 |
| 47 | 61,355 | 55 | 11 | 41 | 14 | 75 | 9 | 2 | 14 | 16 | 1 | 7 | 60 |
| 48 | 55,133 | 51 | 8 | 32 | 14 | 74 | 11 | 2 | 23 | 29 | 1 | 6 | 71 |
| 49 | 52,654 | 40 | 10 | 33 | 14 | 74 | 10 | 2 | 13 | 21 | 8 | 9 | 25 |
| 50 | 63,757 | 61 | 13 | 43 | 14 | 75 | 10 | 1 | 21 | 24 | 1 | 5 | 51 |
| 51 | 58,806 | 53 | 11 | 33 | 16 | 72 | 9 | 3 | 19 | 24 | 1 | 7 | 57 |

# IDAHO
## State Legislative Districts

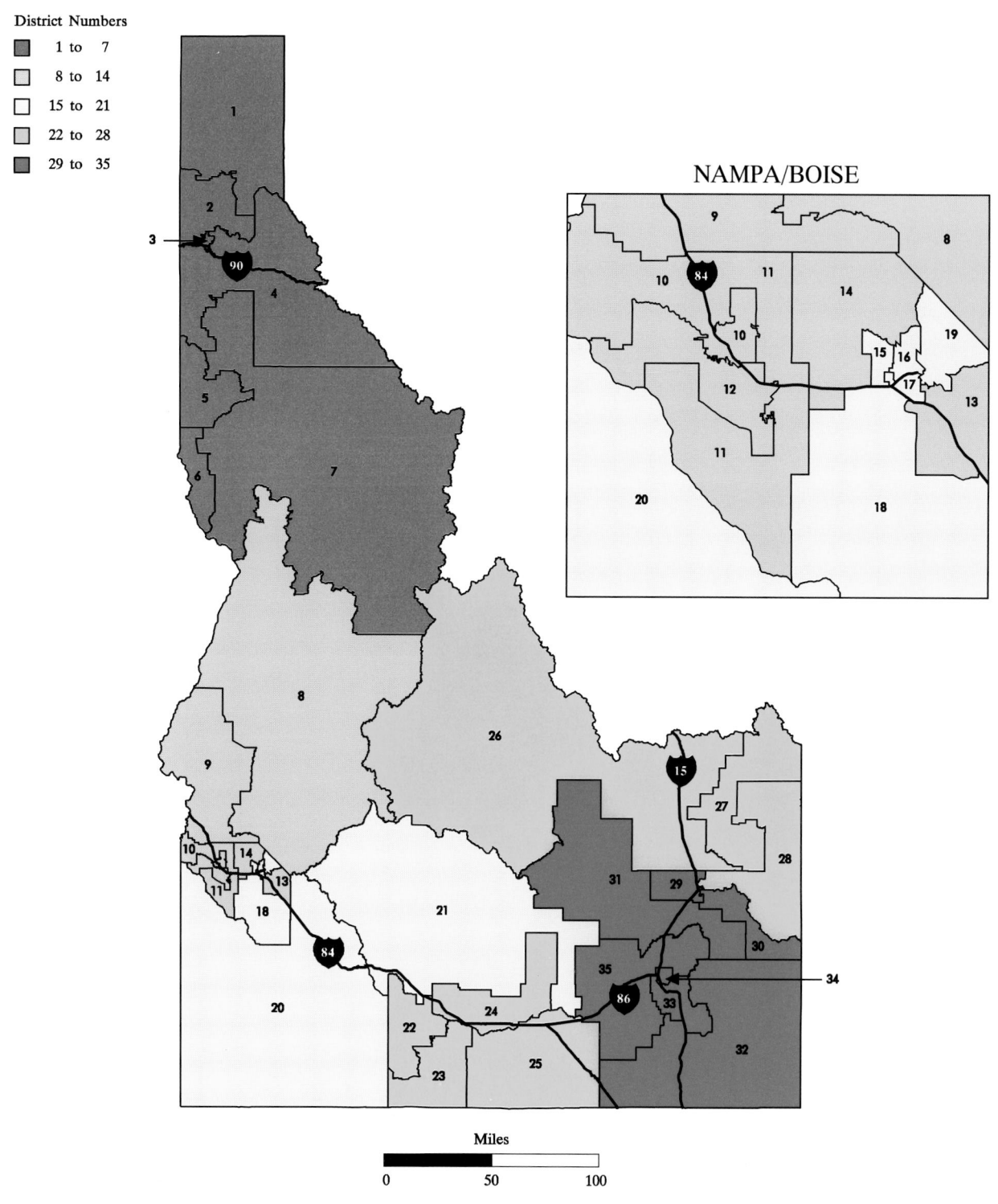

District Numbers
- 1 to 7
- 8 to 14
- 15 to 21
- 22 to 28
- 29 to 35

NAMPA/BOISE

Miles

0    50    100

# Idaho State Legislative Districts:  Demographic Data

| Legislative District | Household Income Avg. ($) | > $50K (%) | >$100K (%) | College Educ. (%) | Manf. (%) | Employment Type Service (%) | Govt. (%) | Farm (%) | Age 55+ (%) | Receives Soc. Sec. (%) | African Amer. (%) | Hispanic Amer. (%) | Asian Amer. (%) |
|---|---|---|---|---|---|---|---|---|---|---|---|---|---|
| Idaho | 31,616 | 15 | 2 | 25 | 22 | 63 | 5 | 10 | 20 | 27 | 0 | 5 | 1 |
| 1 | 27,172 | 10 | 2 | 21 | 29 | 58 | 5 | 9 | 23 | 32 | 0 | 2 | 0 |
| 2 | 28,638 | 11 | 1 | 20 | 32 | 58 | 4 | 5 | 19 | 27 | 0 | 1 | 0 |
| 3 | 31,166 | 14 | 2 | 26 | 24 | 67 | 5 | 4 | 24 | 30 | 0 | 2 | 1 |
| 4 | 30,635 | 15 | 2 | 22 | 20 | 59 | 5 | 16 | 26 | 34 | 0 | 2 | 0 |
| 5 | 28,595 | 16 | 1 | 44 | 10 | 80 | 3 | 7 | 15 | 19 | 1 | 2 | 2 |
| 6 | 30,953 | 15 | 2 | 26 | 28 | 64 | 4 | 4 | 25 | 30 | 0 | 1 | 1 |
| 7 | 27,110 | 10 | 1 | 18 | 30 | 48 | 7 | 16 | 25 | 33 | 0 | 1 | 0 |
| 8 | 29,354 | 10 | 2 | 19 | 23 | 55 | 6 | 16 | 26 | 31 | 0 | 3 | 0 |
| 9 | 26,203 | 9 | 1 | 15 | 23 | 55 | 4 | 18 | 27 | 38 | 0 | 8 | 1 |
| 10 | 26,611 | 10 | 2 | 16 | 27 | 56 | 4 | 13 | 22 | 32 | 0 | 20 | 1 |
| 11 | 28,364 | 11 | 1 | 18 | 27 | 57 | 4 | 12 | 19 | 27 | 0 | 10 | 1 |
| 12 | 29,197 | 14 | 2 | 19 | 26 | 63 | 3 | 8 | 24 | 32 | 0 | 9 | 1 |
| 13 | 39,773 | 26 | 4 | 41 | 23 | 67 | 8 | 2 | 15 | 18 | 1 | 2 | 1 |
| 14 | 36,918 | 22 | 3 | 30 | 25 | 64 | 6 | 5 | 18 | 23 | 0 | 2 | 1 |
| 15 | 43,379 | 31 | 4 | 34 | 27 | 65 | 6 | 2 | 14 | 19 | 0 | 2 | 2 |
| 16 | 32,500 | 17 | 2 | 29 | 23 | 67 | 8 | 2 | 21 | 24 | 0 | 3 | 1 |
| 17 | 32,483 | 16 | 2 | 27 | 20 | 71 | 7 | 2 | 22 | 27 | 1 | 3 | 2 |
| 18 | 40,537 | 28 | 2 | 28 | 24 | 63 | 9 | 4 | 11 | 14 | 0 | 3 | 1 |
| 19 | 38,507 | 20 | 5 | 42 | 19 | 71 | 8 | 3 | 20 | 22 | 1 | 3 | 1 |
| 20 | 27,639 | 9 | 1 | 20 | 13 | 55 | 12 | 20 | 15 | 21 | 3 | 10 | 2 |
| 21 | 37,316 | 17 | 4 | 30 | 19 | 59 | 4 | 17 | 20 | 24 | 0 | 6 | 1 |
| 22 | 28,493 | 10 | 2 | 19 | 19 | 58 | 3 | 20 | 25 | 30 | 0 | 6 | 1 |
| 23 | 30,980 | 15 | 2 | 23 | 20 | 67 | 3 | 10 | 23 | 31 | 0 | 5 | 1 |
| 24 | 29,318 | 11 | 3 | 17 | 19 | 54 | 3 | 23 | 22 | 30 | 0 | 12 | 0 |
| 25 | 29,008 | 12 | 2 | 18 | 22 | 53 | 3 | 22 | 20 | 27 | 0 | 16 | 0 |
| 26 | 29,315 | 12 | 2 | 22 | 18 | 55 | 6 | 22 | 20 | 29 | 0 | 5 | 0 |
| 27 | 29,218 | 13 | 2 | 29 | 17 | 66 | 3 | 14 | 11 | 20 | 0 | 4 | 1 |
| 28 | 30,899 | 15 | 1 | 21 | 19 | 63 | 6 | 12 | 16 | 22 | 0 | 6 | 0 |
| 29 | 34,142 | 22 | 2 | 32 | 20 | 69 | 6 | 5 | 16 | 20 | 0 | 5 | 1 |
| 30 | 39,114 | 27 | 3 | 37 | 16 | 76 | 6 | 3 | 18 | 22 | 0 | 3 | 1 |
| 31 | 32,181 | 15 | 2 | 22 | 23 | 59 | 4 | 13 | 17 | 26 | 0 | 8 | 1 |
| 32 | 28,543 | 10 | 1 | 20 | 24 | 49 | 4 | 23 | 22 | 34 | 0 | 2 | 0 |
| 33 | 29,984 | 14 | 2 | 25 | 21 | 72 | 4 | 3 | 17 | 26 | 0 | 4 | 1 |
| 34 | 31,971 | 18 | 2 | 35 | 17 | 76 | 4 | 2 | 18 | 24 | 1 | 4 | 1 |
| 35 | 28,949 | 12 | 1 | 20 | 21 | 60 | 5 | 14 | 17 | 28 | 0 | 10 | 1 |

# ILLINOIS
## State Senate Districts

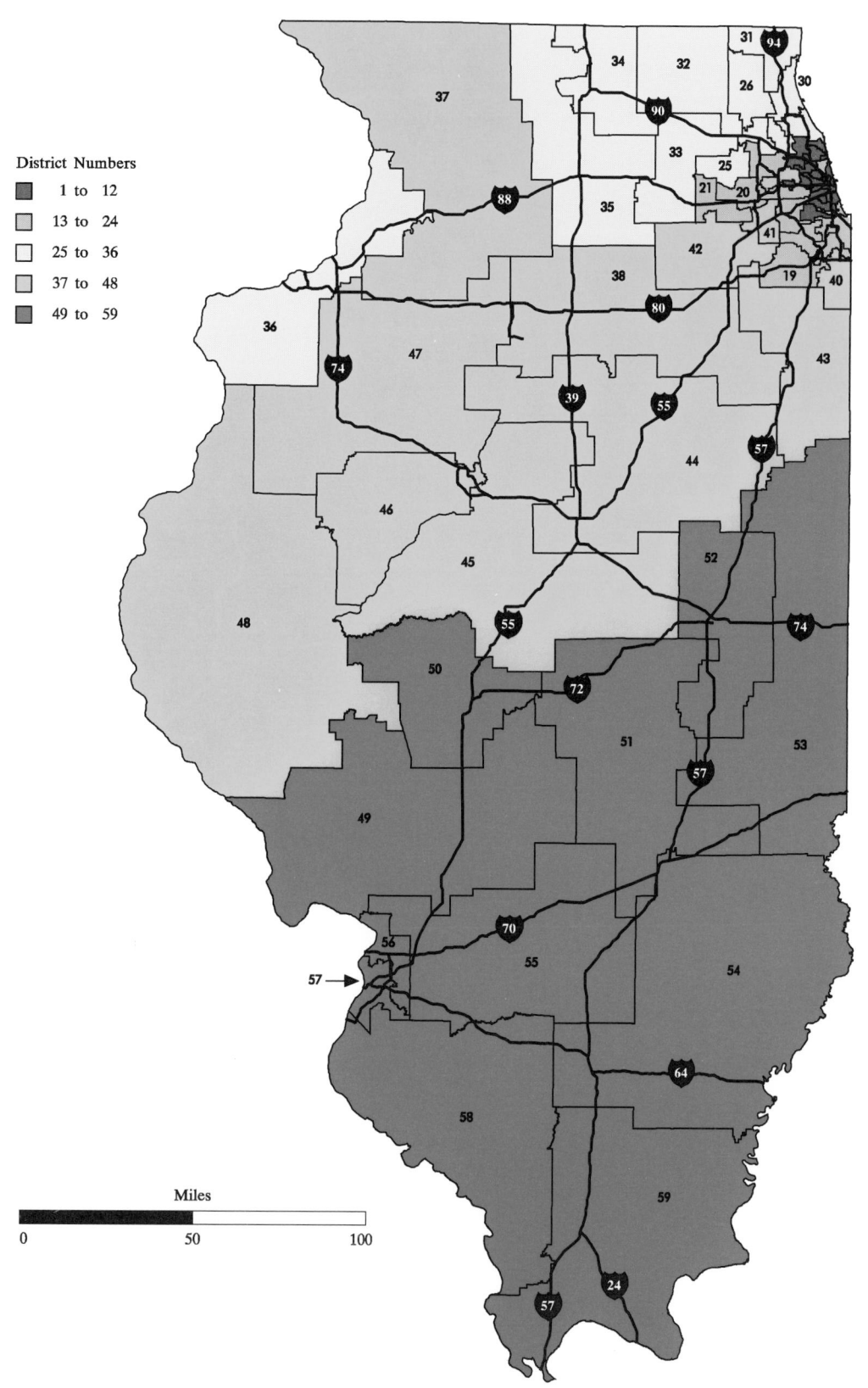

District Numbers
- 1 to 12
- 13 to 24
- 25 to 36
- 37 to 48
- 49 to 59

Miles

0          50          100

# CHICAGO & ENVIRONS
## State Senate Districts

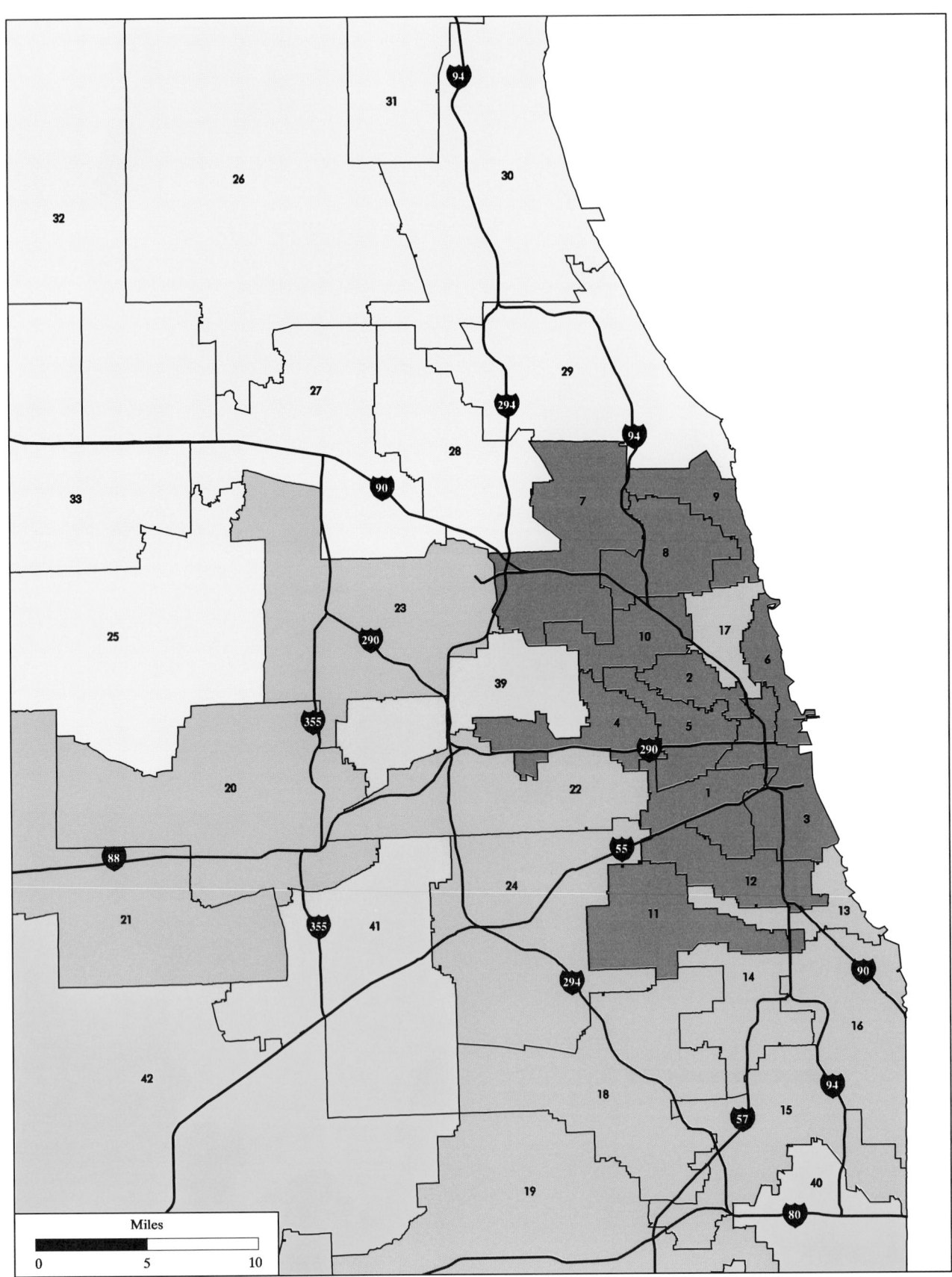

# Illinois State Senate Districts: Demographic Data

| Senate District | Household Income Avg. ($) | Household Income > $50K (%) | Household Income >$100K (%) | College Educ. (%) | Manf. (%) | Service (%) | Govt. (%) | Farm (%) | Age 55+ (%) | Receives Soc. Sec. (%) | African Amer. (%) | Hispanic Amer. (%) | Asian Amer. (%) |
|---|---|---|---|---|---|---|---|---|---|---|---|---|---|
| Illinois | 40,841 | 27 | 5 | 27 | 25 | 68 | 4 | 2 | 21 | 26 | 15 | 8 | 2 |
| 1 | 26,137 | 11 | 1 | 7 | 44 | 51 | 2 | 2 | 12 | 21 | 5 | 76 | 1 |
| 2 | 25,120 | 11 | 1 | 13 | 40 | 56 | 3 | 1 | 12 | 20 | 10 | 70 | 1 |
| 3 | 23,658 | 12 | 2 | 21 | 16 | 76 | 8 | 0 | 20 | 26 | 65 | 7 | 7 |
| 4 | 37,158 | 25 | 4 | 26 | 21 | 74 | 5 | 0 | 16 | 21 | 67 | 4 | 1 |
| 5 | 22,501 | 10 | 1 | 11 | 26 | 68 | 5 | 0 | 15 | 24 | 79 | 12 | 1 |
| 6 | 61,841 | 36 | 14 | 66 | 12 | 86 | 3 | 0 | 18 | 14 | 9 | 7 | 4 |
| 7 | 49,120 | 38 | 7 | 27 | 26 | 69 | 5 | 0 | 34 | 37 | 0 | 3 | 5 |
| 8 | 41,141 | 29 | 5 | 33 | 23 | 73 | 4 | 0 | 28 | 32 | 2 | 10 | 16 |
| 9 | 37,785 | 24 | 4 | 44 | 18 | 79 | 3 | 1 | 21 | 21 | 23 | 13 | 9 |
| 10 | 35,148 | 22 | 2 | 19 | 32 | 64 | 4 | 0 | 26 | 32 | 1 | 18 | 5 |
| 11 | 35,534 | 24 | 2 | 14 | 23 | 70 | 7 | 0 | 27 | 36 | 33 | 6 | 1 |
| 12 | 24,036 | 11 | 1 | 10 | 25 | 69 | 5 | 0 | 20 | 31 | 67 | 12 | 0 |
| 13 | 29,097 | 15 | 3 | 26 | 15 | 78 | 7 | 0 | 19 | 24 | 74 | 7 | 2 |
| 14 | 39,967 | 29 | 3 | 23 | 17 | 74 | 9 | 0 | 22 | 30 | 66 | 3 | 0 |
| 15 | 33,160 | 21 | 1 | 16 | 22 | 73 | 5 | 0 | 18 | 27 | 64 | 5 | 0 |
| 16 | 31,991 | 19 | 2 | 18 | 19 | 72 | 8 | 0 | 23 | 29 | 66 | 16 | 0 |
| 17 | 32,394 | 18 | 3 | 30 | 26 | 70 | 3 | 0 | 18 | 20 | 8 | 33 | 9 |
| 18 | 45,537 | 33 | 5 | 24 | 22 | 74 | 3 | 1 | 25 | 31 | 2 | 3 | 1 |
| 19 | 52,296 | 46 | 6 | 32 | 23 | 73 | 3 | 1 | 16 | 21 | 8 | 2 | 2 |
| 20 | 58,717 | 49 | 11 | 50 | 22 | 75 | 2 | 1 | 17 | 19 | 2 | 3 | 4 |
| 21 | 55,427 | 47 | 10 | 45 | 25 | 71 | 3 | 1 | 15 | 17 | 5 | 5 | 3 |
| 22 | 46,842 | 32 | 6 | 28 | 25 | 71 | 3 | 1 | 29 | 34 | 2 | 11 | 3 |
| 23 | 50,649 | 43 | 6 | 30 | 30 | 67 | 2 | 1 | 17 | 19 | 1 | 7 | 6 |
| 24 | 48,569 | 36 | 7 | 26 | 26 | 70 | 3 | 1 | 24 | 28 | 2 | 5 | 2 |
| 25 | 55,254 | 48 | 7 | 35 | 29 | 67 | 3 | 1 | 11 | 13 | 2 | 7 | 5 |
| 26 | 65,859 | 52 | 14 | 42 | 30 | 67 | 2 | 1 | 13 | 14 | 1 | 6 | 3 |
| 27 | 52,456 | 43 | 8 | 40 | 27 | 70 | 2 | 1 | 17 | 16 | 2 | 6 | 5 |
| 28 | 53,853 | 44 | 9 | 38 | 25 | 72 | 2 | 1 | 25 | 26 | 1 | 5 | 6 |
| 29 | 99,466 | 61 | 30 | 61 | 17 | 81 | 2 | 1 | 25 | 24 | 2 | 3 | 7 |
| 30 | 69,824 | 44 | 18 | 42 | 24 | 71 | 3 | 2 | 17 | 19 | 12 | 11 | 3 |
| 31 | 48,415 | 39 | 6 | 31 | 32 | 63 | 4 | 1 | 17 | 20 | 6 | 6 | 2 |
| 32 | 53,481 | 42 | 8 | 30 | 34 | 61 | 2 | 3 | 16 | 21 | 0 | 3 | 1 |
| 33 | 48,147 | 39 | 6 | 27 | 34 | 62 | 2 | 2 | 15 | 19 | 4 | 11 | 2 |
| 34 | 36,858 | 23 | 3 | 23 | 40 | 56 | 2 | 2 | 21 | 26 | 11 | 4 | 1 |
| 35 | 37,718 | 24 | 3 | 25 | 33 | 61 | 2 | 4 | 20 | 24 | 2 | 3 | 1 |
| 36 | 32,782 | 19 | 2 | 20 | 25 | 65 | 7 | 4 | 24 | 31 | 5 | 4 | 1 |
| 37 | 32,530 | 17 | 2 | 18 | 35 | 53 | 3 | 8 | 26 | 31 | 3 | 3 | 0 |
| 38 | 34,809 | 22 | 2 | 18 | 31 | 61 | 3 | 5 | 24 | 30 | 1 | 3 | 1 |
| 39 | 46,826 | 34 | 6 | 29 | 28 | 69 | 3 | 1 | 25 | 30 | 2 | 10 | 2 |
| 40 | 44,075 | 32 | 5 | 24 | 24 | 72 | 3 | 1 | 22 | 27 | 19 | 6 | 1 |
| 41 | 58,434 | 48 | 10 | 43 | 22 | 75 | 2 | 1 | 15 | 16 | 5 | 3 | 6 |
| 42 | 46,658 | 37 | 5 | 24 | 32 | 63 | 3 | 2 | 14 | 19 | 5 | 12 | 1 |
| 43 | 33,334 | 20 | 2 | 17 | 29 | 64 | 4 | 3 | 22 | 31 | 21 | 7 | 1 |
| 44 | 36,012 | 22 | 3 | 27 | 20 | 71 | 4 | 5 | 21 | 26 | 4 | 2 | 1 |
| 45 | 35,604 | 23 | 2 | 20 | 27 | 63 | 4 | 6 | 23 | 29 | 1 | 1 | 0 |
| 46 | 28,847 | 15 | 1 | 18 | 27 | 67 | 4 | 2 | 24 | 32 | 12 | 1 | 1 |
| 47 | 35,430 | 20 | 3 | 25 | 26 | 65 | 3 | 6 | 26 | 31 | 3 | 2 | 1 |
| 48 | 27,712 | 11 | 2 | 19 | 24 | 63 | 4 | 9 | 26 | 33 | 2 | 1 | 1 |
| 49 | 30,594 | 15 | 2 | 16 | 24 | 62 | 6 | 9 | 27 | 35 | 1 | 0 | 0 |
| 50 | 36,287 | 22 | 3 | 28 | 11 | 66 | 20 | 3 | 23 | 26 | 7 | 1 | 1 |

# Illinois State Senate Districts:  Demographic Data (cont.)

| Senate District | Household Income Avg. ($) | > $50K (%) | >$100K (%) | College Educ. (%) | Manf. (%) | Employment Type Service (%) | Govt. (%) | Farm (%) | Age 55+ (%) | Receives Soc. Sec. (%) | African Amer. (%) | Hispanic Amer. (%) | Asian Amer. (%) |
|---|---|---|---|---|---|---|---|---|---|---|---|---|---|
| Illinois | 40,841 | 27 | 5 | 27 | 25 | 68 | 4 | 2 | 21 | 26 | 15 | 8 | 2 |
| 51 | 33,431 | 19 | 2 | 19 | 30 | 62 | 3 | 5 | 25 | 30 | 7 | 0 | 0 |
| 52 | 33,545 | 19 | 3 | 38 | 17 | 77 | 4 | 3 | 17 | 19 | 9 | 2 | 4 |
| 53 | 29,463 | 14 | 2 | 19 | 29 | 63 | 3 | 6 | 26 | 33 | 5 | 1 | 0 |
| 54 | 27,974 | 12 | 2 | 18 | 28 | 58 | 3 | 11 | 28 | 35 | 1 | 0 | 0 |
| 55 | 33,687 | 19 | 2 | 20 | 25 | 63 | 6 | 6 | 23 | 30 | 4 | 1 | 1 |
| 56 | 35,206 | 22 | 2 | 22 | 25 | 69 | 5 | 1 | 23 | 30 | 7 | 1 | 1 |
| 57 | 27,948 | 14 | 2 | 15 | 22 | 71 | 6 | 1 | 23 | 32 | 36 | 1 | 0 |
| 58 | 29,359 | 16 | 1 | 22 | 20 | 66 | 5 | 9 | 23 | 29 | 5 | 1 | 1 |
| 59 | 25,411 | 12 | 1 | 16 | 17 | 64 | 6 | 12 | 28 | 37 | 5 | 1 | 0 |

# ILLINOIS
## State House Districts

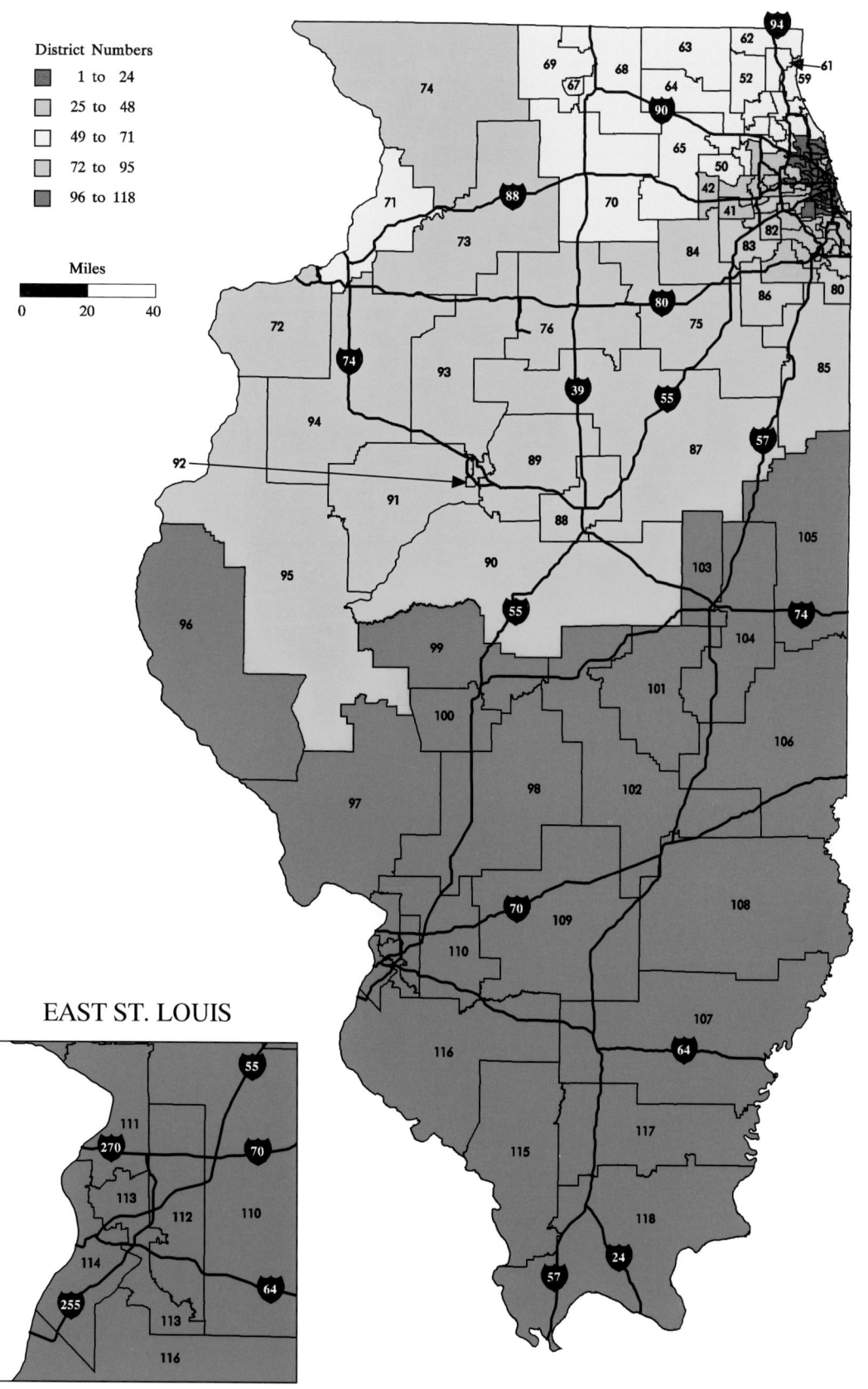

District Numbers
- 1 to 24
- 25 to 48
- 49 to 71
- 72 to 95
- 96 to 118

Miles
0    20    40

EAST ST. LOUIS

# CHICAGO & ENVIRONS

## State House Districts

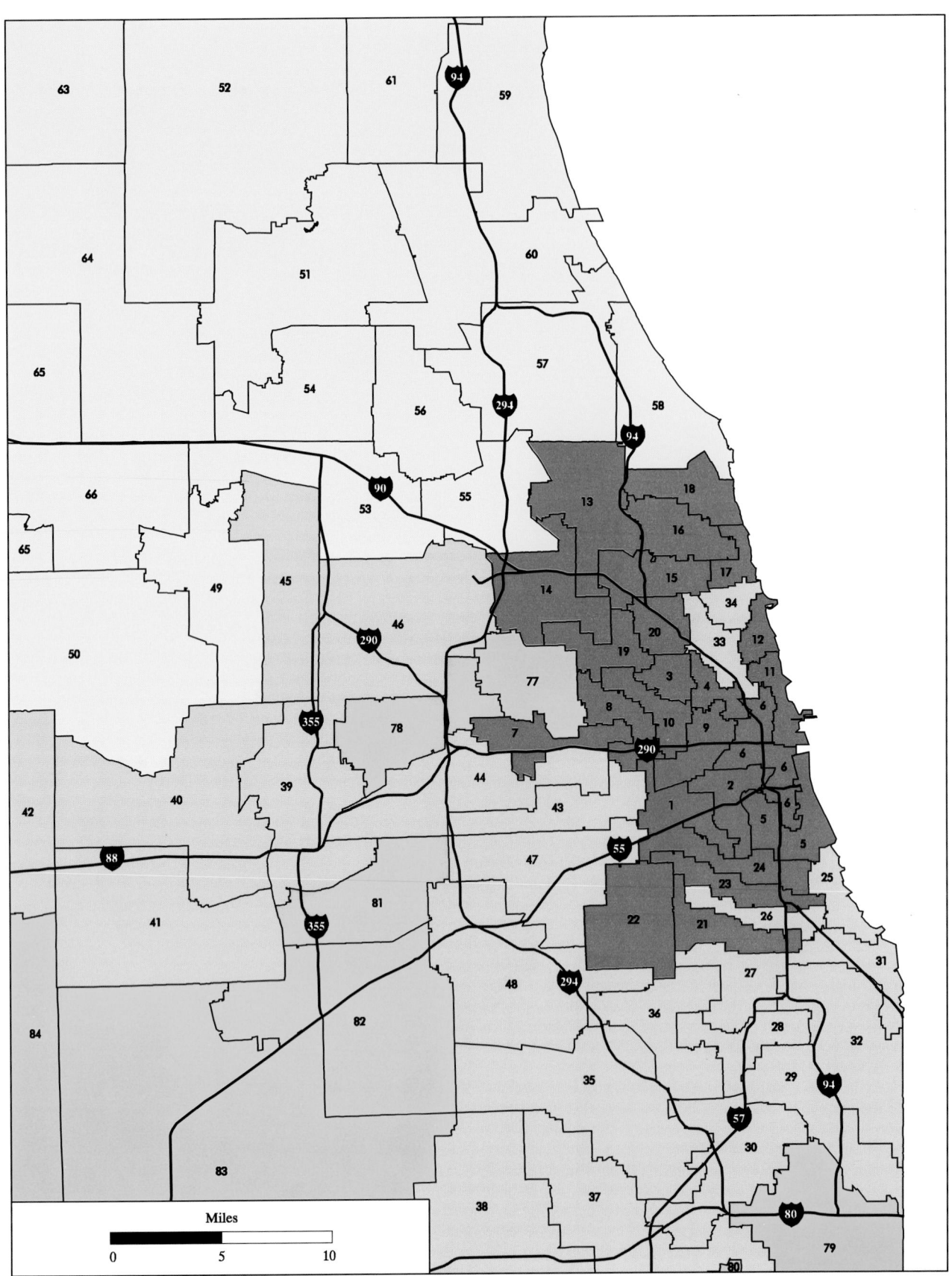

# Illinois State House Districts: Demographic Data

| House District | Household Income Avg. ($) | Household Income > $50K (%) | Household Income >$100K (%) | College Educ. (%) | Manf. (%) | Employment Type Service (%) | Employment Type Govt. (%) | Employment Type Farm (%) | Age 55+ (%) | Receives Soc. Sec. (%) | African Amer. (%) | Hispanic Amer. (%) | Asian Amer. (%) |
|---|---|---|---|---|---|---|---|---|---|---|---|---|---|
| Illinois | 40,841 | 27 | 5 | 27 | 25 | 68 | 4 | 2 | 21 | 26 | 15 | 8 | 2 |
| 1 | 28,204 | 12 | 1 | 7 | 43 | 52 | 2 | 3 | 12 | 21 | 6 | 72 | 1 |
| 2 | 24,350 | 10 | 0 | 7 | 45 | 51 | 2 | 2 | 12 | 20 | 4 | 80 | 1 |
| 3 | 26,271 | 12 | 1 | 10 | 41 | 55 | 3 | 1 | 12 | 19 | 11 | 71 | 2 |
| 4 | 24,032 | 10 | 1 | 15 | 39 | 58 | 2 | 1 | 13 | 22 | 10 | 69 | 1 |
| 5 | 21,495 | 10 | 1 | 15 | 19 | 72 | 9 | 0 | 22 | 29 | 66 | 9 | 4 |
| 6 | 25,817 | 15 | 3 | 28 | 14 | 79 | 7 | 1 | 17 | 22 | 63 | 6 | 11 |
| 7 | 37,042 | 25 | 3 | 27 | 22 | 73 | 4 | 0 | 17 | 22 | 65 | 4 | 2 |
| 8 | 37,287 | 25 | 5 | 24 | 20 | 74 | 5 | 0 | 15 | 20 | 69 | 4 | 1 |
| 9 | 19,285 | 8 | 1 | 11 | 24 | 71 | 5 | 1 | 16 | 26 | 79 | 11 | 1 |
| 10 | 26,018 | 13 | 1 | 10 | 28 | 66 | 5 | 0 | 14 | 22 | 79 | 12 | 1 |
| 11 | 77,988 | 44 | 19 | 71 | 11 | 87 | 2 | 0 | 19 | 13 | 7 | 4 | 3 |
| 12 | 45,150 | 28 | 8 | 60 | 13 | 84 | 3 | 0 | 17 | 15 | 11 | 11 | 5 |
| 13 | 53,942 | 43 | 10 | 31 | 24 | 70 | 5 | 1 | 35 | 37 | 0 | 3 | 7 |
| 14 | 44,682 | 33 | 5 | 23 | 27 | 67 | 6 | 0 | 33 | 37 | 1 | 4 | 2 |
| 15 | 39,752 | 28 | 4 | 29 | 25 | 70 | 4 | 0 | 28 | 33 | 1 | 10 | 15 |
| 16 | 42,565 | 30 | 6 | 37 | 21 | 75 | 4 | 1 | 29 | 31 | 4 | 9 | 17 |
| 17 | 31,333 | 17 | 2 | 40 | 18 | 78 | 3 | 1 | 20 | 21 | 20 | 19 | 11 |
| 18 | 45,180 | 31 | 6 | 47 | 17 | 80 | 3 | 0 | 22 | 22 | 25 | 8 | 8 |
| 19 | 36,684 | 24 | 2 | 16 | 32 | 64 | 5 | 0 | 30 | 38 | 0 | 13 | 3 |
| 20 | 33,594 | 19 | 2 | 21 | 31 | 65 | 3 | 0 | 22 | 26 | 1 | 22 | 8 |
| 21 | 32,383 | 20 | 2 | 16 | 20 | 72 | 8 | 0 | 24 | 33 | 66 | 6 | 1 |
| 22 | 38,442 | 27 | 2 | 13 | 25 | 68 | 7 | 1 | 30 | 38 | 0 | 6 | 1 |
| 23 | 25,381 | 12 | 1 | 10 | 25 | 69 | 6 | 0 | 22 | 33 | 66 | 12 | 0 |
| 24 | 22,646 | 10 | 0 | 10 | 25 | 69 | 5 | 0 | 18 | 28 | 68 | 12 | 0 |
| 25 | 31,671 | 17 | 4 | 39 | 10 | 83 | 7 | 0 | 18 | 19 | 75 | 2 | 3 |
| 26 | 25,600 | 13 | 1 | 12 | 21 | 72 | 6 | 1 | 20 | 30 | 73 | 11 | 1 |
| 27 | 43,057 | 33 | 5 | 26 | 16 | 75 | 9 | 0 | 23 | 30 | 65 | 2 | 0 |
| 28 | 36,719 | 26 | 2 | 20 | 17 | 72 | 9 | 1 | 21 | 30 | 66 | 4 | 0 |
| 29 | 33,150 | 21 | 1 | 16 | 21 | 73 | 6 | 0 | 17 | 25 | 65 | 4 | 0 |
| 30 | 33,171 | 21 | 1 | 16 | 22 | 73 | 5 | 0 | 18 | 28 | 64 | 6 | 1 |
| 31 | 29,456 | 16 | 1 | 18 | 19 | 73 | 7 | 0 | 23 | 29 | 66 | 22 | 0 |
| 32 | 34,580 | 22 | 2 | 18 | 20 | 72 | 9 | 0 | 24 | 30 | 65 | 10 | 0 |
| 33 | 35,375 | 20 | 4 | 26 | 29 | 67 | 3 | 0 | 16 | 21 | 4 | 40 | 7 |
| 34 | 29,734 | 17 | 2 | 33 | 24 | 72 | 3 | 0 | 19 | 19 | 12 | 25 | 12 |
| 35 | 50,870 | 38 | 7 | 24 | 23 | 74 | 2 | 1 | 21 | 24 | 3 | 3 | 1 |
| 36 | 40,849 | 29 | 3 | 23 | 22 | 74 | 4 | 1 | 29 | 36 | 1 | 4 | 1 |
| 37 | 52,287 | 46 | 6 | 34 | 21 | 75 | 3 | 1 | 19 | 24 | 8 | 2 | 2 |
| 38 | 52,306 | 45 | 6 | 30 | 25 | 71 | 3 | 1 | 13 | 17 | 8 | 2 | 1 |
| 39 | 55,092 | 46 | 9 | 48 | 21 | 76 | 2 | 1 | 20 | 23 | 2 | 2 | 4 |
| 40 | 62,756 | 51 | 13 | 51 | 22 | 74 | 2 | 1 | 14 | 15 | 2 | 4 | 4 |
| 41 | 65,987 | 58 | 14 | 59 | 21 | 76 | 2 | 1 | 11 | 11 | 3 | 2 | 4 |
| 42 | 44,724 | 36 | 5 | 31 | 29 | 66 | 4 | 1 | 18 | 23 | 7 | 8 | 1 |
| 43 | 38,108 | 26 | 3 | 24 | 29 | 68 | 3 | 1 | 27 | 34 | 0 | 17 | 1 |
| 44 | 55,035 | 37 | 9 | 32 | 23 | 74 | 3 | 1 | 31 | 33 | 3 | 5 | 5 |
| 45 | 52,671 | 47 | 7 | 35 | 29 | 69 | 2 | 1 | 15 | 15 | 2 | 4 | 7 |
| 46 | 48,559 | 40 | 5 | 24 | 32 | 65 | 2 | 1 | 19 | 22 | 1 | 10 | 4 |
| 47 | 46,391 | 35 | 6 | 27 | 27 | 69 | 4 | 1 | 26 | 31 | 3 | 7 | 1 |
| 48 | 50,839 | 38 | 7 | 26 | 25 | 72 | 3 | 1 | 23 | 25 | 2 | 3 | 2 |
| 49 | 51,945 | 45 | 6 | 32 | 28 | 69 | 2 | 1 | 10 | 12 | 3 | 7 | 8 |
| 50 | 58,722 | 51 | 9 | 38 | 30 | 66 | 3 | 1 | 12 | 14 | 1 | 7 | 3 |

# Illinois State House Districts: Demographic Data (cont.)

| House District | Household Income Avg. ($) | > $50K (%) | >$100K (%) | College Educ. (%) | Manf. (%) | Service (%) | Govt. (%) | Farm (%) | Age 55+ (%) | Receives Soc. Sec. (%) | African Amer. (%) | Hispanic Amer. (%) | Asian Amer. (%) |
|---|---|---|---|---|---|---|---|---|---|---|---|---|---|
| Illinois | 40,841 | 27 | 5 | 27 | 25 | 68 | 4 | 2 | 21 | 26 | 15 | 8 | 2 |
| 51 | 73,681 | 60 | 18 | 52 | 27 | 71 | 2 | 1 | 10 | 9 | 1 | 5 | 4 |
| 52 | 57,852 | 43 | 11 | 31 | 33 | 63 | 2 | 2 | 16 | 19 | 1 | 6 | 1 |
| 53 | 47,501 | 38 | 6 | 37 | 28 | 69 | 2 | 1 | 15 | 14 | 3 | 8 | 7 |
| 54 | 57,702 | 49 | 11 | 43 | 26 | 71 | 2 | 1 | 19 | 18 | 1 | 4 | 3 |
| 55 | 48,388 | 36 | 7 | 34 | 26 | 71 | 2 | 1 | 26 | 27 | 1 | 7 | 7 |
| 56 | 59,634 | 52 | 11 | 43 | 25 | 72 | 2 | 1 | 24 | 25 | 1 | 3 | 4 |
| 57 | 94,140 | 60 | 27 | 53 | 20 | 77 | 2 | 1 | 25 | 22 | 1 | 4 | 6 |
| 58 | 104,981 | 63 | 32 | 69 | 14 | 84 | 2 | 1 | 26 | 26 | 2 | 2 | 7 |
| 59 | 62,382 | 34 | 15 | 34 | 26 | 66 | 6 | 2 | 15 | 20 | 22 | 16 | 3 |
| 60 | 75,671 | 52 | 19 | 49 | 22 | 75 | 2 | 1 | 19 | 18 | 1 | 6 | 3 |
| 61 | 52,434 | 42 | 9 | 38 | 30 | 64 | 4 | 1 | 17 | 19 | 4 | 7 | 4 |
| 62 | 44,204 | 35 | 4 | 23 | 33 | 61 | 5 | 1 | 17 | 22 | 7 | 5 | 1 |
| 63 | 46,592 | 36 | 6 | 23 | 36 | 59 | 2 | 3 | 18 | 23 | 0 | 4 | 1 |
| 64 | 60,462 | 49 | 10 | 37 | 32 | 64 | 2 | 2 | 15 | 18 | 0 | 3 | 1 |
| 65 | 53,875 | 45 | 8 | 28 | 33 | 62 | 2 | 3 | 14 | 16 | 2 | 6 | 1 |
| 66 | 42,678 | 33 | 3 | 26 | 34 | 62 | 2 | 2 | 15 | 21 | 5 | 16 | 3 |
| 67 | 29,997 | 15 | 1 | 19 | 39 | 58 | 2 | 1 | 23 | 30 | 21 | 5 | 1 |
| 68 | 44,059 | 31 | 4 | 26 | 41 | 55 | 2 | 3 | 19 | 21 | 1 | 3 | 1 |
| 69 | 40,233 | 25 | 3 | 21 | 39 | 57 | 2 | 2 | 22 | 25 | 2 | 2 | 1 |
| 70 | 35,043 | 22 | 2 | 30 | 27 | 65 | 3 | 5 | 18 | 23 | 2 | 3 | 2 |
| 71 | 33,673 | 20 | 2 | 21 | 27 | 63 | 6 | 3 | 24 | 30 | 3 | 5 | 1 |
| 72 | 31,885 | 18 | 2 | 20 | 22 | 67 | 7 | 4 | 25 | 31 | 8 | 4 | 1 |
| 73 | 31,774 | 16 | 1 | 19 | 35 | 55 | 4 | 6 | 25 | 31 | 2 | 5 | 0 |
| 74 | 33,256 | 17 | 2 | 18 | 35 | 52 | 3 | 10 | 26 | 31 | 3 | 1 | 0 |
| 75 | 39,576 | 28 | 2 | 19 | 32 | 61 | 3 | 4 | 19 | 25 | 1 | 2 | 1 |
| 76 | 30,664 | 16 | 2 | 17 | 30 | 61 | 3 | 5 | 28 | 35 | 1 | 4 | 1 |
| 77 | 44,617 | 30 | 6 | 26 | 29 | 67 | 3 | 1 | 27 | 32 | 3 | 13 | 2 |
| 78 | 49,254 | 40 | 6 | 32 | 27 | 70 | 2 | 1 | 23 | 28 | 1 | 8 | 3 |
| 79 | 42,430 | 33 | 3 | 22 | 24 | 73 | 3 | 1 | 24 | 30 | 17 | 3 | 1 |
| 80 | 45,759 | 31 | 6 | 26 | 24 | 72 | 3 | 1 | 20 | 25 | 21 | 8 | 1 |
| 81 | 61,198 | 49 | 11 | 48 | 21 | 76 | 2 | 1 | 18 | 19 | 2 | 3 | 6 |
| 82 | 55,316 | 47 | 8 | 37 | 23 | 74 | 2 | 1 | 12 | 14 | 8 | 4 | 5 |
| 83 | 51,351 | 44 | 7 | 28 | 27 | 68 | 3 | 2 | 13 | 18 | 4 | 4 | 1 |
| 84 | 42,043 | 30 | 4 | 20 | 37 | 58 | 3 | 2 | 15 | 20 | 6 | 20 | 1 |
| 85 | 32,200 | 18 | 2 | 17 | 28 | 65 | 3 | 4 | 23 | 31 | 20 | 2 | 0 |
| 86 | 34,538 | 22 | 2 | 17 | 30 | 63 | 5 | 2 | 22 | 30 | 22 | 11 | 1 |
| 87 | 34,405 | 20 | 2 | 20 | 26 | 61 | 4 | 9 | 25 | 31 | 3 | 2 | 1 |
| 88 | 37,666 | 24 | 3 | 36 | 15 | 80 | 3 | 2 | 16 | 22 | 5 | 1 | 1 |
| 89 | 38,625 | 27 | 3 | 23 | 30 | 64 | 2 | 4 | 22 | 26 | 0 | 1 | 0 |
| 90 | 32,610 | 18 | 2 | 17 | 24 | 61 | 5 | 9 | 25 | 32 | 1 | 1 | 0 |
| 91 | 30,266 | 17 | 1 | 16 | 28 | 64 | 4 | 4 | 25 | 31 | 2 | 1 | 0 |
| 92 | 27,354 | 14 | 1 | 20 | 25 | 71 | 3 | 1 | 23 | 32 | 23 | 2 | 1 |
| 93 | 41,235 | 28 | 5 | 31 | 28 | 65 | 3 | 4 | 26 | 29 | 3 | 1 | 1 |
| 94 | 29,650 | 13 | 2 | 19 | 24 | 65 | 4 | 8 | 27 | 33 | 4 | 2 | 0 |
| 95 | 26,746 | 11 | 1 | 19 | 23 | 62 | 5 | 11 | 25 | 32 | 3 | 1 | 1 |
| 96 | 28,631 | 12 | 2 | 19 | 25 | 64 | 3 | 8 | 28 | 35 | 2 | 0 | 0 |
| 97 | 32,995 | 18 | 2 | 19 | 24 | 64 | 5 | 8 | 26 | 34 | 1 | 1 | 0 |
| 98 | 28,294 | 13 | 1 | 13 | 24 | 60 | 7 | 10 | 28 | 36 | 1 | 0 | 0 |
| 99 | 36,435 | 23 | 2 | 26 | 11 | 65 | 20 | 4 | 23 | 26 | 3 | 1 | 1 |
| 100 | 36,142 | 22 | 3 | 30 | 10 | 67 | 20 | 2 | 23 | 27 | 12 | 1 | 1 |

# Illinois State House Districts:  Demographic Data (cont.)

| House District | Household Income Avg. ($) | > $50K (%) | >$100K (%) | College Educ. (%) | Manf. (%) | Employment Type Service (%) | Govt. (%) | Farm (%) | Age 55+ (%) | Receives Soc. Sec. (%) | African Amer. (%) | Hispanic Amer. (%) | Asian Amer. (%) |
|---|---|---|---|---|---|---|---|---|---|---|---|---|---|
| Illinois | 40,841 | 27 | 5 | 27 | 25 | 68 | 4 | 2 | 21 | 26 | 15 | 8 | 2 |
| 101 | 30,676 | 16 | 2 | 16 | 30 | 63 | 3 | 4 | 25 | 31 | 13 | 0 | 0 |
| 102 | 36,182 | 22 | 3 | 22 | 31 | 60 | 3 | 6 | 24 | 30 | 2 | 0 | 0 |
| 103 | 35,827 | 22 | 4 | 53 | 13 | 82 | 3 | 2 | 13 | 15 | 5 | 2 | 7 |
| 104 | 31,436 | 16 | 2 | 27 | 21 | 71 | 4 | 4 | 20 | 23 | 12 | 2 | 2 |
| 105 | 30,240 | 15 | 2 | 17 | 30 | 62 | 3 | 5 | 27 | 34 | 8 | 2 | 1 |
| 106 | 28,669 | 13 | 1 | 20 | 27 | 64 | 3 | 7 | 25 | 32 | 1 | 1 | 0 |
| 107 | 27,559 | 12 | 2 | 18 | 25 | 60 | 3 | 13 | 28 | 36 | 2 | 0 | 0 |
| 108 | 28,404 | 12 | 1 | 18 | 31 | 56 | 3 | 10 | 27 | 35 | 0 | 0 | 0 |
| 109 | 28,451 | 12 | 1 | 15 | 28 | 60 | 5 | 7 | 26 | 35 | 4 | 1 | 0 |
| 110 | 39,276 | 26 | 3 | 25 | 22 | 67 | 6 | 5 | 19 | 24 | 4 | 1 | 1 |
| 111 | 31,548 | 17 | 2 | 16 | 29 | 66 | 4 | 1 | 25 | 33 | 8 | 1 | 0 |
| 112 | 38,857 | 27 | 3 | 29 | 21 | 71 | 6 | 1 | 22 | 27 | 6 | 1 | 1 |
| 113 | 32,226 | 17 | 2 | 20 | 22 | 71 | 6 | 1 | 26 | 33 | 6 | 2 | 1 |
| 114 | 22,831 | 10 | 1 | 10 | 22 | 71 | 6 | 1 | 19 | 30 | 66 | 1 | 0 |
| 115 | 25,457 | 12 | 1 | 28 | 15 | 72 | 5 | 8 | 21 | 27 | 7 | 1 | 2 |
| 116 | 33,548 | 20 | 2 | 16 | 25 | 60 | 5 | 10 | 24 | 32 | 3 | 1 | 0 |
| 117 | 25,264 | 11 | 1 | 17 | 17 | 65 | 5 | 13 | 29 | 37 | 1 | 0 | 0 |
| 118 | 25,566 | 12 | 1 | 16 | 17 | 64 | 7 | 12 | 27 | 37 | 10 | 1 | 0 |

# INDIANA
## State Senate Districts

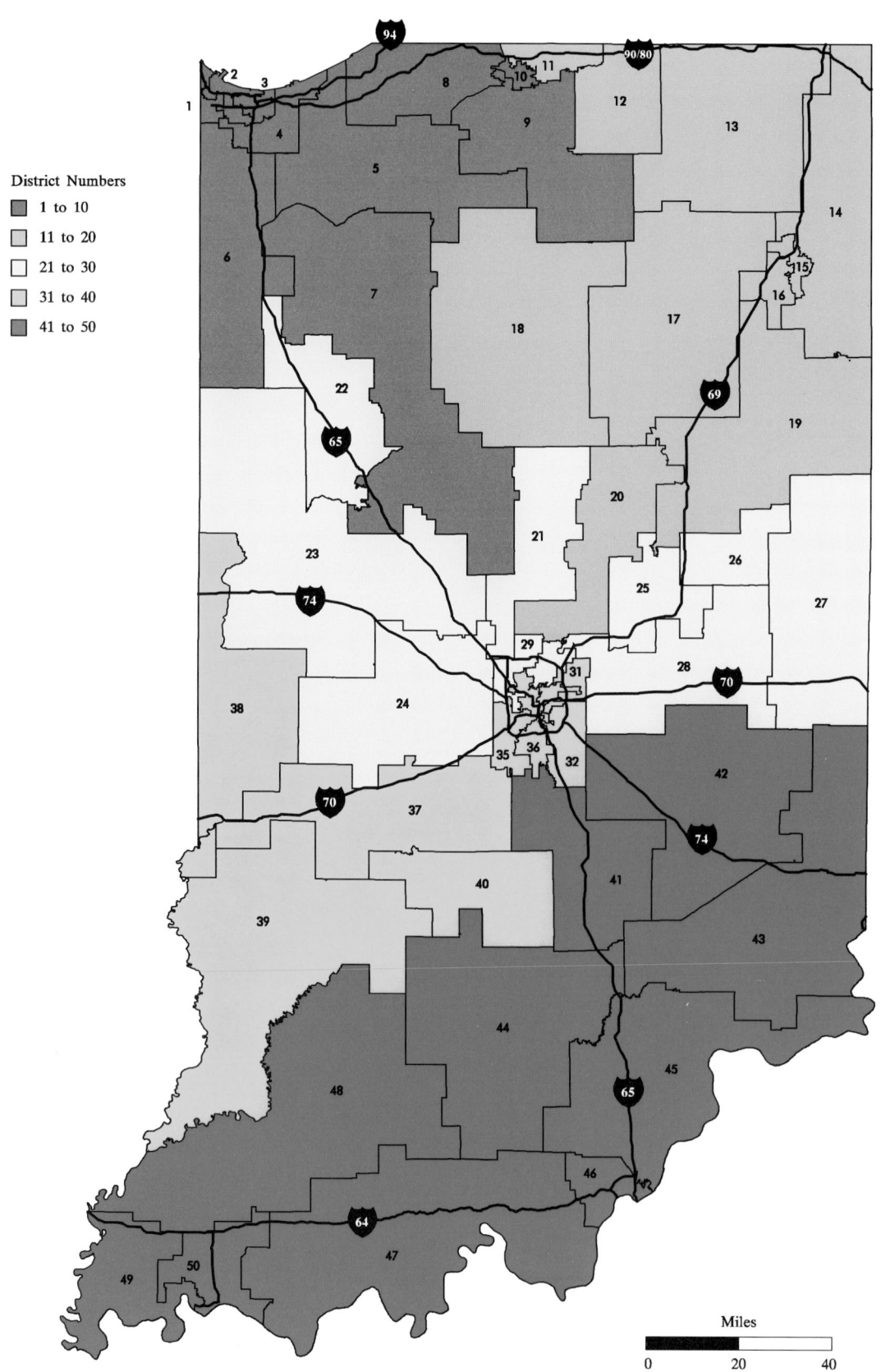

District Numbers

- 1 to 10
- 11 to 20
- 21 to 30
- 31 to 40
- 41 to 50

Miles

0    20    40

# INDIANAPOLIS
## State Senate Districts

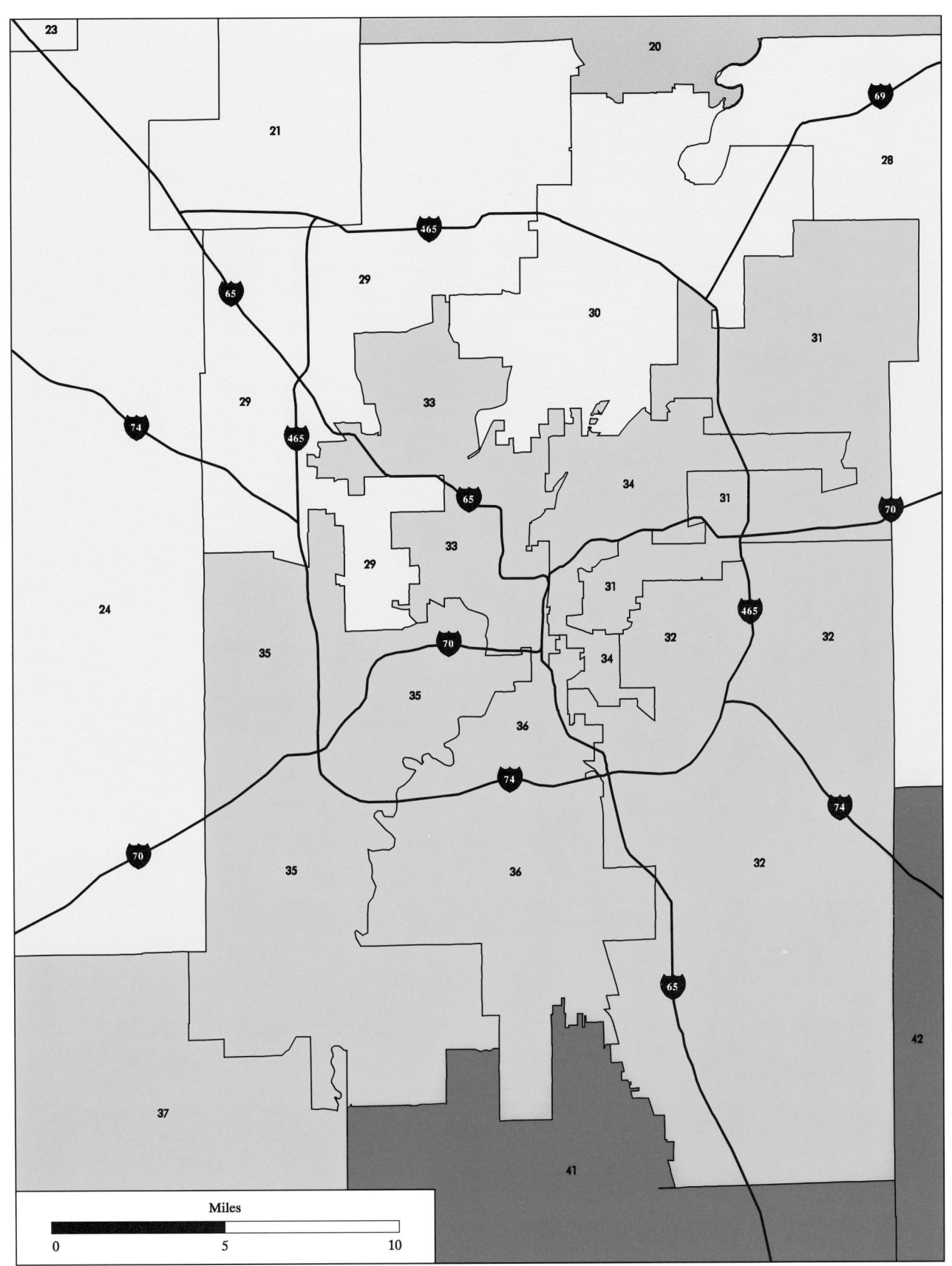

Miles

0    5    10

# Indiana State Senate Districts: Demographic Data

| Senate District | Household Income Avg. ($) | > $50K (%) | >$100K (%) | College Educ. (%) | Manf. (%) | Service (%) | Govt. (%) | Farm (%) | Age 55+ (%) | Receives Soc. Sec. (%) | African Amer. (%) | Hispanic Amer. (%) | Asian Amer. (%) |
|---|---|---|---|---|---|---|---|---|---|---|---|---|---|
| Indiana | 34,847 | 20 | 2 | 21 | 32 | 62 | 3 | 3 | 21 | 27 | 8 | 2 | 1 |
| 1 | 38,501 | 25 | 3 | 21 | 30 | 66 | 3 | 0 | 25 | 33 | 2 | 8 | 1 |
| 2 | 27,894 | 15 | 1 | 12 | 33 | 61 | 4 | 1 | 20 | 30 | 38 | 22 | 0 |
| 3 | 26,972 | 15 | 1 | 13 | 30 | 65 | 5 | 1 | 22 | 33 | 65 | 6 | 0 |
| 4 | 41,633 | 29 | 3 | 19 | 34 | 63 | 3 | 1 | 20 | 27 | 1 | 5 | 1 |
| 5 | 38,486 | 26 | 3 | 24 | 32 | 62 | 3 | 3 | 20 | 27 | 0 | 2 | 1 |
| 6 | 43,686 | 33 | 4 | 23 | 31 | 64 | 3 | 3 | 18 | 24 | 0 | 3 | 1 |
| 7 | 33,889 | 20 | 2 | 19 | 35 | 56 | 2 | 7 | 22 | 27 | 0 | 1 | 0 |
| 8 | 34,699 | 19 | 2 | 18 | 36 | 58 | 4 | 2 | 23 | 30 | 9 | 1 | 0 |
| 9 | 36,059 | 20 | 2 | 18 | 42 | 52 | 2 | 4 | 22 | 27 | 5 | 2 | 0 |
| 10 | 29,071 | 13 | 1 | 23 | 28 | 69 | 3 | 0 | 24 | 32 | 15 | 3 | 1 |
| 11 | 44,909 | 30 | 5 | 30 | 35 | 62 | 2 | 1 | 19 | 22 | 2 | 1 | 1 |
| 12 | 35,585 | 18 | 3 | 17 | 48 | 48 | 2 | 3 | 19 | 24 | 6 | 2 | 1 |
| 13 | 33,275 | 18 | 2 | 15 | 49 | 44 | 2 | 6 | 21 | 26 | 0 | 1 | 0 |
| 14 | 41,412 | 28 | 3 | 25 | 36 | 59 | 2 | 3 | 18 | 23 | 1 | 1 | 0 |
| 15 | 35,388 | 21 | 3 | 27 | 27 | 70 | 2 | 1 | 21 | 26 | 23 | 2 | 1 |
| 16 | 37,523 | 21 | 3 | 27 | 27 | 70 | 2 | 1 | 20 | 25 | 4 | 2 | 1 |
| 17 | 33,642 | 18 | 2 | 16 | 41 | 52 | 2 | 5 | 22 | 28 | 0 | 1 | 0 |
| 18 | 29,750 | 14 | 1 | 14 | 39 | 52 | 3 | 5 | 23 | 30 | 2 | 1 | 0 |
| 19 | 33,605 | 18 | 2 | 16 | 40 | 54 | 2 | 4 | 22 | 29 | 0 | 1 | 0 |
| 20 | 38,722 | 25 | 4 | 23 | 32 | 62 | 2 | 3 | 21 | 26 | 5 | 1 | 0 |
| 21 | 39,388 | 26 | 3 | 22 | 36 | 58 | 3 | 3 | 21 | 27 | 4 | 1 | 0 |
| 22 | 33,157 | 18 | 3 | 37 | 21 | 74 | 2 | 3 | 16 | 22 | 2 | 2 | 4 |
| 23 | 31,399 | 15 | 2 | 16 | 36 | 54 | 3 | 7 | 24 | 31 | 0 | 1 | 0 |
| 24 | 40,991 | 30 | 3 | 22 | 27 | 65 | 4 | 4 | 19 | 25 | 1 | 1 | 0 |
| 25 | 33,949 | 22 | 2 | 18 | 35 | 60 | 4 | 2 | 24 | 30 | 9 | 1 | 0 |
| 26 | 30,890 | 16 | 2 | 21 | 27 | 70 | 2 | 1 | 22 | 29 | 6 | 1 | 1 |
| 27 | 29,322 | 13 | 2 | 15 | 36 | 58 | 2 | 4 | 25 | 32 | 3 | 1 | 0 |
| 28 | 39,049 | 27 | 3 | 20 | 31 | 62 | 4 | 3 | 21 | 27 | 1 | 1 | 0 |
| 29 | 46,336 | 29 | 6 | 40 | 20 | 74 | 5 | 1 | 17 | 17 | 11 | 1 | 2 |
| 30 | 52,228 | 38 | 9 | 55 | 16 | 78 | 4 | 1 | 21 | 21 | 6 | 1 | 1 |
| 31 | 38,018 | 24 | 4 | 27 | 24 | 69 | 6 | 1 | 19 | 23 | 9 | 1 | 1 |
| 32 | 37,938 | 25 | 2 | 21 | 26 | 68 | 5 | 1 | 22 | 26 | 3 | 1 | 1 |
| 33 | 28,778 | 14 | 2 | 23 | 17 | 77 | 5 | 1 | 21 | 28 | 61 | 1 | 1 |
| 34 | 26,870 | 13 | 1 | 15 | 24 | 69 | 7 | 1 | 17 | 24 | 62 | 1 | 0 |
| 35 | 32,624 | 18 | 1 | 16 | 26 | 69 | 4 | 1 | 19 | 24 | 2 | 1 | 1 |
| 36 | 36,694 | 24 | 2 | 22 | 25 | 69 | 5 | 2 | 21 | 26 | 1 | 1 | 1 |
| 37 | 35,820 | 21 | 2 | 19 | 30 | 62 | 5 | 3 | 21 | 28 | 1 | 1 | 1 |
| 38 | 26,898 | 12 | 1 | 18 | 27 | 66 | 4 | 3 | 25 | 34 | 5 | 1 | 1 |
| 39 | 28,255 | 12 | 1 | 17 | 23 | 63 | 5 | 8 | 25 | 33 | 1 | 0 | 0 |
| 40 | 31,824 | 17 | 3 | 36 | 20 | 75 | 4 | 2 | 16 | 21 | 2 | 1 | 2 |
| 41 | 36,762 | 22 | 3 | 20 | 36 | 58 | 3 | 3 | 20 | 25 | 2 | 1 | 1 |
| 42 | 32,632 | 18 | 2 | 13 | 41 | 50 | 3 | 6 | 22 | 30 | 1 | 0 | 0 |
| 43 | 32,267 | 17 | 2 | 13 | 38 | 55 | 2 | 5 | 21 | 30 | 0 | 0 | 0 |
| 44 | 29,457 | 14 | 1 | 14 | 38 | 53 | 4 | 5 | 23 | 30 | 0 | 0 | 0 |
| 45 | 31,302 | 15 | 1 | 14 | 37 | 55 | 4 | 4 | 20 | 27 | 1 | 1 | 0 |
| 46 | 32,517 | 18 | 2 | 19 | 28 | 66 | 5 | 1 | 22 | 28 | 6 | 1 | 0 |
| 47 | 30,420 | 14 | 1 | 13 | 39 | 51 | 3 | 7 | 22 | 30 | 0 | 0 | 0 |
| 48 | 29,888 | 14 | 1 | 15 | 34 | 52 | 5 | 9 | 24 | 31 | 1 | 0 | 0 |
| 49 | 27,562 | 12 | 1 | 15 | 31 | 64 | 3 | 2 | 25 | 32 | 9 | 0 | 0 |
| 50 | 41,497 | 27 | 4 | 29 | 26 | 69 | 2 | 2 | 22 | 26 | 2 | 1 | 1 |

# INDIANA
## State House Districts

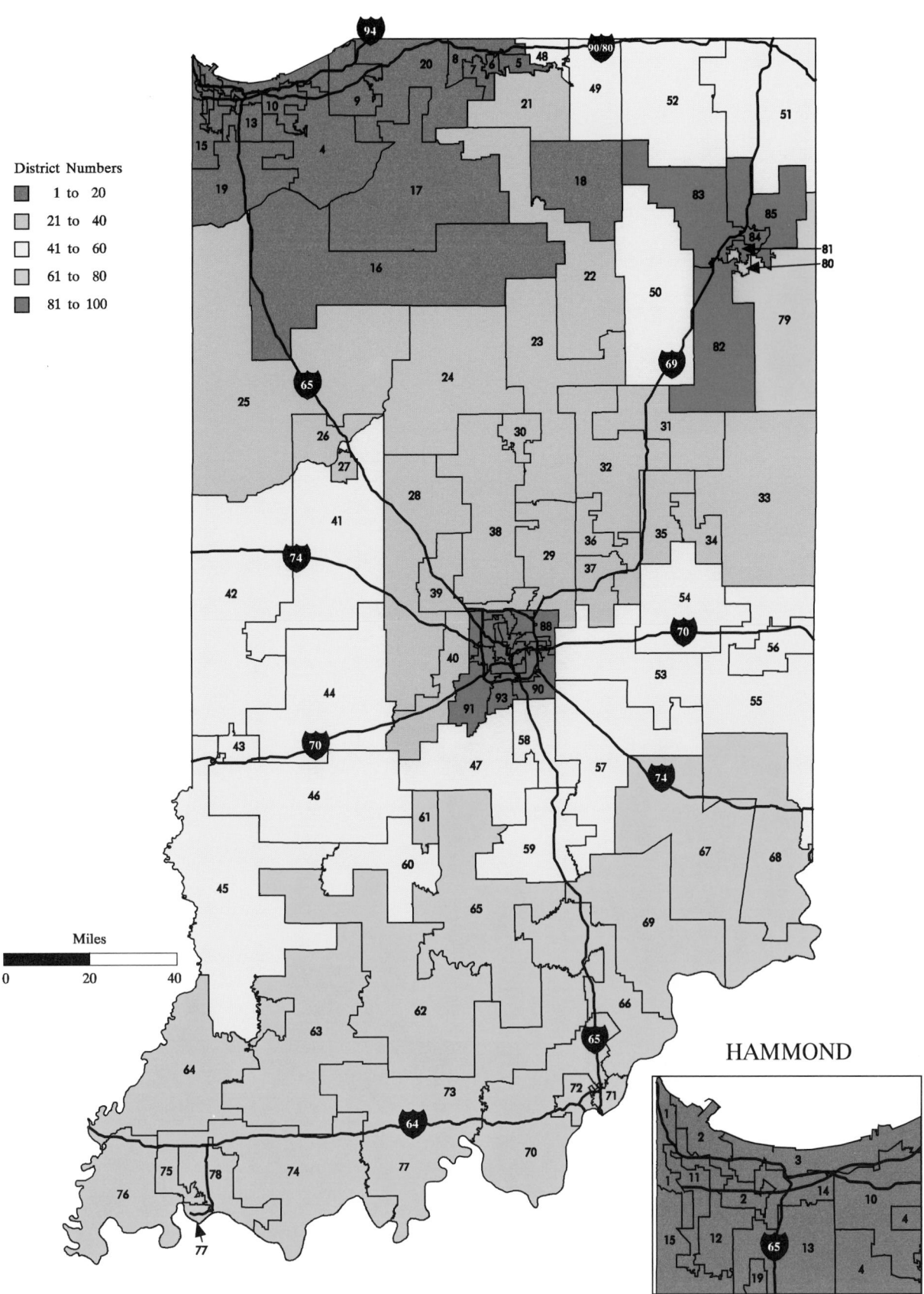

District Numbers

- 1 to 20
- 21 to 40
- 41 to 60
- 61 to 80
- 81 to 100

Miles

0    20    40

HAMMOND

# INDIANAPOLIS
## State House Districts

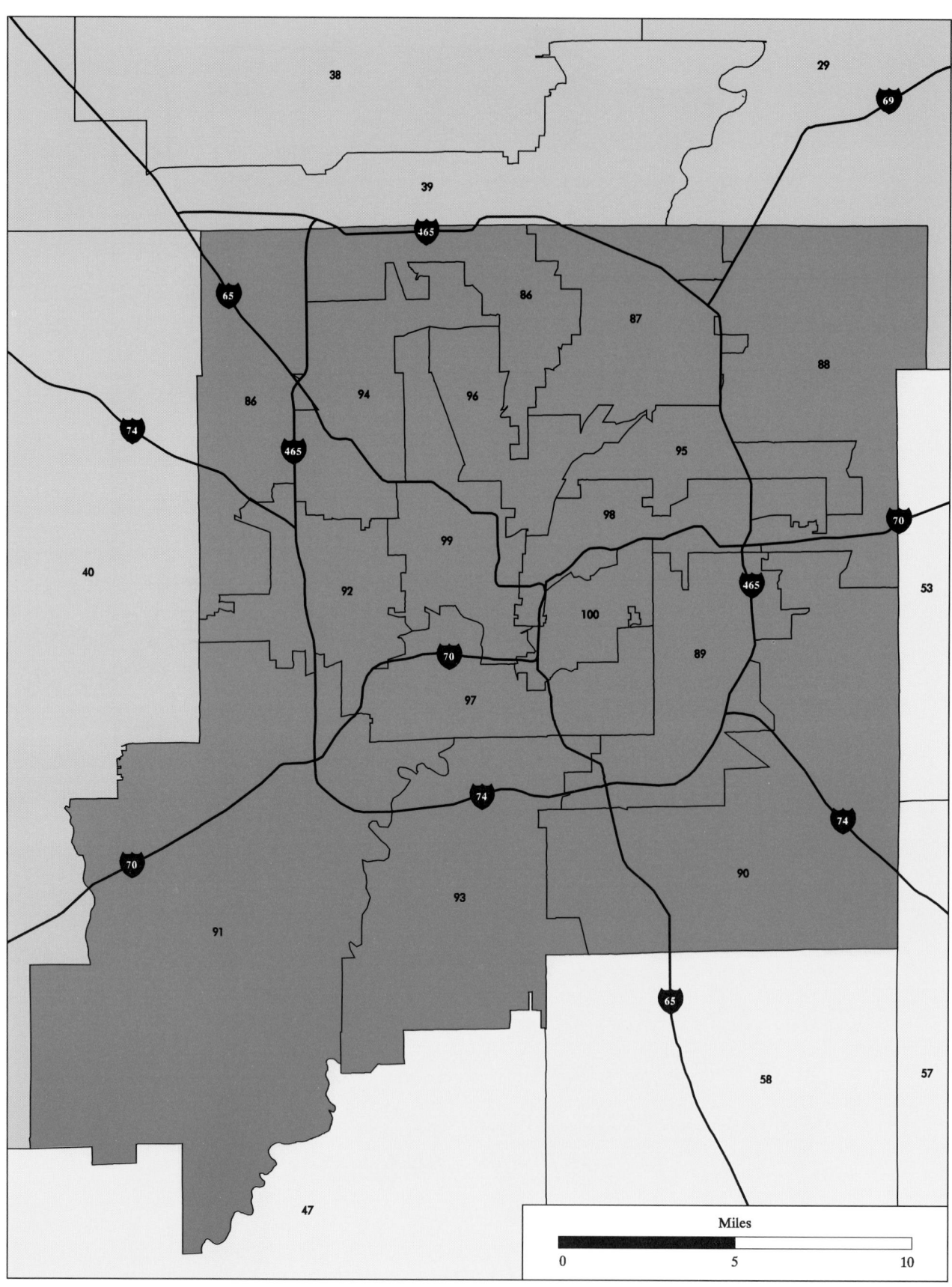

# Indiana State House Districts:  Demographic Data

| House District | Household Income Avg. ($) | Household Income > $50K (%) | Household Income >$100K (%) | College Educ. (%) | Manf. (%) | Service (%) | Govt. (%) | Farm (%) | Age 55+ (%) | Receives Soc. Sec. (%) | African Amer. (%) | Hispanic Amer. (%) | Asian Amer. (%) |
|---|---|---|---|---|---|---|---|---|---|---|---|---|---|
| Indiana | 34,847 | 20 | 2 | 21 | 32 | 62 | 3 | 3 | 21 | 27 | 8 | 2 | 1 |
| 1 | 31,319 | 16 | 1 | 15 | 31 | 66 | 3 | 1 | 24 | 34 | 4 | 10 | 1 |
| 2 | 25,544 | 13 | 1 | 12 | 33 | 61 | 6 | 0 | 24 | 35 | 58 | 21 | 0 |
| 3 | 32,341 | 21 | 2 | 21 | 30 | 64 | 6 | 0 | 20 | 28 | 63 | 5 | 0 |
| 4 | 46,601 | 34 | 5 | 29 | 30 | 65 | 2 | 3 | 19 | 25 | 0 | 1 | 1 |
| 5 | 30,648 | 15 | 1 | 18 | 38 | 60 | 2 | 1 | 21 | 26 | 8 | 1 | 1 |
| 6 | 30,890 | 15 | 1 | 25 | 25 | 72 | 2 | 0 | 24 | 32 | 13 | 3 | 1 |
| 7 | 28,805 | 14 | 1 | 19 | 30 | 67 | 3 | 0 | 27 | 36 | 25 | 4 | 0 |
| 8 | 45,502 | 31 | 6 | 35 | 26 | 71 | 2 | 1 | 19 | 22 | 5 | 2 | 2 |
| 9 | 33,841 | 19 | 2 | 17 | 36 | 58 | 5 | 2 | 22 | 30 | 15 | 2 | 1 |
| 10 | 37,924 | 26 | 2 | 19 | 34 | 64 | 2 | 1 | 16 | 24 | 0 | 5 | 1 |
| 11 | 36,896 | 24 | 2 | 19 | 32 | 65 | 3 | 1 | 22 | 29 | 10 | 8 | 1 |
| 12 | 34,950 | 21 | 2 | 14 | 35 | 61 | 3 | 1 | 19 | 26 | 8 | 18 | 1 |
| 13 | 39,749 | 28 | 2 | 19 | 31 | 65 | 3 | 1 | 24 | 32 | 6 | 6 | 1 |
| 14 | 23,932 | 12 | 0 | 9 | 30 | 65 | 5 | 1 | 21 | 32 | 61 | 7 | 0 |
| 15 | 51,549 | 41 | 6 | 29 | 30 | 67 | 2 | 1 | 20 | 26 | 0 | 3 | 2 |
| 16 | 30,459 | 15 | 1 | 14 | 37 | 53 | 2 | 8 | 23 | 31 | 0 | 1 | 0 |
| 17 | 30,504 | 15 | 1 | 15 | 40 | 51 | 3 | 6 | 23 | 31 | 1 | 2 | 0 |
| 18 | 37,658 | 23 | 3 | 21 | 47 | 48 | 2 | 3 | 20 | 25 | 1 | 2 | 1 |
| 19 | 43,459 | 34 | 3 | 23 | 30 | 66 | 3 | 2 | 20 | 25 | 0 | 2 | 0 |
| 20 | 35,054 | 20 | 2 | 18 | 37 | 57 | 3 | 3 | 24 | 30 | 1 | 1 | 0 |
| 21 | 36,432 | 20 | 3 | 18 | 44 | 51 | 2 | 3 | 20 | 25 | 3 | 1 | 0 |
| 22 | 32,040 | 14 | 1 | 15 | 46 | 46 | 2 | 6 | 23 | 28 | 0 | 1 | 0 |
| 23 | 32,689 | 18 | 1 | 15 | 37 | 53 | 5 | 5 | 21 | 28 | 2 | 1 | 0 |
| 24 | 31,213 | 15 | 2 | 14 | 38 | 53 | 3 | 6 | 24 | 31 | 1 | 1 | 0 |
| 25 | 31,899 | 15 | 1 | 15 | 33 | 54 | 2 | 10 | 25 | 32 | 0 | 1 | 0 |
| 26 | 34,329 | 23 | 4 | 58 | 12 | 84 | 2 | 3 | 11 | 14 | 2 | 2 | 7 |
| 27 | 32,354 | 16 | 2 | 26 | 29 | 67 | 2 | 1 | 21 | 25 | 2 | 2 | 1 |
| 28 | 35,144 | 21 | 2 | 17 | 33 | 58 | 4 | 6 | 22 | 29 | 0 | 1 | 0 |
| 29 | 48,215 | 38 | 6 | 34 | 26 | 68 | 3 | 3 | 16 | 19 | 1 | 1 | 1 |
| 30 | 32,492 | 19 | 2 | 17 | 40 | 56 | 3 | 1 | 22 | 28 | 7 | 2 | 1 |
| 31 | 29,613 | 15 | 1 | 14 | 39 | 56 | 2 | 2 | 25 | 32 | 9 | 2 | 0 |
| 32 | 34,331 | 21 | 2 | 16 | 36 | 59 | 2 | 3 | 23 | 29 | 1 | 1 | 0 |
| 33 | 28,603 | 12 | 1 | 13 | 43 | 49 | 3 | 5 | 25 | 32 | 0 | 1 | 0 |
| 34 | 27,883 | 14 | 1 | 17 | 28 | 69 | 2 | 1 | 23 | 30 | 11 | 1 | 0 |
| 35 | 35,636 | 20 | 3 | 26 | 24 | 72 | 2 | 2 | 20 | 27 | 2 | 1 | 1 |
| 36 | 36,579 | 25 | 3 | 19 | 35 | 60 | 3 | 2 | 25 | 30 | 2 | 1 | 0 |
| 37 | 29,962 | 17 | 1 | 15 | 35 | 58 | 5 | 2 | 23 | 31 | 16 | 1 | 0 |
| 38 | 50,047 | 37 | 7 | 34 | 30 | 62 | 2 | 5 | 17 | 22 | 1 | 1 | 1 |
| 39 | 60,433 | 45 | 13 | 44 | 22 | 72 | 3 | 2 | 19 | 20 | 0 | 1 | 1 |
| 40 | 44,678 | 35 | 4 | 23 | 28 | 66 | 4 | 2 | 18 | 23 | 1 | 0 | 0 |
| 41 | 34,899 | 21 | 2 | 21 | 37 | 55 | 3 | 6 | 22 | 27 | 1 | 1 | 0 |
| 42 | 29,762 | 14 | 1 | 13 | 36 | 56 | 3 | 6 | 25 | 33 | 0 | 0 | 0 |
| 43 | 28,703 | 14 | 2 | 24 | 22 | 73 | 4 | 1 | 24 | 35 | 6 | 1 | 1 |
| 44 | 30,873 | 15 | 2 | 15 | 29 | 61 | 5 | 5 | 24 | 32 | 2 | 0 | 0 |
| 45 | 27,265 | 12 | 1 | 15 | 24 | 61 | 5 | 10 | 27 | 37 | 0 | 1 | 0 |
| 46 | 30,799 | 14 | 2 | 19 | 27 | 63 | 4 | 5 | 23 | 30 | 4 | 1 | 1 |
| 47 | 40,958 | 29 | 4 | 20 | 32 | 61 | 4 | 3 | 19 | 25 | 1 | 0 | 0 |
| 48 | 42,396 | 25 | 4 | 23 | 47 | 50 | 2 | 1 | 20 | 23 | 3 | 1 | 1 |
| 49 | 37,896 | 20 | 3 | 19 | 47 | 48 | 2 | 3 | 18 | 23 | 1 | 3 | 1 |
| 50 | 34,242 | 18 | 1 | 17 | 41 | 53 | 2 | 4 | 23 | 29 | 0 | 1 | 0 |

# Indiana State House Districts: Demographic Data (cont.)

| House District | Household Income Avg. ($) | > $50K (%) | >$100K (%) | College Educ. (%) | Manf. (%) | Service (%) | Govt. (%) | Farm (%) | Age 55+ (%) | Receives Soc. Sec. (%) | African Amer. (%) | Hispanic Amer. (%) | Asian Amer. (%) |
|---|---|---|---|---|---|---|---|---|---|---|---|---|---|
| Indiana | 34,847 | 20 | 2 | 21 | 32 | 62 | 3 | 3 | 21 | 27 | 8 | 2 | 1 |
| 51 | 34,204 | 19 | 2 | 17 | 46 | 48 | 2 | 4 | 21 | 27 | 0 | 1 | 0 |
| 52 | 31,890 | 15 | 1 | 12 | 50 | 41 | 1 | 7 | 19 | 25 | 0 | 1 | 0 |
| 53 | 39,655 | 28 | 3 | 19 | 30 | 61 | 4 | 5 | 20 | 26 | 0 | 1 | 0 |
| 54 | 31,050 | 18 | 1 | 14 | 34 | 58 | 4 | 3 | 25 | 32 | 1 | 0 | 0 |
| 55 | 32,472 | 18 | 2 | 13 | 39 | 53 | 3 | 6 | 23 | 30 | 1 | 0 | 0 |
| 56 | 28,684 | 13 | 2 | 16 | 32 | 64 | 2 | 2 | 26 | 32 | 7 | 1 | 1 |
| 57 | 34,493 | 19 | 2 | 15 | 39 | 52 | 3 | 6 | 21 | 27 | 1 | 0 | 0 |
| 58 | 36,289 | 21 | 2 | 19 | 29 | 66 | 3 | 2 | 21 | 26 | 0 | 1 | 1 |
| 59 | 37,326 | 23 | 3 | 24 | 38 | 57 | 3 | 2 | 21 | 26 | 2 | 1 | 1 |
| 60 | 34,494 | 19 | 3 | 27 | 26 | 67 | 5 | 2 | 20 | 23 | 1 | 1 | 1 |
| 61 | 27,709 | 13 | 2 | 52 | 11 | 84 | 4 | 1 | 10 | 15 | 4 | 2 | 4 |
| 62 | 26,140 | 11 | 0 | 12 | 36 | 52 | 6 | 6 | 25 | 32 | 0 | 0 | 0 |
| 63 | 28,875 | 13 | 1 | 14 | 33 | 51 | 6 | 11 | 23 | 31 | 0 | 0 | 0 |
| 64 | 29,072 | 13 | 2 | 18 | 24 | 64 | 3 | 9 | 25 | 32 | 2 | 1 | 0 |
| 65 | 31,117 | 17 | 1 | 16 | 36 | 55 | 4 | 5 | 24 | 31 | 0 | 0 | 0 |
| 66 | 30,242 | 14 | 1 | 13 | 36 | 56 | 3 | 5 | 22 | 29 | 1 | 0 | 0 |
| 67 | 31,946 | 16 | 2 | 13 | 42 | 50 | 2 | 6 | 23 | 30 | 0 | 0 | 0 |
| 68 | 32,809 | 18 | 2 | 14 | 38 | 55 | 2 | 4 | 22 | 29 | 1 | 0 | 0 |
| 69 | 30,240 | 14 | 1 | 15 | 38 | 55 | 3 | 4 | 22 | 28 | 1 | 0 | 0 |
| 70 | 34,301 | 19 | 2 | 15 | 33 | 60 | 4 | 3 | 19 | 26 | 1 | 0 | 0 |
| 71 | 31,071 | 16 | 1 | 18 | 25 | 68 | 6 | 1 | 22 | 27 | 8 | 1 | 1 |
| 72 | 33,633 | 19 | 2 | 20 | 30 | 65 | 4 | 1 | 23 | 29 | 4 | 0 | 0 |
| 73 | 30,838 | 15 | 2 | 13 | 47 | 44 | 3 | 6 | 20 | 28 | 0 | 1 | 0 |
| 74 | 31,132 | 15 | 1 | 14 | 38 | 52 | 3 | 8 | 23 | 30 | 0 | 0 | 0 |
| 75 | 29,021 | 14 | 1 | 17 | 28 | 68 | 2 | 2 | 27 | 34 | 2 | 1 | 1 |
| 76 | 31,667 | 18 | 2 | 16 | 34 | 60 | 2 | 3 | 23 | 29 | 2 | 0 | 0 |
| 77 | 29,879 | 14 | 3 | 22 | 23 | 72 | 3 | 1 | 26 | 32 | 19 | 1 | 0 |
| 78 | 48,242 | 35 | 6 | 33 | 28 | 67 | 2 | 3 | 18 | 20 | 1 | 0 | 1 |
| 79 | 34,933 | 20 | 2 | 18 | 38 | 57 | 2 | 4 | 20 | 26 | 2 | 2 | 0 |
| 80 | 28,370 | 11 | 1 | 20 | 28 | 69 | 2 | 1 | 20 | 28 | 17 | 4 | 1 |
| 81 | 27,905 | 12 | 1 | 18 | 28 | 70 | 3 | 0 | 20 | 29 | 30 | 3 | 1 |
| 82 | 40,735 | 25 | 4 | 25 | 30 | 64 | 2 | 3 | 22 | 27 | 1 | 1 | 0 |
| 83 | 43,003 | 28 | 4 | 27 | 34 | 62 | 2 | 3 | 19 | 22 | 1 | 1 | 1 |
| 84 | 45,459 | 33 | 4 | 38 | 25 | 72 | 2 | 1 | 20 | 22 | 4 | 1 | 2 |
| 85 | 45,097 | 32 | 5 | 28 | 34 | 62 | 2 | 2 | 17 | 20 | 1 | 1 | 1 |
| 86 | 60,255 | 42 | 12 | 55 | 18 | 76 | 4 | 1 | 20 | 20 | 5 | 1 | 2 |
| 87 | 47,653 | 34 | 8 | 54 | 16 | 78 | 5 | 2 | 23 | 23 | 5 | 1 | 1 |
| 88 | 45,234 | 32 | 5 | 39 | 22 | 71 | 6 | 1 | 14 | 15 | 8 | 1 | 2 |
| 89 | 34,591 | 21 | 1 | 20 | 25 | 69 | 5 | 1 | 27 | 32 | 2 | 1 | 1 |
| 90 | 40,303 | 29 | 2 | 24 | 26 | 68 | 5 | 2 | 20 | 25 | 1 | 1 | 1 |
| 91 | 37,860 | 25 | 2 | 16 | 29 | 66 | 4 | 1 | 17 | 21 | 1 | 1 | 0 |
| 92 | 31,423 | 16 | 1 | 19 | 23 | 71 | 5 | 1 | 22 | 26 | 5 | 1 | 1 |
| 93 | 42,185 | 31 | 3 | 25 | 25 | 69 | 4 | 2 | 20 | 23 | 1 | 1 | 1 |
| 94 | 34,933 | 20 | 2 | 35 | 19 | 75 | 5 | 1 | 14 | 15 | 23 | 1 | 2 |
| 95 | 31,947 | 18 | 2 | 20 | 22 | 69 | 8 | 1 | 15 | 19 | 61 | 1 | 1 |
| 96 | 34,094 | 19 | 3 | 31 | 16 | 77 | 6 | 1 | 22 | 27 | 60 | 1 | 1 |
| 97 | 24,682 | 9 | 0 | 8 | 30 | 65 | 4 | 1 | 22 | 31 | 9 | 1 | 0 |
| 98 | 25,812 | 12 | 1 | 15 | 23 | 69 | 7 | 1 | 21 | 28 | 60 | 1 | 1 |
| 99 | 26,653 | 11 | 2 | 19 | 17 | 77 | 5 | 1 | 23 | 31 | 63 | 1 | 1 |
| 100 | 23,227 | 7 | 0 | 10 | 29 | 67 | 4 | 1 | 19 | 29 | 7 | 2 | 0 |

# IOWA
## State Senate Districts

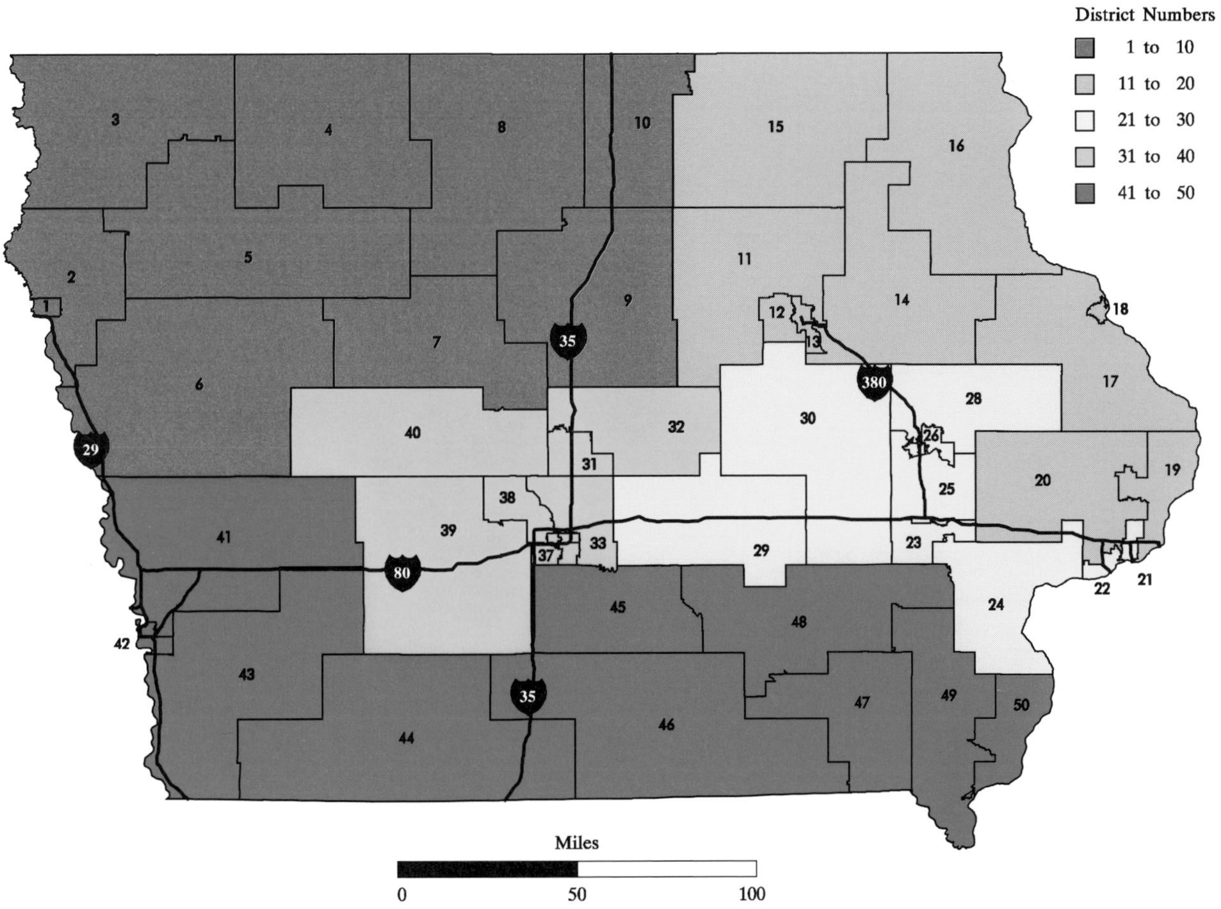

District Numbers
1 to 10
11 to 20
21 to 30
31 to 40
41 to 50
Miles
0
50
100

### DES MOINES

38
33
35
80
36
35
39
37
34
45

### CEDAR RAPIDS

380
28
30
26
27
20
25

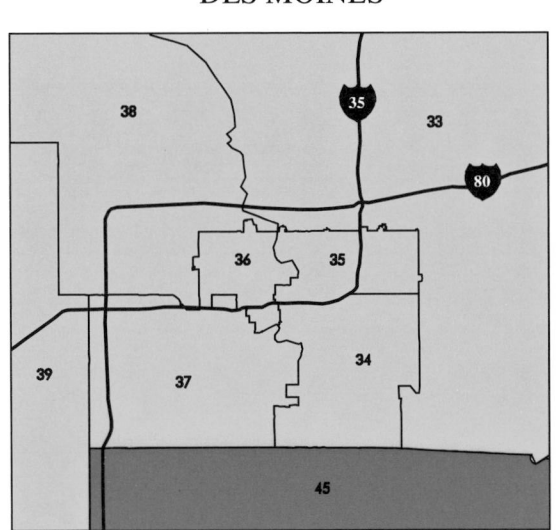

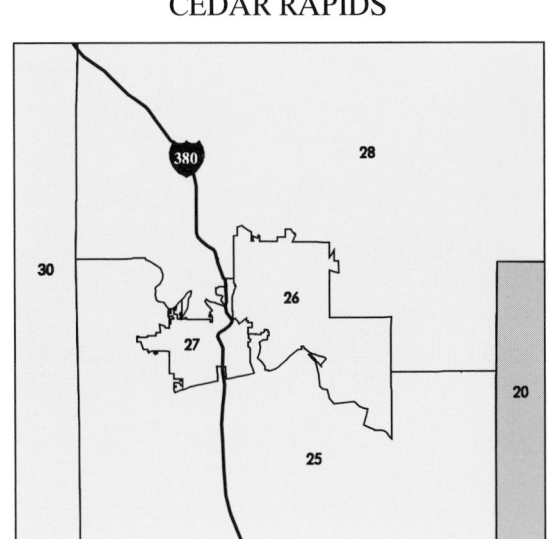

# Iowa State Senate Districts: Demographic Data

| Senate District | Household Income Avg. ($) | Household Income > $50K (%) | Household Income >$100K (%) | College Educ. (%) | Manf. (%) | Employment Type Service (%) | Employment Type Govt. (%) | Employment Type Farm (%) | Age 55+ (%) | Receives Soc. Sec. (%) | African Amer. (%) | Hispanic Amer. (%) | Asian Amer. (%) |
|---|---|---|---|---|---|---|---|---|---|---|---|---|---|
| Iowa | 31,902 | 16 | 2 | 25 | 23 | 65 | 3 | 8 | 24 | 30 | 2 | 1 | 1 |
| 1 | 32,134 | 15 | 3 | 24 | 25 | 70 | 4 | 1 | 23 | 31 | 3 | 4 | 2 |
| 2 | 32,381 | 16 | 2 | 24 | 21 | 69 | 3 | 7 | 24 | 30 | 0 | 1 | 1 |
| 3 | 29,251 | 12 | 2 | 20 | 21 | 59 | 2 | 18 | 26 | 33 | 0 | 0 | 1 |
| 4 | 29,343 | 12 | 2 | 24 | 21 | 64 | 3 | 13 | 30 | 35 | 0 | 0 | 0 |
| 5 | 28,439 | 11 | 1 | 21 | 21 | 59 | 3 | 17 | 30 | 36 | 0 | 0 | 1 |
| 6 | 26,556 | 10 | 1 | 17 | 20 | 58 | 3 | 20 | 31 | 37 | 0 | 0 | 0 |
| 7 | 27,861 | 11 | 1 | 22 | 21 | 66 | 4 | 10 | 29 | 34 | 2 | 1 | 0 |
| 8 | 28,604 | 10 | 2 | 23 | 26 | 55 | 3 | 17 | 30 | 36 | 0 | 1 | 0 |
| 9 | 28,757 | 12 | 1 | 22 | 23 | 58 | 3 | 15 | 31 | 37 | 0 | 1 | 0 |
| 10 | 29,473 | 14 | 2 | 27 | 25 | 66 | 3 | 6 | 27 | 34 | 1 | 2 | 0 |
| 11 | 30,978 | 15 | 1 | 20 | 26 | 57 | 3 | 14 | 27 | 34 | 0 | 0 | 0 |
| 12 | 35,432 | 23 | 3 | 34 | 22 | 73 | 3 | 2 | 19 | 26 | 2 | 1 | 1 |
| 13 | 28,327 | 13 | 2 | 18 | 28 | 67 | 3 | 2 | 25 | 34 | 14 | 1 | 1 |
| 14 | 29,733 | 13 | 2 | 18 | 25 | 55 | 3 | 18 | 25 | 33 | 0 | 1 | 0 |
| 15 | 27,422 | 10 | 1 | 18 | 26 | 53 | 2 | 19 | 30 | 36 | 0 | 0 | 0 |
| 16 | 26,901 | 11 | 1 | 19 | 23 | 55 | 3 | 19 | 28 | 36 | 0 | 0 | 0 |
| 17 | 32,795 | 17 | 2 | 17 | 29 | 54 | 2 | 15 | 22 | 27 | 0 | 0 | 0 |
| 18 | 32,502 | 16 | 2 | 25 | 26 | 71 | 3 | 1 | 25 | 31 | 1 | 1 | 1 |
| 19 | 33,505 | 19 | 2 | 24 | 29 | 64 | 4 | 4 | 24 | 29 | 1 | 1 | 1 |
| 20 | 31,827 | 17 | 1 | 21 | 23 | 62 | 4 | 11 | 20 | 25 | 2 | 1 | 1 |
| 21 | 39,552 | 28 | 4 | 39 | 20 | 72 | 7 | 1 | 19 | 23 | 7 | 3 | 1 |
| 22 | 29,865 | 16 | 1 | 21 | 25 | 67 | 7 | 1 | 24 | 30 | 5 | 4 | 1 |
| 23 | 35,318 | 22 | 4 | 57 | 9 | 87 | 2 | 2 | 12 | 15 | 2 | 2 | 5 |
| 24 | 32,831 | 17 | 2 | 21 | 35 | 56 | 3 | 7 | 21 | 26 | 1 | 6 | 1 |
| 25 | 38,714 | 25 | 4 | 42 | 19 | 75 | 3 | 3 | 15 | 18 | 1 | 1 | 2 |
| 26 | 43,838 | 26 | 5 | 39 | 29 | 68 | 2 | 1 | 22 | 26 | 1 | 1 | 1 |
| 27 | 30,037 | 15 | 1 | 22 | 28 | 67 | 3 | 1 | 23 | 29 | 4 | 1 | 1 |
| 28 | 37,724 | 24 | 3 | 29 | 31 | 58 | 3 | 8 | 20 | 23 | 1 | 1 | 1 |
| 29 | 32,193 | 16 | 2 | 20 | 30 | 58 | 3 | 10 | 26 | 31 | 0 | 0 | 1 |
| 30 | 30,047 | 14 | 1 | 18 | 28 | 54 | 3 | 15 | 28 | 34 | 0 | 0 | 0 |
| 31 | 31,956 | 19 | 2 | 54 | 11 | 81 | 5 | 4 | 13 | 15 | 2 | 1 | 6 |
| 32 | 33,649 | 18 | 2 | 26 | 26 | 63 | 4 | 7 | 26 | 30 | 1 | 1 | 1 |
| 33 | 38,854 | 26 | 2 | 28 | 18 | 74 | 6 | 3 | 16 | 18 | 0 | 1 | 0 |
| 34 | 27,389 | 11 | 1 | 16 | 23 | 72 | 5 | 1 | 19 | 26 | 4 | 4 | 2 |
| 35 | 27,780 | 12 | 0 | 14 | 21 | 73 | 5 | 1 | 24 | 32 | 10 | 2 | 3 |
| 36 | 32,930 | 18 | 2 | 38 | 14 | 79 | 6 | 1 | 21 | 25 | 9 | 2 | 2 |
| 37 | 54,569 | 36 | 10 | 49 | 13 | 81 | 5 | 1 | 21 | 22 | 2 | 2 | 1 |
| 38 | 48,207 | 37 | 6 | 44 | 13 | 80 | 5 | 3 | 17 | 18 | 1 | 1 | 1 |
| 39 | 31,255 | 15 | 2 | 21 | 19 | 64 | 4 | 12 | 27 | 33 | 0 | 1 | 0 |
| 40 | 29,421 | 12 | 2 | 21 | 19 | 66 | 3 | 12 | 29 | 36 | 0 | 0 | 0 |
| 41 | 30,753 | 15 | 2 | 19 | 16 | 67 | 3 | 15 | 28 | 33 | 0 | 0 | 0 |
| 42 | 28,499 | 12 | 1 | 16 | 23 | 72 | 3 | 1 | 22 | 30 | 1 | 2 | 0 |
| 43 | 28,313 | 12 | 1 | 19 | 20 | 63 | 3 | 14 | 29 | 35 | 0 | 0 | 0 |
| 44 | 24,768 | 9 | 1 | 19 | 23 | 58 | 4 | 15 | 32 | 40 | 0 | 1 | 0 |
| 45 | 33,529 | 19 | 2 | 21 | 23 | 67 | 4 | 6 | 21 | 26 | 0 | 1 | 0 |
| 46 | 24,919 | 10 | 1 | 16 | 25 | 57 | 4 | 14 | 31 | 39 | 0 | 0 | 0 |
| 47 | 26,594 | 11 | 2 | 22 | 26 | 64 | 4 | 7 | 28 | 35 | 1 | 1 | 1 |
| 48 | 29,568 | 12 | 2 | 19 | 26 | 59 | 2 | 13 | 26 | 33 | 0 | 0 | 1 |
| 49 | 29,307 | 13 | 1 | 19 | 31 | 57 | 3 | 8 | 26 | 32 | 2 | 1 | 1 |
| 50 | 30,318 | 15 | 1 | 20 | 33 | 60 | 4 | 3 | 26 | 33 | 3 | 2 | 0 |

# IOWA
## State House Districts

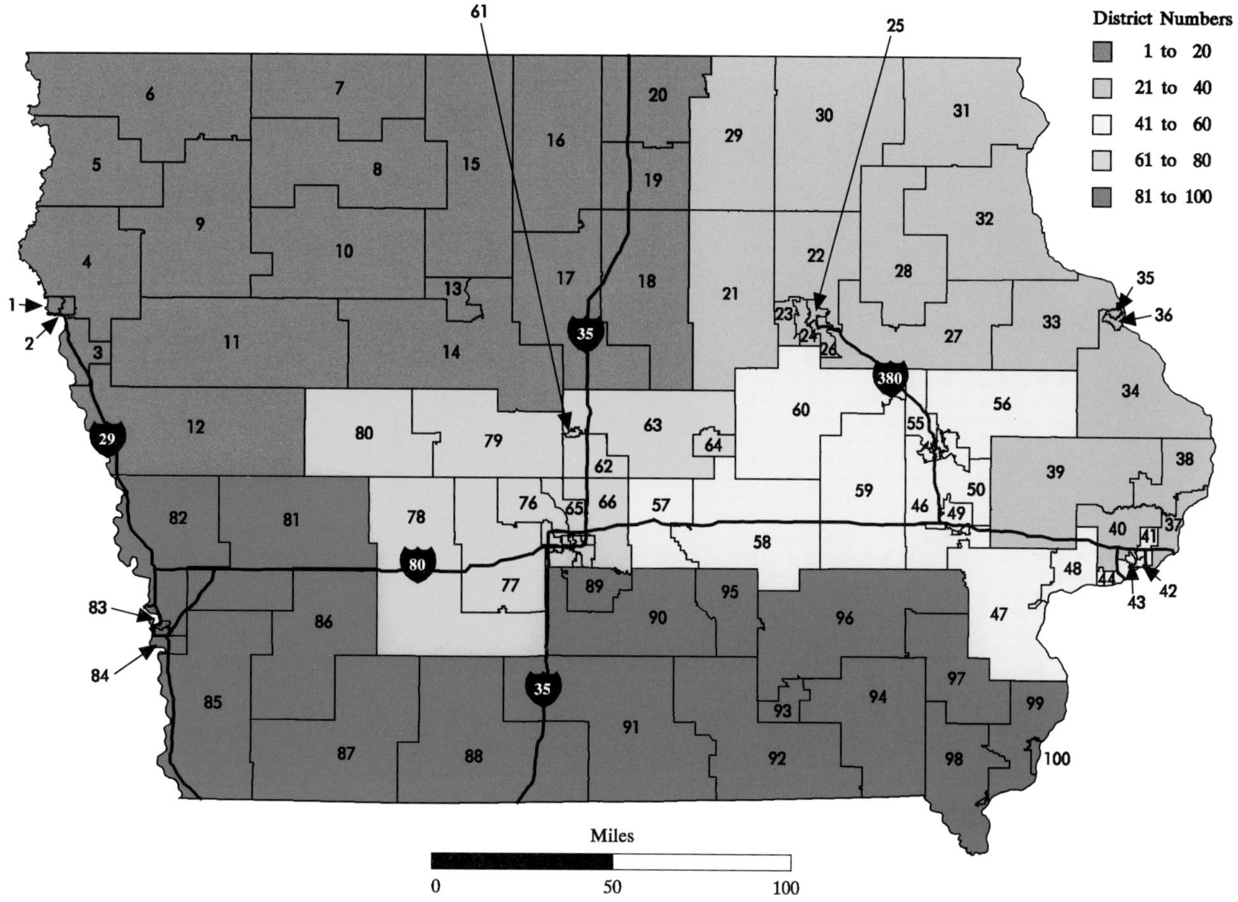

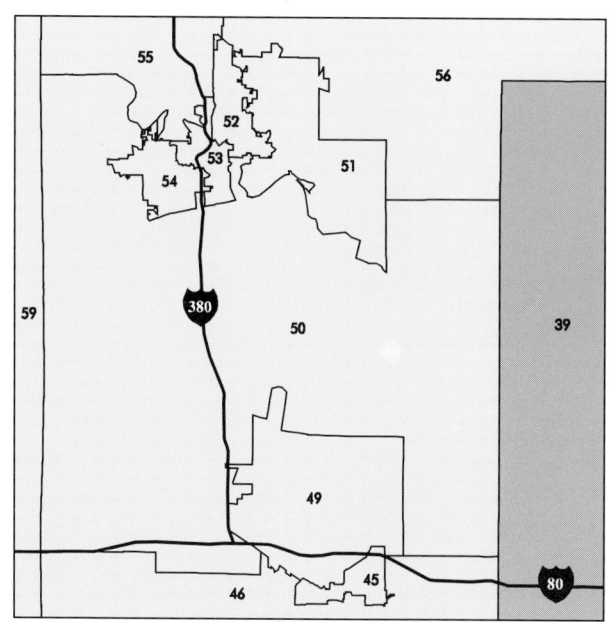

District Numbers
- 1 to 20
- 21 to 40
- 41 to 60
- 61 to 80
- 81 to 100

Miles
0      50      100

### DES MOINES

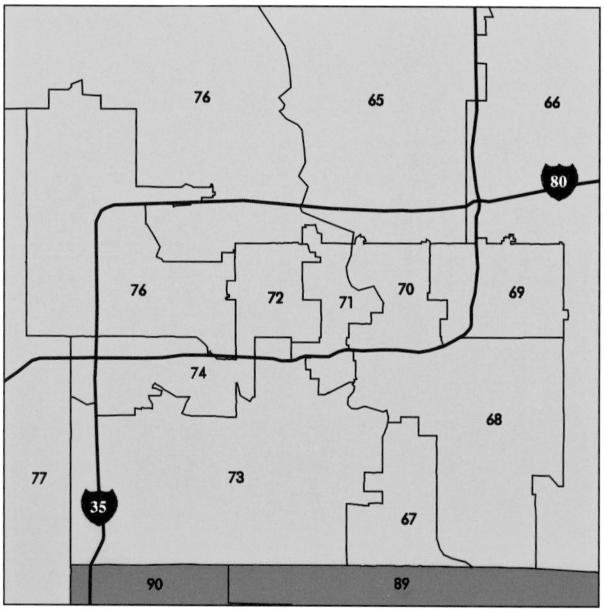

### CEDAR RAPIDS/IOWA CITY

# Iowa State House Districts:  Demographic Data

| House District | Household Income Avg. ($) | > $50K (%) | >$100K (%) | College Educ. (%) | Manf. (%) | Employment Type Service (%) | Govt. (%) | Farm (%) | Age 55+ (%) | Receives Soc. Sec. (%) | African Amer. (%) | Hispanic Amer. (%) | Asian Amer. (%) |
|---|---|---|---|---|---|---|---|---|---|---|---|---|---|
| Iowa | 31,902 | 16 | 2 | 25 | 23 | 65 | 3 | 8 | 24 | 30 | 2 | 1 | 1 |
| 1 | 36,884 | 17 | 5 | 24 | 24 | 71 | 4 | 2 | 25 | 33 | 3 | 3 | 1 |
| 2 | 27,527 | 12 | 1 | 24 | 27 | 69 | 4 | 1 | 22 | 30 | 3 | 5 | 3 |
| 3 | 33,567 | 17 | 2 | 26 | 21 | 73 | 3 | 2 | 22 | 27 | 1 | 2 | 1 |
| 4 | 31,236 | 14 | 2 | 22 | 20 | 65 | 3 | 12 | 26 | 33 | 0 | 1 | 0 |
| 5 | 30,682 | 13 | 2 | 22 | 22 | 61 | 2 | 16 | 23 | 32 | 0 | 0 | 1 |
| 6 | 28,043 | 11 | 1 | 19 | 21 | 57 | 2 | 20 | 28 | 34 | 0 | 0 | 0 |
| 7 | 29,520 | 13 | 2 | 25 | 23 | 63 | 2 | 11 | 31 | 37 | 0 | 0 | 0 |
| 8 | 29,162 | 11 | 2 | 24 | 18 | 64 | 4 | 14 | 28 | 34 | 0 | 0 | 0 |
| 9 | 27,573 | 11 | 1 | 19 | 21 | 57 | 3 | 19 | 30 | 37 | 0 | 0 | 0 |
| 10 | 29,278 | 11 | 2 | 24 | 22 | 61 | 2 | 16 | 29 | 36 | 0 | 1 | 1 |
| 11 | 27,251 | 11 | 2 | 18 | 20 | 55 | 3 | 23 | 31 | 38 | 0 | 0 | 0 |
| 12 | 25,876 | 10 | 1 | 16 | 19 | 60 | 3 | 17 | 30 | 36 | 0 | 0 | 0 |
| 13 | 26,885 | 10 | 1 | 24 | 22 | 71 | 3 | 3 | 29 | 33 | 3 | 1 | 1 |
| 14 | 28,623 | 11 | 1 | 21 | 20 | 61 | 4 | 14 | 30 | 35 | 0 | 1 | 0 |
| 15 | 29,125 | 10 | 2 | 22 | 21 | 58 | 3 | 18 | 31 | 36 | 0 | 0 | 0 |
| 16 | 28,057 | 10 | 1 | 24 | 30 | 52 | 2 | 16 | 28 | 35 | 0 | 1 | 0 |
| 17 | 29,106 | 12 | 1 | 21 | 25 | 57 | 3 | 15 | 31 | 36 | 0 | 1 | 0 |
| 18 | 28,394 | 12 | 1 | 22 | 21 | 60 | 3 | 16 | 31 | 37 | 0 | 1 | 0 |
| 19 | 29,555 | 14 | 1 | 28 | 24 | 68 | 3 | 5 | 27 | 34 | 0 | 2 | 1 |
| 20 | 29,389 | 13 | 2 | 26 | 26 | 64 | 3 | 8 | 27 | 35 | 1 | 2 | 0 |
| 21 | 29,854 | 13 | 1 | 18 | 24 | 54 | 2 | 19 | 30 | 37 | 0 | 0 | 0 |
| 22 | 32,123 | 17 | 2 | 22 | 28 | 60 | 3 | 9 | 24 | 31 | 1 | 0 | 1 |
| 23 | 33,755 | 22 | 2 | 41 | 16 | 80 | 2 | 2 | 17 | 24 | 1 | 1 | 1 |
| 24 | 36,702 | 23 | 3 | 29 | 28 | 67 | 3 | 1 | 22 | 27 | 2 | 1 | 1 |
| 25 | 26,631 | 12 | 2 | 19 | 27 | 68 | 4 | 1 | 23 | 34 | 24 | 1 | 1 |
| 26 | 30,065 | 15 | 1 | 17 | 29 | 66 | 3 | 2 | 28 | 34 | 3 | 1 | 0 |
| 27 | 32,233 | 15 | 2 | 19 | 27 | 54 | 2 | 17 | 24 | 31 | 0 | 0 | 0 |
| 28 | 26,938 | 11 | 1 | 18 | 22 | 56 | 3 | 20 | 27 | 35 | 0 | 1 | 0 |
| 29 | 27,937 | 10 | 1 | 19 | 25 | 57 | 3 | 15 | 31 | 36 | 0 | 0 | 0 |
| 30 | 26,911 | 10 | 1 | 16 | 27 | 49 | 2 | 22 | 28 | 35 | 0 | 0 | 0 |
| 31 | 28,099 | 13 | 2 | 21 | 22 | 59 | 3 | 17 | 27 | 35 | 0 | 0 | 1 |
| 32 | 25,670 | 9 | 1 | 16 | 25 | 51 | 3 | 22 | 28 | 37 | 0 | 0 | 0 |
| 33 | 34,472 | 19 | 3 | 15 | 30 | 50 | 1 | 18 | 20 | 27 | 0 | 0 | 0 |
| 34 | 31,299 | 16 | 1 | 18 | 28 | 58 | 2 | 12 | 23 | 28 | 0 | 0 | 0 |
| 35 | 30,033 | 14 | 2 | 19 | 26 | 70 | 2 | 1 | 27 | 34 | 0 | 1 | 1 |
| 36 | 34,953 | 19 | 3 | 31 | 25 | 72 | 3 | 1 | 24 | 29 | 1 | 1 | 1 |
| 37 | 34,357 | 20 | 2 | 24 | 31 | 62 | 4 | 2 | 21 | 25 | 2 | 1 | 1 |
| 38 | 32,710 | 17 | 1 | 25 | 27 | 65 | 3 | 5 | 27 | 32 | 1 | 1 | 0 |
| 39 | 30,356 | 14 | 1 | 19 | 23 | 57 | 3 | 17 | 26 | 33 | 0 | 1 | 0 |
| 40 | 33,441 | 20 | 1 | 24 | 22 | 67 | 6 | 4 | 14 | 17 | 5 | 2 | 1 |
| 41 | 45,015 | 34 | 5 | 42 | 20 | 72 | 7 | 1 | 18 | 21 | 2 | 2 | 1 |
| 42 | 33,604 | 20 | 3 | 36 | 20 | 73 | 6 | 1 | 20 | 26 | 13 | 3 | 1 |
| 43 | 30,692 | 17 | 1 | 25 | 23 | 69 | 7 | 1 | 24 | 32 | 5 | 4 | 1 |
| 44 | 28,990 | 15 | 1 | 17 | 28 | 65 | 6 | 1 | 23 | 29 | 4 | 4 | 1 |
| 45 | 35,887 | 23 | 6 | 62 | 7 | 91 | 2 | 1 | 12 | 16 | 2 | 1 | 4 |
| 46 | 34,768 | 22 | 3 | 53 | 11 | 83 | 2 | 4 | 13 | 14 | 2 | 2 | 6 |
| 47 | 33,425 | 17 | 2 | 22 | 32 | 56 | 3 | 9 | 21 | 25 | 1 | 5 | 1 |
| 48 | 32,123 | 17 | 1 | 19 | 39 | 55 | 3 | 4 | 21 | 28 | 1 | 7 | 0 |
| 49 | 40,208 | 26 | 7 | 61 | 10 | 86 | 3 | 2 | 11 | 14 | 2 | 2 | 4 |
| 50 | 37,546 | 25 | 2 | 29 | 25 | 67 | 3 | 5 | 17 | 22 | 1 | 1 | 1 |

# Iowa State House Districts: Demographic Data (cont.)

| House District | Household Income Avg. ($) | > $50K (%) | >$100K (%) | College Educ. (%) | Manf. (%) | Service (%) | Govt. (%) | Farm (%) | Age 55+ (%) | Receives Soc. Sec. (%) | African Amer. (%) | Hispanic Amer. (%) | Asian Amer. (%) |
|---|---|---|---|---|---|---|---|---|---|---|---|---|---|
| Iowa | 31,902 | 16 | 2 | 25 | 23 | 65 | 3 | 8 | 24 | 30 | 2 | 1 | 1 |
| 51 | 44,825 | 30 | 4 | 37 | 32 | 64 | 2 | 1 | 19 | 23 | 1 | 1 | 1 |
| 52 | 42,971 | 23 | 5 | 41 | 26 | 71 | 2 | 1 | 24 | 28 | 2 | 1 | 1 |
| 53 | 26,918 | 12 | 1 | 20 | 28 | 69 | 3 | 1 | 24 | 32 | 6 | 1 | 1 |
| 54 | 33,481 | 19 | 1 | 23 | 29 | 66 | 3 | 1 | 22 | 25 | 1 | 1 | 1 |
| 55 | 42,499 | 31 | 4 | 37 | 32 | 63 | 3 | 2 | 16 | 17 | 1 | 1 | 1 |
| 56 | 32,814 | 18 | 2 | 21 | 31 | 52 | 3 | 14 | 23 | 29 | 1 | 0 | 0 |
| 57 | 32,306 | 17 | 2 | 20 | 35 | 56 | 3 | 6 | 27 | 31 | 0 | 1 | 1 |
| 58 | 32,075 | 15 | 2 | 20 | 25 | 60 | 3 | 13 | 26 | 31 | 0 | 0 | 1 |
| 59 | 30,954 | 14 | 1 | 18 | 31 | 52 | 2 | 15 | 27 | 34 | 0 | 0 | 0 |
| 60 | 29,147 | 13 | 1 | 18 | 26 | 56 | 3 | 15 | 28 | 34 | 0 | 1 | 0 |
| 61 | 35,676 | 25 | 3 | 63 | 8 | 85 | 5 | 2 | 13 | 16 | 2 | 2 | 8 |
| 62 | 29,092 | 15 | 2 | 46 | 13 | 78 | 5 | 4 | 13 | 15 | 2 | 1 | 4 |
| 63 | 34,367 | 19 | 2 | 27 | 23 | 63 | 4 | 11 | 25 | 30 | 0 | 0 | 1 |
| 64 | 32,846 | 18 | 2 | 25 | 31 | 64 | 3 | 2 | 28 | 29 | 1 | 1 | 1 |
| 65 | 40,152 | 29 | 2 | 35 | 16 | 76 | 5 | 2 | 15 | 16 | 0 | 1 | 0 |
| 66 | 37,578 | 24 | 1 | 22 | 19 | 71 | 6 | 4 | 17 | 20 | 0 | 1 | 1 |
| 67 | 30,801 | 15 | 1 | 17 | 22 | 72 | 5 | 1 | 18 | 23 | 2 | 3 | 2 |
| 68 | 24,208 | 7 | 1 | 14 | 23 | 71 | 5 | 1 | 21 | 29 | 7 | 4 | 3 |
| 69 | 30,084 | 14 | 0 | 13 | 20 | 74 | 5 | 1 | 23 | 31 | 6 | 2 | 2 |
| 70 | 25,569 | 10 | 0 | 15 | 22 | 72 | 5 | 1 | 25 | 34 | 15 | 3 | 5 |
| 71 | 29,260 | 13 | 1 | 35 | 14 | 79 | 6 | 1 | 18 | 22 | 18 | 2 | 4 |
| 72 | 36,367 | 22 | 2 | 41 | 14 | 79 | 5 | 1 | 24 | 27 | 2 | 1 | 1 |
| 73 | 57,987 | 35 | 12 | 48 | 13 | 80 | 6 | 1 | 21 | 24 | 2 | 1 | 1 |
| 74 | 50,563 | 37 | 9 | 49 | 12 | 83 | 4 | 1 | 20 | 20 | 1 | 2 | 2 |
| 75 | 51,551 | 39 | 9 | 50 | 12 | 82 | 5 | 1 | 18 | 18 | 1 | 1 | 1 |
| 76 | 45,062 | 35 | 3 | 39 | 14 | 78 | 5 | 4 | 17 | 17 | 1 | 1 | 1 |
| 77 | 34,882 | 19 | 2 | 24 | 18 | 69 | 4 | 9 | 23 | 28 | 0 | 1 | 0 |
| 78 | 27,540 | 10 | 1 | 17 | 21 | 59 | 3 | 17 | 32 | 37 | 0 | 0 | 0 |
| 79 | 29,525 | 13 | 2 | 22 | 20 | 67 | 4 | 9 | 29 | 35 | 0 | 0 | 0 |
| 80 | 29,299 | 11 | 2 | 20 | 17 | 65 | 2 | 15 | 29 | 36 | 0 | 0 | 0 |
| 81 | 28,010 | 11 | 2 | 18 | 14 | 63 | 2 | 20 | 31 | 35 | 0 | 0 | 0 |
| 82 | 33,637 | 20 | 2 | 20 | 17 | 71 | 3 | 9 | 26 | 31 | 0 | 1 | 0 |
| 83 | 27,458 | 10 | 1 | 14 | 24 | 72 | 3 | 1 | 23 | 31 | 1 | 2 | 0 |
| 84 | 29,536 | 14 | 1 | 17 | 23 | 73 | 3 | 2 | 22 | 29 | 1 | 3 | 0 |
| 85 | 29,666 | 13 | 1 | 19 | 15 | 68 | 3 | 14 | 26 | 34 | 0 | 1 | 0 |
| 86 | 27,160 | 11 | 1 | 19 | 24 | 59 | 3 | 14 | 32 | 36 | 0 | 0 | 0 |
| 87 | 25,550 | 9 | 1 | 19 | 22 | 58 | 4 | 16 | 32 | 40 | 0 | 1 | 0 |
| 88 | 23,965 | 8 | 1 | 18 | 24 | 59 | 3 | 14 | 31 | 39 | 0 | 0 | 1 |
| 89 | 35,678 | 22 | 2 | 26 | 18 | 74 | 5 | 3 | 20 | 25 | 0 | 1 | 0 |
| 90 | 31,858 | 15 | 1 | 17 | 27 | 61 | 3 | 8 | 23 | 27 | 0 | 1 | 0 |
| 91 | 25,674 | 11 | 1 | 14 | 24 | 57 | 4 | 15 | 32 | 39 | 0 | 0 | 0 |
| 92 | 24,129 | 9 | 1 | 17 | 26 | 57 | 3 | 14 | 30 | 40 | 0 | 0 | 0 |
| 93 | 25,897 | 11 | 1 | 18 | 26 | 68 | 4 | 2 | 30 | 38 | 1 | 1 | 1 |
| 94 | 27,258 | 10 | 2 | 26 | 27 | 61 | 3 | 10 | 26 | 32 | 0 | 1 | 1 |
| 95 | 30,648 | 14 | 2 | 21 | 30 | 60 | 2 | 9 | 25 | 32 | 0 | 1 | 1 |
| 96 | 28,640 | 11 | 1 | 18 | 22 | 58 | 2 | 18 | 28 | 34 | 0 | 0 | 0 |
| 97 | 29,468 | 13 | 2 | 22 | 27 | 61 | 3 | 9 | 27 | 33 | 1 | 1 | 1 |
| 98 | 29,156 | 13 | 1 | 16 | 36 | 53 | 3 | 7 | 26 | 32 | 2 | 1 | 0 |
| 99 | 31,572 | 17 | 2 | 20 | 34 | 57 | 4 | 4 | 26 | 31 | 2 | 2 | 0 |
| 100 | 29,120 | 14 | 1 | 21 | 31 | 64 | 4 | 1 | 26 | 35 | 5 | 1 | 1 |

# KANSAS
## State Senate Districts

District Numbers
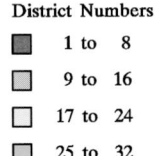

- 1 to 8
- 9 to 16
- 17 to 24
- 25 to 32
- 33 to 40

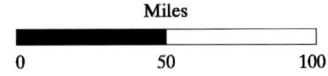

Miles

0    50    100

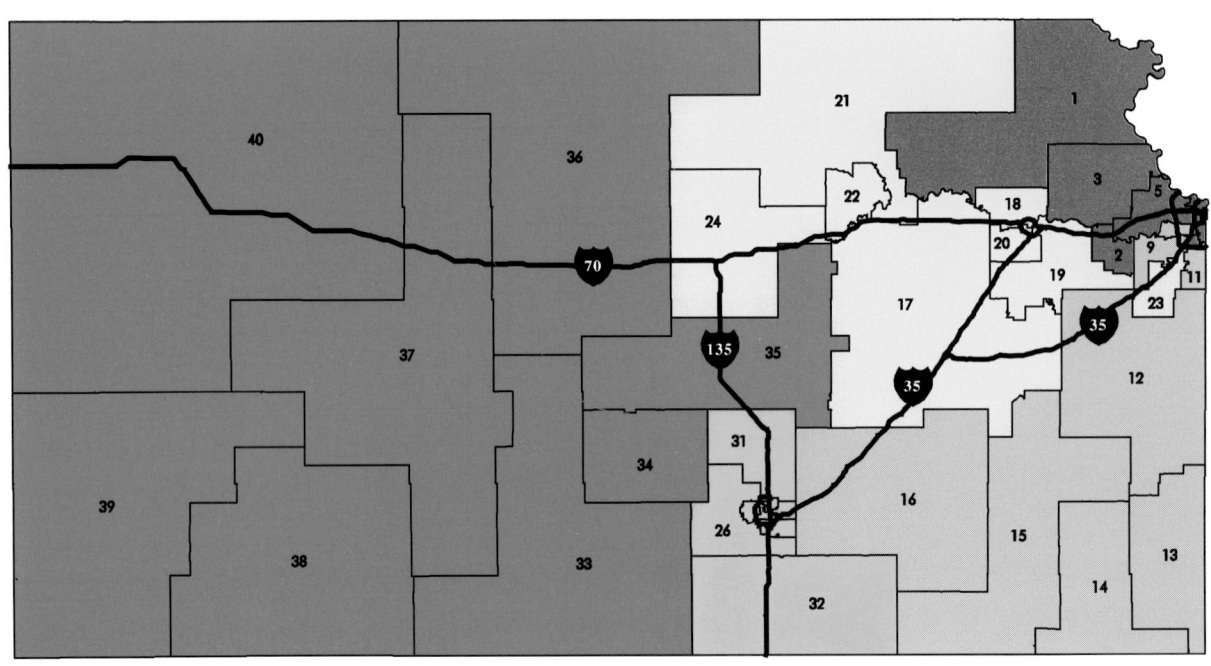

### WICHITA

### KANSAS CITY

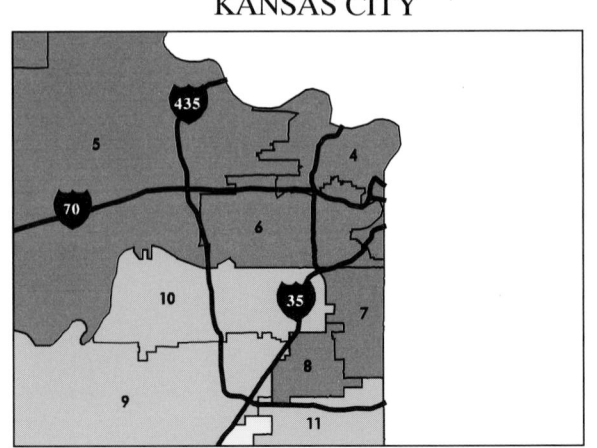

# Kansas State Senate Districts:  Demographic Data

| Senate District | Household Income Avg. ($) | Household Income > $50K (%) | Household Income >$100K (%) | College Educ. (%) | Manf. (%) | Employment Type Service (%) | Employment Type Govt. (%) | Farm (%) | Age 55+ (%) | Receives Soc. Sec. (%) | African Amer. (%) | Hispanic Amer. (%) | Asian Amer. (%) |
|---|---|---|---|---|---|---|---|---|---|---|---|---|---|
| Kansas | 34,239 | 19 | 3 | 27 | 23 | 66 | 5 | 6 | 22 | 28 | 6 | 4 | 1 |
| 1 | 27,199 | 11 | 1 | 17 | 23 | 61 | 6 | 10 | 26 | 35 | 2 | 2 | 0 |
| 2 | 30,966 | 18 | 3 | 45 | 18 | 76 | 4 | 1 | 13 | 17 | 4 | 3 | 4 |
| 3 | 33,802 | 19 | 2 | 28 | 19 | 62 | 15 | 4 | 18 | 26 | 10 | 3 | 1 |
| 4 | 23,095 | 8 | 0 | 15 | 22 | 71 | 6 | 1 | 23 | 32 | 53 | 5 | 1 |
| 5 | 37,127 | 24 | 2 | 21 | 23 | 68 | 7 | 2 | 21 | 25 | 14 | 2 | 0 |
| 6 | 26,868 | 11 | 1 | 12 | 26 | 68 | 5 | 1 | 20 | 26 | 9 | 11 | 2 |
| 7 | 61,612 | 41 | 12 | 53 | 14 | 82 | 3 | 1 | 28 | 29 | 1 | 2 | 1 |
| 8 | 46,623 | 36 | 5 | 47 | 16 | 80 | 4 | 1 | 21 | 23 | 2 | 2 | 2 |
| 9 | 47,601 | 38 | 6 | 43 | 21 | 73 | 4 | 2 | 11 | 13 | 3 | 2 | 2 |
| 10 | 44,349 | 34 | 5 | 38 | 20 | 76 | 3 | 1 | 17 | 18 | 2 | 3 | 2 |
| 11 | 75,143 | 61 | 20 | 61 | 17 | 79 | 2 | 1 | 15 | 13 | 1 | 1 | 2 |
| 12 | 29,628 | 14 | 2 | 17 | 25 | 62 | 3 | 10 | 27 | 34 | 2 | 1 | 0 |
| 13 | 24,772 | 9 | 1 | 21 | 24 | 66 | 4 | 6 | 28 | 37 | 2 | 1 | 1 |
| 14 | 25,986 | 10 | 1 | 19 | 30 | 62 | 4 | 5 | 28 | 37 | 5 | 2 | 0 |
| 15 | 26,203 | 11 | 1 | 19 | 31 | 55 | 4 | 11 | 30 | 39 | 2 | 1 | 0 |
| 16 | 33,295 | 19 | 2 | 21 | 33 | 56 | 3 | 8 | 25 | 31 | 1 | 1 | 0 |
| 17 | 28,547 | 12 | 1 | 21 | 23 | 63 | 4 | 9 | 23 | 30 | 2 | 4 | 1 |
| 18 | 32,881 | 19 | 2 | 24 | 17 | 74 | 8 | 1 | 22 | 27 | 7 | 4 | 1 |
| 19 | 30,665 | 16 | 1 | 16 | 21 | 69 | 7 | 3 | 22 | 28 | 11 | 7 | 0 |
| 20 | 41,133 | 27 | 4 | 36 | 13 | 77 | 9 | 1 | 23 | 24 | 4 | 3 | 1 |
| 21 | 26,424 | 11 | 1 | 19 | 17 | 62 | 4 | 16 | 30 | 38 | 1 | 1 | 0 |
| 22 | 27,501 | 13 | 1 | 35 | 10 | 80 | 8 | 2 | 11 | 15 | 16 | 5 | 4 |
| 23 | 44,937 | 37 | 3 | 38 | 23 | 71 | 4 | 2 | 11 | 13 | 2 | 2 | 1 |
| 24 | 31,380 | 14 | 2 | 23 | 25 | 66 | 4 | 5 | 24 | 28 | 3 | 2 | 1 |
| 25 | 28,340 | 12 | 1 | 20 | 33 | 62 | 3 | 1 | 27 | 32 | 3 | 5 | 1 |
| 26 | 44,230 | 33 | 4 | 26 | 36 | 57 | 3 | 4 | 17 | 19 | 1 | 2 | 1 |
| 27 | 40,811 | 29 | 3 | 32 | 29 | 66 | 3 | 2 | 19 | 21 | 2 | 3 | 1 |
| 28 | 31,493 | 15 | 1 | 15 | 40 | 56 | 3 | 1 | 16 | 20 | 6 | 4 | 4 |
| 29 | 25,223 | 11 | 1 | 22 | 29 | 66 | 4 | 1 | 19 | 26 | 39 | 9 | 3 |
| 30 | 53,568 | 34 | 9 | 46 | 26 | 68 | 3 | 3 | 22 | 23 | 5 | 3 | 2 |
| 31 | 36,588 | 22 | 2 | 27 | 29 | 63 | 3 | 5 | 22 | 27 | 2 | 4 | 1 |
| 32 | 30,498 | 15 | 1 | 19 | 32 | 57 | 3 | 7 | 26 | 33 | 2 | 3 | 1 |
| 33 | 27,708 | 12 | 1 | 21 | 16 | 63 | 4 | 18 | 29 | 35 | 1 | 2 | 0 |
| 34 | 29,655 | 12 | 2 | 22 | 25 | 64 | 5 | 6 | 26 | 31 | 3 | 4 | 0 |
| 35 | 28,616 | 13 | 1 | 21 | 24 | 60 | 3 | 12 | 30 | 36 | 1 | 1 | 0 |
| 36 | 24,652 | 8 | 1 | 18 | 16 | 58 | 5 | 21 | 35 | 40 | 0 | 1 | 0 |
| 37 | 28,048 | 11 | 2 | 23 | 11 | 66 | 5 | 18 | 27 | 32 | 1 | 1 | 0 |
| 38 | 30,937 | 15 | 2 | 23 | 21 | 61 | 3 | 15 | 20 | 26 | 3 | 14 | 2 |
| 39 | 32,934 | 16 | 2 | 21 | 20 | 59 | 4 | 17 | 17 | 20 | 1 | 21 | 2 |
| 40 | 26,870 | 11 | 1 | 21 | 9 | 58 | 5 | 27 | 30 | 34 | 1 | 2 | 0 |

# KANSAS
## State House Districts

District Numbers

■ 1 to 25
□ 26 to 50
□ 51 to 75
□ 76 to 100
■ 101 to 125

Miles

0    50    100

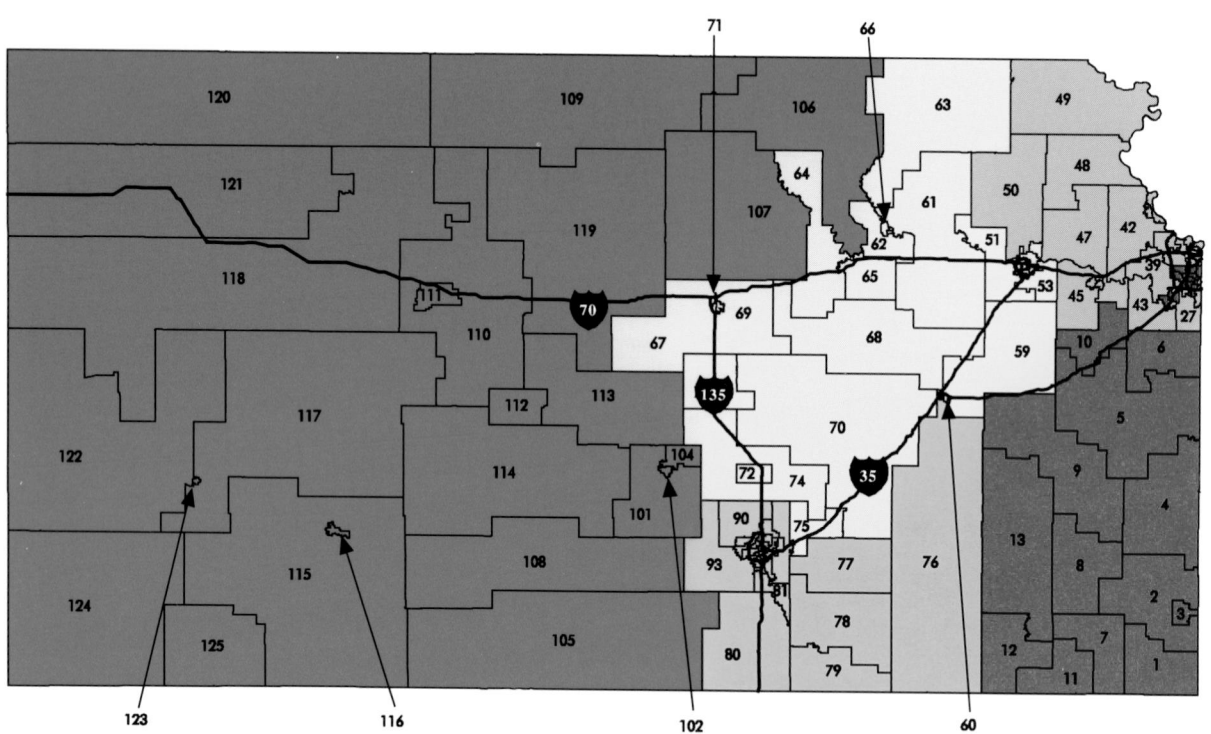

TOPEKA

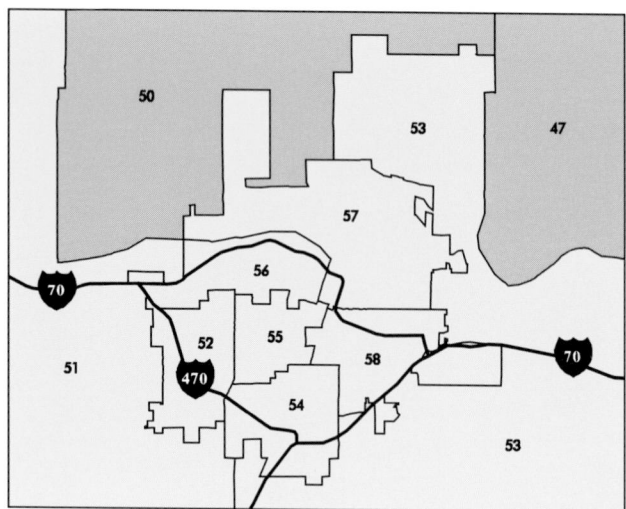

# KANSAS CITY
## State House Districts

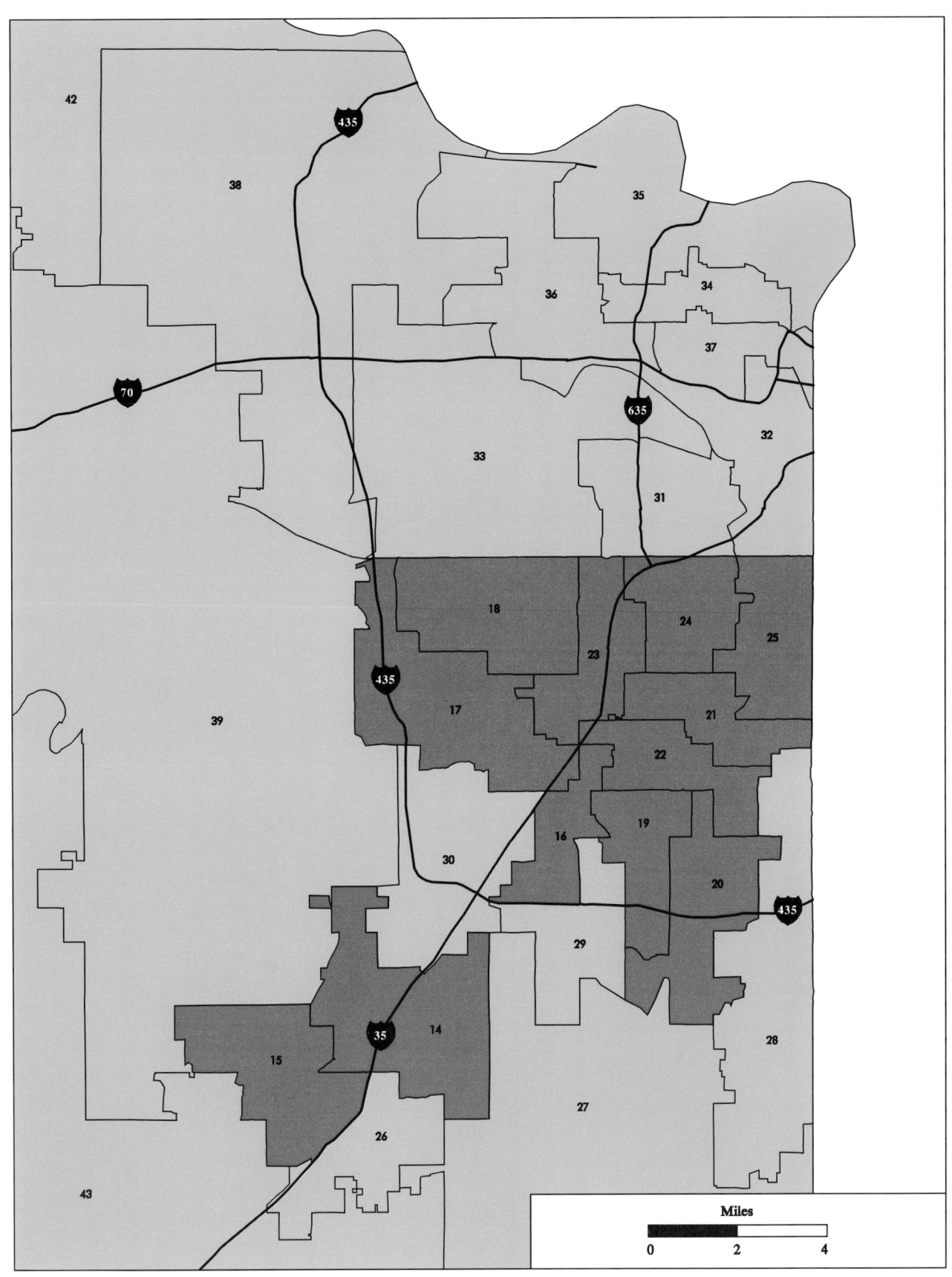

Miles

0    2    4

# WICHITA
## State House Districts

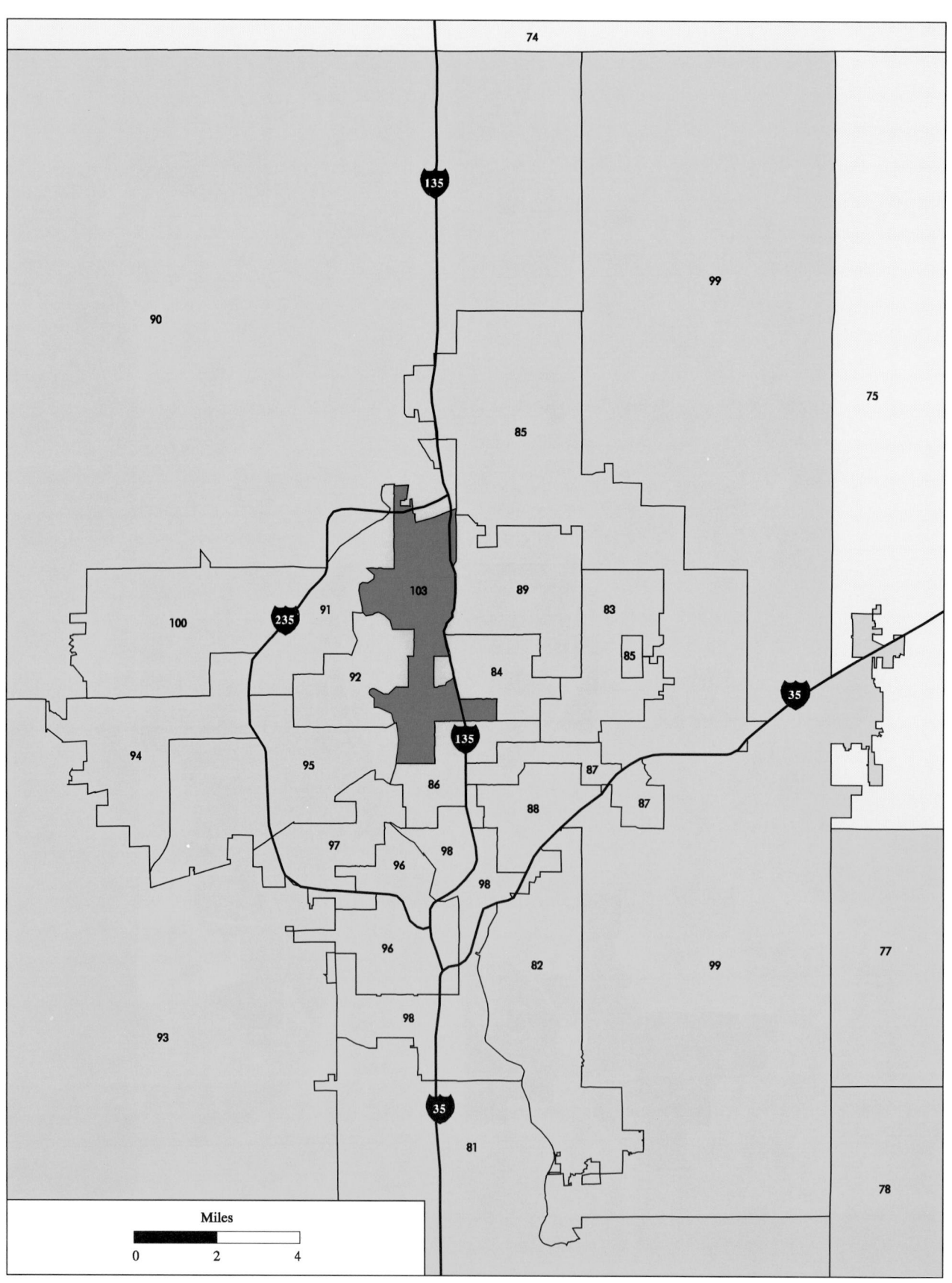

# Kansas State House Districts:  Demographic Data

| House District | Household Income Avg. ($) | > $50K (%) | >$100K (%) | College Educ. (%) | Manf. (%) | Employment Type Service (%) | Govt. (%) | Farm (%) | Age 55+ (%) | Receives Soc. Sec. (%) | African Amer. (%) | Hispanic Amer. (%) | Asian Amer. (%) |
|---|---|---|---|---|---|---|---|---|---|---|---|---|---|
| Kansas | 34,239 | 19 | 3 | 27 | 23 | 66 | 5 | 6 | 22 | 28 | 6 | 4 | 1 |
| 1 | 24,506 | 8 | 1 | 15 | 33 | 60 | 3 | 4 | 27 | 36 | 1 | 1 | 0 |
| 2 | 26,476 | 11 | 1 | 18 | 26 | 59 | 4 | 11 | 30 | 39 | 0 | 1 | 0 |
| 3 | 24,299 | 9 | 1 | 29 | 18 | 76 | 4 | 2 | 25 | 33 | 2 | 1 | 2 |
| 4 | 24,668 | 10 | 1 | 19 | 21 | 66 | 4 | 8 | 31 | 41 | 2 | 0 | 0 |
| 5 | 29,954 | 13 | 2 | 16 | 23 | 61 | 4 | 13 | 28 | 35 | 1 | 1 | 0 |
| 6 | 34,307 | 20 | 2 | 19 | 28 | 63 | 3 | 6 | 23 | 31 | 2 | 1 | 0 |
| 7 | 26,986 | 12 | 1 | 20 | 30 | 62 | 4 | 4 | 27 | 35 | 5 | 2 | 0 |
| 8 | 26,150 | 11 | 1 | 20 | 30 | 60 | 4 | 7 | 30 | 37 | 1 | 3 | 0 |
| 9 | 26,412 | 11 | 1 | 19 | 27 | 58 | 4 | 12 | 28 | 36 | 1 | 1 | 0 |
| 10 | 29,427 | 14 | 1 | 19 | 26 | 65 | 4 | 5 | 23 | 30 | 1 | 2 | 0 |
| 11 | 25,584 | 10 | 1 | 20 | 28 | 64 | 4 | 4 | 30 | 38 | 8 | 2 | 0 |
| 12 | 28,627 | 12 | 2 | 23 | 35 | 55 | 4 | 6 | 27 | 38 | 4 | 2 | 0 |
| 13 | 24,152 | 9 | 1 | 15 | 32 | 49 | 4 | 15 | 33 | 41 | 0 | 1 | 0 |
| 14 | 46,163 | 38 | 4 | 46 | 23 | 72 | 4 | 1 | 7 | 7 | 3 | 2 | 2 |
| 15 | 31,672 | 16 | 0 | 23 | 27 | 68 | 4 | 1 | 15 | 17 | 4 | 2 | 2 |
| 16 | 49,447 | 43 | 6 | 55 | 17 | 78 | 4 | 1 | 15 | 15 | 3 | 2 | 2 |
| 17 | 57,152 | 50 | 10 | 54 | 18 | 78 | 3 | 1 | 8 | 9 | 3 | 2 | 2 |
| 18 | 46,218 | 37 | 6 | 33 | 21 | 75 | 2 | 2 | 19 | 22 | 2 | 3 | 2 |
| 19 | 48,392 | 38 | 7 | 50 | 15 | 82 | 3 | 1 | 20 | 20 | 1 | 2 | 2 |
| 20 | 67,839 | 60 | 15 | 58 | 15 | 82 | 2 | 1 | 26 | 23 | 1 | 1 | 2 |
| 21 | 50,635 | 36 | 7 | 49 | 15 | 79 | 4 | 1 | 25 | 27 | 1 | 2 | 1 |
| 22 | 49,114 | 29 | 9 | 41 | 15 | 81 | 3 | 1 | 24 | 27 | 2 | 2 | 2 |
| 23 | 38,429 | 24 | 3 | 37 | 20 | 76 | 3 | 1 | 18 | 18 | 3 | 3 | 2 |
| 24 | 38,617 | 25 | 3 | 44 | 14 | 83 | 3 | 1 | 21 | 23 | 3 | 3 | 1 |
| 25 | 76,953 | 47 | 17 | 58 | 16 | 81 | 2 | 1 | 28 | 30 | 0 | 2 | 1 |
| 26 | 50,272 | 50 | 3 | 46 | 18 | 77 | 4 | 1 | 8 | 10 | 2 | 2 | 1 |
| 27 | 77,733 | 69 | 21 | 55 | 21 | 74 | 3 | 3 | 9 | 10 | 1 | 1 | 1 |
| 28 | 92,905 | 71 | 29 | 64 | 15 | 81 | 2 | 1 | 24 | 26 | 1 | 1 | 2 |
| 29 | 57,113 | 48 | 11 | 60 | 15 | 81 | 3 | 1 | 13 | 12 | 2 | 2 | 2 |
| 30 | 46,908 | 39 | 5 | 50 | 17 | 77 | 4 | 2 | 12 | 14 | 3 | 2 | 2 |
| 31 | 28,813 | 12 | 1 | 11 | 26 | 69 | 4 | 1 | 20 | 28 | 7 | 14 | 2 |
| 32 | 22,037 | 8 | 0 | 19 | 23 | 70 | 4 | 2 | 19 | 23 | 12 | 17 | 3 |
| 33 | 32,697 | 18 | 1 | 14 | 25 | 69 | 6 | 1 | 17 | 21 | 13 | 4 | 1 |
| 34 | 22,518 | 7 | 0 | 12 | 21 | 71 | 7 | 1 | 23 | 34 | 70 | 2 | 1 |
| 35 | 23,257 | 8 | 0 | 13 | 23 | 70 | 6 | 1 | 23 | 33 | 67 | 2 | 0 |
| 36 | 29,476 | 14 | 1 | 16 | 22 | 70 | 7 | 1 | 23 | 29 | 33 | 3 | 0 |
| 37 | 22,698 | 9 | 1 | 14 | 23 | 68 | 8 | 1 | 25 | 36 | 16 | 11 | 3 |
| 38 | 39,417 | 27 | 2 | 23 | 22 | 70 | 7 | 2 | 23 | 26 | 12 | 2 | 0 |
| 39 | 46,652 | 36 | 6 | 27 | 25 | 69 | 5 | 2 | 15 | 20 | 3 | 2 | 0 |
| 40 | 29,991 | 15 | 1 | 36 | 13 | 68 | 19 | 0 | 11 | 21 | 21 | 5 | 2 |
| 41 | 34,333 | 20 | 1 | 28 | 16 | 63 | 21 | 1 | 21 | 26 | 11 | 4 | 2 |
| 42 | 40,361 | 30 | 3 | 25 | 22 | 60 | 11 | 6 | 18 | 23 | 3 | 1 | 1 |
| 43 | 40,494 | 28 | 3 | 23 | 30 | 63 | 4 | 3 | 16 | 21 | 1 | 1 | 1 |
| 44 | 39,639 | 29 | 6 | 61 | 14 | 81 | 4 | 1 | 12 | 13 | 3 | 3 | 5 |
| 45 | 31,740 | 18 | 2 | 37 | 23 | 69 | 4 | 4 | 15 | 19 | 5 | 3 | 2 |
| 46 | 22,913 | 9 | 1 | 42 | 15 | 80 | 4 | 1 | 11 | 18 | 6 | 3 | 4 |
| 47 | 33,416 | 17 | 2 | 17 | 25 | 61 | 7 | 6 | 21 | 27 | 1 | 1 | 0 |
| 48 | 26,728 | 11 | 1 | 18 | 26 | 62 | 5 | 7 | 26 | 34 | 5 | 2 | 1 |
| 49 | 25,419 | 9 | 1 | 18 | 22 | 59 | 5 | 14 | 29 | 38 | 1 | 1 | 0 |
| 50 | 35,068 | 23 | 2 | 17 | 24 | 62 | 7 | 6 | 22 | 30 | 1 | 1 | 0 |

# Kansas State House Districts: Demographic Data (cont.)

| House District | Household Income Avg. ($) | > $50K (%) | >$100K (%) | College Educ. (%) | Manf. (%) | Service (%) | Govt. (%) | Farm (%) | Age 55+ (%) | Receives Soc. Sec. (%) | African Amer. (%) | Hispanic Amer. (%) | Asian Amer. (%) |
|---|---|---|---|---|---|---|---|---|---|---|---|---|---|
| Kansas | 34,239 | 19 | 3 | 27 | 23 | 66 | 5 | 6 | 22 | 28 | 6 | 4 | 1 |
| 51 | 47,534 | 37 | 6 | 33 | 17 | 73 | 7 | 3 | 19 | 21 | 1 | 2 | 1 |
| 52 | 39,127 | 25 | 3 | 37 | 12 | 78 | 10 | 1 | 26 | 26 | 3 | 3 | 1 |
| 53 | 40,412 | 30 | 2 | 23 | 18 | 73 | 7 | 2 | 16 | 18 | 5 | 4 | 0 |
| 54 | 36,386 | 20 | 3 | 31 | 15 | 76 | 9 | 1 | 22 | 25 | 11 | 4 | 1 |
| 55 | 33,522 | 18 | 4 | 33 | 12 | 79 | 9 | 0 | 24 | 28 | 11 | 4 | 1 |
| 56 | 29,359 | 14 | 2 | 26 | 13 | 77 | 10 | 1 | 27 | 29 | 9 | 4 | 1 |
| 57 | 24,026 | 9 | 0 | 8 | 24 | 67 | 8 | 1 | 25 | 35 | 8 | 13 | 0 |
| 58 | 26,467 | 12 | 1 | 14 | 18 | 73 | 8 | 1 | 22 | 28 | 25 | 8 | 1 |
| 59 | 28,816 | 12 | 1 | 14 | 26 | 62 | 6 | 6 | 25 | 31 | 1 | 3 | 0 |
| 60 | 28,166 | 11 | 2 | 32 | 23 | 73 | 3 | 1 | 18 | 26 | 3 | 7 | 3 |
| 61 | 29,321 | 13 | 1 | 18 | 21 | 62 | 6 | 11 | 24 | 30 | 1 | 2 | 0 |
| 62 | 35,891 | 23 | 2 | 46 | 11 | 79 | 7 | 3 | 15 | 16 | 4 | 2 | 3 |
| 63 | 26,757 | 11 | 2 | 15 | 20 | 57 | 3 | 20 | 31 | 40 | 0 | 0 | 0 |
| 64 | 29,287 | 14 | 1 | 21 | 15 | 66 | 10 | 9 | 22 | 28 | 9 | 3 | 2 |
| 65 | 24,700 | 8 | 1 | 19 | 12 | 74 | 11 | 3 | 15 | 20 | 25 | 6 | 4 |
| 66 | 21,552 | 8 | 1 | 45 | 9 | 84 | 5 | 3 | 10 | 16 | 5 | 3 | 5 |
| 67 | 35,803 | 19 | 2 | 26 | 24 | 64 | 5 | 8 | 23 | 27 | 2 | 2 | 1 |
| 68 | 27,738 | 13 | 1 | 16 | 21 | 61 | 5 | 13 | 32 | 39 | 1 | 2 | 0 |
| 69 | 25,854 | 9 | 1 | 17 | 28 | 68 | 4 | 1 | 21 | 27 | 4 | 3 | 1 |
| 70 | 28,352 | 12 | 1 | 19 | 22 | 58 | 2 | 17 | 31 | 37 | 1 | 1 | 0 |
| 71 | 32,570 | 15 | 4 | 25 | 26 | 69 | 4 | 1 | 27 | 32 | 4 | 2 | 1 |
| 72 | 32,081 | 15 | 2 | 25 | 28 | 67 | 3 | 3 | 27 | 34 | 2 | 7 | 1 |
| 73 | 31,177 | 15 | 1 | 25 | 28 | 64 | 3 | 5 | 25 | 33 | 1 | 1 | 1 |
| 74 | 33,745 | 16 | 2 | 24 | 28 | 56 | 3 | 13 | 25 | 29 | 1 | 2 | 0 |
| 75 | 34,431 | 20 | 2 | 25 | 32 | 60 | 3 | 5 | 24 | 29 | 1 | 2 | 0 |
| 76 | 25,727 | 9 | 1 | 16 | 21 | 57 | 4 | 18 | 33 | 41 | 0 | 3 | 1 |
| 77 | 35,295 | 22 | 2 | 20 | 40 | 52 | 3 | 4 | 22 | 27 | 0 | 1 | 0 |
| 78 | 29,965 | 15 | 1 | 22 | 29 | 59 | 4 | 8 | 24 | 32 | 2 | 3 | 1 |
| 79 | 30,528 | 16 | 1 | 22 | 32 | 60 | 3 | 5 | 26 | 33 | 3 | 3 | 0 |
| 80 | 31,539 | 17 | 1 | 16 | 36 | 54 | 3 | 7 | 26 | 36 | 1 | 4 | 0 |
| 81 | 37,546 | 26 | 1 | 20 | 43 | 51 | 4 | 2 | 19 | 20 | 0 | 2 | 0 |
| 82 | 41,338 | 30 | 4 | 25 | 37 | 58 | 3 | 1 | 13 | 17 | 5 | 3 | 2 |
| 83 | 76,739 | 51 | 18 | 60 | 19 | 75 | 2 | 5 | 26 | 26 | 2 | 2 | 2 |
| 84 | 29,865 | 16 | 2 | 26 | 28 | 66 | 4 | 1 | 20 | 28 | 53 | 2 | 2 |
| 85 | 46,306 | 31 | 6 | 37 | 29 | 66 | 3 | 3 | 16 | 18 | 4 | 3 | 2 |
| 86 | 28,433 | 11 | 1 | 21 | 32 | 64 | 3 | 2 | 23 | 29 | 4 | 5 | 1 |
| 87 | 34,049 | 20 | 1 | 35 | 29 | 65 | 4 | 2 | 22 | 24 | 7 | 3 | 3 |
| 88 | 26,478 | 11 | 1 | 18 | 34 | 61 | 4 | 1 | 25 | 32 | 10 | 5 | 8 |
| 89 | 32,657 | 18 | 3 | 30 | 27 | 68 | 4 | 2 | 18 | 25 | 51 | 2 | 5 |
| 90 | 45,813 | 34 | 4 | 28 | 30 | 61 | 4 | 5 | 17 | 21 | 1 | 2 | 0 |
| 91 | 37,756 | 23 | 3 | 28 | 26 | 70 | 3 | 2 | 31 | 33 | 3 | 4 | 1 |
| 92 | 29,313 | 13 | 1 | 25 | 32 | 63 | 4 | 1 | 23 | 28 | 4 | 9 | 1 |
| 93 | 43,029 | 31 | 4 | 23 | 35 | 56 | 3 | 6 | 18 | 22 | 0 | 1 | 1 |
| 94 | 41,774 | 33 | 4 | 38 | 29 | 65 | 3 | 3 | 14 | 15 | 3 | 3 | 1 |
| 95 | 26,546 | 10 | 0 | 17 | 37 | 59 | 2 | 2 | 22 | 27 | 3 | 5 | 1 |
| 96 | 31,431 | 15 | 1 | 14 | 40 | 55 | 3 | 1 | 17 | 21 | 3 | 3 | 2 |
| 97 | 30,370 | 14 | 0 | 15 | 37 | 59 | 3 | 1 | 20 | 23 | 4 | 5 | 2 |
| 98 | 30,469 | 11 | 1 | 12 | 40 | 56 | 3 | 1 | 20 | 24 | 6 | 4 | 2 |
| 99 | 49,131 | 37 | 7 | 41 | 33 | 61 | 4 | 2 | 13 | 12 | 4 | 2 | 2 |
| 100 | 54,604 | 44 | 5 | 42 | 26 | 68 | 3 | 3 | 16 | 16 | 1 | 2 | 1 |

# Kansas State House Districts: Demographic Data (cont.)

| House District | Household Income Avg. ($) | > $50K (%) | >$100K (%) | College Educ. (%) | Manf. (%) | Employment Type Service (%) | Govt. (%) | Farm (%) | Age 55+ (%) | Receives Soc. Sec. (%) | African Amer. (%) | Hispanic Amer. (%) | Asian Amer. (%) |
|---|---|---|---|---|---|---|---|---|---|---|---|---|---|
| Kansas | 34,239 | 19 | 3 | 27 | 23 | 66 | 5 | 6 | 22 | 28 | 6 | 4 | 1 |
| 101 | 30,764 | 14 | 1 | 21 | 26 | 61 | 5 | 8 | 27 | 29 | 1 | 2 | 0 |
| 102 | 20,122 | 3 | 0 | 11 | 31 | 63 | 5 | 1 | 21 | 30 | 7 | 8 | 1 |
| 103 | 21,014 | 6 | 1 | 15 | 33 | 63 | 3 | 1 | 19 | 26 | 17 | 21 | 4 |
| 104 | 38,617 | 22 | 4 | 33 | 22 | 70 | 5 | 3 | 28 | 32 | 1 | 2 | 0 |
| 105 | 26,409 | 11 | 1 | 18 | 20 | 55 | 3 | 22 | 32 | 38 | 0 | 1 | 0 |
| 106 | 24,109 | 7 | 1 | 17 | 17 | 58 | 5 | 19 | 20 | 32 | 15 | 5 | 2 |
| 107 | 25,426 | 9 | 1 | 21 | 16 | 63 | 5 | 17 | 32 | 39 | 0 | 1 | 0 |
| 108 | 28,607 | 14 | 1 | 22 | 14 | 64 | 4 | 18 | 30 | 36 | 1 | 1 | 0 |
| 109 | 23,500 | 7 | 1 | 18 | 15 | 54 | 4 | 27 | 38 | 42 | 0 | 0 | 0 |
| 110 | 26,638 | 10 | 2 | 18 | 15 | 62 | 4 | 19 | 31 | 36 | 0 | 1 | 0 |
| 111 | 29,164 | 14 | 2 | 31 | 10 | 78 | 5 | 7 | 20 | 24 | 1 | 1 | 1 |
| 112 | 29,330 | 12 | 2 | 22 | 17 | 68 | 3 | 12 | 25 | 29 | 1 | 3 | 0 |
| 113 | 26,067 | 10 | 1 | 22 | 17 | 60 | 3 | 20 | 30 | 35 | 1 | 2 | 0 |
| 114 | 27,984 | 10 | 1 | 22 | 11 | 60 | 5 | 24 | 31 | 37 | 1 | 3 | 0 |
| 115 | 30,943 | 15 | 2 | 23 | 16 | 58 | 4 | 22 | 23 | 28 | 1 | 7 | 1 |
| 116 | 29,703 | 13 | 2 | 26 | 28 | 65 | 4 | 4 | 20 | 27 | 2 | 20 | 2 |
| 117 | 29,231 | 12 | 1 | 21 | 22 | 57 | 3 | 18 | 19 | 25 | 1 | 18 | 3 |
| 118 | 26,540 | 11 | 1 | 20 | 10 | 54 | 5 | 32 | 31 | 36 | 1 | 2 | 0 |
| 119 | 24,854 | 9 | 1 | 21 | 16 | 58 | 5 | 21 | 35 | 41 | 0 | 0 | 0 |
| 120 | 25,834 | 10 | 1 | 19 | 10 | 55 | 8 | 27 | 34 | 38 | 1 | 1 | 0 |
| 121 | 26,601 | 11 | 1 | 22 | 9 | 65 | 4 | 22 | 26 | 31 | 0 | 3 | 0 |
| 122 | 30,298 | 13 | 2 | 19 | 18 | 53 | 3 | 26 | 21 | 24 | 0 | 13 | 1 |
| 123 | 38,402 | 21 | 5 | 25 | 20 | 71 | 3 | 5 | 19 | 21 | 1 | 21 | 2 |
| 124 | 31,689 | 15 | 2 | 20 | 10 | 56 | 4 | 30 | 20 | 23 | 0 | 16 | 1 |
| 125 | 31,845 | 15 | 3 | 19 | 22 | 62 | 3 | 13 | 17 | 23 | 6 | 19 | 2 |

# KENTUCKY
## State Senate Districts

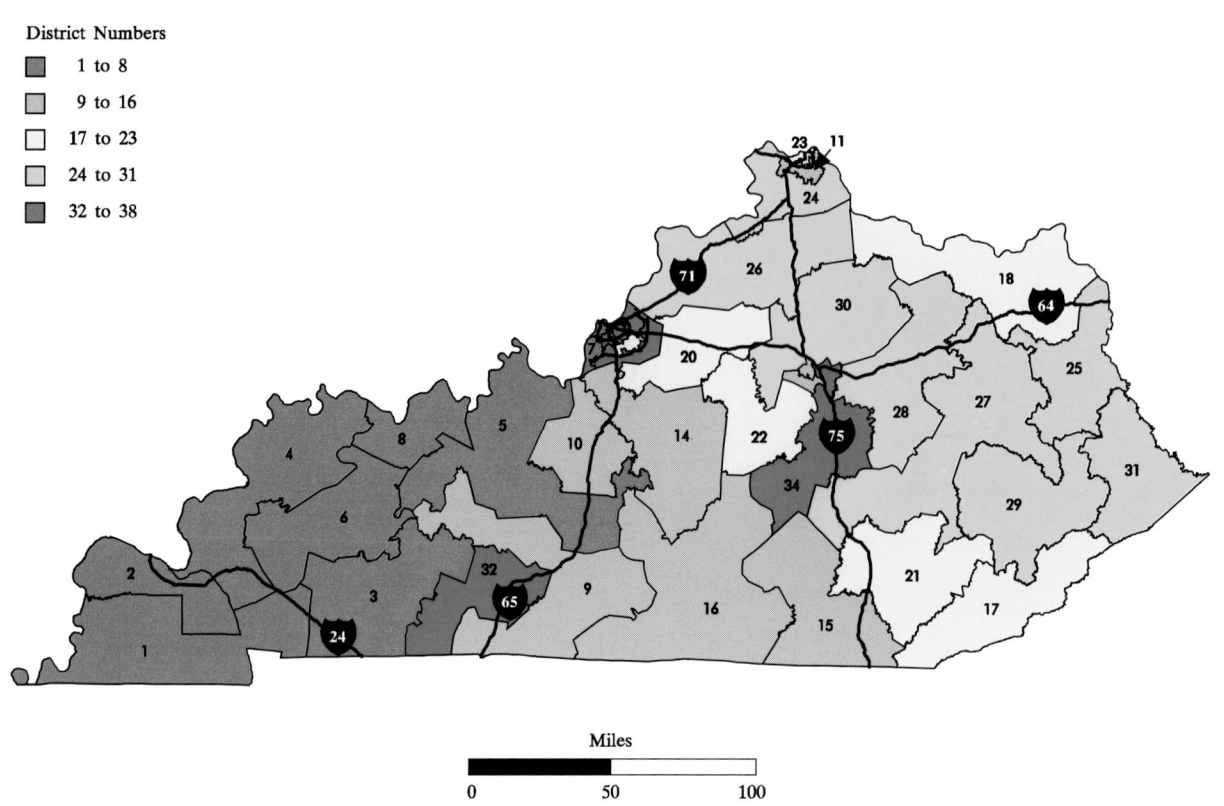

District Numbers
- 1 to 8
- 9 to 16
- 17 to 23
- 24 to 31
- 32 to 38

Miles

0    50    100

## LOUISVILLE

## LEXINGTON

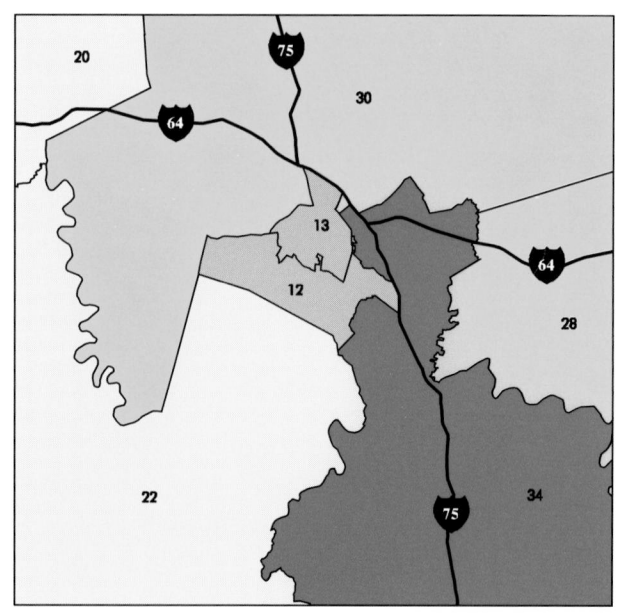

# Kentucky State Senate Districts: Demographic Data

| Senate District | Household Income Avg. ($) | Household Income > $50K (%) | Household Income >$100K (%) | College Educ. (%) | Manf. (%) | Employment Type Service (%) | Employment Type Govt. (%) | Farm (%) | Age 55+ (%) | Receives Soc. Sec. (%) | African Amer. (%) | Hispanic Amer. (%) | Asian Amer. (%) |
|---|---|---|---|---|---|---|---|---|---|---|---|---|---|
| Kentucky | 29,351 | 15 | 2 | 18 | 27 | 63 | 4 | 6 | 21 | 29 | 7 | 1 | 0 |
| 1 | 26,046 | 12 | 1 | 15 | 33 | 58 | 4 | 6 | 28 | 37 | 6 | 0 | 0 |
| 2 | 29,244 | 14 | 2 | 19 | 25 | 69 | 3 | 3 | 27 | 34 | 7 | 0 | 0 |
| 3 | 25,192 | 9 | 1 | 14 | 31 | 55 | 6 | 8 | 19 | 27 | 19 | 2 | 1 |
| 4 | 29,129 | 14 | 2 | 14 | 29 | 55 | 3 | 12 | 23 | 30 | 7 | 0 | 0 |
| 5 | 24,004 | 9 | 1 | 10 | 33 | 52 | 5 | 10 | 22 | 30 | 5 | 1 | 0 |
| 6 | 26,451 | 12 | 1 | 12 | 24 | 61 | 3 | 12 | 25 | 33 | 5 | 0 | 0 |
| 7 | 31,754 | 16 | 1 | 12 | 30 | 66 | 4 | 1 | 23 | 28 | 5 | 1 | 0 |
| 8 | 30,074 | 14 | 2 | 18 | 29 | 64 | 2 | 5 | 22 | 28 | 4 | 0 | 0 |
| 9 | 23,317 | 8 | 1 | 9 | 39 | 48 | 2 | 11 | 25 | 33 | 4 | 0 | 0 |
| 10 | 29,710 | 13 | 2 | 18 | 23 | 63 | 10 | 4 | 16 | 22 | 11 | 3 | 2 |
| 11 | 40,918 | 29 | 4 | 28 | 23 | 72 | 4 | 1 | 20 | 26 | 1 | 0 | 1 |
| 12 | 42,036 | 29 | 4 | 45 | 18 | 75 | 4 | 3 | 14 | 15 | 5 | 1 | 2 |
| 13 | 30,940 | 16 | 4 | 32 | 17 | 76 | 4 | 3 | 20 | 25 | 21 | 1 | 2 |
| 14 | 27,179 | 11 | 1 | 12 | 42 | 48 | 3 | 7 | 21 | 28 | 6 | 0 | 0 |
| 15 | 21,857 | 8 | 1 | 12 | 28 | 62 | 3 | 6 | 23 | 34 | 1 | 0 | 0 |
| 16 | 20,233 | 6 | 1 | 9 | 43 | 44 | 3 | 11 | 26 | 34 | 2 | 0 | 0 |
| 17 | 19,880 | 6 | 1 | 10 | 12 | 58 | 4 | 26 | 21 | 34 | 2 | 0 | 0 |
| 18 | 25,784 | 11 | 1 | 12 | 32 | 59 | 3 | 6 | 23 | 32 | 2 | 0 | 0 |
| 19 | 35,109 | 23 | 2 | 22 | 26 | 70 | 3 | 1 | 18 | 21 | 14 | 1 | 1 |
| 20 | 33,897 | 20 | 2 | 20 | 26 | 51 | 17 | 6 | 20 | 26 | 6 | 0 | 0 |
| 21 | 22,125 | 8 | 1 | 10 | 23 | 64 | 4 | 10 | 20 | 30 | 1 | 0 | 0 |
| 22 | 30,706 | 16 | 2 | 17 | 30 | 59 | 5 | 6 | 21 | 27 | 5 | 0 | 0 |
| 23 | 29,765 | 16 | 2 | 18 | 25 | 69 | 6 | 1 | 22 | 31 | 4 | 1 | 0 |
| 24 | 37,787 | 24 | 2 | 17 | 27 | 66 | 4 | 2 | 16 | 23 | 0 | 0 | 0 |
| 25 | 26,646 | 13 | 2 | 14 | 26 | 62 | 4 | 7 | 23 | 33 | 1 | 1 | 0 |
| 26 | 33,390 | 19 | 3 | 17 | 29 | 58 | 6 | 8 | 19 | 26 | 2 | 0 | 0 |
| 27 | 19,318 | 6 | 1 | 10 | 26 | 60 | 4 | 10 | 21 | 30 | 1 | 0 | 0 |
| 28 | 25,338 | 11 | 1 | 12 | 33 | 54 | 4 | 9 | 22 | 30 | 3 | 0 | 0 |
| 29 | 21,369 | 7 | 1 | 10 | 11 | 63 | 5 | 22 | 19 | 32 | 1 | 0 | 0 |
| 30 | 32,508 | 18 | 2 | 18 | 30 | 52 | 5 | 13 | 21 | 27 | 7 | 1 | 0 |
| 31 | 23,850 | 10 | 1 | 10 | 9 | 62 | 4 | 26 | 19 | 32 | 0 | 0 | 0 |
| 32 | 29,850 | 14 | 2 | 21 | 31 | 61 | 3 | 5 | 20 | 27 | 9 | 1 | 1 |
| 33 | 20,917 | 7 | 1 | 11 | 27 | 69 | 4 | 1 | 23 | 34 | 68 | 1 | 0 |
| 34 | 29,092 | 14 | 2 | 20 | 26 | 63 | 5 | 6 | 19 | 25 | 5 | 0 | 1 |
| 35 | 38,976 | 23 | 5 | 40 | 17 | 78 | 4 | 1 | 29 | 31 | 8 | 1 | 1 |
| 36 | 57,975 | 42 | 11 | 49 | 18 | 77 | 3 | 1 | 23 | 23 | 5 | 1 | 1 |
| 37 | 36,945 | 22 | 2 | 18 | 30 | 66 | 3 | 1 | 17 | 22 | 2 | 1 | 1 |
| 38 | 23,257 | 8 | 1 | 15 | 25 | 70 | 4 | 1 | 26 | 35 | 13 | 1 | 1 |

# KENTUCKY
## State House Districts

District Numbers

■ 1 to 20
□ 21 to 40
□ 41 to 60
□ 61 to 80
■ 81 to 100

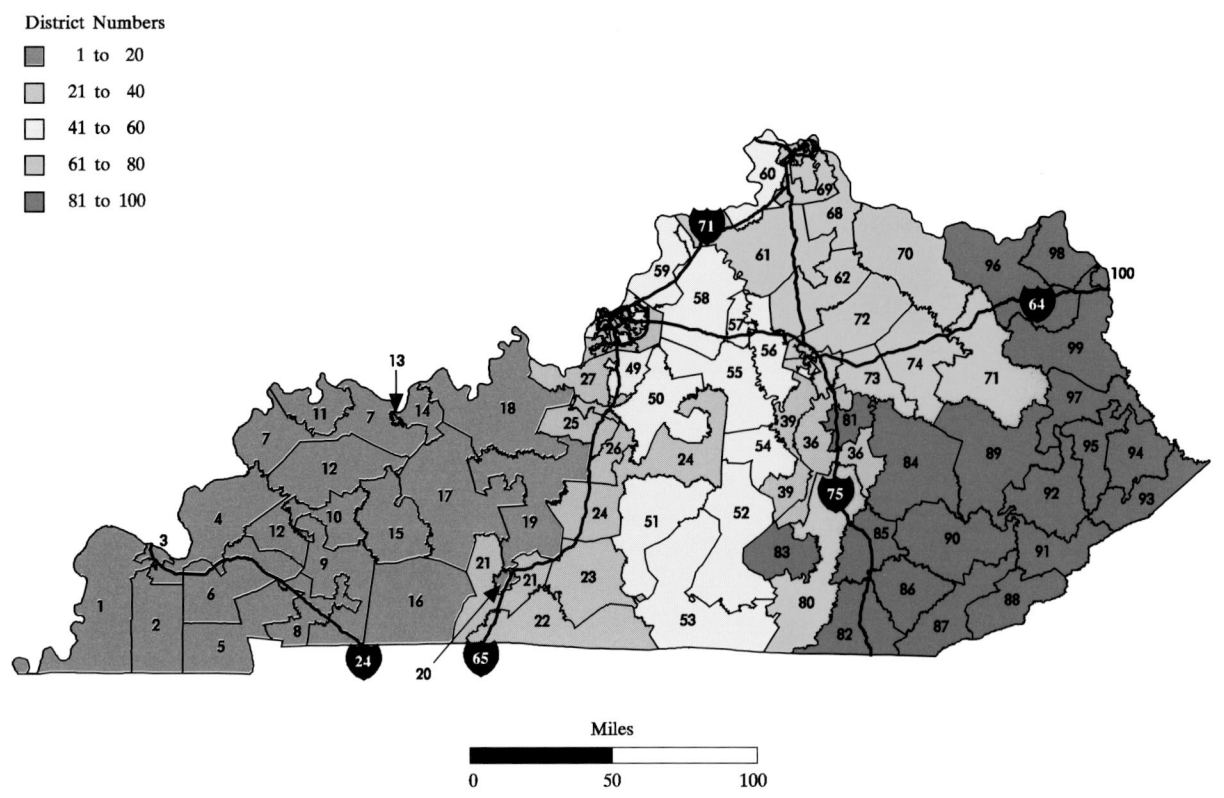

Miles

0    50    100

## COVINGTON

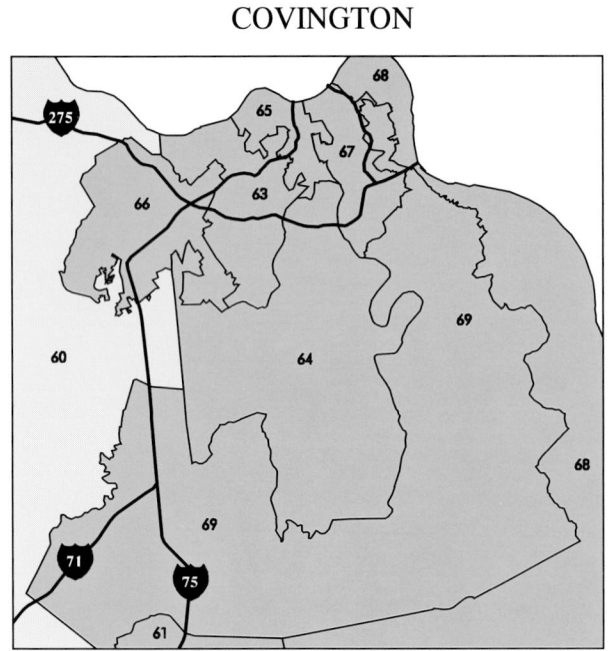

## LEXINGTON

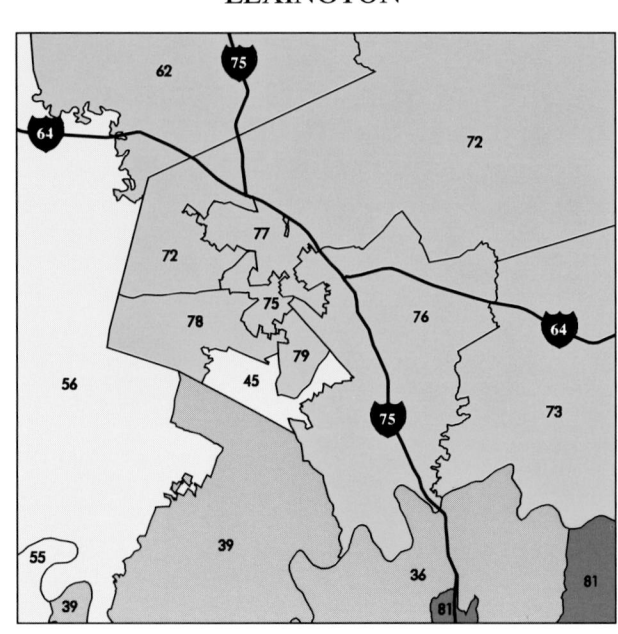

# LOUISVILLE
## State House Districts

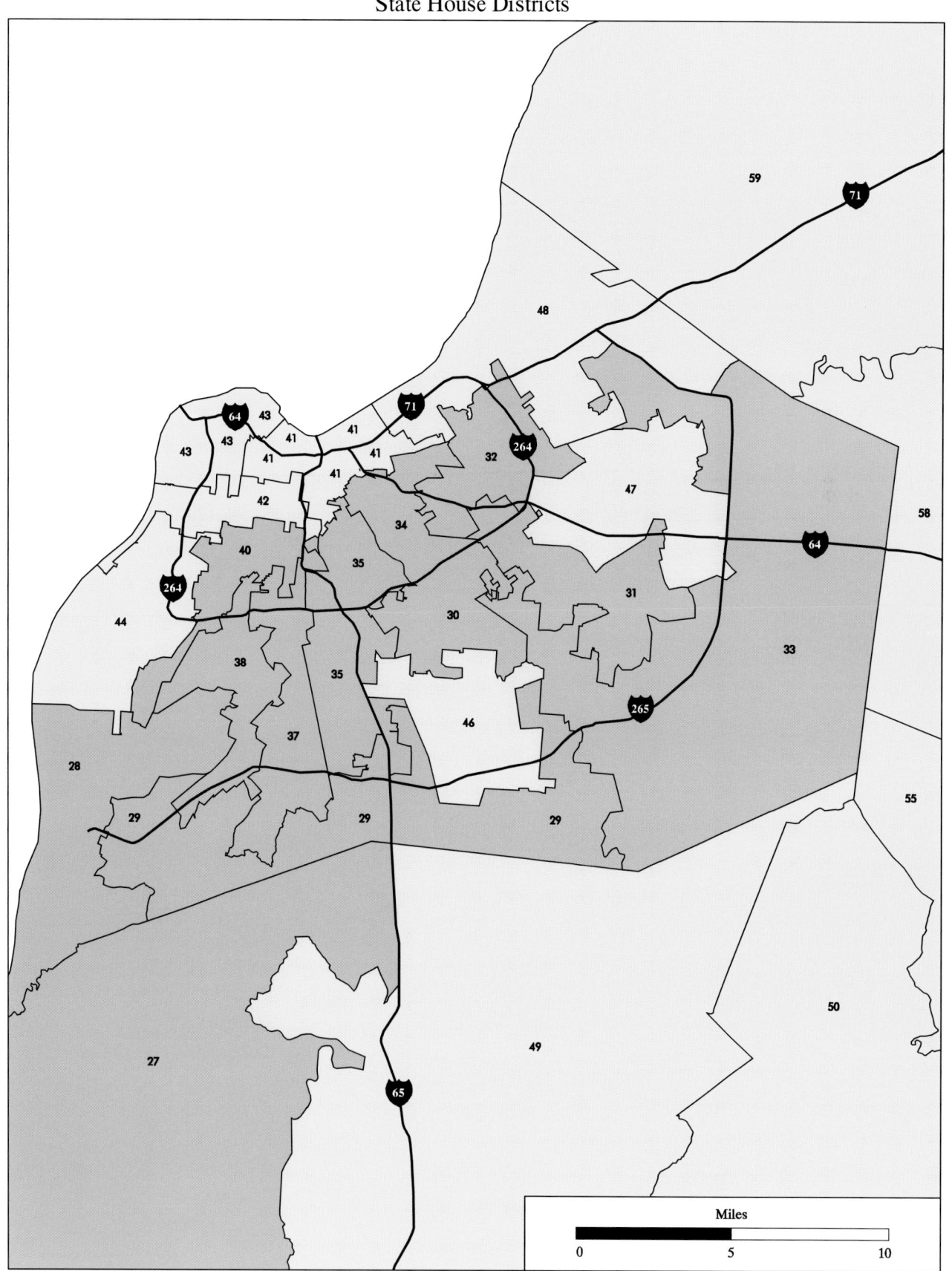

# Kentucky State House Districts: Demographic Data

| House District | Household Income Avg. ($) | Household Income > $50K (%) | Household Income >$100K (%) | College Educ. (%) | Manf. (%) | Employment Type Service (%) | Employment Type Govt. (%) | Farm (%) | Age 55+ (%) | Receives Soc. Sec. (%) | African Amer. (%) | Hispanic Amer. (%) | Asian Amer. (%) |
|---|---|---|---|---|---|---|---|---|---|---|---|---|---|
| Kentucky | 29,351 | 15 | 2 | 18 | 27 | 63 | 4 | 6 | 21 | 29 | 7 | 1 | 0 |
| 1 | 26,916 | 14 | 1 | 14 | 35 | 55 | 3 | 7 | 28 | 35 | 7 | 0 | 0 |
| 2 | 27,636 | 13 | 1 | 13 | 36 | 55 | 4 | 5 | 27 | 37 | 4 | 0 | 0 |
| 3 | 26,654 | 12 | 2 | 21 | 19 | 76 | 4 | 1 | 30 | 39 | 17 | 1 | 0 |
| 4 | 29,294 | 14 | 2 | 14 | 24 | 65 | 3 | 8 | 24 | 31 | 1 | 0 | 0 |
| 5 | 26,439 | 12 | 2 | 21 | 25 | 67 | 3 | 4 | 26 | 36 | 4 | 0 | 0 |
| 6 | 27,498 | 13 | 1 | 14 | 32 | 58 | 5 | 5 | 29 | 36 | 1 | 0 | 0 |
| 7 | 32,987 | 16 | 2 | 16 | 26 | 58 | 2 | 14 | 19 | 25 | 7 | 0 | 0 |
| 8 | 25,632 | 11 | 1 | 17 | 28 | 62 | 6 | 5 | 24 | 30 | 29 | 1 | 0 |
| 9 | 25,856 | 9 | 1 | 15 | 25 | 57 | 8 | 9 | 11 | 19 | 18 | 5 | 2 |
| 10 | 26,681 | 12 | 1 | 13 | 22 | 63 | 3 | 12 | 25 | 33 | 8 | 0 | 0 |
| 11 | 30,595 | 16 | 2 | 17 | 32 | 60 | 2 | 5 | 22 | 27 | 8 | 0 | 0 |
| 12 | 26,604 | 13 | 1 | 11 | 27 | 54 | 4 | 15 | 25 | 32 | 4 | 0 | 0 |
| 13 | 30,139 | 15 | 2 | 22 | 24 | 71 | 2 | 3 | 27 | 32 | 5 | 0 | 0 |
| 14 | 27,890 | 13 | 1 | 16 | 30 | 63 | 2 | 4 | 21 | 29 | 5 | 0 | 0 |
| 15 | 25,707 | 10 | 1 | 9 | 26 | 60 | 2 | 12 | 24 | 34 | 4 | 0 | 0 |
| 16 | 25,436 | 10 | 1 | 10 | 44 | 42 | 3 | 11 | 25 | 33 | 9 | 0 | 0 |
| 17 | 21,620 | 6 | 1 | 8 | 37 | 48 | 3 | 12 | 24 | 34 | 1 | 0 | 0 |
| 18 | 26,286 | 12 | 1 | 10 | 34 | 50 | 6 | 10 | 20 | 28 | 4 | 1 | 0 |
| 19 | 23,305 | 7 | 1 | 9 | 37 | 51 | 4 | 8 | 23 | 31 | 1 | 0 | 0 |
| 20 | 33,036 | 19 | 3 | 33 | 20 | 75 | 4 | 2 | 21 | 27 | 9 | 1 | 1 |
| 21 | 29,353 | 13 | 1 | 15 | 35 | 55 | 3 | 6 | 18 | 24 | 8 | 0 | 0 |
| 22 | 22,437 | 7 | 1 | 9 | 45 | 43 | 2 | 10 | 25 | 34 | 5 | 0 | 0 |
| 23 | 24,865 | 10 | 1 | 11 | 35 | 51 | 2 | 12 | 26 | 33 | 5 | 0 | 0 |
| 24 | 23,636 | 7 | 1 | 9 | 38 | 45 | 4 | 13 | 23 | 32 | 7 | 0 | 0 |
| 25 | 32,073 | 15 | 2 | 21 | 25 | 64 | 8 | 3 | 19 | 25 | 5 | 1 | 1 |
| 26 | 29,024 | 11 | 1 | 16 | 22 | 62 | 13 | 3 | 16 | 21 | 13 | 3 | 2 |
| 27 | 26,316 | 10 | 1 | 14 | 28 | 61 | 8 | 2 | 9 | 15 | 14 | 4 | 1 |
| 28 | 32,664 | 18 | 1 | 12 | 30 | 66 | 4 | 1 | 21 | 27 | 2 | 1 | 0 |
| 29 | 33,746 | 18 | 1 | 15 | 28 | 67 | 3 | 1 | 16 | 20 | 2 | 0 | 0 |
| 30 | 27,081 | 12 | 1 | 20 | 23 | 72 | 5 | 1 | 24 | 29 | 33 | 1 | 1 |
| 31 | 37,644 | 26 | 2 | 31 | 21 | 74 | 4 | 1 | 23 | 26 | 6 | 1 | 1 |
| 32 | 53,320 | 37 | 9 | 50 | 17 | 79 | 3 | 1 | 30 | 32 | 2 | 1 | 1 |
| 33 | 47,006 | 35 | 5 | 31 | 24 | 72 | 3 | 1 | 17 | 20 | 7 | 1 | 1 |
| 34 | 40,385 | 26 | 5 | 50 | 15 | 80 | 4 | 1 | 26 | 28 | 2 | 1 | 1 |
| 35 | 30,977 | 14 | 2 | 18 | 27 | 69 | 4 | 1 | 27 | 34 | 3 | 0 | 0 |
| 36 | 25,313 | 10 | 1 | 14 | 32 | 57 | 4 | 7 | 20 | 27 | 2 | 0 | 0 |
| 37 | 25,002 | 9 | 0 | 14 | 29 | 66 | 4 | 1 | 23 | 30 | 7 | 1 | 2 |
| 38 | 28,172 | 15 | 1 | 14 | 27 | 67 | 4 | 1 | 24 | 32 | 8 | 1 | 0 |
| 39 | 28,513 | 13 | 2 | 13 | 31 | 58 | 3 | 8 | 20 | 25 | 3 | 0 | 0 |
| 40 | 22,218 | 8 | 1 | 11 | 25 | 69 | 5 | 1 | 24 | 33 | 28 | 1 | 1 |
| 41 | 18,532 | 6 | 1 | 16 | 21 | 74 | 3 | 2 | 23 | 30 | 39 | 1 | 1 |
| 42 | 18,697 | 6 | 1 | 14 | 22 | 72 | 5 | 1 | 26 | 35 | 72 | 1 | 0 |
| 43 | 21,986 | 7 | 1 | 10 | 29 | 66 | 4 | 1 | 24 | 36 | 68 | 0 | 0 |
| 44 | 29,807 | 14 | 0 | 10 | 32 | 64 | 4 | 1 | 23 | 29 | 16 | 0 | 0 |
| 45 | 42,508 | 30 | 4 | 47 | 19 | 74 | 4 | 2 | 10 | 11 | 4 | 1 | 2 |
| 46 | 34,144 | 20 | 1 | 15 | 31 | 65 | 3 | 1 | 19 | 22 | 13 | 0 | 1 |
| 47 | 58,451 | 46 | 11 | 48 | 19 | 77 | 3 | 1 | 22 | 23 | 4 | 1 | 1 |
| 48 | 65,730 | 45 | 14 | 50 | 19 | 76 | 3 | 1 | 21 | 20 | 8 | 1 | 1 |
| 49 | 33,860 | 20 | 1 | 12 | 36 | 59 | 2 | 3 | 14 | 20 | 0 | 0 | 0 |
| 50 | 28,743 | 13 | 2 | 14 | 42 | 48 | 3 | 7 | 20 | 28 | 7 | 0 | 0 |

# Kentucky State House Districts: Demographic Data (cont.)

| House District | Household Income Avg. ($) | Household Income > $50K (%) | Household Income >$100K (%) | College Educ. (%) | Manf. (%) | Employment Type Service (%) | Employment Type Govt. (%) | Farm (%) | Age 55+ (%) | Receives Soc. Sec. (%) | African Amer. (%) | Hispanic Amer. (%) | Asian Amer. (%) |
|---|---|---|---|---|---|---|---|---|---|---|---|---|---|
| Kentucky | 29,351 | 15 | 2 | 18 | 27 | 63 | 4 | 6 | 21 | 29 | 7 | 1 | 0 |
| 51 | 23,808 | 8 | 1 | 11 | 44 | 43 | 3 | 10 | 26 | 32 | 4 | 0 | 0 |
| 52 | 20,512 | 6 | 1 | 9 | 43 | 44 | 3 | 9 | 26 | 33 | 1 | 0 | 0 |
| 53 | 19,153 | 6 | 1 | 9 | 41 | 45 | 3 | 11 | 25 | 33 | 2 | 0 | 0 |
| 54 | 27,796 | 12 | 1 | 16 | 31 | 58 | 4 | 7 | 24 | 32 | 8 | 0 | 0 |
| 55 | 29,694 | 15 | 2 | 13 | 34 | 51 | 8 | 8 | 23 | 30 | 4 | 0 | 0 |
| 56 | 38,600 | 26 | 3 | 29 | 26 | 56 | 10 | 8 | 18 | 23 | 5 | 1 | 0 |
| 57 | 31,512 | 17 | 1 | 24 | 20 | 47 | 30 | 3 | 22 | 26 | 8 | 0 | 1 |
| 58 | 32,098 | 17 | 2 | 15 | 28 | 52 | 9 | 11 | 22 | 30 | 8 | 0 | 0 |
| 59 | 44,251 | 32 | 6 | 26 | 26 | 64 | 5 | 5 | 15 | 20 | 3 | 1 | 0 |
| 60 | 38,520 | 24 | 3 | 18 | 27 | 67 | 4 | 3 | 15 | 22 | 1 | 0 | 0 |
| 61 | 26,961 | 12 | 1 | 11 | 31 | 55 | 5 | 8 | 22 | 30 | 1 | 0 | 0 |
| 62 | 31,376 | 17 | 2 | 16 | 32 | 54 | 5 | 9 | 21 | 28 | 5 | 0 | 0 |
| 63 | 50,236 | 39 | 7 | 38 | 21 | 75 | 4 | 1 | 20 | 25 | 1 | 1 | 1 |
| 64 | 35,246 | 20 | 1 | 14 | 27 | 67 | 5 | 1 | 17 | 25 | 1 | 0 | 0 |
| 65 | 24,868 | 10 | 1 | 13 | 26 | 67 | 6 | 1 | 23 | 33 | 8 | 1 | 0 |
| 66 | 36,553 | 22 | 2 | 23 | 25 | 70 | 5 | 1 | 17 | 23 | 1 | 1 | 1 |
| 67 | 28,048 | 14 | 1 | 18 | 24 | 70 | 5 | 1 | 22 | 30 | 4 | 0 | 1 |
| 68 | 32,442 | 18 | 2 | 17 | 27 | 65 | 4 | 4 | 22 | 30 | 0 | 0 | 0 |
| 69 | 38,367 | 27 | 3 | 21 | 26 | 68 | 4 | 2 | 21 | 28 | 0 | 0 | 0 |
| 70 | 24,403 | 10 | 1 | 12 | 31 | 52 | 3 | 14 | 26 | 33 | 4 | 0 | 0 |
| 71 | 20,343 | 7 | 1 | 14 | 21 | 66 | 5 | 9 | 19 | 28 | 1 | 0 | 0 |
| 72 | 30,892 | 16 | 2 | 17 | 26 | 52 | 5 | 17 | 22 | 27 | 10 | 2 | 0 |
| 73 | 29,710 | 15 | 2 | 15 | 32 | 57 | 5 | 6 | 21 | 28 | 5 | 0 | 0 |
| 74 | 23,681 | 9 | 1 | 10 | 33 | 54 | 4 | 8 | 22 | 30 | 3 | 0 | 0 |
| 75 | 28,579 | 14 | 3 | 41 | 13 | 81 | 3 | 3 | 16 | 20 | 9 | 1 | 3 |
| 76 | 36,241 | 20 | 4 | 30 | 20 | 71 | 4 | 5 | 18 | 20 | 9 | 1 | 1 |
| 77 | 22,577 | 9 | 1 | 13 | 22 | 70 | 5 | 3 | 20 | 27 | 53 | 1 | 0 |
| 78 | 42,332 | 30 | 6 | 41 | 18 | 74 | 4 | 4 | 25 | 26 | 2 | 1 | 2 |
| 79 | 45,464 | 29 | 7 | 48 | 16 | 78 | 3 | 3 | 15 | 16 | 7 | 1 | 2 |
| 80 | 18,614 | 4 | 0 | 7 | 36 | 54 | 3 | 8 | 22 | 32 | 0 | 0 | 0 |
| 81 | 27,907 | 15 | 2 | 25 | 20 | 71 | 6 | 3 | 17 | 24 | 7 | 0 | 1 |
| 82 | 20,703 | 7 | 1 | 13 | 24 | 66 | 3 | 7 | 21 | 35 | 1 | 0 | 0 |
| 83 | 25,194 | 10 | 2 | 15 | 30 | 62 | 4 | 5 | 25 | 33 | 2 | 0 | 0 |
| 84 | 18,982 | 6 | 1 | 8 | 30 | 56 | 4 | 10 | 23 | 32 | 0 | 0 | 0 |
| 85 | 25,695 | 10 | 2 | 11 | 27 | 64 | 4 | 5 | 20 | 28 | 1 | 0 | 0 |
| 86 | 20,890 | 6 | 2 | 10 | 23 | 65 | 4 | 8 | 21 | 33 | 1 | 0 | 0 |
| 87 | 18,784 | 6 | 1 | 11 | 18 | 62 | 4 | 16 | 21 | 33 | 2 | 0 | 0 |
| 88 | 20,685 | 7 | 1 | 10 | 8 | 59 | 4 | 29 | 21 | 38 | 3 | 0 | 0 |
| 89 | 19,249 | 6 | 0 | 9 | 14 | 63 | 6 | 17 | 19 | 29 | 0 | 0 | 0 |
| 90 | 19,801 | 6 | 1 | 10 | 13 | 61 | 4 | 22 | 19 | 29 | 2 | 0 | 0 |
| 91 | 21,051 | 7 | 1 | 9 | 9 | 56 | 4 | 31 | 20 | 32 | 1 | 0 | 0 |
| 92 | 20,689 | 7 | 1 | 10 | 12 | 60 | 4 | 24 | 18 | 32 | 0 | 0 | 0 |
| 93 | 21,492 | 7 | 1 | 7 | 8 | 53 | 3 | 36 | 19 | 34 | 0 | 0 | 0 |
| 94 | 26,164 | 12 | 2 | 13 | 9 | 67 | 4 | 20 | 20 | 31 | 1 | 0 | 0 |
| 95 | 22,445 | 9 | 1 | 11 | 11 | 65 | 4 | 21 | 20 | 34 | 1 | 0 | 0 |
| 96 | 21,732 | 7 | 1 | 9 | 36 | 53 | 3 | 7 | 22 | 31 | 0 | 0 | 0 |
| 97 | 22,698 | 9 | 1 | 11 | 14 | 65 | 5 | 17 | 19 | 31 | 0 | 0 | 0 |
| 98 | 30,347 | 16 | 2 | 15 | 27 | 67 | 3 | 3 | 22 | 32 | 0 | 0 | 0 |
| 99 | 25,890 | 12 | 2 | 10 | 30 | 58 | 3 | 9 | 21 | 30 | 0 | 0 | 0 |
| 100 | 29,893 | 16 | 2 | 19 | 29 | 63 | 5 | 3 | 28 | 35 | 3 | 1 | 0 |

# LOUISIANA
## State Senate Districts

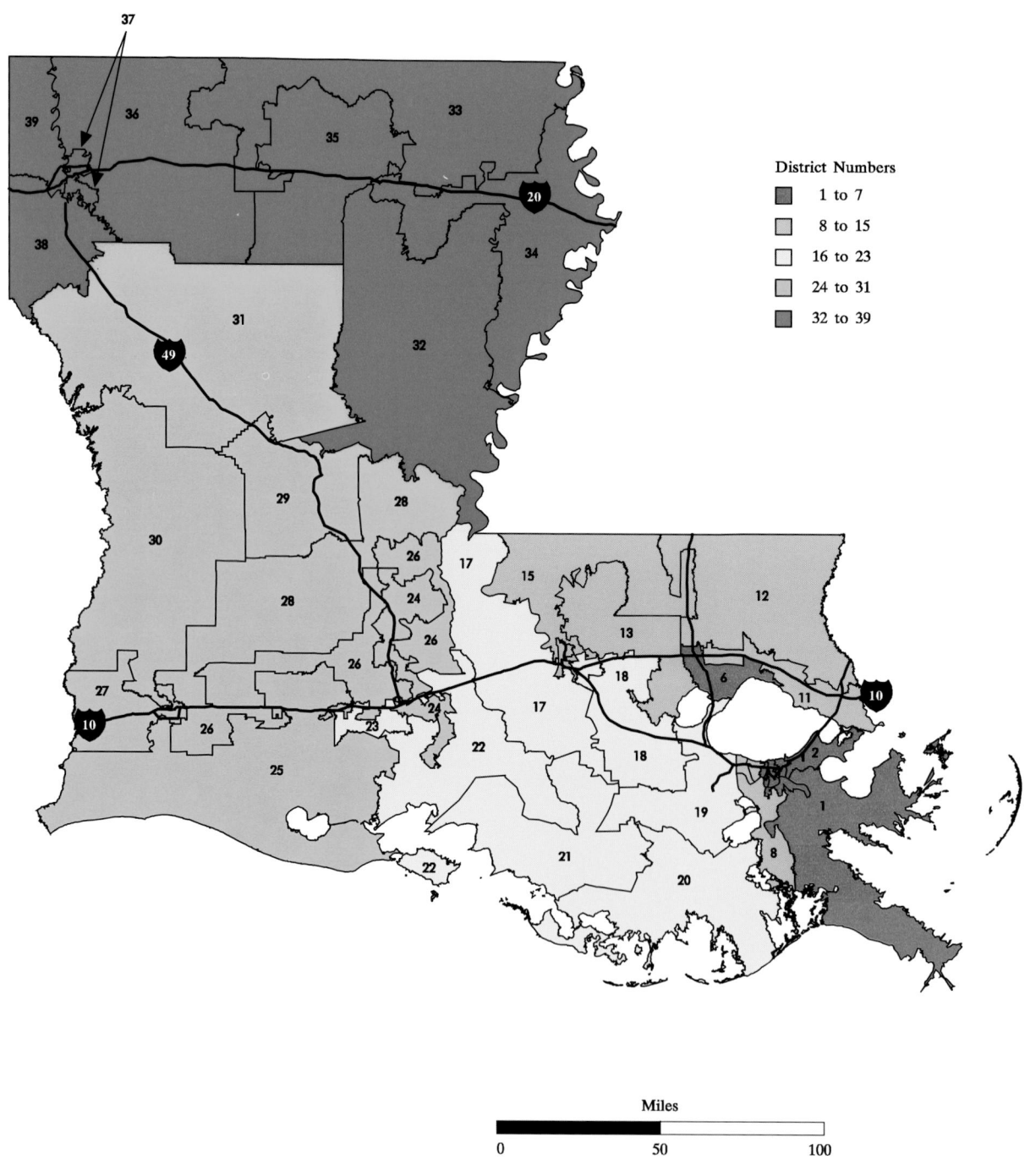

District Numbers

1 to 7
8 to 15
16 to 23
24 to 31
32 to 39

Miles

0          50          100

# BATON ROUGE/NEW ORLEANS
## State Senate Districts

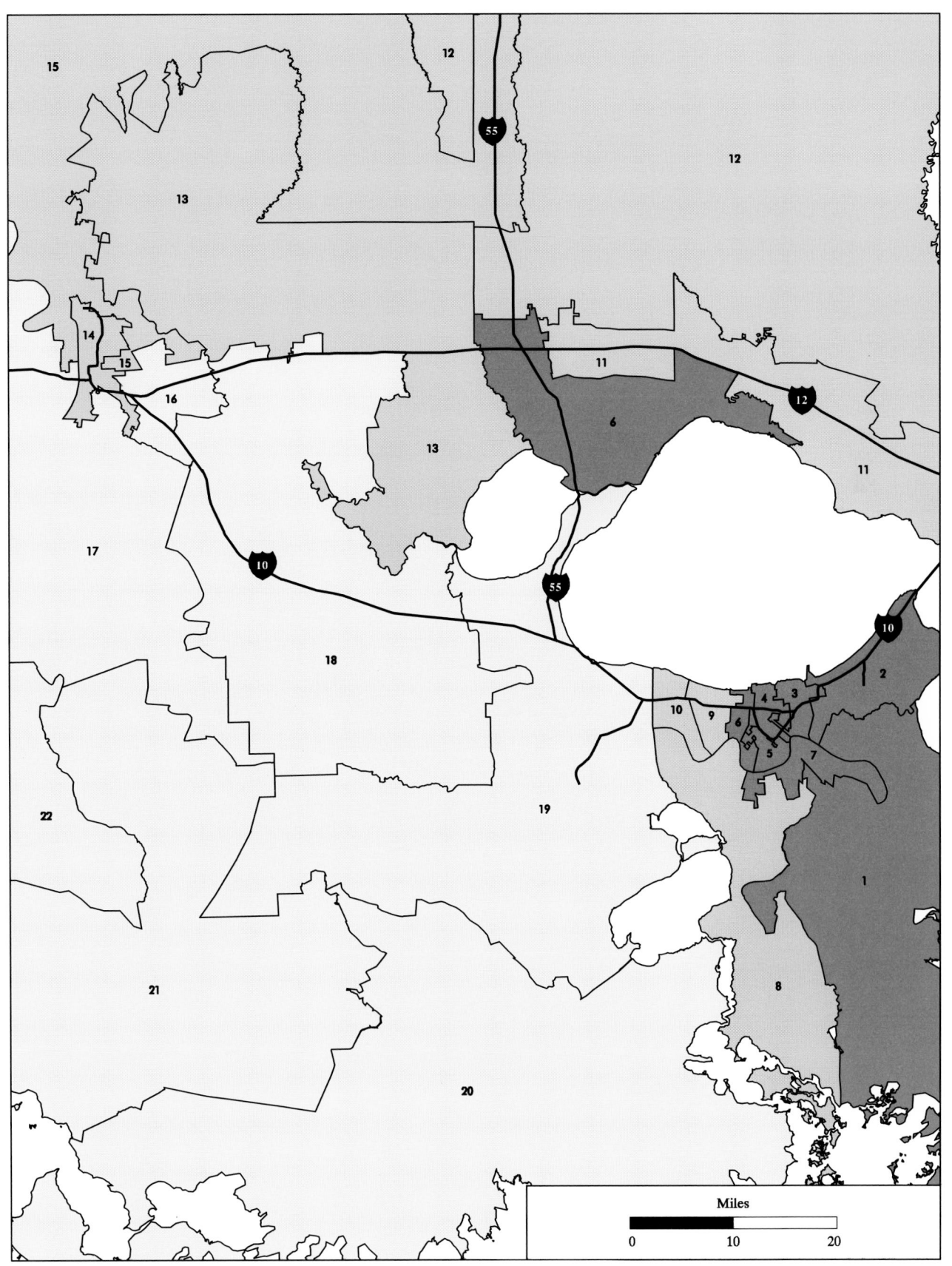

# Louisiana State Senate Districts:  Demographic Data

| Senate District | Household Income Avg. ($) | > $50K (%) | >$100K (%) | College Educ. (%) | Manf. (%) | Employment Type Service (%) | Govt. (%) | Farm (%) | Age 55+ (%) | Receives Soc. Sec. (%) | African Amer. (%) | Hispanic Amer. (%) | Asian Amer. (%) |
|---|---|---|---|---|---|---|---|---|---|---|---|---|---|
| Louisiana | 29,493 | 15 | 2 | 19 | 20 | 69 | 5 | 6 | 19 | 26 | 31 | 2 | 1 |
| 1 | 30,672 | 16 | 1 | 12 | 20 | 68 | 6 | 6 | 19 | 25 | 11 | 6 | 2 |
| 2 | 28,629 | 16 | 2 | 24 | 13 | 77 | 8 | 2 | 17 | 24 | 68 | 3 | 6 |
| 3 | 24,549 | 11 | 2 | 22 | 12 | 80 | 7 | 2 | 23 | 32 | 68 | 4 | 1 |
| 4 | 26,986 | 13 | 4 | 23 | 12 | 79 | 6 | 2 | 24 | 31 | 64 | 4 | 1 |
| 5 | 26,475 | 12 | 4 | 27 | 9 | 83 | 5 | 2 | 21 | 27 | 69 | 3 | 0 |
| 6 | 42,687 | 25 | 8 | 36 | 13 | 80 | 4 | 4 | 24 | 28 | 13 | 3 | 1 |
| 7 | 27,456 | 14 | 2 | 19 | 17 | 72 | 7 | 4 | 17 | 23 | 49 | 4 | 2 |
| 8 | 32,622 | 19 | 2 | 17 | 21 | 69 | 5 | 5 | 13 | 19 | 22 | 5 | 4 |
| 9 | 37,065 | 23 | 4 | 30 | 13 | 80 | 5 | 2 | 23 | 25 | 3 | 7 | 2 |
| 10 | 36,972 | 23 | 3 | 25 | 16 | 77 | 4 | 3 | 17 | 21 | 16 | 8 | 1 |
| 11 | 37,861 | 26 | 4 | 27 | 19 | 70 | 6 | 5 | 17 | 22 | 14 | 2 | 1 |
| 12 | 25,046 | 11 | 2 | 13 | 23 | 63 | 6 | 8 | 21 | 30 | 21 | 1 | 0 |
| 13 | 32,970 | 20 | 2 | 14 | 29 | 61 | 8 | 3 | 16 | 21 | 13 | 1 | 0 |
| 14 | 23,195 | 10 | 2 | 23 | 15 | 77 | 7 | 2 | 18 | 25 | 67 | 1 | 1 |
| 15 | 25,062 | 12 | 1 | 15 | 21 | 67 | 9 | 3 | 17 | 24 | 59 | 1 | 1 |
| 16 | 46,497 | 34 | 6 | 42 | 19 | 74 | 6 | 2 | 17 | 17 | 7 | 2 | 1 |
| 17 | 32,779 | 19 | 4 | 23 | 24 | 65 | 7 | 4 | 17 | 23 | 35 | 2 | 1 |
| 18 | 32,049 | 19 | 2 | 13 | 34 | 59 | 4 | 3 | 15 | 21 | 25 | 1 | 0 |
| 19 | 32,795 | 20 | 2 | 18 | 28 | 64 | 4 | 4 | 15 | 20 | 24 | 2 | 1 |
| 20 | 25,021 | 10 | 1 | 9 | 17 | 63 | 3 | 16 | 17 | 27 | 11 | 1 | 1 |
| 21 | 29,089 | 14 | 2 | 12 | 22 | 63 | 3 | 12 | 17 | 25 | 26 | 2 | 1 |
| 22 | 29,654 | 14 | 2 | 14 | 24 | 57 | 3 | 15 | 17 | 24 | 20 | 2 | 1 |
| 23 | 35,476 | 21 | 4 | 32 | 11 | 72 | 4 | 13 | 16 | 18 | 11 | 2 | 1 |
| 24 | 21,627 | 8 | 1 | 11 | 21 | 67 | 4 | 8 | 20 | 27 | 54 | 1 | 1 |
| 25 | 28,907 | 15 | 2 | 16 | 21 | 60 | 4 | 14 | 21 | 28 | 9 | 1 | 1 |
| 26 | 24,259 | 10 | 1 | 12 | 21 | 63 | 4 | 12 | 18 | 27 | 27 | 1 | 0 |
| 27 | 28,063 | 14 | 2 | 16 | 29 | 63 | 4 | 4 | 21 | 27 | 31 | 1 | 0 |
| 28 | 20,844 | 7 | 1 | 11 | 21 | 62 | 7 | 10 | 22 | 31 | 24 | 2 | 0 |
| 29 | 27,790 | 13 | 2 | 19 | 14 | 74 | 7 | 5 | 21 | 27 | 33 | 1 | 1 |
| 30 | 25,659 | 11 | 1 | 15 | 22 | 61 | 11 | 5 | 15 | 22 | 18 | 4 | 1 |
| 31 | 22,618 | 9 | 1 | 13 | 28 | 59 | 4 | 8 | 23 | 31 | 32 | 2 | 0 |
| 32 | 24,564 | 10 | 1 | 12 | 20 | 63 | 5 | 12 | 22 | 29 | 17 | 1 | 0 |
| 33 | 24,590 | 11 | 1 | 16 | 23 | 64 | 5 | 8 | 21 | 29 | 37 | 1 | 0 |
| 34 | 19,113 | 6 | 1 | 13 | 19 | 67 | 5 | 9 | 22 | 32 | 62 | 1 | 0 |
| 35 | 33,573 | 18 | 3 | 26 | 22 | 71 | 4 | 4 | 22 | 26 | 15 | 1 | 0 |
| 36 | 25,705 | 12 | 1 | 14 | 28 | 60 | 6 | 6 | 23 | 31 | 32 | 1 | 0 |
| 37 | 33,673 | 18 | 4 | 29 | 14 | 77 | 6 | 3 | 23 | 28 | 23 | 2 | 1 |
| 38 | 35,416 | 20 | 3 | 23 | 23 | 69 | 4 | 4 | 19 | 22 | 20 | 1 | 1 |
| 39 | 21,628 | 8 | 1 | 12 | 21 | 71 | 4 | 5 | 23 | 31 | 65 | 1 | 0 |

# LOUISIANA
## State House Districts

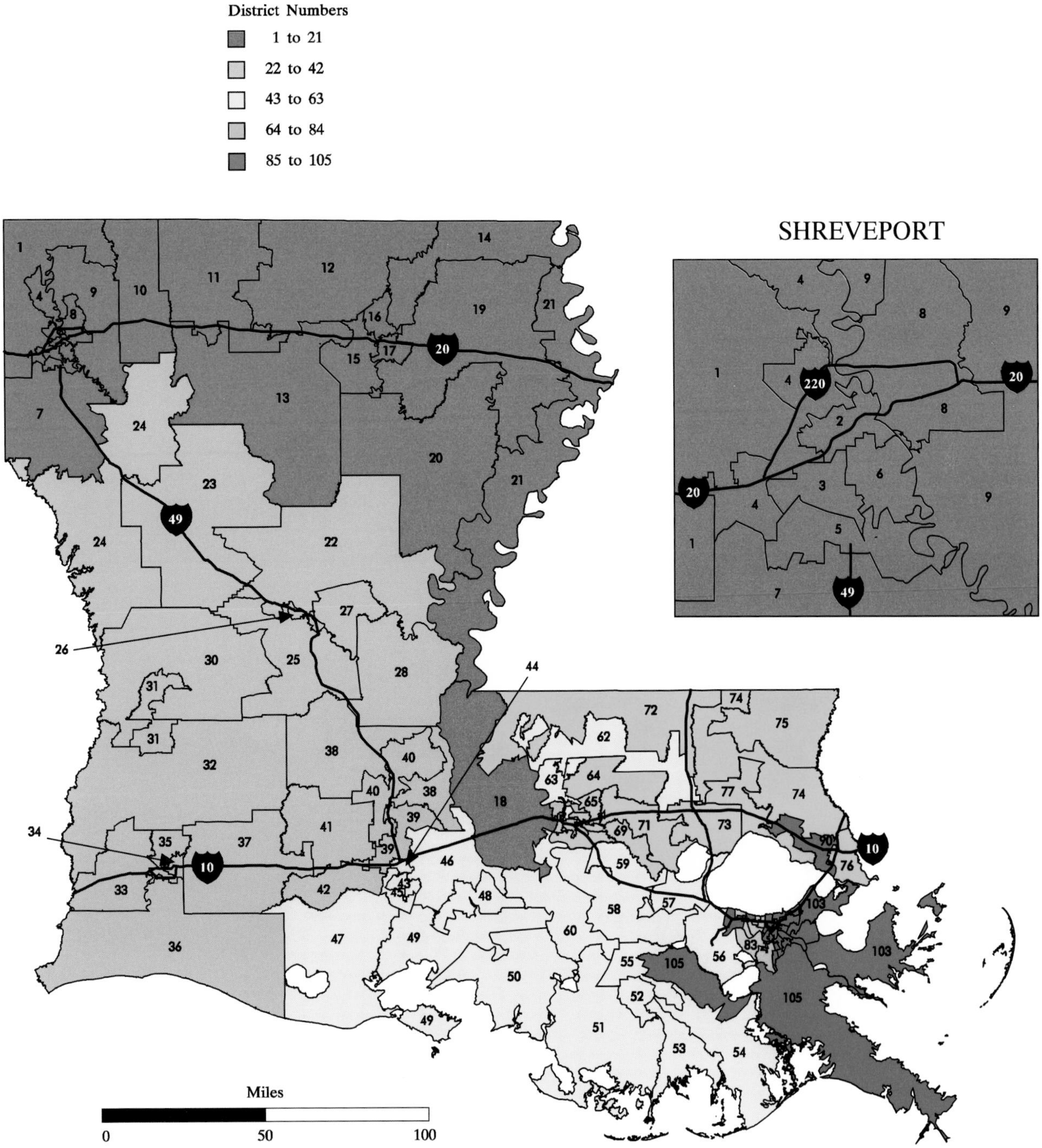

District Numbers

■ 1 to 21
□ 22 to 42
□ 43 to 63
□ 64 to 84
■ 85 to 105

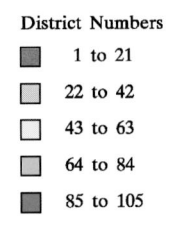

SHREVEPORT

Miles

0      50      100

# BATON ROUGE
## State House Districts

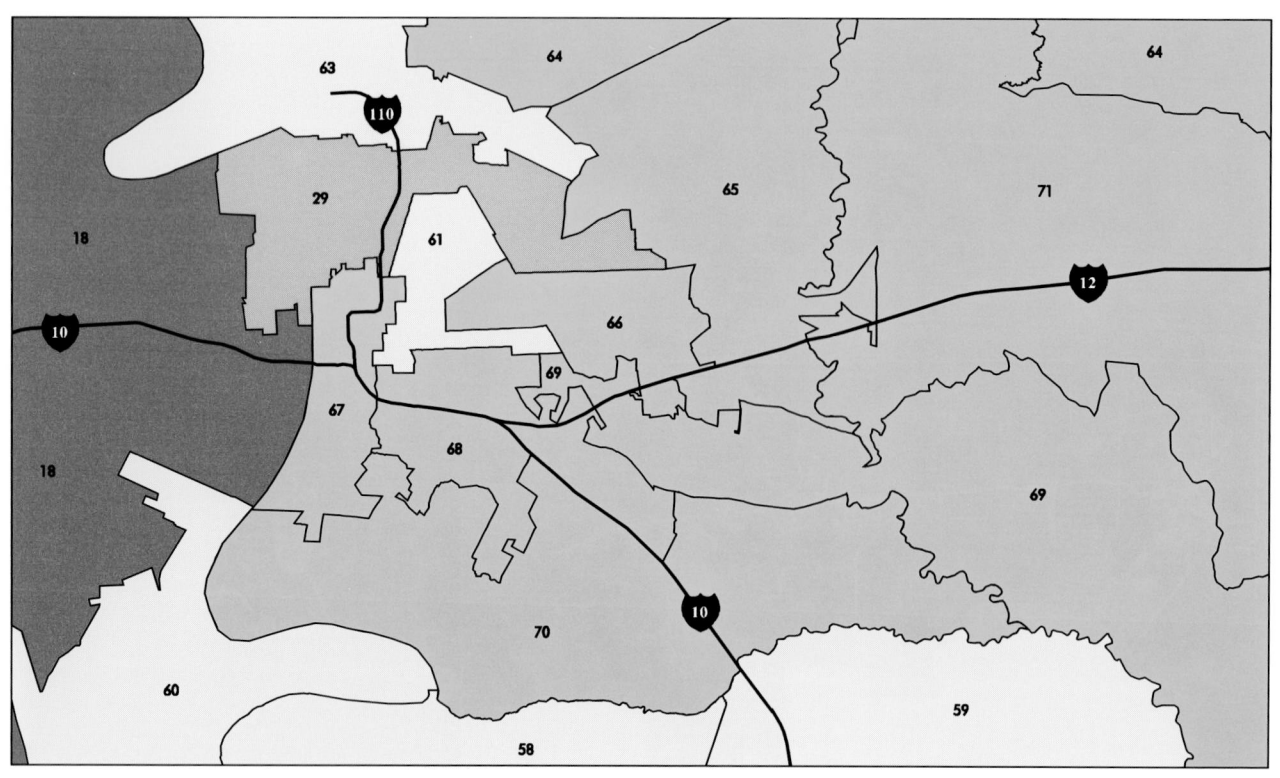

# NEW ORLEANS
## State House Districts

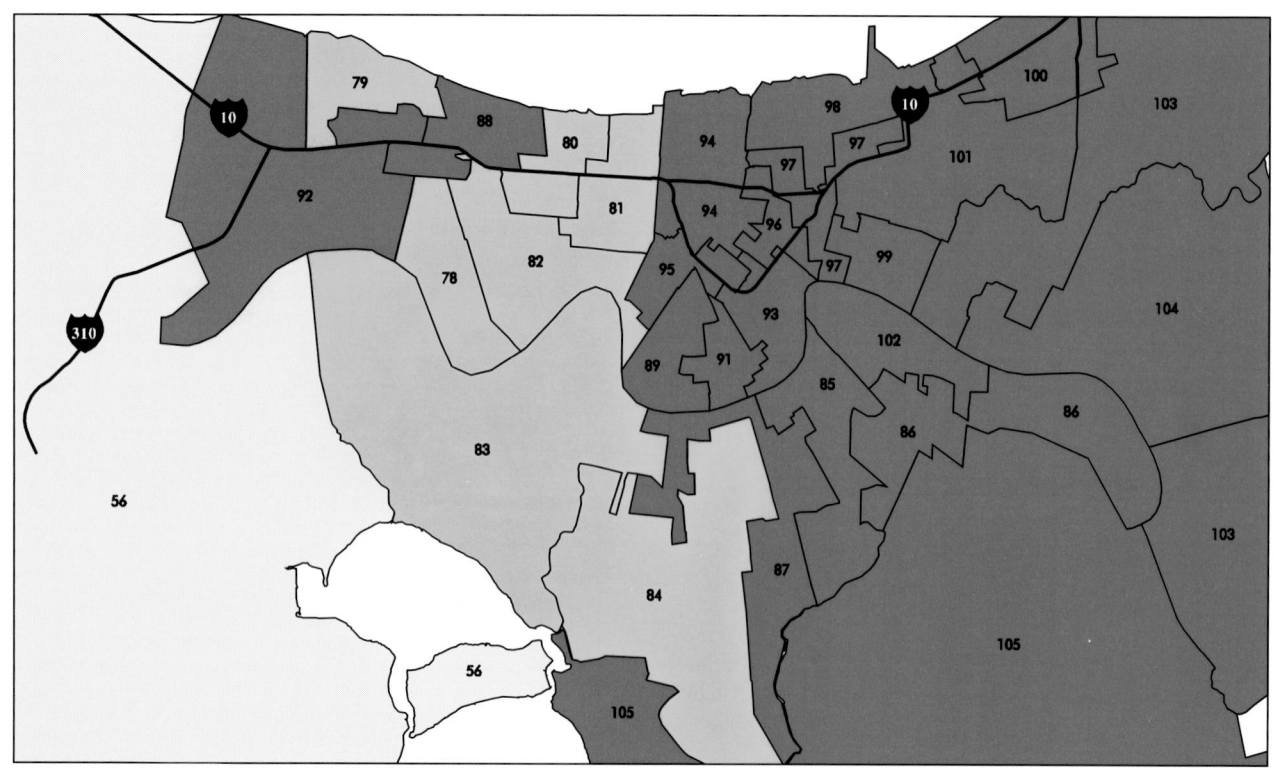

# Louisiana State House Districts: Demographic Data

| House District | Household Income Avg. ($) | > $50K (%) | >$100K (%) | College Educ. (%) | Manf. (%) | Service (%) | Govt. (%) | Farm (%) | Age 55+ (%) | Receives Soc. Sec. (%) | African Amer. (%) | Hispanic Amer. (%) | Asian Amer. (%) |
|---|---|---|---|---|---|---|---|---|---|---|---|---|---|
| Louisiana | 29,493 | 15 | 2 | 19 | 20 | 69 | 5 | 6 | 19 | 26 | 31 | 2 | 1 |
| 1 | 31,011 | 17 | 2 | 17 | 24 | 66 | 4 | 7 | 22 | 27 | 27 | 1 | 0 |
| 2 | 16,728 | 5 | 0 | 12 | 19 | 75 | 4 | 2 | 24 | 35 | 79 | 1 | 0 |
| 3 | 19,324 | 6 | 0 | 7 | 23 | 71 | 4 | 2 | 23 | 33 | 68 | 1 | 0 |
| 4 | 25,529 | 12 | 1 | 18 | 21 | 71 | 4 | 4 | 19 | 26 | 61 | 1 | 0 |
| 5 | 39,977 | 24 | 4 | 28 | 20 | 73 | 4 | 3 | 19 | 20 | 8 | 1 | 1 |
| 6 | 42,095 | 24 | 7 | 43 | 11 | 81 | 4 | 4 | 29 | 32 | 13 | 1 | 1 |
| 7 | 29,464 | 16 | 2 | 18 | 28 | 63 | 3 | 6 | 19 | 26 | 31 | 1 | 0 |
| 8 | 30,807 | 16 | 2 | 22 | 16 | 74 | 7 | 3 | 18 | 21 | 17 | 2 | 1 |
| 9 | 33,604 | 19 | 1 | 21 | 18 | 70 | 7 | 5 | 15 | 19 | 18 | 2 | 1 |
| 10 | 23,964 | 10 | 1 | 13 | 32 | 57 | 5 | 6 | 26 | 34 | 32 | 1 | 0 |
| 11 | 21,351 | 9 | 1 | 18 | 23 | 66 | 5 | 5 | 22 | 30 | 57 | 0 | 0 |
| 12 | 28,255 | 14 | 3 | 22 | 22 | 68 | 4 | 6 | 21 | 28 | 21 | 1 | 1 |
| 13 | 26,388 | 12 | 1 | 12 | 34 | 55 | 5 | 6 | 25 | 32 | 28 | 1 | 0 |
| 14 | 25,979 | 12 | 1 | 14 | 30 | 58 | 5 | 8 | 23 | 31 | 32 | 1 | 0 |
| 15 | 28,872 | 15 | 1 | 16 | 25 | 68 | 4 | 3 | 20 | 26 | 10 | 1 | 0 |
| 16 | 38,472 | 23 | 5 | 38 | 14 | 80 | 4 | 2 | 21 | 24 | 11 | 1 | 1 |
| 17 | 16,911 | 5 | 0 | 11 | 20 | 74 | 5 | 2 | 19 | 31 | 81 | 1 | 0 |
| 18 | 27,479 | 14 | 1 | 10 | 27 | 58 | 9 | 6 | 18 | 26 | 38 | 1 | 0 |
| 19 | 23,442 | 10 | 1 | 13 | 22 | 58 | 4 | 16 | 23 | 31 | 32 | 1 | 0 |
| 20 | 21,935 | 8 | 1 | 11 | 21 | 58 | 4 | 17 | 24 | 31 | 26 | 1 | 0 |
| 21 | 20,131 | 7 | 1 | 12 | 16 | 62 | 5 | 17 | 22 | 31 | 55 | 1 | 0 |
| 22 | 24,111 | 9 | 1 | 12 | 24 | 60 | 5 | 11 | 23 | 30 | 15 | 1 | 0 |
| 23 | 23,080 | 10 | 2 | 17 | 23 | 65 | 4 | 7 | 21 | 29 | 37 | 1 | 0 |
| 24 | 21,793 | 8 | 1 | 10 | 32 | 54 | 4 | 9 | 26 | 34 | 26 | 3 | 0 |
| 25 | 33,794 | 17 | 4 | 23 | 13 | 73 | 7 | 7 | 22 | 27 | 21 | 1 | 1 |
| 26 | 21,173 | 8 | 1 | 14 | 13 | 78 | 7 | 2 | 20 | 29 | 59 | 1 | 1 |
| 27 | 28,252 | 15 | 1 | 18 | 15 | 76 | 6 | 4 | 19 | 24 | 12 | 1 | 1 |
| 28 | 19,567 | 7 | 1 | 9 | 21 | 60 | 11 | 9 | 24 | 32 | 27 | 2 | 0 |
| 29 | 25,235 | 10 | 1 | 14 | 22 | 69 | 8 | 2 | 16 | 22 | 65 | 1 | 0 |
| 30 | 24,459 | 8 | 1 | 14 | 17 | 64 | 15 | 4 | 13 | 19 | 18 | 5 | 2 |
| 31 | 26,218 | 11 | 2 | 19 | 20 | 63 | 13 | 4 | 14 | 18 | 24 | 4 | 2 |
| 32 | 23,113 | 9 | 1 | 9 | 28 | 56 | 7 | 9 | 21 | 32 | 15 | 2 | 0 |
| 33 | 31,647 | 18 | 1 | 15 | 36 | 57 | 4 | 4 | 19 | 24 | 9 | 1 | 0 |
| 34 | 22,206 | 8 | 1 | 14 | 25 | 69 | 4 | 3 | 20 | 27 | 68 | 1 | 0 |
| 35 | 34,250 | 19 | 3 | 20 | 27 | 64 | 5 | 4 | 22 | 27 | 10 | 1 | 0 |
| 36 | 37,718 | 24 | 4 | 25 | 25 | 64 | 4 | 7 | 18 | 21 | 5 | 1 | 1 |
| 37 | 24,475 | 10 | 1 | 10 | 21 | 60 | 3 | 16 | 20 | 31 | 16 | 1 | 0 |
| 38 | 20,430 | 6 | 1 | 11 | 22 | 60 | 5 | 13 | 22 | 31 | 27 | 1 | 0 |
| 39 | 27,843 | 13 | 2 | 16 | 14 | 70 | 5 | 11 | 16 | 20 | 21 | 1 | 0 |
| 40 | 22,357 | 8 | 2 | 14 | 18 | 70 | 5 | 8 | 22 | 30 | 54 | 1 | 0 |
| 41 | 21,871 | 8 | 1 | 10 | 19 | 63 | 3 | 15 | 20 | 30 | 21 | 1 | 0 |
| 42 | 23,397 | 9 | 2 | 12 | 19 | 63 | 4 | 14 | 19 | 27 | 21 | 1 | 0 |
| 43 | 47,009 | 31 | 8 | 42 | 10 | 71 | 3 | 16 | 15 | 15 | 6 | 2 | 1 |
| 44 | 19,707 | 8 | 1 | 14 | 12 | 79 | 4 | 5 | 20 | 28 | 58 | 1 | 1 |
| 45 | 32,627 | 19 | 3 | 32 | 12 | 71 | 5 | 12 | 15 | 17 | 9 | 2 | 2 |
| 46 | 23,988 | 8 | 1 | 10 | 31 | 54 | 3 | 12 | 17 | 25 | 35 | 1 | 1 |
| 47 | 24,345 | 11 | 2 | 11 | 18 | 59 | 4 | 19 | 22 | 30 | 15 | 1 | 1 |
| 48 | 26,886 | 12 | 2 | 12 | 23 | 60 | 4 | 13 | 20 | 28 | 30 | 2 | 2 |
| 49 | 28,333 | 11 | 2 | 10 | 28 | 52 | 3 | 17 | 17 | 25 | 23 | 2 | 1 |
| 50 | 25,216 | 10 | 1 | 9 | 25 | 58 | 4 | 13 | 17 | 26 | 34 | 1 | 1 |

# Louisiana State House Districts: Demographic Data (cont.)

| House District | Household Income Avg. ($) | > $50K (%) | >$100K (%) | College Educ. (%) | Manf. (%) | Service (%) | Govt. (%) | Farm (%) | Age 55+ (%) | Receives Soc. Sec. (%) | African Amer. (%) | Hispanic Amer. (%) | Asian Amer. (%) |
|---|---|---|---|---|---|---|---|---|---|---|---|---|---|
| Louisiana | 29,493 | 15 | 2 | 19 | 20 | 69 | 5 | 6 | 19 | 26 | 31 | 2 | 1 |
| 51 | 26,947 | 12 | 2 | 10 | 20 | 63 | 3 | 14 | 16 | 25 | 21 | 2 | 2 |
| 52 | 31,622 | 15 | 2 | 15 | 15 | 68 | 4 | 14 | 16 | 23 | 16 | 2 | 0 |
| 53 | 26,378 | 12 | 1 | 11 | 14 | 67 | 3 | 17 | 16 | 26 | 15 | 1 | 1 |
| 54 | 25,611 | 10 | 1 | 9 | 20 | 63 | 2 | 15 | 18 | 28 | 3 | 2 | 1 |
| 55 | 29,051 | 14 | 2 | 19 | 23 | 65 | 4 | 8 | 17 | 25 | 21 | 1 | 1 |
| 56 | 34,632 | 23 | 2 | 18 | 32 | 61 | 4 | 2 | 16 | 21 | 24 | 2 | 0 |
| 57 | 34,018 | 22 | 1 | 16 | 31 | 63 | 4 | 2 | 13 | 20 | 31 | 2 | 0 |
| 58 | 26,299 | 14 | 1 | 11 | 34 | 56 | 6 | 5 | 17 | 26 | 63 | 1 | 0 |
| 59 | 33,738 | 20 | 2 | 12 | 36 | 58 | 4 | 2 | 14 | 18 | 10 | 2 | 0 |
| 60 | 27,078 | 14 | 2 | 11 | 36 | 53 | 5 | 6 | 20 | 28 | 34 | 1 | 0 |
| 61 | 21,162 | 8 | 1 | 16 | 16 | 74 | 7 | 2 | 22 | 30 | 68 | 1 | 1 |
| 62 | 26,998 | 15 | 2 | 15 | 23 | 65 | 8 | 4 | 17 | 24 | 28 | 1 | 0 |
| 63 | 28,054 | 16 | 1 | 21 | 20 | 70 | 8 | 2 | 15 | 24 | 74 | 1 | 0 |
| 64 | 33,636 | 21 | 1 | 14 | 29 | 61 | 8 | 2 | 16 | 21 | 15 | 1 | 0 |
| 65 | 42,258 | 32 | 3 | 26 | 25 | 67 | 6 | 2 | 12 | 14 | 7 | 2 | 1 |
| 66 | 36,371 | 23 | 5 | 33 | 18 | 73 | 7 | 1 | 21 | 21 | 22 | 2 | 2 |
| 67 | 15,741 | 5 | 1 | 23 | 12 | 80 | 6 | 2 | 15 | 20 | 61 | 2 | 4 |
| 68 | 48,092 | 31 | 9 | 50 | 14 | 79 | 6 | 1 | 23 | 24 | 16 | 2 | 1 |
| 69 | 45,437 | 35 | 5 | 39 | 24 | 70 | 5 | 1 | 12 | 12 | 4 | 2 | 2 |
| 70 | 47,584 | 34 | 7 | 52 | 17 | 75 | 6 | 2 | 10 | 10 | 15 | 3 | 3 |
| 71 | 30,112 | 15 | 1 | 12 | 29 | 62 | 7 | 2 | 15 | 22 | 6 | 1 | 0 |
| 72 | 21,114 | 8 | 1 | 11 | 21 | 63 | 9 | 8 | 21 | 28 | 56 | 1 | 0 |
| 73 | 25,280 | 12 | 1 | 16 | 23 | 68 | 5 | 4 | 19 | 27 | 24 | 1 | 0 |
| 74 | 27,242 | 12 | 2 | 15 | 22 | 64 | 5 | 9 | 18 | 28 | 13 | 1 | 0 |
| 75 | 22,572 | 9 | 1 | 12 | 26 | 61 | 6 | 6 | 24 | 35 | 32 | 1 | 0 |
| 76 | 41,765 | 33 | 4 | 32 | 20 | 68 | 7 | 5 | 14 | 18 | 9 | 3 | 1 |
| 77 | 38,583 | 25 | 6 | 29 | 14 | 74 | 5 | 7 | 18 | 24 | 15 | 2 | 0 |
| 78 | 37,455 | 24 | 3 | 23 | 16 | 77 | 4 | 2 | 24 | 30 | 14 | 4 | 0 |
| 79 | 44,939 | 31 | 6 | 36 | 15 | 77 | 4 | 3 | 11 | 11 | 8 | 10 | 2 |
| 80 | 36,547 | 23 | 4 | 33 | 12 | 81 | 5 | 2 | 19 | 19 | 4 | 8 | 3 |
| 81 | 38,146 | 22 | 5 | 32 | 12 | 81 | 4 | 3 | 32 | 34 | 1 | 5 | 1 |
| 82 | 31,229 | 17 | 2 | 25 | 14 | 80 | 3 | 3 | 27 | 30 | 11 | 5 | 1 |
| 83 | 24,931 | 10 | 1 | 8 | 26 | 66 | 4 | 4 | 16 | 25 | 32 | 3 | 3 |
| 84 | 32,337 | 17 | 1 | 15 | 23 | 69 | 5 | 4 | 14 | 19 | 12 | 5 | 4 |
| 85 | 32,571 | 20 | 3 | 21 | 15 | 73 | 7 | 5 | 17 | 21 | 26 | 5 | 3 |
| 86 | 38,160 | 25 | 4 | 30 | 14 | 75 | 6 | 6 | 14 | 16 | 24 | 6 | 5 |
| 87 | 25,599 | 12 | 1 | 13 | 21 | 70 | 6 | 3 | 11 | 17 | 58 | 4 | 3 |
| 88 | 42,540 | 28 | 5 | 32 | 12 | 81 | 5 | 2 | 22 | 24 | 3 | 7 | 3 |
| 89 | 51,510 | 27 | 11 | 46 | 8 | 86 | 3 | 3 | 23 | 27 | 34 | 3 | 1 |
| 90 | 40,539 | 28 | 6 | 28 | 19 | 70 | 5 | 5 | 16 | 20 | 13 | 2 | 0 |
| 91 | 29,508 | 14 | 5 | 31 | 10 | 82 | 5 | 3 | 22 | 26 | 65 | 3 | 0 |
| 92 | 29,552 | 15 | 1 | 17 | 16 | 77 | 5 | 2 | 14 | 19 | 29 | 9 | 1 |
| 93 | 17,868 | 7 | 2 | 21 | 11 | 81 | 5 | 3 | 19 | 24 | 76 | 2 | 1 |
| 94 | 42,257 | 25 | 8 | 37 | 11 | 81 | 5 | 2 | 31 | 34 | 13 | 7 | 1 |
| 95 | 22,798 | 10 | 2 | 20 | 10 | 82 | 6 | 2 | 21 | 31 | 73 | 4 | 1 |
| 96 | 15,766 | 4 | 1 | 13 | 13 | 77 | 8 | 2 | 22 | 30 | 89 | 2 | 0 |
| 97 | 23,395 | 9 | 1 | 21 | 12 | 79 | 7 | 2 | 22 | 30 | 78 | 4 | 1 |
| 98 | 35,320 | 21 | 4 | 32 | 11 | 79 | 8 | 2 | 30 | 36 | 45 | 4 | 1 |
| 99 | 17,147 | 4 | 0 | 9 | 13 | 79 | 6 | 1 | 20 | 34 | 91 | 2 | 0 |
| 100 | 34,749 | 22 | 2 | 30 | 11 | 77 | 10 | 2 | 14 | 18 | 65 | 2 | 3 |

# Louisiana State House Districts:  Demographic Data (cont.)

| House District | Household Income Avg. ($) | > $50K (%) | >$100K (%) | College Educ. (%) | Manf. (%) | Employment Type Service (%) | Govt. (%) | Farm (%) | Age 55+ (%) | Receives Soc. Sec. (%) | African Amer. (%) | Hispanic Amer. (%) | Asian Amer. (%) |
|---|---|---|---|---|---|---|---|---|---|---|---|---|---|
| Louisiana | 29,493 | 15 | 2 | 19 | 20 | 69 | 5 | 6 | 19 | 26 | 31 | 2 | 1 |
| 101 | 22,401 | 11 | 1 | 20 | 13 | 78 | 7 | 2 | 16 | 24 | 82 | 2 | 1 |
| 102 | 28,120 | 17 | 2 | 25 | 14 | 73 | 9 | 4 | 18 | 25 | 54 | 4 | 1 |
| 103 | 26,529 | 12 | 1 | 14 | 20 | 70 | 6 | 4 | 22 | 29 | 16 | 7 | 11 |
| 104 | 31,872 | 16 | 1 | 10 | 23 | 69 | 6 | 2 | 18 | 26 | 4 | 5 | 1 |
| 105 | 27,656 | 13 | 1 | 10 | 24 | 56 | 5 | 15 | 17 | 22 | 20 | 2 | 2 |

# MAINE
## State Senate Districts

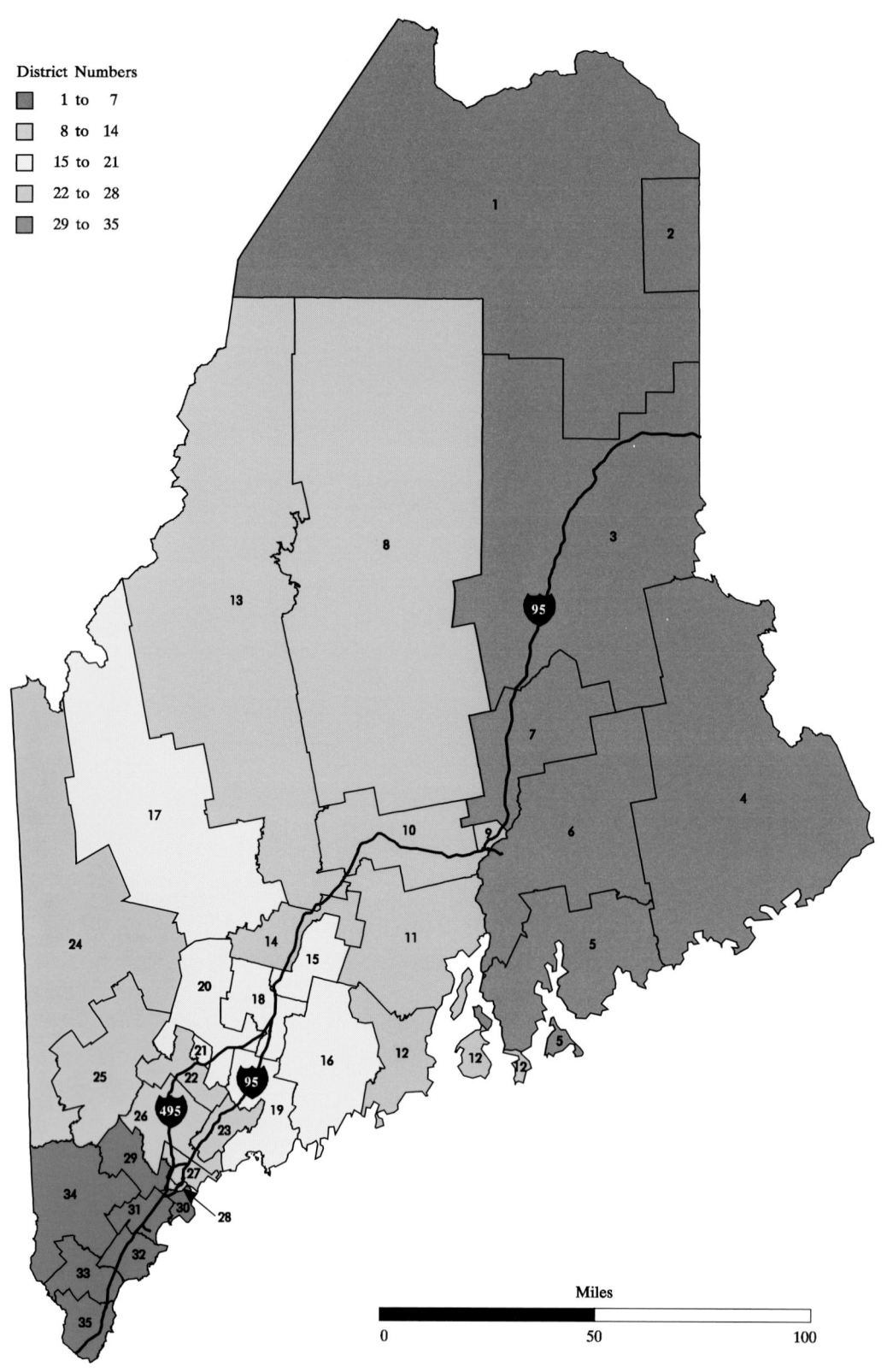

District Numbers
- 1 to 7
- 8 to 14
- 15 to 21
- 22 to 28
- 29 to 35

Miles

0    50    100

# Maine State Senate Districts: Demographic Data

| Senate District | Household Income Avg. ($) | Household Income > $50K (%) | Household Income >$100K (%) | College Educ. (%) | Manf. (%) | Employment Type Service (%) | Employment Type Govt. (%) | Farm (%) | Age 55+ (%) | Receives Soc. Sec. (%) | African Amer. (%) | Hispanic Amer. (%) | Asian Amer. (%) |
|---|---|---|---|---|---|---|---|---|---|---|---|---|---|
| Maine | 33,622 | 18 | 2 | 26 | 28 | 65 | 5 | 3 | 22 | 28 | 0 | 1 | 1 |
| 1 | 27,022 | 11 | 1 | 17 | 28 | 60 | 5 | 7 | 22 | 30 | 1 | 1 | 0 |
| 2 | 27,163 | 10 | 1 | 23 | 18 | 69 | 7 | 5 | 20 | 28 | 2 | 1 | 1 |
| 3 | 29,272 | 15 | 1 | 16 | 35 | 56 | 4 | 5 | 24 | 32 | 0 | 0 | 0 |
| 4 | 24,635 | 9 | 1 | 18 | 26 | 59 | 7 | 8 | 26 | 35 | 0 | 0 | 0 |
| 5 | 30,482 | 15 | 2 | 30 | 22 | 67 | 4 | 7 | 26 | 31 | 0 | 1 | 0 |
| 6 | 33,968 | 19 | 2 | 25 | 25 | 68 | 4 | 2 | 22 | 27 | 0 | 1 | 0 |
| 7 | 31,598 | 17 | 2 | 27 | 23 | 71 | 4 | 2 | 18 | 27 | 0 | 1 | 1 |
| 8 | 26,931 | 9 | 1 | 16 | 40 | 53 | 3 | 4 | 24 | 30 | 0 | 0 | 0 |
| 9 | 32,425 | 17 | 3 | 33 | 13 | 81 | 5 | 1 | 22 | 26 | 1 | 1 | 1 |
| 10 | 32,002 | 16 | 2 | 19 | 31 | 62 | 4 | 3 | 19 | 26 | 0 | 0 | 0 |
| 11 | 29,084 | 13 | 2 | 23 | 30 | 60 | 5 | 5 | 22 | 29 | 0 | 1 | 0 |
| 12 | 32,368 | 16 | 2 | 26 | 25 | 64 | 5 | 6 | 27 | 32 | 0 | 0 | 0 |
| 13 | 28,144 | 13 | 1 | 17 | 36 | 57 | 4 | 3 | 22 | 29 | 0 | 0 | 0 |
| 14 | 32,188 | 18 | 2 | 27 | 26 | 67 | 5 | 2 | 22 | 29 | 0 | 0 | 0 |
| 15 | 33,161 | 17 | 2 | 23 | 24 | 63 | 12 | 1 | 24 | 28 | 0 | 0 | 1 |
| 16 | 34,256 | 18 | 2 | 27 | 29 | 59 | 7 | 5 | 26 | 31 | 0 | 0 | 0 |
| 17 | 28,932 | 14 | 1 | 24 | 36 | 57 | 4 | 3 | 21 | 28 | 0 | 0 | 0 |
| 18 | 34,713 | 20 | 2 | 27 | 26 | 61 | 11 | 2 | 21 | 25 | 0 | 0 | 0 |
| 19 | 37,318 | 23 | 3 | 30 | 34 | 59 | 4 | 3 | 20 | 23 | 1 | 1 | 1 |
| 20 | 33,331 | 18 | 2 | 19 | 34 | 58 | 5 | 3 | 18 | 24 | 0 | 1 | 0 |
| 21 | 29,696 | 14 | 2 | 15 | 33 | 64 | 2 | 1 | 25 | 31 | 1 | 1 | 1 |
| 22 | 33,862 | 18 | 2 | 23 | 32 | 63 | 3 | 1 | 23 | 29 | 0 | 0 | 1 |
| 23 | 41,437 | 28 | 6 | 38 | 21 | 73 | 4 | 2 | 21 | 24 | 1 | 1 | 1 |
| 24 | 29,171 | 13 | 1 | 18 | 39 | 55 | 3 | 4 | 25 | 33 | 0 | 0 | 0 |
| 25 | 30,451 | 15 | 2 | 21 | 33 | 62 | 3 | 3 | 23 | 30 | 0 | 0 | 0 |
| 26 | 46,128 | 33 | 6 | 36 | 22 | 72 | 3 | 2 | 17 | 21 | 0 | 0 | 0 |
| 27 | 43,103 | 29 | 5 | 42 | 16 | 79 | 4 | 1 | 25 | 29 | 1 | 1 | 1 |
| 28 | 30,266 | 14 | 3 | 36 | 14 | 80 | 3 | 2 | 21 | 26 | 2 | 1 | 2 |
| 29 | 37,524 | 24 | 2 | 28 | 26 | 69 | 3 | 1 | 19 | 24 | 0 | 0 | 0 |
| 30 | 47,285 | 30 | 6 | 39 | 16 | 80 | 3 | 1 | 24 | 29 | 0 | 1 | 1 |
| 31 | 37,558 | 24 | 3 | 31 | 24 | 70 | 4 | 2 | 21 | 25 | 0 | 1 | 1 |
| 32 | 38,082 | 22 | 3 | 26 | 32 | 63 | 3 | 1 | 25 | 30 | 0 | 0 | 1 |
| 33 | 34,666 | 20 | 2 | 22 | 42 | 53 | 3 | 2 | 21 | 28 | 0 | 1 | 1 |
| 34 | 36,399 | 21 | 1 | 21 | 40 | 54 | 4 | 2 | 17 | 23 | 0 | 0 | 0 |
| 35 | 42,062 | 29 | 4 | 33 | 32 | 60 | 5 | 2 | 21 | 25 | 1 | 1 | 1 |

# MAINE
## State House Districts

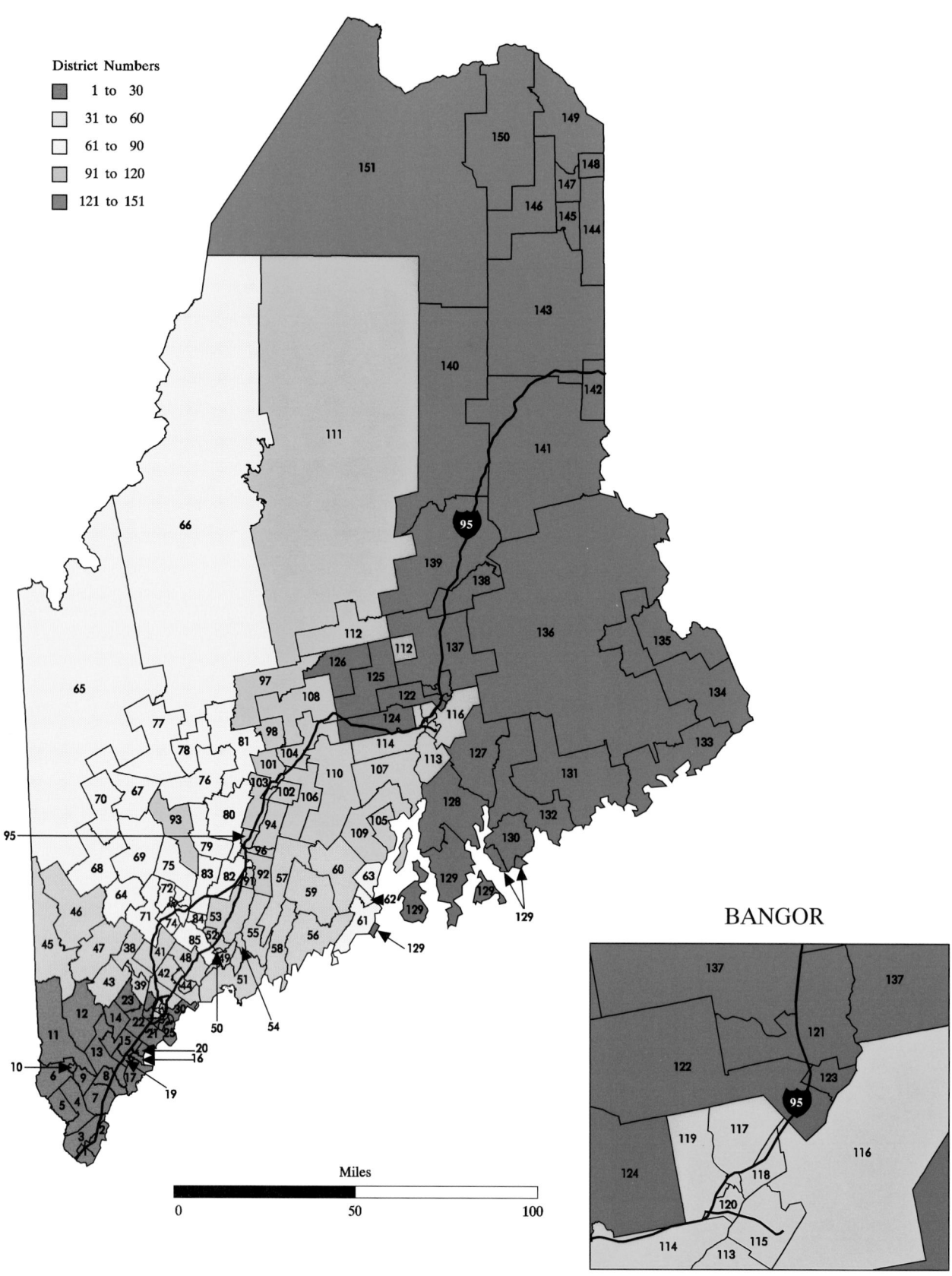

District Numbers

1 to 30
31 to 60
61 to 90
91 to 120
121 to 151

151

150
149
148
147
146
145
144
143
142
140
141
111
95
139
138
66
112
112
137
136
135
97
126
125
134
65
108
122
124
116
133
77
98
114
127
131
81
104
113
128
132
78
101
107
76
110
130
103 102 106
105
93
80
94
129
129
70
67
79
96
109
129
68
69
75
60
129
63
62
59
57
129
46
64
72
83 92
91
61
129
71
55
56
45
84 53
82
58
129
47
38
85 52
48
49
54
43
41
50
42 44
51
39
23
30
12
14
22
20
13
15
21
25
16
11
10
6
9
8
17
19
5
4
7
3
2

Miles

0     50     100

## BANGOR

137
137
121
122
123
95
119
117
116
124
118
120
114
113
115

# PORTLAND
## State House Districts

# LEWISTON
## State House Districts

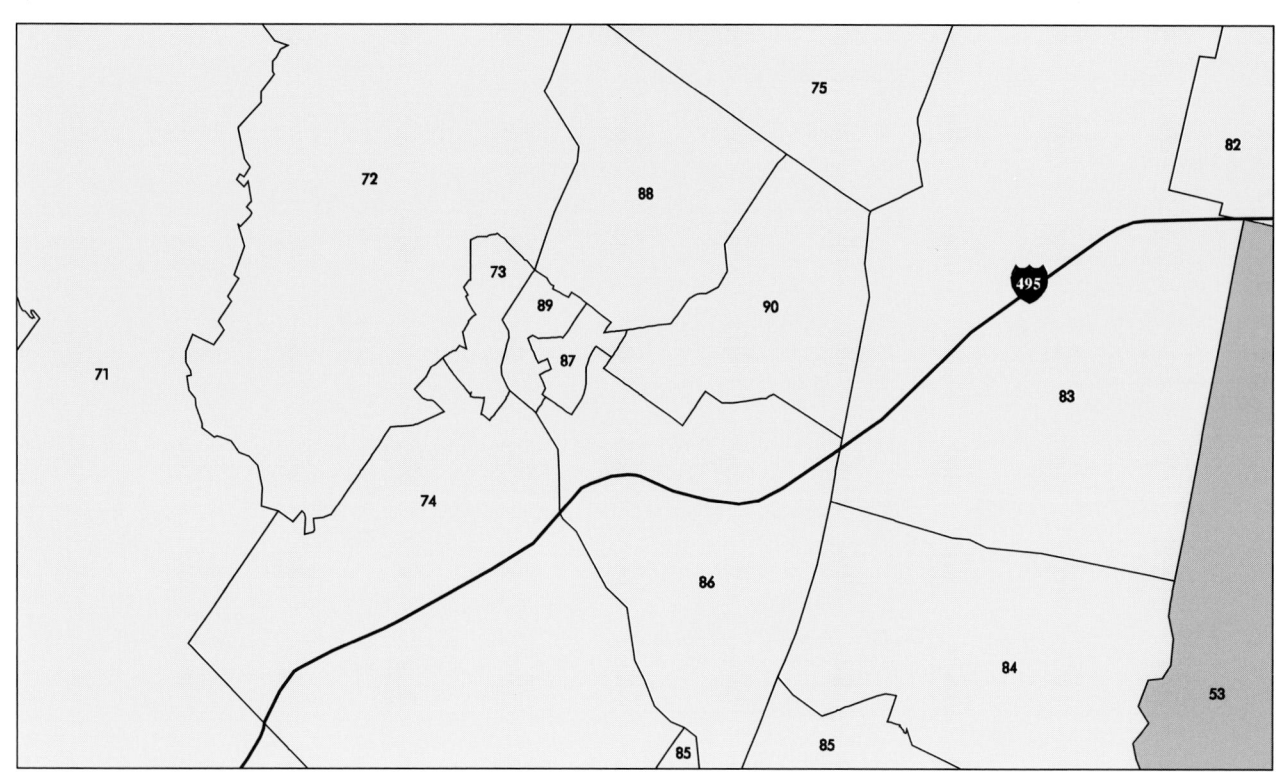

## Maine State House Districts: Demographic Data

| House District | Household Income Avg. ($) | Household Income > $50K (%) | Household Income >$100K (%) | College Educ. (%) | Manf. (%) | Employment Type Service (%) | Employment Type Govt. (%) | Employment Type Farm (%) | Age 55+ (%) | Receives Soc. Sec. (%) | African Amer. (%) | Hispanic Amer. (%) | Asian Amer. (%) |
|---|---|---|---|---|---|---|---|---|---|---|---|---|---|
| Maine | 33,622 | 18 | 2 | 26 | 28 | 65 | 5 | 3 | 22 | 28 | 0 | 1 | 1 |
| 1 | 38,840 | 25 | 3 | 31 | 31 | 61 | 6 | 3 | 21 | 23 | 2 | 2 | 1 |
| 2 | 48,088 | 33 | 6 | 39 | 25 | 66 | 6 | 3 | 27 | 28 | 0 | 0 | 0 |
| 3 | 40,941 | 30 | 3 | 32 | 33 | 60 | 5 | 2 | 21 | 27 | 1 | 1 | 0 |
| 4 | 43,512 | 32 | 3 | 36 | 42 | 53 | 4 | 2 | 14 | 18 | 0 | 0 | 1 |
| 5 | 36,330 | 22 | 1 | 22 | 45 | 48 | 6 | 2 | 16 | 24 | 0 | 0 | 1 |
| 6 | 35,421 | 19 | 2 | 17 | 45 | 50 | 4 | 1 | 17 | 22 | 0 | 1 | 1 |
| 7 | 38,124 | 24 | 3 | 27 | 32 | 62 | 3 | 4 | 24 | 28 | 0 | 0 | 0 |
| 8 | 47,139 | 32 | 7 | 44 | 22 | 71 | 4 | 3 | 26 | 31 | 0 | 1 | 1 |
| 9 | 33,554 | 19 | 2 | 18 | 45 | 49 | 4 | 2 | 22 | 26 | 0 | 1 | 1 |
| 10 | 27,005 | 11 | 0 | 15 | 42 | 54 | 2 | 2 | 25 | 37 | 0 | 1 | 2 |
| 11 | 32,954 | 16 | 1 | 22 | 43 | 50 | 4 | 3 | 24 | 30 | 0 | 1 | 0 |
| 12 | 36,546 | 21 | 1 | 22 | 37 | 58 | 3 | 2 | 14 | 21 | 0 | 0 | 0 |
| 13 | 38,448 | 24 | 2 | 20 | 42 | 52 | 3 | 3 | 15 | 22 | 0 | 0 | 0 |
| 14 | 41,980 | 28 | 2 | 25 | 32 | 63 | 3 | 1 | 16 | 19 | 0 | 0 | 0 |
| 15 | 39,563 | 25 | 3 | 29 | 30 | 63 | 4 | 2 | 19 | 27 | 0 | 0 | 0 |
| 16 | 32,860 | 17 | 2 | 30 | 27 | 69 | 3 | 1 | 25 | 27 | 0 | 1 | 1 |
| 17 | 46,544 | 31 | 6 | 35 | 26 | 68 | 4 | 2 | 26 | 33 | 0 | 0 | 0 |
| 18 | 25,599 | 8 | 0 | 10 | 42 | 55 | 3 | 0 | 22 | 27 | 0 | 1 | 1 |
| 19 | 32,857 | 16 | 1 | 16 | 36 | 60 | 3 | 1 | 27 | 33 | 0 | 1 | 1 |
| 20 | 31,585 | 16 | 1 | 27 | 22 | 73 | 3 | 2 | 22 | 27 | 1 | 1 | 0 |
| 21 | 48,571 | 39 | 6 | 42 | 16 | 79 | 4 | 1 | 20 | 23 | 0 | 0 | 1 |
| 22 | 40,848 | 29 | 4 | 33 | 21 | 73 | 3 | 3 | 19 | 22 | 0 | 0 | 1 |
| 23 | 43,301 | 31 | 5 | 37 | 25 | 72 | 2 | 1 | 16 | 22 | 0 | 0 | 0 |
| 24 | 42,714 | 29 | 5 | 40 | 12 | 83 | 4 | 1 | 25 | 29 | 0 | 0 | 1 |
| 25 | 77,587 | 47 | 17 | 58 | 16 | 79 | 3 | 2 | 24 | 27 | 0 | 1 | 1 |
| 26 | 36,211 | 24 | 2 | 30 | 17 | 79 | 3 | 1 | 25 | 34 | 0 | 1 | 1 |
| 27 | 32,985 | 18 | 0 | 23 | 18 | 78 | 3 | 1 | 21 | 26 | 0 | 1 | 1 |
| 28 | 31,901 | 19 | 0 | 19 | 29 | 67 | 3 | 1 | 24 | 28 | 0 | 1 | 1 |
| 29 | 35,372 | 21 | 1 | 26 | 25 | 71 | 3 | 1 | 21 | 26 | 1 | 0 | 0 |
| 30 | 28,337 | 12 | 1 | 34 | 19 | 75 | 4 | 2 | 20 | 24 | 2 | 1 | 1 |
| 31 | 29,304 | 11 | 3 | 39 | 13 | 83 | 2 | 3 | 21 | 28 | 1 | 1 | 2 |
| 32 | 39,797 | 22 | 5 | 42 | 14 | 81 | 4 | 1 | 23 | 28 | 1 | 1 | 2 |
| 33 | 19,419 | 6 | 0 | 26 | 14 | 80 | 3 | 2 | 18 | 25 | 2 | 1 | 3 |
| 34 | 39,227 | 27 | 3 | 37 | 15 | 80 | 4 | 1 | 21 | 24 | 1 | 1 | 1 |
| 35 | 41,475 | 27 | 3 | 43 | 15 | 81 | 3 | 1 | 23 | 25 | 1 | 1 | 2 |
| 36 | 37,293 | 23 | 2 | 31 | 17 | 78 | 4 | 1 | 29 | 35 | 1 | 1 | 1 |
| 37 | 38,473 | 24 | 5 | 44 | 15 | 80 | 4 | 1 | 27 | 29 | 0 | 1 | 1 |
| 38 | 43,022 | 31 | 4 | 31 | 22 | 73 | 4 | 1 | 17 | 19 | 0 | 0 | 0 |
| 39 | 42,006 | 31 | 3 | 29 | 28 | 67 | 4 | 1 | 17 | 22 | 0 | 1 | 0 |
| 40 | 59,618 | 41 | 12 | 51 | 16 | 79 | 2 | 2 | 28 | 29 | 0 | 0 | 1 |
| 41 | 40,828 | 28 | 4 | 32 | 23 | 71 | 3 | 3 | 16 | 21 | 0 | 0 | 0 |
| 42 | 62,362 | 48 | 14 | 55 | 16 | 79 | 3 | 3 | 19 | 22 | 0 | 0 | 0 |
| 43 | 41,103 | 26 | 3 | 28 | 31 | 65 | 3 | 2 | 15 | 22 | 0 | 0 | 0 |
| 44 | 49,936 | 40 | 10 | 50 | 15 | 78 | 4 | 4 | 22 | 23 | 0 | 1 | 0 |
| 45 | 31,135 | 12 | 2 | 19 | 33 | 58 | 3 | 6 | 23 | 29 | 0 | 0 | 0 |
| 46 | 28,826 | 13 | 1 | 24 | 31 | 62 | 4 | 2 | 24 | 29 | 0 | 1 | 0 |
| 47 | 32,731 | 17 | 2 | 23 | 29 | 65 | 4 | 3 | 21 | 28 | 0 | 0 | 0 |
| 48 | 45,313 | 32 | 7 | 39 | 24 | 71 | 3 | 2 | 19 | 22 | 0 | 0 | 0 |
| 49 | 41,295 | 25 | 5 | 34 | 25 | 68 | 4 | 3 | 18 | 24 | 3 | 2 | 1 |
| 50 | 30,900 | 17 | 3 | 31 | 20 | 74 | 4 | 2 | 25 | 30 | 2 | 1 | 2 |

# Maine State House Districts:  Demographic Data (cont.)

| House District | Household Income Avg. ($) | Household Income > $50K (%) | Household Income >$100K (%) | College Educ. (%) | Manf. (%) | Service (%) | Govt. (%) | Farm (%) | Age 55+ (%) | Receives Soc. Sec. (%) | African Amer. (%) | Hispanic Amer. (%) | Asian Amer. (%) |
|---|---|---|---|---|---|---|---|---|---|---|---|---|---|
| Maine | 33,622 | 18 | 2 | 26 | 28 | 65 | 5 | 3 | 22 | 28 | 0 | 1 | 1 |
| 51 | 40,160 | 25 | 5 | 36 | 32 | 56 | 3 | 9 | 25 | 28 | 0 | 1 | 0 |
| 52 | 36,792 | 26 | 1 | 31 | 26 | 68 | 6 | 1 | 16 | 19 | 1 | 1 | 2 |
| 53 | 34,252 | 19 | 2 | 25 | 35 | 57 | 5 | 2 | 15 | 22 | 1 | 1 | 1 |
| 54 | 33,312 | 19 | 2 | 27 | 38 | 56 | 5 | 1 | 23 | 26 | 2 | 1 | 1 |
| 55 | 38,852 | 21 | 3 | 27 | 40 | 53 | 5 | 3 | 19 | 20 | 1 | 1 | 0 |
| 56 | 35,705 | 18 | 4 | 31 | 27 | 59 | 4 | 10 | 33 | 39 | 0 | 0 | 0 |
| 57 | 32,739 | 17 | 1 | 22 | 28 | 58 | 10 | 3 | 20 | 24 | 0 | 1 | 0 |
| 58 | 35,489 | 20 | 3 | 34 | 31 | 60 | 4 | 5 | 30 | 35 | 0 | 0 | 0 |
| 59 | 31,377 | 14 | 2 | 22 | 32 | 58 | 5 | 6 | 24 | 30 | 0 | 0 | 0 |
| 60 | 28,790 | 13 | 1 | 22 | 30 | 59 | 6 | 6 | 20 | 24 | 0 | 0 | 0 |
| 61 | 32,914 | 17 | 2 | 25 | 25 | 62 | 5 | 8 | 28 | 36 | 0 | 0 | 0 |
| 62 | 26,295 | 11 | 1 | 18 | 24 | 68 | 5 | 3 | 27 | 31 | 0 | 0 | 0 |
| 63 | 41,939 | 22 | 4 | 41 | 22 | 72 | 4 | 2 | 31 | 32 | 0 | 1 | 0 |
| 64 | 29,559 | 12 | 1 | 13 | 37 | 58 | 3 | 2 | 20 | 29 | 0 | 1 | 0 |
| 65 | 29,540 | 14 | 2 | 22 | 38 | 55 | 3 | 4 | 24 | 30 | 0 | 0 | 0 |
| 66 | 25,680 | 10 | 1 | 21 | 36 | 58 | 3 | 3 | 23 | 30 | 0 | 0 | 0 |
| 67 | 27,596 | 12 | 0 | 12 | 42 | 52 | 4 | 1 | 25 | 37 | 0 | 0 | 0 |
| 68 | 29,736 | 15 | 2 | 22 | 34 | 60 | 3 | 3 | 26 | 32 | 0 | 0 | 0 |
| 69 | 31,919 | 15 | 2 | 22 | 35 | 58 | 2 | 5 | 22 | 32 | 0 | 0 | 0 |
| 70 | 27,117 | 13 | 1 | 15 | 42 | 55 | 2 | 1 | 29 | 38 | 0 | 1 | 0 |
| 71 | 35,509 | 18 | 2 | 21 | 35 | 59 | 3 | 3 | 17 | 23 | 0 | 0 | 0 |
| 72 | 42,334 | 26 | 6 | 36 | 25 | 70 | 3 | 2 | 25 | 29 | 0 | 0 | 1 |
| 73 | 24,051 | 10 | 1 | 20 | 37 | 58 | 4 | 1 | 22 | 29 | 1 | 1 | 1 |
| 74 | 33,907 | 16 | 2 | 21 | 32 | 62 | 4 | 2 | 24 | 28 | 0 | 0 | 0 |
| 75 | 37,319 | 23 | 3 | 22 | 31 | 63 | 3 | 4 | 15 | 22 | 0 | 2 | 0 |
| 76 | 29,568 | 14 | 1 | 22 | 39 | 52 | 4 | 4 | 20 | 25 | 0 | 0 | 0 |
| 77 | 30,023 | 14 | 1 | 23 | 45 | 51 | 3 | 1 | 21 | 30 | 0 | 0 | 0 |
| 78 | 27,273 | 13 | 0 | 30 | 25 | 68 | 4 | 3 | 21 | 27 | 0 | 0 | 0 |
| 79 | 40,070 | 29 | 4 | 37 | 27 | 59 | 11 | 2 | 23 | 27 | 0 | 0 | 0 |
| 80 | 40,130 | 27 | 3 | 33 | 22 | 63 | 12 | 3 | 21 | 23 | 0 | 0 | 0 |
| 81 | 29,317 | 16 | 1 | 18 | 40 | 52 | 5 | 3 | 20 | 29 | 0 | 0 | 0 |
| 82 | 34,936 | 18 | 1 | 20 | 25 | 60 | 13 | 2 | 19 | 24 | 0 | 0 | 0 |
| 83 | 31,421 | 15 | 1 | 15 | 36 | 56 | 6 | 3 | 17 | 24 | 0 | 0 | 0 |
| 84 | 33,235 | 17 | 1 | 22 | 34 | 60 | 6 | 1 | 17 | 22 | 0 | 1 | 1 |
| 85 | 38,097 | 25 | 2 | 27 | 29 | 66 | 3 | 1 | 17 | 21 | 1 | 1 | 1 |
| 86 | 36,118 | 22 | 2 | 14 | 31 | 65 | 3 | 1 | 28 | 35 | 0 | 0 | 0 |
| 87 | 21,760 | 5 | 1 | 10 | 36 | 62 | 1 | 1 | 26 | 34 | 1 | 1 | 1 |
| 88 | 38,124 | 23 | 4 | 23 | 26 | 71 | 2 | 1 | 26 | 28 | 0 | 1 | 1 |
| 89 | 19,860 | 5 | 1 | 8 | 39 | 57 | 2 | 1 | 25 | 34 | 1 | 1 | 1 |
| 90 | 35,159 | 20 | 2 | 16 | 32 | 65 | 3 | 0 | 23 | 29 | 0 | 1 | 0 |
| 91 | 29,926 | 15 | 1 | 21 | 23 | 66 | 10 | 1 | 23 | 28 | 0 | 0 | 0 |
| 92 | 33,588 | 19 | 1 | 25 | 23 | 61 | 14 | 2 | 21 | 25 | 0 | 0 | 0 |
| 93 | 28,319 | 13 | 1 | 15 | 38 | 53 | 3 | 6 | 23 | 28 | 0 | 1 | 0 |
| 94 | 33,090 | 18 | 1 | 25 | 22 | 62 | 14 | 2 | 23 | 28 | 0 | 0 | 0 |
| 95 | 29,645 | 15 | 2 | 20 | 23 | 64 | 13 | 0 | 24 | 26 | 0 | 1 | 1 |
| 96 | 31,787 | 14 | 2 | 23 | 19 | 65 | 15 | 1 | 31 | 32 | 0 | 1 | 1 |
| 97 | 27,116 | 11 | 1 | 13 | 43 | 51 | 3 | 3 | 25 | 31 | 0 | 0 | 0 |
| 98 | 28,095 | 14 | 2 | 19 | 38 | 56 | 5 | 1 | 25 | 32 | 0 | 0 | 0 |
| 99 | 31,794 | 17 | 3 | 34 | 19 | 78 | 3 | 1 | 23 | 37 | 1 | 1 | 1 |
| 100 | 27,812 | 13 | 1 | 25 | 26 | 71 | 3 | 0 | 28 | 32 | 0 | 1 | 1 |

# Maine State House Districts:  Demographic Data (cont.)

| House District | Household Income Avg. ($) | > $50K (%) | >$100K (%) | College Educ. (%) | Manf. (%) | Employment Type Service (%) | Govt. (%) | Farm (%) | Age 55+ (%) | Receives Soc. Sec. (%) | African Amer. (%) | Hispanic Amer. (%) | Asian Amer. (%) |
|---|---|---|---|---|---|---|---|---|---|---|---|---|---|
| Maine | 33,622 | 18 | 2 | 26 | 28 | 65 | 5 | 3 | 22 | 28 | 0 | 1 | 1 |
| 101 | 29,917 | 16 | 1 | 21 | 26 | 69 | 3 | 2 | 21 | 24 | 0 | 0 | 0 |
| 102 | 35,916 | 23 | 4 | 22 | 35 | 61 | 3 | 1 | 24 | 30 | 0 | 0 | 0 |
| 103 | 33,632 | 19 | 2 | 24 | 30 | 63 | 5 | 2 | 17 | 24 | 0 | 0 | 0 |
| 104 | 30,596 | 15 | 2 | 14 | 46 | 49 | 1 | 4 | 20 | 29 | 0 | 1 | 0 |
| 105 | 29,909 | 14 | 3 | 26 | 27 | 64 | 5 | 4 | 29 | 38 | 0 | 0 | 0 |
| 106 | 37,279 | 20 | 2 | 22 | 29 | 58 | 8 | 5 | 18 | 25 | 0 | 0 | 0 |
| 107 | 31,960 | 17 | 2 | 23 | 29 | 62 | 5 | 4 | 19 | 24 | 0 | 1 | 0 |
| 108 | 29,061 | 11 | 1 | 13 | 44 | 48 | 3 | 5 | 19 | 26 | 0 | 0 | 0 |
| 109 | 27,828 | 12 | 1 | 21 | 32 | 60 | 4 | 4 | 22 | 28 | 0 | 1 | 0 |
| 110 | 26,104 | 9 | 1 | 21 | 32 | 56 | 4 | 7 | 19 | 28 | 0 | 0 | 0 |
| 111 | 25,878 | 9 | 1 | 17 | 42 | 52 | 3 | 4 | 26 | 35 | 0 | 0 | 0 |
| 112 | 26,484 | 11 | 1 | 20 | 36 | 55 | 4 | 5 | 24 | 32 | 0 | 0 | 0 |
| 113 | 33,323 | 19 | 1 | 26 | 30 | 64 | 5 | 2 | 20 | 26 | 0 | 1 | 0 |
| 114 | 36,704 | 22 | 3 | 30 | 16 | 77 | 5 | 2 | 19 | 24 | 0 | 0 | 1 |
| 115 | 33,447 | 18 | 3 | 29 | 17 | 77 | 4 | 2 | 25 | 30 | 0 | 1 | 0 |
| 116 | 37,491 | 23 | 4 | 26 | 19 | 75 | 5 | 1 | 22 | 27 | 0 | 0 | 0 |
| 117 | 36,478 | 20 | 5 | 36 | 11 | 83 | 6 | 0 | 23 | 29 | 1 | 1 | 1 |
| 118 | 33,888 | 18 | 4 | 35 | 13 | 83 | 3 | 1 | 25 | 27 | 0 | 1 | 1 |
| 119 | 28,957 | 13 | 2 | 28 | 14 | 80 | 5 | 1 | 19 | 26 | 1 | 1 | 1 |
| 120 | 29,769 | 15 | 3 | 35 | 15 | 76 | 8 | 1 | 19 | 22 | 1 | 0 | 1 |
| 121 | 29,437 | 15 | 2 | 29 | 19 | 76 | 4 | 0 | 22 | 30 | 0 | 1 | 2 |
| 122 | 34,583 | 21 | 2 | 29 | 18 | 73 | 6 | 3 | 18 | 22 | 0 | 1 | 1 |
| 123 | 35,758 | 24 | 3 | 62 | 8 | 86 | 4 | 2 | 8 | 23 | 1 | 1 | 2 |
| 124 | 33,139 | 17 | 2 | 18 | 25 | 68 | 6 | 2 | 18 | 27 | 0 | 0 | 0 |
| 125 | 31,236 | 12 | 2 | 16 | 31 | 59 | 4 | 5 | 19 | 25 | 0 | 0 | 0 |
| 126 | 27,276 | 9 | 1 | 12 | 50 | 44 | 2 | 3 | 23 | 29 | 0 | 0 | 0 |
| 127 | 30,878 | 14 | 2 | 29 | 21 | 71 | 5 | 3 | 23 | 28 | 0 | 0 | 0 |
| 128 | 33,690 | 18 | 2 | 32 | 29 | 63 | 3 | 4 | 26 | 32 | 0 | 1 | 0 |
| 129 | 27,239 | 13 | 2 | 23 | 29 | 53 | 3 | 15 | 29 | 35 | 0 | 0 | 0 |
| 130 | 33,639 | 18 | 3 | 38 | 19 | 73 | 3 | 5 | 28 | 30 | 0 | 0 | 0 |
| 131 | 23,479 | 8 | 0 | 19 | 22 | 61 | 5 | 13 | 26 | 34 | 0 | 0 | 0 |
| 132 | 29,314 | 13 | 2 | 24 | 22 | 66 | 5 | 7 | 22 | 29 | 1 | 1 | 0 |
| 133 | 23,878 | 9 | 0 | 21 | 17 | 62 | 9 | 13 | 26 | 36 | 0 | 0 | 1 |
| 134 | 22,423 | 7 | 1 | 16 | 28 | 56 | 8 | 8 | 26 | 36 | 0 | 0 | 0 |
| 135 | 29,174 | 13 | 1 | 15 | 35 | 60 | 5 | 1 | 26 | 33 | 0 | 0 | 0 |
| 136 | 25,938 | 11 | 1 | 15 | 31 | 58 | 6 | 6 | 24 | 32 | 0 | 0 | 0 |
| 137 | 30,974 | 13 | 1 | 16 | 35 | 60 | 3 | 3 | 17 | 19 | 0 | 0 | 0 |
| 138 | 28,789 | 15 | 1 | 14 | 38 | 57 | 3 | 2 | 24 | 31 | 0 | 0 | 0 |
| 139 | 29,015 | 14 | 1 | 16 | 43 | 54 | 2 | 1 | 23 | 28 | 0 | 0 | 0 |
| 140 | 33,877 | 21 | 0 | 17 | 47 | 48 | 3 | 1 | 24 | 29 | 0 | 0 | 0 |
| 141 | 26,113 | 11 | 1 | 12 | 35 | 55 | 3 | 7 | 25 | 36 | 0 | 0 | 0 |
| 142 | 26,967 | 11 | 2 | 22 | 20 | 69 | 7 | 4 | 27 | 34 | 0 | 0 | 0 |
| 143 | 26,811 | 9 | 1 | 14 | 20 | 65 | 4 | 10 | 24 | 29 | 0 | 0 | 0 |
| 144 | 26,541 | 10 | 1 | 20 | 22 | 58 | 8 | 12 | 26 | 34 | 0 | 0 | 0 |
| 145 | 28,740 | 12 | 1 | 26 | 19 | 73 | 4 | 3 | 22 | 28 | 1 | 1 | 1 |
| 146 | 27,580 | 10 | 1 | 19 | 27 | 58 | 6 | 9 | 21 | 27 | 0 | 0 | 0 |
| 147 | 25,832 | 9 | 1 | 21 | 18 | 71 | 7 | 4 | 26 | 33 | 0 | 1 | 1 |
| 148 | 25,741 | 8 | 0 | 26 | 10 | 66 | 19 | 5 | 7 | 13 | 7 | 3 | 2 |
| 149 | 23,947 | 7 | 1 | 17 | 20 | 64 | 10 | 6 | 16 | 27 | 3 | 1 | 1 |
| 150 | 31,097 | 14 | 1 | 16 | 37 | 53 | 3 | 6 | 24 | 29 | 0 | 0 | 0 |
| 151 | 26,914 | 12 | 1 | 19 | 27 | 64 | 4 | 4 | 24 | 32 | 0 | 0 | 0 |

# MARYLAND
## State Senate Districts

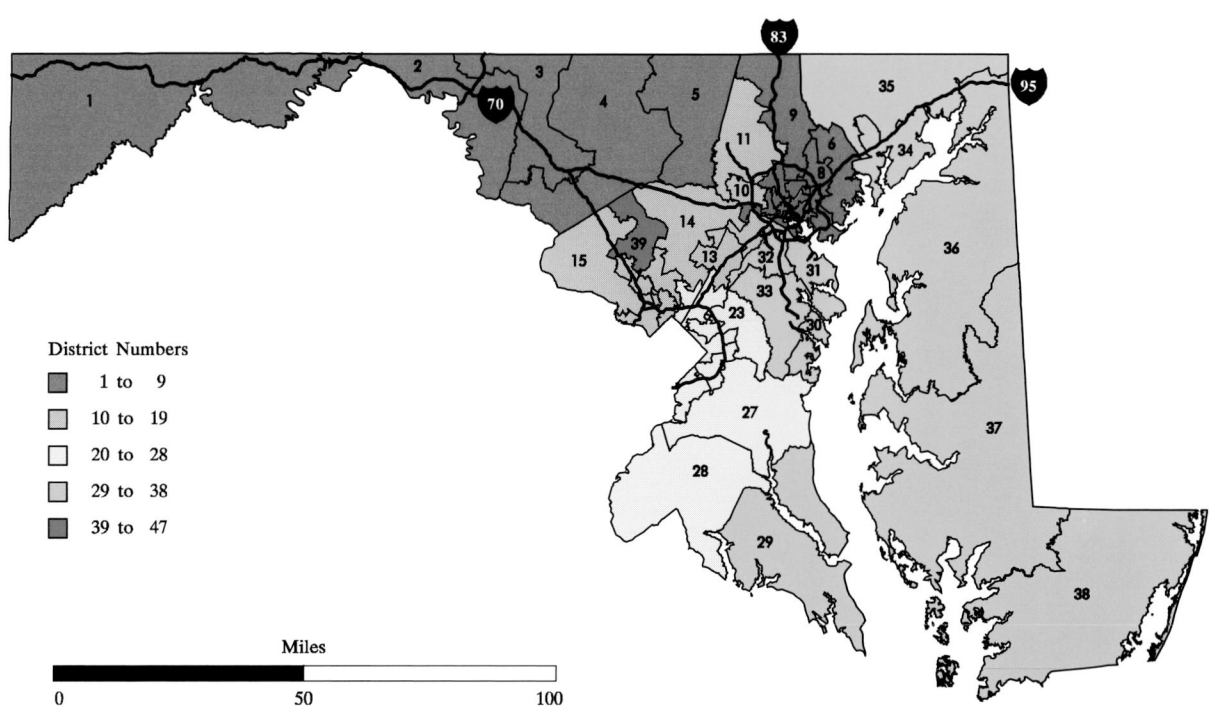

District Numbers

- 1 to 9
- 10 to 19
- 20 to 28
- 29 to 38
- 39 to 47

Miles

0                    50                    100

## WASHINGTON, D.C. AREA

## BALTIMORE

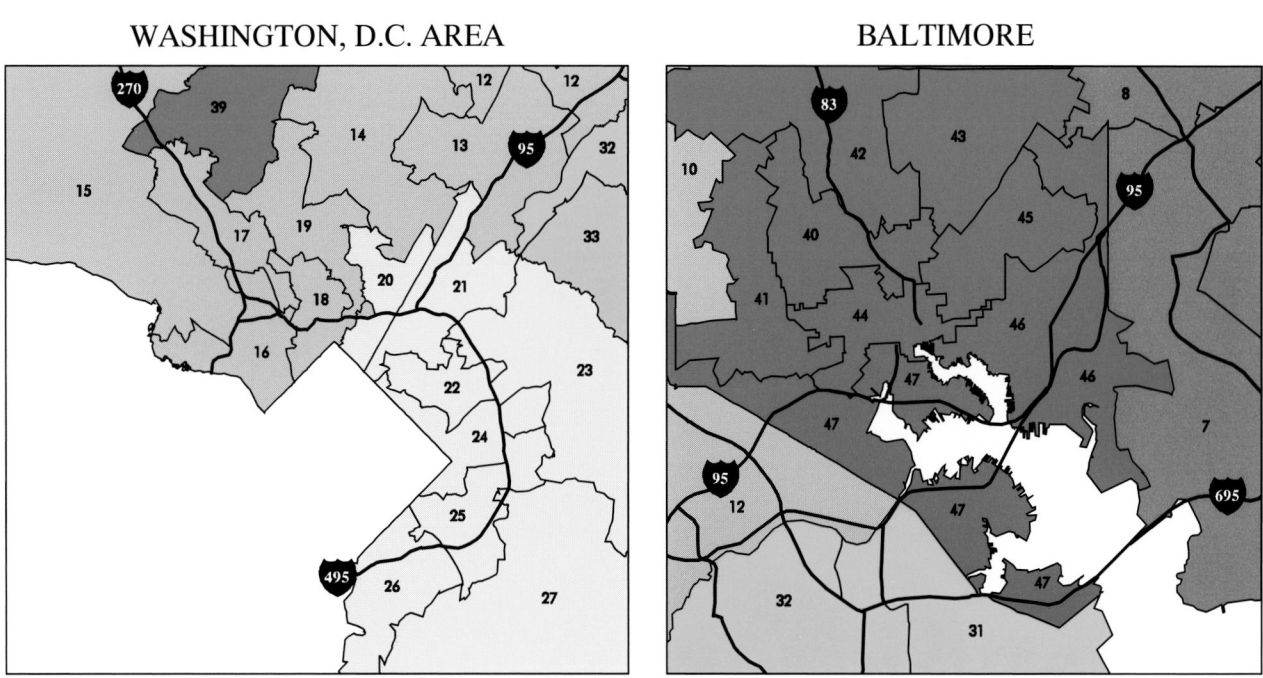

# Maryland State Senate Districts:  Demographic Data

| Senate District | Household Income Avg. ($) | Household Income > $50K (%) | Household Income >$100K (%) | College Educ. (%) | Manf. (%) | Employment Type Service (%) | Employment Type Govt. (%) | Employment Type Farm (%) | Age 55+ (%) | Receives Soc. Sec. (%) | African Amer. (%) | Hispanic Amer. (%) | Asian Amer. (%) |
|---|---|---|---|---|---|---|---|---|---|---|---|---|---|
| Maryland | 47,914 | 36 | 7 | 32 | 19 | 68 | 12 | 2 | 19 | 22 | 25 | 3 | 3 |
| 1 | 28,236 | 13 | 2 | 17 | 24 | 67 | 5 | 4 | 28 | 37 | 2 | 0 | 0 |
| 2 | 32,748 | 18 | 2 | 16 | 29 | 61 | 8 | 2 | 23 | 30 | 7 | 1 | 1 |
| 3 | 43,917 | 32 | 4 | 29 | 24 | 65 | 8 | 3 | 19 | 22 | 7 | 1 | 1 |
| 4 | 48,504 | 40 | 5 | 24 | 28 | 60 | 7 | 5 | 16 | 20 | 3 | 1 | 1 |
| 5 | 47,358 | 39 | 5 | 26 | 27 | 61 | 9 | 3 | 18 | 23 | 2 | 1 | 1 |
| 6 | 37,655 | 25 | 3 | 14 | 29 | 63 | 6 | 1 | 21 | 26 | 8 | 1 | 1 |
| 7 | 36,854 | 25 | 1 | 13 | 30 | 62 | 8 | 0 | 25 | 31 | 8 | 1 | 1 |
| 8 | 44,192 | 34 | 3 | 30 | 20 | 71 | 8 | 1 | 22 | 25 | 6 | 1 | 3 |
| 9 | 56,220 | 43 | 11 | 45 | 17 | 76 | 6 | 2 | 29 | 31 | 3 | 1 | 3 |
| 10 | 40,914 | 30 | 3 | 30 | 16 | 70 | 14 | 1 | 20 | 21 | 62 | 1 | 2 |
| 11 | 65,310 | 46 | 14 | 43 | 18 | 74 | 7 | 2 | 20 | 20 | 10 | 1 | 3 |
| 12 | 49,241 | 39 | 6 | 37 | 19 | 69 | 11 | 1 | 20 | 23 | 11 | 2 | 3 |
| 13 | 54,994 | 50 | 7 | 51 | 17 | 68 | 15 | 1 | 10 | 10 | 15 | 3 | 4 |
| 14 | 70,005 | 63 | 17 | 52 | 16 | 70 | 12 | 2 | 16 | 16 | 9 | 2 | 6 |
| 15 | 94,247 | 70 | 29 | 63 | 13 | 75 | 11 | 2 | 13 | 11 | 5 | 4 | 9 |
| 16 | 95,201 | 68 | 31 | 73 | 7 | 78 | 14 | 1 | 28 | 23 | 3 | 5 | 7 |
| 17 | 54,165 | 46 | 10 | 50 | 13 | 74 | 12 | 1 | 17 | 16 | 10 | 9 | 9 |
| 18 | 62,433 | 49 | 13 | 51 | 12 | 75 | 12 | 1 | 24 | 23 | 14 | 10 | 7 |
| 19 | 64,728 | 58 | 14 | 53 | 11 | 74 | 13 | 1 | 22 | 23 | 13 | 6 | 9 |
| 20 | 50,074 | 41 | 9 | 50 | 12 | 74 | 13 | 1 | 17 | 17 | 28 | 12 | 9 |
| 21 | 47,035 | 38 | 6 | 39 | 14 | 72 | 12 | 1 | 14 | 14 | 28 | 10 | 7 |
| 22 | 43,883 | 34 | 4 | 30 | 14 | 71 | 14 | 1 | 16 | 17 | 44 | 7 | 5 |
| 23 | 57,769 | 54 | 8 | 43 | 13 | 68 | 17 | 1 | 14 | 13 | 25 | 3 | 5 |
| 24 | 40,008 | 30 | 3 | 20 | 12 | 67 | 20 | 0 | 14 | 16 | 83 | 3 | 1 |
| 25 | 44,565 | 35 | 4 | 26 | 10 | 64 | 26 | 1 | 11 | 12 | 75 | 2 | 2 |
| 26 | 51,395 | 44 | 7 | 29 | 10 | 63 | 25 | 1 | 15 | 14 | 68 | 2 | 4 |
| 27 | 57,634 | 53 | 8 | 26 | 17 | 61 | 20 | 2 | 16 | 18 | 29 | 2 | 2 |
| 28 | 50,309 | 45 | 6 | 22 | 19 | 59 | 20 | 2 | 13 | 17 | 18 | 2 | 1 |
| 29 | 43,856 | 34 | 4 | 22 | 20 | 62 | 15 | 3 | 16 | 20 | 15 | 1 | 1 |
| 30 | 55,817 | 46 | 10 | 40 | 16 | 70 | 12 | 1 | 18 | 20 | 16 | 1 | 1 |
| 31 | 46,673 | 39 | 4 | 21 | 25 | 61 | 13 | 1 | 19 | 24 | 6 | 1 | 1 |
| 32 | 44,654 | 37 | 3 | 22 | 21 | 62 | 16 | 1 | 16 | 19 | 13 | 2 | 3 |
| 33 | 62,066 | 53 | 13 | 40 | 18 | 65 | 15 | 2 | 15 | 17 | 12 | 2 | 2 |
| 34 | 42,487 | 32 | 3 | 28 | 23 | 63 | 13 | 1 | 14 | 17 | 13 | 2 | 2 |
| 35 | 49,688 | 42 | 6 | 25 | 27 | 61 | 9 | 3 | 18 | 22 | 3 | 1 | 1 |
| 36 | 43,222 | 30 | 5 | 21 | 27 | 60 | 7 | 6 | 23 | 28 | 11 | 1 | 0 |
| 37 | 35,431 | 20 | 4 | 20 | 31 | 58 | 5 | 6 | 27 | 33 | 25 | 1 | 0 |
| 38 | 33,373 | 18 | 3 | 20 | 24 | 64 | 6 | 6 | 25 | 31 | 22 | 1 | 1 |
| 39 | 58,560 | 53 | 10 | 50 | 16 | 72 | 11 | 2 | 9 | 9 | 11 | 5 | 7 |
| 40 | 24,756 | 11 | 1 | 16 | 18 | 70 | 12 | 1 | 22 | 29 | 89 | 1 | 1 |
| 41 | 29,344 | 15 | 1 | 13 | 18 | 69 | 12 | 1 | 21 | 28 | 82 | 1 | 1 |
| 42 | 55,132 | 34 | 12 | 46 | 13 | 79 | 8 | 1 | 30 | 33 | 13 | 1 | 2 |
| 43 | 38,677 | 24 | 3 | 27 | 17 | 71 | 11 | 1 | 20 | 26 | 58 | 1 | 1 |
| 44 | 22,274 | 11 | 2 | 16 | 17 | 72 | 10 | 1 | 18 | 26 | 79 | 1 | 1 |
| 45 | 26,478 | 12 | 1 | 11 | 21 | 68 | 11 | 1 | 20 | 29 | 75 | 1 | 1 |
| 46 | 29,713 | 16 | 1 | 13 | 27 | 65 | 8 | 1 | 27 | 34 | 15 | 2 | 1 |
| 47 | 34,501 | 23 | 2 | 21 | 22 | 67 | 10 | 1 | 22 | 28 | 25 | 1 | 2 |

# MARYLAND
## State House Districts

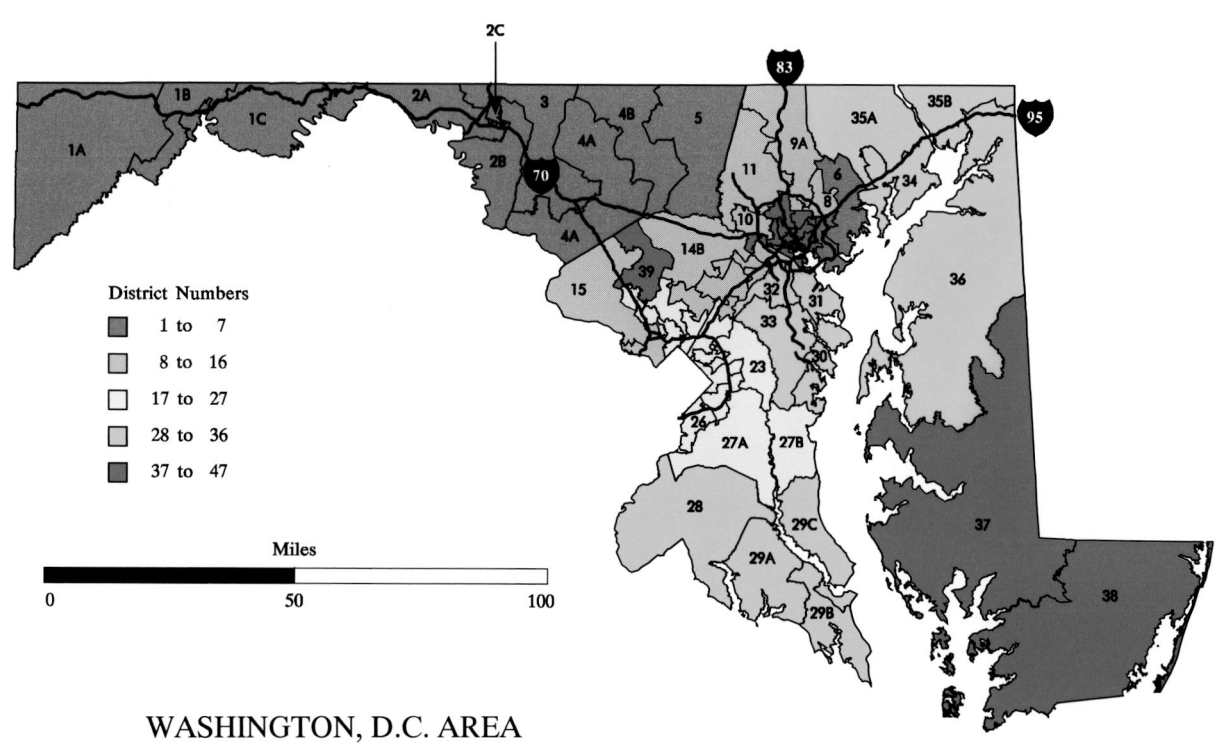

District Numbers

| | |
|---|---|
| ■ | 1 to 7 |
| ▨ | 8 to 16 |
| □ | 17 to 27 |
| ▨ | 28 to 36 |
| ▨ | 37 to 47 |

Miles

0    50    100

## WASHINGTON, D.C. AREA

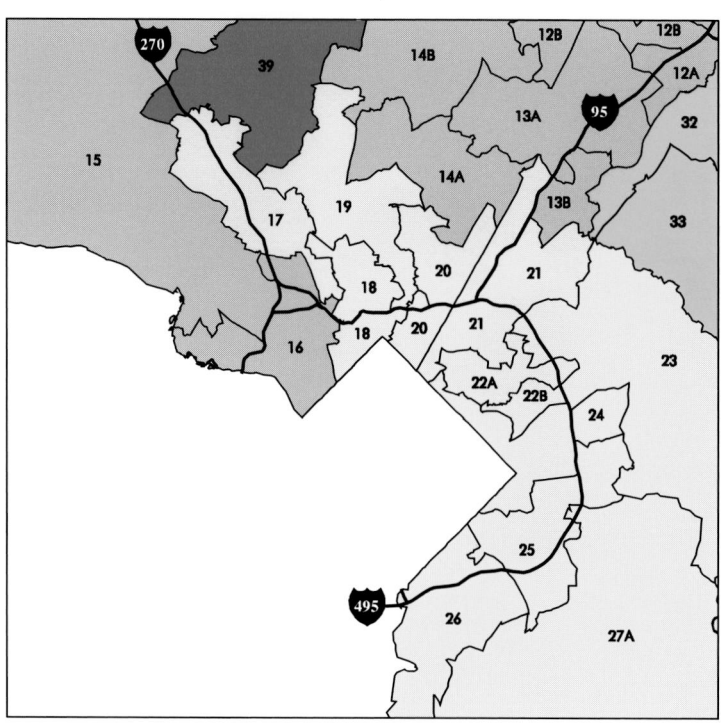

# BALTIMORE
## State House Districts

# Maryland State House Districts: Demographic Data

| House District | Household Income Avg. ($) | > $50K (%) | >$100K (%) | College Educ. (%) | Manf. (%) | Employment Type Service (%) | Govt. (%) | Farm (%) | Age 55+ (%) | Receives Soc. Sec. (%) | African Amer. (%) | Hispanic Amer. (%) | Asian Amer. (%) |
|---|---|---|---|---|---|---|---|---|---|---|---|---|---|
| Maryland | 47,914 | 36 | 7 | 32 | 19 | 68 | 12 | 2 | 19 | 22 | 25 | 3 | 3 |
| 1A | 27,408 | 13 | 1 | 13 | 28 | 58 | 5 | 9 | 24 | 33 | 0 | 0 | 0 |
| 1B | 30,621 | 16 | 2 | 21 | 23 | 70 | 4 | 2 | 28 | 39 | 2 | 0 | 0 |
| 1C | 26,645 | 10 | 2 | 16 | 21 | 72 | 5 | 1 | 31 | 40 | 3 | 0 | 0 |
| 2A | 33,006 | 19 | 1 | 15 | 31 | 59 | 8 | 2 | 25 | 30 | 2 | 1 | 0 |
| 2B | 39,138 | 26 | 3 | 18 | 29 | 59 | 9 | 4 | 19 | 27 | 11 | 1 | 1 |
| 2C | 27,737 | 12 | 1 | 15 | 28 | 64 | 7 | 1 | 25 | 32 | 6 | 1 | 1 |
| 3 | 43,917 | 32 | 4 | 29 | 24 | 65 | 8 | 3 | 19 | 22 | 7 | 1 | 1 |
| 4A | 50,062 | 43 | 6 | 26 | 26 | 60 | 8 | 6 | 15 | 19 | 3 | 1 | 1 |
| 4B | 45,454 | 34 | 5 | 19 | 31 | 58 | 6 | 5 | 17 | 23 | 2 | 1 | 0 |
| 5 | 47,358 | 39 | 5 | 26 | 27 | 61 | 9 | 3 | 18 | 23 | 2 | 1 | 1 |
| 6 | 37,655 | 25 | 3 | 14 | 29 | 63 | 6 | 1 | 21 | 26 | 8 | 1 | 1 |
| 7 | 36,854 | 25 | 1 | 13 | 30 | 62 | 8 | 0 | 25 | 31 | 8 | 1 | 1 |
| 8 | 44,192 | 34 | 3 | 30 | 20 | 71 | 8 | 1 | 22 | 25 | 6 | 1 | 3 |
| 9A | 60,145 | 47 | 13 | 43 | 19 | 73 | 6 | 2 | 28 | 28 | 2 | 1 | 3 |
| 9B | 48,664 | 36 | 7 | 50 | 12 | 81 | 6 | 1 | 32 | 37 | 5 | 1 | 2 |
| 10 | 40,914 | 30 | 3 | 30 | 16 | 70 | 14 | 1 | 20 | 21 | 62 | 1 | 2 |
| 11 | 65,310 | 46 | 14 | 43 | 18 | 74 | 7 | 2 | 20 | 20 | 10 | 1 | 3 |
| 12A | 41,911 | 31 | 3 | 25 | 21 | 68 | 10 | 0 | 23 | 28 | 9 | 1 | 3 |
| 12B | 63,670 | 56 | 13 | 63 | 15 | 71 | 14 | 1 | 13 | 12 | 17 | 3 | 5 |
| 13A | 59,932 | 57 | 10 | 56 | 16 | 68 | 15 | 1 | 9 | 10 | 15 | 2 | 4 |
| 13B | 46,272 | 37 | 2 | 40 | 18 | 68 | 13 | 1 | 11 | 10 | 16 | 3 | 5 |
| 14A | 71,373 | 66 | 16 | 55 | 13 | 73 | 12 | 2 | 14 | 12 | 16 | 3 | 10 |
| 14B | 69,388 | 61 | 17 | 50 | 17 | 68 | 12 | 2 | 17 | 18 | 6 | 1 | 4 |
| 15 | 94,247 | 70 | 29 | 63 | 13 | 75 | 11 | 2 | 13 | 11 | 5 | 4 | 9 |
| 16 | 95,201 | 68 | 31 | 73 | 7 | 78 | 14 | 1 | 28 | 23 | 3 | 5 | 7 |
| 17 | 54,165 | 46 | 10 | 50 | 13 | 74 | 12 | 1 | 17 | 16 | 10 | 9 | 9 |
| 18 | 62,433 | 49 | 13 | 51 | 12 | 75 | 12 | 1 | 24 | 23 | 14 | 10 | 7 |
| 19 | 64,728 | 58 | 14 | 53 | 11 | 74 | 13 | 1 | 22 | 23 | 13 | 6 | 9 |
| 20 | 50,074 | 41 | 9 | 50 | 12 | 74 | 13 | 1 | 17 | 17 | 28 | 12 | 9 |
| 21 | 47,035 | 38 | 6 | 39 | 14 | 72 | 12 | 1 | 14 | 14 | 28 | 10 | 7 |
| 22A | 45,408 | 36 | 5 | 32 | 15 | 71 | 13 | 1 | 18 | 19 | 37 | 8 | 6 |
| 22B | 40,812 | 31 | 2 | 25 | 13 | 71 | 15 | 1 | 13 | 14 | 59 | 4 | 3 |
| 23 | 57,769 | 54 | 8 | 43 | 13 | 68 | 17 | 1 | 14 | 13 | 25 | 3 | 5 |
| 24 | 40,008 | 30 | 3 | 20 | 12 | 67 | 20 | 0 | 14 | 16 | 83 | 3 | 1 |
| 25 | 44,565 | 35 | 4 | 26 | 10 | 64 | 26 | 1 | 11 | 12 | 75 | 2 | 2 |
| 26 | 51,395 | 44 | 7 | 29 | 10 | 63 | 25 | 1 | 15 | 14 | 68 | 2 | 4 |
| 27A | 58,962 | 55 | 8 | 28 | 14 | 62 | 22 | 1 | 16 | 17 | 37 | 2 | 2 |
| 27B | 55,011 | 50 | 8 | 22 | 22 | 59 | 17 | 3 | 16 | 19 | 12 | 1 | 1 |
| 28 | 50,309 | 45 | 6 | 22 | 19 | 59 | 20 | 2 | 13 | 17 | 18 | 2 | 1 |
| 29A | 44,394 | 35 | 4 | 17 | 22 | 59 | 14 | 4 | 17 | 21 | 12 | 1 | 1 |
| 29B | 38,448 | 27 | 2 | 24 | 19 | 61 | 17 | 2 | 13 | 16 | 16 | 2 | 2 |
| 29C | 49,165 | 41 | 6 | 24 | 19 | 65 | 14 | 2 | 17 | 23 | 16 | 1 | 1 |
| 30 | 55,817 | 46 | 10 | 40 | 16 | 70 | 12 | 1 | 18 | 20 | 16 | 1 | 1 |
| 31 | 46,673 | 39 | 4 | 21 | 25 | 61 | 13 | 1 | 19 | 24 | 6 | 1 | 1 |
| 32 | 44,654 | 37 | 3 | 22 | 21 | 62 | 16 | 1 | 16 | 19 | 13 | 2 | 3 |
| 33 | 62,066 | 53 | 13 | 40 | 18 | 65 | 15 | 2 | 15 | 17 | 12 | 2 | 2 |
| 34 | 42,487 | 32 | 3 | 28 | 23 | 63 | 13 | 1 | 14 | 17 | 13 | 2 | 2 |
| 35A | 53,634 | 47 | 8 | 29 | 26 | 62 | 9 | 3 | 18 | 22 | 2 | 1 | 1 |
| 35B | 41,264 | 31 | 3 | 18 | 31 | 57 | 8 | 4 | 18 | 21 | 5 | 1 | 0 |
| 36 | 43,222 | 30 | 5 | 21 | 27 | 60 | 7 | 6 | 23 | 28 | 11 | 1 | 0 |

# Maryland State House Districts:  Demographic Data (cont.)

| House District | Household Income Avg. ($) | Household Income > $50K (%) | Household Income >$100K (%) | College Educ. (%) | Manf. (%) | Employment Type Service (%) | Employment Type Govt. (%) | Farm (%) | Age 55+ (%) | Receives Soc. Sec. (%) | African Amer. (%) | Hispanic Amer. (%) | Asian Amer. (%) |
|---|---|---|---|---|---|---|---|---|---|---|---|---|---|
| Maryland | 47,914 | 36 | 7 | 32 | 19 | 68 | 12 | 2 | 19 | 22 | 25 | 3 | 3 |
| 37 | 35,431 | 20 | 4 | 20 | 31 | 58 | 5 | 6 | 27 | 33 | 25 | 1 | 0 |
| 38 | 33,373 | 18 | 3 | 20 | 24 | 64 | 6 | 6 | 25 | 31 | 22 | 1 | 1 |
| 39 | 58,560 | 53 | 10 | 50 | 16 | 72 | 11 | 2 | 9 | 9 | 11 | 5 | 7 |
| 40 | 24,756 | 11 | 1 | 16 | 18 | 70 | 12 | 1 | 22 | 29 | 89 | 1 | 1 |
| 41 | 29,344 | 15 | 1 | 13 | 18 | 69 | 12 | 1 | 21 | 28 | 82 | 1 | 1 |
| 42 | 55,132 | 34 | 12 | 46 | 13 | 79 | 8 | 1 | 30 | 33 | 13 | 1 | 2 |
| 43 | 38,677 | 24 | 3 | 27 | 17 | 71 | 11 | 1 | 20 | 26 | 58 | 1 | 1 |
| 44 | 22,274 | 11 | 2 | 16 | 17 | 72 | 10 | 1 | 18 | 26 | 79 | 1 | 1 |
| 45 | 26,478 | 12 | 1 | 11 | 21 | 68 | 11 | 1 | 20 | 29 | 75 | 1 | 1 |
| 46 | 29,713 | 16 | 1 | 13 | 27 | 65 | 8 | 1 | 27 | 34 | 15 | 2 | 1 |
| 47A | 28,684 | 15 | 1 | 13 | 25 | 65 | 9 | 1 | 21 | 29 | 32 | 1 | 1 |
| 47B | 45,848 | 37 | 4 | 35 | 17 | 71 | 11 | 1 | 25 | 28 | 9 | 1 | 4 |

# MASSACHUSETTS
## State Senate Districts

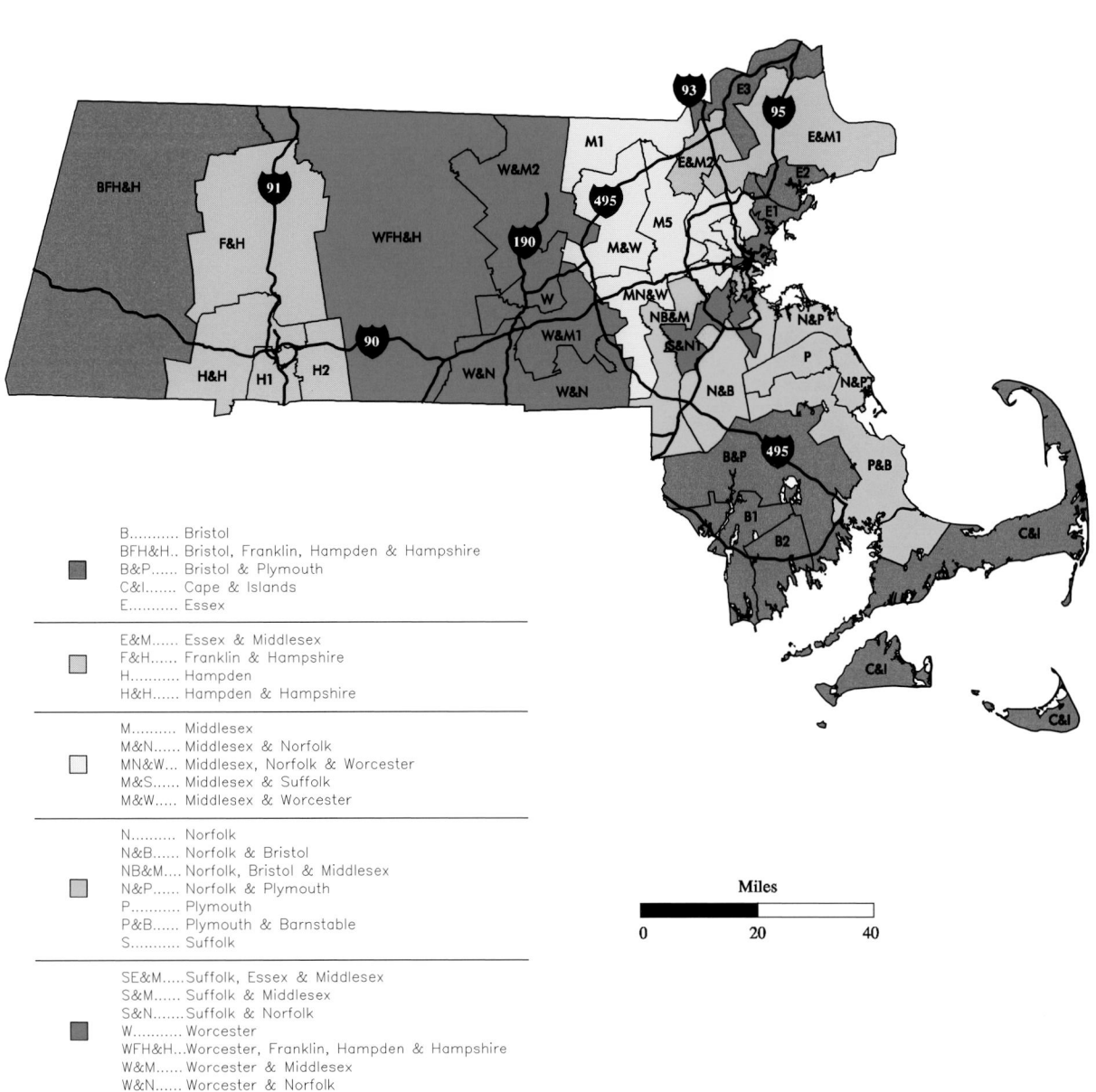

B........... Bristol
BFH&H.. Bristol, Franklin, Hampden & Hampshire
B&P...... Bristol & Plymouth
C&I....... Cape & Islands
E........... Essex

E&M...... Essex & Middlesex
F&H...... Franklin & Hampshire
H........... Hampden
H&H...... Hampden & Hampshire

M........... Middlesex
M&N...... Middlesex & Norfolk
MN&W... Middlesex, Norfolk & Worcester
M&S...... Middlesex & Suffolk
M&W...... Middlesex & Worcester

N........... Norfolk
N&B...... Norfolk & Bristol
NB&M.... Norfolk, Bristol & Middlesex
N&P...... Norfolk & Plymouth
P........... Plymouth
P&B...... Plymouth & Barnstable
S........... Suffolk

SE&M.....Suffolk, Essex & Middlesex
S&M...... Suffolk & Middlesex
S&N.......Suffolk & Norfolk
W........... Worcester
WFH&H...Worcester, Franklin, Hampden & Hampshire
W&M...... Worcester & Middlesex
W&N...... Worcester & Norfolk

Miles

0          20          40

# BOSTON
## State Senate Districts

## Massachusetts State Senate Districts: Demographic Data

| Senate District* | Household Income Avg. ($) | > $50K (%) | >$100K (%) | College Educ. (%) | Manf. (%) | Employment Type Service (%) | Govt. (%) | Farm (%) | Age 55+ (%) | Receives Soc. Sec. (%) | African Amer. (%) | Hispanic Amer. (%) | Asian Amer. (%) |
|---|---|---|---|---|---|---|---|---|---|---|---|---|---|
| Mass. | 45,410 | 34 | 7 | 35 | 24 | 70 | 4 | 1 | 22 | 27 | 5 | 5 | 2 |
| BFH&H | 37,697 | 25 | 3 | 28 | 30 | 65 | 3 | 2 | 26 | 33 | 2 | 1 | 1 |
| B1 | 32,542 | 20 | 2 | 18 | 35 | 59 | 5 | 1 | 26 | 34 | 1 | 1 | 1 |
| B2 | 31,475 | 18 | 2 | 17 | 32 | 60 | 5 | 3 | 26 | 35 | 3 | 5 | 0 |
| B&P | 43,349 | 34 | 4 | 25 | 26 | 67 | 5 | 2 | 20 | 26 | 2 | 2 | 1 |
| C&I | 38,702 | 26 | 4 | 37 | 19 | 72 | 5 | 4 | 33 | 38 | 2 | 1 | 0 |
| E1 | 47,071 | 35 | 8 | 34 | 24 | 69 | 5 | 1 | 25 | 29 | 5 | 6 | 2 |
| E2 | 44,705 | 35 | 6 | 33 | 25 | 70 | 4 | 1 | 25 | 28 | 1 | 3 | 1 |
| E3 | 44,844 | 36 | 5 | 33 | 31 | 63 | 5 | 1 | 22 | 27 | 1 | 3 | 1 |
| E&M1 | 54,951 | 45 | 11 | 40 | 26 | 69 | 4 | 2 | 22 | 25 | 0 | 1 | 1 |
| E&M2 | 45,872 | 37 | 7 | 29 | 33 | 62 | 5 | 1 | 18 | 23 | 3 | 19 | 2 |
| F&H | 38,877 | 27 | 4 | 41 | 18 | 77 | 3 | 2 | 20 | 27 | 2 | 3 | 3 |
| H1 | 36,903 | 23 | 4 | 28 | 22 | 72 | 4 | 1 | 22 | 27 | 14 | 15 | 1 |
| H2 | 38,744 | 26 | 3 | 25 | 27 | 67 | 5 | 1 | 26 | 33 | 7 | 4 | 1 |
| H&H | 35,831 | 24 | 2 | 23 | 31 | 64 | 4 | 1 | 23 | 30 | 2 | 11 | 1 |
| M1 | 40,639 | 31 | 4 | 25 | 36 | 58 | 5 | 1 | 18 | 24 | 2 | 7 | 7 |
| M2 | 45,864 | 35 | 7 | 36 | 18 | 77 | 4 | 1 | 23 | 28 | 4 | 4 | 3 |
| M3 | 46,017 | 38 | 6 | 33 | 21 | 74 | 5 | 1 | 25 | 30 | 2 | 2 | 3 |
| M4 | 56,871 | 48 | 11 | 46 | 21 | 73 | 4 | 1 | 25 | 26 | 2 | 2 | 4 |
| M5 | 69,733 | 52 | 18 | 49 | 26 | 68 | 4 | 1 | 22 | 22 | 2 | 3 | 3 |
| M&N | 72,781 | 53 | 20 | 65 | 13 | 83 | 4 | 1 | 23 | 25 | 2 | 2 | 6 |
| MN&W | 55,515 | 48 | 10 | 45 | 23 | 72 | 3 | 1 | 20 | 21 | 2 | 4 | 2 |
| M&S | 49,992 | 38 | 9 | 57 | 15 | 80 | 4 | 1 | 21 | 22 | 5 | 4 | 6 |
| M&W | 59,823 | 50 | 14 | 46 | 36 | 59 | 4 | 1 | 17 | 19 | 2 | 3 | 2 |
| N | 44,085 | 34 | 6 | 30 | 18 | 76 | 5 | 1 | 26 | 31 | 1 | 1 | 5 |
| N&B | 53,595 | 46 | 8 | 39 | 23 | 72 | 4 | 1 | 20 | 25 | 2 | 1 | 1 |
| NB&M | 63,824 | 50 | 15 | 47 | 28 | 68 | 3 | 1 | 21 | 24 | 1 | 2 | 2 |
| N&P | 57,675 | 48 | 11 | 43 | 18 | 76 | 5 | 1 | 22 | 25 | 1 | 1 | 1 |
| P | 42,367 | 33 | 5 | 25 | 22 | 72 | 4 | 1 | 20 | 25 | 9 | 4 | 1 |
| P&B | 44,263 | 36 | 5 | 30 | 21 | 71 | 5 | 2 | 20 | 27 | 1 | 1 | 0 |
| S1 | 39,616 | 24 | 6 | 33 | 15 | 79 | 6 | 0 | 17 | 20 | 23 | 12 | 8 |
| S2 | 31,632 | 20 | 3 | 30 | 14 | 80 | 6 | 1 | 14 | 17 | 57 | 15 | 4 |
| SE&M | 37,970 | 27 | 4 | 24 | 19 | 75 | 6 | 0 | 25 | 29 | 3 | 9 | 3 |
| S&M | 37,171 | 23 | 5 | 43 | 14 | 81 | 5 | 0 | 18 | 20 | 8 | 10 | 7 |
| S&N1 | 52,624 | 43 | 10 | 39 | 17 | 76 | 6 | 1 | 26 | 30 | 3 | 3 | 1 |
| S&N2 | 45,210 | 36 | 7 | 34 | 16 | 77 | 6 | 1 | 22 | 27 | 22 | 6 | 3 |
| W | 40,166 | 29 | 5 | 34 | 25 | 70 | 4 | 1 | 25 | 30 | 4 | 8 | 3 |
| WFH&H | 38,733 | 27 | 3 | 27 | 32 | 62 | 4 | 2 | 21 | 28 | 0 | 1 | 0 |
| W&M1 | 43,304 | 34 | 5 | 32 | 28 | 68 | 3 | 1 | 21 | 27 | 2 | 4 | 2 |
| W&M2 | 41,986 | 32 | 5 | 30 | 33 | 61 | 4 | 1 | 21 | 28 | 2 | 5 | 1 |
| W&N | 41,443 | 33 | 4 | 26 | 33 | 63 | 3 | 1 | 21 | 27 | 1 | 3 | 1 |

\*  Districts are identified by names of counties or combinations of counties rather than by number.

# MASSACHUSETTS
## State House Districts

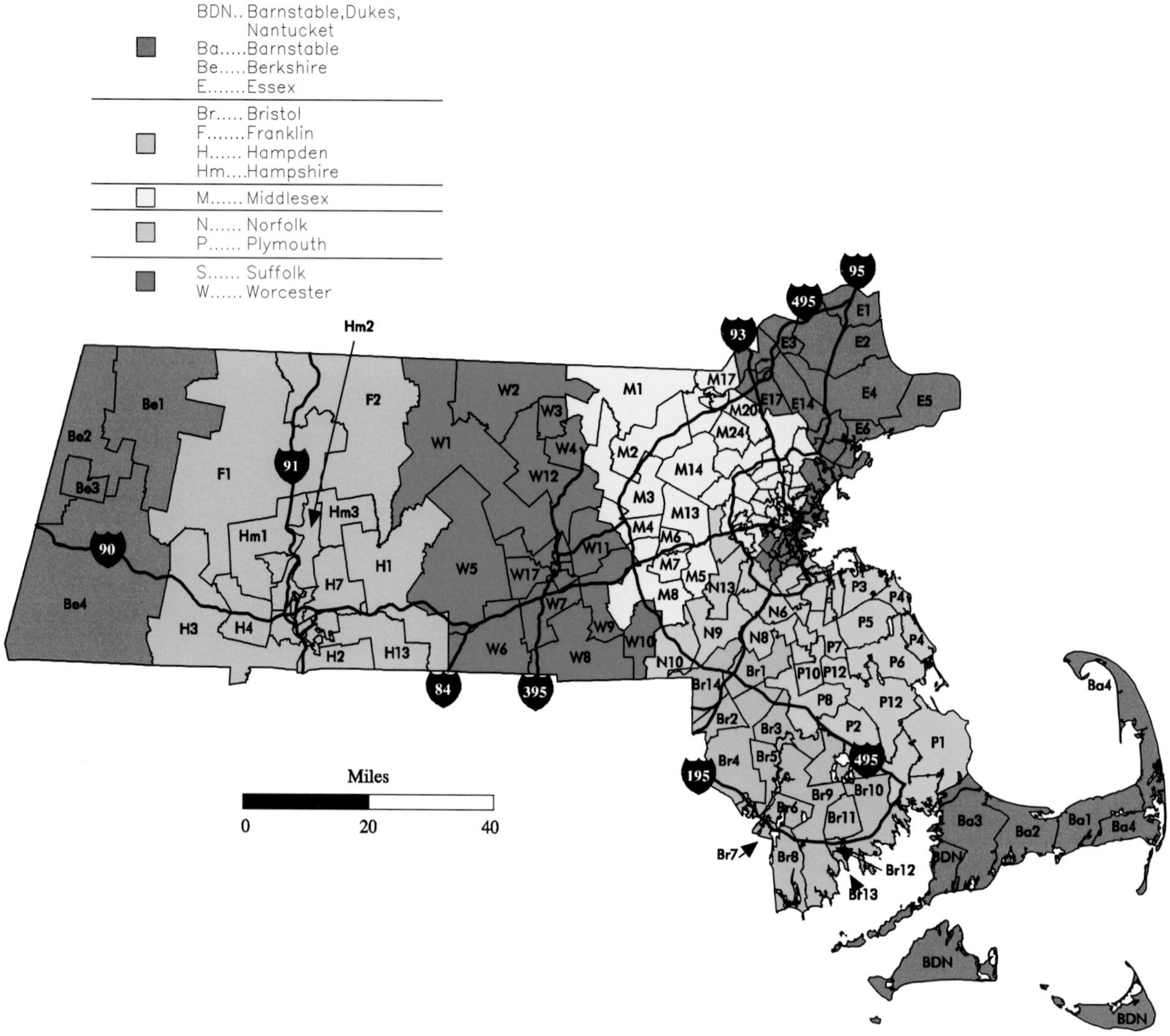

BDN.. Barnstable,Dukes,
        Nantucket
Ba.....Barnstable
Be.....Berkshire
E.......Essex

Br.....Bristol
F.......Franklin
H......Hampden
Hm....Hampshire

M......Middlesex

N......Norfolk
P.......Plymouth

S...... Suffolk
W...... Worcester

Miles

0          20          40

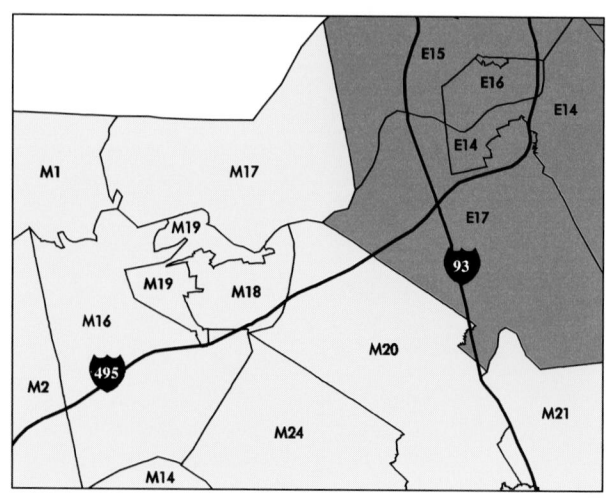

## WORCESTER

## LOWELL/LAWRENCE

# BOSTON
## State House Districts

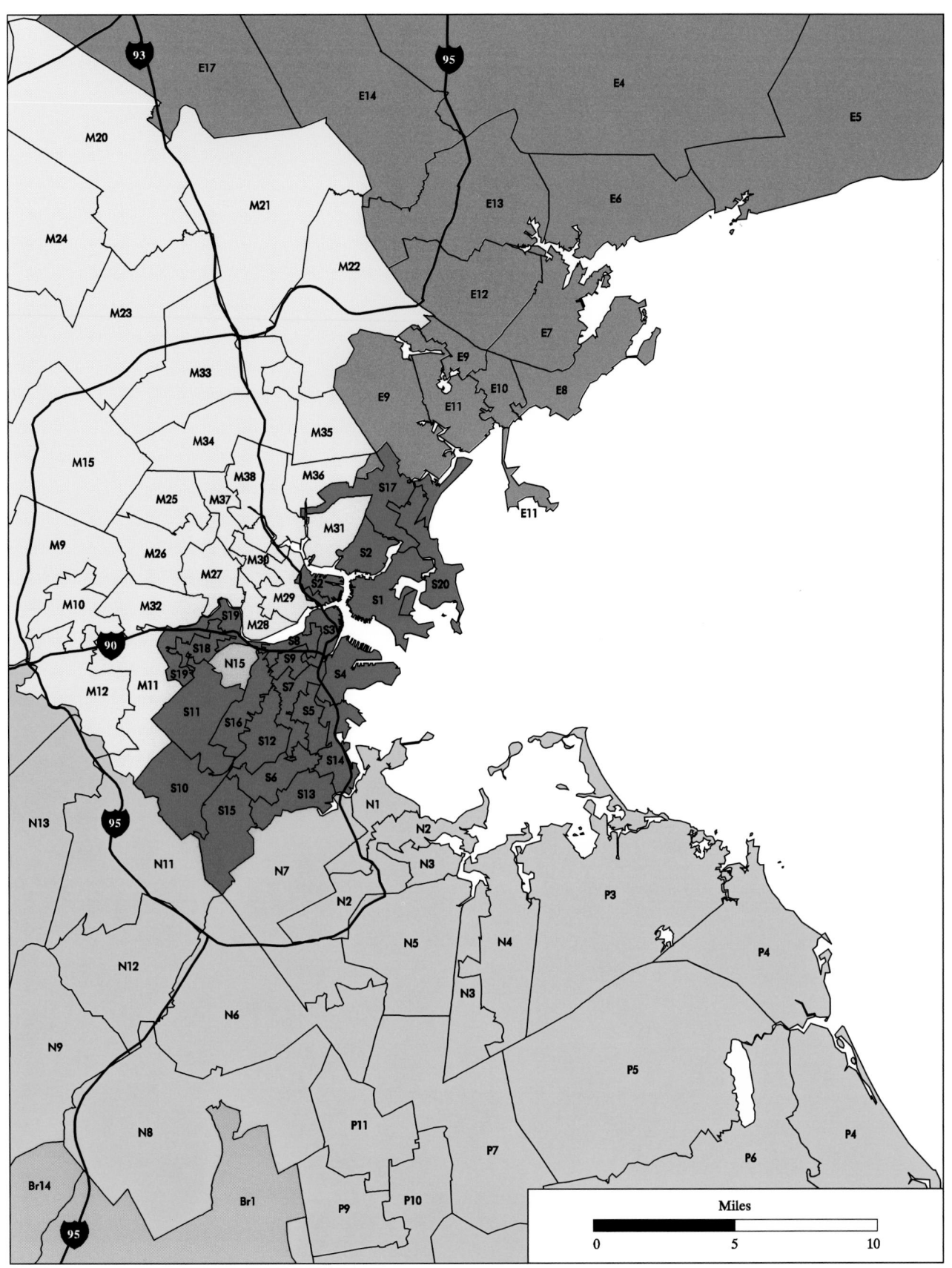

# SPRINGFIELD
## State House Districts

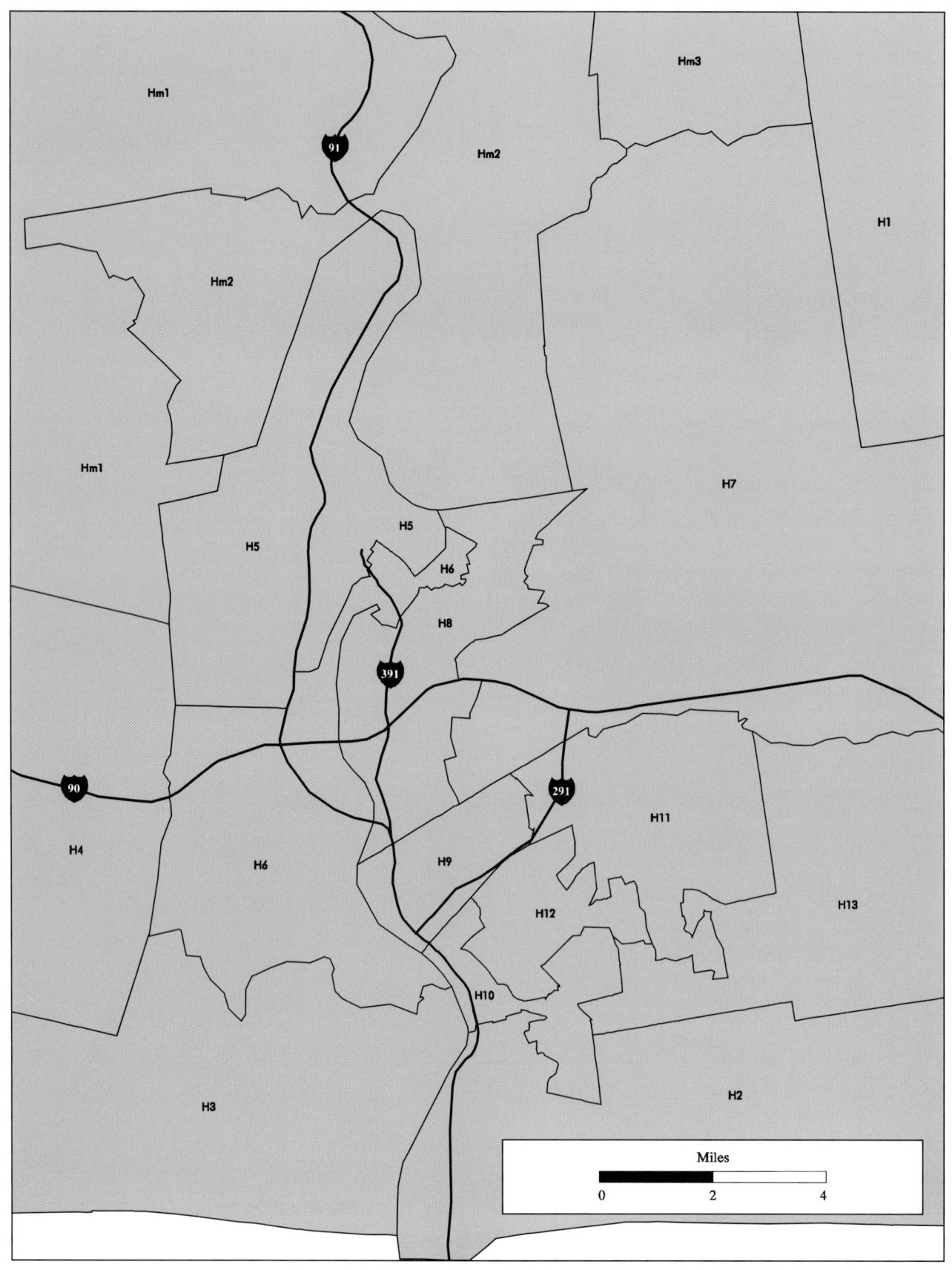

# Massachusetts State House Districts: Demographic Data

| House District* | Household Income Avg. ($) | > $50K (%) | >$100K (%) | College Educ. (%) | Manf. (%) | Employment Type Service (%) | Govt. (%) | Farm (%) | Age 55+ (%) | Receives Soc. Sec. (%) | African Amer. (%) | Hispanic Amer. (%) | Asian Amer. (%) |
|---|---|---|---|---|---|---|---|---|---|---|---|---|---|
| Mass. | 45,410 | 34 | 7 | 35 | 24 | 70 | 4 | 1 | 22 | 27 | 5 | 5 | 2 |
| Ba1 | 35,256 | 22 | 2 | 35 | 17 | 74 | 6 | 3 | 40 | 45 | 1 | 1 | 0 |
| Ba2 | 43,773 | 31 | 6 | 39 | 19 | 73 | 5 | 3 | 30 | 34 | 3 | 2 | 1 |
| Ba3 | 40,078 | 29 | 3 | 34 | 20 | 70 | 7 | 3 | 23 | 30 | 2 | 1 | 1 |
| Ba4 | 35,029 | 22 | 4 | 38 | 19 | 69 | 6 | 6 | 40 | 43 | 1 | 1 | 0 |
| BDN | 43,284 | 31 | 6 | 42 | 19 | 71 | 5 | 4 | 29 | 31 | 2 | 1 | 1 |
| Be1 | 30,111 | 16 | 1 | 19 | 34 | 61 | 4 | 1 | 26 | 35 | 1 | 1 | 0 |
| Be2 | 38,738 | 27 | 4 | 32 | 28 | 67 | 3 | 1 | 26 | 33 | 2 | 1 | 1 |
| Be3 | 40,489 | 28 | 4 | 29 | 29 | 68 | 3 | 1 | 27 | 34 | 3 | 1 | 1 |
| Be4 | 41,297 | 27 | 5 | 33 | 28 | 66 | 3 | 3 | 27 | 31 | 1 | 1 | 1 |
| E1 | 42,813 | 35 | 4 | 35 | 30 | 65 | 4 | 1 | 21 | 26 | 1 | 1 | 0 |
| E2 | 49,605 | 41 | 6 | 36 | 28 | 65 | 4 | 2 | 21 | 25 | 1 | 1 | 0 |
| E3 | 40,569 | 33 | 3 | 30 | 34 | 61 | 5 | 1 | 20 | 25 | 2 | 6 | 1 |
| E4 | 65,905 | 53 | 17 | 50 | 23 | 73 | 3 | 2 | 22 | 25 | 0 | 1 | 1 |
| E5 | 44,449 | 31 | 7 | 36 | 27 | 66 | 4 | 3 | 27 | 30 | 0 | 1 | 0 |
| E6 | 46,866 | 37 | 7 | 38 | 25 | 70 | 4 | 1 | 24 | 28 | 1 | 1 | 1 |
| E7 | 38,620 | 29 | 4 | 31 | 24 | 71 | 5 | 1 | 24 | 28 | 3 | 7 | 1 |
| E8 | 67,812 | 50 | 17 | 56 | 20 | 75 | 4 | 2 | 26 | 27 | 1 | 1 | 1 |
| E9 | 47,100 | 39 | 6 | 26 | 25 | 69 | 6 | 1 | 27 | 33 | 1 | 1 | 1 |
| E10 | 31,673 | 21 | 2 | 20 | 27 | 66 | 6 | 1 | 24 | 31 | 9 | 10 | 3 |
| E11 | 33,786 | 23 | 2 | 22 | 28 | 66 | 5 | 1 | 22 | 28 | 8 | 10 | 5 |
| E12 | 41,891 | 32 | 4 | 26 | 27 | 68 | 4 | 1 | 27 | 30 | 1 | 4 | 1 |
| E13 | 52,780 | 45 | 10 | 37 | 25 | 71 | 3 | 1 | 24 | 24 | 1 | 1 | 1 |
| E14 | 52,602 | 40 | 11 | 37 | 30 | 65 | 4 | 1 | 21 | 26 | 2 | 9 | 2 |
| E15 | 41,981 | 35 | 3 | 26 | 32 | 60 | 6 | 1 | 26 | 33 | 1 | 5 | 1 |
| E16 | 24,265 | 13 | 1 | 12 | 42 | 53 | 5 | 1 | 17 | 27 | 8 | 52 | 1 |
| E17 | 61,950 | 48 | 15 | 48 | 28 | 66 | 5 | 1 | 21 | 24 | 2 | 7 | 4 |
| Br1 | 55,466 | 50 | 8 | 41 | 26 | 70 | 3 | 1 | 16 | 21 | 2 | 1 | 1 |
| Br2 | 40,578 | 31 | 3 | 28 | 40 | 56 | 3 | 1 | 21 | 25 | 1 | 3 | 2 |
| Br3 | 35,652 | 25 | 2 | 19 | 31 | 64 | 5 | 1 | 23 | 28 | 2 | 4 | 0 |
| Br4 | 50,364 | 41 | 6 | 32 | 29 | 65 | 3 | 2 | 18 | 24 | 1 | 1 | 1 |
| Br5 | 39,885 | 30 | 3 | 24 | 27 | 66 | 5 | 2 | 26 | 34 | 1 | 2 | 0 |
| Br6 | 29,051 | 16 | 2 | 17 | 38 | 56 | 5 | 1 | 29 | 35 | 1 | 2 | 1 |
| Br7 | 25,409 | 11 | 0 | 9 | 39 | 55 | 5 | 1 | 26 | 35 | 1 | 2 | 1 |
| Br8 | 31,977 | 19 | 2 | 17 | 38 | 55 | 5 | 2 | 24 | 33 | 1 | 1 | 1 |
| Br9 | 45,470 | 35 | 6 | 27 | 26 | 66 | 5 | 3 | 21 | 31 | 1 | 1 | 1 |
| Br10 | 43,129 | 33 | 5 | 28 | 25 | 68 | 5 | 3 | 24 | 32 | 1 | 1 | 0 |
| Br11 | 33,520 | 20 | 2 | 14 | 37 | 57 | 4 | 2 | 27 | 34 | 1 | 2 | 0 |
| Br12 | 24,963 | 11 | 1 | 14 | 31 | 60 | 6 | 3 | 26 | 35 | 6 | 10 | 0 |
| Br13 | 26,801 | 13 | 1 | 14 | 35 | 55 | 5 | 5 | 26 | 34 | 4 | 7 | 0 |
| Br14 | 46,346 | 40 | 5 | 34 | 34 | 62 | 4 | 1 | 19 | 23 | 1 | 1 | 1 |
| F1 | 37,973 | 25 | 3 | 36 | 24 | 68 | 4 | 5 | 21 | 26 | 1 | 1 | 1 |
| F2 | 33,987 | 21 | 2 | 30 | 25 | 69 | 4 | 3 | 23 | 30 | 1 | 1 | 1 |
| H1 | 37,146 | 23 | 3 | 25 | 30 | 64 | 4 | 2 | 22 | 29 | 1 | 1 | 1 |
| H2 | 62,541 | 48 | 13 | 46 | 19 | 76 | 3 | 1 | 27 | 30 | 1 | 1 | 1 |
| H3 | 42,087 | 33 | 3 | 27 | 27 | 68 | 3 | 2 | 22 | 27 | 1 | 1 | 0 |
| H4 | 39,063 | 27 | 3 | 27 | 31 | 64 | 4 | 1 | 22 | 30 | 1 | 4 | 1 |
| H5 | 31,795 | 20 | 2 | 24 | 28 | 66 | 5 | 1 | 26 | 32 | 3 | 25 | 1 |
| H6 | 34,441 | 21 | 3 | 24 | 27 | 69 | 4 | 1 | 24 | 28 | 2 | 14 | 1 |
| H7 | 37,510 | 26 | 2 | 19 | 34 | 62 | 4 | 1 | 25 | 31 | 1 | 2 | 1 |
| H8 | 33,610 | 20 | 2 | 17 | 34 | 62 | 4 | 0 | 28 | 35 | 2 | 4 | 1 |

# Massachusetts State House Districts:  Demographic Data (cont.)

| House District* | Household Income Avg. ($) | > $50K (%) | >$100K (%) | College Educ. (%) | Manf. (%) | Employment Type Service (%) | Govt. (%) | Farm (%) | Age 55+ (%) | Receives Soc. Sec. (%) | African Amer. (%) | Hispanic Amer. (%) | Asian Amer. (%) |
|---|---|---|---|---|---|---|---|---|---|---|---|---|---|
| Mass. | 45,410 | 34 | 7 | 35 | 24 | 70 | 4 | 1 | 22 | 27 | 5 | 5 | 2 |
| H9 | 25,554 | 13 | 1 | 15 | 26 | 65 | 7 | 2 | 25 | 35 | 7 | 38 | 1 |
| H10 | 31,520 | 16 | 2 | 29 | 21 | 74 | 4 | 1 | 22 | 27 | 9 | 14 | 1 |
| H11 | 33,339 | 20 | 1 | 19 | 26 | 68 | 5 | 1 | 23 | 33 | 14 | 6 | 1 |
| H12 | 26,358 | 13 | 1 | 18 | 23 | 72 | 5 | 1 | 16 | 25 | 49 | 19 | 1 |
| H13 | 47,596 | 36 | 6 | 35 | 25 | 69 | 5 | 1 | 23 | 27 | 3 | 1 | 1 |
| Hm1 | 38,742 | 27 | 4 | 40 | 20 | 75 | 3 | 2 | 21 | 27 | 1 | 3 | 2 |
| Hm2 | 41,523 | 31 | 4 | 34 | 25 | 70 | 4 | 2 | 24 | 32 | 1 | 1 | 2 |
| Hm3 | 41,296 | 28 | 8 | 70 | 6 | 90 | 3 | 2 | 9 | 17 | 4 | 5 | 8 |
| M1 | 53,628 | 47 | 7 | 37 | 35 | 58 | 5 | 2 | 14 | 17 | 2 | 1 | 1 |
| M2 | 60,869 | 52 | 14 | 47 | 34 | 61 | 4 | 1 | 13 | 16 | 5 | 3 | 2 |
| M3 | 54,739 | 47 | 10 | 40 | 40 | 55 | 4 | 1 | 17 | 20 | 2 | 3 | 2 |
| M4 | 48,069 | 39 | 7 | 34 | 38 | 58 | 3 | 1 | 19 | 21 | 2 | 4 | 2 |
| M5 | 62,915 | 52 | 14 | 52 | 19 | 76 | 4 | 1 | 22 | 24 | 2 | 2 | 2 |
| M6 | 63,746 | 55 | 15 | 52 | 23 | 73 | 3 | 1 | 21 | 20 | 2 | 3 | 3 |
| M7 | 45,107 | 36 | 5 | 37 | 24 | 72 | 3 | 1 | 20 | 23 | 4 | 11 | 2 |
| M8 | 63,580 | 57 | 14 | 49 | 28 | 68 | 3 | 2 | 16 | 20 | 1 | 1 | 1 |
| M9 | 60,700 | 48 | 11 | 40 | 24 | 71 | 4 | 0 | 22 | 24 | 2 | 3 | 4 |
| M10 | 41,421 | 31 | 5 | 34 | 26 | 69 | 4 | 1 | 23 | 26 | 4 | 6 | 4 |
| M11 | 89,737 | 63 | 29 | 69 | 12 | 85 | 3 | 1 | 23 | 26 | 2 | 2 | 5 |
| M12 | 83,500 | 61 | 26 | 65 | 14 | 81 | 4 | 1 | 24 | 25 | 2 | 2 | 4 |
| M13 | 83,109 | 63 | 25 | 59 | 30 | 65 | 3 | 2 | 20 | 20 | 1 | 1 | 3 |
| M14 | 83,192 | 65 | 27 | 66 | 29 | 67 | 3 | 1 | 19 | 18 | 2 | 2 | 3 |
| M15 | 87,744 | 64 | 27 | 65 | 20 | 75 | 4 | 1 | 26 | 26 | 2 | 1 | 6 |
| M16 | 58,530 | 53 | 11 | 43 | 33 | 62 | 4 | 1 | 20 | 20 | 1 | 1 | 4 |
| M17 | 42,991 | 35 | 3 | 20 | 37 | 57 | 5 | 1 | 19 | 25 | 1 | 3 | 3 |
| M18 | 35,005 | 24 | 3 | 20 | 37 | 57 | 6 | 1 | 18 | 25 | 2 | 12 | 15 |
| M19 | 32,904 | 20 | 2 | 23 | 32 | 63 | 4 | 1 | 20 | 28 | 3 | 10 | 11 |
| M20 | 55,662 | 54 | 8 | 29 | 31 | 64 | 4 | 1 | 18 | 22 | 1 | 1 | 1 |
| M21 | 57,942 | 54 | 10 | 42 | 24 | 71 | 4 | 1 | 21 | 23 | 0 | 1 | 1 |
| M22 | 57,485 | 48 | 12 | 39 | 23 | 72 | 4 | 1 | 25 | 30 | 0 | 1 | 1 |
| M23 | 62,213 | 58 | 14 | 45 | 26 | 68 | 4 | 1 | 21 | 22 | 2 | 1 | 4 |
| M24 | 52,218 | 50 | 5 | 31 | 31 | 64 | 4 | 1 | 14 | 17 | 1 | 1 | 2 |
| M25 | 52,592 | 44 | 9 | 49 | 19 | 75 | 5 | 1 | 28 | 30 | 1 | 1 | 3 |
| M26 | 60,276 | 48 | 14 | 56 | 17 | 78 | 4 | 1 | 28 | 30 | 1 | 2 | 3 |
| M27 | 55,002 | 37 | 11 | 62 | 12 | 83 | 4 | 0 | 19 | 19 | 13 | 4 | 7 |
| M28 | 40,240 | 27 | 6 | 65 | 10 | 86 | 4 | 0 | 12 | 13 | 14 | 7 | 12 |
| M29 | 37,290 | 25 | 3 | 31 | 19 | 75 | 5 | 0 | 21 | 24 | 10 | 10 | 4 |
| M30 | 38,410 | 27 | 3 | 38 | 16 | 79 | 4 | 0 | 20 | 24 | 5 | 6 | 4 |
| M31 | 34,370 | 23 | 2 | 17 | 19 | 73 | 7 | 0 | 26 | 31 | 3 | 4 | 2 |
| M32 | 47,319 | 41 | 6 | 46 | 20 | 75 | 4 | 1 | 26 | 27 | 1 | 2 | 2 |
| M33 | 48,184 | 41 | 6 | 32 | 23 | 71 | 4 | 1 | 23 | 26 | 1 | 2 | 2 |
| M34 | 67,718 | 53 | 18 | 48 | 19 | 77 | 3 | 1 | 27 | 28 | 1 | 1 | 2 |
| M35 | 51,205 | 43 | 8 | 39 | 21 | 74 | 5 | 1 | 25 | 31 | 1 | 1 | 1 |
| M36 | 38,691 | 30 | 3 | 28 | 19 | 74 | 6 | 0 | 25 | 31 | 3 | 3 | 5 |
| M37 | 43,333 | 34 | 5 | 36 | 17 | 78 | 5 | 1 | 23 | 29 | 6 | 2 | 3 |
| M38 | 43,153 | 35 | 5 | 27 | 21 | 74 | 5 | 0 | 28 | 34 | 2 | 2 | 2 |
| N1 | 46,012 | 36 | 6 | 33 | 14 | 80 | 5 | 1 | 24 | 27 | 1 | 1 | 10 |
| N2 | 39,819 | 30 | 4 | 30 | 17 | 77 | 5 | 1 | 26 | 32 | 1 | 1 | 5 |
| N3 | 40,286 | 30 | 5 | 30 | 18 | 77 | 5 | 1 | 28 | 32 | 1 | 1 | 3 |
| N4 | 47,223 | 39 | 5 | 31 | 19 | 76 | 5 | 1 | 23 | 28 | 1 | 1 | 1 |

# Massachusetts State House Districts:  Demographic Data (cont.)

| House District* | Household Income Avg. ($) | Household Income > $50K (%) | Household Income >$100K (%) | College Educ. (%) | Manf. (%) | Employment Type Service (%) | Employment Type Govt. (%) | Farm (%) | Age 55+ (%) | Receives Soc. Sec. (%) | African Amer. (%) | Hispanic Amer. (%) | Asian Amer. (%) |
|---|---|---|---|---|---|---|---|---|---|---|---|---|---|
| Mass. | 45,410 | 34 | 7 | 35 | 24 | 70 | 4 | 1 | 22 | 27 | 5 | 5 | 2 |
| N5 | 52,724 | 44 | 9 | 32 | 20 | 74 | 5 | 1 | 28 | 32 | 1 | 1 | 2 |
| N6 | 53,954 | 48 | 10 | 36 | 22 | 73 | 4 | 1 | 24 | 28 | 5 | 1 | 3 |
| N7 | 59,498 | 50 | 13 | 45 | 15 | 78 | 6 | 1 | 27 | 34 | 5 | 1 | 3 |
| N8 | 56,761 | 47 | 10 | 41 | 22 | 74 | 4 | 1 | 21 | 26 | 4 | 1 | 2 |
| N9 | 59,487 | 53 | 12 | 41 | 25 | 70 | 4 | 1 | 17 | 21 | 2 | 2 | 1 |
| N10 | 50,067 | 47 | 5 | 34 | 29 | 65 | 4 | 1 | 16 | 20 | 1 | 1 | 1 |
| N11 | 60,960 | 51 | 14 | 43 | 19 | 75 | 5 | 1 | 28 | 32 | 1 | 1 | 1 |
| N12 | 50,910 | 44 | 8 | 40 | 19 | 76 | 5 | 0 | 27 | 30 | 1 | 1 | 2 |
| N13 | 81,685 | 64 | 25 | 60 | 20 | 76 | 3 | 1 | 24 | 26 | 1 | 1 | 2 |
| N14 | 106,928 | 70 | 39 | 74 | 13 | 84 | 2 | 1 | 24 | 27 | 1 | 2 | 4 |
| N15 | 51,691 | 41 | 11 | 67 | 10 | 86 | 4 | 0 | 22 | 24 | 4 | 3 | 9 |
| P1 | 45,283 | 37 | 5 | 31 | 20 | 73 | 5 | 2 | 19 | 25 | 2 | 1 | 1 |
| P2 | 37,464 | 26 | 3 | 20 | 23 | 69 | 5 | 3 | 23 | 30 | 2 | 2 | 0 |
| P3 | 67,834 | 53 | 17 | 50 | 17 | 77 | 5 | 1 | 22 | 25 | 1 | 1 | 1 |
| P4 | 58,315 | 51 | 11 | 46 | 17 | 76 | 5 | 2 | 20 | 23 | 0 | 1 | 1 |
| P5 | 54,438 | 47 | 9 | 34 | 22 | 73 | 3 | 1 | 19 | 24 | 1 | 1 | 1 |
| P6 | 60,003 | 53 | 12 | 44 | 19 | 75 | 5 | 1 | 16 | 21 | 1 | 1 | 1 |
| P7 | 43,866 | 36 | 4 | 27 | 22 | 72 | 5 | 2 | 20 | 26 | 1 | 1 | 0 |
| P8 | 49,080 | 43 | 6 | 32 | 20 | 75 | 4 | 1 | 15 | 22 | 3 | 2 | 1 |
| P9 | 41,770 | 30 | 4 | 25 | 22 | 72 | 5 | 1 | 22 | 26 | 9 | 5 | 2 |
| P10 | 39,787 | 32 | 4 | 18 | 24 | 70 | 5 | 1 | 19 | 25 | 11 | 6 | 1 |
| P11 | 33,930 | 23 | 2 | 20 | 24 | 71 | 4 | 1 | 21 | 28 | 15 | 7 | 2 |
| P12 | 45,123 | 37 | 4 | 26 | 24 | 69 | 4 | 2 | 17 | 24 | 1 | 1 | 0 |
| S1 | 28,529 | 15 | 1 | 14 | 20 | 73 | 7 | 0 | 25 | 29 | 3 | 18 | 4 |
| S2 | 35,832 | 25 | 4 | 26 | 19 | 74 | 6 | 1 | 21 | 26 | 4 | 22 | 4 |
| S3 | 49,592 | 33 | 10 | 52 | 12 | 84 | 4 | 1 | 22 | 18 | 4 | 4 | 17 |
| S4 | 31,590 | 21 | 2 | 20 | 17 | 73 | 9 | 1 | 25 | 29 | 1 | 2 | 2 |
| S5 | 31,047 | 19 | 2 | 17 | 20 | 73 | 6 | 0 | 13 | 20 | 52 | 23 | 3 |
| S6 | 33,702 | 25 | 3 | 19 | 16 | 76 | 8 | 1 | 14 | 18 | 74 | 11 | 1 |
| S7 | 26,128 | 15 | 2 | 19 | 16 | 77 | 7 | 0 | 16 | 20 | 81 | 15 | 2 |
| S8 | 58,699 | 34 | 14 | 73 | 9 | 88 | 2 | 0 | 12 | 10 | 4 | 5 | 10 |
| S9 | 33,778 | 22 | 5 | 50 | 11 | 84 | 4 | 1 | 13 | 17 | 26 | 13 | 6 |
| S10 | 46,284 | 38 | 7 | 41 | 14 | 78 | 7 | 1 | 30 | 33 | 1 | 3 | 2 |
| S11 | 68,858 | 45 | 17 | 60 | 10 | 85 | 4 | 1 | 27 | 25 | 3 | 3 | 6 |
| S12 | 31,034 | 19 | 3 | 30 | 14 | 78 | 7 | 1 | 16 | 18 | 43 | 27 | 3 |
| S13 | 39,479 | 29 | 4 | 25 | 17 | 75 | 8 | 0 | 17 | 21 | 65 | 5 | 1 |
| S14 | 36,057 | 26 | 3 | 24 | 17 | 75 | 7 | 1 | 21 | 26 | 12 | 7 | 6 |
| S15 | 38,505 | 28 | 4 | 27 | 16 | 76 | 8 | 1 | 25 | 30 | 12 | 6 | 1 |
| S16 | 36,476 | 24 | 5 | 44 | 11 | 83 | 5 | 1 | 16 | 18 | 19 | 21 | 7 |
| S17 | 37,736 | 28 | 4 | 20 | 19 | 75 | 6 | 1 | 26 | 31 | 3 | 2 | 3 |
| S18 | 34,627 | 23 | 3 | 51 | 14 | 82 | 3 | 1 | 14 | 14 | 9 | 10 | 12 |
| S19 | 36,433 | 26 | 3 | 58 | 14 | 82 | 3 | 1 | 12 | 15 | 6 | 8 | 11 |
| S20 | 37,256 | 27 | 3 | 23 | 15 | 78 | 7 | 0 | 27 | 32 | 1 | 4 | 4 |
| W1 | 45,499 | 34 | 6 | 35 | 30 | 64 | 4 | 2 | 22 | 26 | 0 | 1 | 1 |
| W2 | 36,863 | 26 | 2 | 25 | 37 | 57 | 5 | 1 | 22 | 29 | 1 | 2 | 1 |
| W3 | 31,764 | 20 | 2 | 20 | 33 | 61 | 5 | 1 | 23 | 33 | 3 | 10 | 3 |
| W4 | 40,457 | 28 | 4 | 27 | 36 | 58 | 4 | 1 | 22 | 27 | 2 | 8 | 2 |
| W5 | 38,725 | 28 | 2 | 24 | 34 | 61 | 3 | 3 | 20 | 28 | 0 | 1 | 0 |
| W6 | 37,591 | 28 | 2 | 24 | 35 | 61 | 2 | 1 | 22 | 27 | 1 | 6 | 1 |
| W7 | 42,708 | 33 | 4 | 27 | 28 | 69 | 3 | 0 | 24 | 29 | 0 | 1 | 1 |

# Massachusetts State House Districts: Demographic Data (cont.)

| House District* | Household Income Avg. ($) | > $50K (%) | >$100K (%) | College Educ. (%) | Manf. (%) | Service (%) | Govt. (%) | Farm (%) | Age 55+ (%) | Receives Soc. Sec. (%) | African Amer. (%) | Hispanic Amer. (%) | Asian Amer. (%) |
|---|---|---|---|---|---|---|---|---|---|---|---|---|---|
| Mass. | 45,410 | 34 | 7 | 35 | 24 | 70 | 4 | 1 | 22 | 27 | 5 | 5 | 2 |
| W8 | 41,672 | 30 | 4 | 25 | 32 | 64 | 3 | 2 | 22 | 30 | 0 | 1 | 0 |
| W9 | 47,028 | 38 | 6 | 36 | 30 | 65 | 3 | 2 | 21 | 26 | 1 | 1 | 2 |
| W10 | 45,602 | 40 | 5 | 32 | 33 | 63 | 3 | 1 | 20 | 25 | 1 | 3 | 1 |
| W11 | 57,519 | 50 | 11 | 47 | 28 | 68 | 4 | 1 | 21 | 24 | 1 | 1 | 4 |
| W12 | 46,181 | 38 | 5 | 35 | 35 | 60 | 4 | 2 | 21 | 26 | 1 | 4 | 1 |
| W13 | 52,829 | 41 | 9 | 46 | 21 | 74 | 4 | 1 | 26 | 32 | 1 | 2 | 1 |
| W14 | 32,257 | 21 | 2 | 28 | 21 | 74 | 4 | 0 | 27 | 32 | 5 | 12 | 2 |
| W15 | 26,900 | 14 | 1 | 21 | 25 | 70 | 4 | 1 | 23 | 32 | 8 | 17 | 4 |
| W16 | 32,942 | 21 | 1 | 23 | 26 | 69 | 5 | 0 | 22 | 29 | 3 | 7 | 2 |
| W17 | 35,856 | 25 | 2 | 24 | 23 | 73 | 3 | 1 | 22 | 30 | 4 | 7 | 3 |

\* Districts are identified by names of counties or combinations of counties rather than by number.

# MICHIGAN
## State Senate Districts

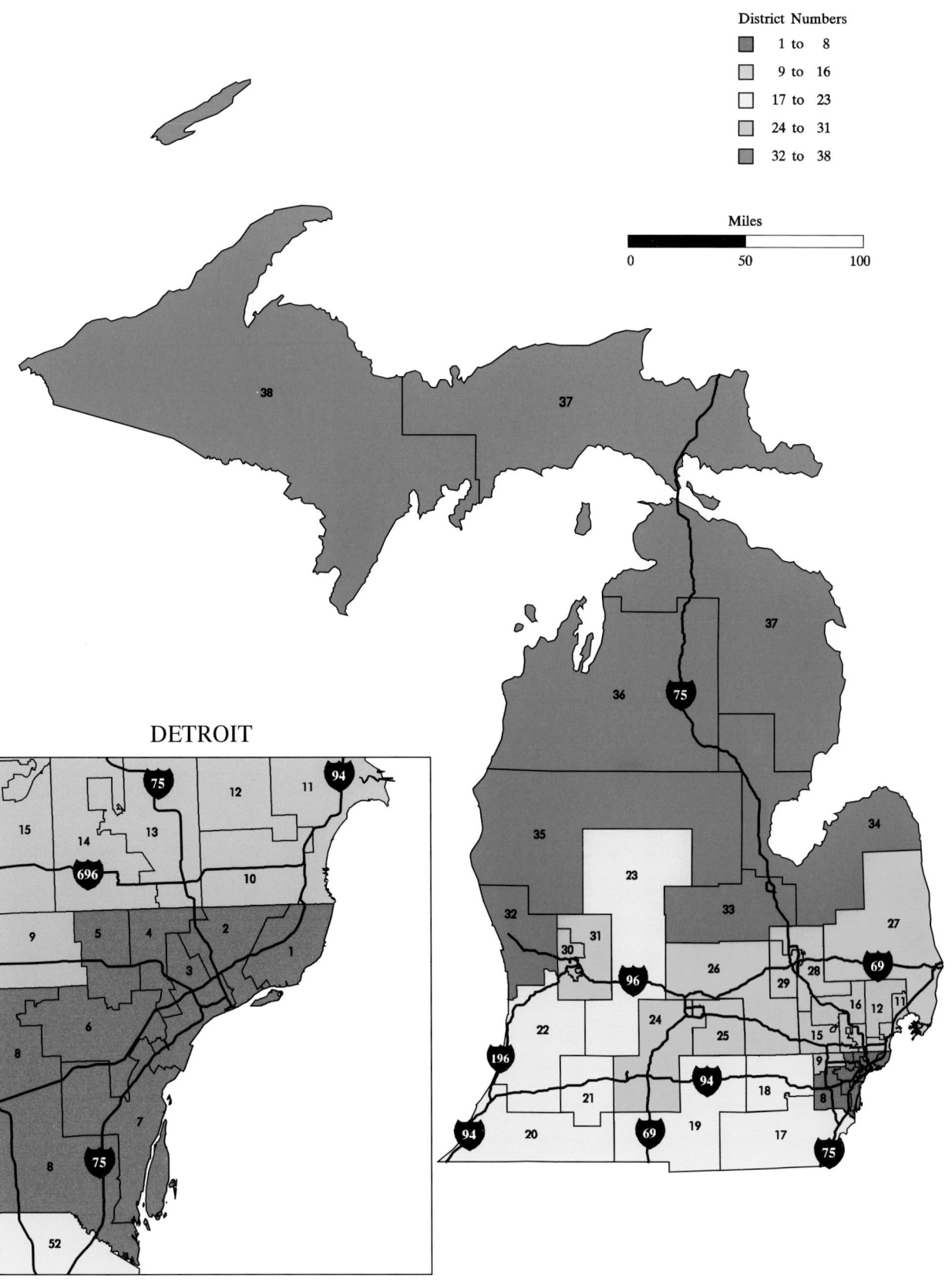

District Numbers

1 to 8
9 to 16
17 to 23
24 to 31
32 to 38

Miles

0     50     100

DETROIT

# Michigan State Senate Districts: Demographic Data

| Senate District | Household Income Avg. ($) | Household Income > $50K (%) | Household Income >$100K (%) | College Educ. (%) | Manf. (%) | Employment Type Service (%) | Employment Type Govt. (%) | Employment Type Farm (%) | Age 55+ (%) | Receives Soc. Sec. (%) | African Amer. (%) | Hispanic Amer. (%) | Asian Amer. (%) |
|---|---|---|---|---|---|---|---|---|---|---|---|---|---|
| Michigan | 38,117 | 25 | 4 | 24 | 30 | 64 | 4 | 2 | 20 | 27 | 14 | 2 | 1 |
| 1 | 39,749 | 24 | 7 | 25 | 22 | 70 | 6 | 1 | 20 | 28 | 55 | 1 | 1 |
| 2 | 22,994 | 11 | 1 | 12 | 26 | 66 | 7 | 0 | 23 | 34 | 71 | 1 | 1 |
| 3 | 19,838 | 8 | 1 | 14 | 24 | 68 | 7 | 1 | 25 | 34 | 71 | 8 | 1 |
| 4 | 28,899 | 17 | 2 | 16 | 24 | 68 | 8 | 0 | 20 | 28 | 85 | 2 | 0 |
| 5 | 31,232 | 19 | 1 | 18 | 25 | 67 | 8 | 1 | 15 | 22 | 70 | 1 | 1 |
| 6 | 40,747 | 30 | 4 | 22 | 31 | 66 | 3 | 1 | 27 | 34 | 8 | 2 | 1 |
| 7 | 38,421 | 27 | 3 | 15 | 33 | 64 | 3 | 1 | 22 | 28 | 4 | 3 | 1 |
| 8 | 40,107 | 31 | 2 | 19 | 34 | 63 | 2 | 1 | 16 | 20 | 6 | 2 | 1 |
| 9 | 51,908 | 44 | 7 | 32 | 30 | 67 | 2 | 1 | 22 | 26 | 1 | 1 | 2 |
| 10 | 38,218 | 27 | 2 | 15 | 35 | 61 | 3 | 1 | 27 | 33 | 1 | 1 | 1 |
| 11 | 42,748 | 33 | 4 | 21 | 33 | 63 | 3 | 1 | 22 | 27 | 3 | 1 | 1 |
| 12 | 50,582 | 44 | 6 | 26 | 36 | 60 | 3 | 1 | 16 | 20 | 0 | 1 | 2 |
| 13 | 51,949 | 38 | 8 | 36 | 28 | 69 | 2 | 1 | 21 | 25 | 1 | 1 | 3 |
| 14 | 56,309 | 38 | 11 | 37 | 24 | 72 | 3 | 1 | 23 | 27 | 26 | 3 | 2 |
| 15 | 62,076 | 50 | 14 | 43 | 28 | 69 | 2 | 1 | 19 | 20 | 1 | 1 | 3 |
| 16 | 53,358 | 44 | 9 | 34 | 32 | 64 | 3 | 1 | 16 | 19 | 2 | 2 | 1 |
| 17 | 39,081 | 28 | 3 | 19 | 35 | 60 | 3 | 3 | 19 | 26 | 2 | 3 | 0 |
| 18 | 45,038 | 33 | 7 | 50 | 21 | 75 | 3 | 1 | 13 | 16 | 12 | 2 | 4 |
| 19 | 33,037 | 19 | 2 | 19 | 34 | 58 | 5 | 3 | 22 | 29 | 5 | 1 | 0 |
| 20 | 32,831 | 18 | 2 | 21 | 37 | 57 | 2 | 3 | 23 | 30 | 11 | 1 | 1 |
| 21 | 38,222 | 25 | 4 | 34 | 29 | 67 | 2 | 2 | 18 | 23 | 9 | 2 | 1 |
| 22 | 35,836 | 21 | 2 | 21 | 38 | 56 | 2 | 4 | 19 | 25 | 3 | 4 | 1 |
| 23 | 30,625 | 16 | 1 | 19 | 31 | 59 | 5 | 5 | 18 | 27 | 2 | 1 | 0 |
| 24 | 36,133 | 24 | 2 | 24 | 28 | 61 | 9 | 2 | 20 | 26 | 7 | 2 | 1 |
| 25 | 36,693 | 23 | 4 | 38 | 16 | 72 | 10 | 2 | 15 | 20 | 10 | 5 | 3 |
| 26 | 43,555 | 33 | 4 | 24 | 34 | 59 | 4 | 3 | 17 | 22 | 0 | 1 | 0 |
| 27 | 36,030 | 24 | 2 | 17 | 38 | 55 | 3 | 4 | 20 | 28 | 1 | 2 | 0 |
| 28 | 40,279 | 30 | 3 | 20 | 37 | 59 | 2 | 1 | 17 | 23 | 6 | 2 | 1 |
| 29 | 33,875 | 23 | 2 | 20 | 34 | 62 | 3 | 1 | 19 | 26 | 28 | 2 | 1 |
| 30 | 33,700 | 19 | 2 | 27 | 30 | 66 | 3 | 1 | 19 | 25 | 14 | 4 | 1 |
| 31 | 44,589 | 30 | 5 | 30 | 33 | 63 | 2 | 2 | 17 | 21 | 2 | 2 | 1 |
| 32 | 35,453 | 20 | 3 | 22 | 38 | 57 | 3 | 2 | 20 | 27 | 9 | 2 | 0 |
| 33 | 32,727 | 20 | 2 | 19 | 30 | 65 | 3 | 2 | 21 | 28 | 15 | 6 | 1 |
| 34 | 30,581 | 17 | 2 | 16 | 31 | 61 | 3 | 5 | 24 | 32 | 1 | 2 | 0 |
| 35 | 30,958 | 17 | 2 | 21 | 37 | 55 | 3 | 5 | 24 | 32 | 1 | 2 | 0 |
| 36 | 29,493 | 14 | 2 | 22 | 26 | 64 | 4 | 5 | 25 | 33 | 0 | 1 | 0 |
| 37 | 26,443 | 10 | 1 | 18 | 25 | 63 | 7 | 4 | 27 | 35 | 1 | 1 | 0 |
| 38 | 26,809 | 11 | 1 | 21 | 23 | 66 | 5 | 6 | 26 | 35 | 1 | 1 | 1 |

# MICHIGAN
## State House Districts

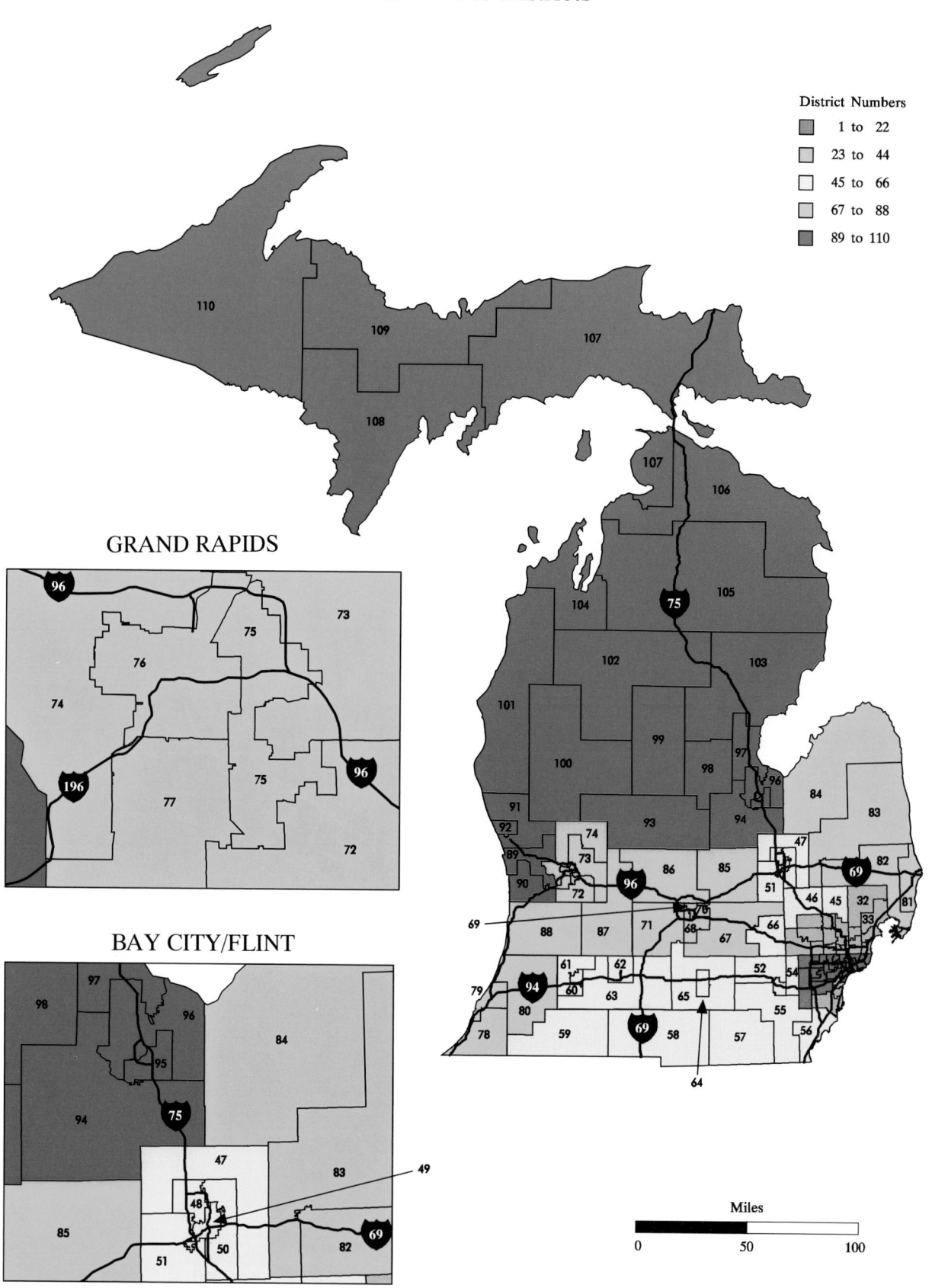

District Numbers

- 1 to 22
- 23 to 44
- 45 to 66
- 67 to 88
- 89 to 110

GRAND RAPIDS

BAY CITY/FLINT

Miles

0          50          100

# DETROIT
## State House Districts

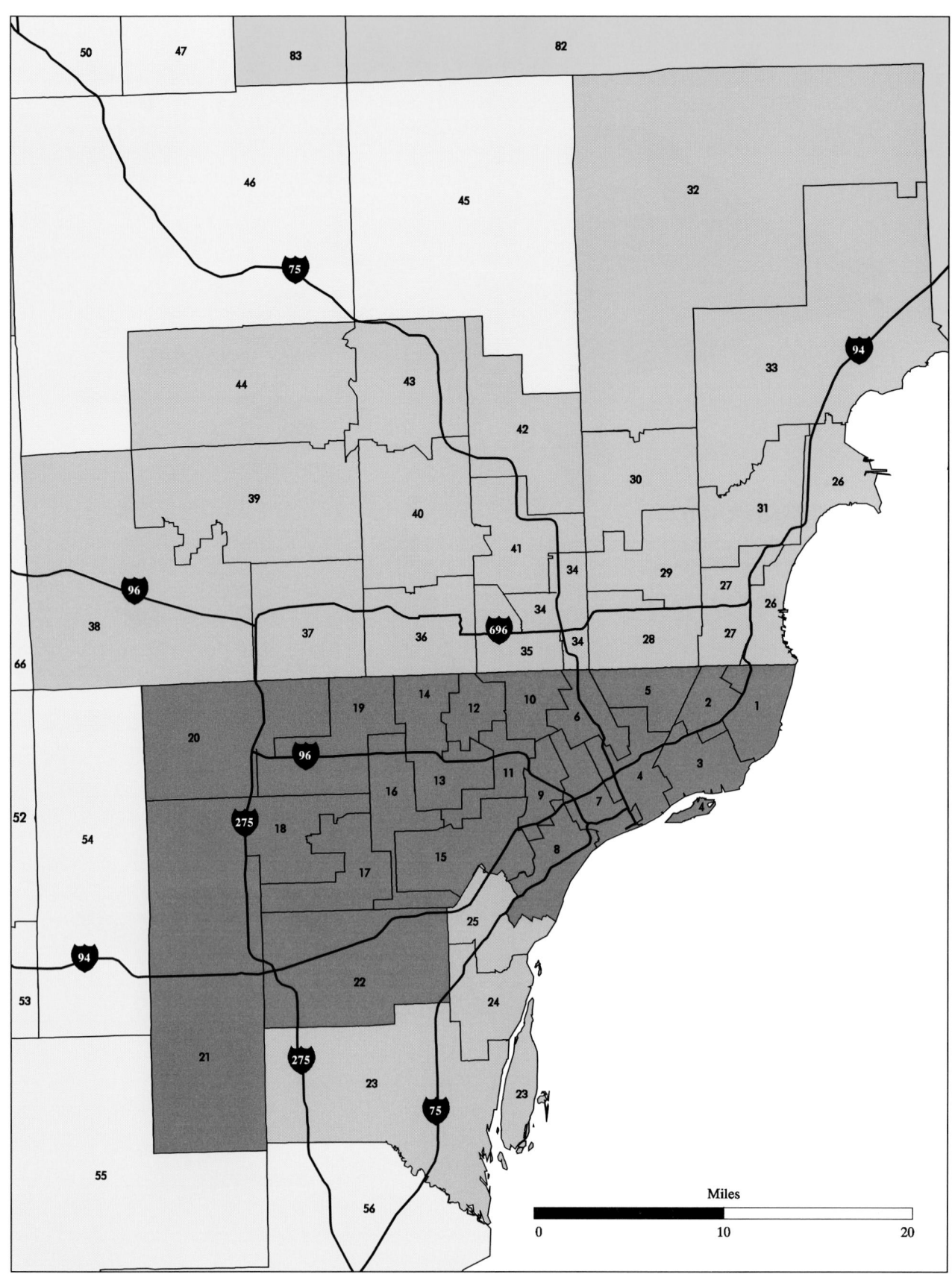

# Michigan State House Districts: Demographic Data

| House District | Household Income Avg. ($) | Household Income > $50K (%) | Household Income >$100K (%) | College Educ. (%) | Manf. (%) | Employment Type Service (%) | Employment Type Govt. (%) | Farm (%) | Age 55+ (%) | Receives Soc. Sec. (%) | African Amer. (%) | Hispanic Amer. (%) | Asian Amer. (%) |
|---|---|---|---|---|---|---|---|---|---|---|---|---|---|
| Michigan | 38,117 | 25 | 4 | 24 | 30 | 64 | 4 | 2 | 20 | 27 | 14 | 2 | 1 |
| 1 | 67,323 | 46 | 16 | 45 | 20 | 74 | 6 | 1 | 29 | 35 | 6 | 1 | 1 |
| 2 | 27,787 | 15 | 1 | 14 | 25 | 66 | 8 | 1 | 15 | 24 | 62 | 1 | 1 |
| 3 | 25,982 | 13 | 3 | 17 | 22 | 70 | 6 | 1 | 21 | 30 | 80 | 1 | 0 |
| 4 | 18,602 | 8 | 1 | 12 | 22 | 70 | 8 | 0 | 26 | 36 | 86 | 1 | 1 |
| 5 | 26,717 | 13 | 1 | 11 | 30 | 63 | 7 | 1 | 18 | 29 | 70 | 1 | 2 |
| 6 | 20,614 | 9 | 1 | 11 | 25 | 68 | 6 | 0 | 23 | 34 | 69 | 1 | 1 |
| 7 | 19,466 | 9 | 1 | 19 | 18 | 73 | 8 | 1 | 27 | 33 | 83 | 2 | 2 |
| 8 | 20,974 | 9 | 1 | 8 | 31 | 63 | 5 | 1 | 22 | 34 | 32 | 21 | 1 |
| 9 | 19,877 | 8 | 1 | 10 | 27 | 67 | 6 | 0 | 24 | 35 | 81 | 4 | 0 |
| 10 | 34,406 | 23 | 4 | 23 | 20 | 69 | 10 | 0 | 23 | 29 | 93 | 1 | 0 |
| 11 | 25,174 | 13 | 1 | 12 | 24 | 68 | 7 | 0 | 20 | 27 | 80 | 1 | 0 |
| 12 | 37,012 | 27 | 2 | 24 | 24 | 67 | 9 | 0 | 16 | 22 | 92 | 1 | 0 |
| 13 | 29,414 | 17 | 1 | 15 | 24 | 66 | 9 | 1 | 14 | 22 | 72 | 1 | 1 |
| 14 | 30,477 | 18 | 1 | 18 | 25 | 67 | 8 | 0 | 14 | 20 | 68 | 1 | 1 |
| 15 | 42,316 | 31 | 5 | 29 | 29 | 67 | 3 | 0 | 27 | 35 | 1 | 3 | 1 |
| 16 | 42,416 | 32 | 4 | 20 | 31 | 66 | 2 | 1 | 30 | 36 | 1 | 2 | 1 |
| 17 | 35,248 | 24 | 2 | 13 | 33 | 63 | 3 | 1 | 21 | 27 | 26 | 2 | 1 |
| 18 | 38,248 | 28 | 2 | 18 | 33 | 65 | 2 | 1 | 19 | 23 | 2 | 2 | 1 |
| 19 | 45,287 | 37 | 4 | 25 | 30 | 67 | 2 | 1 | 25 | 29 | 0 | 1 | 1 |
| 20 | 61,439 | 54 | 13 | 42 | 29 | 68 | 3 | 1 | 22 | 24 | 2 | 1 | 2 |
| 21 | 46,612 | 41 | 4 | 29 | 33 | 63 | 3 | 1 | 11 | 15 | 5 | 1 | 3 |
| 22 | 36,162 | 24 | 2 | 11 | 36 | 61 | 3 | 1 | 16 | 21 | 9 | 3 | 1 |
| 23 | 47,894 | 39 | 6 | 23 | 33 | 63 | 3 | 1 | 17 | 21 | 1 | 2 | 2 |
| 24 | 39,081 | 28 | 3 | 17 | 31 | 65 | 3 | 0 | 26 | 33 | 1 | 2 | 1 |
| 25 | 34,643 | 22 | 2 | 13 | 32 | 65 | 3 | 1 | 26 | 34 | 6 | 4 | 1 |
| 26 | 42,765 | 32 | 4 | 21 | 31 | 65 | 3 | 1 | 28 | 31 | 1 | 1 | 1 |
| 27 | 36,138 | 23 | 2 | 14 | 34 | 62 | 3 | 1 | 26 | 35 | 1 | 1 | 1 |
| 28 | 34,434 | 22 | 2 | 13 | 37 | 59 | 3 | 1 | 24 | 31 | 1 | 1 | 1 |
| 29 | 47,173 | 41 | 5 | 23 | 35 | 62 | 3 | 0 | 29 | 32 | 0 | 1 | 2 |
| 30 | 49,280 | 46 | 4 | 27 | 34 | 62 | 4 | 0 | 15 | 19 | 0 | 1 | 3 |
| 31 | 39,426 | 29 | 3 | 19 | 33 | 63 | 3 | 1 | 22 | 26 | 6 | 1 | 1 |
| 32 | 53,356 | 44 | 8 | 26 | 37 | 58 | 2 | 2 | 16 | 20 | 1 | 1 | 1 |
| 33 | 48,598 | 41 | 4 | 24 | 36 | 59 | 4 | 1 | 14 | 19 | 2 | 1 | 1 |
| 34 | 35,571 | 22 | 2 | 20 | 31 | 66 | 2 | 1 | 21 | 27 | 1 | 1 | 2 |
| 35 | 40,118 | 28 | 3 | 30 | 25 | 71 | 3 | 1 | 21 | 27 | 16 | 1 | 2 |
| 36 | 50,183 | 40 | 7 | 42 | 21 | 75 | 3 | 1 | 26 | 29 | 29 | 2 | 2 |
| 37 | 62,485 | 51 | 14 | 48 | 25 | 72 | 2 | 1 | 23 | 24 | 2 | 1 | 4 |
| 38 | 49,068 | 40 | 6 | 36 | 31 | 66 | 2 | 1 | 16 | 18 | 0 | 1 | 1 |
| 39 | 78,875 | 61 | 22 | 46 | 27 | 71 | 2 | 1 | 18 | 18 | 1 | 1 | 3 |
| 40 | 111,558 | 70 | 35 | 65 | 21 | 76 | 2 | 1 | 28 | 23 | 2 | 1 | 4 |
| 41 | 47,205 | 37 | 6 | 38 | 26 | 71 | 2 | 1 | 24 | 27 | 1 | 1 | 3 |
| 42 | 68,836 | 63 | 15 | 48 | 31 | 66 | 2 | 1 | 14 | 15 | 1 | 1 | 6 |
| 43 | 30,768 | 18 | 2 | 17 | 31 | 65 | 3 | 1 | 15 | 22 | 35 | 7 | 1 |
| 44 | 44,809 | 35 | 4 | 24 | 30 | 65 | 4 | 1 | 17 | 21 | 1 | 2 | 1 |
| 45 | 55,618 | 47 | 10 | 37 | 34 | 62 | 2 | 1 | 16 | 19 | 1 | 1 | 1 |
| 46 | 52,048 | 45 | 7 | 28 | 35 | 61 | 3 | 2 | 14 | 18 | 1 | 1 | 0 |
| 47 | 40,883 | 31 | 3 | 21 | 36 | 60 | 2 | 1 | 18 | 22 | 1 | 1 | 0 |
| 48 | 27,578 | 17 | 1 | 13 | 38 | 57 | 4 | 1 | 16 | 25 | 69 | 2 | 0 |
| 49 | 27,878 | 15 | 1 | 18 | 31 | 66 | 3 | 1 | 21 | 28 | 21 | 4 | 1 |
| 50 | 40,775 | 29 | 4 | 22 | 36 | 61 | 2 | 1 | 19 | 24 | 5 | 2 | 1 |

# Michigan State House Districts: Demographic Data (cont.)

| House District | Household Income Avg. ($) | > $50K (%) | >$100K (%) | College Educ. (%) | Manf. (%) | Employment Type Service (%) | Govt. (%) | Farm (%) | Age 55+ (%) | Receives Soc. Sec. (%) | African Amer. (%) | Hispanic Amer. (%) | Asian Amer. (%) |
|---|---|---|---|---|---|---|---|---|---|---|---|---|---|
| Michigan | 38,117 | 25 | 4 | 24 | 30 | 64 | 4 | 2 | 20 | 27 | 14 | 2 | 1 |
| 51 | 42,616 | 33 | 4 | 24 | 35 | 62 | 2 | 1 | 21 | 24 | 4 | 1 | 1 |
| 52 | 54,640 | 42 | 11 | 58 | 21 | 75 | 2 | 2 | 16 | 17 | 6 | 2 | 6 |
| 53 | 40,252 | 29 | 5 | 61 | 15 | 82 | 2 | 1 | 11 | 14 | 10 | 3 | 6 |
| 54 | 38,242 | 27 | 3 | 33 | 26 | 70 | 3 | 1 | 13 | 17 | 21 | 2 | 2 |
| 55 | 46,629 | 39 | 5 | 24 | 34 | 60 | 3 | 3 | 17 | 23 | 2 | 2 | 0 |
| 56 | 37,691 | 27 | 3 | 16 | 33 | 63 | 2 | 2 | 20 | 26 | 2 | 2 | 1 |
| 57 | 35,925 | 22 | 2 | 19 | 38 | 56 | 2 | 3 | 21 | 28 | 2 | 6 | 1 |
| 58 | 30,432 | 15 | 1 | 16 | 39 | 52 | 4 | 6 | 22 | 30 | 1 | 1 | 0 |
| 59 | 33,385 | 18 | 2 | 17 | 44 | 50 | 2 | 4 | 22 | 28 | 4 | 1 | 0 |
| 60 | 31,174 | 16 | 3 | 35 | 22 | 74 | 2 | 1 | 17 | 24 | 18 | 3 | 2 |
| 61 | 44,136 | 32 | 6 | 40 | 30 | 66 | 2 | 1 | 19 | 21 | 4 | 1 | 2 |
| 62 | 32,970 | 20 | 2 | 22 | 31 | 61 | 7 | 1 | 23 | 30 | 12 | 2 | 1 |
| 63 | 36,437 | 24 | 2 | 22 | 35 | 58 | 3 | 4 | 20 | 26 | 4 | 2 | 0 |
| 64 | 32,635 | 18 | 3 | 23 | 27 | 67 | 6 | 1 | 22 | 31 | 15 | 2 | 1 |
| 65 | 36,741 | 24 | 2 | 19 | 34 | 58 | 4 | 3 | 20 | 26 | 1 | 1 | 0 |
| 66 | 53,317 | 46 | 7 | 30 | 35 | 61 | 3 | 1 | 16 | 19 | 1 | 1 | 0 |
| 67 | 43,368 | 33 | 3 | 27 | 30 | 61 | 6 | 4 | 15 | 21 | 1 | 1 | 0 |
| 68 | 35,173 | 23 | 2 | 25 | 21 | 65 | 12 | 1 | 17 | 21 | 13 | 5 | 1 |
| 69 | 31,863 | 18 | 2 | 34 | 17 | 71 | 11 | 1 | 16 | 20 | 15 | 8 | 2 |
| 70 | 44,922 | 32 | 9 | 68 | 8 | 84 | 7 | 1 | 10 | 14 | 6 | 2 | 6 |
| 71 | 40,456 | 30 | 3 | 28 | 25 | 61 | 11 | 2 | 18 | 22 | 4 | 2 | 1 |
| 72 | 45,841 | 32 | 6 | 33 | 32 | 65 | 2 | 2 | 17 | 20 | 3 | 1 | 1 |
| 73 | 53,934 | 39 | 8 | 38 | 30 | 66 | 2 | 2 | 17 | 20 | 1 | 1 | 1 |
| 74 | 37,908 | 25 | 2 | 22 | 36 | 59 | 2 | 2 | 17 | 21 | 1 | 1 | 1 |
| 75 | 37,198 | 23 | 3 | 37 | 25 | 71 | 3 | 1 | 23 | 28 | 20 | 2 | 1 |
| 76 | 28,201 | 13 | 1 | 21 | 31 | 65 | 3 | 1 | 20 | 27 | 15 | 5 | 1 |
| 77 | 33,453 | 18 | 1 | 21 | 36 | 61 | 2 | 1 | 16 | 21 | 10 | 7 | 2 |
| 78 | 33,529 | 18 | 2 | 24 | 32 | 62 | 2 | 3 | 23 | 30 | 6 | 2 | 1 |
| 79 | 32,712 | 19 | 3 | 24 | 36 | 59 | 3 | 2 | 22 | 30 | 25 | 1 | 1 |
| 80 | 30,469 | 15 | 2 | 17 | 35 | 56 | 3 | 6 | 22 | 30 | 8 | 3 | 0 |
| 81 | 35,250 | 22 | 3 | 20 | 32 | 63 | 4 | 1 | 22 | 29 | 3 | 2 | 0 |
| 82 | 39,411 | 28 | 3 | 15 | 42 | 51 | 3 | 4 | 19 | 27 | 1 | 2 | 0 |
| 83 | 33,449 | 21 | 2 | 14 | 38 | 51 | 3 | 8 | 20 | 28 | 0 | 2 | 0 |
| 84 | 29,874 | 15 | 1 | 14 | 33 | 56 | 3 | 8 | 23 | 32 | 1 | 2 | 0 |
| 85 | 34,416 | 20 | 2 | 17 | 36 | 57 | 3 | 4 | 19 | 26 | 0 | 2 | 0 |
| 86 | 38,137 | 27 | 2 | 20 | 29 | 57 | 10 | 4 | 17 | 24 | 1 | 2 | 0 |
| 87 | 33,602 | 20 | 1 | 17 | 39 | 52 | 5 | 4 | 19 | 27 | 3 | 2 | 0 |
| 88 | 35,289 | 20 | 2 | 18 | 42 | 51 | 2 | 5 | 19 | 26 | 2 | 3 | 0 |
| 89 | 42,238 | 29 | 4 | 28 | 33 | 62 | 2 | 3 | 18 | 22 | 1 | 1 | 1 |
| 90 | 42,159 | 27 | 4 | 26 | 40 | 54 | 1 | 4 | 16 | 21 | 1 | 8 | 2 |
| 91 | 35,106 | 20 | 2 | 21 | 40 | 55 | 3 | 2 | 22 | 28 | 1 | 2 | 0 |
| 92 | 26,497 | 11 | 1 | 17 | 35 | 60 | 4 | 1 | 22 | 33 | 26 | 3 | 0 |
| 93 | 29,106 | 14 | 1 | 15 | 36 | 54 | 4 | 6 | 21 | 30 | 1 | 2 | 0 |
| 94 | 37,362 | 26 | 2 | 18 | 35 | 60 | 2 | 3 | 19 | 26 | 3 | 3 | 0 |
| 95 | 23,977 | 11 | 1 | 14 | 27 | 68 | 4 | 1 | 20 | 28 | 41 | 10 | 0 |
| 96 | 40,113 | 28 | 4 | 27 | 28 | 68 | 3 | 2 | 25 | 29 | 2 | 3 | 1 |
| 97 | 31,295 | 18 | 2 | 16 | 30 | 65 | 3 | 2 | 21 | 30 | 1 | 4 | 0 |
| 98 | 41,691 | 29 | 5 | 35 | 42 | 55 | 2 | 2 | 19 | 23 | 1 | 1 | 1 |
| 99 | 27,474 | 13 | 1 | 21 | 19 | 71 | 4 | 6 | 19 | 28 | 1 | 1 | 1 |
| 100 | 26,680 | 12 | 1 | 19 | 29 | 62 | 3 | 6 | 23 | 32 | 3 | 2 | 0 |

# Michigan State House Districts:  Demographic Data (cont.)

| House District | Household Income Avg. ($) | Household Income > $50K (%) | Household Income >$100K (%) | College Educ. (%) | Manf. (%) | Employment Type Service (%) | Employment Type Govt. (%) | Farm (%) | Age 55+ (%) | Receives Soc. Sec. (%) | African Amer. (%) | Hispanic Amer. (%) | Asian Amer. (%) |
|---|---|---|---|---|---|---|---|---|---|---|---|---|---|
| Michigan | 38,117 | 25 | 4 | 24 | 30 | 64 | 4 | 2 | 20 | 27 | 14 | 2 | 1 |
| 101 | 26,331 | 11 | 1 | 18 | 32 | 57 | 4 | 7 | 27 | 36 | 0 | 3 | 0 |
| 102 | 25,737 | 10 | 1 | 15 | 29 | 61 | 5 | 6 | 28 | 37 | 0 | 1 | 0 |
| 103 | 24,234 | 9 | 1 | 13 | 28 | 61 | 7 | 5 | 28 | 36 | 1 | 1 | 0 |
| 104 | 35,087 | 20 | 3 | 31 | 23 | 69 | 4 | 4 | 21 | 27 | 0 | 1 | 0 |
| 105 | 26,286 | 10 | 1 | 16 | 28 | 60 | 6 | 6 | 29 | 38 | 0 | 1 | 0 |
| 106 | 27,221 | 11 | 1 | 18 | 29 | 62 | 4 | 5 | 27 | 35 | 0 | 0 | 0 |
| 107 | 27,983 | 11 | 2 | 19 | 19 | 67 | 10 | 4 | 24 | 32 | 3 | 1 | 0 |
| 108 | 28,389 | 13 | 1 | 18 | 35 | 58 | 3 | 3 | 26 | 36 | 0 | 0 | 0 |
| 109 | 29,306 | 14 | 1 | 25 | 13 | 71 | 9 | 8 | 19 | 28 | 2 | 1 | 1 |
| 110 | 22,909 | 8 | 1 | 20 | 20 | 68 | 5 | 6 | 31 | 42 | 1 | 0 | 1 |

# MINNESOTA
## State Senate Districts

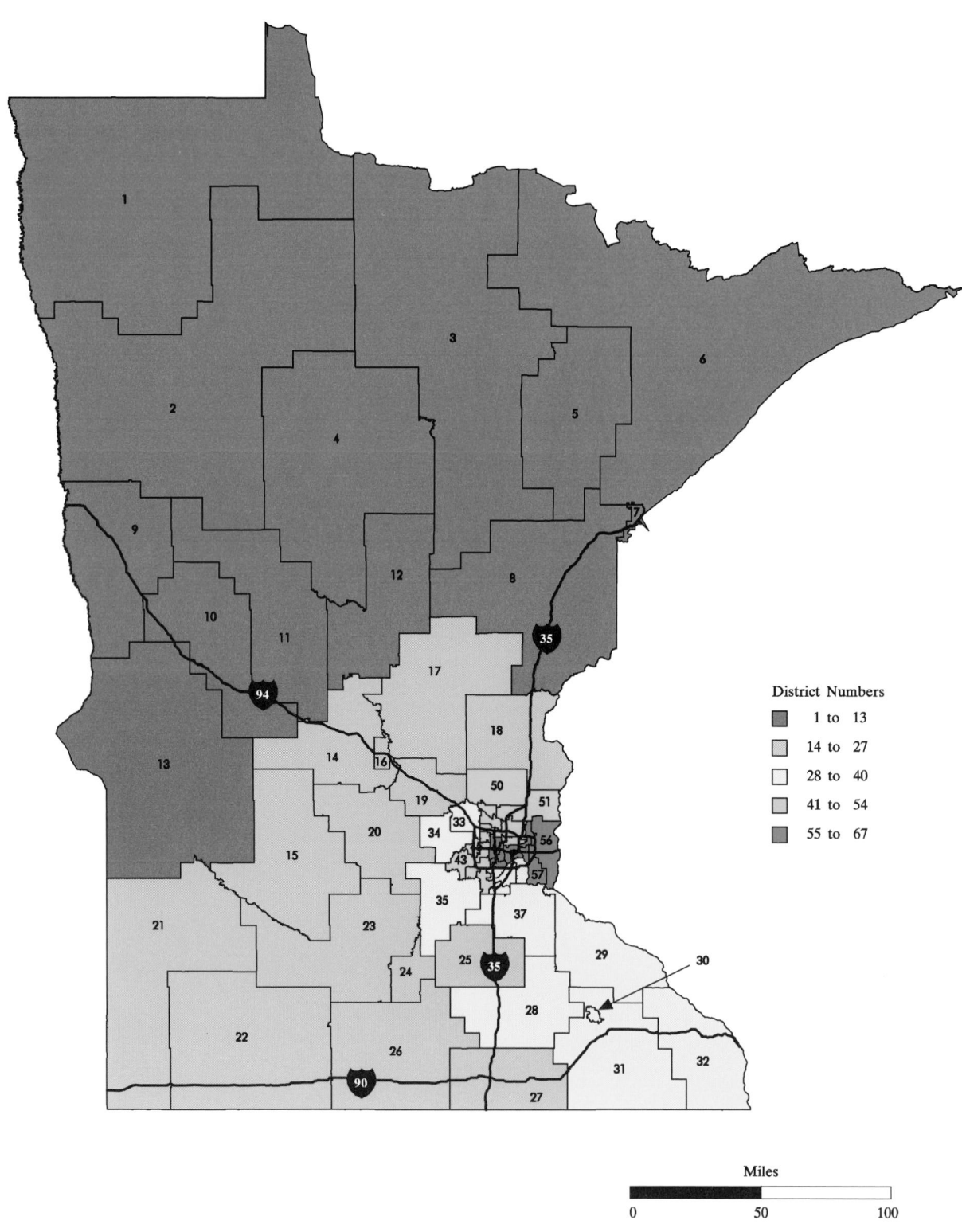

District Numbers

- 1 to 13
- 14 to 27
- 28 to 40
- 41 to 54
- 55 to 67

Miles

0    50    100

# MINNEAPOLIS - ST. PAUL
## State Senate Districts

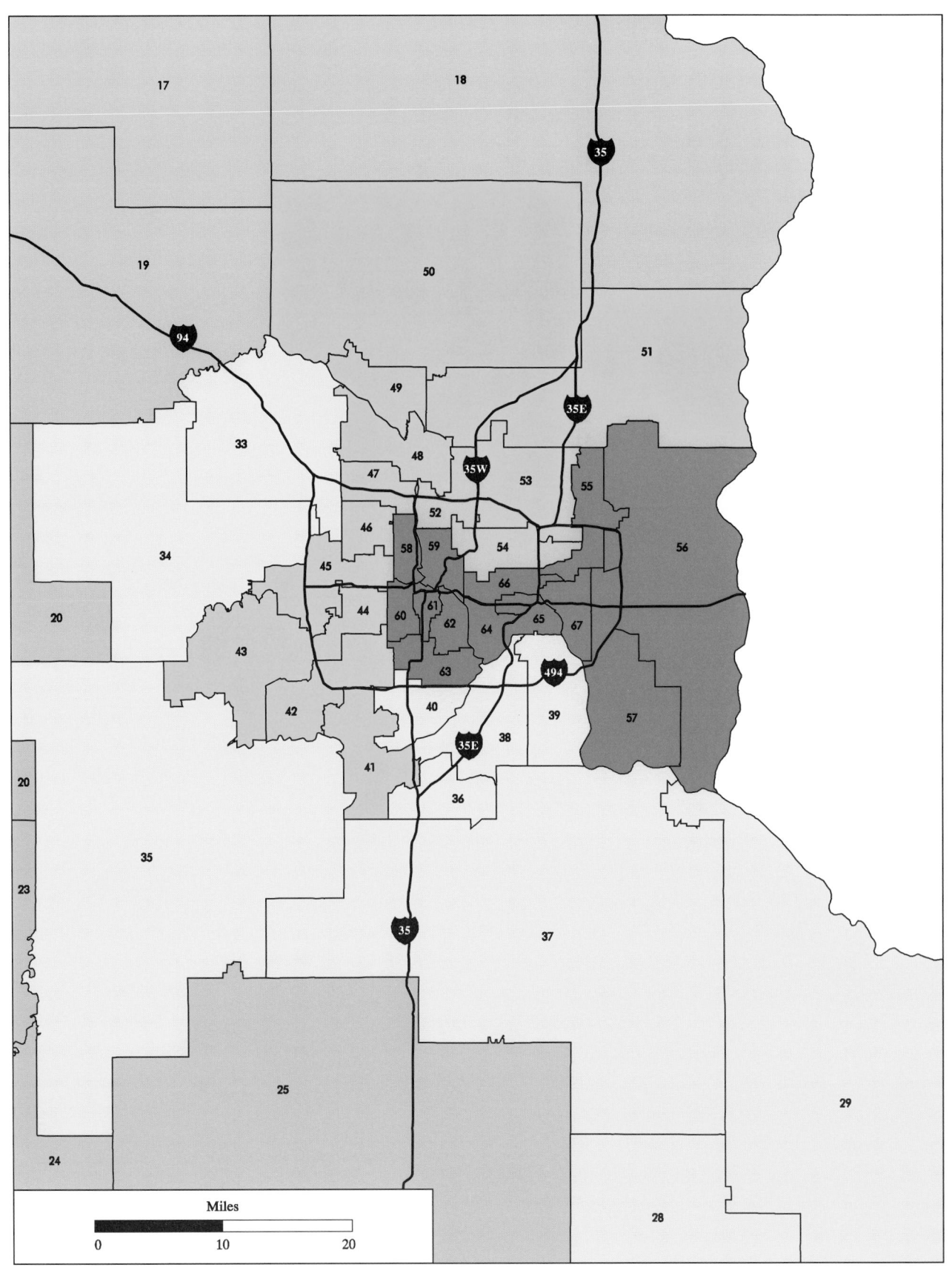

# Minnesota State Senate Districts:  Demographic Data

| Senate District | Household Income Avg. ($) | Household Income > $50K (%) | Household Income >$100K (%) | College Educ. (%) | Manf. (%) | Employment Type Service (%) | Employment Type Govt. (%) | Employment Type Farm (%) | Age 55+ (%) | Receives Soc. Sec. (%) | African Amer. (%) | Hispanic Amer. (%) | Asian Amer. (%) |
|---|---|---|---|---|---|---|---|---|---|---|---|---|---|
| Minn. | 37,746 | 24 | 4 | 30 | 24 | 68 | 3 | 5 | 20 | 25 | 2 | 1 | 2 |
| 1 | 27,223 | 11 | 1 | 21 | 27 | 57 | 4 | 13 | 25 | 33 | 0 | 2 | 0 |
| 2 | 24,457 | 9 | 1 | 19 | 16 | 61 | 4 | 18 | 27 | 36 | 0 | 1 | 0 |
| 3 | 27,882 | 13 | 1 | 23 | 28 | 61 | 5 | 6 | 26 | 34 | 0 | 1 | 0 |
| 4 | 24,563 | 10 | 1 | 25 | 18 | 71 | 5 | 6 | 25 | 34 | 0 | 0 | 0 |
| 5 | 26,983 | 12 | 1 | 23 | 16 | 63 | 4 | 17 | 29 | 37 | 0 | 0 | 0 |
| 6 | 32,994 | 18 | 2 | 29 | 17 | 72 | 5 | 6 | 25 | 31 | 0 | 0 | 0 |
| 7 | 26,464 | 13 | 1 | 24 | 13 | 81 | 5 | 1 | 26 | 34 | 1 | 1 | 1 |
| 8 | 28,221 | 14 | 1 | 18 | 24 | 65 | 6 | 6 | 25 | 35 | 1 | 1 | 0 |
| 9 | 29,440 | 14 | 1 | 29 | 14 | 75 | 3 | 7 | 22 | 29 | 0 | 2 | 1 |
| 10 | 26,696 | 11 | 1 | 24 | 17 | 69 | 3 | 10 | 29 | 37 | 0 | 0 | 0 |
| 11 | 24,728 | 9 | 1 | 19 | 22 | 59 | 3 | 15 | 27 | 35 | 0 | 0 | 0 |
| 12 | 27,666 | 13 | 1 | 20 | 22 | 67 | 5 | 6 | 27 | 34 | 0 | 0 | 0 |
| 13 | 25,202 | 9 | 1 | 21 | 15 | 61 | 3 | 20 | 32 | 40 | 0 | 0 | 0 |
| 14 | 33,509 | 17 | 3 | 21 | 26 | 60 | 2 | 12 | 19 | 27 | 0 | 0 | 0 |
| 15 | 29,592 | 13 | 2 | 24 | 21 | 63 | 2 | 14 | 26 | 32 | 0 | 3 | 0 |
| 16 | 32,558 | 16 | 2 | 31 | 19 | 77 | 3 | 1 | 16 | 22 | 0 | 0 | 1 |
| 17 | 30,625 | 15 | 1 | 19 | 29 | 60 | 3 | 8 | 20 | 27 | 0 | 0 | 0 |
| 18 | 34,104 | 19 | 2 | 18 | 32 | 59 | 3 | 5 | 19 | 26 | 0 | 0 | 0 |
| 19 | 39,414 | 26 | 3 | 22 | 32 | 63 | 2 | 3 | 14 | 19 | 0 | 0 | 0 |
| 20 | 33,320 | 17 | 2 | 18 | 36 | 52 | 2 | 10 | 23 | 30 | 0 | 1 | 0 |
| 21 | 27,975 | 11 | 2 | 20 | 19 | 60 | 3 | 19 | 28 | 35 | 0 | 1 | 0 |
| 22 | 27,109 | 10 | 1 | 19 | 21 | 57 | 3 | 19 | 31 | 38 | 0 | 1 | 1 |
| 23 | 29,625 | 13 | 1 | 18 | 30 | 53 | 2 | 15 | 27 | 34 | 0 | 1 | 0 |
| 24 | 31,940 | 17 | 2 | 33 | 25 | 69 | 3 | 2 | 18 | 24 | 0 | 1 | 1 |
| 25 | 33,622 | 19 | 2 | 25 | 27 | 64 | 3 | 6 | 20 | 29 | 0 | 1 | 1 |
| 26 | 28,883 | 12 | 2 | 21 | 28 | 56 | 3 | 13 | 28 | 35 | 0 | 2 | 0 |
| 27 | 28,336 | 12 | 1 | 22 | 27 | 63 | 3 | 8 | 30 | 37 | 0 | 2 | 1 |
| 28 | 34,276 | 19 | 2 | 24 | 32 | 58 | 2 | 8 | 21 | 28 | 0 | 1 | 0 |
| 29 | 34,730 | 21 | 2 | 22 | 26 | 62 | 4 | 8 | 23 | 30 | 0 | 0 | 0 |
| 30 | 39,804 | 27 | 5 | 44 | 12 | 85 | 2 | 1 | 20 | 23 | 1 | 1 | 4 |
| 31 | 39,433 | 26 | 4 | 32 | 15 | 73 | 3 | 9 | 19 | 23 | 0 | 1 | 2 |
| 32 | 30,883 | 15 | 2 | 27 | 29 | 60 | 2 | 9 | 23 | 30 | 0 | 1 | 1 |
| 33 | 53,826 | 49 | 6 | 40 | 30 | 66 | 2 | 1 | 8 | 8 | 1 | 1 | 1 |
| 34 | 62,663 | 44 | 12 | 39 | 27 | 68 | 2 | 2 | 14 | 15 | 1 | 1 | 1 |
| 35 | 42,680 | 29 | 4 | 24 | 32 | 61 | 3 | 4 | 15 | 20 | 0 | 1 | 1 |
| 36 | 53,133 | 46 | 7 | 47 | 21 | 75 | 3 | 1 | 8 | 8 | 2 | 1 | 2 |
| 37 | 45,685 | 35 | 4 | 28 | 27 | 65 | 3 | 4 | 11 | 15 | 0 | 1 | 1 |
| 38 | 53,375 | 45 | 7 | 50 | 22 | 74 | 4 | 1 | 8 | 9 | 2 | 1 | 3 |
| 39 | 41,745 | 28 | 4 | 27 | 23 | 71 | 5 | 1 | 22 | 26 | 1 | 3 | 1 |
| 40 | 41,250 | 29 | 3 | 34 | 22 | 75 | 3 | 1 | 23 | 22 | 2 | 1 | 3 |
| 41 | 59,605 | 49 | 11 | 49 | 22 | 75 | 2 | 1 | 13 | 12 | 1 | 1 | 3 |
| 42 | 70,104 | 48 | 17 | 59 | 18 | 79 | 2 | 1 | 26 | 25 | 1 | 1 | 2 |
| 43 | 67,300 | 55 | 15 | 51 | 25 | 72 | 2 | 1 | 14 | 14 | 1 | 1 | 2 |
| 44 | 41,488 | 27 | 4 | 42 | 21 | 76 | 2 | 1 | 23 | 24 | 2 | 1 | 2 |
| 45 | 61,813 | 47 | 13 | 49 | 22 | 75 | 2 | 1 | 22 | 21 | 2 | 1 | 2 |
| 46 | 39,750 | 27 | 3 | 29 | 26 | 71 | 3 | 0 | 25 | 26 | 2 | 1 | 2 |
| 47 | 38,877 | 27 | 2 | 28 | 27 | 69 | 3 | 1 | 15 | 17 | 6 | 1 | 3 |
| 48 | 45,628 | 37 | 3 | 30 | 30 | 67 | 3 | 1 | 12 | 13 | 1 | 1 | 2 |
| 49 | 42,614 | 32 | 3 | 27 | 31 | 65 | 3 | 1 | 12 | 15 | 0 | 1 | 1 |
| 50 | 47,577 | 38 | 4 | 24 | 37 | 59 | 3 | 2 | 7 | 9 | 0 | 1 | 1 |

# Minnesota State Senate Districts:  Demographic Data (cont.)

| Senate District | Household Income Avg. ($) | > $50K (%) | >$100K (%) | College Educ. (%) | Manf. (%) | Employment Type Service (%) | Govt. (%) | Farm (%) | Age 55+ (%) | Receives Soc. Sec. (%) | African Amer. (%) | Hispanic Amer. (%) | Asian Amer. (%) |
|---|---|---|---|---|---|---|---|---|---|---|---|---|---|
| Minn. | 37,746 | 24 | 4 | 30 | 24 | 68 | 3 | 5 | 20 | 25 | 2 | 1 | 2 |
| 51 | 44,189 | 33 | 3 | 28 | 33 | 63 | 3 | 1 | 10 | 13 | 0 | 1 | 1 |
| 52 | 40,324 | 27 | 3 | 30 | 28 | 69 | 3 | 1 | 20 | 21 | 1 | 1 | 2 |
| 53 | 56,364 | 45 | 10 | 46 | 26 | 69 | 4 | 1 | 13 | 14 | 1 | 1 | 2 |
| 54 | 43,004 | 31 | 5 | 42 | 22 | 73 | 4 | 1 | 26 | 28 | 2 | 1 | 4 |
| 55 | 41,747 | 31 | 3 | 32 | 27 | 67 | 5 | 1 | 20 | 24 | 1 | 1 | 3 |
| 56 | 56,755 | 46 | 9 | 40 | 30 | 64 | 5 | 1 | 14 | 18 | 1 | 1 | 1 |
| 57 | 45,032 | 37 | 4 | 32 | 30 | 64 | 5 | 1 | 12 | 14 | 2 | 2 | 1 |
| 58 | 27,204 | 13 | 1 | 20 | 25 | 71 | 3 | 1 | 18 | 26 | 28 | 2 | 7 |
| 59 | 28,499 | 14 | 2 | 35 | 17 | 79 | 3 | 1 | 19 | 24 | 4 | 2 | 5 |
| 60 | 43,490 | 27 | 8 | 54 | 14 | 83 | 3 | 0 | 20 | 18 | 5 | 2 | 2 |
| 61 | 22,071 | 8 | 1 | 29 | 16 | 80 | 3 | 1 | 15 | 19 | 29 | 3 | 6 |
| 62 | 32,805 | 18 | 2 | 34 | 19 | 77 | 4 | 1 | 22 | 27 | 5 | 2 | 2 |
| 63 | 44,810 | 32 | 5 | 41 | 18 | 78 | 3 | 1 | 26 | 29 | 4 | 1 | 2 |
| 64 | 45,459 | 31 | 6 | 55 | 16 | 78 | 6 | 0 | 21 | 25 | 2 | 2 | 2 |
| 65 | 27,835 | 14 | 1 | 26 | 21 | 72 | 6 | 1 | 20 | 26 | 18 | 8 | 11 |
| 66 | 30,405 | 15 | 1 | 32 | 22 | 72 | 5 | 1 | 21 | 26 | 5 | 3 | 8 |
| 67 | 29,659 | 15 | 1 | 19 | 27 | 67 | 5 | 1 | 20 | 27 | 5 | 4 | 6 |

# MINNESOTA
## State House Districts

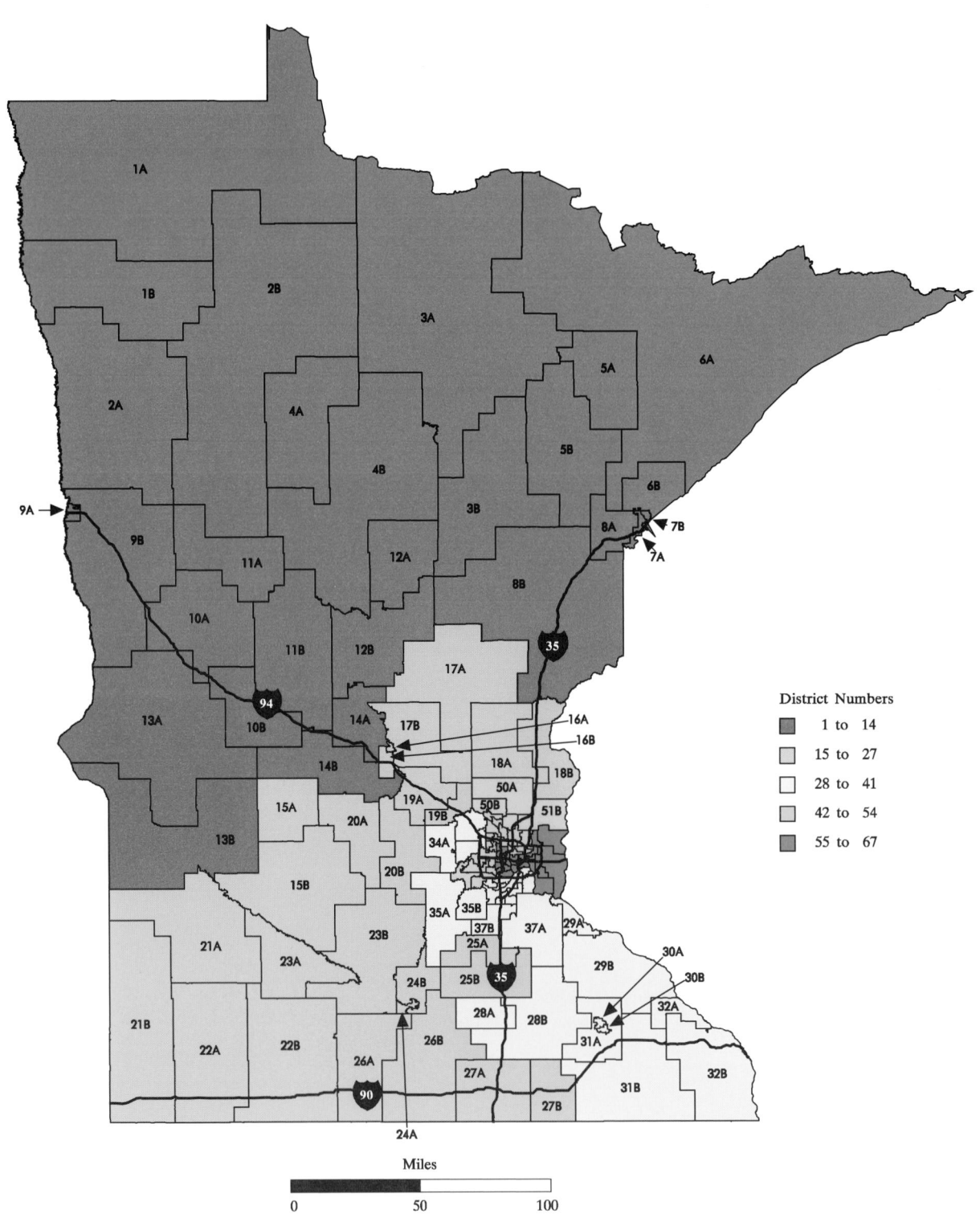

District Numbers
- 1 to 14
- 15 to 27
- 28 to 41
- 42 to 54
- 55 to 67

Miles

0    50    100

# MINNEAPOLIS - ST. PAUL
## State House Districts

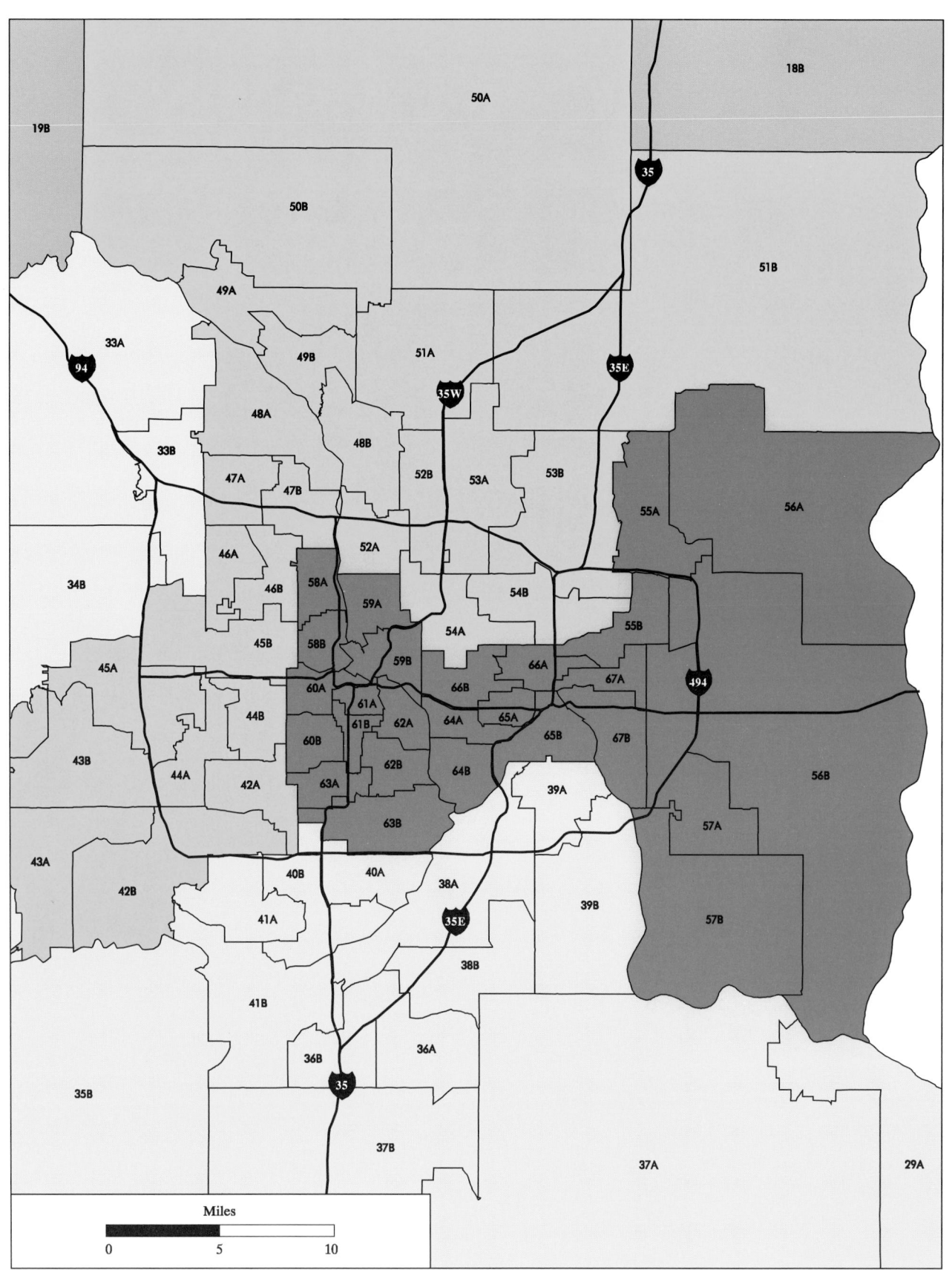

Miles

0    5    10

# Minnesota State House Districts: Demographic Data

| House District | Household Income Avg. ($) | Household Income > $50K (%) | Household Income >$100K (%) | College Educ. (%) | Manf. (%) | Employment Type Service (%) | Employment Type Govt. (%) | Employment Type Farm (%) | Age 55+ (%) | Receives Soc. Sec. (%) | African Amer. (%) | Hispanic Amer. (%) | Asian Amer. (%) |
|---|---|---|---|---|---|---|---|---|---|---|---|---|---|
| Minn. | 37,746 | 24 | 4 | 30 | 24 | 68 | 3 | 5 | 20 | 25 | 2 | 1 | 2 |
| 1A | 27,332 | 11 | 1 | 20 | 36 | 46 | 3 | 15 | 25 | 33 | 0 | 0 | 0 |
| 1B | 27,112 | 11 | 1 | 23 | 17 | 68 | 4 | 10 | 25 | 32 | 0 | 3 | 0 |
| 2A | 26,463 | 10 | 1 | 21 | 14 | 64 | 4 | 18 | 29 | 36 | 0 | 2 | 0 |
| 2B | 22,245 | 7 | 1 | 16 | 19 | 58 | 4 | 19 | 25 | 35 | 0 | 0 | 0 |
| 3A | 28,794 | 15 | 1 | 22 | 32 | 58 | 5 | 6 | 25 | 32 | 0 | 1 | 0 |
| 3B | 26,944 | 12 | 1 | 23 | 23 | 65 | 5 | 7 | 28 | 36 | 0 | 0 | 0 |
| 4A | 26,291 | 12 | 1 | 32 | 15 | 76 | 5 | 3 | 20 | 28 | 0 | 0 | 1 |
| 4B | 22,955 | 8 | 1 | 18 | 20 | 65 | 6 | 9 | 31 | 40 | 0 | 0 | 0 |
| 5A | 26,721 | 11 | 0 | 24 | 14 | 62 | 5 | 19 | 29 | 36 | 0 | 0 | 0 |
| 5B | 27,255 | 12 | 1 | 23 | 17 | 64 | 4 | 15 | 28 | 37 | 0 | 0 | 0 |
| 6A | 27,031 | 11 | 1 | 21 | 21 | 61 | 5 | 12 | 30 | 36 | 0 | 0 | 0 |
| 6B | 39,132 | 25 | 4 | 37 | 14 | 80 | 5 | 1 | 21 | 26 | 0 | 0 | 1 |
| 7A | 26,819 | 12 | 0 | 18 | 16 | 77 | 6 | 1 | 28 | 37 | 1 | 1 | 0 |
| 7B | 26,132 | 13 | 2 | 30 | 11 | 84 | 4 | 1 | 23 | 31 | 2 | 1 | 1 |
| 8A | 31,265 | 18 | 1 | 22 | 24 | 69 | 5 | 2 | 23 | 31 | 0 | 0 | 0 |
| 8B | 25,344 | 10 | 1 | 15 | 24 | 60 | 6 | 10 | 28 | 38 | 1 | 1 | 0 |
| 9A | 29,668 | 16 | 1 | 37 | 10 | 86 | 3 | 1 | 18 | 25 | 0 | 3 | 1 |
| 9B | 29,238 | 13 | 1 | 23 | 19 | 65 | 4 | 13 | 26 | 33 | 0 | 1 | 0 |
| 10A | 26,682 | 12 | 1 | 23 | 15 | 69 | 4 | 12 | 31 | 38 | 0 | 0 | 0 |
| 10B | 26,709 | 11 | 1 | 25 | 19 | 70 | 3 | 8 | 28 | 35 | 0 | 0 | 0 |
| 11A | 25,751 | 10 | 1 | 22 | 22 | 64 | 4 | 11 | 28 | 36 | 0 | 1 | 0 |
| 11B | 23,722 | 8 | 1 | 16 | 23 | 55 | 3 | 19 | 26 | 34 | 0 | 0 | 0 |
| 12A | 26,923 | 12 | 1 | 22 | 22 | 71 | 5 | 2 | 28 | 36 | 0 | 0 | 0 |
| 12B | 28,462 | 13 | 1 | 19 | 22 | 63 | 6 | 9 | 26 | 32 | 0 | 0 | 0 |
| 13A | 24,824 | 9 | 1 | 22 | 11 | 63 | 4 | 22 | 31 | 39 | 0 | 0 | 1 |
| 13B | 25,562 | 8 | 1 | 19 | 19 | 60 | 3 | 18 | 33 | 41 | 0 | 0 | 0 |
| 14A | 35,580 | 19 | 3 | 24 | 25 | 64 | 2 | 9 | 15 | 23 | 0 | 0 | 0 |
| 14B | 31,607 | 15 | 2 | 18 | 28 | 55 | 1 | 16 | 22 | 31 | 0 | 0 | 0 |
| 15A | 31,120 | 15 | 2 | 28 | 18 | 71 | 3 | 7 | 23 | 29 | 0 | 4 | 0 |
| 15B | 28,084 | 11 | 1 | 20 | 23 | 54 | 2 | 20 | 28 | 35 | 0 | 1 | 0 |
| 16A | 28,769 | 13 | 2 | 30 | 18 | 78 | 3 | 1 | 18 | 25 | 0 | 1 | 1 |
| 16B | 36,171 | 19 | 3 | 32 | 20 | 77 | 2 | 1 | 14 | 19 | 0 | 0 | 1 |
| 17A | 27,014 | 11 | 1 | 15 | 29 | 55 | 4 | 12 | 25 | 34 | 0 | 0 | 0 |
| 17B | 34,057 | 19 | 1 | 23 | 28 | 63 | 3 | 6 | 16 | 21 | 1 | 1 | 0 |
| 18A | 34,294 | 19 | 2 | 17 | 33 | 58 | 3 | 5 | 18 | 24 | 0 | 0 | 0 |
| 18B | 33,922 | 19 | 2 | 19 | 30 | 61 | 4 | 5 | 21 | 28 | 0 | 0 | 0 |
| 19A | 37,888 | 24 | 2 | 21 | 31 | 64 | 2 | 3 | 15 | 20 | 0 | 0 | 0 |
| 19B | 41,039 | 28 | 3 | 24 | 33 | 62 | 2 | 3 | 13 | 19 | 0 | 1 | 0 |
| 20A | 32,461 | 16 | 2 | 20 | 39 | 51 | 2 | 8 | 23 | 30 | 0 | 1 | 0 |
| 20B | 34,193 | 18 | 2 | 16 | 34 | 53 | 2 | 11 | 22 | 29 | 0 | 0 | 0 |
| 21A | 29,193 | 13 | 2 | 23 | 20 | 62 | 3 | 16 | 25 | 32 | 0 | 1 | 0 |
| 21B | 26,744 | 10 | 2 | 17 | 17 | 57 | 2 | 23 | 31 | 38 | 0 | 0 | 0 |
| 22A | 27,439 | 11 | 1 | 19 | 20 | 60 | 2 | 18 | 31 | 38 | 0 | 1 | 1 |
| 22B | 26,791 | 9 | 1 | 19 | 21 | 55 | 3 | 21 | 31 | 37 | 0 | 1 | 1 |
| 23A | 28,465 | 12 | 1 | 20 | 30 | 58 | 3 | 10 | 28 | 36 | 0 | 1 | 0 |
| 23B | 30,758 | 14 | 2 | 17 | 31 | 48 | 2 | 20 | 26 | 32 | 0 | 1 | 0 |
| 24A | 27,831 | 12 | 1 | 35 | 21 | 74 | 3 | 1 | 17 | 24 | 1 | 1 | 2 |
| 24B | 35,134 | 20 | 3 | 32 | 28 | 65 | 3 | 3 | 18 | 24 | 0 | 1 | 1 |
| 25A | 34,598 | 21 | 2 | 28 | 25 | 68 | 2 | 5 | 19 | 28 | 0 | 1 | 1 |
| 25B | 32,864 | 17 | 2 | 22 | 30 | 60 | 3 | 7 | 22 | 30 | 0 | 1 | 1 |

# Minnesota State House Districts:  Demographic Data (cont.)

| House District | Household Income Avg. ($) | > $50K (%) | >$100K (%) | College Educ. (%) | Manf. (%) | Employment Type Service (%) | Govt. (%) | Farm (%) | Age 55+ (%) | Receives Soc. Sec. (%) | African Amer. (%) | Hispanic Amer. (%) | Asian Amer. (%) |
|---|---|---|---|---|---|---|---|---|---|---|---|---|---|
| Minn. | 37,746 | 24 | 4 | 30 | 24 | 68 | 3 | 5 | 20 | 25 | 2 | 1 | 2 |
| 26A | 28,672 | 11 | 2 | 21 | 29 | 56 | 3 | 11 | 28 | 35 | 0 | 2 | 0 |
| 26B | 29,087 | 12 | 2 | 21 | 28 | 56 | 2 | 15 | 28 | 36 | 0 | 1 | 0 |
| 27A | 28,782 | 13 | 1 | 20 | 27 | 61 | 3 | 9 | 28 | 35 | 0 | 3 | 0 |
| 27B | 27,891 | 12 | 1 | 23 | 26 | 66 | 2 | 6 | 32 | 39 | 0 | 1 | 1 |
| 28A | 33,735 | 19 | 2 | 27 | 38 | 56 | 2 | 4 | 22 | 27 | 0 | 1 | 1 |
| 28B | 34,858 | 19 | 2 | 22 | 25 | 61 | 2 | 12 | 21 | 28 | 0 | 1 | 0 |
| 29A | 36,719 | 24 | 3 | 23 | 29 | 64 | 5 | 2 | 22 | 28 | 0 | 1 | 1 |
| 29B | 33,150 | 18 | 2 | 21 | 23 | 61 | 3 | 14 | 24 | 31 | 0 | 0 | 0 |
| 30A | 44,863 | 36 | 4 | 50 | 11 | 86 | 3 | 1 | 17 | 18 | 1 | 1 | 3 |
| 30B | 36,400 | 22 | 6 | 39 | 12 | 84 | 2 | 1 | 23 | 27 | 1 | 1 | 5 |
| 31A | 46,704 | 35 | 6 | 41 | 14 | 80 | 3 | 3 | 14 | 16 | 1 | 1 | 2 |
| 31B | 29,274 | 13 | 2 | 19 | 19 | 60 | 2 | 19 | 26 | 34 | 0 | 0 | 1 |
| 32A | 28,082 | 13 | 1 | 27 | 32 | 62 | 2 | 3 | 23 | 32 | 1 | 1 | 1 |
| 32B | 33,250 | 17 | 2 | 26 | 26 | 58 | 2 | 14 | 23 | 29 | 0 | 0 | 0 |
| 33A | 52,879 | 46 | 6 | 34 | 33 | 63 | 2 | 2 | 7 | 8 | 0 | 1 | 1 |
| 33B | 54,677 | 50 | 6 | 46 | 28 | 69 | 2 | 1 | 8 | 9 | 1 | 1 | 2 |
| 34A | 50,033 | 35 | 6 | 28 | 32 | 63 | 2 | 3 | 15 | 17 | 0 | 1 | 1 |
| 34B | 76,234 | 54 | 18 | 51 | 23 | 74 | 2 | 2 | 12 | 12 | 1 | 1 | 2 |
| 35A | 39,484 | 25 | 3 | 23 | 33 | 58 | 2 | 7 | 18 | 22 | 0 | 0 | 1 |
| 35B | 46,194 | 33 | 5 | 26 | 32 | 63 | 3 | 2 | 13 | 17 | 1 | 1 | 1 |
| 36A | 56,219 | 51 | 8 | 46 | 21 | 75 | 4 | 1 | 6 | 7 | 1 | 1 | 2 |
| 36B | 50,694 | 42 | 7 | 48 | 21 | 75 | 3 | 1 | 9 | 9 | 2 | 1 | 2 |
| 37A | 42,429 | 30 | 3 | 25 | 27 | 63 | 4 | 6 | 15 | 20 | 0 | 1 | 1 |
| 37B | 49,859 | 41 | 5 | 32 | 28 | 68 | 2 | 2 | 7 | 9 | 1 | 1 | 1 |
| 38A | 52,320 | 41 | 7 | 48 | 21 | 75 | 3 | 1 | 12 | 12 | 2 | 1 | 3 |
| 38B | 54,620 | 51 | 6 | 53 | 23 | 72 | 4 | 1 | 5 | 5 | 2 | 1 | 3 |
| 39A | 43,941 | 28 | 5 | 30 | 20 | 73 | 6 | 1 | 27 | 32 | 1 | 4 | 1 |
| 39B | 39,385 | 28 | 3 | 24 | 25 | 69 | 5 | 1 | 17 | 20 | 0 | 2 | 1 |
| 40A | 37,083 | 23 | 2 | 29 | 21 | 75 | 2 | 1 | 22 | 21 | 2 | 1 | 3 |
| 40B | 45,822 | 35 | 5 | 39 | 22 | 74 | 3 | 1 | 25 | 24 | 1 | 1 | 3 |
| 41A | 65,834 | 54 | 15 | 55 | 20 | 77 | 2 | 1 | 16 | 15 | 1 | 1 | 3 |
| 41B | 52,849 | 43 | 6 | 43 | 24 | 73 | 2 | 1 | 10 | 9 | 1 | 1 | 3 |
| 42A | 72,256 | 48 | 18 | 58 | 15 | 83 | 2 | 0 | 33 | 32 | 1 | 1 | 2 |
| 42B | 67,873 | 48 | 16 | 59 | 20 | 77 | 2 | 1 | 18 | 18 | 1 | 1 | 2 |
| 43A | 66,445 | 57 | 13 | 50 | 26 | 71 | 2 | 1 | 10 | 11 | 1 | 1 | 2 |
| 43B | 68,094 | 53 | 16 | 51 | 24 | 73 | 2 | 1 | 18 | 17 | 1 | 1 | 1 |
| 44A | 40,531 | 26 | 4 | 40 | 23 | 75 | 2 | 1 | 24 | 23 | 2 | 1 | 2 |
| 44B | 42,428 | 28 | 4 | 45 | 20 | 78 | 2 | 1 | 23 | 24 | 2 | 1 | 2 |
| 45A | 66,630 | 49 | 15 | 50 | 21 | 76 | 2 | 1 | 21 | 20 | 1 | 1 | 1 |
| 45B | 56,944 | 45 | 11 | 49 | 22 | 74 | 3 | 1 | 22 | 22 | 2 | 1 | 2 |
| 46A | 40,198 | 28 | 3 | 31 | 27 | 70 | 3 | 0 | 24 | 24 | 2 | 1 | 2 |
| 46B | 39,336 | 27 | 2 | 28 | 26 | 71 | 3 | 0 | 26 | 28 | 2 | 1 | 2 |
| 47A | 38,282 | 27 | 2 | 31 | 27 | 70 | 3 | 1 | 10 | 11 | 7 | 1 | 3 |
| 47B | 39,470 | 28 | 2 | 25 | 27 | 69 | 4 | 0 | 20 | 23 | 5 | 1 | 2 |
| 48A | 47,743 | 41 | 3 | 33 | 29 | 67 | 3 | 1 | 8 | 9 | 2 | 1 | 3 |
| 48B | 43,505 | 34 | 3 | 27 | 31 | 66 | 2 | 1 | 16 | 16 | 1 | 1 | 2 |
| 49A | 42,866 | 32 | 3 | 29 | 31 | 65 | 3 | 1 | 14 | 18 | 0 | 1 | 1 |
| 49B | 42,338 | 31 | 2 | 26 | 31 | 66 | 2 | 1 | 11 | 13 | 1 | 1 | 1 |
| 50A | 43,840 | 34 | 2 | 21 | 39 | 57 | 2 | 2 | 8 | 12 | 0 | 1 | 1 |
| 50B | 51,447 | 42 | 5 | 27 | 35 | 61 | 3 | 1 | 5 | 6 | 0 | 1 | 1 |

# Minnesota State House Districts: Demographic Data (cont.)

| House District | Household Income Avg. ($) | > $50K (%) | >$100K (%) | College Educ. (%) | Manf. (%) | Employment Type Service (%) | Govt. (%) | Farm (%) | Age 55+ (%) | Receives Soc. Sec. (%) | African Amer. (%) | Hispanic Amer. (%) | Asian Amer. (%) |
|---|---|---|---|---|---|---|---|---|---|---|---|---|---|
| Minn. | 37,746 | 24 | 4 | 30 | 24 | 68 | 3 | 5 | 20 | 25 | 2 | 1 | 2 |
| 51A | 41,776 | 31 | 1 | 25 | 36 | 61 | 2 | 0 | 8 | 10 | 0 | 1 | 1 |
| 51B | 46,669 | 36 | 5 | 30 | 30 | 64 | 4 | 2 | 12 | 17 | 0 | 1 | 1 |
| 52A | 36,268 | 22 | 2 | 24 | 27 | 69 | 3 | 0 | 24 | 25 | 1 | 1 | 2 |
| 52B | 44,579 | 32 | 5 | 37 | 28 | 69 | 2 | 1 | 16 | 17 | 1 | 1 | 3 |
| 53A | 56,046 | 48 | 9 | 47 | 28 | 69 | 3 | 1 | 13 | 14 | 1 | 1 | 2 |
| 53B | 56,628 | 42 | 10 | 44 | 25 | 70 | 5 | 1 | 13 | 14 | 1 | 1 | 2 |
| 54A | 42,922 | 31 | 5 | 47 | 19 | 76 | 4 | 1 | 27 | 29 | 2 | 1 | 6 |
| 54B | 43,094 | 31 | 4 | 37 | 24 | 70 | 5 | 1 | 25 | 27 | 2 | 1 | 2 |
| 55A | 47,000 | 37 | 4 | 38 | 27 | 67 | 5 | 1 | 18 | 21 | 0 | 1 | 1 |
| 55B | 36,928 | 26 | 2 | 26 | 28 | 67 | 5 | 1 | 22 | 27 | 2 | 2 | 4 |
| 56A | 56,137 | 43 | 9 | 37 | 29 | 64 | 5 | 1 | 17 | 21 | 2 | 1 | 1 |
| 56B | 57,342 | 47 | 9 | 43 | 30 | 64 | 5 | 1 | 12 | 14 | 1 | 1 | 2 |
| 57A | 45,078 | 36 | 5 | 37 | 30 | 64 | 5 | 1 | 15 | 14 | 2 | 2 | 2 |
| 57B | 44,973 | 37 | 2 | 26 | 30 | 65 | 5 | 1 | 10 | 14 | 1 | 2 | 1 |
| 58A | 30,891 | 15 | 1 | 20 | 27 | 70 | 3 | 1 | 22 | 31 | 10 | 2 | 2 |
| 58B | 22,716 | 9 | 1 | 19 | 23 | 73 | 4 | 0 | 14 | 19 | 47 | 2 | 12 |
| 59A | 29,380 | 15 | 1 | 24 | 24 | 71 | 4 | 0 | 25 | 30 | 1 | 2 | 2 |
| 59B | 27,647 | 14 | 2 | 49 | 11 | 85 | 3 | 1 | 13 | 17 | 6 | 3 | 9 |
| 60A | 42,050 | 24 | 9 | 52 | 12 | 85 | 3 | 0 | 20 | 19 | 7 | 2 | 2 |
| 60B | 45,160 | 30 | 7 | 57 | 16 | 81 | 3 | 0 | 19 | 17 | 3 | 1 | 2 |
| 61A | 18,555 | 5 | 1 | 29 | 14 | 82 | 3 | 1 | 16 | 20 | 22 | 4 | 7 |
| 61B | 26,090 | 12 | 1 | 29 | 18 | 77 | 3 | 1 | 14 | 18 | 36 | 3 | 6 |
| 62A | 29,536 | 14 | 2 | 34 | 17 | 78 | 4 | 1 | 20 | 25 | 6 | 2 | 3 |
| 62B | 36,238 | 22 | 2 | 35 | 21 | 75 | 4 | 1 | 24 | 28 | 5 | 2 | 2 |
| 63A | 52,689 | 41 | 8 | 54 | 16 | 81 | 3 | 1 | 23 | 26 | 3 | 1 | 2 |
| 63B | 37,108 | 23 | 1 | 28 | 21 | 76 | 3 | 0 | 28 | 32 | 4 | 1 | 3 |
| 64A | 44,205 | 30 | 6 | 60 | 15 | 79 | 5 | 0 | 15 | 19 | 2 | 2 | 2 |
| 64B | 46,668 | 32 | 6 | 50 | 17 | 76 | 6 | 1 | 28 | 31 | 2 | 1 | 3 |
| 65A | 28,161 | 13 | 2 | 30 | 20 | 74 | 6 | 1 | 16 | 21 | 32 | 4 | 14 |
| 65B | 27,560 | 14 | 1 | 23 | 22 | 71 | 6 | 1 | 23 | 30 | 5 | 12 | 8 |
| 66A | 28,324 | 12 | 1 | 22 | 25 | 68 | 5 | 1 | 20 | 27 | 5 | 4 | 12 |
| 66B | 32,330 | 17 | 2 | 41 | 19 | 75 | 5 | 1 | 21 | 26 | 5 | 2 | 4 |
| 67A | 27,699 | 13 | 0 | 17 | 28 | 66 | 5 | 1 | 20 | 27 | 4 | 4 | 7 |
| 67B | 31,904 | 18 | 2 | 23 | 25 | 69 | 5 | 1 | 20 | 26 | 5 | 4 | 6 |

# MISSISSIPPI
## State Senate Districts

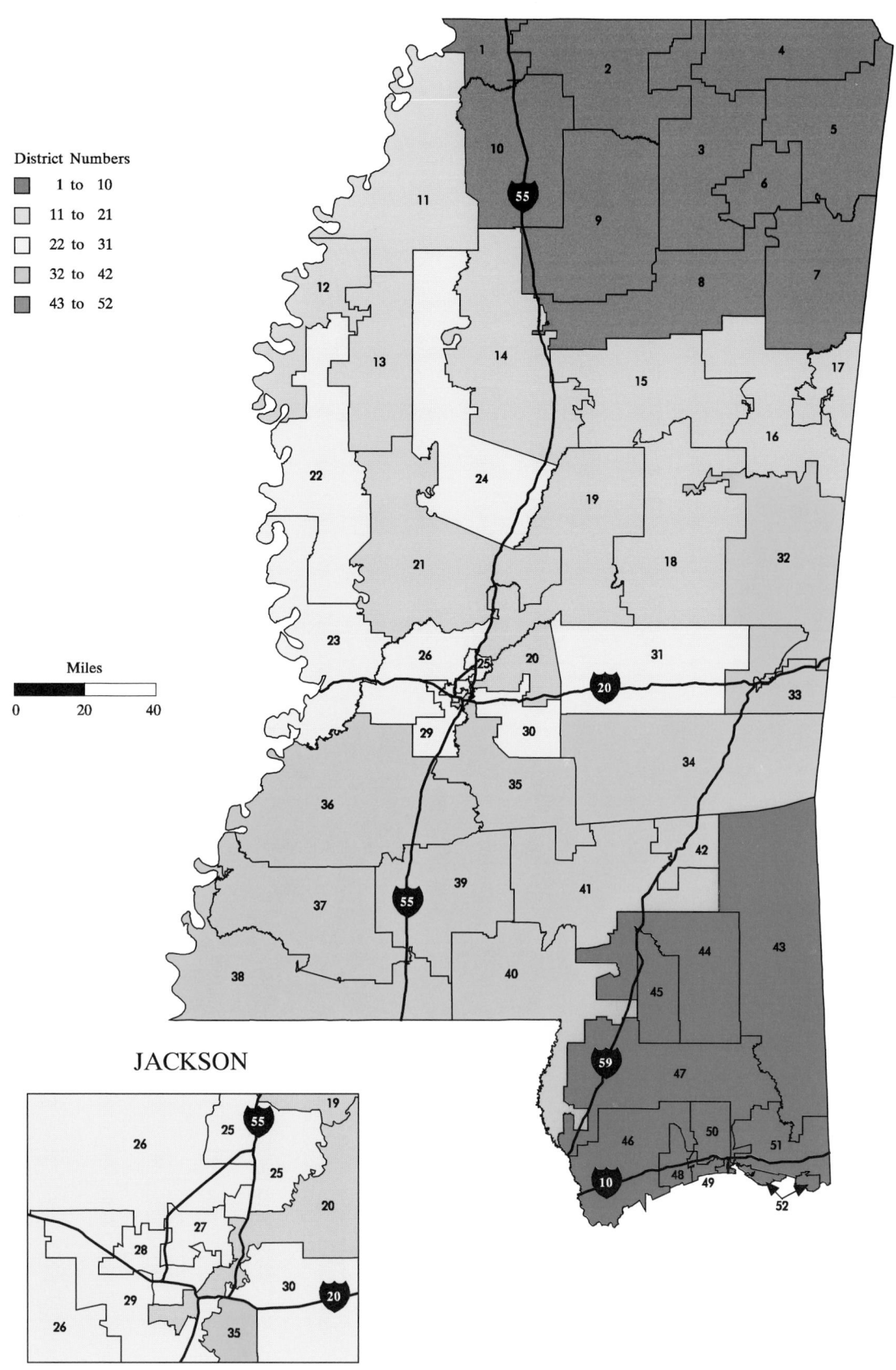

District Numbers
- 1 to 10
- 11 to 21
- 22 to 31
- 32 to 42
- 43 to 52

Miles
0    20    40

JACKSON

# Mississippi State Senate Districts: Demographic Data

| Senate District | Household Income Avg. ($) | Household Income > $50K (%) | Household Income >$100K (%) | College Educ. (%) | Manf. (%) | Employment Type Service (%) | Employment Type Govt. (%) | Employment Type Farm (%) | Age 55+ (%) | Receives Soc. Sec. (%) | African Amer. (%) | Hispanic Amer. (%) | Asian Amer. (%) |
|---|---|---|---|---|---|---|---|---|---|---|---|---|---|
| Miss. | 26,855 | 13 | 2 | 20 | 31 | 59 | 5 | 5 | 21 | 30 | 36 | 1 | 1 |
| 1 | 35,786 | 22 | 2 | 14 | 26 | 68 | 4 | 2 | 15 | 21 | 10 | 0 | 0 |
| 2 | 27,743 | 15 | 1 | 13 | 40 | 53 | 3 | 3 | 20 | 28 | 41 | 0 | 0 |
| 3 | 24,414 | 8 | 1 | 13 | 52 | 42 | 2 | 3 | 24 | 34 | 16 | 0 | 0 |
| 4 | 23,215 | 8 | 1 | 13 | 46 | 49 | 3 | 3 | 25 | 34 | 11 | 0 | 0 |
| 5 | 23,324 | 7 | 1 | 12 | 52 | 44 | 2 | 2 | 25 | 34 | 9 | 0 | 0 |
| 6 | 33,154 | 17 | 3 | 23 | 36 | 60 | 3 | 2 | 20 | 25 | 18 | 0 | 0 |
| 7 | 25,230 | 9 | 1 | 12 | 53 | 41 | 3 | 3 | 23 | 31 | 27 | 1 | 0 |
| 8 | 24,375 | 8 | 1 | 13 | 50 | 44 | 3 | 3 | 22 | 30 | 35 | 1 | 0 |
| 9 | 23,720 | 10 | 1 | 25 | 29 | 64 | 4 | 3 | 20 | 28 | 28 | 1 | 1 |
| 10 | 24,430 | 10 | 1 | 15 | 40 | 51 | 4 | 5 | 21 | 32 | 43 | 1 | 0 |
| 11 | 20,568 | 7 | 1 | 18 | 23 | 58 | 6 | 13 | 22 | 34 | 65 | 1 | 0 |
| 12 | 19,591 | 6 | 1 | 15 | 27 | 61 | 6 | 7 | 20 | 33 | 77 | 1 | 0 |
| 13 | 20,757 | 8 | 1 | 16 | 28 | 54 | 8 | 10 | 19 | 33 | 69 | 1 | 0 |
| 14 | 25,987 | 11 | 2 | 16 | 32 | 58 | 5 | 6 | 24 | 34 | 42 | 0 | 0 |
| 15 | 24,909 | 12 | 1 | 25 | 33 | 58 | 5 | 4 | 20 | 28 | 27 | 1 | 1 |
| 16 | 24,174 | 10 | 2 | 19 | 36 | 55 | 4 | 4 | 19 | 28 | 58 | 1 | 1 |
| 17 | 32,223 | 18 | 2 | 25 | 35 | 59 | 5 | 2 | 17 | 23 | 28 | 1 | 1 |
| 18 | 22,610 | 7 | 1 | 14 | 46 | 47 | 4 | 4 | 24 | 33 | 28 | 0 | 0 |
| 19 | 24,387 | 11 | 2 | 20 | 31 | 58 | 5 | 6 | 24 | 33 | 41 | 0 | 0 |
| 20 | 45,108 | 28 | 7 | 38 | 18 | 74 | 5 | 3 | 22 | 27 | 16 | 1 | 1 |
| 21 | 21,174 | 8 | 2 | 14 | 29 | 52 | 4 | 15 | 21 | 33 | 65 | 0 | 0 |
| 22 | 29,901 | 16 | 3 | 22 | 20 | 63 | 5 | 12 | 20 | 28 | 37 | 1 | 0 |
| 23 | 29,283 | 17 | 2 | 24 | 29 | 60 | 6 | 4 | 21 | 27 | 40 | 1 | 0 |
| 24 | 18,256 | 6 | 1 | 15 | 27 | 54 | 5 | 13 | 20 | 34 | 77 | 0 | 0 |
| 25 | 45,882 | 28 | 7 | 54 | 11 | 81 | 6 | 1 | 19 | 18 | 13 | 1 | 1 |
| 26 | 33,319 | 21 | 2 | 32 | 19 | 70 | 8 | 3 | 15 | 23 | 69 | 0 | 0 |
| 27 | 21,755 | 7 | 1 | 23 | 18 | 73 | 6 | 3 | 19 | 30 | 82 | 0 | 0 |
| 28 | 21,174 | 8 | 1 | 24 | 15 | 75 | 7 | 3 | 18 | 29 | 75 | 0 | 0 |
| 29 | 39,231 | 27 | 3 | 34 | 17 | 73 | 7 | 2 | 16 | 20 | 18 | 0 | 1 |
| 30 | 36,014 | 23 | 2 | 23 | 20 | 71 | 6 | 3 | 18 | 24 | 18 | 1 | 0 |
| 31 | 24,587 | 10 | 1 | 15 | 41 | 47 | 3 | 8 | 23 | 33 | 32 | 0 | 0 |
| 32 | 20,051 | 6 | 1 | 14 | 33 | 58 | 5 | 4 | 24 | 36 | 62 | 0 | 0 |
| 33 | 32,597 | 16 | 3 | 24 | 22 | 70 | 6 | 1 | 22 | 28 | 21 | 1 | 0 |
| 34 | 23,472 | 9 | 1 | 13 | 42 | 46 | 3 | 9 | 24 | 34 | 36 | 0 | 0 |
| 35 | 26,164 | 12 | 1 | 15 | 31 | 60 | 4 | 5 | 21 | 29 | 27 | 0 | 0 |
| 36 | 21,132 | 9 | 1 | 18 | 33 | 55 | 6 | 7 | 21 | 33 | 65 | 0 | 0 |
| 37 | 25,651 | 12 | 2 | 19 | 25 | 63 | 4 | 7 | 26 | 35 | 34 | 0 | 0 |
| 38 | 19,671 | 7 | 1 | 14 | 32 | 57 | 5 | 7 | 23 | 34 | 62 | 0 | 0 |
| 39 | 24,490 | 11 | 1 | 17 | 30 | 58 | 4 | 8 | 23 | 34 | 32 | 0 | 0 |
| 40 | 22,826 | 9 | 1 | 14 | 31 | 55 | 4 | 10 | 23 | 33 | 29 | 1 | 0 |
| 41 | 22,752 | 9 | 1 | 14 | 33 | 54 | 3 | 10 | 22 | 33 | 31 | 0 | 0 |
| 42 | 26,815 | 12 | 2 | 19 | 26 | 62 | 4 | 9 | 25 | 35 | 28 | 0 | 0 |
| 43 | 22,629 | 8 | 1 | 12 | 40 | 47 | 4 | 8 | 19 | 30 | 21 | 0 | 0 |
| 44 | 28,114 | 14 | 2 | 22 | 28 | 64 | 5 | 4 | 18 | 26 | 13 | 1 | 0 |
| 45 | 25,666 | 12 | 2 | 28 | 18 | 75 | 4 | 3 | 20 | 27 | 38 | 1 | 1 |
| 46 | 27,389 | 14 | 2 | 20 | 29 | 59 | 8 | 4 | 23 | 33 | 11 | 1 | 1 |
| 47 | 26,158 | 11 | 2 | 18 | 30 | 58 | 7 | 5 | 20 | 29 | 17 | 1 | 0 |
| 48 | 27,171 | 13 | 2 | 22 | 23 | 67 | 9 | 2 | 18 | 27 | 27 | 1 | 1 |
| 49 | 31,611 | 17 | 2 | 30 | 15 | 75 | 8 | 1 | 22 | 25 | 17 | 2 | 1 |
| 50 | 24,504 | 9 | 1 | 19 | 20 | 67 | 10 | 3 | 17 | 25 | 16 | 2 | 5 |

# Mississippi State Senate Districts: Demographic Data (cont.)

| Senate District | Household Income | | | College Educ. (%) | Manf. (%) | Employment Type | | | Age 55+ (%) | Receives Soc. Sec. (%) | African Amer. (%) | Hispanic Amer. (%) | Asian Amer. (%) |
|---|---|---|---|---|---|---|---|---|---|---|---|---|---|
| | Avg. ($) | > $50K (%) | >$100K (%) | | | Service (%) | Govt. (%) | Farm (%) | | | | | |
| Miss. | 26,855 | 13 | 2 | 20 | 31 | 59 | 5 | 5 | 21 | 30 | 36 | 1 | 1 |
| 51 | 32,176 | 17 | 2 | 19 | 40 | 53 | 5 | 2 | 18 | 25 | 23 | 1 | 1 |
| 52 | 31,694 | 18 | 2 | 26 | 36 | 56 | 6 | 2 | 19 | 24 | 21 | 1 | 1 |

# MISSISSIPPI
## State House Districts

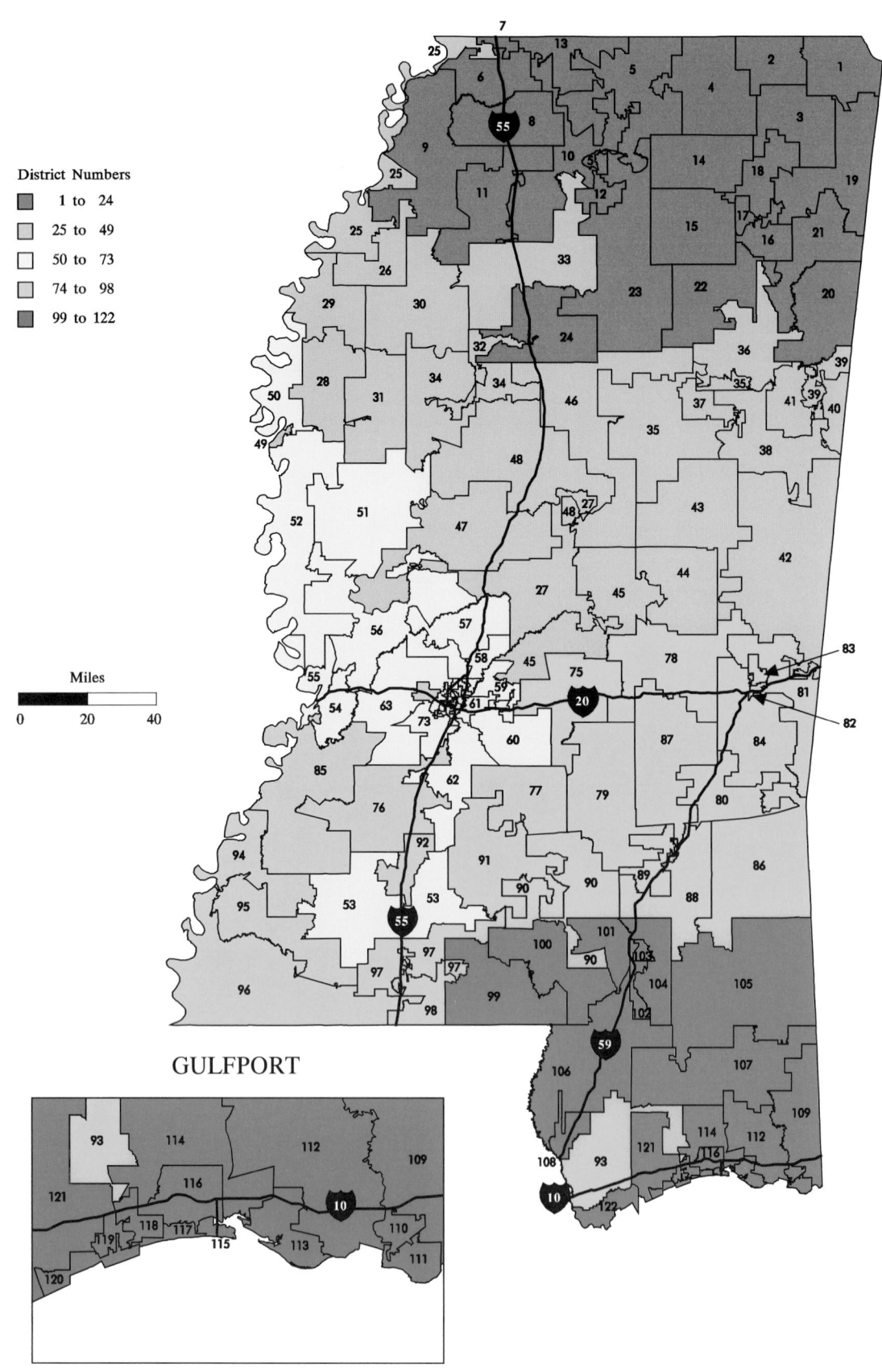

District Numbers

- 1 to 24
- 25 to 49
- 50 to 73
- 74 to 98
- 99 to 122

Miles
0   20   40

GULFPORT

# JACKSON
## State House Districts

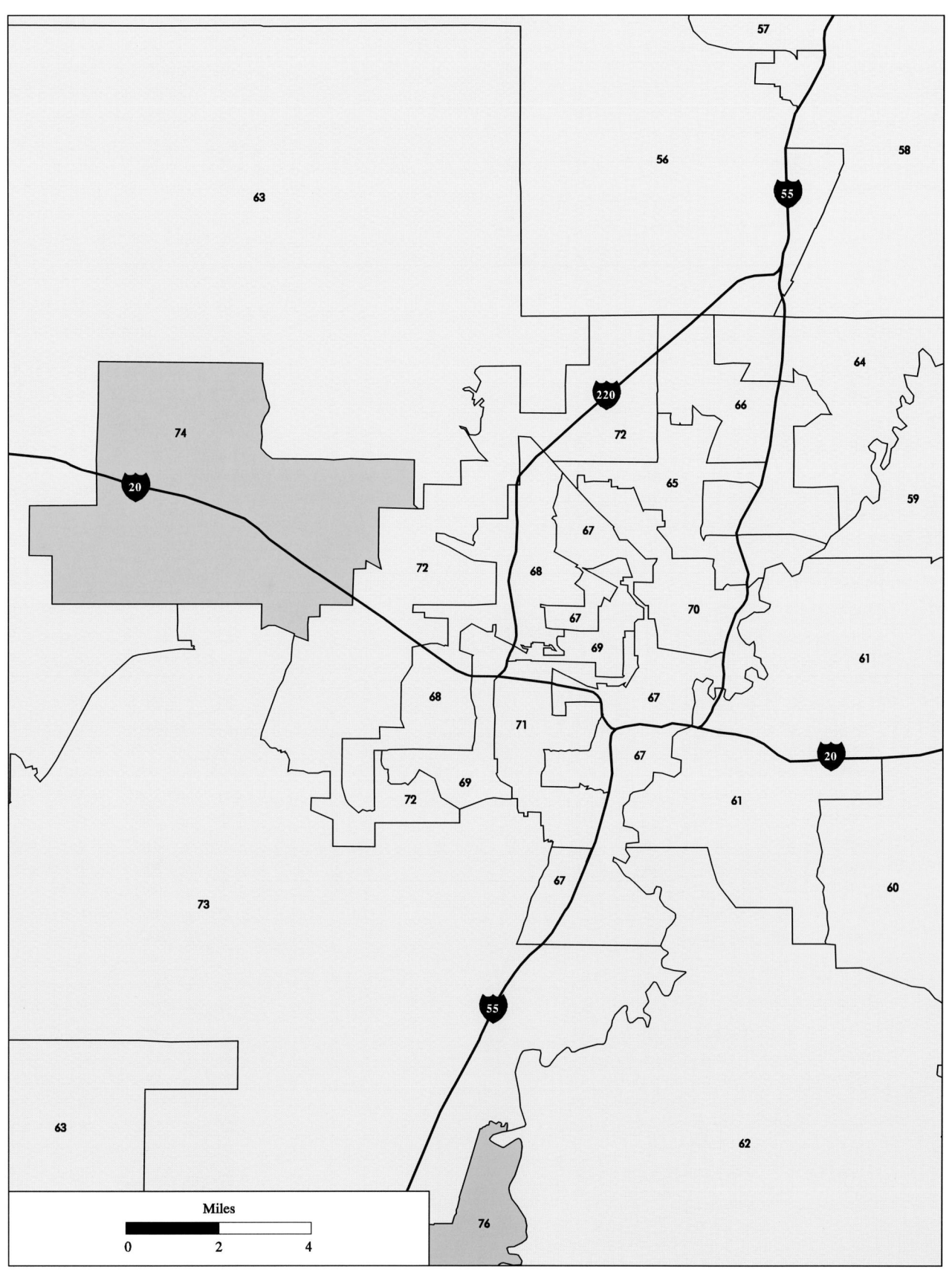

# Mississippi State House Districts: Demographic Data

| House District | Household Income Avg. ($) | Household Income > $50K (%) | Household Income >$100K (%) | College Educ. (%) | Manf. (%) | Employment Type Service (%) | Employment Type Govt. (%) | Farm (%) | Age 55+ (%) | Receives Soc. Sec. (%) | African Amer. (%) | Hispanic Amer. (%) | Asian Amer. (%) |
|---|---|---|---|---|---|---|---|---|---|---|---|---|---|
| Miss. | 26,855 | 13 | 2 | 20 | 31 | 59 | 5 | 5 | 21 | 30 | 36 | 1 | 1 |
| 1 | 23,175 | 7 | 1 | 11 | 45 | 51 | 3 | 2 | 24 | 34 | 3 | 0 | 0 |
| 2 | 23,117 | 9 | 1 | 15 | 42 | 53 | 3 | 2 | 27 | 35 | 15 | 0 | 0 |
| 3 | 24,083 | 8 | 2 | 13 | 50 | 46 | 2 | 2 | 24 | 34 | 9 | 0 | 0 |
| 4 | 23,250 | 7 | 1 | 13 | 52 | 40 | 3 | 5 | 25 | 34 | 18 | 0 | 0 |
| 5 | 21,022 | 7 | 0 | 14 | 46 | 47 | 4 | 4 | 20 | 32 | 56 | 0 | 0 |
| 6 | 33,925 | 22 | 2 | 14 | 32 | 59 | 5 | 4 | 21 | 28 | 23 | 0 | 0 |
| 7 | 40,768 | 28 | 2 | 17 | 23 | 73 | 3 | 1 | 14 | 18 | 4 | 1 | 0 |
| 8 | 27,666 | 13 | 1 | 17 | 39 | 53 | 3 | 5 | 20 | 32 | 35 | 1 | 0 |
| 9 | 19,730 | 7 | 1 | 13 | 33 | 46 | 5 | 17 | 20 | 36 | 71 | 1 | 0 |
| 10 | 24,229 | 11 | 1 | 15 | 38 | 55 | 3 | 4 | 23 | 32 | 36 | 0 | 0 |
| 11 | 21,171 | 6 | 1 | 14 | 41 | 48 | 5 | 6 | 21 | 32 | 54 | 1 | 0 |
| 12 | 25,101 | 13 | 2 | 46 | 13 | 81 | 4 | 2 | 14 | 18 | 21 | 1 | 3 |
| 13 | 30,051 | 17 | 1 | 11 | 41 | 55 | 2 | 3 | 19 | 26 | 31 | 0 | 0 |
| 14 | 25,548 | 9 | 1 | 13 | 53 | 41 | 2 | 3 | 25 | 33 | 15 | 0 | 0 |
| 15 | 24,238 | 9 | 1 | 12 | 50 | 45 | 2 | 3 | 23 | 33 | 15 | 0 | 0 |
| 16 | 28,319 | 14 | 1 | 18 | 44 | 52 | 2 | 1 | 18 | 23 | 29 | 1 | 0 |
| 17 | 35,095 | 19 | 3 | 25 | 32 | 63 | 3 | 1 | 20 | 22 | 16 | 0 | 0 |
| 18 | 29,607 | 13 | 3 | 20 | 39 | 56 | 3 | 3 | 22 | 31 | 21 | 0 | 0 |
| 19 | 23,547 | 6 | 1 | 10 | 56 | 40 | 1 | 2 | 24 | 32 | 3 | 0 | 0 |
| 20 | 25,983 | 9 | 1 | 12 | 50 | 44 | 3 | 3 | 25 | 32 | 17 | 0 | 0 |
| 21 | 25,973 | 9 | 1 | 12 | 54 | 41 | 2 | 3 | 25 | 32 | 22 | 1 | 0 |
| 22 | 24,214 | 7 | 1 | 12 | 55 | 39 | 2 | 3 | 22 | 30 | 39 | 0 | 0 |
| 23 | 23,216 | 6 | 1 | 12 | 46 | 45 | 4 | 5 | 25 | 34 | 25 | 1 | 0 |
| 24 | 25,458 | 12 | 1 | 14 | 40 | 54 | 3 | 3 | 23 | 33 | 39 | 0 | 0 |
| 25 | 30,939 | 14 | 2 | 15 | 22 | 69 | 3 | 6 | 16 | 24 | 19 | 1 | 0 |
| 26 | 18,010 | 6 | 1 | 19 | 21 | 63 | 7 | 9 | 22 | 32 | 73 | 1 | 0 |
| 27 | 18,005 | 4 | 1 | 13 | 37 | 51 | 5 | 7 | 24 | 35 | 67 | 0 | 0 |
| 28 | 24,824 | 13 | 2 | 21 | 20 | 66 | 6 | 9 | 20 | 31 | 47 | 1 | 0 |
| 29 | 19,316 | 7 | 1 | 18 | 26 | 57 | 9 | 7 | 19 | 33 | 78 | 1 | 0 |
| 30 | 18,493 | 6 | 1 | 11 | 27 | 42 | 14 | 18 | 19 | 34 | 68 | 1 | 0 |
| 31 | 20,983 | 9 | 1 | 17 | 30 | 53 | 3 | 14 | 19 | 34 | 69 | 1 | 0 |
| 32 | 18,733 | 6 | 1 | 14 | 28 | 62 | 6 | 4 | 21 | 32 | 75 | 0 | 0 |
| 33 | 21,243 | 7 | 1 | 15 | 39 | 51 | 5 | 5 | 24 | 34 | 41 | 0 | 0 |
| 34 | 31,286 | 14 | 3 | 22 | 23 | 62 | 5 | 10 | 23 | 33 | 44 | 0 | 0 |
| 35 | 23,418 | 8 | 1 | 16 | 42 | 51 | 4 | 3 | 23 | 34 | 29 | 0 | 0 |
| 36 | 24,702 | 9 | 2 | 14 | 50 | 43 | 3 | 4 | 20 | 31 | 58 | 1 | 0 |
| 37 | 26,434 | 16 | 1 | 39 | 21 | 70 | 6 | 4 | 15 | 20 | 26 | 1 | 3 |
| 38 | 24,825 | 12 | 1 | 26 | 29 | 62 | 4 | 5 | 16 | 22 | 53 | 1 | 2 |
| 39 | 38,509 | 23 | 4 | 35 | 32 | 61 | 6 | 2 | 16 | 21 | 19 | 2 | 1 |
| 40 | 29,908 | 16 | 1 | 19 | 36 | 58 | 4 | 2 | 19 | 25 | 22 | 0 | 0 |
| 41 | 22,590 | 8 | 1 | 16 | 37 | 57 | 4 | 3 | 20 | 32 | 66 | 1 | 0 |
| 42 | 22,655 | 8 | 1 | 13 | 41 | 47 | 6 | 6 | 22 | 32 | 62 | 0 | 0 |
| 43 | 23,844 | 9 | 2 | 15 | 49 | 44 | 3 | 3 | 25 | 35 | 41 | 0 | 0 |
| 44 | 22,925 | 7 | 1 | 17 | 41 | 51 | 4 | 4 | 24 | 33 | 19 | 0 | 0 |
| 45 | 22,595 | 7 | 1 | 12 | 41 | 46 | 4 | 9 | 24 | 32 | 29 | 0 | 0 |
| 46 | 21,156 | 7 | 1 | 13 | 39 | 51 | 4 | 6 | 27 | 38 | 36 | 0 | 0 |
| 47 | 19,068 | 6 | 1 | 13 | 31 | 54 | 3 | 12 | 21 | 35 | 70 | 0 | 0 |
| 48 | 20,048 | 8 | 1 | 15 | 34 | 51 | 5 | 10 | 26 | 38 | 53 | 0 | 0 |
| 49 | 23,283 | 8 | 2 | 17 | 26 | 67 | 4 | 3 | 22 | 35 | 71 | 1 | 0 |
| 50 | 22,430 | 9 | 1 | 17 | 27 | 61 | 5 | 7 | 18 | 28 | 70 | 1 | 0 |

# Mississippi State House Districts:  Demographic Data (cont.)

| House District | Household Income Avg. ($) | > $50K (%) | >$100K (%) | College Educ. (%) | Manf. (%) | Employment Type Service (%) | Govt. (%) | Farm (%) | Age 55+ (%) | Receives Soc. Sec. (%) | African Amer. (%) | Hispanic Amer. (%) | Asian Amer. (%) |
|---|---|---|---|---|---|---|---|---|---|---|---|---|---|
| Miss. | 26,855 | 13 | 2 | 20 | 31 | 59 | 5 | 5 | 21 | 30 | 36 | 1 | 1 |
| 51 | 20,935 | 8 | 1 | 14 | 23 | 47 | 4 | 26 | 19 | 33 | 71 | 0 | 0 |
| 52 | 32,683 | 18 | 3 | 22 | 22 | 60 | 5 | 12 | 19 | 26 | 27 | 1 | 1 |
| 53 | 22,694 | 9 | 1 | 13 | 33 | 53 | 3 | 11 | 24 | 35 | 20 | 0 | 0 |
| 54 | 36,781 | 25 | 2 | 31 | 30 | 61 | 7 | 2 | 17 | 21 | 18 | 1 | 1 |
| 55 | 21,911 | 9 | 1 | 18 | 28 | 63 | 6 | 3 | 26 | 35 | 68 | 0 | 0 |
| 56 | 28,109 | 15 | 2 | 22 | 23 | 61 | 6 | 10 | 22 | 30 | 39 | 0 | 0 |
| 57 | 23,863 | 10 | 2 | 18 | 30 | 60 | 5 | 5 | 19 | 32 | 70 | 0 | 0 |
| 58 | 41,555 | 28 | 4 | 54 | 13 | 80 | 5 | 2 | 12 | 12 | 10 | 1 | 1 |
| 59 | 47,818 | 41 | 6 | 45 | 15 | 75 | 7 | 2 | 14 | 16 | 9 | 1 | 1 |
| 60 | 33,547 | 19 | 1 | 19 | 22 | 69 | 5 | 4 | 19 | 26 | 31 | 1 | 0 |
| 61 | 33,804 | 19 | 2 | 21 | 21 | 72 | 5 | 1 | 18 | 23 | 7 | 1 | 0 |
| 62 | 28,761 | 15 | 1 | 15 | 29 | 62 | 5 | 3 | 20 | 27 | 23 | 0 | 0 |
| 63 | 29,940 | 17 | 1 | 27 | 21 | 67 | 7 | 5 | 18 | 28 | 63 | 0 | 0 |
| 64 | 59,981 | 39 | 13 | 58 | 10 | 83 | 6 | 2 | 20 | 22 | 14 | 1 | 1 |
| 65 | 29,475 | 14 | 3 | 33 | 17 | 76 | 6 | 2 | 21 | 29 | 74 | 0 | 1 |
| 66 | 50,637 | 31 | 9 | 56 | 11 | 79 | 9 | 1 | 25 | 26 | 30 | 0 | 1 |
| 67 | 19,819 | 6 | 0 | 19 | 20 | 70 | 6 | 3 | 21 | 31 | 70 | 0 | 1 |
| 68 | 23,751 | 8 | 1 | 23 | 17 | 74 | 7 | 2 | 15 | 24 | 72 | 0 | 0 |
| 69 | 23,925 | 10 | 1 | 25 | 13 | 77 | 7 | 3 | 17 | 26 | 70 | 0 | 0 |
| 70 | 22,473 | 7 | 2 | 23 | 16 | 75 | 6 | 3 | 21 | 33 | 76 | 1 | 0 |
| 71 | 27,975 | 13 | 1 | 26 | 14 | 76 | 7 | 2 | 24 | 31 | 28 | 1 | 0 |
| 72 | 29,283 | 17 | 1 | 31 | 17 | 72 | 9 | 2 | 12 | 20 | 73 | 0 | 0 |
| 73 | 41,131 | 30 | 3 | 31 | 19 | 71 | 7 | 3 | 17 | 21 | 14 | 0 | 0 |
| 74 | 41,823 | 30 | 3 | 46 | 15 | 77 | 6 | 1 | 15 | 18 | 18 | 1 | 1 |
| 75 | 25,092 | 11 | 2 | 14 | 40 | 49 | 3 | 9 | 22 | 32 | 32 | 1 | 0 |
| 76 | 22,152 | 8 | 1 | 17 | 36 | 51 | 5 | 8 | 22 | 34 | 64 | 0 | 0 |
| 77 | 23,422 | 8 | 1 | 14 | 33 | 56 | 3 | 7 | 22 | 31 | 31 | 0 | 0 |
| 78 | 24,337 | 9 | 1 | 14 | 43 | 45 | 3 | 8 | 24 | 36 | 27 | 0 | 0 |
| 79 | 24,013 | 9 | 1 | 13 | 41 | 47 | 2 | 10 | 22 | 33 | 29 | 0 | 0 |
| 80 | 21,141 | 7 | 1 | 14 | 34 | 54 | 3 | 9 | 25 | 36 | 62 | 0 | 0 |
| 81 | 29,048 | 13 | 2 | 19 | 24 | 68 | 5 | 2 | 18 | 25 | 24 | 1 | 1 |
| 82 | 17,957 | 6 | 0 | 13 | 24 | 68 | 6 | 2 | 25 | 37 | 68 | 0 | 0 |
| 83 | 35,035 | 19 | 5 | 31 | 19 | 73 | 6 | 1 | 26 | 31 | 22 | 1 | 0 |
| 84 | 27,880 | 9 | 1 | 15 | 33 | 58 | 5 | 4 | 22 | 30 | 21 | 0 | 0 |
| 85 | 20,309 | 10 | 0 | 19 | 29 | 59 | 7 | 4 | 18 | 30 | 74 | 1 | 0 |
| 86 | 21,136 | 7 | 1 | 12 | 33 | 50 | 3 | 13 | 20 | 30 | 34 | 0 | 0 |
| 87 | 22,801 | 9 | 1 | 16 | 39 | 50 | 4 | 7 | 24 | 35 | 39 | 0 | 0 |
| 88 | 23,830 | 9 | 1 | 14 | 30 | 56 | 3 | 11 | 21 | 31 | 16 | 0 | 0 |
| 89 | 31,108 | 15 | 2 | 23 | 23 | 65 | 4 | 8 | 26 | 36 | 15 | 0 | 0 |
| 90 | 23,118 | 10 | 1 | 13 | 33 | 54 | 3 | 10 | 22 | 33 | 30 | 0 | 0 |
| 91 | 21,564 | 9 | 1 | 14 | 42 | 46 | 4 | 8 | 23 | 34 | 49 | 0 | 0 |
| 92 | 25,707 | 12 | 2 | 22 | 24 | 66 | 4 | 6 | 24 | 35 | 39 | 0 | 0 |
| 93 | 31,106 | 18 | 3 | 23 | 29 | 60 | 7 | 4 | 21 | 27 | 4 | 1 | 0 |
| 94 | 20,448 | 7 | 1 | 16 | 26 | 64 | 5 | 6 | 24 | 32 | 69 | 0 | 0 |
| 95 | 29,268 | 16 | 3 | 20 | 23 | 64 | 4 | 9 | 25 | 33 | 27 | 0 | 0 |
| 96 | 20,147 | 6 | 1 | 13 | 36 | 51 | 5 | 8 | 23 | 36 | 61 | 0 | 0 |
| 97 | 26,022 | 12 | 2 | 20 | 24 | 65 | 4 | 6 | 24 | 34 | 27 | 0 | 0 |
| 98 | 18,719 | 7 | 1 | 14 | 30 | 60 | 4 | 5 | 22 | 34 | 61 | 0 | 0 |
| 99 | 20,709 | 8 | 1 | 11 | 34 | 50 | 4 | 12 | 23 | 35 | 36 | 0 | 0 |
| 100 | 22,927 | 9 | 1 | 15 | 28 | 59 | 3 | 10 | 24 | 34 | 26 | 1 | 0 |

# Mississippi State House Districts:  Demographic Data (cont.)

| House District | Household Income Avg. ($) | > $50K (%) | >$100K (%) | College Educ. (%) | Manf. (%) | Employment Type Service (%) | Govt. (%) | Farm (%) | Age 55+ (%) | Receives Soc. Sec. (%) | African Amer. (%) | Hispanic Amer. (%) | Asian Amer. (%) |
|---|---|---|---|---|---|---|---|---|---|---|---|---|---|
| Miss. | 26,855 | 13 | 2 | 20 | 31 | 59 | 5 | 5 | 21 | 30 | 36 | 1 | 1 |
| 101 | 32,044 | 20 | 3 | 33 | 20 | 72 | 4 | 5 | 15 | 21 | 11 | 1 | 1 |
| 102 | 33,328 | 18 | 4 | 44 | 13 | 81 | 5 | 2 | 19 | 23 | 15 | 1 | 2 |
| 103 | 17,020 | 6 | 0 | 15 | 23 | 71 | 4 | 3 | 21 | 32 | 70 | 0 | 0 |
| 104 | 26,458 | 12 | 1 | 16 | 27 | 65 | 5 | 3 | 20 | 28 | 11 | 0 | 0 |
| 105 | 21,404 | 7 | 1 | 13 | 42 | 46 | 7 | 5 | 20 | 31 | 23 | 1 | 0 |
| 106 | 25,002 | 10 | 2 | 18 | 31 | 56 | 6 | 7 | 21 | 31 | 15 | 1 | 0 |
| 107 | 23,902 | 9 | 1 | 17 | 39 | 50 | 5 | 6 | 20 | 30 | 16 | 0 | 0 |
| 108 | 26,750 | 13 | 1 | 19 | 28 | 59 | 9 | 4 | 22 | 31 | 19 | 1 | 0 |
| 109 | 29,814 | 13 | 1 | 11 | 46 | 47 | 3 | 4 | 17 | 25 | 5 | 0 | 0 |
| 110 | 25,129 | 12 | 1 | 16 | 44 | 50 | 5 | 2 | 20 | 31 | 66 | 0 | 0 |
| 111 | 32,015 | 18 | 2 | 25 | 39 | 55 | 4 | 2 | 20 | 24 | 15 | 1 | 1 |
| 112 | 31,316 | 18 | 1 | 21 | 41 | 51 | 6 | 2 | 15 | 20 | 17 | 1 | 1 |
| 113 | 37,889 | 24 | 2 | 34 | 29 | 61 | 8 | 2 | 18 | 21 | 5 | 1 | 2 |
| 114 | 31,165 | 13 | 2 | 20 | 25 | 64 | 8 | 3 | 17 | 22 | 7 | 1 | 2 |
| 115 | 19,823 | 6 | 1 | 16 | 19 | 67 | 9 | 5 | 18 | 33 | 26 | 3 | 10 |
| 116 | 30,581 | 16 | 1 | 25 | 19 | 67 | 12 | 2 | 16 | 19 | 8 | 2 | 2 |
| 117 | 28,017 | 13 | 2 | 30 | 13 | 78 | 9 | 1 | 24 | 24 | 14 | 3 | 2 |
| 118 | 33,221 | 18 | 3 | 28 | 17 | 75 | 7 | 1 | 21 | 26 | 17 | 1 | 1 |
| 119 | 19,123 | 4 | 1 | 14 | 24 | 68 | 7 | 1 | 19 | 29 | 59 | 1 | 1 |
| 120 | 31,513 | 17 | 2 | 30 | 19 | 69 | 10 | 2 | 23 | 30 | 15 | 1 | 3 |
| 121 | 28,804 | 15 | 2 | 19 | 30 | 59 | 8 | 2 | 18 | 26 | 13 | 1 | 1 |
| 122 | 24,480 | 11 | 1 | 19 | 24 | 63 | 8 | 4 | 24 | 36 | 12 | 2 | 1 |

# MISSOURI
## State Senate Districts

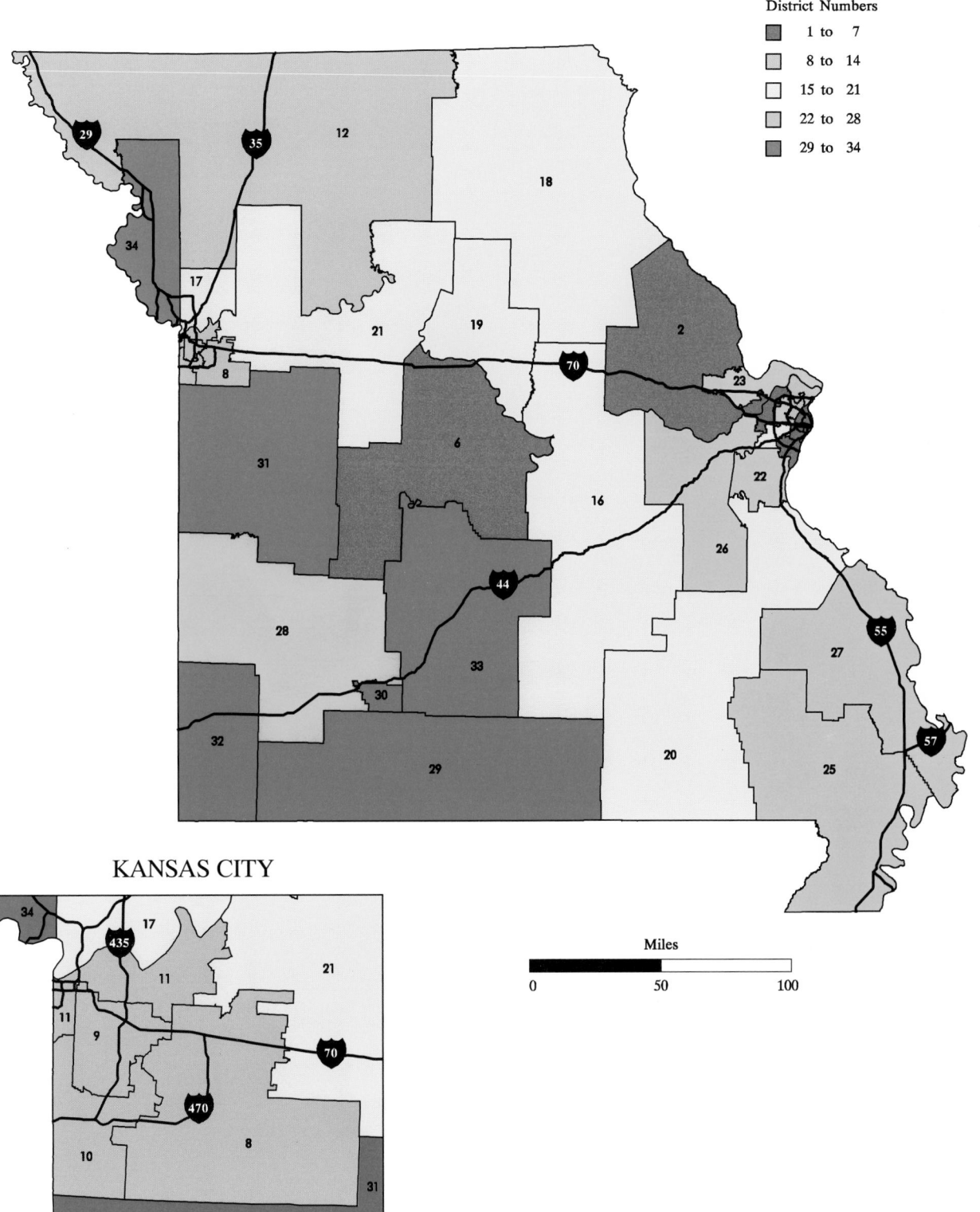

District Numbers

- 1 to 7
- 8 to 14
- 15 to 21
- 22 to 28
- 29 to 34

KANSAS CITY

Miles

0     50     100

# ST. LOUIS
## State Senate Districts

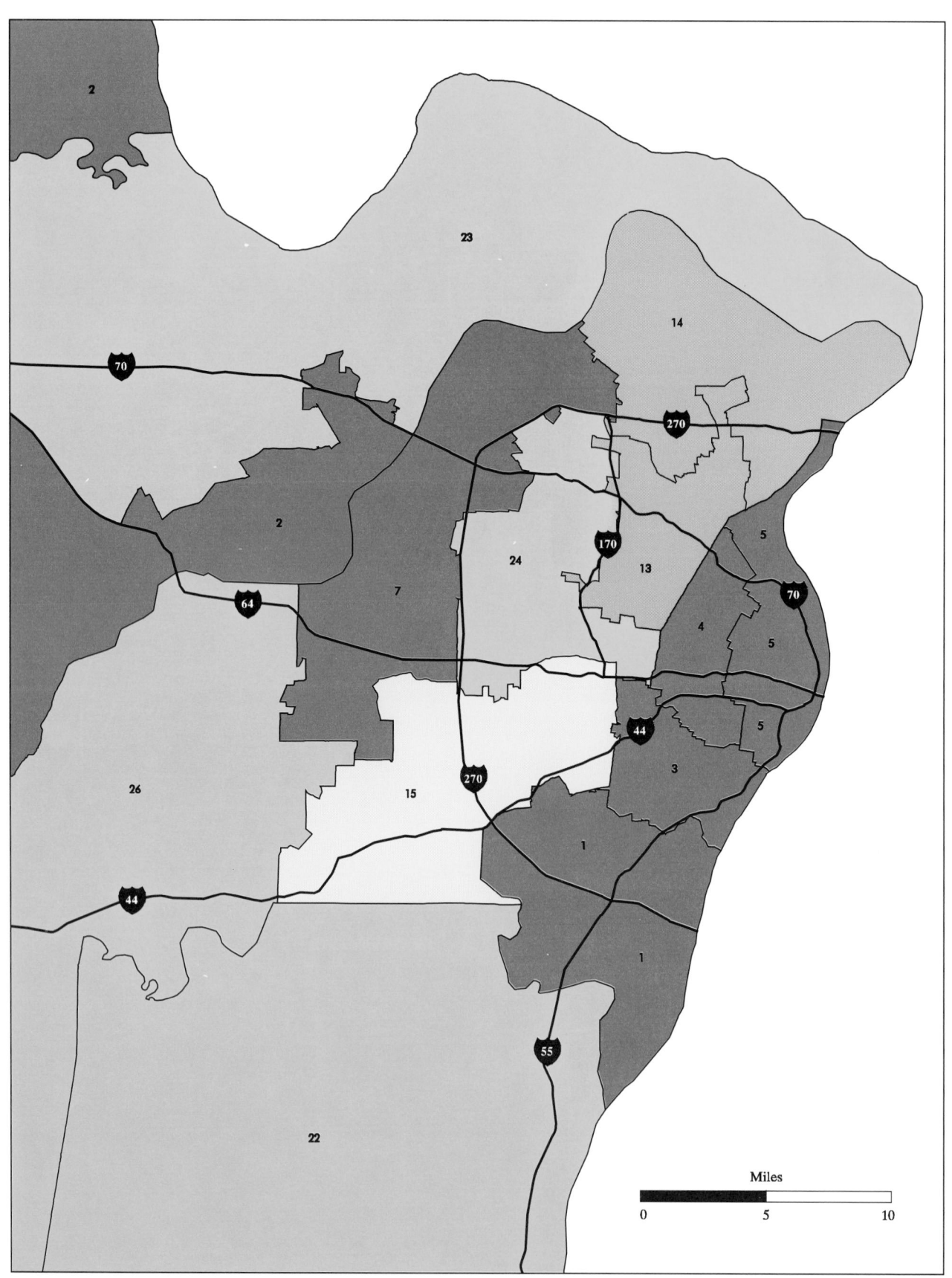

# Missouri State Senate Districts: Demographic Data

| Senate District | Household Income Avg. ($) | Household Income > $50K (%) | Household Income >$100K (%) | College Educ. (%) | Manf. (%) | Employment Type Service (%) | Employment Type Govt. (%) | Employment Type Farm (%) | Age 55+ (%) | Receives Soc. Sec. (%) | African Amer. (%) | Hispanic Amer. (%) | Asian Amer. (%) |
|---|---|---|---|---|---|---|---|---|---|---|---|---|---|
| Missouri | 33,444 | 19 | 3 | 22 | 25 | 67 | 4 | 4 | 23 | 29 | 11 | 1 | 1 |
| 1 | 44,228 | 34 | 4 | 28 | 23 | 72 | 4 | 1 | 25 | 28 | 1 | 1 | 1 |
| 2 | 36,308 | 24 | 2 | 20 | 32 | 60 | 3 | 5 | 18 | 24 | 3 | 1 | 0 |
| 3 | 30,400 | 16 | 1 | 21 | 22 | 71 | 6 | 1 | 31 | 37 | 3 | 2 | 1 |
| 4 | 26,893 | 12 | 2 | 22 | 18 | 75 | 6 | 1 | 24 | 32 | 63 | 1 | 1 |
| 5 | 21,068 | 9 | 1 | 16 | 20 | 73 | 7 | 1 | 22 | 31 | 64 | 1 | 1 |
| 6 | 29,128 | 14 | 2 | 18 | 23 | 56 | 14 | 6 | 26 | 34 | 4 | 1 | 0 |
| 7 | 60,233 | 48 | 11 | 44 | 26 | 70 | 3 | 1 | 20 | 20 | 3 | 1 | 3 |
| 8 | 41,907 | 31 | 3 | 30 | 23 | 71 | 5 | 1 | 18 | 21 | 3 | 1 | 1 |
| 9 | 25,723 | 11 | 1 | 16 | 19 | 72 | 8 | 1 | 23 | 30 | 64 | 2 | 1 |
| 10 | 42,734 | 28 | 5 | 37 | 18 | 74 | 7 | 1 | 25 | 26 | 11 | 2 | 1 |
| 11 | 25,953 | 11 | 1 | 19 | 22 | 72 | 5 | 1 | 22 | 27 | 11 | 7 | 2 |
| 12 | 24,861 | 9 | 1 | 15 | 21 | 61 | 4 | 14 | 30 | 37 | 1 | 1 | 0 |
| 13 | 30,803 | 17 | 1 | 20 | 23 | 71 | 6 | 0 | 20 | 27 | 62 | 1 | 1 |
| 14 | 41,125 | 30 | 3 | 26 | 28 | 67 | 4 | 1 | 24 | 28 | 13 | 1 | 1 |
| 15 | 60,220 | 45 | 12 | 49 | 21 | 75 | 3 | 1 | 21 | 24 | 5 | 1 | 2 |
| 16 | 26,219 | 11 | 1 | 15 | 28 | 58 | 7 | 7 | 25 | 33 | 1 | 1 | 1 |
| 17 | 39,776 | 26 | 3 | 26 | 23 | 72 | 4 | 1 | 19 | 21 | 2 | 2 | 1 |
| 18 | 25,010 | 9 | 1 | 16 | 26 | 60 | 3 | 11 | 27 | 35 | 3 | 0 | 0 |
| 19 | 31,214 | 17 | 2 | 36 | 15 | 76 | 5 | 4 | 17 | 22 | 7 | 1 | 2 |
| 20 | 25,068 | 10 | 1 | 11 | 33 | 57 | 4 | 6 | 25 | 36 | 1 | 0 | 0 |
| 21 | 29,904 | 14 | 2 | 16 | 28 | 61 | 4 | 8 | 24 | 32 | 3 | 1 | 0 |
| 22 | 35,931 | 22 | 1 | 15 | 30 | 65 | 3 | 2 | 15 | 20 | 1 | 1 | 0 |
| 23 | 43,640 | 35 | 3 | 27 | 31 | 64 | 3 | 1 | 14 | 17 | 2 | 1 | 1 |
| 24 | 52,459 | 32 | 10 | 39 | 22 | 74 | 3 | 1 | 25 | 28 | 9 | 1 | 2 |
| 25 | 22,638 | 8 | 1 | 10 | 30 | 58 | 3 | 8 | 27 | 37 | 9 | 0 | 0 |
| 26 | 40,587 | 27 | 5 | 23 | 34 | 60 | 3 | 3 | 18 | 25 | 2 | 1 | 1 |
| 27 | 27,271 | 12 | 1 | 15 | 29 | 63 | 3 | 6 | 24 | 32 | 6 | 0 | 0 |
| 28 | 26,724 | 11 | 1 | 16 | 27 | 62 | 3 | 8 | 25 | 33 | 0 | 1 | 0 |
| 29 | 25,393 | 9 | 1 | 14 | 31 | 58 | 2 | 8 | 29 | 36 | 0 | 1 | 0 |
| 30 | 31,011 | 15 | 3 | 26 | 19 | 77 | 2 | 1 | 23 | 28 | 2 | 1 | 1 |
| 31 | 29,940 | 15 | 1 | 18 | 24 | 63 | 5 | 7 | 22 | 29 | 2 | 1 | 1 |
| 32 | 26,512 | 10 | 2 | 17 | 33 | 60 | 2 | 4 | 24 | 32 | 1 | 1 | 1 |
| 33 | 25,253 | 9 | 1 | 14 | 30 | 58 | 5 | 8 | 23 | 31 | 4 | 2 | 1 |
| 34 | 33,967 | 20 | 3 | 23 | 24 | 69 | 4 | 3 | 22 | 27 | 2 | 2 | 1 |

# MISSOURI
## State House Districts

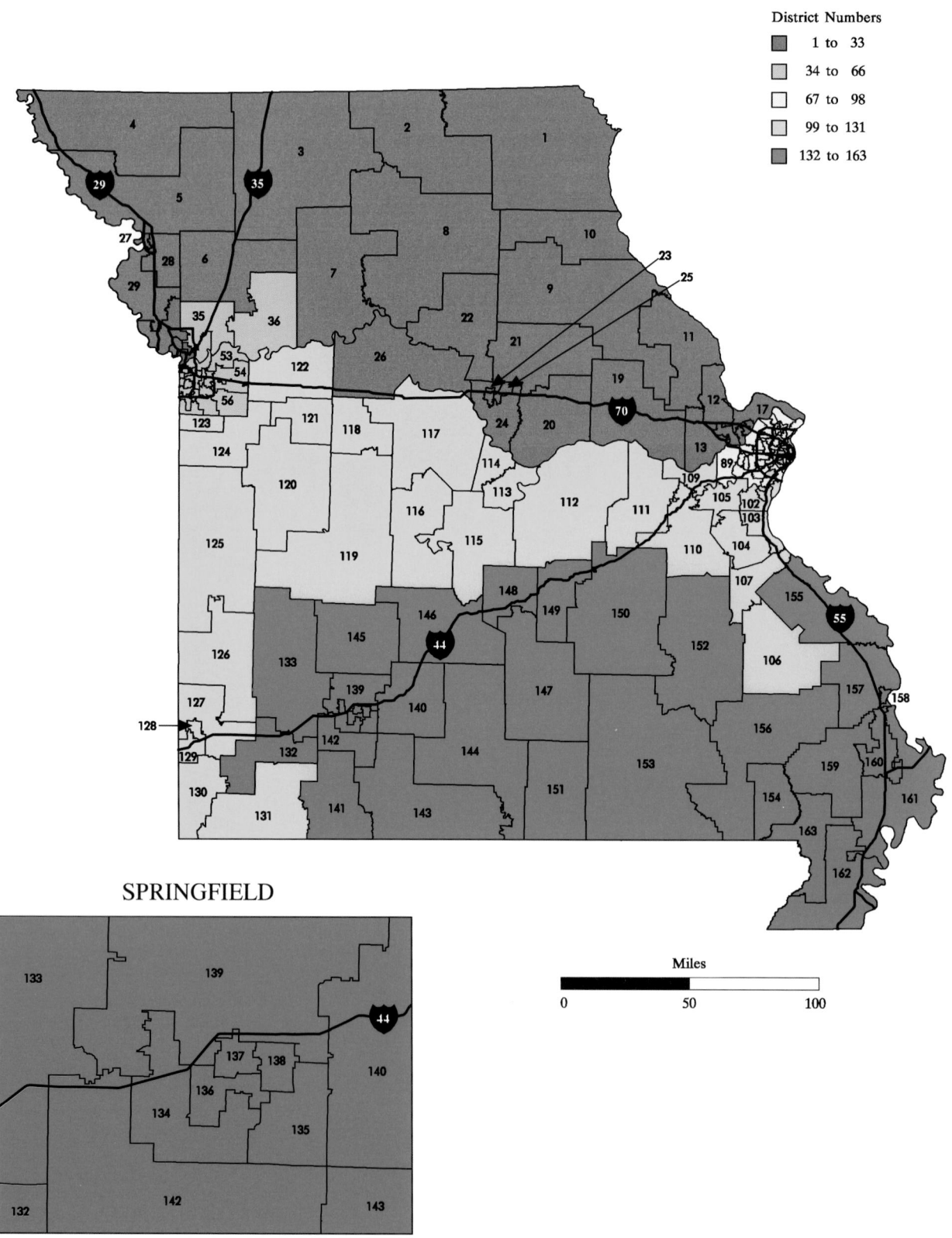

District Numbers

- 1 to 33
- 34 to 66
- 67 to 98
- 99 to 131
- 132 to 163

SPRINGFIELD

Miles

0    50    100

# ST. LOUIS
## State House Districts

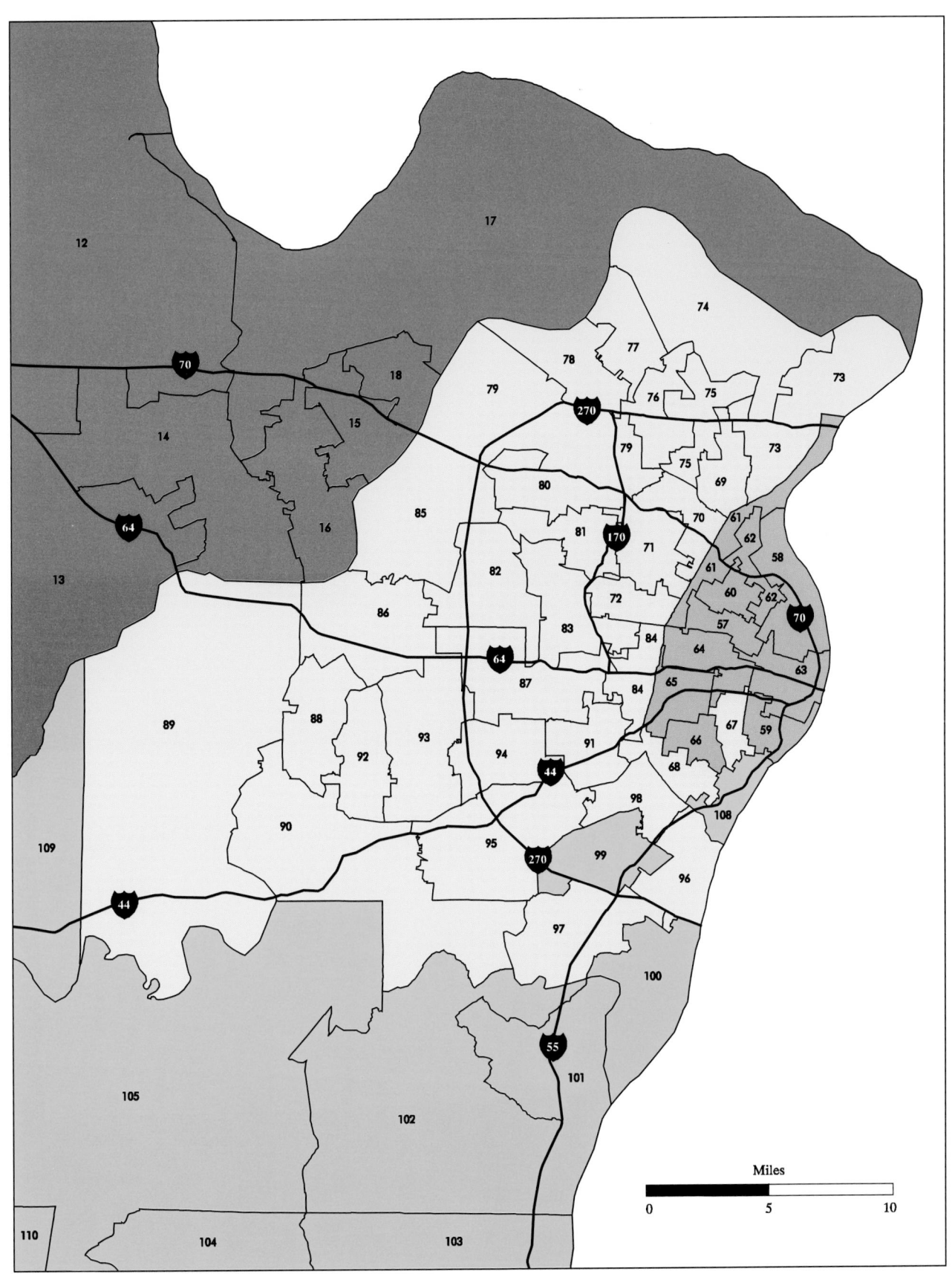

# KANSAS CITY
## State House Districts

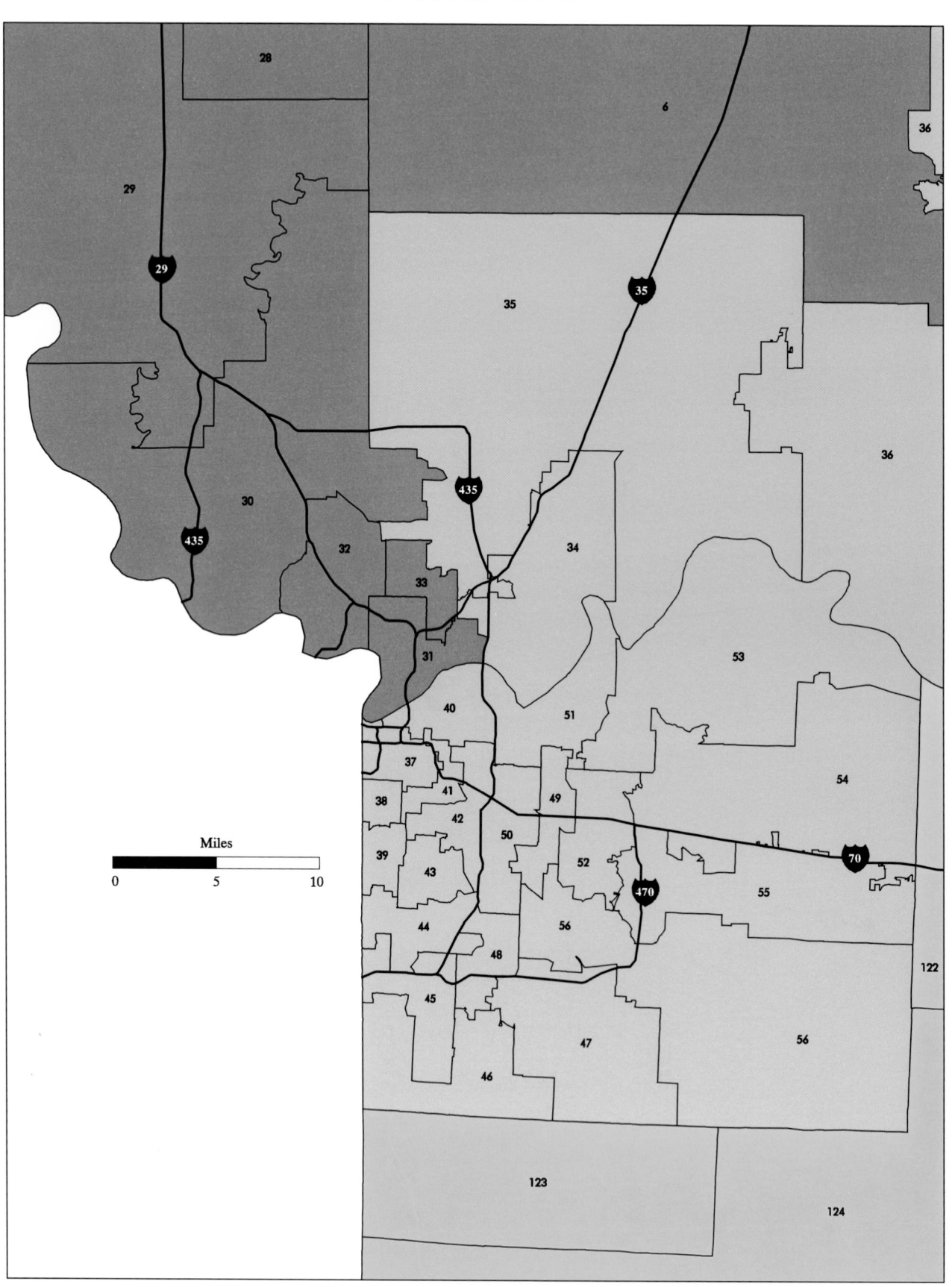

# Missouri State House Districts: Demographic Data

| House District | Household Income Avg. ($) | > $50K (%) | >$100K (%) | College Educ. (%) | Manf. (%) | Service (%) | Govt. (%) | Farm (%) | Age 55+ (%) | Receives Soc. Sec. (%) | African Amer. (%) | Hispanic Amer. (%) | Asian Amer. (%) |
|---|---|---|---|---|---|---|---|---|---|---|---|---|---|
| Missouri | 33,444 | 19 | 3 | 22 | 25 | 67 | 4 | 4 | 23 | 29 | 11 | 1 | 1 |
| 1 | 22,934 | 8 | 1 | 13 | 25 | 56 | 3 | 16 | 29 | 37 | 1 | 0 | 0 |
| 2 | 23,298 | 9 | 1 | 22 | 19 | 69 | 2 | 9 | 24 | 32 | 1 | 1 | 1 |
| 3 | 23,138 | 7 | 1 | 14 | 19 | 60 | 4 | 16 | 34 | 40 | 0 | 1 | 0 |
| 4 | 24,620 | 9 | 2 | 19 | 19 | 64 | 3 | 14 | 26 | 33 | 1 | 1 | 1 |
| 5 | 26,511 | 10 | 1 | 15 | 22 | 59 | 4 | 15 | 28 | 36 | 1 | 1 | 0 |
| 6 | 29,717 | 15 | 1 | 14 | 23 | 64 | 5 | 9 | 25 | 31 | 2 | 1 | 0 |
| 7 | 25,799 | 11 | 1 | 16 | 23 | 61 | 5 | 12 | 31 | 39 | 2 | 0 | 0 |
| 8 | 24,170 | 9 | 1 | 13 | 29 | 53 | 3 | 15 | 32 | 39 | 2 | 0 | 0 |
| 9 | 25,577 | 9 | 1 | 11 | 31 | 50 | 3 | 16 | 28 | 36 | 3 | 0 | 0 |
| 10 | 25,288 | 9 | 1 | 16 | 31 | 59 | 3 | 7 | 27 | 35 | 4 | 0 | 0 |
| 11 | 28,675 | 14 | 1 | 13 | 31 | 56 | 3 | 10 | 24 | 30 | 4 | 1 | 0 |
| 12 | 39,090 | 28 | 2 | 17 | 36 | 58 | 3 | 2 | 16 | 20 | 1 | 1 | 0 |
| 13 | 46,930 | 37 | 6 | 27 | 32 | 64 | 2 | 3 | 15 | 18 | 4 | 1 | 1 |
| 14 | 47,512 | 41 | 3 | 28 | 31 | 64 | 3 | 1 | 8 | 11 | 1 | 1 | 1 |
| 15 | 40,823 | 29 | 3 | 30 | 30 | 66 | 3 | 1 | 14 | 15 | 3 | 1 | 1 |
| 16 | 48,470 | 44 | 3 | 34 | 30 | 66 | 3 | 1 | 10 | 11 | 2 | 1 | 1 |
| 17 | 43,026 | 36 | 1 | 29 | 30 | 65 | 4 | 1 | 11 | 14 | 2 | 1 | 1 |
| 18 | 39,153 | 28 | 3 | 26 | 29 | 66 | 4 | 1 | 22 | 26 | 3 | 1 | 1 |
| 19 | 29,665 | 14 | 1 | 12 | 35 | 55 | 3 | 6 | 25 | 34 | 3 | 1 | 0 |
| 20 | 30,697 | 16 | 1 | 18 | 19 | 65 | 11 | 5 | 21 | 29 | 5 | 1 | 0 |
| 21 | 29,616 | 13 | 1 | 17 | 26 | 65 | 3 | 7 | 25 | 32 | 4 | 0 | 0 |
| 22 | 26,826 | 11 | 1 | 18 | 23 | 64 | 5 | 9 | 24 | 33 | 6 | 1 | 0 |
| 23 | 38,289 | 27 | 5 | 52 | 9 | 85 | 5 | 1 | 19 | 21 | 11 | 1 | 3 |
| 24 | 35,186 | 21 | 3 | 39 | 15 | 76 | 6 | 3 | 12 | 15 | 7 | 1 | 2 |
| 25 | 23,926 | 11 | 1 | 49 | 10 | 84 | 4 | 2 | 9 | 12 | 8 | 2 | 5 |
| 26 | 27,538 | 11 | 1 | 17 | 25 | 63 | 4 | 9 | 27 | 35 | 6 | 1 | 0 |
| 27 | 23,420 | 8 | 1 | 13 | 29 | 67 | 4 | 1 | 26 | 35 | 5 | 2 | 0 |
| 28 | 35,824 | 20 | 3 | 27 | 24 | 69 | 4 | 3 | 25 | 29 | 2 | 2 | 1 |
| 29 | 29,392 | 14 | 1 | 13 | 29 | 63 | 4 | 4 | 24 | 32 | 1 | 2 | 0 |
| 30 | 46,341 | 38 | 4 | 32 | 20 | 74 | 4 | 2 | 12 | 14 | 2 | 2 | 1 |
| 31 | 34,519 | 19 | 3 | 26 | 23 | 72 | 5 | 1 | 22 | 25 | 2 | 3 | 1 |
| 32 | 41,030 | 29 | 4 | 36 | 20 | 75 | 4 | 1 | 15 | 15 | 3 | 2 | 2 |
| 33 | 42,777 | 30 | 3 | 28 | 21 | 75 | 3 | 1 | 24 | 25 | 1 | 2 | 1 |
| 34 | 41,376 | 26 | 3 | 25 | 23 | 72 | 4 | 1 | 17 | 20 | 2 | 2 | 0 |
| 35 | 43,652 | 33 | 3 | 24 | 22 | 72 | 4 | 2 | 17 | 19 | 1 | 2 | 1 |
| 36 | 28,947 | 14 | 1 | 12 | 31 | 61 | 3 | 5 | 24 | 33 | 2 | 1 | 0 |
| 37 | 19,980 | 7 | 1 | 15 | 16 | 75 | 8 | 1 | 25 | 35 | 69 | 11 | 1 |
| 38 | 26,344 | 11 | 2 | 39 | 15 | 78 | 6 | 1 | 20 | 20 | 20 | 8 | 1 |
| 39 | 57,431 | 38 | 12 | 61 | 12 | 82 | 5 | 1 | 22 | 24 | 14 | 2 | 2 |
| 40 | 21,837 | 7 | 1 | 11 | 23 | 69 | 7 | 1 | 24 | 33 | 14 | 9 | 3 |
| 41 | 19,721 | 7 | 0 | 9 | 22 | 70 | 7 | 0 | 23 | 34 | 74 | 4 | 1 |
| 42 | 23,094 | 8 | 0 | 13 | 20 | 71 | 9 | 0 | 22 | 29 | 69 | 2 | 1 |
| 43 | 26,135 | 13 | 1 | 16 | 19 | 70 | 11 | 1 | 19 | 24 | 91 | 1 | 0 |
| 44 | 30,822 | 16 | 1 | 31 | 15 | 76 | 8 | 1 | 26 | 28 | 19 | 2 | 1 |
| 45 | 38,065 | 24 | 3 | 32 | 19 | 72 | 8 | 1 | 27 | 27 | 10 | 2 | 1 |
| 46 | 46,839 | 34 | 6 | 33 | 20 | 71 | 8 | 1 | 21 | 21 | 17 | 1 | 1 |
| 47 | 37,917 | 27 | 2 | 30 | 22 | 71 | 6 | 1 | 21 | 27 | 3 | 1 | 0 |
| 48 | 37,463 | 25 | 2 | 24 | 22 | 69 | 8 | 1 | 21 | 24 | 14 | 2 | 1 |
| 49 | 34,487 | 20 | 2 | 23 | 20 | 74 | 5 | 1 | 31 | 35 | 1 | 2 | 1 |
| 50 | 31,441 | 15 | 1 | 20 | 22 | 71 | 7 | 1 | 28 | 32 | 11 | 2 | 1 |

# Missouri State House Districts:  Demographic Data (cont.)

| House District | Household Income Avg. ($) | Household Income > $50K (%) | Household Income >$100K (%) | College Educ. (%) | Manf. (%) | Employment Type Service (%) | Employment Type Govt. (%) | Employment Type Farm (%) | Age 55+ (%) | Receives Soc. Sec. (%) | African Amer. (%) | Hispanic Amer. (%) | Asian Amer. (%) |
|---|---|---|---|---|---|---|---|---|---|---|---|---|---|
| Missouri | 33,444 | 19 | 3 | 22 | 25 | 67 | 4 | 4 | 23 | 29 | 11 | 1 | 1 |
| 51 | 26,699 | 10 | 1 | 12 | 28 | 68 | 3 | 1 | 24 | 30 | 1 | 2 | 1 |
| 52 | 39,547 | 27 | 3 | 25 | 24 | 71 | 5 | 1 | 24 | 27 | 1 | 2 | 1 |
| 53 | 34,016 | 19 | 1 | 14 | 27 | 67 | 4 | 2 | 16 | 20 | 2 | 2 | 1 |
| 54 | 41,012 | 30 | 3 | 27 | 24 | 70 | 4 | 2 | 14 | 17 | 2 | 2 | 1 |
| 55 | 44,820 | 34 | 4 | 30 | 23 | 72 | 5 | 1 | 12 | 14 | 2 | 1 | 1 |
| 56 | 47,733 | 37 | 5 | 33 | 23 | 70 | 5 | 2 | 17 | 17 | 2 | 1 | 1 |
| 57 | 18,665 | 7 | 0 | 13 | 16 | 76 | 7 | 1 | 25 | 37 | 95 | 1 | 0 |
| 58 | 16,030 | 4 | 0 | 7 | 20 | 73 | 7 | 0 | 20 | 34 | 85 | 1 | 0 |
| 59 | 23,498 | 10 | 1 | 19 | 23 | 71 | 5 | 1 | 20 | 26 | 20 | 3 | 3 |
| 60 | 19,909 | 7 | 1 | 11 | 19 | 73 | 7 | 1 | 28 | 40 | 99 | 0 | 0 |
| 61 | 24,982 | 10 | 1 | 12 | 20 | 70 | 8 | 1 | 20 | 30 | 92 | 0 | 0 |
| 62 | 23,480 | 11 | 1 | 12 | 20 | 71 | 8 | 1 | 23 | 34 | 92 | 0 | 0 |
| 63 | 20,998 | 10 | 1 | 25 | 17 | 77 | 6 | 1 | 22 | 31 | 59 | 1 | 1 |
| 64 | 34,612 | 18 | 5 | 44 | 13 | 81 | 5 | 1 | 23 | 26 | 43 | 2 | 2 |
| 65 | 31,596 | 16 | 2 | 25 | 20 | 74 | 5 | 1 | 30 | 35 | 5 | 1 | 1 |
| 66 | 29,885 | 15 | 1 | 21 | 22 | 71 | 6 | 0 | 32 | 36 | 1 | 1 | 1 |
| 67 | 25,093 | 10 | 1 | 21 | 21 | 74 | 4 | 1 | 21 | 27 | 20 | 2 | 2 |
| 68 | 34,515 | 20 | 2 | 24 | 20 | 71 | 8 | 1 | 36 | 43 | 0 | 1 | 1 |
| 69 | 30,618 | 16 | 1 | 16 | 27 | 66 | 6 | 1 | 20 | 28 | 57 | 1 | 1 |
| 70 | 26,763 | 11 | 0 | 13 | 24 | 71 | 5 | 1 | 20 | 27 | 68 | 1 | 0 |
| 71 | 30,658 | 16 | 1 | 22 | 23 | 70 | 6 | 0 | 21 | 25 | 58 | 1 | 1 |
| 72 | 35,464 | 24 | 3 | 36 | 17 | 77 | 5 | 0 | 21 | 25 | 64 | 1 | 2 |
| 73 | 34,914 | 20 | 1 | 19 | 27 | 67 | 5 | 1 | 28 | 34 | 14 | 1 | 0 |
| 74 | 49,189 | 42 | 6 | 34 | 28 | 67 | 4 | 1 | 19 | 23 | 20 | 1 | 1 |
| 75 | 39,282 | 28 | 2 | 26 | 27 | 67 | 5 | 1 | 26 | 30 | 28 | 1 | 1 |
| 76 | 41,012 | 29 | 3 | 25 | 28 | 67 | 4 | 1 | 30 | 32 | 7 | 1 | 1 |
| 77 | 42,096 | 32 | 1 | 25 | 29 | 66 | 4 | 0 | 18 | 20 | 7 | 1 | 1 |
| 78 | 41,327 | 32 | 2 | 26 | 30 | 66 | 3 | 1 | 19 | 22 | 6 | 1 | 1 |
| 79 | 36,579 | 23 | 2 | 23 | 29 | 66 | 5 | 1 | 20 | 24 | 37 | 1 | 1 |
| 80 | 34,175 | 20 | 1 | 18 | 28 | 67 | 4 | 1 | 24 | 28 | 7 | 1 | 1 |
| 81 | 32,127 | 17 | 1 | 16 | 29 | 66 | 3 | 1 | 24 | 30 | 9 | 1 | 1 |
| 82 | 64,442 | 47 | 14 | 52 | 22 | 74 | 3 | 1 | 28 | 28 | 4 | 1 | 3 |
| 83 | 66,289 | 40 | 17 | 51 | 17 | 79 | 3 | 1 | 27 | 29 | 14 | 1 | 2 |
| 84 | 44,347 | 24 | 8 | 46 | 17 | 79 | 3 | 0 | 19 | 24 | 12 | 2 | 3 |
| 85 | 50,584 | 43 | 6 | 46 | 27 | 69 | 3 | 1 | 16 | 13 | 3 | 1 | 3 |
| 86 | 86,037 | 65 | 25 | 56 | 23 | 74 | 1 | 1 | 23 | 22 | 2 | 1 | 4 |
| 87 | 85,949 | 50 | 24 | 59 | 17 | 79 | 3 | 1 | 30 | 27 | 6 | 1 | 3 |
| 88 | 67,631 | 57 | 15 | 51 | 24 | 73 | 2 | 1 | 18 | 18 | 1 | 1 | 2 |
| 89 | 70,958 | 60 | 19 | 46 | 26 | 70 | 2 | 2 | 13 | 16 | 3 | 1 | 1 |
| 90 | 42,218 | 32 | 3 | 27 | 25 | 71 | 2 | 1 | 12 | 14 | 1 | 1 | 1 |
| 91 | 51,345 | 38 | 9 | 52 | 20 | 76 | 3 | 1 | 26 | 32 | 6 | 1 | 1 |
| 92 | 54,665 | 52 | 6 | 47 | 22 | 75 | 3 | 1 | 16 | 16 | 2 | 1 | 2 |
| 93 | 68,996 | 51 | 16 | 53 | 21 | 76 | 2 | 1 | 16 | 15 | 2 | 1 | 3 |
| 94 | 55,712 | 42 | 11 | 48 | 20 | 75 | 3 | 1 | 28 | 32 | 5 | 1 | 1 |
| 95 | 48,466 | 39 | 6 | 34 | 23 | 73 | 3 | 1 | 27 | 29 | 4 | 1 | 1 |
| 96 | 33,836 | 20 | 1 | 15 | 26 | 68 | 5 | 1 | 29 | 36 | 1 | 1 | 0 |
| 97 | 48,647 | 41 | 6 | 34 | 22 | 72 | 4 | 1 | 19 | 18 | 1 | 1 | 1 |
| 98 | 36,981 | 24 | 2 | 24 | 23 | 72 | 4 | 1 | 33 | 38 | 1 | 1 | 1 |
| 99 | 41,707 | 30 | 3 | 25 | 21 | 74 | 4 | 1 | 32 | 34 | 0 | 1 | 1 |
| 100 | 50,986 | 47 | 5 | 31 | 24 | 71 | 4 | 1 | 14 | 17 | 0 | 1 | 1 |

# Missouri State House Districts: Demographic Data (cont.)

| House District | Household Income Avg. ($) | > $50K (%) | >$100K (%) | College Educ. (%) | Manf. (%) | Employment Type Service (%) | Govt. (%) | Farm (%) | Age 55+ (%) | Receives Soc. Sec. (%) | African Amer. (%) | Hispanic Amer. (%) | Asian Amer. (%) |
|---|---|---|---|---|---|---|---|---|---|---|---|---|---|
| Missouri | 33,444 | 19 | 3 | 22 | 25 | 67 | 4 | 4 | 23 | 29 | 11 | 1 | 1 |
| 101 | 38,142 | 25 | 1 | 15 | 28 | 68 | 3 | 1 | 14 | 19 | 0 | 1 | 0 |
| 102 | 36,884 | 24 | 1 | 16 | 31 | 65 | 3 | 2 | 12 | 17 | 0 | 1 | 0 |
| 103 | 33,494 | 19 | 2 | 15 | 31 | 66 | 3 | 1 | 19 | 25 | 3 | 1 | 0 |
| 104 | 32,085 | 16 | 1 | 12 | 33 | 61 | 4 | 3 | 20 | 29 | 1 | 0 | 0 |
| 105 | 36,212 | 23 | 2 | 15 | 34 | 61 | 3 | 2 | 14 | 18 | 1 | 1 | 0 |
| 106 | 25,777 | 10 | 1 | 14 | 28 | 61 | 5 | 6 | 27 | 38 | 3 | 1 | 0 |
| 107 | 25,074 | 10 | 1 | 12 | 30 | 60 | 5 | 5 | 25 | 36 | 0 | 0 | 0 |
| 108 | 24,519 | 10 | 1 | 13 | 25 | 69 | 5 | 1 | 30 | 37 | 3 | 3 | 0 |
| 109 | 34,352 | 19 | 1 | 17 | 37 | 58 | 3 | 3 | 20 | 26 | 1 | 1 | 0 |
| 110 | 28,193 | 11 | 1 | 11 | 41 | 52 | 3 | 4 | 20 | 29 | 1 | 1 | 0 |
| 111 | 30,309 | 15 | 1 | 13 | 42 | 50 | 3 | 5 | 24 | 33 | 0 | 0 | 0 |
| 112 | 26,607 | 10 | 1 | 12 | 37 | 46 | 8 | 9 | 28 | 37 | 0 | 0 | 0 |
| 113 | 33,156 | 18 | 1 | 24 | 19 | 56 | 23 | 2 | 18 | 25 | 11 | 1 | 0 |
| 114 | 39,288 | 24 | 3 | 30 | 14 | 60 | 25 | 2 | 22 | 25 | 4 | 1 | 1 |
| 115 | 27,130 | 10 | 2 | 13 | 29 | 60 | 5 | 6 | 28 | 34 | 0 | 1 | 0 |
| 116 | 26,720 | 10 | 2 | 14 | 27 | 63 | 4 | 6 | 34 | 39 | 0 | 1 | 0 |
| 117 | 27,158 | 11 | 1 | 15 | 29 | 52 | 7 | 12 | 26 | 35 | 4 | 1 | 0 |
| 118 | 26,624 | 11 | 1 | 19 | 29 | 62 | 3 | 6 | 27 | 35 | 4 | 1 | 0 |
| 119 | 22,188 | 7 | 1 | 11 | 25 | 57 | 4 | 14 | 37 | 46 | 0 | 1 | 0 |
| 120 | 24,639 | 9 | 1 | 14 | 26 | 60 | 4 | 10 | 29 | 39 | 1 | 1 | 0 |
| 121 | 27,985 | 12 | 1 | 33 | 16 | 74 | 7 | 3 | 13 | 17 | 8 | 2 | 2 |
| 122 | 29,949 | 14 | 1 | 15 | 27 | 61 | 4 | 8 | 26 | 33 | 3 | 1 | 0 |
| 123 | 39,133 | 23 | 3 | 21 | 26 | 65 | 7 | 2 | 17 | 20 | 2 | 2 | 1 |
| 124 | 34,024 | 20 | 1 | 16 | 30 | 59 | 5 | 7 | 20 | 26 | 1 | 1 | 0 |
| 125 | 23,801 | 8 | 1 | 12 | 22 | 61 | 3 | 14 | 29 | 37 | 1 | 1 | 0 |
| 126 | 27,465 | 10 | 2 | 16 | 32 | 57 | 3 | 9 | 28 | 36 | 1 | 1 | 1 |
| 127 | 26,911 | 11 | 1 | 15 | 35 | 58 | 2 | 5 | 22 | 29 | 0 | 1 | 0 |
| 128 | 26,780 | 11 | 2 | 20 | 25 | 71 | 2 | 1 | 25 | 33 | 2 | 1 | 1 |
| 129 | 27,739 | 11 | 2 | 20 | 28 | 68 | 3 | 1 | 25 | 31 | 1 | 1 | 0 |
| 130 | 25,433 | 9 | 1 | 16 | 39 | 52 | 3 | 6 | 25 | 32 | 0 | 1 | 1 |
| 131 | 23,511 | 7 | 1 | 11 | 42 | 45 | 2 | 11 | 27 | 35 | 0 | 1 | 0 |
| 132 | 23,704 | 7 | 1 | 12 | 39 | 49 | 2 | 9 | 27 | 35 | 0 | 1 | 0 |
| 133 | 23,550 | 7 | 1 | 12 | 27 | 58 | 3 | 12 | 32 | 40 | 0 | 1 | 0 |
| 134 | 34,277 | 19 | 1 | 30 | 18 | 77 | 3 | 1 | 19 | 21 | 2 | 1 | 1 |
| 135 | 52,954 | 35 | 10 | 42 | 15 | 81 | 3 | 1 | 26 | 28 | 0 | 1 | 1 |
| 136 | 26,096 | 10 | 1 | 24 | 18 | 78 | 2 | 1 | 23 | 31 | 2 | 1 | 1 |
| 137 | 17,522 | 3 | 0 | 10 | 27 | 70 | 1 | 2 | 21 | 30 | 3 | 1 | 1 |
| 138 | 26,562 | 9 | 2 | 26 | 18 | 78 | 3 | 1 | 21 | 27 | 4 | 1 | 1 |
| 139 | 31,910 | 16 | 2 | 20 | 26 | 68 | 2 | 4 | 21 | 25 | 1 | 1 | 0 |
| 140 | 27,958 | 11 | 1 | 13 | 33 | 57 | 3 | 8 | 21 | 29 | 1 | 1 | 0 |
| 141 | 28,400 | 12 | 2 | 16 | 25 | 67 | 2 | 6 | 36 | 41 | 0 | 1 | 0 |
| 142 | 30,069 | 13 | 1 | 16 | 29 | 64 | 2 | 5 | 19 | 25 | 0 | 1 | 0 |
| 143 | 24,439 | 8 | 1 | 14 | 27 | 62 | 3 | 8 | 31 | 38 | 0 | 1 | 0 |
| 144 | 21,074 | 5 | 1 | 10 | 34 | 47 | 2 | 17 | 28 | 37 | 0 | 1 | 0 |
| 145 | 23,252 | 8 | 2 | 14 | 23 | 61 | 2 | 13 | 27 | 38 | 0 | 1 | 0 |
| 146 | 23,975 | 7 | 1 | 10 | 39 | 51 | 3 | 7 | 25 | 33 | 0 | 1 | 0 |
| 147 | 22,753 | 7 | 1 | 14 | 30 | 52 | 5 | 12 | 16 | 27 | 11 | 4 | 2 |
| 148 | 25,528 | 10 | 1 | 17 | 19 | 67 | 11 | 3 | 19 | 25 | 7 | 3 | 3 |
| 149 | 26,688 | 13 | 2 | 23 | 16 | 73 | 8 | 4 | 21 | 26 | 1 | 1 | 3 |
| 150 | 24,081 | 9 | 1 | 11 | 30 | 57 | 4 | 8 | 28 | 39 | 0 | 1 | 0 |

# Missouri State House Districts:  Demographic Data (cont.)

| House District | Household Income Avg. ($) | > $50K (%) | >$100K (%) | College Educ. (%) | Manf. (%) | Employment Type Service (%) | Govt. (%) | Farm (%) | Age 55+ (%) | Receives Soc. Sec. (%) | African Amer. (%) | Hispanic Amer. (%) | Asian Amer. (%) |
|---|---|---|---|---|---|---|---|---|---|---|---|---|---|
| Missouri | 33,444 | 19 | 3 | 22 | 25 | 67 | 4 | 4 | 23 | 29 | 11 | 1 | 1 |
| 151 | 22,312 | 7 | 1 | 11 | 30 | 59 | 2 | 9 | 28 | 37 | 0 | 1 | 0 |
| 152 | 21,724 | 8 | 0 | 9 | 33 | 55 | 4 | 8 | 26 | 36 | 1 | 0 | 0 |
| 153 | 19,403 | 6 | 0 | 10 | 36 | 50 | 4 | 10 | 29 | 40 | 0 | 0 | 0 |
| 154 | 22,106 | 8 | 1 | 13 | 20 | 72 | 4 | 4 | 28 | 38 | 6 | 1 | 0 |
| 155 | 28,900 | 12 | 1 | 10 | 40 | 49 | 3 | 8 | 26 | 32 | 0 | 0 | 0 |
| 156 | 21,454 | 6 | 1 | 9 | 36 | 54 | 3 | 7 | 29 | 38 | 1 | 0 | 0 |
| 157 | 31,428 | 15 | 2 | 18 | 30 | 62 | 2 | 6 | 22 | 29 | 1 | 0 | 0 |
| 158 | 28,749 | 15 | 2 | 28 | 18 | 79 | 3 | 1 | 22 | 28 | 9 | 1 | 1 |
| 159 | 24,025 | 8 | 1 | 10 | 36 | 52 | 3 | 9 | 27 | 38 | 2 | 1 | 0 |
| 160 | 27,448 | 13 | 2 | 13 | 25 | 68 | 3 | 5 | 22 | 30 | 12 | 0 | 0 |
| 161 | 24,481 | 9 | 1 | 9 | 31 | 55 | 3 | 11 | 24 | 33 | 16 | 0 | 0 |
| 162 | 21,118 | 7 | 1 | 8 | 34 | 52 | 3 | 11 | 27 | 39 | 18 | 0 | 0 |
| 163 | 22,259 | 7 | 1 | 10 | 31 | 58 | 3 | 8 | 27 | 38 | 9 | 0 | 0 |

# MONTANA
## State Senate Districts

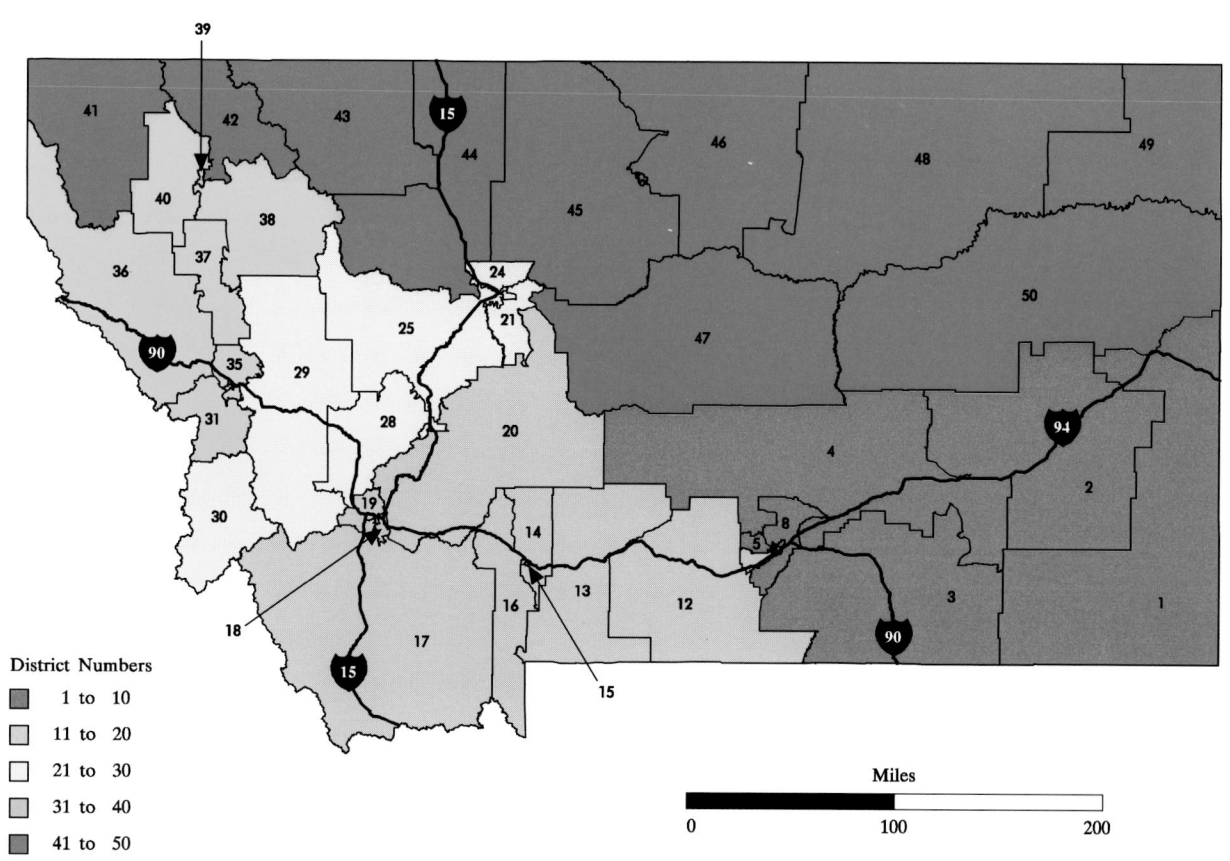

District Numbers

| | |
|---|---|
| ▨ | 1 to 10 |
| ▨ | 11 to 20 |
| ▢ | 21 to 30 |
| ▨ | 31 to 40 |
| ▨ | 41 to 50 |

Miles

0          100          200

## GREAT FALLS

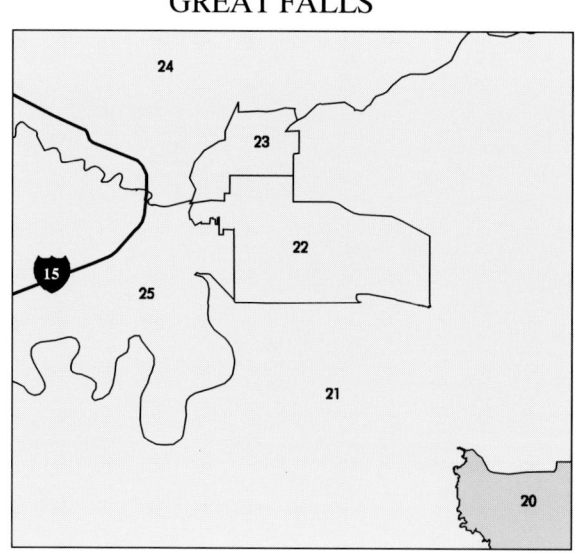

## HELENA

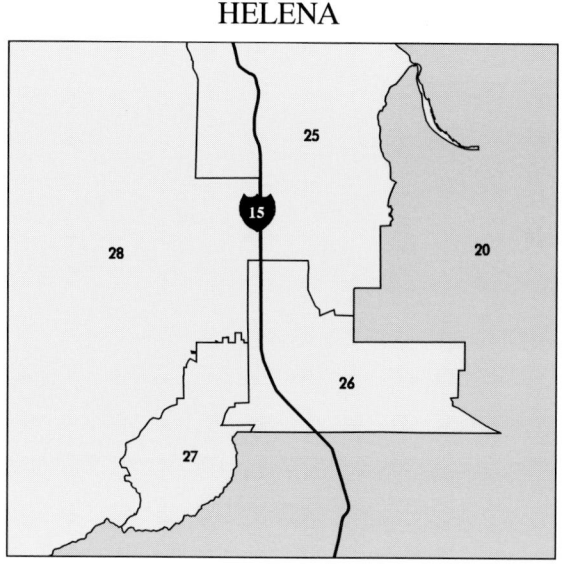

# BILLINGS
## State Senate Districts

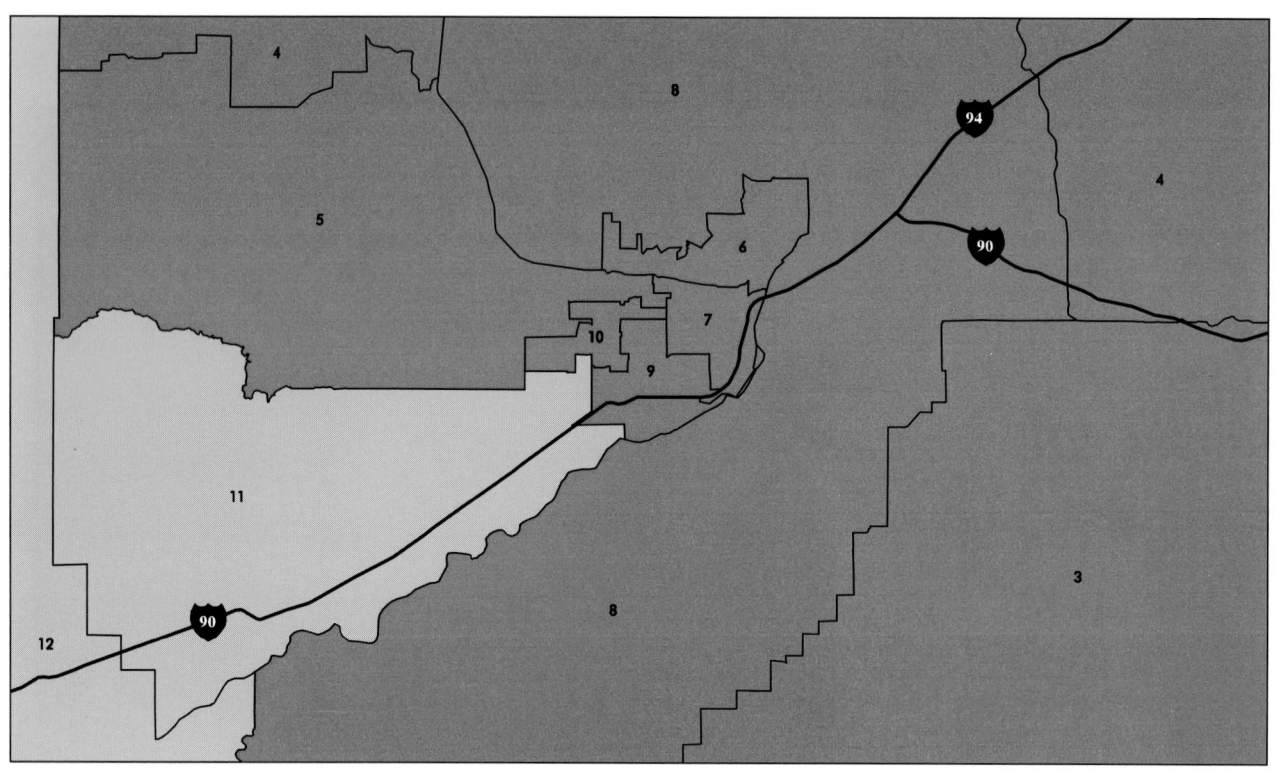

# MISSOULA
## State Senate Districts

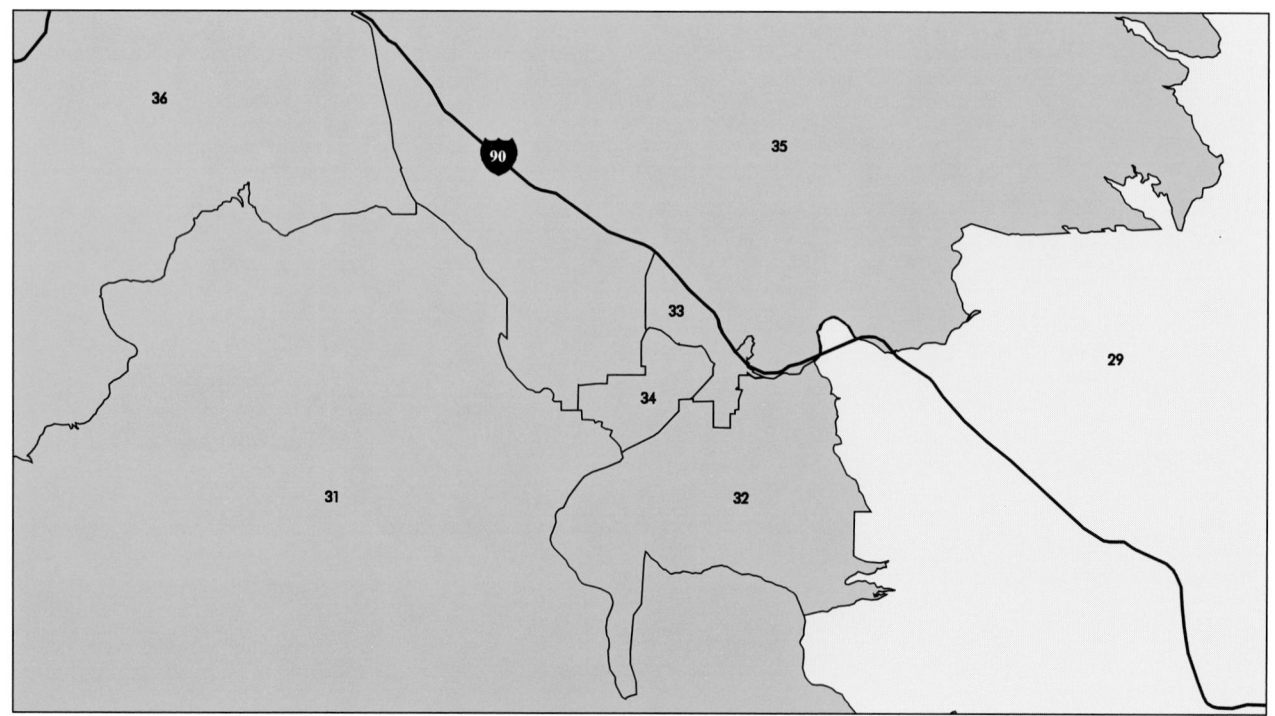

# Montana State Senate Districts: Demographic Data

| Senate District | Household Income Avg. ($) | Household Income > $50K (%) | Household Income >$100K (%) | College Educ. (%) | Manf. (%) | Employment Type Service (%) | Employment Type Govt. (%) | Farm (%) | Age 55+ (%) | Receives Soc. Sec. (%) | African Amer. (%) | Hispanic Amer. (%) | Asian Amer. (%) |
|---|---|---|---|---|---|---|---|---|---|---|---|---|---|
| Montana | 28,844 | 13 | 2 | 25 | 14 | 69 | 6 | 12 | 22 | 28 | 0 | 2 | 1 |
| 1 | 28,163 | 11 | 2 | 20 | 7 | 62 | 5 | 26 | 26 | 33 | 0 | 1 | 0 |
| 2 | 25,691 | 11 | 1 | 23 | 10 | 67 | 7 | 16 | 27 | 33 | 0 | 1 | 0 |
| 3 | 23,684 | 10 | 1 | 18 | 10 | 62 | 10 | 17 | 14 | 21 | 0 | 3 | 0 |
| 4 | 28,144 | 13 | 1 | 20 | 11 | 55 | 4 | 31 | 23 | 30 | 0 | 2 | 0 |
| 5 | 48,677 | 37 | 9 | 42 | 9 | 82 | 4 | 4 | 25 | 27 | 0 | 1 | 1 |
| 6 | 33,895 | 19 | 1 | 30 | 13 | 78 | 6 | 3 | 12 | 16 | 0 | 2 | 1 |
| 7 | 20,954 | 7 | 1 | 25 | 12 | 83 | 3 | 2 | 23 | 32 | 1 | 7 | 1 |
| 8 | 33,908 | 20 | 2 | 24 | 13 | 74 | 7 | 6 | 13 | 16 | 0 | 2 | 0 |
| 9 | 24,910 | 8 | 0 | 17 | 11 | 83 | 4 | 2 | 23 | 31 | 1 | 5 | 1 |
| 10 | 33,594 | 18 | 2 | 31 | 9 | 84 | 4 | 3 | 29 | 30 | 0 | 2 | 1 |
| 11 | 27,497 | 11 | 0 | 21 | 14 | 77 | 4 | 5 | 20 | 26 | 0 | 1 | 0 |
| 12 | 27,646 | 12 | 1 | 24 | 15 | 53 | 3 | 29 | 28 | 37 | 0 | 1 | 0 |
| 13 | 27,432 | 10 | 2 | 25 | 18 | 62 | 5 | 15 | 26 | 34 | 0 | 1 | 0 |
| 14 | 38,455 | 20 | 3 | 47 | 12 | 77 | 4 | 7 | 15 | 17 | 0 | 1 | 1 |
| 15 | 23,818 | 9 | 1 | 47 | 13 | 79 | 5 | 3 | 14 | 19 | 0 | 1 | 1 |
| 16 | 33,002 | 14 | 2 | 27 | 18 | 67 | 3 | 12 | 15 | 20 | 0 | 1 | 0 |
| 17 | 26,727 | 11 | 1 | 25 | 13 | 58 | 3 | 26 | 24 | 30 | 0 | 1 | 0 |
| 18 | 31,381 | 18 | 2 | 23 | 9 | 79 | 6 | 6 | 28 | 38 | 0 | 2 | 0 |
| 19 | 23,818 | 11 | 1 | 19 | 9 | 78 | 5 | 8 | 25 | 34 | 0 | 3 | 0 |
| 20 | 31,719 | 16 | 2 | 24 | 15 | 57 | 11 | 17 | 21 | 28 | 0 | 1 | 0 |
| 21 | 30,807 | 12 | 1 | 27 | 9 | 78 | 9 | 4 | 14 | 20 | 4 | 3 | 2 |
| 22 | 29,502 | 13 | 2 | 24 | 8 | 85 | 5 | 2 | 29 | 32 | 1 | 2 | 1 |
| 23 | 22,417 | 7 | 1 | 19 | 12 | 80 | 5 | 2 | 24 | 31 | 1 | 2 | 0 |
| 24 | 29,380 | 12 | 1 | 18 | 13 | 77 | 7 | 4 | 20 | 25 | 0 | 1 | 1 |
| 25 | 40,181 | 25 | 6 | 32 | 12 | 71 | 7 | 10 | 20 | 24 | 0 | 1 | 1 |
| 26 | 33,756 | 20 | 2 | 34 | 12 | 66 | 19 | 3 | 20 | 25 | 0 | 1 | 1 |
| 27 | 28,006 | 14 | 1 | 37 | 9 | 72 | 17 | 3 | 21 | 26 | 0 | 1 | 1 |
| 28 | 29,993 | 13 | 1 | 25 | 14 | 60 | 18 | 8 | 20 | 29 | 0 | 1 | 0 |
| 29 | 25,973 | 8 | 1 | 20 | 16 | 64 | 7 | 13 | 26 | 39 | 0 | 1 | 0 |
| 30 | 24,163 | 9 | 1 | 22 | 20 | 65 | 4 | 11 | 29 | 38 | 0 | 2 | 0 |
| 31 | 30,868 | 15 | 2 | 25 | 21 | 67 | 4 | 8 | 19 | 23 | 0 | 1 | 0 |
| 32 | 35,524 | 22 | 2 | 39 | 12 | 81 | 3 | 4 | 20 | 23 | 0 | 1 | 1 |
| 33 | 22,167 | 8 | 1 | 41 | 11 | 82 | 3 | 4 | 16 | 24 | 1 | 2 | 2 |
| 34 | 23,112 | 8 | 1 | 27 | 17 | 76 | 3 | 3 | 18 | 22 | 0 | 1 | 2 |
| 35 | 38,083 | 21 | 4 | 32 | 21 | 69 | 4 | 6 | 16 | 21 | 0 | 1 | 0 |
| 36 | 26,750 | 9 | 1 | 20 | 29 | 54 | 4 | 13 | 23 | 34 | 0 | 1 | 0 |
| 37 | 23,460 | 8 | 1 | 20 | 19 | 59 | 7 | 15 | 25 | 37 | 0 | 2 | 0 |
| 38 | 32,182 | 14 | 2 | 27 | 23 | 64 | 4 | 8 | 24 | 30 | 0 | 1 | 0 |
| 39 | 27,228 | 13 | 1 | 26 | 15 | 79 | 4 | 3 | 27 | 36 | 0 | 1 | 1 |
| 40 | 32,944 | 17 | 2 | 27 | 23 | 69 | 2 | 6 | 19 | 21 | 0 | 1 | 0 |
| 41 | 25,956 | 9 | 1 | 16 | 32 | 53 | 5 | 11 | 21 | 30 | 0 | 1 | 0 |
| 42 | 27,447 | 11 | 1 | 17 | 31 | 60 | 3 | 6 | 18 | 23 | 0 | 1 | 0 |
| 43 | 23,882 | 10 | 0 | 20 | 12 | 60 | 8 | 20 | 18 | 24 | 0 | 1 | 0 |
| 44 | 29,025 | 13 | 1 | 22 | 9 | 56 | 5 | 30 | 26 | 34 | 0 | 1 | 0 |
| 45 | 32,146 | 18 | 2 | 29 | 8 | 64 | 4 | 24 | 24 | 28 | 0 | 1 | 0 |
| 46 | 24,431 | 10 | 1 | 20 | 8 | 65 | 7 | 21 | 20 | 28 | 0 | 1 | 0 |
| 47 | 28,258 | 10 | 3 | 22 | 11 | 58 | 4 | 27 | 30 | 37 | 0 | 1 | 0 |
| 48 | 26,762 | 10 | 1 | 19 | 9 | 58 | 7 | 26 | 28 | 34 | 0 | 1 | 0 |
| 49 | 23,216 | 8 | 1 | 19 | 13 | 61 | 8 | 18 | 23 | 30 | 0 | 1 | 0 |
| 50 | 26,460 | 10 | 1 | 20 | 9 | 53 | 4 | 34 | 24 | 31 | 0 | 2 | 0 |

# MONTANA
## State House Districts

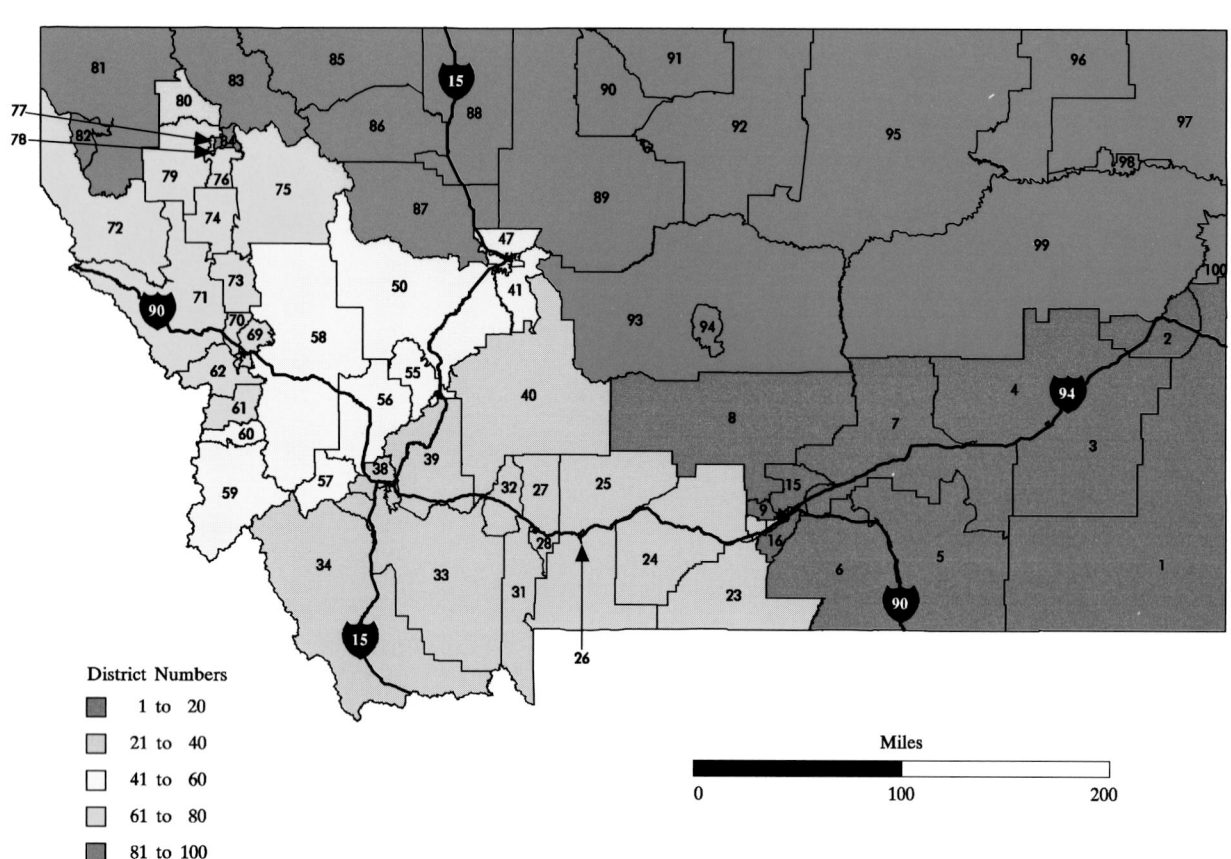

District Numbers

■ 1 to 20
▨ 21 to 40
□ 41 to 60
▨ 61 to 80
▨ 81 to 100

Miles

0     100     200

## HELENA

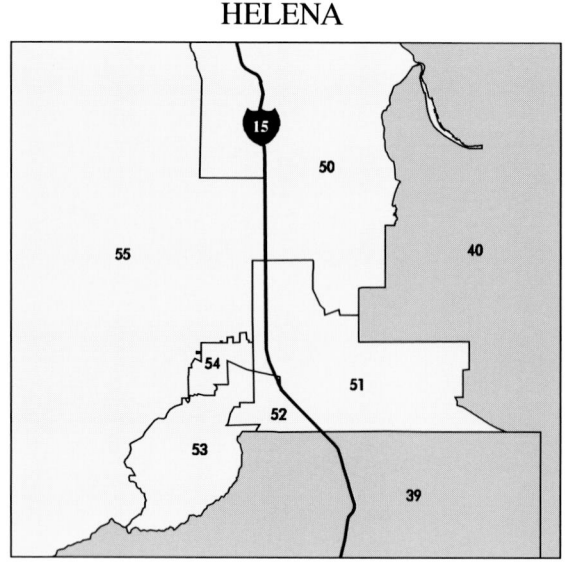

## BOZEMAN

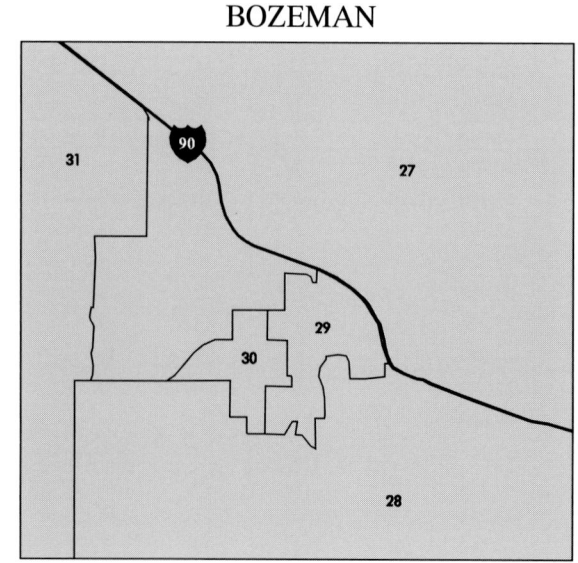

# BILLINGS
## State House Districts

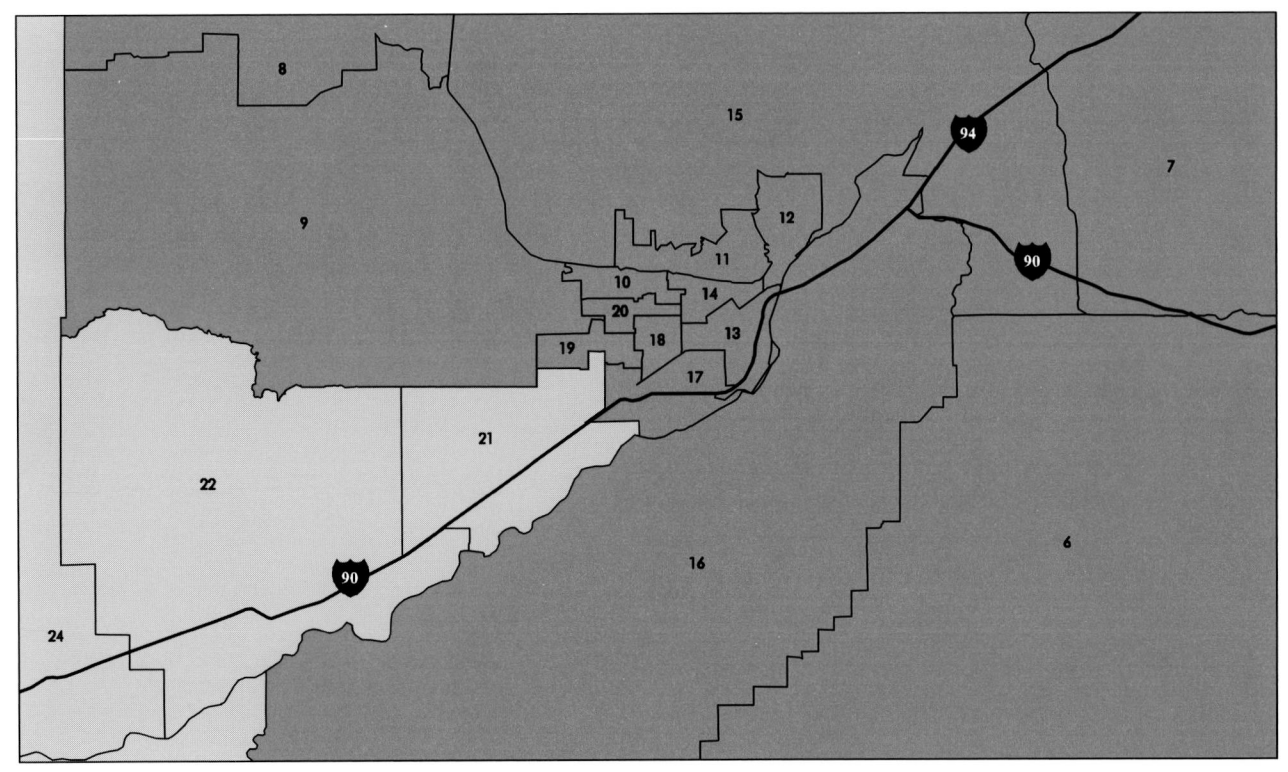

# MISSOULA
## State House Districts

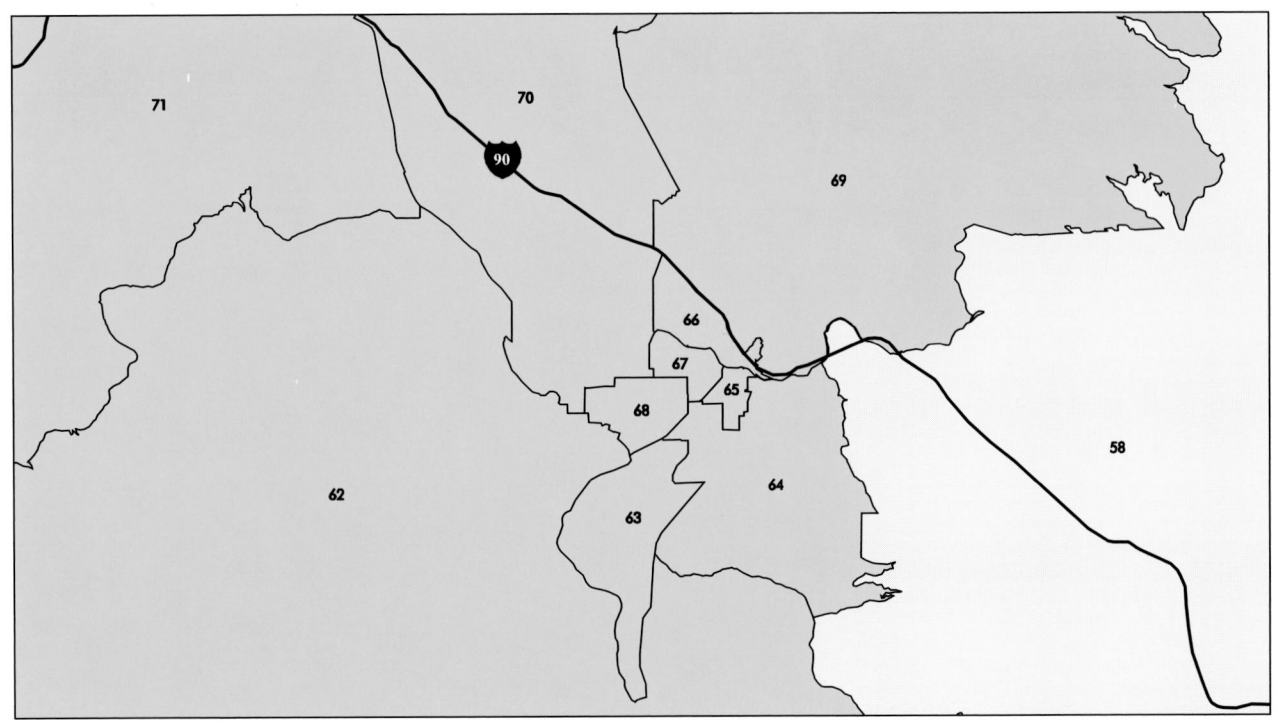

# GREAT FALLS
## State House Districts

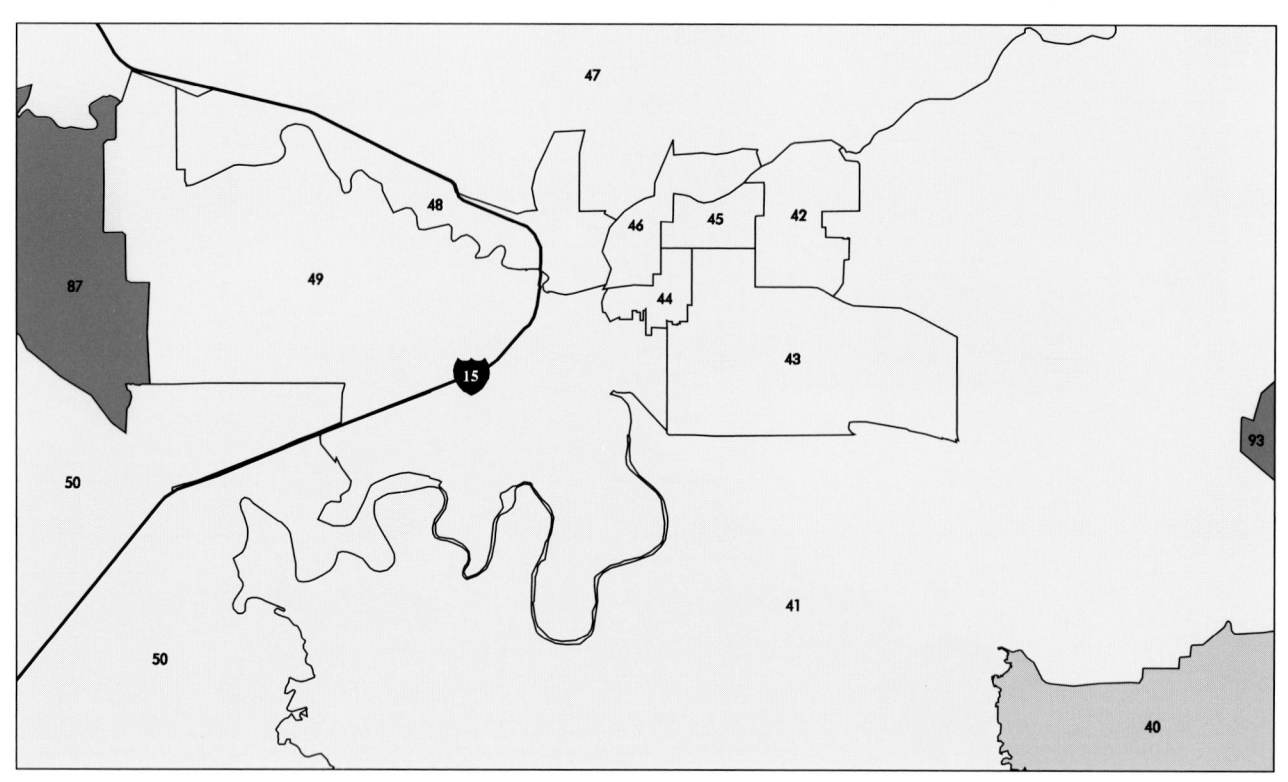

# BUTTE
## State House Districts

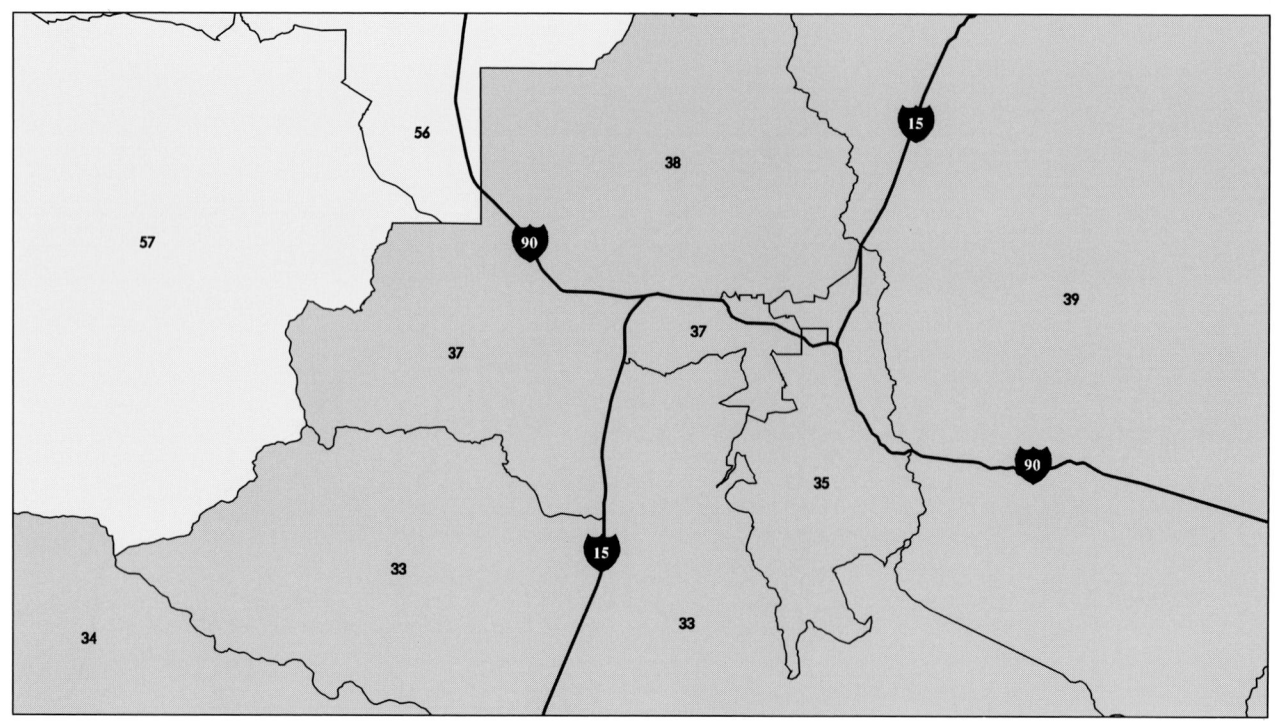

# Montana State House Districts: Demographic Data

| House District | Household Income Avg. ($) | > $50K (%) | >$100K (%) | College Educ. (%) | Manf. (%) | Employment Type Service (%) | Govt. (%) | Farm (%) | Age 55+ (%) | Receives Soc. Sec. (%) | African Amer. (%) | Hispanic Amer. (%) | Asian Amer. (%) |
|---|---|---|---|---|---|---|---|---|---|---|---|---|---|
| Montana | 28,844 | 13 | 2 | 25 | 14 | 69 | 6 | 12 | 22 | 28 | 0 | 2 | 1 |
| 1 | 28,123 | 10 | 2 | 18 | 6 | 44 | 6 | 44 | 28 | 33 | 0 | 1 | 0 |
| 2 | 28,202 | 12 | 1 | 22 | 8 | 78 | 5 | 9 | 25 | 33 | 0 | 1 | 0 |
| 3 | 27,345 | 13 | 1 | 21 | 9 | 64 | 6 | 22 | 26 | 31 | 0 | 1 | 1 |
| 4 | 22,965 | 6 | 0 | 25 | 11 | 73 | 9 | 6 | 28 | 36 | 0 | 1 | 0 |
| 5 | 22,318 | 9 | 1 | 17 | 13 | 57 | 11 | 19 | 14 | 18 | 0 | 3 | 0 |
| 6 | 24,994 | 11 | 1 | 19 | 8 | 67 | 9 | 16 | 14 | 24 | 0 | 2 | 0 |
| 7 | 34,134 | 19 | 1 | 24 | 11 | 59 | 3 | 27 | 16 | 20 | 0 | 3 | 0 |
| 8 | 22,256 | 7 | 1 | 16 | 10 | 49 | 4 | 36 | 30 | 39 | 0 | 1 | 0 |
| 9 | 47,926 | 38 | 7 | 41 | 10 | 79 | 5 | 5 | 19 | 20 | 0 | 1 | 1 |
| 10 | 49,322 | 36 | 10 | 43 | 9 | 85 | 3 | 3 | 32 | 32 | 0 | 1 | 1 |
| 11 | 39,794 | 25 | 3 | 39 | 12 | 78 | 7 | 4 | 7 | 7 | 0 | 1 | 1 |
| 12 | 27,929 | 12 | 0 | 20 | 14 | 78 | 5 | 3 | 19 | 25 | 0 | 2 | 0 |
| 13 | 16,425 | 3 | 0 | 14 | 13 | 83 | 2 | 1 | 24 | 32 | 2 | 11 | 1 |
| 14 | 25,163 | 10 | 2 | 35 | 11 | 82 | 4 | 2 | 22 | 31 | 1 | 2 | 1 |
| 15 | 36,690 | 24 | 2 | 27 | 13 | 72 | 8 | 7 | 13 | 16 | 0 | 2 | 0 |
| 16 | 30,405 | 15 | 2 | 19 | 13 | 76 | 7 | 4 | 13 | 17 | 0 | 2 | 1 |
| 17 | 24,786 | 7 | 1 | 12 | 12 | 82 | 2 | 3 | 19 | 26 | 1 | 6 | 1 |
| 18 | 25,012 | 9 | 0 | 22 | 11 | 83 | 5 | 2 | 28 | 34 | 1 | 3 | 1 |
| 19 | 34,793 | 18 | 2 | 28 | 8 | 85 | 5 | 2 | 26 | 26 | 0 | 2 | 0 |
| 20 | 32,547 | 17 | 3 | 35 | 9 | 83 | 4 | 3 | 31 | 33 | 0 | 2 | 1 |
| 21 | 27,771 | 11 | 0 | 25 | 13 | 80 | 4 | 3 | 16 | 22 | 0 | 1 | 1 |
| 22 | 27,252 | 12 | 0 | 18 | 14 | 75 | 4 | 6 | 22 | 30 | 0 | 1 | 0 |
| 23 | 26,523 | 11 | 1 | 25 | 13 | 57 | 3 | 27 | 30 | 39 | 0 | 1 | 0 |
| 24 | 28,816 | 12 | 2 | 23 | 17 | 49 | 4 | 30 | 27 | 35 | 0 | 1 | 0 |
| 25 | 30,500 | 14 | 2 | 29 | 18 | 56 | 5 | 22 | 22 | 28 | 1 | 2 | 1 |
| 26 | 24,052 | 6 | 1 | 21 | 19 | 72 | 5 | 4 | 31 | 41 | 0 | 1 | 0 |
| 27 | 34,722 | 14 | 2 | 39 | 14 | 74 | 4 | 8 | 17 | 21 | 0 | 1 | 1 |
| 28 | 42,756 | 26 | 5 | 58 | 10 | 80 | 4 | 6 | 12 | 13 | 0 | 1 | 1 |
| 29 | 23,913 | 10 | 1 | 44 | 15 | 79 | 4 | 2 | 17 | 20 | 0 | 1 | 1 |
| 30 | 23,697 | 9 | 1 | 50 | 10 | 80 | 6 | 5 | 11 | 19 | 0 | 2 | 2 |
| 31 | 36,686 | 16 | 2 | 30 | 20 | 68 | 3 | 9 | 15 | 19 | 0 | 1 | 0 |
| 32 | 28,925 | 11 | 2 | 23 | 16 | 67 | 3 | 14 | 16 | 21 | 0 | 1 | 0 |
| 33 | 27,719 | 13 | 1 | 24 | 14 | 55 | 3 | 28 | 26 | 34 | 0 | 1 | 0 |
| 34 | 25,638 | 9 | 1 | 26 | 11 | 62 | 4 | 23 | 21 | 27 | 0 | 2 | 0 |
| 35 | 39,736 | 27 | 5 | 31 | 9 | 79 | 6 | 6 | 24 | 31 | 0 | 1 | 1 |
| 36 | 25,247 | 11 | 0 | 17 | 9 | 79 | 6 | 7 | 32 | 43 | 0 | 2 | 0 |
| 37 | 25,076 | 12 | 1 | 17 | 10 | 79 | 5 | 6 | 25 | 35 | 0 | 3 | 0 |
| 38 | 22,557 | 10 | 1 | 22 | 9 | 77 | 4 | 10 | 25 | 33 | 0 | 4 | 1 |
| 39 | 35,881 | 22 | 3 | 27 | 14 | 61 | 12 | 13 | 18 | 24 | 0 | 1 | 0 |
| 40 | 28,075 | 11 | 1 | 21 | 16 | 53 | 11 | 21 | 23 | 31 | 0 | 1 | 0 |
| 41 | 27,579 | 9 | 1 | 25 | 10 | 72 | 9 | 8 | 8 | 15 | 6 | 4 | 3 |
| 42 | 33,573 | 15 | 2 | 28 | 8 | 81 | 9 | 2 | 20 | 24 | 2 | 2 | 1 |
| 43 | 34,687 | 17 | 3 | 28 | 7 | 84 | 7 | 2 | 28 | 30 | 1 | 1 | 1 |
| 44 | 23,498 | 8 | 1 | 18 | 10 | 85 | 4 | 2 | 29 | 35 | 1 | 2 | 1 |
| 45 | 26,652 | 9 | 1 | 21 | 12 | 80 | 6 | 1 | 22 | 28 | 1 | 2 | 0 |
| 46 | 18,501 | 5 | 1 | 15 | 12 | 80 | 4 | 4 | 25 | 33 | 1 | 3 | 0 |
| 47 | 33,332 | 16 | 1 | 20 | 12 | 77 | 7 | 5 | 19 | 22 | 0 | 1 | 1 |
| 48 | 25,769 | 9 | 1 | 16 | 13 | 77 | 7 | 3 | 21 | 28 | 0 | 1 | 1 |
| 49 | 50,627 | 35 | 9 | 42 | 9 | 83 | 6 | 3 | 18 | 20 | 0 | 1 | 1 |
| 50 | 30,641 | 15 | 3 | 22 | 15 | 60 | 9 | 17 | 23 | 27 | 0 | 1 | 0 |

# Montana State House Districts:  Demographic Data (cont.)

| House District | Household Income Avg. ($) | > $50K (%) | >$100K (%) | College Educ. (%) | Manf. (%) | Service (%) | Govt. (%) | Farm (%) | Age 55+ (%) | Receives Soc. Sec. (%) | African Amer. (%) | Hispanic Amer. (%) | Asian Amer. (%) |
|---|---|---|---|---|---|---|---|---|---|---|---|---|---|
| Montana | 28,844 | 13 | 2 | 25 | 14 | 69 | 6 | 12 | 22 | 28 | 0 | 2 | 1 |
| 51 | 30,022 | 14 | 1 | 23 | 16 | 64 | 16 | 4 | 15 | 21 | 0 | 1 | 0 |
| 52 | 36,842 | 26 | 3 | 44 | 8 | 68 | 21 | 3 | 25 | 28 | 0 | 1 | 1 |
| 53 | 24,116 | 10 | 0 | 38 | 7 | 75 | 15 | 3 | 22 | 29 | 0 | 1 | 1 |
| 54 | 32,408 | 18 | 1 | 36 | 10 | 69 | 18 | 3 | 19 | 23 | 0 | 1 | 0 |
| 55 | 33,221 | 17 | 1 | 32 | 12 | 63 | 20 | 5 | 17 | 23 | 0 | 1 | 0 |
| 56 | 26,153 | 9 | 1 | 18 | 16 | 57 | 14 | 13 | 23 | 36 | 0 | 2 | 0 |
| 57 | 22,661 | 5 | 0 | 18 | 8 | 74 | 11 | 6 | 31 | 44 | 0 | 1 | 0 |
| 58 | 29,641 | 11 | 2 | 23 | 23 | 56 | 3 | 18 | 21 | 33 | 0 | 1 | 0 |
| 59 | 24,699 | 8 | 1 | 20 | 20 | 67 | 4 | 9 | 30 | 39 | 0 | 2 | 0 |
| 60 | 23,314 | 9 | 0 | 25 | 19 | 62 | 5 | 15 | 28 | 37 | 0 | 2 | 0 |
| 61 | 28,137 | 11 | 2 | 24 | 21 | 63 | 4 | 12 | 23 | 28 | 0 | 1 | 0 |
| 62 | 33,849 | 19 | 2 | 26 | 20 | 70 | 4 | 6 | 14 | 18 | 0 | 1 | 0 |
| 63 | 39,282 | 26 | 3 | 35 | 14 | 79 | 3 | 4 | 17 | 18 | 0 | 1 | 1 |
| 64 | 33,673 | 20 | 2 | 42 | 10 | 83 | 3 | 4 | 21 | 25 | 0 | 1 | 1 |
| 65 | 29,906 | 16 | 3 | 59 | 8 | 86 | 3 | 3 | 13 | 22 | 1 | 1 | 2 |
| 66 | 17,063 | 4 | 0 | 28 | 14 | 78 | 4 | 4 | 18 | 25 | 1 | 2 | 1 |
| 67 | 20,814 | 6 | 0 | 28 | 17 | 76 | 4 | 3 | 17 | 20 | 0 | 1 | 2 |
| 68 | 25,637 | 11 | 1 | 25 | 17 | 76 | 3 | 4 | 20 | 24 | 0 | 1 | 1 |
| 69 | 42,705 | 25 | 6 | 42 | 18 | 73 | 4 | 5 | 18 | 21 | 0 | 1 | 1 |
| 70 | 33,392 | 17 | 2 | 22 | 23 | 65 | 4 | 7 | 15 | 20 | 0 | 1 | 0 |
| 71 | 29,600 | 13 | 3 | 20 | 29 | 56 | 4 | 11 | 23 | 32 | 0 | 1 | 1 |
| 72 | 24,321 | 6 | 1 | 20 | 28 | 53 | 4 | 15 | 24 | 35 | 0 | 1 | 0 |
| 73 | 23,162 | 8 | 1 | 21 | 18 | 58 | 6 | 19 | 21 | 32 | 0 | 2 | 0 |
| 74 | 23,734 | 9 | 1 | 19 | 20 | 61 | 7 | 11 | 29 | 42 | 0 | 1 | 0 |
| 75 | 30,191 | 14 | 3 | 28 | 24 | 61 | 6 | 10 | 25 | 30 | 0 | 2 | 0 |
| 76 | 34,201 | 13 | 2 | 25 | 22 | 68 | 3 | 7 | 23 | 30 | 0 | 1 | 0 |
| 77 | 32,322 | 21 | 1 | 29 | 13 | 81 | 3 | 3 | 28 | 34 | 0 | 1 | 0 |
| 78 | 23,138 | 7 | 1 | 23 | 17 | 77 | 4 | 2 | 27 | 38 | 0 | 1 | 1 |
| 79 | 33,045 | 16 | 3 | 25 | 23 | 67 | 2 | 8 | 16 | 18 | 0 | 1 | 0 |
| 80 | 32,824 | 19 | 2 | 30 | 24 | 71 | 2 | 4 | 22 | 26 | 0 | 1 | 0 |
| 81 | 26,871 | 10 | 2 | 19 | 28 | 53 | 5 | 13 | 21 | 26 | 0 | 1 | 0 |
| 82 | 25,043 | 8 | 1 | 14 | 36 | 52 | 4 | 9 | 22 | 34 | 0 | 1 | 0 |
| 83 | 27,644 | 9 | 1 | 15 | 34 | 58 | 3 | 4 | 19 | 26 | 0 | 1 | 0 |
| 84 | 27,271 | 12 | 1 | 19 | 29 | 62 | 3 | 7 | 17 | 20 | 0 | 1 | 0 |
| 85 | 20,417 | 7 | 0 | 18 | 14 | 59 | 9 | 18 | 14 | 19 | 0 | 1 | 0 |
| 86 | 27,050 | 12 | 1 | 22 | 10 | 62 | 7 | 21 | 23 | 29 | 0 | 1 | 0 |
| 87 | 28,987 | 13 | 2 | 21 | 10 | 54 | 5 | 32 | 26 | 33 | 0 | 1 | 0 |
| 88 | 29,063 | 13 | 1 | 22 | 9 | 57 | 6 | 28 | 27 | 35 | 0 | 1 | 0 |
| 89 | 29,733 | 15 | 2 | 24 | 8 | 46 | 6 | 41 | 27 | 32 | 0 | 0 | 0 |
| 90 | 34,349 | 21 | 2 | 33 | 8 | 79 | 4 | 9 | 22 | 24 | 0 | 1 | 1 |
| 91 | 24,687 | 11 | 1 | 20 | 7 | 76 | 4 | 13 | 23 | 31 | 0 | 1 | 0 |
| 92 | 24,162 | 8 | 1 | 20 | 8 | 55 | 9 | 28 | 17 | 25 | 0 | 1 | 0 |
| 93 | 30,252 | 11 | 3 | 22 | 10 | 50 | 3 | 36 | 27 | 33 | 0 | 1 | 0 |
| 94 | 25,109 | 8 | 1 | 20 | 13 | 73 | 5 | 9 | 33 | 42 | 0 | 1 | 0 |
| 95 | 28,799 | 12 | 2 | 20 | 9 | 56 | 7 | 28 | 27 | 33 | 0 | 1 | 0 |
| 96 | 22,887 | 6 | 1 | 17 | 8 | 62 | 7 | 23 | 29 | 35 | 0 | 1 | 1 |
| 97 | 24,306 | 8 | 1 | 20 | 10 | 59 | 6 | 25 | 27 | 35 | 0 | 1 | 0 |
| 98 | 21,271 | 7 | 1 | 18 | 19 | 64 | 11 | 6 | 15 | 21 | 0 | 1 | 0 |
| 99 | 25,024 | 10 | 2 | 17 | 7 | 39 | 4 | 51 | 26 | 33 | 0 | 1 | 0 |
| 100 | 27,978 | 10 | 1 | 23 | 12 | 68 | 4 | 16 | 21 | 29 | 0 | 2 | 0 |

# NEBRASKA
## State Legislative Districts

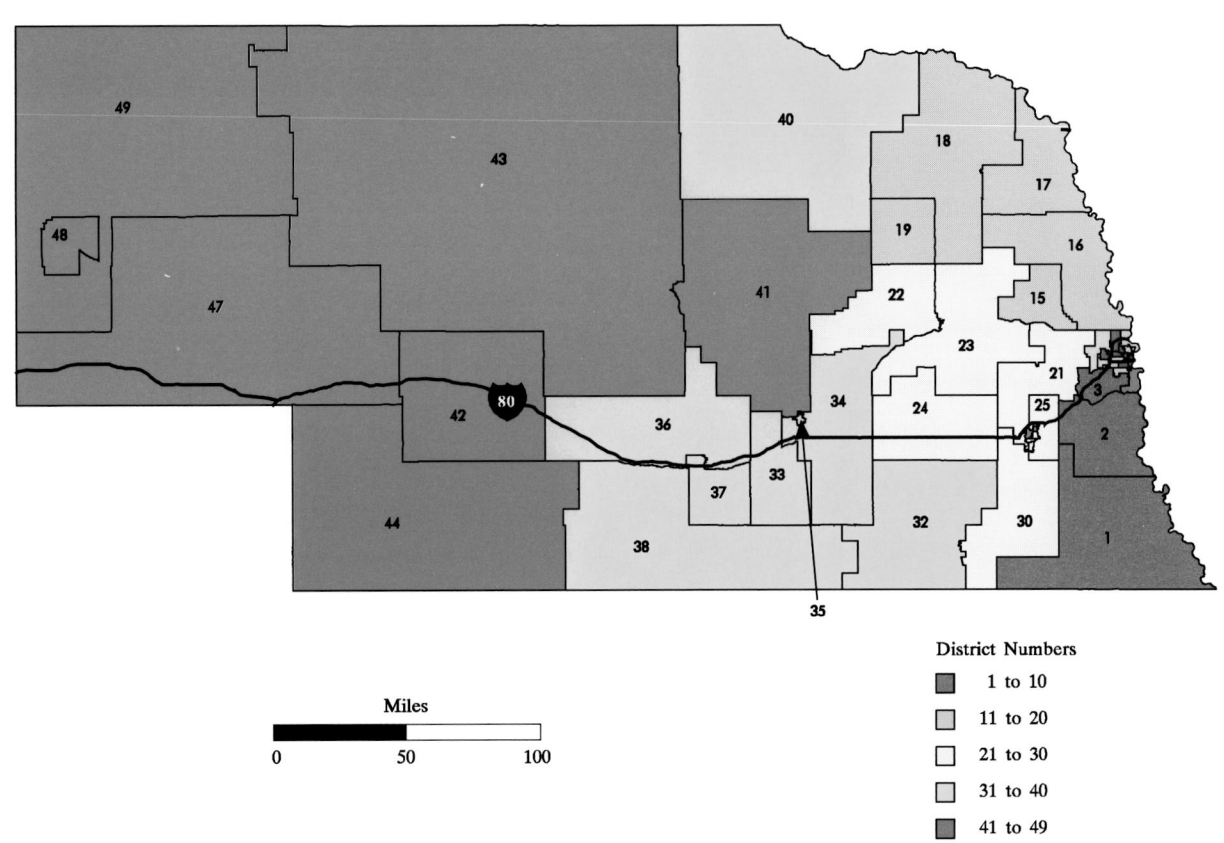

Miles

0    50    100

**District Numbers**

- 1 to 10
- 11 to 20
- 21 to 30
- 31 to 40
- 41 to 49

## LINCOLN

## OMAHA

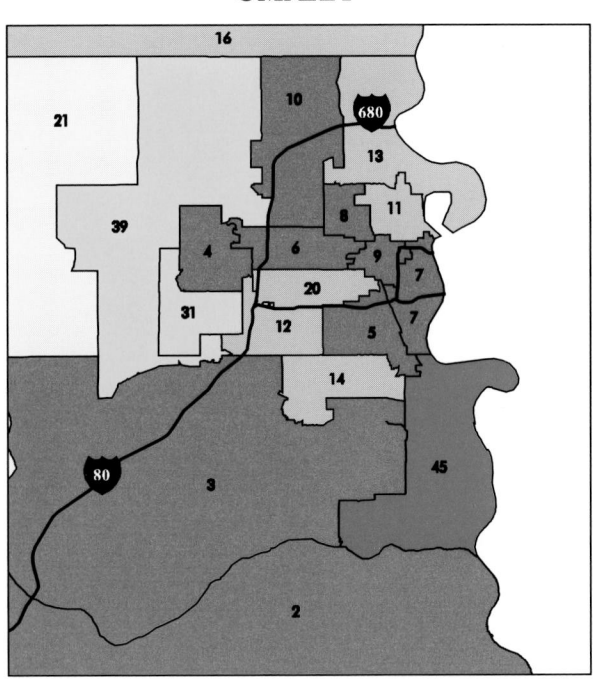

# Nebraska State Legislative Districts: Demographic Data

| Legislative District* | Household Income Avg. ($) | Household Income > $50K (%) | Household Income >$100K (%) | College Educ. (%) | Manf. (%) | Employment Type Service (%) | Employment Type Govt. (%) | Farm (%) | Age 55+ (%) | Receives Soc. Sec. (%) | African Amer. (%) | Hispanic Amer. (%) | Asian Amer. (%) |
|---|---|---|---|---|---|---|---|---|---|---|---|---|---|
| Nebraska | 32,173 | 16 | 2 | 26 | 19 | 69 | 4 | 9 | 23 | 28 | 4 | 2 | 1 |
| 1 | 25,547 | 10 | 1 | 18 | 21 | 57 | 4 | 18 | 32 | 40 | 0 | 1 | 0 |
| 2 | 30,135 | 13 | 1 | 20 | 24 | 63 | 4 | 10 | 26 | 31 | 0 | 1 | 0 |
| 3 | 41,577 | 29 | 2 | 38 | 15 | 76 | 6 | 3 | 7 | 9 | 5 | 3 | 2 |
| 4 | 61,998 | 50 | 12 | 53 | 13 | 83 | 2 | 1 | 15 | 16 | 1 | 1 | 1 |
| 5 | 28,078 | 11 | 0 | 14 | 24 | 71 | 4 | 1 | 25 | 31 | 6 | 6 | 1 |
| 6 | 51,421 | 31 | 10 | 45 | 13 | 85 | 2 | 1 | 27 | 27 | 2 | 1 | 1 |
| 7 | 22,783 | 7 | 1 | 14 | 23 | 72 | 4 | 1 | 24 | 32 | 4 | 12 | 1 |
| 8 | 29,889 | 13 | 1 | 26 | 18 | 77 | 4 | 1 | 21 | 27 | 14 | 2 | 1 |
| 9 | 23,941 | 11 | 1 | 34 | 15 | 81 | 3 | 1 | 20 | 23 | 8 | 3 | 2 |
| 10 | 40,658 | 26 | 3 | 33 | 16 | 81 | 2 | 1 | 21 | 23 | 4 | 1 | 1 |
| 11 | 18,145 | 5 | 0 | 10 | 20 | 75 | 4 | 1 | 19 | 31 | 73 | 2 | 0 |
| 12 | 44,417 | 32 | 5 | 39 | 16 | 80 | 2 | 1 | 13 | 12 | 1 | 2 | 1 |
| 13 | 32,012 | 15 | 2 | 18 | 21 | 74 | 3 | 1 | 21 | 29 | 28 | 2 | 0 |
| 14 | 40,488 | 27 | 2 | 30 | 18 | 76 | 5 | 1 | 12 | 13 | 2 | 3 | 1 |
| 15 | 28,777 | 11 | 1 | 19 | 26 | 67 | 2 | 6 | 27 | 32 | 0 | 1 | 0 |
| 16 | 30,735 | 15 | 2 | 20 | 19 | 62 | 3 | 15 | 27 | 33 | 0 | 1 | 0 |
| 17 | 27,021 | 11 | 1 | 19 | 27 | 61 | 4 | 9 | 21 | 29 | 0 | 3 | 1 |
| 18 | 25,755 | 9 | 1 | 18 | 21 | 53 | 3 | 23 | 28 | 35 | 0 | 0 | 0 |
| 19 | 28,617 | 12 | 1 | 23 | 27 | 62 | 3 | 7 | 23 | 27 | 1 | 2 | 0 |
| 20 | 43,619 | 27 | 6 | 38 | 15 | 81 | 3 | 1 | 28 | 30 | 1 | 2 | 1 |
| 21 | 36,213 | 20 | 3 | 24 | 25 | 63 | 4 | 8 | 19 | 24 | 1 | 1 | 0 |
| 22 | 29,537 | 13 | 2 | 20 | 31 | 55 | 2 | 12 | 25 | 31 | 0 | 1 | 0 |
| 23 | 29,473 | 10 | 1 | 17 | 24 | 52 | 3 | 21 | 28 | 35 | 0 | 1 | 0 |
| 24 | 30,108 | 12 | 1 | 24 | 18 | 65 | 4 | 13 | 26 | 33 | 0 | 1 | 0 |
| 25 | 52,837 | 43 | 7 | 47 | 17 | 73 | 7 | 2 | 19 | 21 | 1 | 1 | 1 |
| 26 | 30,808 | 14 | 1 | 29 | 21 | 72 | 6 | 1 | 22 | 24 | 1 | 2 | 1 |
| 27 | 31,959 | 15 | 2 | 31 | 22 | 69 | 8 | 1 | 16 | 20 | 3 | 3 | 2 |
| 28 | 27,400 | 11 | 1 | 39 | 16 | 76 | 6 | 1 | 21 | 24 | 3 | 2 | 2 |
| 29 | 40,007 | 25 | 3 | 45 | 14 | 77 | 7 | 1 | 20 | 25 | 1 | 1 | 1 |
| 30 | 31,452 | 14 | 2 | 23 | 23 | 61 | 5 | 11 | 25 | 30 | 1 | 1 | 0 |
| 31 | 48,410 | 40 | 4 | 38 | 17 | 80 | 2 | 1 | 10 | 13 | 1 | 1 | 1 |
| 32 | 27,045 | 10 | 1 | 19 | 21 | 56 | 4 | 18 | 33 | 40 | 0 | 1 | 0 |
| 33 | 31,587 | 13 | 2 | 23 | 22 | 66 | 3 | 9 | 25 | 31 | 1 | 1 | 0 |
| 34 | 28,451 | 11 | 2 | 20 | 20 | 60 | 3 | 16 | 25 | 30 | 0 | 2 | 0 |
| 35 | 28,334 | 12 | 1 | 22 | 24 | 70 | 4 | 2 | 24 | 31 | 0 | 4 | 1 |
| 36 | 28,397 | 11 | 2 | 21 | 25 | 57 | 2 | 16 | 25 | 31 | 0 | 3 | 0 |
| 37 | 29,634 | 14 | 2 | 32 | 20 | 71 | 3 | 7 | 19 | 25 | 1 | 2 | 0 |
| 38 | 26,096 | 10 | 1 | 20 | 16 | 57 | 4 | 23 | 34 | 39 | 0 | 1 | 0 |
| 39 | 44,754 | 34 | 4 | 37 | 17 | 79 | 3 | 2 | 9 | 11 | 2 | 1 | 1 |
| 40 | 25,021 | 8 | 2 | 17 | 9 | 56 | 3 | 32 | 30 | 38 | 0 | 0 | 0 |
| 41 | 26,072 | 10 | 1 | 18 | 14 | 58 | 4 | 25 | 29 | 36 | 0 | 0 | 0 |
| 42 | 30,591 | 16 | 1 | 22 | 9 | 76 | 6 | 9 | 25 | 31 | 0 | 5 | 0 |
| 43 | 25,643 | 9 | 2 | 18 | 11 | 52 | 4 | 32 | 31 | 37 | 0 | 1 | 0 |
| 44 | 26,268 | 10 | 1 | 22 | 12 | 59 | 4 | 26 | 30 | 35 | 0 | 1 | 0 |
| 45 | 37,888 | 23 | 2 | 34 | 12 | 77 | 9 | 1 | 13 | 14 | 7 | 4 | 3 |
| 46 | 23,260 | 7 | 1 | 29 | 20 | 72 | 4 | 3 | 12 | 21 | 5 | 3 | 3 |
| 47 | 26,562 | 11 | 1 | 21 | 15 | 60 | 4 | 21 | 29 | 35 | 0 | 4 | 0 |
| 48 | 27,184 | 11 | 2 | 22 | 15 | 72 | 5 | 7 | 26 | 32 | 0 | 15 | 0 |
| 49 | 27,937 | 13 | 2 | 21 | 9 | 68 | 4 | 20 | 24 | 33 | 0 | 4 | 1 |

\* The Nebraska Legislature is unicameral. There is one house called the Senate.

# NEVADA
## State Senate Districts

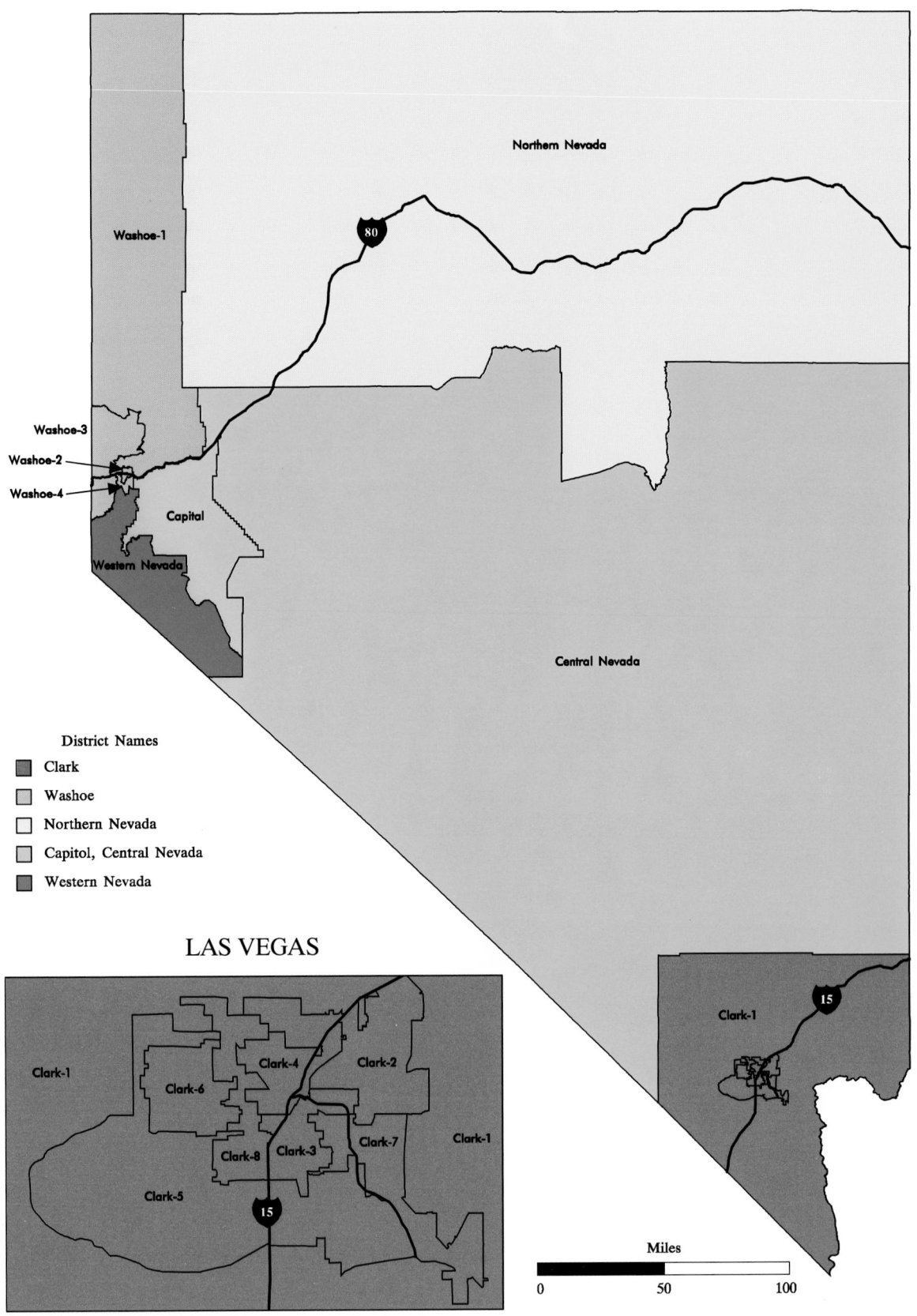

Northern Nevada

Washoe-1

80

Washoe-3

Washoe-2

Washoe-4

Capital

Western Nevada

Central Nevada

**District Names**

- Clark
- Washoe
- Northern Nevada
- Capitol, Central Nevada
- Western Nevada

## LAS VEGAS

Clark-1

Clark-4

Clark-2

Clark-6

Clark-8

Clark-3

Clark-7

Clark-1

Clark-5

15

Clark-1

15

Miles

0          50          100

## Nevada State Senate Districts: Demographic Data

| Senate District* | Household Income Avg. ($) | > $50K (%) | >$100K (%) | College Educ. (%) | Manf. (%) | Employment Type Service (%) | Govt. (%) | Farm (%) | Age 55+ (%) | Receives Soc. Sec. (%) | African Amer. (%) | Hispanic Amer. (%) | Asian Amer. (%) |
|---|---|---|---|---|---|---|---|---|---|---|---|---|---|
| Nevada | 38,711 | 24 | 4 | 22 | 17 | 73 | 6 | 5 | 20 | 22 | 7 | 10 | 3 |
| 1 | 42,810 | 30 | 4 | 21 | 18 | 71 | 8 | 3 | 20 | 24 | 4 | 7 | 1 |
| 2 | 33,079 | 17 | 2 | 14 | 20 | 73 | 5 | 2 | 12 | 16 | 12 | 15 | 4 |
| 3 | 30,557 | 12 | 3 | 17 | 15 | 80 | 3 | 2 | 26 | 26 | 8 | 19 | 5 |
| 4 | 31,184 | 15 | 3 | 12 | 16 | 77 | 5 | 2 | 17 | 22 | 50 | 12 | 2 |
| 5 | 53,176 | 38 | 8 | 30 | 15 | 78 | 5 | 1 | 18 | 18 | 3 | 7 | 4 |
| 6 | 44,728 | 32 | 5 | 23 | 18 | 75 | 6 | 1 | 16 | 16 | 5 | 7 | 3 |
| 7 | 36,278 | 21 | 2 | 17 | 19 | 75 | 5 | 2 | 26 | 28 | 4 | 10 | 3 |
| 8 | 38,951 | 25 | 3 | 21 | 18 | 76 | 5 | 1 | 20 | 21 | 6 | 9 | 4 |
| 11 | 33,938 | 19 | 2 | 23 | 17 | 76 | 4 | 3 | 18 | 21 | 4 | 11 | 5 |
| 12 | 36,451 | 22 | 2 | 21 | 17 | 77 | 5 | 2 | 17 | 20 | 3 | 11 | 4 |
| 13 | 50,860 | 37 | 8 | 35 | 15 | 77 | 5 | 2 | 18 | 20 | 1 | 5 | 3 |
| 14 | 33,982 | 18 | 3 | 27 | 14 | 80 | 4 | 2 | 22 | 22 | 2 | 11 | 4 |
| 21 | 38,301 | 24 | 3 | 19 | 11 | 49 | 5 | 35 | 13 | 16 | 1 | 14 | 1 |
| 22 | 32,824 | 18 | 2 | 16 | 18 | 51 | 11 | 20 | 23 | 26 | 2 | 7 | 1 |
| 23 | 33,466 | 19 | 2 | 20 | 27 | 58 | 10 | 4 | 25 | 30 | 1 | 8 | 1 |
| 24 | 50,620 | 35 | 8 | 32 | 21 | 68 | 7 | 4 | 21 | 22 | 1 | 5 | 1 |

* Senate districts are referred to by name (county) and number. Senate districts are numbered from 1 to 24 (omitting numbers 9,10, and 15 through 20).

KEY:

| | |
|---|---|
| 1 = Clark-1; | 11 = Washoe-1; |
| 2 = Clark-2; | 12 = Washoe-2; |
| 3 = Clark-3; | 12 = Washoe-2; |
| 4 = Clark-4; | 13 = Washoe-3; |
| 5 = Clark-5; | 14 = Washoe-4; |
| 6 = Clark-6; | 21 = Northern Nevada; |
| 7 = Clark-7; | 22 = Central Nevada; |
| 8 = Clark-8; | 23 = Capital; |
| | 24 = Western Nevada. |

# NEVADA
## State Assembly Districts

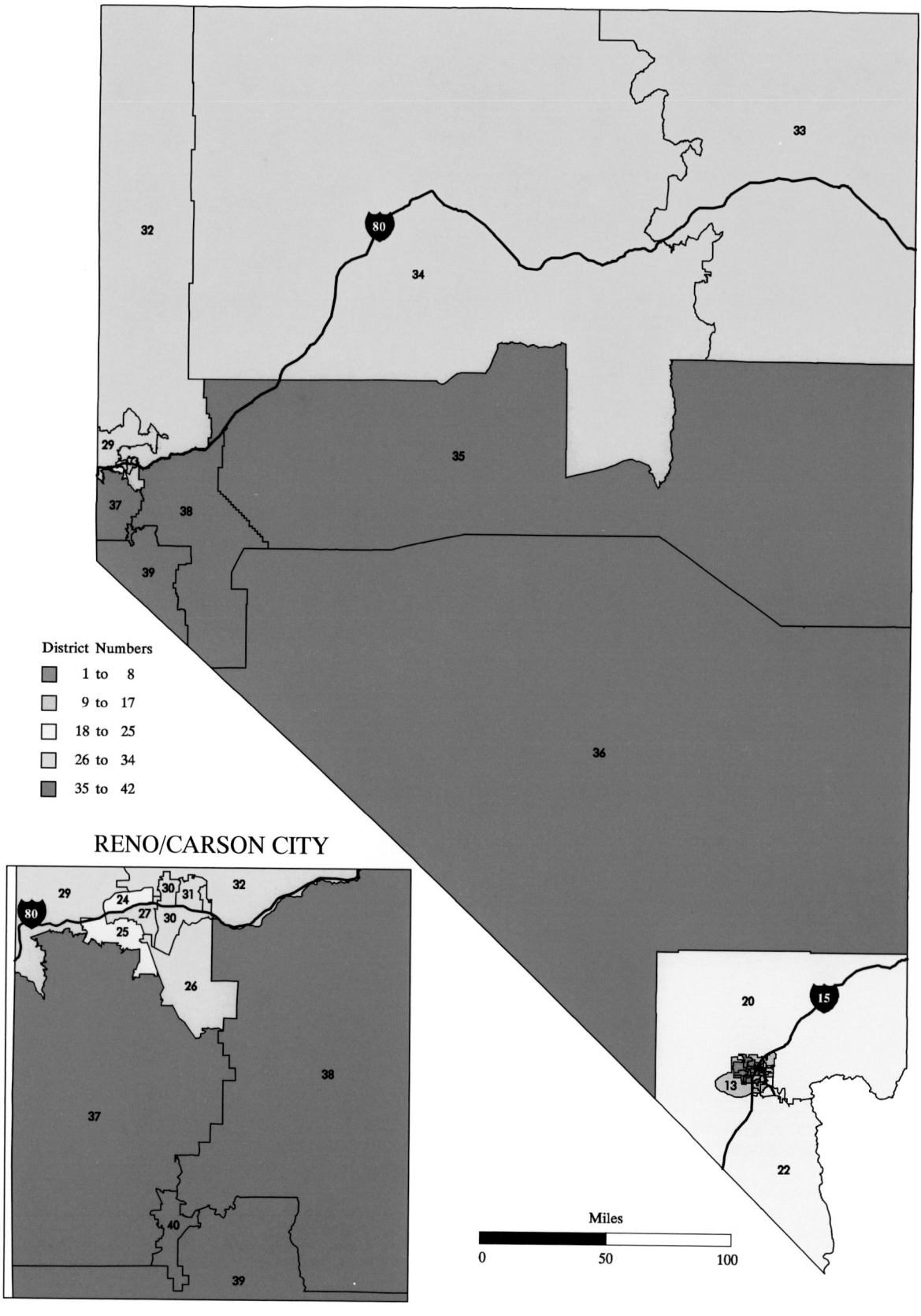

District Numbers
- 1 to 8
- 9 to 17
- 18 to 25
- 26 to 34
- 35 to 42

RENO/CARSON CITY

Miles

0      50      100

# LAS VEGAS
## State Assembly Districts

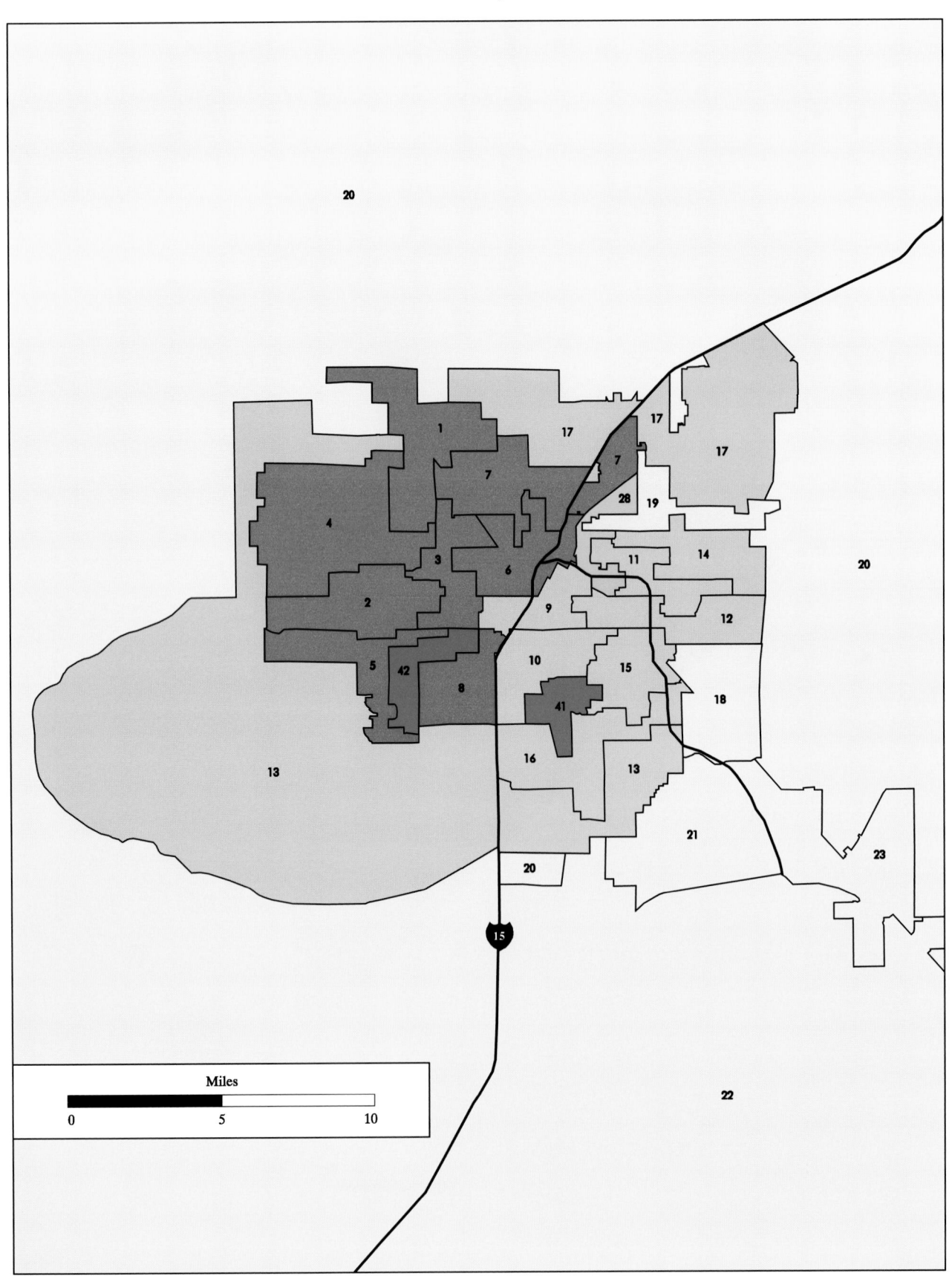

# Nevada State Assembly Districts:  Demographic Data

| Assembly District | Household Income Avg. ($) | > $50K (%) | >$100K (%) | College Educ. (%) | Manf. (%) | Service (%) | Govt. (%) | Farm (%) | Age 55+ (%) | Receives Soc. Sec. (%) | African Amer. (%) | Hispanic Amer. (%) | Asian Amer. (%) |
|---|---|---|---|---|---|---|---|---|---|---|---|---|---|
| Nevada | 38,711 | 24 | 4 | 22 | 17 | 73 | 6 | 5 | 20 | 22 | 7 | 10 | 3 |
| 1 | 42,639 | 31 | 3 | 21 | 20 | 72 | 6 | 1 | 13 | 13 | 6 | 7 | 2 |
| 2 | 47,284 | 34 | 6 | 23 | 17 | 76 | 6 | 1 | 17 | 18 | 4 | 7 | 3 |
| 3 | 37,690 | 25 | 2 | 21 | 17 | 76 | 6 | 2 | 24 | 25 | 6 | 8 | 3 |
| 4 | 42,294 | 30 | 3 | 23 | 19 | 74 | 6 | 1 | 15 | 15 | 5 | 7 | 3 |
| 5 | 57,912 | 41 | 9 | 31 | 15 | 78 | 5 | 2 | 16 | 17 | 3 | 6 | 5 |
| 6 | 33,268 | 16 | 4 | 15 | 14 | 79 | 4 | 3 | 20 | 25 | 45 | 10 | 2 |
| 7 | 28,839 | 15 | 1 | 9 | 17 | 75 | 5 | 2 | 14 | 20 | 54 | 13 | 2 |
| 8 | 32,880 | 16 | 2 | 19 | 17 | 78 | 4 | 1 | 23 | 22 | 6 | 10 | 5 |
| 9 | 32,945 | 14 | 5 | 17 | 14 | 80 | 4 | 2 | 30 | 30 | 7 | 20 | 5 |
| 10 | 30,895 | 11 | 2 | 17 | 11 | 84 | 3 | 1 | 31 | 29 | 7 | 14 | 5 |
| 11 | 32,644 | 16 | 1 | 15 | 19 | 75 | 4 | 2 | 15 | 21 | 10 | 18 | 5 |
| 12 | 35,379 | 17 | 1 | 17 | 18 | 75 | 6 | 2 | 25 | 30 | 5 | 12 | 6 |
| 13 | 57,966 | 41 | 10 | 30 | 17 | 77 | 5 | 2 | 18 | 19 | 3 | 6 | 4 |
| 14 | 38,794 | 25 | 3 | 17 | 18 | 73 | 7 | 2 | 14 | 17 | 9 | 13 | 6 |
| 15 | 45,080 | 29 | 7 | 25 | 12 | 83 | 4 | 1 | 31 | 30 | 4 | 8 | 3 |
| 16 | 40,478 | 27 | 5 | 25 | 12 | 80 | 6 | 1 | 21 | 21 | 4 | 9 | 4 |
| 17 | 30,310 | 13 | 1 | 13 | 19 | 73 | 6 | 1 | 8 | 12 | 16 | 10 | 4 |
| 18 | 31,910 | 17 | 1 | 13 | 18 | 76 | 4 | 2 | 27 | 29 | 4 | 10 | 2 |
| 19 | 30,242 | 14 | 1 | 13 | 20 | 74 | 5 | 1 | 14 | 18 | 12 | 14 | 3 |
| 20 | 46,438 | 34 | 5 | 20 | 18 | 70 | 7 | 5 | 17 | 20 | 5 | 8 | 2 |
| 21 | 56,495 | 44 | 10 | 33 | 16 | 78 | 6 | 1 | 13 | 14 | 2 | 6 | 3 |
| 22 | 42,231 | 30 | 4 | 23 | 18 | 72 | 9 | 2 | 25 | 29 | 2 | 5 | 1 |
| 23 | 35,163 | 22 | 1 | 14 | 26 | 67 | 5 | 2 | 19 | 26 | 3 | 11 | 1 |
| 24 | 35,022 | 20 | 3 | 29 | 15 | 80 | 3 | 3 | 17 | 20 | 5 | 14 | 8 |
| 25 | 54,758 | 38 | 11 | 43 | 11 | 81 | 5 | 3 | 29 | 27 | 1 | 5 | 3 |
| 26 | 36,176 | 23 | 3 | 30 | 14 | 80 | 5 | 2 | 17 | 17 | 2 | 8 | 4 |
| 27 | 25,473 | 10 | 1 | 19 | 16 | 78 | 4 | 1 | 26 | 28 | 3 | 15 | 5 |
| 28 | 22,949 | 7 | 0 | 9 | 24 | 69 | 2 | 4 | 14 | 21 | 15 | 36 | 4 |
| 29 | 42,613 | 31 | 3 | 26 | 17 | 75 | 5 | 2 | 11 | 13 | 2 | 6 | 3 |
| 30 | 31,803 | 16 | 2 | 19 | 18 | 77 | 4 | 2 | 17 | 21 | 3 | 14 | 4 |
| 31 | 42,254 | 31 | 3 | 24 | 16 | 77 | 6 | 2 | 17 | 19 | 2 | 7 | 5 |
| 32 | 34,856 | 20 | 1 | 19 | 20 | 71 | 5 | 4 | 16 | 18 | 2 | 8 | 3 |
| 33 | 39,144 | 25 | 3 | 22 | 9 | 55 | 5 | 31 | 12 | 16 | 1 | 14 | 1 |
| 34 | 37,573 | 23 | 2 | 17 | 12 | 43 | 6 | 40 | 14 | 17 | 1 | 14 | 1 |
| 35 | 33,016 | 19 | 2 | 18 | 15 | 56 | 11 | 18 | 21 | 25 | 1 | 7 | 2 |
| 36 | 32,641 | 17 | 2 | 15 | 21 | 47 | 10 | 22 | 24 | 27 | 2 | 7 | 1 |
| 37 | 62,511 | 46 | 14 | 40 | 16 | 76 | 6 | 3 | 22 | 20 | 0 | 4 | 2 |
| 38 | 32,026 | 18 | 2 | 17 | 27 | 57 | 8 | 8 | 25 | 31 | 0 | 7 | 1 |
| 39 | 45,927 | 29 | 6 | 27 | 24 | 64 | 8 | 4 | 21 | 24 | 1 | 6 | 1 |
| 40 | 34,742 | 21 | 2 | 24 | 27 | 60 | 11 | 2 | 25 | 29 | 2 | 8 | 2 |
| 41 | 27,575 | 10 | 2 | 22 | 12 | 83 | 2 | 2 | 24 | 22 | 6 | 15 | 4 |
| 42 | 45,718 | 32 | 5 | 22 | 18 | 77 | 4 | 1 | 17 | 22 | 5 | 10 | 5 |

# NEW HAMPSHIRE
## State Senate Districts

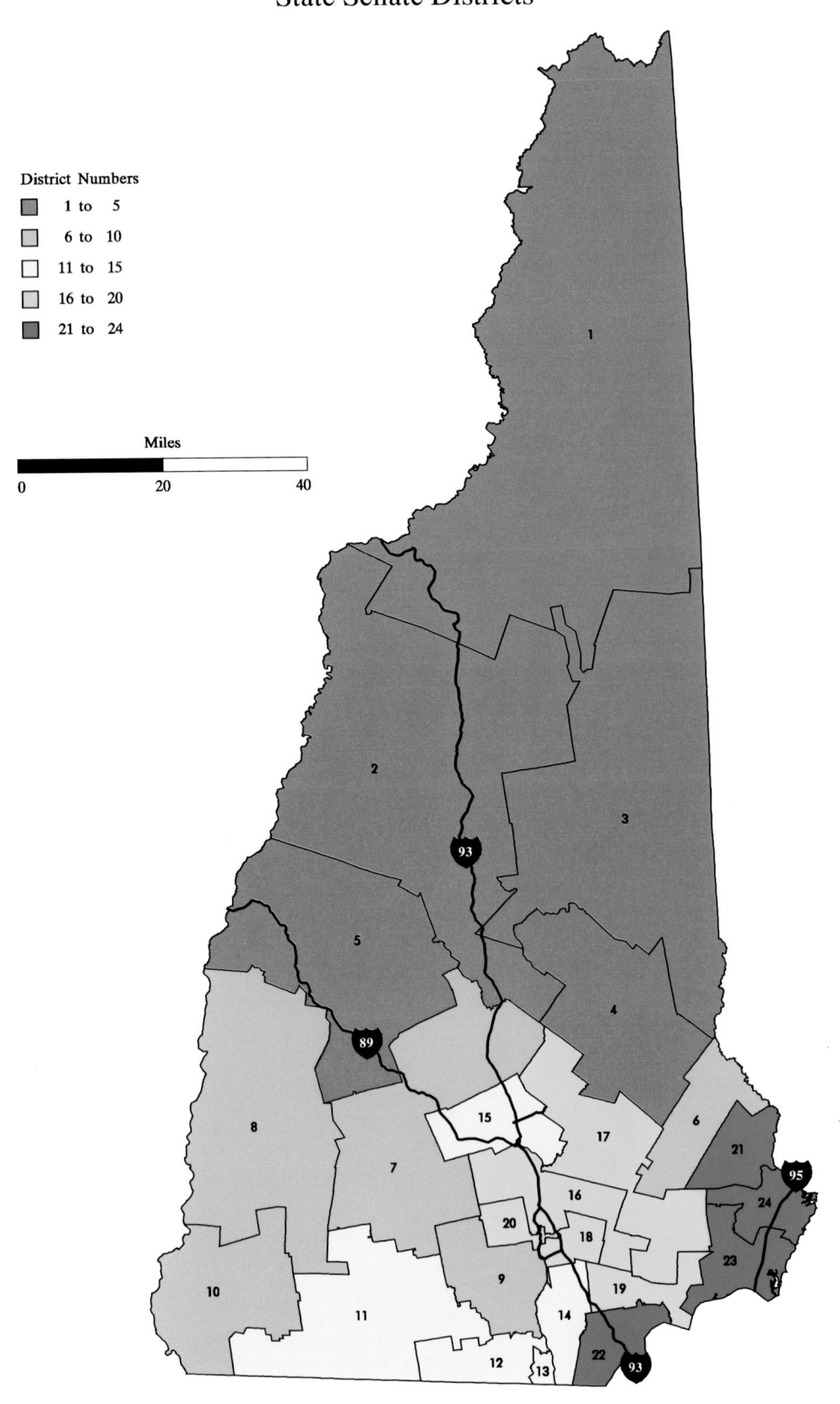

District Numbers

1 to 5
6 to 10
11 to 15
16 to 20
21 to 24

Miles

0    20    40

## New Hampshire State Senate Districts: Demographic Data

| Senate District | Household Income Avg. ($) | Household Income > $50K (%) | Household Income >$100K (%) | College Educ. (%) | Manf. (%) | Employment Type Service (%) | Employment Type Govt. (%) | Employment Type Farm (%) | Age 55+ (%) | Receives Soc. Sec. (%) | African Amer. (%) | Hispanic Amer. (%) | Asian Amer. (%) |
|---|---|---|---|---|---|---|---|---|---|---|---|---|---|
| N. Hamp. | 42,602 | 31 | 4 | 33 | 31 | 64 | 4 | 2 | 19 | 23 | 1 | 1 | 1 |
| 1 | 30,402 | 15 | 2 | 19 | 35 | 60 | 3 | 2 | 26 | 31 | 0 | 0 | 0 |
| 2 | 33,950 | 18 | 3 | 28 | 28 | 64 | 5 | 4 | 21 | 27 | 0 | 0 | 0 |
| 3 | 34,707 | 20 | 3 | 31 | 27 | 66 | 4 | 3 | 25 | 29 | 0 | 0 | 0 |
| 4 | 37,455 | 23 | 3 | 26 | 32 | 61 | 5 | 2 | 22 | 27 | 0 | 1 | 0 |
| 5 | 43,183 | 30 | 5 | 41 | 21 | 74 | 3 | 2 | 21 | 25 | 1 | 1 | 2 |
| 6 | 35,763 | 21 | 1 | 23 | 37 | 58 | 4 | 1 | 19 | 24 | 0 | 1 | 1 |
| 7 | 39,369 | 26 | 3 | 30 | 34 | 59 | 5 | 2 | 18 | 24 | 0 | 1 | 0 |
| 8 | 33,081 | 17 | 2 | 24 | 35 | 59 | 3 | 3 | 24 | 29 | 0 | 0 | 0 |
| 9 | 66,367 | 59 | 14 | 48 | 33 | 63 | 3 | 1 | 13 | 14 | 1 | 1 | 1 |
| 10 | 35,873 | 23 | 3 | 29 | 30 | 66 | 2 | 1 | 22 | 27 | 0 | 0 | 0 |
| 11 | 43,941 | 33 | 5 | 36 | 38 | 57 | 3 | 2 | 19 | 24 | 1 | 1 | 1 |
| 12 | 52,665 | 44 | 8 | 42 | 37 | 59 | 3 | 1 | 17 | 19 | 1 | 2 | 2 |
| 13 | 42,679 | 32 | 4 | 32 | 38 | 57 | 4 | 1 | 19 | 23 | 2 | 3 | 2 |
| 14 | 54,672 | 51 | 6 | 39 | 38 | 59 | 2 | 1 | 11 | 13 | 1 | 1 | 1 |
| 15 | 42,104 | 28 | 5 | 37 | 21 | 70 | 8 | 1 | 21 | 25 | 1 | 1 | 1 |
| 16 | 48,688 | 37 | 6 | 40 | 23 | 72 | 4 | 1 | 19 | 21 | 1 | 1 | 1 |
| 17 | 41,622 | 31 | 3 | 25 | 33 | 60 | 4 | 2 | 15 | 19 | 0 | 1 | 0 |
| 18 | 38,386 | 26 | 2 | 24 | 28 | 69 | 3 | 1 | 20 | 25 | 1 | 2 | 1 |
| 19 | 48,327 | 41 | 5 | 34 | 32 | 63 | 3 | 1 | 13 | 16 | 1 | 1 | 1 |
| 20 | 33,602 | 22 | 2 | 23 | 26 | 71 | 3 | 1 | 22 | 28 | 1 | 2 | 1 |
| 21 | 41,539 | 29 | 5 | 40 | 23 | 71 | 3 | 2 | 17 | 23 | 1 | 1 | 1 |
| 22 | 56,616 | 49 | 10 | 34 | 33 | 62 | 4 | 1 | 16 | 19 | 1 | 1 | 1 |
| 23 | 45,635 | 33 | 6 | 34 | 26 | 69 | 4 | 2 | 23 | 26 | 0 | 1 | 0 |
| 24 | 44,464 | 30 | 5 | 39 | 23 | 71 | 5 | 1 | 19 | 23 | 3 | 1 | 2 |

# NEW HAMPSHIRE
## State House Districts

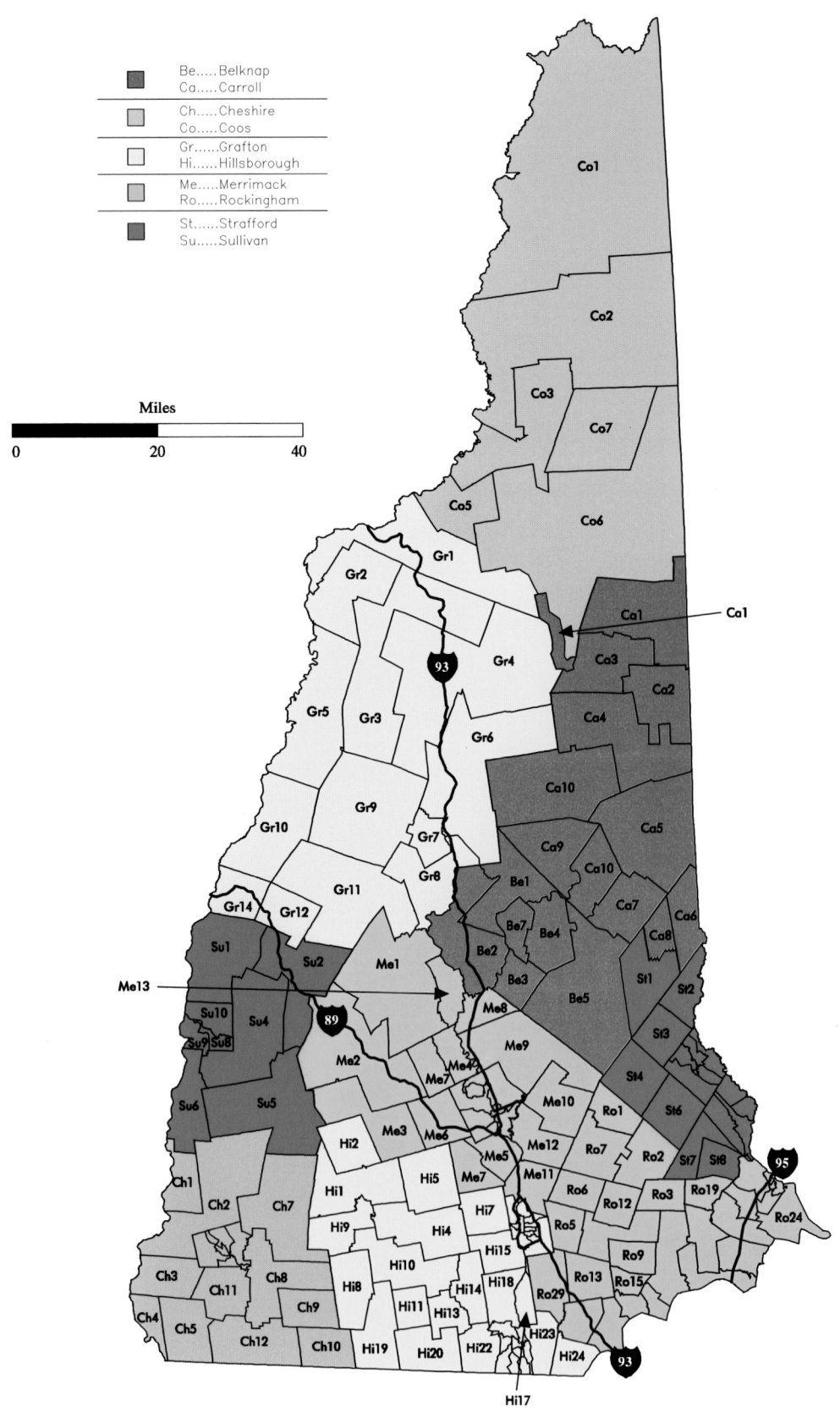

Be.....Belknap
Ca.....Carroll
Ch.....Cheshire
Co.....Coos
Gr.....Grafton
Hi......Hillsborough
Me.....Merrimack
Ro.....Rockingham
St......Strafford
Su.....Sullivan

Miles

0          20          40

# CONCORD
## State House Districts

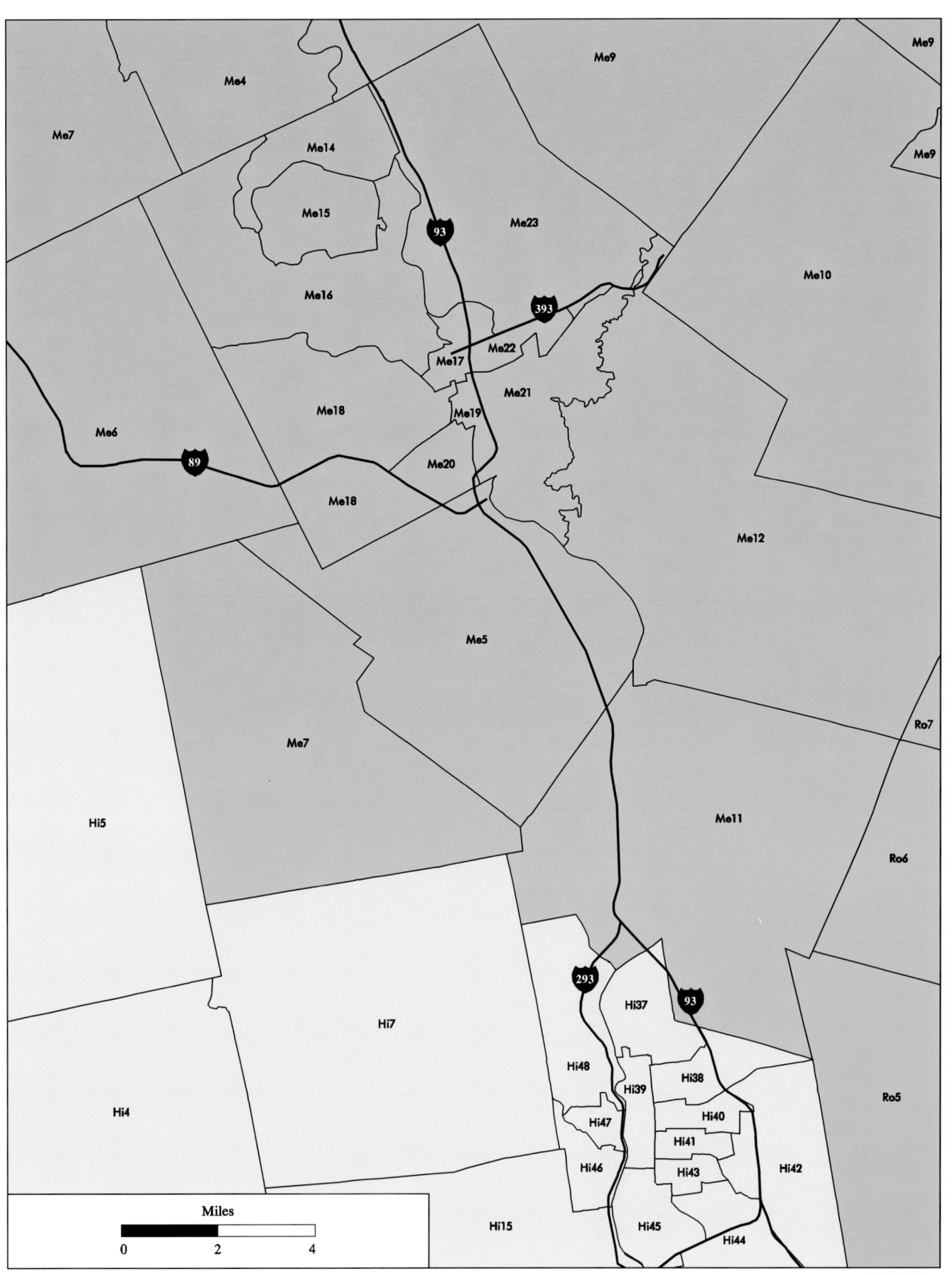

# NASHUA
## State House Districts

# KEENE
## State House Districts

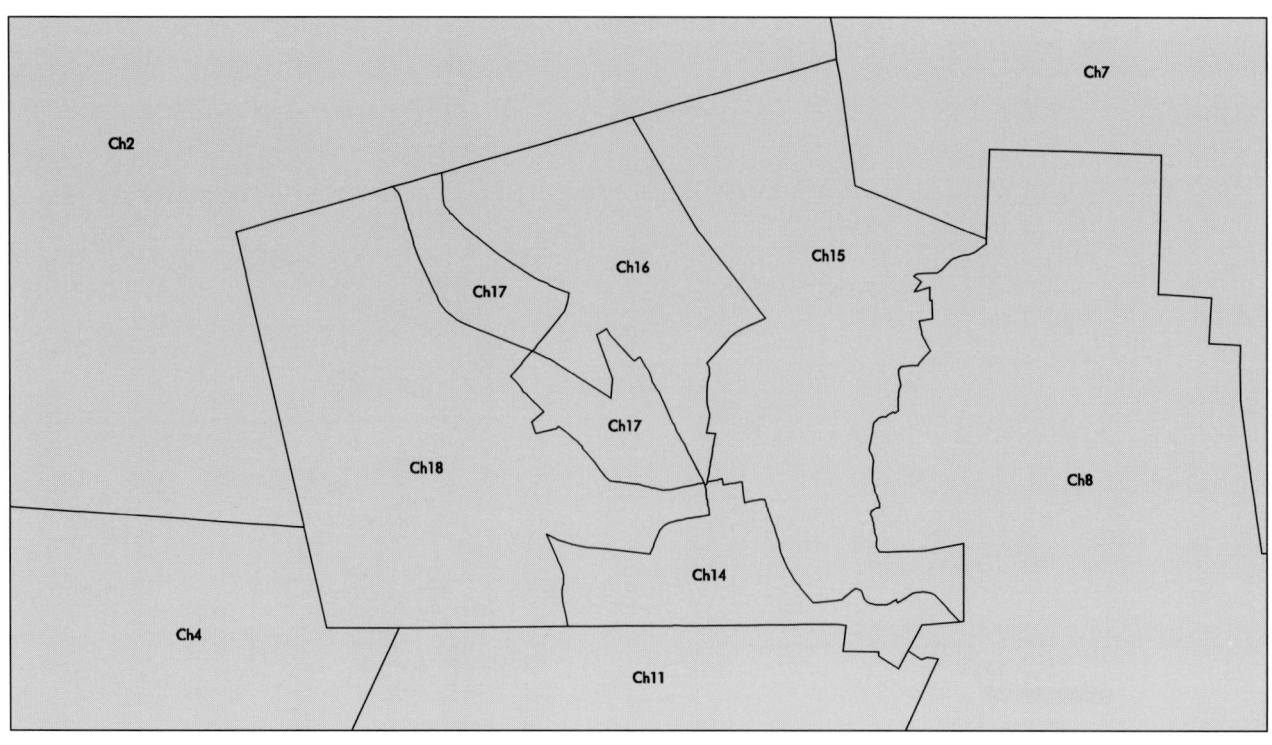

# PORTSMOUTH
## State House Districts

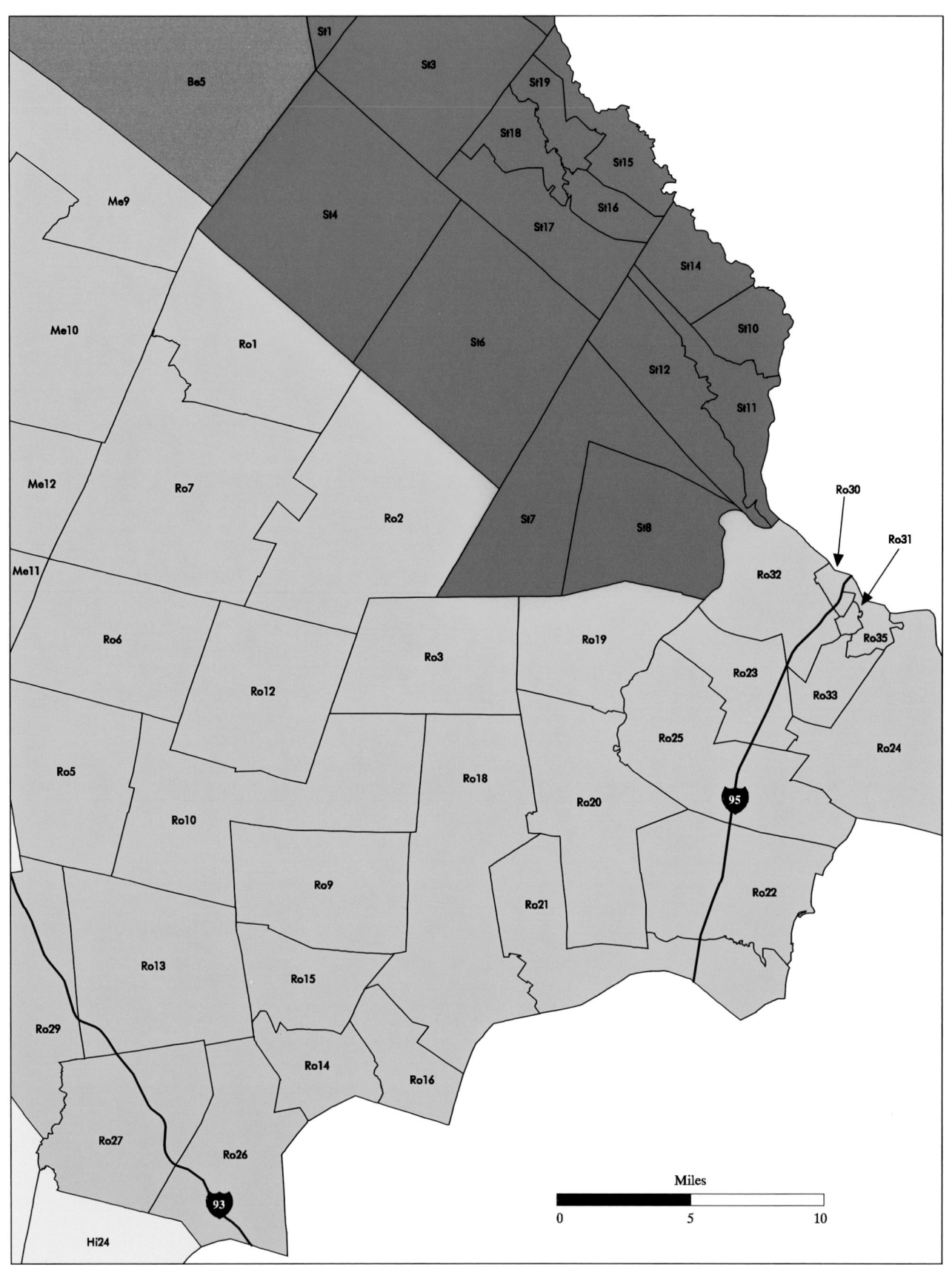

## New Hampshire State House Districts: Demographic Data

| House District* | Household Income Avg. ($) | > $50K (%) | >$100K (%) | College Educ. (%) | Manf. (%) | Employment Type Service (%) | Govt. (%) | Farm (%) | Age 55+ (%) | Receives Soc. Sec. (%) | African Amer. (%) | Hispanic Amer. (%) | Asian Amer. (%) |
|---|---|---|---|---|---|---|---|---|---|---|---|---|---|
| N. Hamp. | 42,602 | 31 | 4 | 33 | 31 | 64 | 4 | 2 | 19 | 23 | 1 | 1 | 1 |
| Be01 | 35,095 | 20 | 3 | 35 | 31 | 61 | 4 | 4 | 25 | 27 | 0 | 0 | 0 |
| Be02 | 35,524 | 19 | 3 | 25 | 34 | 58 | 6 | 2 | 23 | 27 | 0 | 0 | 0 |
| Be03 | 36,097 | 21 | 1 | 23 | 32 | 60 | 5 | 3 | 17 | 20 | 0 | 0 | 0 |
| Be04 | 42,104 | 31 | 4 | 40 | 26 | 67 | 6 | 2 | 25 | 28 | 0 | 0 | 0 |
| Be05 | 38,146 | 23 | 3 | 31 | 31 | 60 | 6 | 3 | 21 | 25 | 0 | 0 | 0 |
| Be06 | 38,735 | 24 | 3 | 31 | 30 | 61 | 6 | 3 | 21 | 25 | 0 | 0 | 0 |
| Be07 | 37,118 | 24 | 4 | 24 | 30 | 65 | 4 | 1 | 24 | 29 | 0 | 1 | 1 |
| Ca01 | 38,898 | 23 | 5 | 35 | 19 | 72 | 3 | 6 | 25 | 30 | 0 | 0 | 0 |
| Ca02 | 33,977 | 18 | 3 | 32 | 19 | 77 | 2 | 2 | 23 | 27 | 0 | 0 | 1 |
| Ca03 | 34,734 | 19 | 3 | 33 | 18 | 77 | 3 | 2 | 23 | 26 | 0 | 0 | 1 |
| Ca04 | 34,907 | 20 | 2 | 33 | 28 | 66 | 3 | 2 | 20 | 21 | 0 | 0 | 0 |
| Ca05 | 32,349 | 16 | 2 | 25 | 19 | 72 | 5 | 4 | 27 | 32 | 0 | 0 | 0 |
| Ca06 | 35,624 | 25 | 2 | 24 | 37 | 57 | 2 | 3 | 24 | 31 | 0 | 0 | 0 |
| Ca07 | 34,472 | 22 | 2 | 38 | 23 | 69 | 4 | 3 | 35 | 40 | 0 | 1 | 0 |
| Ca08 | 35,106 | 24 | 2 | 33 | 29 | 64 | 4 | 4 | 31 | 36 | 0 | 0 | 0 |
| Ca09 | 33,743 | 21 | 4 | 35 | 25 | 71 | 3 | 1 | 27 | 29 | 0 | 0 | 0 |
| Ca10 | 35,581 | 20 | 4 | 35 | 25 | 67 | 4 | 4 | 28 | 32 | 0 | 0 | 0 |
| Ch01 | 36,569 | 22 | 4 | 39 | 26 | 61 | 3 | 10 | 29 | 33 | 0 | 0 | 0 |
| Ch02 | 37,473 | 25 | 3 | 34 | 32 | 60 | 3 | 6 | 25 | 27 | 0 | 0 | 0 |
| Ch03 | 40,512 | 31 | 2 | 35 | 32 | 63 | 3 | 1 | 20 | 19 | 0 | 1 | 0 |
| Ch04 | 29,573 | 13 | 1 | 15 | 29 | 68 | 2 | 1 | 22 | 34 | 0 | 0 | 1 |
| Ch05 | 30,308 | 16 | 1 | 14 | 39 | 57 | 2 | 2 | 22 | 28 | 0 | 0 | 0 |
| Ch07 | 39,262 | 24 | 4 | 34 | 37 | 58 | 3 | 3 | 19 | 19 | 0 | 0 | 0 |
| Ch08 | 37,470 | 25 | 3 | 32 | 37 | 58 | 3 | 2 | 20 | 24 | 0 | 0 | 0 |
| Ch09 | 36,826 | 26 | 3 | 27 | 39 | 57 | 3 | 1 | 24 | 28 | 0 | 0 | 1 |
| Ch10 | 42,641 | 30 | 2 | 34 | 38 | 58 | 1 | 2 | 12 | 25 | 1 | 1 | 1 |
| Ch11 | 37,163 | 21 | 3 | 26 | 29 | 68 | 2 | 1 | 22 | 24 | 0 | 0 | 0 |
| Ch12 | 39,563 | 28 | 3 | 32 | 45 | 50 | 4 | 1 | 19 | 24 | 0 | 0 | 0 |
| Ch13 | 39,200 | 25 | 3 | 29 | 35 | 61 | 2 | 1 | 18 | 24 | 1 | 0 | 0 |
| Ch14 | 34,507 | 21 | 2 | 36 | 21 | 75 | 3 | 1 | 17 | 25 | 0 | 1 | 0 |
| Ch15 | 36,065 | 24 | 4 | 33 | 32 | 65 | 3 | 1 | 24 | 28 | 0 | 1 | 1 |
| Ch16 | 34,877 | 23 | 2 | 36 | 31 | 66 | 2 | 1 | 20 | 22 | 0 | 1 | 1 |
| Ch17 | 36,590 | 23 | 2 | 34 | 27 | 70 | 1 | 1 | 28 | 35 | 0 | 0 | 0 |
| Ch18 | 40,969 | 31 | 6 | 41 | 24 | 71 | 2 | 2 | 23 | 31 | 0 | 1 | 1 |
| Ch19 | 36,918 | 25 | 3 | 36 | 27 | 69 | 2 | 1 | 23 | 28 | 0 | 1 | 1 |
| Co01 | 28,470 | 12 | 1 | 15 | 39 | 53 | 4 | 4 | 25 | 28 | 0 | 1 | 0 |
| Co02 | 29,377 | 14 | 1 | 14 | 49 | 45 | 3 | 3 | 24 | 34 | 0 | 0 | 0 |
| Co03 | 32,473 | 17 | 3 | 29 | 27 | 69 | 3 | 2 | 25 | 29 | 0 | 0 | 0 |
| Co04 | 30,835 | 15 | 2 | 21 | 38 | 57 | 3 | 2 | 24 | 32 | 0 | 0 | 0 |
| Co05 | 28,915 | 15 | 2 | 21 | 32 | 63 | 4 | 2 | 26 | 32 | 0 | 0 | 0 |
| Co06 | 32,609 | 18 | 2 | 20 | 30 | 65 | 3 | 2 | 25 | 30 | 0 | 0 | 1 |
| Co07 | 29,014 | 14 | 1 | 14 | 37 | 58 | 4 | 1 | 31 | 36 | 0 | 0 | 0 |
| Gr01 | 30,593 | 15 | 2 | 23 | 29 | 65 | 4 | 2 | 22 | 28 | 0 | 1 | 1 |
| Gr02 | 30,097 | 13 | 2 | 21 | 38 | 51 | 4 | 7 | 25 | 30 | 0 | 0 | 0 |
| Gr03 | 37,967 | 20 | 4 | 33 | 28 | 63 | 4 | 5 | 28 | 27 | 0 | 1 | 0 |
| Gr04 | 30,846 | 17 | 3 | 25 | 25 | 69 | 4 | 3 | 24 | 27 | 0 | 1 | 0 |
| Gr05 | 31,552 | 13 | 3 | 24 | 23 | 62 | 8 | 8 | 26 | 30 | 0 | 1 | 0 |
| Gr06 | 36,947 | 22 | 3 | 35 | 30 | 64 | 4 | 3 | 19 | 23 | 0 | 0 | 0 |
| Gr07 | 28,929 | 16 | 2 | 31 | 12 | 85 | 1 | 2 | 13 | 24 | 0 | 1 | 1 |
| Gr08 | 30,927 | 17 | 2 | 27 | 37 | 55 | 5 | 3 | 23 | 32 | 0 | 0 | 0 |

# New Hampshire State House Districts: Demographic Data (cont.)

| House District* | Household Income Avg. ($) | > $50K (%) | >$100K (%) | College Educ. (%) | Manf. (%) | Employment Type Service (%) | Govt. (%) | Farm (%) | Age 55+ (%) | Receives Soc. Sec. (%) | African Amer. (%) | Hispanic Amer. (%) | Asian Amer. (%) |
|---|---|---|---|---|---|---|---|---|---|---|---|---|---|
| N. Hamp. | 42,602 | 31 | 4 | 33 | 31 | 64 | 4 | 2 | 19 | 23 | 1 | 1 | 1 |
| Gr09 | 32,537 | 16 | 1 | 25 | 29 | 64 | 4 | 3 | 23 | 30 | 0 | 0 | 0 |
| Gr10 | 61,300 | 50 | 15 | 73 | 10 | 88 | 2 | 1 | 17 | 23 | 2 | 2 | 4 |
| Gr11 | 33,911 | 18 | 1 | 26 | 31 | 64 | 2 | 2 | 17 | 21 | 0 | 1 | 0 |
| Gr12 | 36,116 | 25 | 1 | 28 | 21 | 74 | 4 | 1 | 17 | 24 | 0 | 1 | 0 |
| Gr13 | 35,313 | 24 | 2 | 32 | 21 | 74 | 4 | 1 | 20 | 24 | 0 | 1 | 1 |
| Gr14 | 35,067 | 23 | 2 | 33 | 21 | 74 | 4 | 1 | 21 | 23 | 0 | 1 | 2 |
| Hi01 | 40,114 | 25 | 3 | 29 | 38 | 57 | 4 | 1 | 19 | 21 | 0 | 1 | 0 |
| Hi02 | 35,085 | 20 | 1 | 28 | 38 | 59 | 2 | 1 | 18 | 25 | 0 | 1 | 1 |
| Hi03 | 37,629 | 23 | 2 | 28 | 38 | 58 | 3 | 1 | 19 | 23 | 0 | 1 | 0 |
| Hi04 | 54,608 | 46 | 9 | 41 | 35 | 59 | 3 | 3 | 14 | 16 | 0 | 0 | 0 |
| Hi05 | 45,365 | 36 | 3 | 32 | 31 | 62 | 6 | 1 | 10 | 14 | 0 | 0 | 0 |
| Hi06 | 49,183 | 40 | 6 | 36 | 33 | 61 | 5 | 2 | 12 | 15 | 0 | 0 | 0 |
| Hi07 | 44,712 | 37 | 3 | 30 | 24 | 73 | 2 | 1 | 19 | 25 | 0 | 1 | 0 |
| Hi08 | 48,023 | 38 | 8 | 49 | 27 | 68 | 3 | 2 | 26 | 29 | 0 | 0 | 1 |
| Hi09 | 42,782 | 31 | 6 | 38 | 34 | 60 | 2 | 3 | 25 | 29 | 0 | 1 | 0 |
| Hi10 | 51,419 | 42 | 9 | 41 | 39 | 56 | 3 | 2 | 14 | 18 | 0 | 0 | 0 |
| Hi11 | 46,629 | 34 | 6 | 37 | 42 | 52 | 3 | 3 | 19 | 29 | 0 | 0 | 1 |
| Hi12 | 47,382 | 36 | 7 | 39 | 39 | 56 | 3 | 3 | 18 | 25 | 0 | 0 | 1 |
| Hi13 | 43,593 | 32 | 4 | 33 | 40 | 55 | 3 | 1 | 16 | 20 | 1 | 1 | 1 |
| Hi14 | 77,753 | 65 | 22 | 58 | 38 | 59 | 2 | 1 | 15 | 12 | 0 | 1 | 1 |
| Hi15 | 80,862 | 65 | 23 | 51 | 20 | 76 | 2 | 1 | 18 | 17 | 0 | 1 | 1 |
| Hi17 | 52,754 | 50 | 5 | 38 | 39 | 57 | 3 | 2 | 7 | 10 | 1 | 1 | 1 |
| Hi18 | 56,444 | 56 | 7 | 44 | 37 | 59 | 4 | 1 | 10 | 13 | 1 | 1 | 1 |
| Hi19 | 45,449 | 34 | 3 | 29 | 46 | 50 | 3 | 1 | 13 | 19 | 0 | 0 | 0 |
| Hi20 | 48,559 | 42 | 5 | 32 | 47 | 49 | 2 | 2 | 16 | 19 | 0 | 1 | 0 |
| Hi21 | 47,248 | 39 | 4 | 31 | 47 | 49 | 2 | 2 | 14 | 19 | 0 | 0 | 0 |
| Hi22 | 75,876 | 65 | 23 | 53 | 32 | 63 | 2 | 2 | 17 | 19 | 0 | 1 | 1 |
| Hi23 | 51,958 | 47 | 5 | 35 | 40 | 57 | 2 | 1 | 13 | 15 | 1 | 1 | 1 |
| Hi24 | 57,634 | 50 | 10 | 29 | 36 | 59 | 3 | 2 | 14 | 18 | 0 | 1 | 1 |
| Hi25 | 53,688 | 48 | 6 | 33 | 39 | 57 | 2 | 1 | 14 | 16 | 0 | 1 | 1 |
| Hi26 | 56,978 | 54 | 11 | 48 | 36 | 59 | 4 | 1 | 16 | 16 | 1 | 1 | 2 |
| Hi27 | 47,788 | 39 | 4 | 49 | 33 | 63 | 2 | 1 | 12 | 11 | 2 | 3 | 3 |
| Hi28 | 46,435 | 32 | 5 | 34 | 36 | 61 | 2 | 1 | 20 | 23 | 2 | 4 | 1 |
| Hi29 | 28,003 | 13 | 1 | 15 | 42 | 55 | 2 | 1 | 20 | 31 | 2 | 8 | 1 |
| Hi30 | 49,049 | 43 | 6 | 39 | 42 | 53 | 4 | 1 | 20 | 24 | 1 | 2 | 2 |
| Hi31 | 38,253 | 28 | 2 | 23 | 36 | 58 | 4 | 1 | 25 | 30 | 1 | 2 | 1 |
| Hi32 | 38,530 | 24 | 3 | 29 | 38 | 56 | 4 | 1 | 22 | 24 | 2 | 3 | 1 |
| Hi33 | 52,222 | 42 | 8 | 48 | 37 | 57 | 5 | 1 | 15 | 16 | 2 | 2 | 4 |
| Hi34 | 60,445 | 60 | 9 | 47 | 39 | 57 | 4 | 0 | 12 | 11 | 1 | 2 | 3 |
| Hi35 | 49,994 | 42 | 7 | 43 | 37 | 60 | 3 | 1 | 17 | 18 | 2 | 3 | 2 |
| Hi36 | 42,676 | 32 | 4 | 32 | 38 | 57 | 4 | 1 | 19 | 23 | 2 | 3 | 2 |
| Hi37 | 66,979 | 49 | 15 | 54 | 15 | 78 | 6 | 1 | 22 | 27 | 1 | 1 | 2 |
| Hi38 | 41,189 | 31 | 2 | 39 | 20 | 75 | 5 | 0 | 21 | 24 | 1 | 2 | 1 |
| Hi39 | 24,750 | 12 | 1 | 25 | 24 | 72 | 3 | 1 | 26 | 33 | 2 | 6 | 2 |
| Hi40 | 31,860 | 18 | 2 | 23 | 28 | 70 | 2 | 0 | 23 | 26 | 1 | 2 | 0 |
| Hi41 | 29,010 | 13 | 1 | 15 | 30 | 65 | 4 | 1 | 20 | 31 | 1 | 4 | 1 |
| Hi42 | 43,457 | 34 | 3 | 27 | 23 | 72 | 4 | 1 | 20 | 20 | 1 | 1 | 1 |
| Hi43 | 34,366 | 18 | 2 | 22 | 28 | 67 | 4 | 1 | 22 | 27 | 1 | 2 | 1 |
| Hi44 | 43,242 | 34 | 2 | 29 | 29 | 69 | 2 | 1 | 21 | 24 | 1 | 1 | 1 |
| Hi45 | 36,443 | 24 | 1 | 21 | 28 | 69 | 3 | 0 | 22 | 27 | 1 | 2 | 1 |

# New Hampshire State House Districts: Demographic Data (cont.)

| House District* | Household Income Avg. ($) | Household Income > $50K (%) | Household Income >$100K (%) | College Educ. (%) | Manf. (%) | Employment Type Service (%) | Employment Type Govt. (%) | Employment Type Farm (%) | Age 55+ (%) | Receives Soc. Sec. (%) | African Amer. (%) | Hispanic Amer. (%) | Asian Amer. (%) |
|---|---|---|---|---|---|---|---|---|---|---|---|---|---|
| N. Hamp. | 42,602 | 31 | 4 | 33 | 31 | 64 | 4 | 2 | 19 | 23 | 1 | 1 | 1 |
| Hi46 | 34,573 | 22 | 1 | 18 | 26 | 71 | 3 | 0 | 23 | 30 | 1 | 2 | 1 |
| Hi47 | 29,386 | 14 | 1 | 16 | 31 | 66 | 2 | 1 | 20 | 26 | 1 | 2 | 1 |
| Hi48 | 34,992 | 20 | 1 | 33 | 25 | 71 | 3 | 1 | 20 | 19 | 1 | 2 | 2 |
| Me01 | 38,153 | 24 | 3 | 29 | 33 | 59 | 6 | 3 | 21 | 26 | 0 | 1 | 0 |
| Me02 | 53,713 | 36 | 8 | 45 | 23 | 69 | 5 | 2 | 28 | 29 | 0 | 0 | 0 |
| Me03 | 42,234 | 30 | 4 | 46 | 27 | 67 | 4 | 2 | 15 | 25 | 0 | 1 | 0 |
| Me04 | 33,155 | 19 | 1 | 19 | 33 | 56 | 6 | 5 | 27 | 25 | 0 | 1 | 0 |
| Me05 | 59,246 | 58 | 14 | 49 | 18 | 75 | 6 | 1 | 17 | 18 | 0 | 0 | 0 |
| Me06 | 64,743 | 47 | 16 | 54 | 22 | 70 | 6 | 1 | 22 | 25 | 0 | 0 | 0 |
| Me07 | 53,124 | 42 | 10 | 42 | 24 | 68 | 6 | 2 | 20 | 22 | 0 | 0 | 0 |
| Me08 | 35,744 | 21 | 1 | 26 | 36 | 54 | 8 | 3 | 15 | 22 | 0 | 0 | 0 |
| Me09 | 38,643 | 25 | 2 | 24 | 30 | 58 | 8 | 4 | 16 | 21 | 0 | 0 | 0 |
| Me10 | 41,169 | 30 | 2 | 28 | 27 | 63 | 8 | 3 | 20 | 24 | 0 | 0 | 0 |
| Me11 | 50,720 | 38 | 4 | 31 | 24 | 73 | 3 | 1 | 18 | 22 | 1 | 0 | 1 |
| Me12 | 39,438 | 27 | 3 | 27 | 30 | 62 | 6 | 1 | 16 | 21 | 0 | 1 | 0 |
| Me13 | 32,081 | 17 | 1 | 19 | 41 | 53 | 6 | 0 | 24 | 32 | 0 | 1 | 1 |
| Me14 | 38,576 | 25 | 1 | 31 | 22 | 70 | 8 | 1 | 15 | 24 | 0 | 1 | 0 |
| Me15 | 38,052 | 22 | 2 | 31 | 25 | 68 | 6 | 0 | 14 | 21 | 1 | 1 | 1 |
| Me16 | 39,571 | 24 | 3 | 32 | 24 | 71 | 5 | 0 | 15 | 21 | 1 | 2 | 0 |
| Me17 | 35,183 | 18 | 4 | 39 | 18 | 73 | 8 | 1 | 21 | 25 | 0 | 1 | 1 |
| Me18 | 63,970 | 38 | 12 | 48 | 14 | 77 | 6 | 3 | 25 | 24 | 1 | 1 | 1 |
| Me19 | 29,718 | 16 | 2 | 27 | 19 | 69 | 11 | 1 | 20 | 20 | 0 | 1 | 1 |
| Me20 | 41,257 | 34 | 2 | 42 | 15 | 72 | 12 | 1 | 29 | 31 | 0 | 0 | 1 |
| Me21 | 30,955 | 15 | 2 | 27 | 23 | 67 | 9 | 1 | 30 | 36 | 0 | 1 | 1 |
| Me22 | 31,843 | 17 | 2 | 30 | 21 | 72 | 6 | 1 | 27 | 34 | 1 | 1 | 1 |
| Me23 | 42,681 | 33 | 4 | 44 | 16 | 73 | 10 | 1 | 20 | 26 | 1 | 1 | 1 |
| Me24 | 39,309 | 24 | 3 | 36 | 20 | 71 | 8 | 1 | 22 | 26 | 1 | 1 | 1 |
| Ro01 | 34,490 | 21 | 1 | 30 | 34 | 61 | 4 | 2 | 17 | 22 | 0 | 1 | 1 |
| Ro02 | 44,434 | 36 | 3 | 34 | 28 | 65 | 5 | 2 | 13 | 16 | 0 | 0 | 1 |
| Ro03 | 38,583 | 29 | 2 | 24 | 38 | 56 | 3 | 3 | 17 | 20 | 0 | 1 | 0 |
| Ro04 | 38,920 | 28 | 2 | 29 | 34 | 60 | 4 | 2 | 16 | 19 | 0 | 1 | 1 |
| Ro05 | 54,515 | 48 | 8 | 32 | 29 | 68 | 2 | 1 | 12 | 15 | 0 | 0 | 1 |
| Ro06 | 48,912 | 43 | 4 | 33 | 34 | 63 | 3 | 1 | 13 | 20 | 0 | 0 | 0 |
| Ro07 | 48,727 | 36 | 8 | 38 | 29 | 63 | 5 | 3 | 14 | 15 | 0 | 0 | 0 |
| Ro08 | 50,967 | 43 | 6 | 34 | 31 | 65 | 3 | 2 | 13 | 17 | 0 | 0 | 0 |
| Ro09 | 48,081 | 44 | 3 | 29 | 36 | 61 | 3 | 1 | 11 | 15 | 0 | 0 | 0 |
| Ro10 | 46,490 | 39 | 4 | 32 | 35 | 60 | 3 | 2 | 13 | 15 | 0 | 1 | 1 |
| Ro11 | 47,393 | 42 | 3 | 30 | 36 | 60 | 3 | 2 | 12 | 15 | 0 | 0 | 0 |
| Ro12 | 39,789 | 28 | 2 | 21 | 33 | 64 | 3 | 1 | 13 | 19 | 0 | 0 | 0 |
| Ro13 | 46,801 | 40 | 3 | 34 | 32 | 64 | 3 | 1 | 11 | 14 | 1 | 1 | 1 |
| Ro14 | 62,146 | 59 | 12 | 43 | 28 | 69 | 3 | 0 | 16 | 18 | 0 | 0 | 1 |
| Ro15 | 51,818 | 44 | 10 | 41 | 34 | 61 | 4 | 2 | 14 | 17 | 0 | 1 | 1 |
| Ro16 | 46,794 | 40 | 5 | 27 | 33 | 63 | 3 | 1 | 16 | 18 | 0 | 1 | 1 |
| Ro17 | 52,564 | 46 | 9 | 36 | 32 | 64 | 3 | 1 | 16 | 18 | 0 | 1 | 1 |
| Ro18 | 51,358 | 43 | 6 | 27 | 31 | 62 | 4 | 3 | 17 | 20 | 1 | 1 | 0 |
| Ro19 | 38,264 | 25 | 3 | 38 | 28 | 67 | 4 | 1 | 14 | 19 | 1 | 1 | 3 |
| Ro20 | 46,060 | 32 | 6 | 39 | 23 | 71 | 4 | 2 | 23 | 27 | 0 | 0 | 1 |
| Ro21 | 37,603 | 20 | 2 | 18 | 29 | 65 | 4 | 2 | 26 | 30 | 0 | 1 | 0 |
| Ro22 | 46,353 | 38 | 7 | 40 | 25 | 71 | 4 | 1 | 23 | 25 | 0 | 1 | 0 |
| Ro23 | 52,476 | 43 | 3 | 39 | 24 | 68 | 6 | 2 | 18 | 25 | 0 | 1 | 1 |

# New Hampshire State House Districts: Demographic Data (cont.)

| House District* | Household Income Avg. ($) | > $50K (%) | >$100K (%) | College Educ. (%) | Manf. (%) | Employment Type Service (%) | Govt. (%) | Farm (%) | Age 55+ (%) | Receives Soc. Sec. (%) | African Amer. (%) | Hispanic Amer. (%) | Asian Amer. (%) |
|---|---|---|---|---|---|---|---|---|---|---|---|---|---|
| N. Hamp. | 42,602 | 31 | 4 | 33 | 31 | 64 | 4 | 2 | 19 | 23 | 1 | 1 | 1 |
| Ro24 | 66,044 | 42 | 14 | 47 | 21 | 73 | 3 | 2 | 32 | 34 | 0 | 0 | 0 |
| Ro25 | 61,956 | 51 | 11 | 46 | 24 | 70 | 4 | 2 | 19 | 19 | 0 | 0 | 1 |
| Ro26 | 50,127 | 43 | 7 | 29 | 34 | 61 | 4 | 1 | 19 | 21 | 1 | 1 | 2 |
| Ro27 | 73,221 | 65 | 19 | 48 | 31 | 64 | 4 | 1 | 12 | 15 | 0 | 1 | 1 |
| Ro28 | 55,568 | 48 | 10 | 34 | 33 | 62 | 4 | 1 | 17 | 20 | 1 | 1 | 2 |
| Ro29 | 57,942 | 54 | 9 | 43 | 35 | 62 | 2 | 2 | 9 | 12 | 0 | 1 | 1 |
| Ro30 | 34,747 | 22 | 2 | 28 | 22 | 71 | 5 | 1 | 21 | 23 | 6 | 1 | 1 |
| Ro31 | 35,734 | 26 | 3 | 40 | 20 | 74 | 5 | 1 | 22 | 27 | 2 | 1 | 0 |
| Ro32 | 34,201 | 17 | 2 | 29 | 17 | 73 | 9 | 1 | 9 | 14 | 8 | 4 | 2 |
| Ro33 | 41,376 | 30 | 5 | 34 | 25 | 67 | 7 | 1 | 22 | 23 | 3 | 1 | 2 |
| Ro34 | 37,310 | 23 | 3 | 31 | 22 | 70 | 8 | 1 | 15 | 20 | 6 | 2 | 2 |
| Ro35 | 41,694 | 26 | 4 | 44 | 18 | 77 | 5 | 1 | 29 | 26 | 3 | 1 | 1 |
| Ro36 | 38,772 | 26 | 4 | 42 | 19 | 75 | 5 | 1 | 26 | 27 | 2 | 1 | 1 |
| St01 | 35,898 | 20 | 1 | 19 | 45 | 48 | 4 | 3 | 16 | 19 | 0 | 1 | 0 |
| St02 | 34,266 | 18 | 1 | 20 | 47 | 47 | 4 | 2 | 19 | 20 | 0 | 0 | 0 |
| St03 | 34,682 | 16 | 2 | 15 | 44 | 49 | 2 | 4 | 18 | 27 | 0 | 1 | 0 |
| St04 | 40,402 | 29 | 3 | 36 | 33 | 57 | 4 | 5 | 14 | 21 | 0 | 0 | 0 |
| St05 | 35,874 | 20 | 2 | 21 | 43 | 50 | 3 | 4 | 17 | 22 | 0 | 0 | 0 |
| St06 | 39,324 | 24 | 2 | 31 | 34 | 60 | 4 | 3 | 14 | 18 | 0 | 1 | 0 |
| St07 | 48,989 | 40 | 7 | 50 | 24 | 69 | 4 | 3 | 12 | 16 | 0 | 1 | 1 |
| St08 | 54,688 | 43 | 12 | 75 | 10 | 85 | 2 | 2 | 10 | 20 | 1 | 1 | 2 |
| St09 | 47,771 | 36 | 7 | 52 | 20 | 74 | 3 | 3 | 12 | 18 | 0 | 1 | 1 |
| St10 | 45,802 | 32 | 5 | 23 | 37 | 58 | 1 | 3 | 19 | 27 | 1 | 1 | 0 |
| St11 | 36,873 | 21 | 3 | 33 | 26 | 68 | 4 | 2 | 21 | 24 | 1 | 1 | 1 |
| St12 | 36,748 | 25 | 2 | 32 | 27 | 68 | 4 | 1 | 22 | 24 | 1 | 1 | 1 |
| St13 | 36,811 | 23 | 2 | 32 | 27 | 68 | 4 | 1 | 21 | 24 | 1 | 1 | 1 |
| St14 | 34,922 | 22 | 0 | 21 | 38 | 57 | 4 | 1 | 20 | 26 | 1 | 1 | 1 |
| St15 | 39,117 | 20 | 1 | 21 | 43 | 53 | 3 | 1 | 19 | 23 | 0 | 1 | 1 |
| St16 | 36,325 | 24 | 2 | 29 | 35 | 62 | 2 | 1 | 21 | 22 | 0 | 1 | 1 |
| St17 | 35,344 | 21 | 1 | 21 | 35 | 59 | 5 | 1 | 20 | 26 | 0 | 1 | 1 |
| St18 | 30,719 | 14 | 1 | 16 | 40 | 56 | 3 | 1 | 23 | 31 | 0 | 1 | 0 |
| St19 | 29,451 | 14 | 0 | 14 | 39 | 56 | 3 | 2 | 24 | 30 | 0 | 0 | 1 |
| Su01 | 42,029 | 30 | 3 | 37 | 25 | 67 | 5 | 4 | 17 | 19 | 0 | 0 | 0 |
| Su02 | 41,854 | 26 | 5 | 36 | 26 | 68 | 3 | 2 | 26 | 29 | 0 | 0 | 0 |
| Su03 | 41,930 | 28 | 4 | 37 | 26 | 67 | 4 | 3 | 22 | 25 | 0 | 0 | 0 |
| Su04 | 32,223 | 16 | 2 | 18 | 40 | 56 | 2 | 2 | 24 | 30 | 0 | 0 | 0 |
| Su05 | 33,039 | 16 | 1 | 25 | 37 | 57 | 2 | 4 | 22 | 26 | 0 | 1 | 0 |
| Su06 | 35,914 | 16 | 2 | 23 | 35 | 56 | 2 | 6 | 24 | 28 | 0 | 0 | 0 |
| Su07 | 34,875 | 16 | 2 | 24 | 36 | 57 | 2 | 6 | 23 | 27 | 0 | 1 | 0 |
| Su08 | 25,446 | 9 | 0 | 18 | 40 | 56 | 3 | 1 | 23 | 29 | 0 | 1 | 1 |
| Su09 | 32,895 | 16 | 0 | 26 | 32 | 64 | 4 | 0 | 26 | 37 | 0 | 1 | 1 |
| Su10 | 26,647 | 12 | 1 | 13 | 39 | 56 | 2 | 3 | 28 | 31 | 0 | 0 | 0 |
| Su11 | 28,457 | 12 | 1 | 19 | 37 | 59 | 3 | 1 | 26 | 33 | 0 | 1 | 1 |

* Be6 is comprised of Be2-5; Ca3 contains Ca1 & 2; Ca8 contains Ca6 & 7; Ca10 contains Ca9; Ch2 contains Ch1; Ch6 is comprised of Ch3-5; Ch13 is comprised of Ch10-12; Ch19 is comprised of Ch14-18; Co4 is comprised of Co2 & 3; Gr13 is comprised of Gr12 & 14; Hi3 is comprised of Hi1 & 2; Hi6 is comprised of Hi4 & 5; Hi12 is comprised of Hi9-11; Hi21 is comprised of Hi19 & 20; Hi25 is comprised of Hi23 & 24; Hi35 is comprised of Hi29, 31-34; Hi36 is comprised of Hi26-28, & 30; Me7 contains Me4-6; Me9 contains Me8; Me24 is comprised of Me14-23; Ro4 is comprised of Ro1-3; Ro8 is comprised of Ro5-7; Ro11 is comprised of Ro9 & 10; Ro17 is comprised of Ro14-16; Ro 28 is comprised of Ro26 & 27; Ro34 is comprised of Ro30, 32, & 33; Ro36 is comprised of Ro 31 & 35; St5 is comprised of St1-4; St9 is comprised of 6-8; St13 is comprised of St11 & 12; Su3 is comprised of Su1 & 2; Su7 is comprised of Su5 & 6; Su11 is comprised of Su8-10.

The 195 house districts have 397 representatives: Belknap--7 districts, 18 reps; Carroll--10 districts, 13 reps; Cheshire--19 districts, 25 reps; Coos--7 districts, 13 reps; Grafton--14 districts, 27 reps; Hillsborough--48 districts, 121 reps; Merrimack--24 districts, 43 reps; Rockingham--36 districts, 88 reps; Strafford--19 districts, 38 reps; Sullivan--11 districts, 14 reps. The state is also divided into 5 state Executive Councilor districts.

# NEW JERSEY
## State Legislative Districts

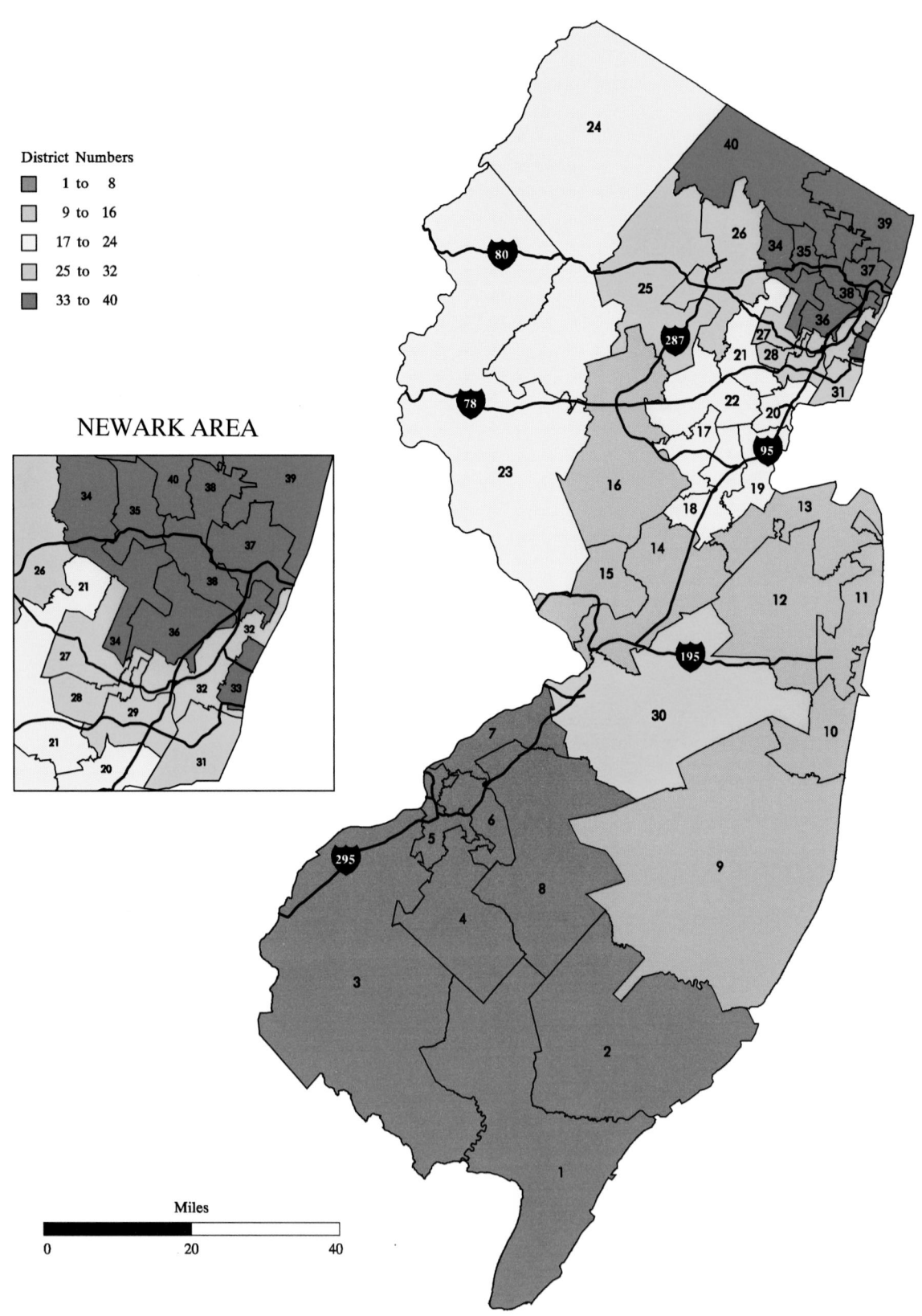

District Numbers

| | |
|---|---|
| ■ | 1 to 8 |
| ▨ | 9 to 16 |
| ☐ | 17 to 24 |
| ▨ | 25 to 32 |
| ■ | 33 to 40 |

NEWARK AREA

Miles

0    20    40

# New Jersey State Legislative Districts: Demographic Data

| Legislative District | Household Income Avg. ($) | Household Income > $50K (%) | Household Income >$100K (%) | College Educ. (%) | Manf. (%) | Employment Type Service (%) | Employment Type Govt. (%) | Farm (%) | Age 55+ (%) | Receives Soc. Sec. (%) | African Amer. (%) | Hispanic Amer. (%) | Asian Amer. (%) |
|---|---|---|---|---|---|---|---|---|---|---|---|---|---|
| N. Jersey | 51,234 | 39 | 9 | 30 | 24 | 70 | 5 | 1 | 23 | 27 | 13 | 10 | 4 |
| 1 | 37,713 | 24 | 4 | 19 | 24 | 67 | 7 | 3 | 26 | 35 | 9 | 10 | 1 |
| 2 | 42,072 | 30 | 5 | 23 | 13 | 78 | 7 | 1 | 23 | 29 | 19 | 6 | 2 |
| 3 | 39,163 | 27 | 3 | 20 | 28 | 64 | 5 | 3 | 23 | 30 | 15 | 3 | 1 |
| 4 | 43,617 | 35 | 3 | 26 | 23 | 71 | 4 | 1 | 16 | 21 | 9 | 2 | 2 |
| 5 | 32,151 | 19 | 2 | 14 | 26 | 68 | 5 | 1 | 20 | 28 | 30 | 15 | 1 |
| 6 | 55,559 | 43 | 11 | 39 | 20 | 75 | 4 | 1 | 25 | 28 | 4 | 2 | 4 |
| 7 | 44,516 | 34 | 4 | 24 | 24 | 68 | 7 | 1 | 23 | 27 | 21 | 4 | 2 |
| 8 | 55,783 | 46 | 9 | 36 | 22 | 72 | 5 | 1 | 19 | 23 | 7 | 2 | 2 |
| 9 | 35,171 | 22 | 2 | 16 | 21 | 70 | 7 | 2 | 40 | 52 | 2 | 2 | 1 |
| 10 | 47,009 | 36 | 6 | 26 | 20 | 73 | 6 | 1 | 27 | 35 | 1 | 2 | 1 |
| 11 | 51,162 | 37 | 9 | 33 | 19 | 72 | 8 | 1 | 25 | 28 | 15 | 5 | 2 |
| 12 | 65,251 | 55 | 15 | 40 | 19 | 74 | 5 | 2 | 19 | 23 | 6 | 4 | 4 |
| 13 | 54,834 | 47 | 9 | 29 | 22 | 73 | 5 | 1 | 20 | 25 | 3 | 4 | 4 |
| 14 | 51,423 | 44 | 7 | 36 | 23 | 67 | 9 | 1 | 23 | 26 | 6 | 3 | 4 |
| 15 | 51,601 | 36 | 10 | 35 | 18 | 67 | 13 | 1 | 22 | 28 | 29 | 8 | 3 |
| 16 | 69,138 | 59 | 17 | 46 | 24 | 72 | 3 | 1 | 20 | 20 | 7 | 3 | 4 |
| 17 | 46,852 | 39 | 6 | 30 | 24 | 71 | 4 | 1 | 18 | 23 | 28 | 11 | 6 |
| 18 | 59,878 | 52 | 12 | 40 | 24 | 71 | 3 | 1 | 20 | 22 | 5 | 4 | 10 |
| 19 | 45,554 | 38 | 5 | 21 | 28 | 68 | 4 | 1 | 23 | 29 | 7 | 17 | 4 |
| 20 | 37,840 | 26 | 3 | 17 | 31 | 64 | 4 | 1 | 23 | 29 | 22 | 26 | 2 |
| 21 | 77,766 | 54 | 20 | 42 | 20 | 76 | 3 | 1 | 30 | 33 | 4 | 3 | 4 |
| 22 | 73,632 | 59 | 20 | 46 | 22 | 75 | 3 | 1 | 26 | 27 | 3 | 3 | 4 |
| 23 | 56,490 | 47 | 11 | 35 | 27 | 65 | 5 | 3 | 20 | 24 | 2 | 2 | 1 |
| 24 | 58,789 | 51 | 10 | 36 | 25 | 69 | 4 | 2 | 15 | 19 | 1 | 2 | 1 |
| 25 | 68,155 | 56 | 16 | 41 | 25 | 70 | 4 | 2 | 20 | 22 | 4 | 7 | 3 |
| 26 | 70,599 | 59 | 17 | 41 | 24 | 72 | 3 | 1 | 22 | 22 | 2 | 3 | 5 |
| 27 | 47,681 | 33 | 9 | 32 | 18 | 76 | 5 | 1 | 23 | 28 | 55 | 6 | 2 |
| 28 | 41,084 | 28 | 6 | 24 | 21 | 73 | 5 | 1 | 18 | 24 | 54 | 17 | 2 |
| 29 | 29,065 | 17 | 2 | 12 | 29 | 66 | 5 | 1 | 17 | 24 | 57 | 25 | 1 |
| 30 | 42,180 | 32 | 4 | 22 | 21 | 66 | 10 | 3 | 19 | 26 | 13 | 6 | 2 |
| 31 | 36,696 | 25 | 4 | 22 | 19 | 74 | 6 | 0 | 22 | 29 | 32 | 16 | 7 |
| 32 | 40,627 | 30 | 5 | 24 | 25 | 71 | 4 | 1 | 23 | 27 | 5 | 27 | 8 |
| 33 | 36,920 | 24 | 4 | 25 | 29 | 68 | 3 | 0 | 20 | 22 | 5 | 55 | 5 |
| 34 | 54,610 | 44 | 10 | 31 | 26 | 69 | 4 | 1 | 29 | 33 | 2 | 5 | 4 |
| 35 | 38,024 | 25 | 4 | 16 | 33 | 63 | 3 | 1 | 19 | 26 | 27 | 32 | 1 |
| 36 | 42,624 | 32 | 5 | 23 | 30 | 65 | 4 | 1 | 25 | 31 | 8 | 19 | 5 |
| 37 | 58,528 | 45 | 12 | 38 | 21 | 75 | 3 | 0 | 26 | 28 | 16 | 10 | 8 |
| 38 | 50,231 | 40 | 8 | 27 | 26 | 70 | 3 | 1 | 28 | 32 | 2 | 7 | 6 |
| 39 | 82,286 | 62 | 23 | 45 | 22 | 75 | 2 | 1 | 25 | 27 | 1 | 3 | 8 |
| 40 | 75,993 | 61 | 20 | 44 | 23 | 74 | 2 | 1 | 22 | 24 | 1 | 3 | 4 |

# NEW MEXICO
## State Senate Districts

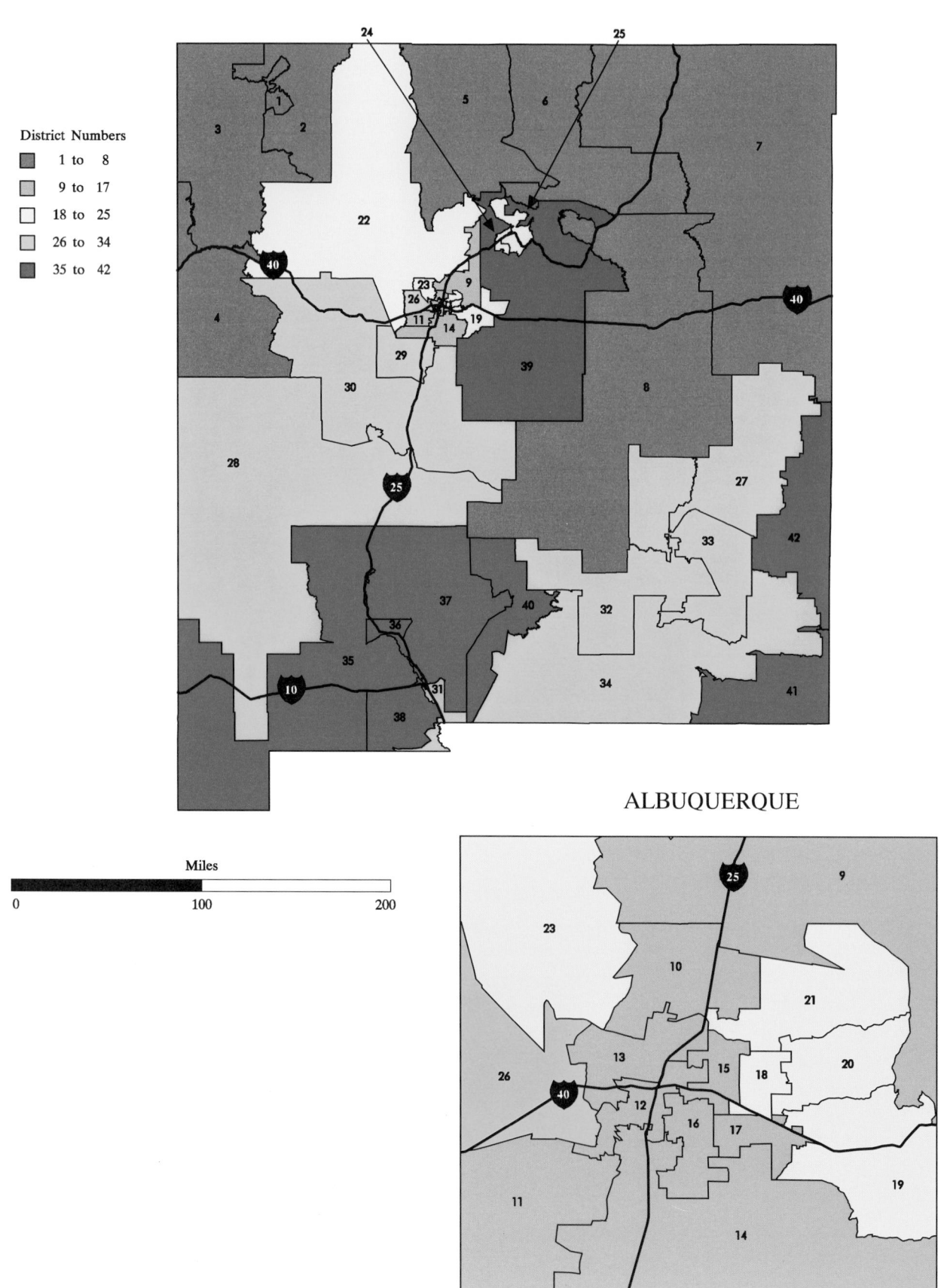

District Numbers
- 1 to 8
- 9 to 17
- 18 to 25
- 26 to 34
- 35 to 42

Miles

0    100    200

ALBUQUERQUE

# New Mexico State Senate Districts:  Demographic Data

| Senate District | Household Income Avg. ($) | Household Income > $50K (%) | Household Income >$100K (%) | College Educ. (%) | Manf. (%) | Employment Type Service (%) | Employment Type Govt. (%) | Employment Type Farm (%) | Age 55+ (%) | Receives Soc. Sec. (%) | African Amer. (%) | Hispanic Amer. (%) | Asian Amer. (%) |
|---|---|---|---|---|---|---|---|---|---|---|---|---|---|
| N. Mex. | 31,070 | 17 | 2 | 26 | 16 | 69 | 8 | 6 | 19 | 24 | 2 | 38 | 1 |
| 1 | 34,451 | 19 | 3 | 25 | 12 | 70 | 5 | 13 | 16 | 21 | 1 | 15 | 0 |
| 2 | 27,034 | 13 | 0 | 15 | 13 | 67 | 5 | 16 | 14 | 23 | 0 | 19 | 0 |
| 3 | 18,280 | 6 | 0 | 10 | 14 | 68 | 11 | 7 | 13 | 23 | 0 | 8 | 0 |
| 4 | 25,938 | 12 | 1 | 17 | 15 | 73 | 9 | 3 | 12 | 19 | 0 | 12 | 1 |
| 5 | 29,458 | 18 | 3 | 24 | 15 | 70 | 11 | 4 | 19 | 24 | 0 | 69 | 1 |
| 6 | 24,316 | 10 | 2 | 22 | 21 | 63 | 8 | 8 | 19 | 26 | 0 | 70 | 0 |
| 7 | 27,441 | 12 | 2 | 19 | 13 | 66 | 8 | 13 | 25 | 31 | 1 | 34 | 1 |
| 8 | 23,283 | 9 | 1 | 19 | 12 | 73 | 8 | 7 | 23 | 31 | 1 | 61 | 0 |
| 9 | 35,937 | 22 | 3 | 31 | 24 | 66 | 8 | 2 | 20 | 25 | 1 | 30 | 1 |
| 10 | 40,402 | 26 | 5 | 31 | 20 | 71 | 7 | 2 | 19 | 23 | 1 | 34 | 1 |
| 11 | 25,675 | 9 | 1 | 11 | 22 | 68 | 8 | 2 | 13 | 21 | 2 | 72 | 0 |
| 12 | 24,741 | 10 | 1 | 27 | 18 | 74 | 7 | 2 | 20 | 22 | 3 | 52 | 1 |
| 13 | 29,909 | 15 | 3 | 24 | 20 | 72 | 6 | 2 | 18 | 23 | 2 | 57 | 1 |
| 14 | 24,810 | 8 | 1 | 18 | 20 | 67 | 11 | 2 | 14 | 20 | 7 | 50 | 2 |
| 15 | 35,643 | 22 | 3 | 38 | 14 | 80 | 6 | 1 | 27 | 27 | 2 | 26 | 2 |
| 16 | 30,593 | 15 | 3 | 48 | 12 | 81 | 6 | 1 | 20 | 25 | 4 | 22 | 2 |
| 17 | 22,273 | 7 | 0 | 19 | 19 | 73 | 7 | 1 | 18 | 23 | 5 | 40 | 3 |
| 18 | 36,622 | 23 | 3 | 33 | 16 | 77 | 6 | 1 | 28 | 30 | 2 | 21 | 2 |
| 19 | 39,563 | 27 | 4 | 35 | 15 | 76 | 7 | 1 | 15 | 17 | 3 | 23 | 2 |
| 20 | 44,867 | 34 | 5 | 43 | 13 | 78 | 8 | 1 | 19 | 20 | 2 | 18 | 2 |
| 21 | 57,922 | 46 | 11 | 54 | 14 | 78 | 7 | 1 | 18 | 17 | 1 | 15 | 2 |
| 22 | 30,864 | 20 | 2 | 24 | 16 | 69 | 11 | 4 | 14 | 19 | 0 | 13 | 1 |
| 23 | 39,192 | 25 | 2 | 35 | 22 | 69 | 8 | 2 | 13 | 17 | 2 | 25 | 1 |
| 24 | 32,201 | 17 | 1 | 29 | 15 | 69 | 14 | 2 | 14 | 18 | 1 | 62 | 0 |
| 25 | 49,056 | 32 | 8 | 51 | 14 | 73 | 11 | 2 | 25 | 26 | 0 | 33 | 1 |
| 26 | 31,971 | 19 | 1 | 22 | 18 | 71 | 9 | 2 | 13 | 18 | 3 | 63 | 1 |
| 27 | 23,510 | 8 | 1 | 17 | 15 | 68 | 8 | 10 | 17 | 26 | 7 | 30 | 2 |
| 28 | 25,405 | 11 | 1 | 20 | 14 | 61 | 6 | 20 | 23 | 31 | 0 | 50 | 0 |
| 29 | 30,026 | 14 | 2 | 17 | 19 | 68 | 9 | 4 | 17 | 23 | 1 | 53 | 0 |
| 30 | 24,736 | 10 | 1 | 17 | 16 | 64 | 12 | 7 | 19 | 27 | 1 | 39 | 1 |
| 31 | 24,145 | 11 | 1 | 20 | 23 | 64 | 5 | 7 | 12 | 17 | 1 | 69 | 1 |
| 32 | 22,173 | 8 | 1 | 11 | 26 | 57 | 5 | 12 | 20 | 29 | 3 | 49 | 0 |
| 33 | 33,699 | 16 | 3 | 24 | 19 | 66 | 5 | 10 | 25 | 33 | 1 | 26 | 0 |
| 34 | 32,025 | 18 | 2 | 20 | 13 | 58 | 6 | 23 | 23 | 29 | 1 | 25 | 0 |
| 35 | 24,210 | 9 | 1 | 16 | 17 | 61 | 8 | 14 | 32 | 41 | 1 | 42 | 0 |
| 36 | 27,770 | 13 | 1 | 25 | 16 | 67 | 12 | 5 | 19 | 25 | 2 | 58 | 1 |
| 37 | 30,448 | 16 | 1 | 31 | 14 | 68 | 14 | 3 | 15 | 19 | 5 | 31 | 2 |
| 38 | 25,609 | 12 | 2 | 27 | 16 | 68 | 10 | 7 | 18 | 23 | 1 | 57 | 1 |
| 39 | 35,436 | 23 | 4 | 29 | 16 | 69 | 10 | 5 | 17 | 20 | 0 | 48 | 1 |
| 40 | 28,997 | 14 | 1 | 23 | 17 | 66 | 14 | 3 | 20 | 22 | 4 | 27 | 1 |
| 41 | 22,191 | 7 | 1 | 8 | 15 | 57 | 4 | 23 | 21 | 32 | 7 | 47 | 0 |
| 42 | 31,038 | 16 | 2 | 21 | 12 | 66 | 5 | 17 | 21 | 27 | 3 | 19 | 1 |

# NEW MEXICO
## State House Districts

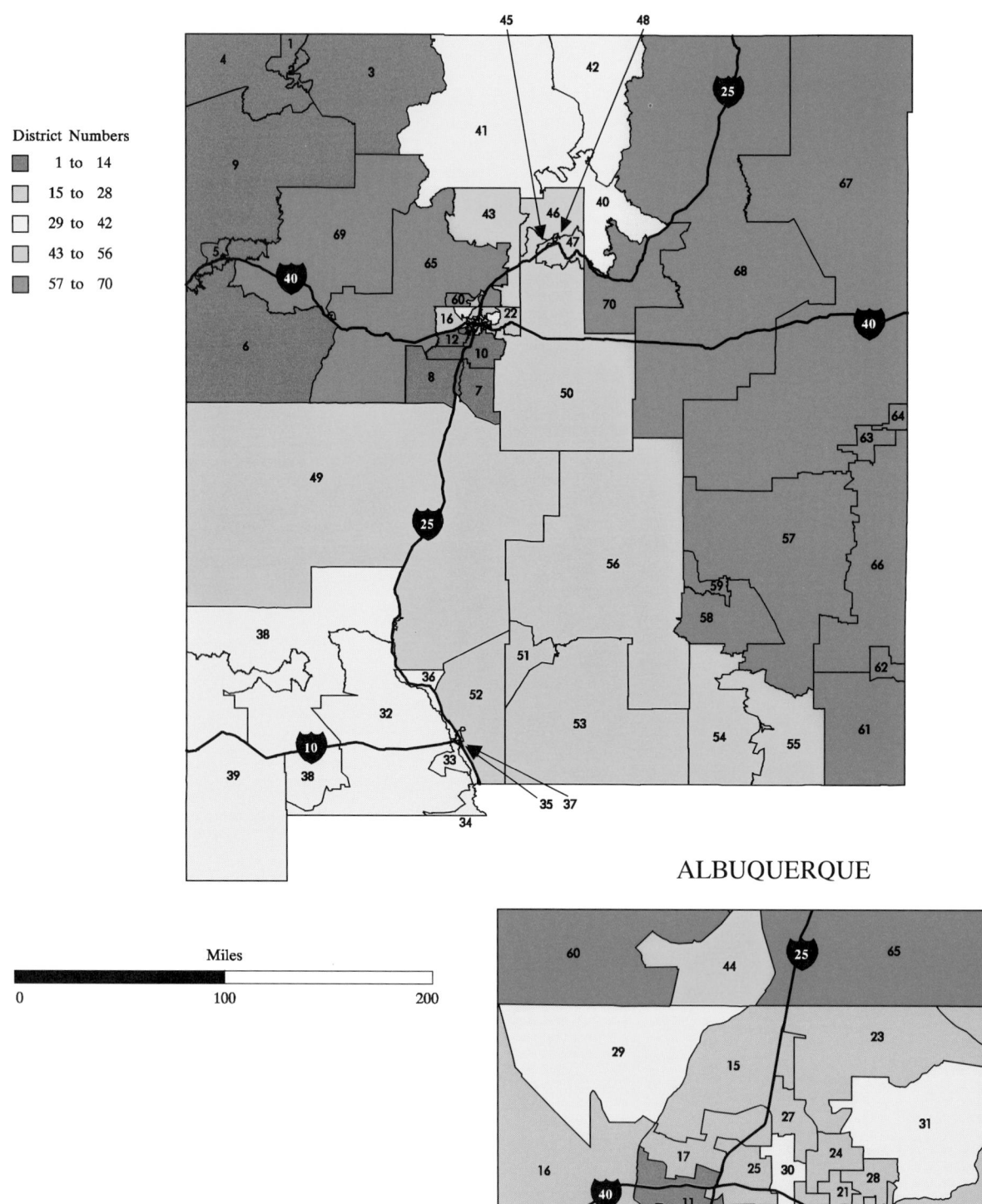

District Numbers
- 1 to 14
- 15 to 28
- 29 to 42
- 43 to 56
- 57 to 70

Miles

0    100    200

ALBUQUERQUE

# New Mexico State House Districts: Demographic Data

| House District | Household Income Avg. ($) | > $50K (%) | >$100K (%) | College Educ. (%) | Manf. (%) | Employment Type Service (%) | Govt. (%) | Farm (%) | Age 55+ (%) | Receives Soc. Sec. (%) | African Amer. (%) | Hispanic Amer. (%) | Asian Amer. (%) |
|---|---|---|---|---|---|---|---|---|---|---|---|---|---|
| N. Mex. | 31,070 | 17 | 2 | 26 | 16 | 69 | 8 | 6 | 19 | 24 | 2 | 38 | 1 |
| 1 | 36,160 | 21 | 3 | 29 | 12 | 70 | 5 | 13 | 16 | 20 | 1 | 14 | 0 |
| 2 | 30,993 | 15 | 2 | 19 | 13 | 69 | 5 | 13 | 16 | 22 | 1 | 18 | 0 |
| 3 | 26,381 | 12 | 0 | 15 | 11 | 66 | 7 | 16 | 15 | 23 | 0 | 22 | 0 |
| 4 | 22,212 | 9 | 0 | 12 | 15 | 64 | 6 | 15 | 10 | 22 | 0 | 4 | 0 |
| 5 | 30,583 | 15 | 2 | 20 | 10 | 78 | 9 | 3 | 15 | 19 | 1 | 32 | 1 |
| 6 | 20,891 | 8 | 0 | 13 | 17 | 69 | 9 | 4 | 13 | 20 | 0 | 18 | 0 |
| 7 | 31,078 | 16 | 2 | 19 | 21 | 66 | 10 | 4 | 19 | 23 | 1 | 43 | 1 |
| 8 | 28,608 | 10 | 2 | 15 | 17 | 70 | 9 | 4 | 17 | 27 | 1 | 58 | 0 |
| 9 | 17,050 | 5 | 0 | 10 | 14 | 66 | 15 | 6 | 13 | 25 | 0 | 1 | 0 |
| 10 | 25,296 | 8 | 1 | 18 | 20 | 65 | 12 | 2 | 12 | 18 | 6 | 45 | 2 |
| 11 | 25,909 | 12 | 3 | 25 | 18 | 72 | 8 | 2 | 20 | 25 | 2 | 61 | 1 |
| 12 | 26,306 | 10 | 1 | 12 | 22 | 67 | 8 | 2 | 14 | 23 | 2 | 69 | 0 |
| 13 | 26,052 | 9 | 1 | 10 | 22 | 68 | 9 | 1 | 12 | 17 | 3 | 76 | 1 |
| 14 | 25,285 | 10 | 1 | 18 | 24 | 68 | 7 | 2 | 20 | 27 | 5 | 71 | 1 |
| 15 | 37,395 | 22 | 6 | 26 | 23 | 68 | 7 | 3 | 20 | 25 | 1 | 46 | 1 |
| 16 | 32,686 | 20 | 1 | 26 | 16 | 73 | 10 | 1 | 13 | 17 | 3 | 57 | 1 |
| 17 | 28,805 | 13 | 2 | 23 | 21 | 72 | 6 | 2 | 18 | 22 | 2 | 55 | 1 |
| 18 | 26,825 | 12 | 2 | 49 | 12 | 83 | 5 | 1 | 15 | 19 | 4 | 25 | 3 |
| 19 | 27,379 | 12 | 2 | 37 | 14 | 77 | 8 | 1 | 23 | 26 | 5 | 26 | 2 |
| 20 | 35,763 | 22 | 3 | 31 | 15 | 77 | 7 | 1 | 17 | 18 | 4 | 26 | 3 |
| 21 | 29,212 | 13 | 1 | 24 | 18 | 74 | 7 | 1 | 26 | 32 | 3 | 28 | 2 |
| 22 | 40,767 | 30 | 4 | 40 | 18 | 75 | 6 | 1 | 15 | 18 | 2 | 20 | 2 |
| 23 | 59,643 | 49 | 10 | 52 | 15 | 77 | 7 | 1 | 14 | 16 | 1 | 14 | 2 |
| 24 | 41,217 | 30 | 4 | 41 | 14 | 79 | 6 | 1 | 26 | 26 | 2 | 18 | 2 |
| 25 | 32,938 | 17 | 4 | 38 | 14 | 79 | 6 | 1 | 23 | 24 | 2 | 33 | 2 |
| 26 | 24,876 | 11 | 1 | 21 | 20 | 72 | 7 | 1 | 19 | 22 | 4 | 40 | 2 |
| 27 | 39,915 | 27 | 4 | 40 | 14 | 78 | 7 | 1 | 22 | 23 | 2 | 23 | 2 |
| 28 | 39,800 | 27 | 3 | 36 | 13 | 79 | 7 | 1 | 19 | 20 | 2 | 21 | 2 |
| 29 | 44,666 | 33 | 4 | 41 | 20 | 71 | 8 | 2 | 12 | 14 | 2 | 28 | 1 |
| 30 | 34,239 | 21 | 3 | 36 | 14 | 80 | 6 | 1 | 29 | 30 | 2 | 25 | 2 |
| 31 | 59,965 | 48 | 12 | 55 | 14 | 78 | 8 | 1 | 17 | 16 | 1 | 13 | 2 |
| 32 | 24,731 | 10 | 2 | 18 | 15 | 62 | 7 | 15 | 28 | 37 | 1 | 50 | 0 |
| 33 | 25,110 | 12 | 2 | 30 | 14 | 70 | 10 | 6 | 15 | 20 | 1 | 53 | 1 |
| 34 | 22,783 | 8 | 1 | 13 | 28 | 55 | 5 | 12 | 12 | 20 | 0 | 84 | 0 |
| 35 | 24,334 | 8 | 1 | 23 | 16 | 71 | 11 | 2 | 19 | 25 | 2 | 63 | 1 |
| 36 | 31,556 | 19 | 1 | 29 | 17 | 66 | 12 | 6 | 18 | 22 | 1 | 52 | 0 |
| 37 | 32,105 | 20 | 2 | 45 | 11 | 75 | 13 | 2 | 19 | 21 | 2 | 32 | 2 |
| 38 | 24,992 | 10 | 2 | 18 | 14 | 64 | 6 | 16 | 31 | 39 | 1 | 35 | 0 |
| 39 | 26,139 | 10 | 1 | 17 | 17 | 57 | 6 | 21 | 22 | 29 | 0 | 58 | 0 |
| 40 | 24,748 | 10 | 1 | 17 | 18 | 66 | 12 | 5 | 18 | 27 | 0 | 80 | 0 |
| 41 | 22,671 | 9 | 0 | 16 | 18 | 65 | 11 | 7 | 18 | 26 | 0 | 76 | 0 |
| 42 | 24,836 | 10 | 2 | 24 | 22 | 64 | 6 | 8 | 20 | 25 | 0 | 63 | 0 |
| 43 | 54,099 | 51 | 9 | 54 | 8 | 83 | 8 | 1 | 20 | 17 | 0 | 13 | 2 |
| 44 | 34,659 | 20 | 3 | 27 | 24 | 66 | 8 | 2 | 23 | 28 | 2 | 35 | 1 |
| 45 | 30,840 | 15 | 1 | 25 | 16 | 67 | 15 | 2 | 13 | 17 | 1 | 65 | 1 |
| 46 | 45,928 | 27 | 8 | 36 | 17 | 70 | 11 | 2 | 21 | 22 | 0 | 51 | 0 |
| 47 | 50,125 | 37 | 8 | 53 | 14 | 72 | 12 | 2 | 19 | 22 | 1 | 33 | 1 |
| 48 | 33,116 | 18 | 3 | 38 | 15 | 72 | 11 | 2 | 23 | 25 | 1 | 53 | 1 |
| 49 | 24,315 | 11 | 1 | 18 | 14 | 65 | 9 | 12 | 23 | 30 | 1 | 45 | 1 |
| 50 | 29,759 | 14 | 2 | 22 | 18 | 67 | 8 | 7 | 16 | 21 | 1 | 36 | 0 |

# New Mexico State House Districts:  Demographic Data (cont.)

| House District | Household Income Avg. ($) | > $50K (%) | >$100K (%) | College Educ. (%) | Manf. (%) | Employment Type Service (%) | Govt. (%) | Farm (%) | Age 55+ (%) | Receives Soc. Sec. (%) | African Amer. (%) | Hispanic Amer. (%) | Asian Amer. (%) |
|---|---|---|---|---|---|---|---|---|---|---|---|---|---|
| N. Mex. | 31,070 | 17 | 2 | 26 | 16 | 69 | 8 | 6 | 19 | 24 | 2 | 38 | 1 |
| 51 | 24,896 | 8 | 1 | 17 | 18 | 68 | 12 | 2 | 14 | 18 | 8 | 26 | 3 |
| 52 | 28,961 | 14 | 2 | 23 | 21 | 62 | 11 | 5 | 13 | 17 | 2 | 54 | 1 |
| 53 | 32,279 | 18 | 1 | 28 | 15 | 66 | 15 | 4 | 20 | 21 | 5 | 20 | 2 |
| 54 | 24,331 | 8 | 1 | 9 | 15 | 58 | 6 | 21 | 22 | 31 | 3 | 45 | 0 |
| 55 | 32,675 | 18 | 3 | 21 | 13 | 62 | 5 | 20 | 28 | 35 | 1 | 26 | 1 |
| 56 | 25,569 | 11 | 1 | 18 | 15 | 65 | 10 | 10 | 22 | 28 | 0 | 28 | 0 |
| 57 | 36,277 | 19 | 4 | 25 | 17 | 65 | 5 | 13 | 25 | 33 | 1 | 24 | 0 |
| 58 | 21,705 | 6 | 1 | 10 | 29 | 53 | 4 | 14 | 19 | 28 | 3 | 59 | 0 |
| 59 | 27,746 | 12 | 2 | 21 | 23 | 68 | 5 | 4 | 25 | 34 | 2 | 30 | 1 |
| 60 | 34,532 | 17 | 1 | 28 | 24 | 67 | 7 | 2 | 14 | 20 | 2 | 23 | 1 |
| 61 | 21,737 | 7 | 0 | 8 | 17 | 55 | 3 | 25 | 19 | 29 | 8 | 41 | 0 |
| 62 | 36,248 | 21 | 3 | 25 | 10 | 64 | 4 | 22 | 19 | 22 | 2 | 16 | 0 |
| 63 | 20,612 | 5 | 0 | 12 | 17 | 69 | 8 | 6 | 14 | 25 | 10 | 37 | 2 |
| 64 | 30,755 | 16 | 2 | 24 | 13 | 73 | 9 | 4 | 22 | 27 | 4 | 15 | 2 |
| 65 | 24,443 | 9 | 1 | 15 | 26 | 57 | 12 | 4 | 13 | 22 | 1 | 20 | 0 |
| 66 | 27,493 | 12 | 2 | 21 | 13 | 64 | 6 | 18 | 21 | 29 | 2 | 29 | 0 |
| 67 | 24,908 | 10 | 1 | 14 | 11 | 60 | 8 | 21 | 28 | 35 | 1 | 33 | 0 |
| 68 | 23,260 | 8 | 1 | 16 | 16 | 63 | 9 | 13 | 26 | 34 | 0 | 60 | 0 |
| 69 | 20,953 | 7 | 1 | 13 | 14 | 68 | 13 | 5 | 13 | 21 | 0 | 17 | 0 |
| 70 | 21,977 | 8 | 1 | 21 | 12 | 77 | 9 | 2 | 19 | 26 | 1 | 82 | 1 |

# NEW YORK
## State Senate Districts

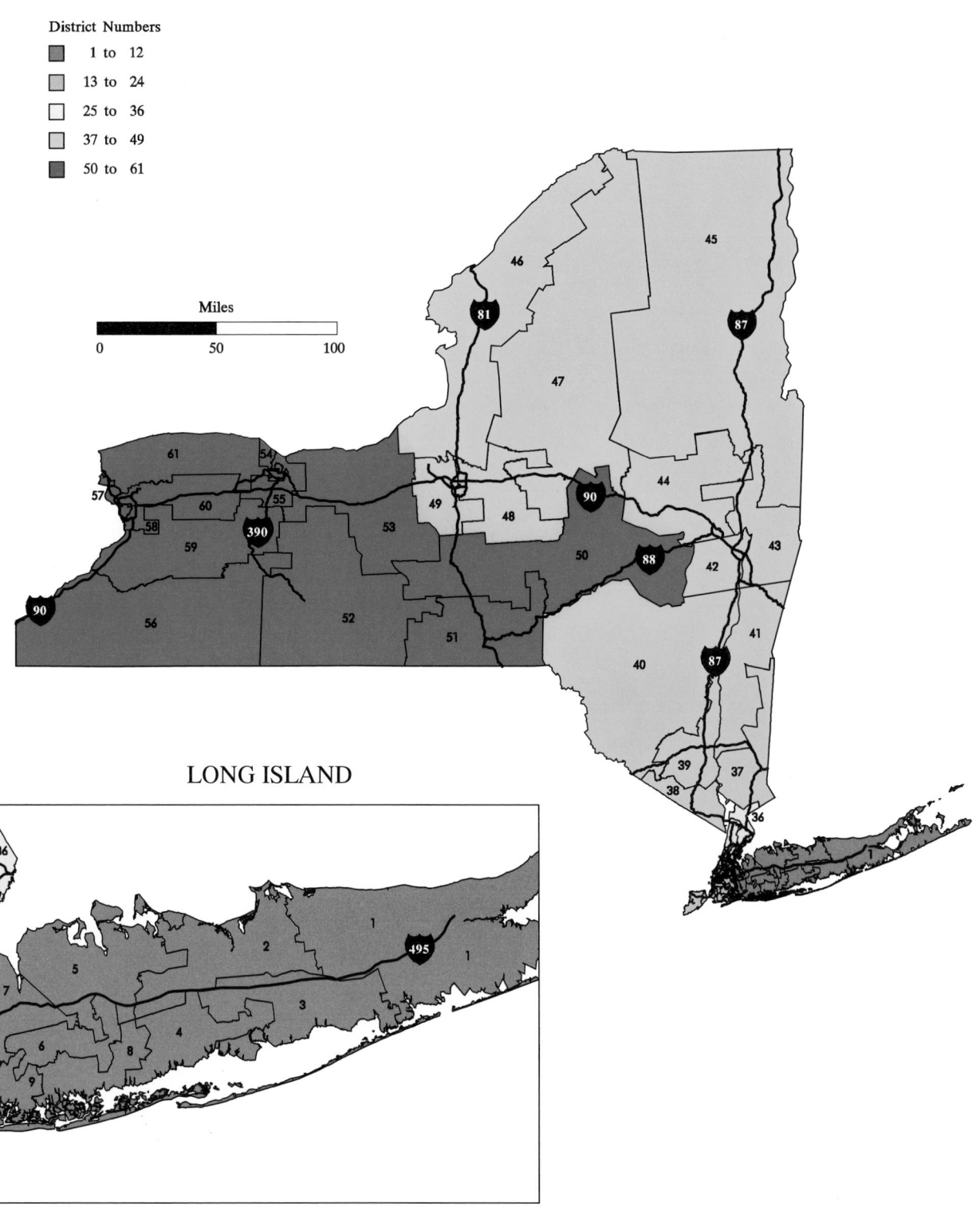

District Numbers
- 1 to 12
- 13 to 24
- 25 to 36
- 37 to 49
- 50 to 61

Miles
0   50   100

LONG ISLAND

# NEW YORK CITY
## State Senate Districts

Miles

0      5      10

## New York State Senate Districts: Demographic Data

| Senate District | Household Income Avg. ($) | Household Income > $50K (%) | Household Income >$100K (%) | College Educ. (%) | Manf. (%) | Employment Type Service (%) | Employment Type Govt. (%) | Farm (%) | Age 55+ (%) | Receives Soc. Sec. (%) | African Amer. (%) | Hispanic Amer. (%) | Asian Amer. (%) |
|---|---|---|---|---|---|---|---|---|---|---|---|---|---|
| N.Y. | 44,063 | 30 | 7 | 30 | 20 | 73 | 5 | 1 | 22 | 27 | 16 | 12 | 4 |
| 1 | 49,548 | 40 | 7 | 30 | 19 | 71 | 6 | 3 | 22 | 30 | 6 | 4 | 1 |
| 2 | 67,004 | 59 | 16 | 39 | 20 | 74 | 5 | 1 | 19 | 22 | 2 | 3 | 3 |
| 3 | 51,928 | 47 | 7 | 25 | 24 | 69 | 6 | 1 | 16 | 22 | 6 | 10 | 2 |
| 4 | 54,015 | 48 | 9 | 23 | 24 | 70 | 5 | 1 | 20 | 26 | 9 | 9 | 1 |
| 5 | 77,591 | 58 | 21 | 42 | 20 | 75 | 4 | 1 | 25 | 26 | 4 | 5 | 3 |
| 6 | 60,239 | 53 | 13 | 31 | 16 | 77 | 5 | 1 | 23 | 29 | 16 | 7 | 2 |
| 7 | 77,569 | 56 | 21 | 41 | 16 | 78 | 5 | 1 | 28 | 31 | 7 | 6 | 5 |
| 8 | 62,595 | 55 | 14 | 32 | 19 | 76 | 5 | 1 | 23 | 27 | 16 | 7 | 2 |
| 9 | 65,378 | 52 | 16 | 38 | 15 | 80 | 5 | 1 | 28 | 32 | 3 | 5 | 2 |
| 10 | 42,364 | 34 | 6 | 22 | 12 | 80 | 8 | 0 | 22 | 28 | 69 | 11 | 2 |
| 11 | 50,427 | 41 | 8 | 31 | 17 | 78 | 5 | 0 | 27 | 31 | 7 | 12 | 15 |
| 12 | 31,427 | 21 | 2 | 14 | 15 | 77 | 7 | 0 | 17 | 23 | 70 | 20 | 4 |
| 13 | 44,451 | 34 | 6 | 37 | 16 | 80 | 4 | 0 | 29 | 29 | 5 | 14 | 17 |
| 14 | 36,653 | 24 | 3 | 26 | 20 | 76 | 4 | 0 | 26 | 27 | 7 | 23 | 13 |
| 15 | 39,502 | 29 | 4 | 18 | 20 | 75 | 5 | 0 | 26 | 31 | 3 | 18 | 7 |
| 16 | 34,372 | 21 | 2 | 24 | 21 | 75 | 4 | 0 | 20 | 22 | 16 | 40 | 24 |
| 17 | 23,116 | 11 | 1 | 9 | 28 | 67 | 5 | 0 | 13 | 18 | 32 | 60 | 4 |
| 18 | 31,268 | 19 | 4 | 25 | 14 | 78 | 8 | 0 | 17 | 20 | 71 | 16 | 2 |
| 19 | 35,408 | 25 | 3 | 20 | 13 | 81 | 5 | 0 | 19 | 22 | 69 | 9 | 2 |
| 20 | 35,894 | 22 | 4 | 27 | 13 | 81 | 6 | 0 | 15 | 16 | 70 | 13 | 3 |
| 21 | 41,641 | 30 | 6 | 27 | 14 | 80 | 6 | 0 | 31 | 35 | 4 | 6 | 6 |
| 22 | 31,043 | 19 | 3 | 19 | 19 | 76 | 4 | 0 | 28 | 33 | 9 | 15 | 8 |
| 23 | 39,066 | 28 | 5 | 22 | 16 | 78 | 6 | 0 | 26 | 32 | 5 | 11 | 9 |
| 24 | 53,263 | 46 | 9 | 27 | 12 | 80 | 8 | 0 | 19 | 25 | 6 | 7 | 5 |
| 25 | 34,238 | 20 | 5 | 27 | 20 | 75 | 4 | 0 | 20 | 24 | 9 | 36 | 10 |
| 26 | 95,699 | 52 | 25 | 68 | 11 | 85 | 3 | 0 | 28 | 20 | 3 | 5 | 5 |
| 27 | 59,104 | 38 | 14 | 57 | 16 | 82 | 2 | 0 | 21 | 17 | 6 | 10 | 17 |
| 28 | 28,472 | 15 | 3 | 19 | 19 | 77 | 4 | 0 | 17 | 20 | 33 | 60 | 2 |
| 29 | 25,589 | 13 | 2 | 22 | 15 | 79 | 6 | 0 | 21 | 25 | 64 | 34 | 2 |
| 30 | 58,197 | 37 | 13 | 55 | 12 | 85 | 3 | 0 | 25 | 23 | 11 | 19 | 5 |
| 31 | 23,006 | 10 | 1 | 13 | 19 | 76 | 5 | 0 | 13 | 16 | 37 | 58 | 4 |
| 32 | 23,144 | 11 | 1 | 11 | 18 | 76 | 6 | 0 | 16 | 21 | 40 | 61 | 2 |
| 33 | 31,823 | 20 | 2 | 18 | 14 | 79 | 6 | 0 | 22 | 27 | 62 | 24 | 2 |
| 34 | 41,740 | 30 | 6 | 22 | 17 | 77 | 5 | 1 | 27 | 33 | 14 | 20 | 3 |
| 35 | 58,615 | 43 | 14 | 38 | 17 | 78 | 4 | 1 | 26 | 29 | 15 | 13 | 5 |
| 36 | 83,720 | 53 | 23 | 46 | 17 | 78 | 3 | 1 | 25 | 27 | 9 | 10 | 4 |
| 37 | 70,643 | 56 | 18 | 41 | 21 | 72 | 4 | 2 | 20 | 23 | 4 | 4 | 2 |
| 38 | 61,322 | 52 | 14 | 39 | 20 | 74 | 4 | 1 | 20 | 22 | 9 | 6 | 4 |
| 39 | 43,398 | 34 | 5 | 27 | 23 | 69 | 6 | 2 | 19 | 25 | 8 | 7 | 1 |
| 40 | 35,758 | 23 | 3 | 25 | 24 | 66 | 7 | 3 | 23 | 31 | 5 | 4 | 1 |
| 41 | 46,509 | 37 | 6 | 33 | 29 | 64 | 5 | 2 | 21 | 26 | 8 | 3 | 2 |
| 42 | 40,691 | 28 | 5 | 37 | 13 | 70 | 16 | 1 | 23 | 28 | 8 | 2 | 2 |
| 43 | 39,937 | 28 | 3 | 33 | 21 | 67 | 11 | 1 | 20 | 26 | 2 | 1 | 1 |
| 44 | 35,150 | 21 | 3 | 27 | 25 | 65 | 8 | 2 | 26 | 33 | 3 | 2 | 1 |
| 45 | 32,066 | 17 | 2 | 23 | 24 | 62 | 10 | 4 | 21 | 29 | 3 | 2 | 0 |
| 46 | 31,709 | 18 | 2 | 21 | 25 | 65 | 7 | 4 | 19 | 28 | 3 | 2 | 1 |
| 47 | 31,725 | 17 | 2 | 24 | 23 | 67 | 6 | 3 | 24 | 32 | 4 | 2 | 1 |
| 48 | 35,813 | 22 | 4 | 32 | 21 | 72 | 5 | 2 | 20 | 27 | 12 | 2 | 2 |
| 49 | 38,703 | 27 | 3 | 32 | 22 | 72 | 4 | 1 | 22 | 28 | 2 | 1 | 1 |
| 50 | 31,737 | 17 | 2 | 31 | 22 | 69 | 4 | 5 | 21 | 29 | 2 | 1 | 2 |

# New York State Senate Districts:  Demographic Data (cont.)

| Senate District | Household Income | | | College Educ. | Manf. | Employment Type | | | Age 55+ | Receives Soc. Sec. | African Amer. | Hispanic Amer. | Asian Amer. |
| | Avg. ($) | > $50K (%) | >$100K (%) | (%) | (%) | Service (%) | Govt. (%) | Farm (%) | (%) | (%) | (%) | (%) | (%) |
| --- | --- | --- | --- | --- | --- | --- | --- | --- | --- | --- | --- | --- | --- |
| N.Y. | 44,063 | 30 | 7 | 30 | 20 | 73 | 5 | 1 | 22 | 27 | 16 | 12 | 4 |
| 51 | 34,768 | 22 | 2 | 29 | 34 | 61 | 3 | 2 | 23 | 30 | 2 | 1 | 1 |
| 52 | 32,500 | 18 | 2 | 25 | 29 | 62 | 5 | 4 | 24 | 31 | 2 | 1 | 1 |
| 53 | 37,313 | 24 | 3 | 26 | 32 | 59 | 4 | 4 | 21 | 28 | 3 | 1 | 1 |
| 54 | 35,552 | 24 | 3 | 32 | 31 | 65 | 3 | 1 | 20 | 25 | 24 | 6 | 2 |
| 55 | 47,363 | 37 | 7 | 40 | 32 | 65 | 2 | 1 | 22 | 26 | 4 | 2 | 2 |
| 56 | 29,235 | 14 | 1 | 22 | 30 | 62 | 4 | 5 | 24 | 32 | 1 | 2 | 0 |
| 57 | 26,024 | 12 | 2 | 23 | 22 | 72 | 5 | 1 | 24 | 31 | 35 | 5 | 1 |
| 58 | 30,359 | 17 | 1 | 21 | 24 | 71 | 5 | 1 | 27 | 35 | 4 | 2 | 1 |
| 59 | 38,403 | 25 | 3 | 27 | 27 | 65 | 5 | 4 | 22 | 29 | 2 | 1 | 0 |
| 60 | 42,345 | 29 | 5 | 37 | 22 | 72 | 4 | 2 | 26 | 32 | 2 | 1 | 2 |
| 61 | 37,638 | 25 | 2 | 25 | 35 | 60 | 3 | 2 | 21 | 28 | 3 | 1 | 1 |

# NEW YORK
## State Assembly Districts

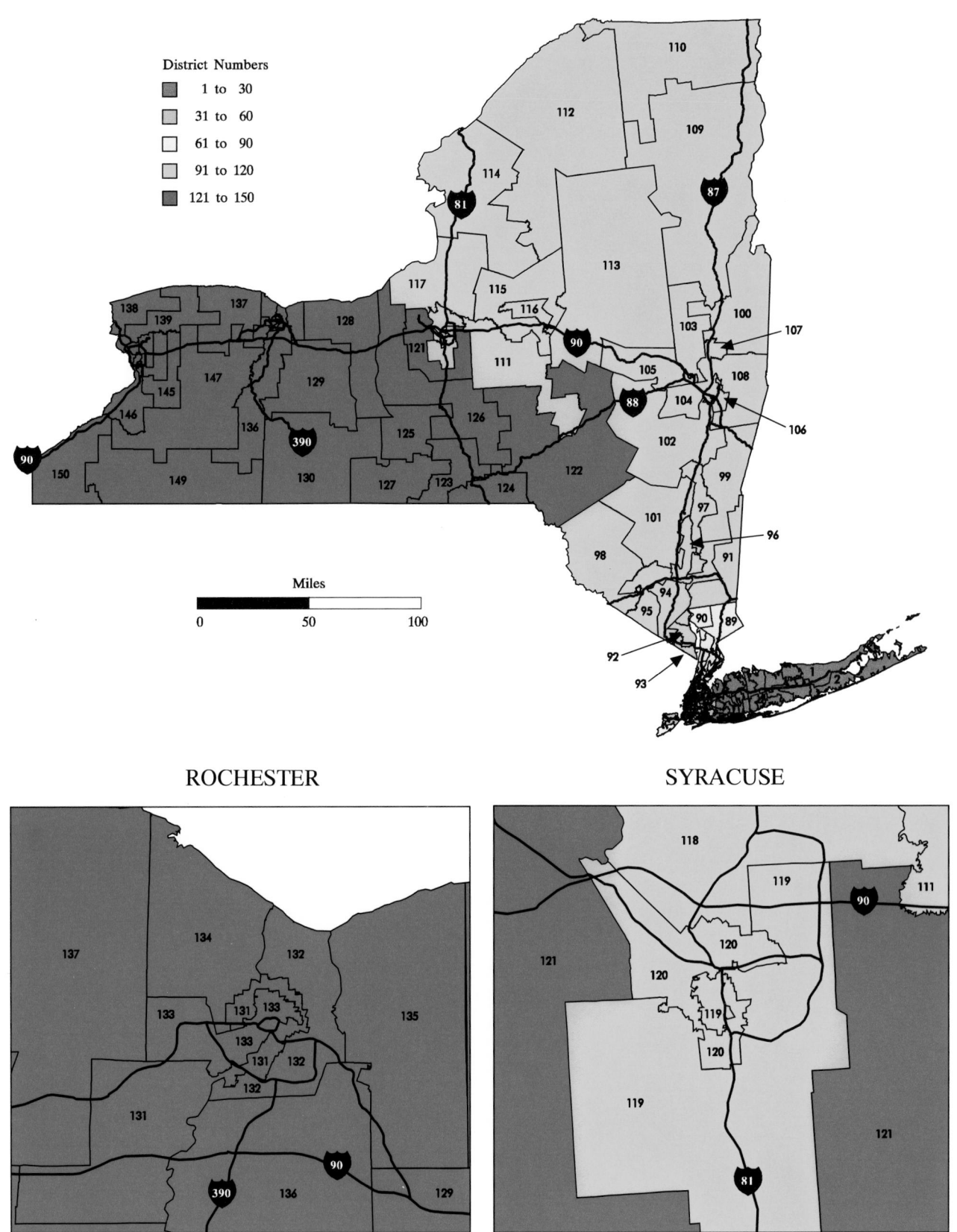

District Numbers
- 1 to 30
- 31 to 60
- 61 to 90
- 91 to 120
- 121 to 150

Miles

0    50    100

ROCHESTER

SYRACUSE

# NEW YORK CITY
## State Assembly Districts

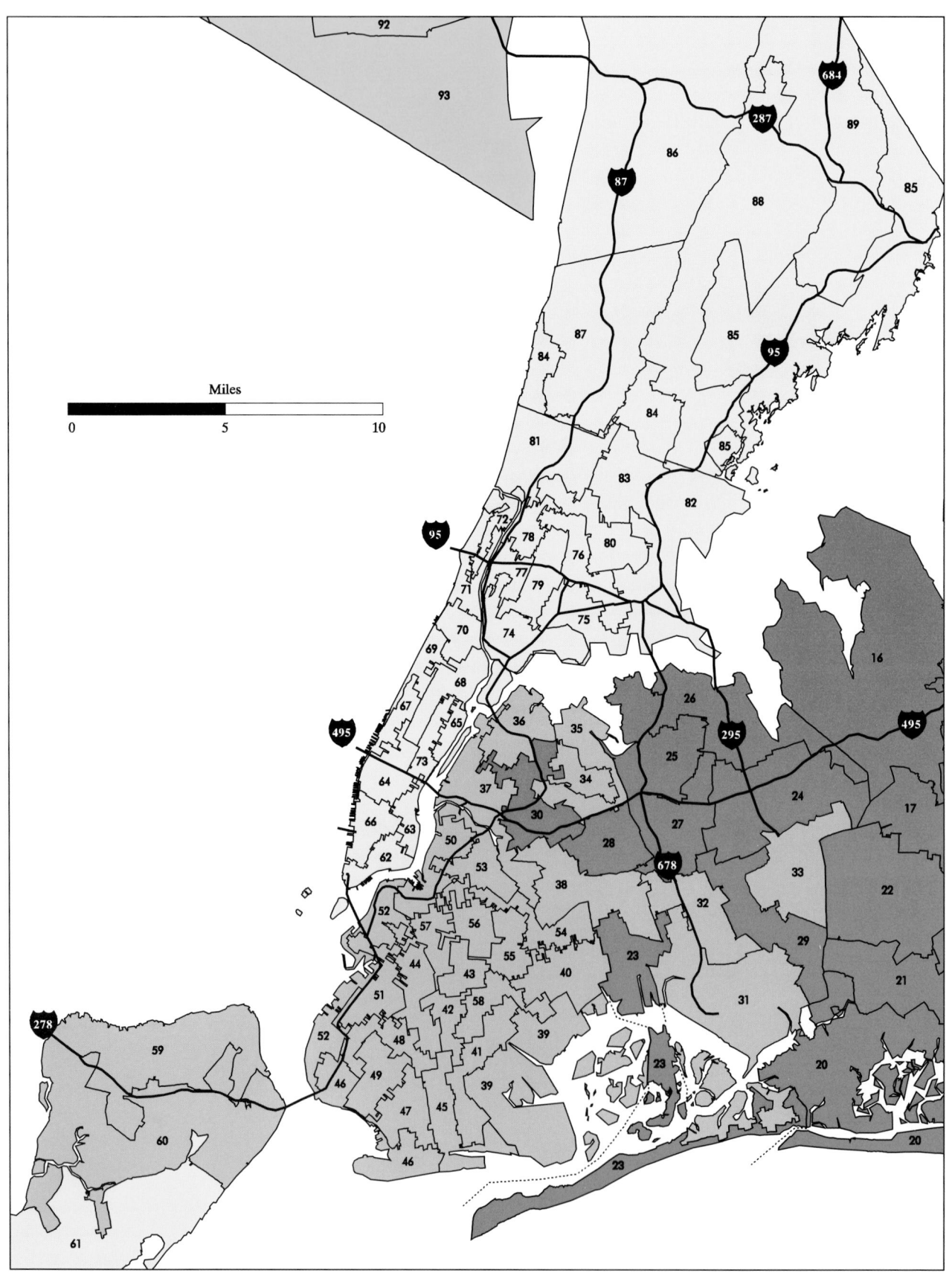

# BUFFALO
## State Assembly Districts

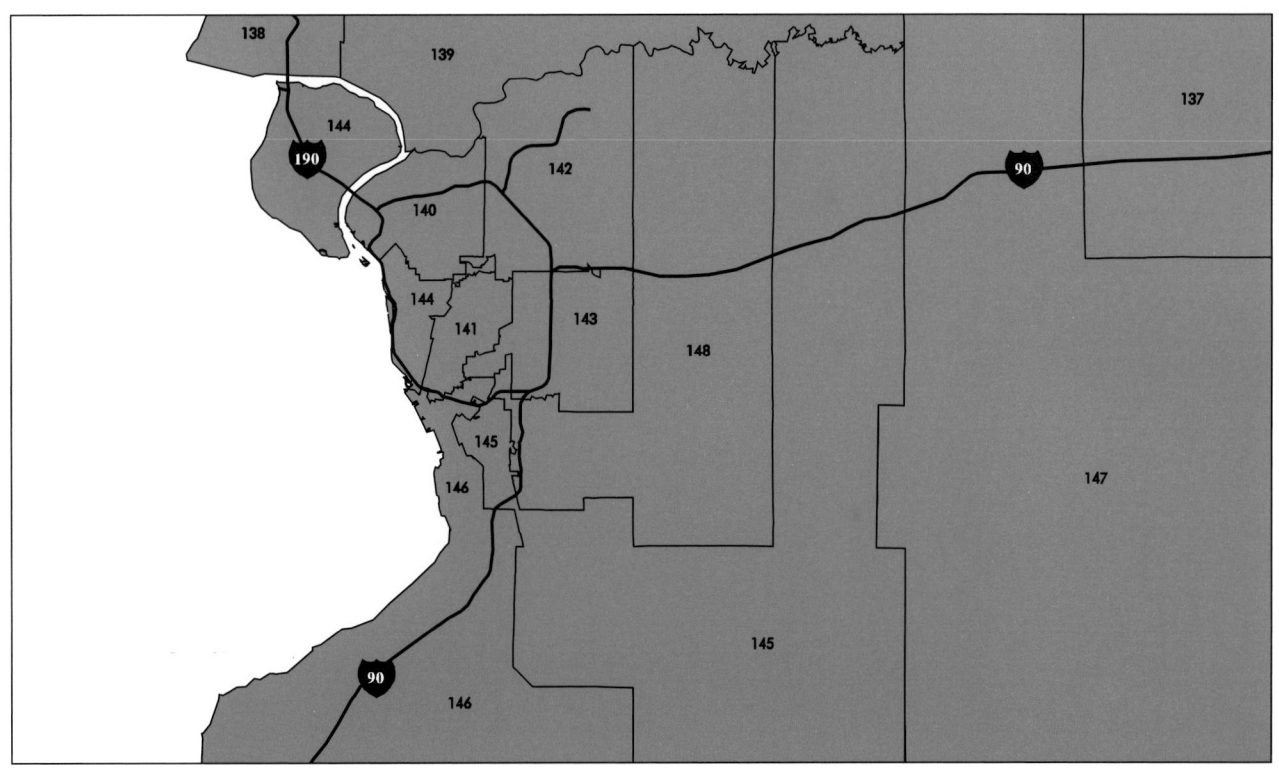

# LONG ISLAND
## State Assembly Districts

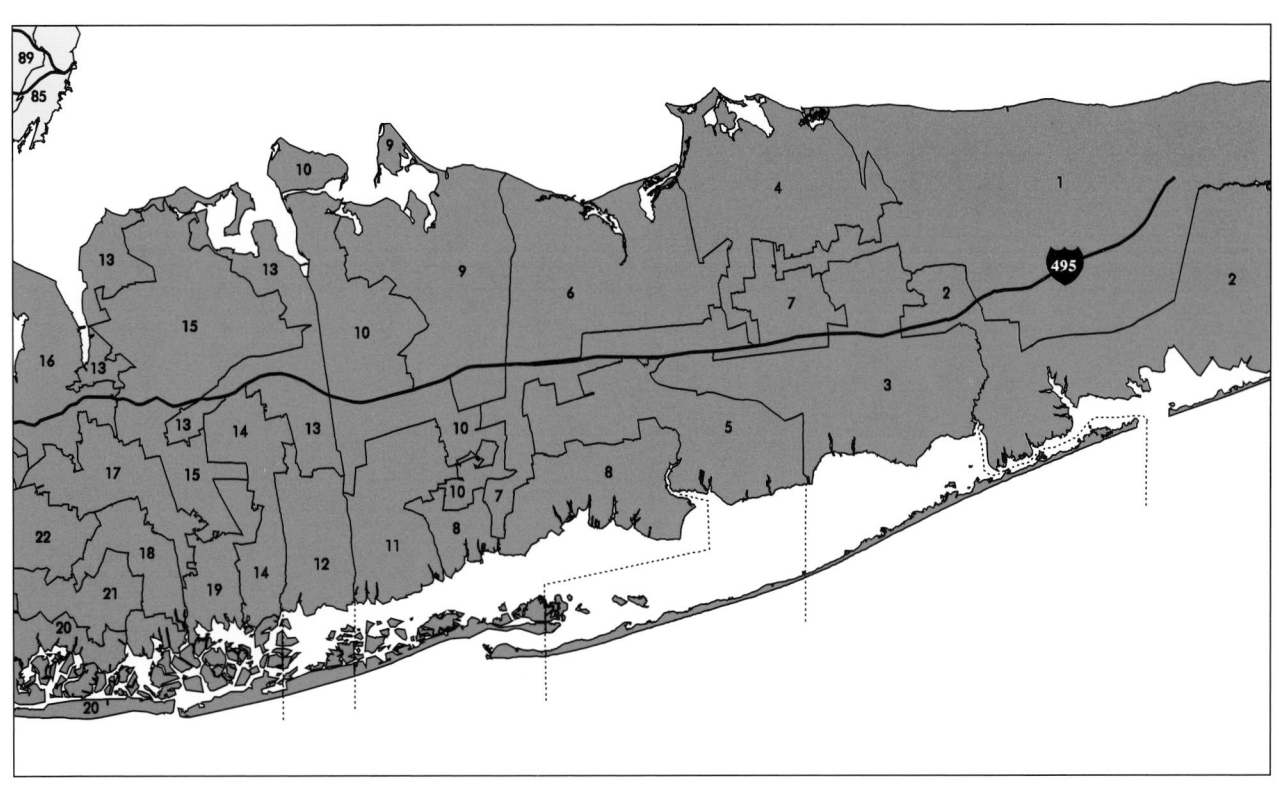

# New York State Assembly Districts: Demographic Data

| Assembly District | Household Income Avg. ($) | Household Income > $50K (%) | Household Income >$100K (%) | College Educ. (%) | Manf. (%) | Employment Type Service (%) | Employment Type Govt. (%) | Farm (%) | Age 55+ (%) | Receives Soc. Sec. (%) | African Amer. (%) | Hispanic Amer. (%) | Asian Amer. (%) |
|---|---|---|---|---|---|---|---|---|---|---|---|---|---|
| N.Y. | 44,063 | 30 | 7 | 30 | 20 | 73 | 5 | 1 | 22 | 27 | 16 | 12 | 4 |
| 1 | 45,866 | 38 | 6 | 28 | 19 | 71 | 7 | 3 | 24 | 33 | 4 | 3 | 1 |
| 2 | 48,710 | 35 | 7 | 27 | 21 | 68 | 7 | 4 | 23 | 30 | 5 | 5 | 1 |
| 3 | 49,127 | 44 | 6 | 25 | 22 | 69 | 7 | 1 | 16 | 23 | 7 | 7 | 2 |
| 4 | 61,630 | 56 | 13 | 40 | 17 | 77 | 5 | 1 | 15 | 20 | 3 | 4 | 4 |
| 5 | 52,446 | 49 | 8 | 23 | 26 | 67 | 6 | 1 | 17 | 23 | 12 | 21 | 1 |
| 6 | 66,955 | 60 | 16 | 38 | 21 | 73 | 5 | 1 | 21 | 23 | 1 | 3 | 2 |
| 7 | 52,876 | 49 | 7 | 23 | 25 | 68 | 6 | 1 | 16 | 21 | 3 | 8 | 2 |
| 8 | 58,099 | 50 | 11 | 28 | 22 | 72 | 5 | 1 | 21 | 26 | 4 | 6 | 1 |
| 9 | 73,690 | 62 | 21 | 46 | 20 | 75 | 3 | 2 | 22 | 23 | 3 | 3 | 3 |
| 10 | 68,076 | 55 | 16 | 35 | 22 | 73 | 4 | 1 | 22 | 25 | 5 | 6 | 2 |
| 11 | 50,644 | 45 | 7 | 21 | 24 | 71 | 4 | 1 | 20 | 27 | 23 | 7 | 1 |
| 12 | 62,327 | 57 | 13 | 30 | 19 | 74 | 6 | 1 | 25 | 30 | 3 | 3 | 2 |
| 13 | 81,953 | 61 | 24 | 45 | 19 | 77 | 3 | 1 | 26 | 26 | 10 | 6 | 3 |
| 14 | 58,942 | 54 | 11 | 30 | 19 | 75 | 5 | 1 | 25 | 30 | 0 | 4 | 3 |
| 15 | 81,522 | 60 | 21 | 39 | 17 | 77 | 5 | 1 | 25 | 30 | 4 | 5 | 4 |
| 16 | 101,657 | 65 | 33 | 54 | 14 | 82 | 3 | 1 | 29 | 28 | 3 | 5 | 7 |
| 17 | 64,035 | 54 | 15 | 36 | 16 | 76 | 6 | 1 | 28 | 34 | 5 | 5 | 4 |
| 18 | 47,901 | 40 | 7 | 25 | 16 | 78 | 5 | 1 | 17 | 24 | 58 | 17 | 1 |
| 19 | 66,943 | 58 | 16 | 35 | 16 | 78 | 5 | 1 | 23 | 28 | 2 | 4 | 2 |
| 20 | 74,310 | 54 | 20 | 42 | 16 | 80 | 4 | 1 | 28 | 29 | 5 | 6 | 2 |
| 21 | 58,795 | 50 | 13 | 36 | 14 | 79 | 6 | 1 | 27 | 34 | 2 | 5 | 2 |
| 22 | 55,965 | 49 | 10 | 30 | 16 | 78 | 5 | 1 | 28 | 35 | 6 | 6 | 4 |
| 23 | 41,977 | 32 | 5 | 21 | 15 | 78 | 7 | 0 | 28 | 33 | 11 | 13 | 4 |
| 24 | 52,211 | 44 | 9 | 37 | 15 | 79 | 5 | 0 | 31 | 35 | 4 | 7 | 14 |
| 25 | 38,671 | 26 | 4 | 31 | 19 | 77 | 4 | 1 | 23 | 25 | 8 | 20 | 34 |
| 26 | 54,275 | 44 | 11 | 34 | 17 | 78 | 4 | 0 | 32 | 33 | 2 | 7 | 9 |
| 27 | 44,485 | 34 | 6 | 32 | 17 | 78 | 5 | 0 | 26 | 27 | 8 | 15 | 12 |
| 28 | 45,822 | 34 | 7 | 39 | 15 | 81 | 4 | 0 | 34 | 32 | 2 | 9 | 12 |
| 29 | 43,369 | 35 | 5 | 23 | 14 | 80 | 7 | 0 | 21 | 27 | 67 | 14 | 8 |
| 30 | 38,382 | 27 | 4 | 24 | 20 | 76 | 4 | 0 | 27 | 29 | 3 | 23 | 17 |
| 31 | 38,518 | 30 | 4 | 17 | 13 | 80 | 7 | 0 | 19 | 24 | 63 | 18 | 4 |
| 32 | 36,823 | 25 | 3 | 20 | 16 | 77 | 7 | 0 | 19 | 25 | 62 | 20 | 5 |
| 33 | 48,118 | 42 | 6 | 23 | 12 | 80 | 7 | 0 | 21 | 28 | 68 | 10 | 5 |
| 34 | 34,783 | 22 | 3 | 20 | 24 | 73 | 2 | 0 | 19 | 23 | 8 | 55 | 17 |
| 35 | 35,461 | 22 | 3 | 26 | 19 | 77 | 4 | 0 | 19 | 20 | 26 | 34 | 26 |
| 36 | 34,413 | 22 | 3 | 24 | 21 | 75 | 3 | 0 | 25 | 27 | 2 | 19 | 9 |
| 37 | 30,654 | 17 | 2 | 19 | 24 | 72 | 4 | 0 | 21 | 25 | 14 | 31 | 12 |
| 38 | 38,226 | 28 | 3 | 18 | 20 | 75 | 5 | 0 | 27 | 33 | 2 | 16 | 6 |
| 39 | 43,566 | 34 | 6 | 22 | 15 | 79 | 6 | 0 | 29 | 34 | 6 | 6 | 4 |
| 40 | 24,956 | 14 | 1 | 11 | 15 | 78 | 7 | 0 | 13 | 16 | 75 | 27 | 1 |
| 41 | 42,878 | 33 | 6 | 28 | 12 | 82 | 6 | 0 | 27 | 33 | 33 | 7 | 4 |
| 42 | 33,372 | 20 | 2 | 22 | 13 | 82 | 5 | 0 | 12 | 14 | 78 | 14 | 4 |
| 43 | 31,426 | 18 | 2 | 21 | 13 | 81 | 6 | 0 | 17 | 18 | 85 | 8 | 1 |
| 44 | 46,057 | 32 | 8 | 41 | 14 | 80 | 5 | 0 | 21 | 23 | 17 | 15 | 8 |
| 45 | 38,295 | 26 | 5 | 28 | 15 | 80 | 5 | 0 | 32 | 37 | 2 | 6 | 8 |
| 46 | 29,123 | 17 | 3 | 20 | 16 | 78 | 6 | 0 | 31 | 34 | 20 | 16 | 6 |
| 47 | 34,550 | 23 | 3 | 18 | 19 | 76 | 4 | 0 | 31 | 35 | 1 | 8 | 10 |
| 48 | 34,835 | 22 | 4 | 20 | 20 | 75 | 4 | 0 | 24 | 32 | 3 | 14 | 11 |
| 49 | 34,673 | 23 | 3 | 15 | 20 | 75 | 4 | 1 | 28 | 35 | 0 | 7 | 9 |
| 50 | 29,219 | 17 | 3 | 18 | 24 | 71 | 5 | 1 | 19 | 24 | 23 | 22 | 3 |

# New York State Assembly Districts: Demographic Data (cont.)

| Assembly District | Household Income Avg. ($) | Household Income > $50K (%) | Household Income >$100K (%) | College Educ. (%) | Manf. (%) | Employment Type Service (%) | Employment Type Govt. (%) | Farm (%) | Age 55+ (%) | Receives Soc. Sec. (%) | African Amer. (%) | Hispanic Amer. (%) | Asian Amer. (%) |
|---|---|---|---|---|---|---|---|---|---|---|---|---|---|
| N.Y. | 44,063 | 30 | 7 | 30 | 20 | 73 | 5 | 1 | 22 | 27 | 16 | 12 | 4 |
| 51 | 28,118 | 16 | 2 | 17 | 21 | 74 | 4 | 0 | 16 | 21 | 17 | 56 | 8 |
| 52 | 52,032 | 36 | 11 | 44 | 14 | 80 | 6 | 0 | 24 | 25 | 7 | 14 | 6 |
| 53 | 21,465 | 9 | 1 | 9 | 31 | 64 | 4 | 0 | 15 | 20 | 17 | 69 | 5 |
| 54 | 23,942 | 12 | 1 | 8 | 26 | 69 | 5 | 0 | 12 | 17 | 34 | 63 | 4 |
| 55 | 21,792 | 10 | 1 | 10 | 15 | 77 | 8 | 0 | 14 | 19 | 87 | 16 | 0 |
| 56 | 24,456 | 13 | 2 | 13 | 15 | 76 | 9 | 0 | 17 | 20 | 90 | 12 | 1 |
| 57 | 32,418 | 21 | 3 | 29 | 13 | 79 | 7 | 0 | 16 | 18 | 79 | 12 | 2 |
| 58 | 36,094 | 25 | 3 | 19 | 12 | 82 | 5 | 0 | 16 | 16 | 88 | 7 | 1 |
| 59 | 43,334 | 35 | 6 | 26 | 11 | 80 | 9 | 0 | 20 | 26 | 20 | 13 | 4 |
| 60 | 52,086 | 43 | 9 | 27 | 12 | 81 | 7 | 0 | 21 | 25 | 3 | 6 | 6 |
| 61 | 56,397 | 50 | 10 | 25 | 13 | 79 | 8 | 0 | 18 | 24 | 1 | 5 | 3 |
| 62 | 30,850 | 17 | 4 | 22 | 26 | 69 | 4 | 0 | 26 | 29 | 9 | 22 | 44 |
| 63 | 49,655 | 33 | 11 | 51 | 14 | 82 | 4 | 0 | 22 | 20 | 11 | 26 | 7 |
| 64 | 57,013 | 37 | 14 | 56 | 14 | 83 | 2 | 0 | 24 | 19 | 9 | 15 | 6 |
| 65 | 75,820 | 47 | 20 | 68 | 11 | 86 | 3 | 0 | 23 | 16 | 4 | 6 | 5 |
| 66 | 63,450 | 40 | 16 | 67 | 13 | 84 | 3 | 0 | 18 | 15 | 5 | 8 | 6 |
| 67 | 70,601 | 43 | 18 | 65 | 12 | 85 | 3 | 0 | 23 | 17 | 8 | 13 | 4 |
| 68 | 30,094 | 13 | 4 | 18 | 15 | 79 | 6 | 0 | 20 | 23 | 45 | 51 | 2 |
| 69 | 51,610 | 32 | 12 | 55 | 11 | 86 | 3 | 0 | 21 | 20 | 24 | 22 | 6 |
| 70 | 20,814 | 9 | 1 | 15 | 15 | 77 | 7 | 0 | 22 | 27 | 79 | 27 | 1 |
| 71 | 28,673 | 16 | 2 | 25 | 16 | 79 | 5 | 0 | 24 | 27 | 45 | 41 | 2 |
| 72 | 25,178 | 12 | 1 | 14 | 25 | 72 | 3 | 0 | 16 | 19 | 22 | 77 | 2 |
| 73 | 125,408 | 58 | 34 | 69 | 12 | 86 | 2 | 0 | 32 | 22 | 2 | 5 | 5 |
| 74 | 17,683 | 6 | 0 | 8 | 20 | 74 | 6 | 0 | 14 | 18 | 39 | 67 | 1 |
| 75 | 23,651 | 12 | 1 | 11 | 19 | 75 | 6 | 0 | 15 | 19 | 41 | 63 | 1 |
| 76 | 28,735 | 16 | 1 | 16 | 16 | 77 | 7 | 0 | 17 | 22 | 31 | 57 | 5 |
| 77 | 20,758 | 8 | 1 | 11 | 18 | 77 | 5 | 0 | 12 | 14 | 55 | 52 | 2 |
| 78 | 23,276 | 10 | 1 | 13 | 19 | 76 | 5 | 0 | 13 | 16 | 37 | 60 | 5 |
| 79 | 18,620 | 7 | 0 | 9 | 18 | 76 | 6 | 0 | 15 | 20 | 51 | 48 | 1 |
| 80 | 32,430 | 20 | 2 | 20 | 16 | 79 | 5 | 0 | 29 | 33 | 13 | 26 | 5 |
| 81 | 42,108 | 29 | 6 | 32 | 14 | 81 | 5 | 0 | 29 | 31 | 14 | 24 | 5 |
| 82 | 37,815 | 28 | 4 | 18 | 14 | 78 | 7 | 0 | 31 | 36 | 20 | 20 | 2 |
| 83 | 37,518 | 27 | 4 | 20 | 14 | 80 | 6 | 0 | 22 | 27 | 67 | 19 | 2 |
| 84 | 35,104 | 24 | 3 | 22 | 19 | 75 | 5 | 1 | 21 | 26 | 45 | 21 | 3 |
| 85 | 81,116 | 53 | 23 | 46 | 17 | 79 | 3 | 2 | 26 | 28 | 6 | 11 | 3 |
| 86 | 77,585 | 58 | 23 | 49 | 18 | 77 | 4 | 1 | 24 | 25 | 11 | 7 | 6 |
| 87 | 51,572 | 41 | 9 | 31 | 19 | 76 | 5 | 1 | 31 | 35 | 5 | 8 | 3 |
| 88 | 77,760 | 50 | 21 | 47 | 15 | 80 | 4 | 1 | 26 | 29 | 16 | 10 | 5 |
| 89 | 102,908 | 66 | 32 | 54 | 19 | 76 | 3 | 2 | 22 | 23 | 3 | 4 | 3 |
| 90 | 63,641 | 52 | 15 | 40 | 20 | 74 | 4 | 1 | 22 | 24 | 10 | 7 | 2 |
| 91 | 57,105 | 50 | 10 | 32 | 23 | 69 | 5 | 2 | 18 | 23 | 3 | 3 | 1 |
| 92 | 66,807 | 58 | 17 | 41 | 20 | 74 | 5 | 1 | 19 | 21 | 8 | 9 | 4 |
| 93 | 60,292 | 50 | 14 | 39 | 19 | 77 | 4 | 1 | 21 | 22 | 14 | 5 | 5 |
| 94 | 51,592 | 44 | 8 | 35 | 20 | 72 | 6 | 1 | 17 | 23 | 3 | 4 | 2 |
| 95 | 46,625 | 38 | 5 | 26 | 22 | 69 | 6 | 3 | 18 | 24 | 5 | 6 | 1 |
| 96 | 39,026 | 29 | 4 | 25 | 28 | 65 | 5 | 2 | 21 | 27 | 19 | 10 | 1 |
| 97 | 47,914 | 40 | 6 | 36 | 29 | 65 | 4 | 1 | 21 | 26 | 4 | 2 | 3 |
| 98 | 35,320 | 22 | 3 | 22 | 21 | 70 | 7 | 3 | 22 | 30 | 7 | 7 | 1 |
| 99 | 47,823 | 36 | 7 | 32 | 29 | 62 | 5 | 3 | 21 | 27 | 4 | 3 | 2 |
| 100 | 35,406 | 21 | 2 | 24 | 29 | 61 | 6 | 4 | 21 | 29 | 3 | 2 | 0 |

## New York State Assembly Districts: Demographic Data (cont.)

| Assembly District | Household Income Avg. ($) | Household Income > $50K (%) | Household Income >$100K (%) | College Educ. (%) | Manf. (%) | Employment Type Service (%) | Employment Type Govt. (%) | Farm (%) | Age 55+ (%) | Receives Soc. Sec. (%) | African Amer. (%) | Hispanic Amer. (%) | Asian Amer. (%) |
|---|---|---|---|---|---|---|---|---|---|---|---|---|---|
| N.Y. | 44,063 | 30 | 7 | 30 | 20 | 73 | 5 | 1 | 22 | 27 | 16 | 12 | 4 |
| 101 | 38,907 | 27 | 4 | 30 | 27 | 65 | 5 | 2 | 22 | 28 | 5 | 4 | 1 |
| 102 | 39,926 | 26 | 4 | 30 | 18 | 67 | 11 | 4 | 23 | 31 | 2 | 2 | 1 |
| 103 | 40,637 | 28 | 4 | 35 | 22 | 69 | 8 | 1 | 23 | 30 | 4 | 2 | 1 |
| 104 | 40,572 | 28 | 5 | 43 | 11 | 71 | 17 | 1 | 23 | 27 | 6 | 2 | 2 |
| 105 | 32,749 | 18 | 2 | 23 | 24 | 65 | 9 | 2 | 28 | 36 | 2 | 3 | 1 |
| 106 | 30,192 | 17 | 2 | 24 | 16 | 68 | 15 | 1 | 22 | 29 | 15 | 2 | 1 |
| 107 | 49,671 | 40 | 7 | 41 | 17 | 69 | 14 | 1 | 21 | 24 | 2 | 1 | 2 |
| 108 | 38,555 | 26 | 3 | 30 | 21 | 66 | 11 | 2 | 22 | 28 | 1 | 1 | 1 |
| 109 | 33,735 | 19 | 2 | 26 | 23 | 66 | 8 | 2 | 23 | 31 | 1 | 1 | 0 |
| 110 | 29,594 | 15 | 1 | 21 | 21 | 63 | 12 | 4 | 19 | 27 | 4 | 2 | 1 |
| 111 | 34,830 | 20 | 3 | 30 | 22 | 69 | 3 | 5 | 20 | 29 | 1 | 1 | 1 |
| 112 | 29,354 | 15 | 1 | 23 | 21 | 65 | 7 | 7 | 20 | 29 | 1 | 1 | 1 |
| 113 | 28,245 | 12 | 1 | 21 | 32 | 59 | 5 | 3 | 26 | 35 | 1 | 1 | 0 |
| 114 | 30,863 | 16 | 2 | 22 | 22 | 62 | 10 | 5 | 18 | 27 | 6 | 3 | 1 |
| 115 | 36,978 | 23 | 3 | 29 | 24 | 67 | 7 | 2 | 25 | 32 | 1 | 1 | 1 |
| 116 | 26,823 | 12 | 1 | 20 | 20 | 69 | 10 | 1 | 24 | 33 | 11 | 4 | 1 |
| 117 | 33,439 | 21 | 2 | 20 | 30 | 65 | 3 | 2 | 18 | 27 | 1 | 1 | 0 |
| 118 | 41,128 | 30 | 2 | 32 | 24 | 71 | 4 | 1 | 18 | 22 | 2 | 1 | 1 |
| 119 | 36,289 | 23 | 5 | 35 | 18 | 77 | 3 | 1 | 20 | 25 | 24 | 3 | 2 |
| 120 | 29,469 | 15 | 2 | 27 | 18 | 76 | 4 | 1 | 27 | 34 | 7 | 2 | 2 |
| 121 | 47,232 | 36 | 6 | 41 | 23 | 71 | 3 | 2 | 22 | 26 | 1 | 1 | 1 |
| 122 | 31,059 | 15 | 2 | 23 | 29 | 60 | 4 | 7 | 25 | 33 | 1 | 1 | 0 |
| 123 | 36,432 | 24 | 2 | 31 | 37 | 59 | 3 | 2 | 23 | 29 | 1 | 1 | 1 |
| 124 | 34,345 | 21 | 3 | 30 | 30 | 66 | 4 | 1 | 24 | 31 | 3 | 1 | 2 |
| 125 | 34,528 | 21 | 4 | 44 | 17 | 78 | 3 | 3 | 16 | 22 | 3 | 2 | 4 |
| 126 | 32,406 | 17 | 2 | 22 | 30 | 59 | 5 | 6 | 22 | 30 | 3 | 1 | 0 |
| 127 | 31,738 | 17 | 2 | 23 | 28 | 64 | 6 | 2 | 24 | 32 | 4 | 1 | 1 |
| 128 | 35,910 | 23 | 2 | 23 | 34 | 57 | 4 | 4 | 21 | 27 | 3 | 2 | 0 |
| 129 | 37,115 | 23 | 3 | 28 | 29 | 63 | 4 | 5 | 22 | 29 | 2 | 1 | 0 |
| 130 | 31,044 | 16 | 2 | 23 | 33 | 58 | 4 | 5 | 24 | 31 | 1 | 1 | 1 |
| 131 | 30,581 | 18 | 2 | 30 | 31 | 66 | 3 | 1 | 20 | 25 | 15 | 6 | 2 |
| 132 | 45,150 | 33 | 6 | 43 | 27 | 69 | 3 | 1 | 30 | 33 | 3 | 2 | 2 |
| 133 | 28,675 | 17 | 1 | 19 | 34 | 62 | 3 | 0 | 17 | 24 | 48 | 10 | 1 |
| 134 | 41,292 | 31 | 3 | 28 | 41 | 56 | 2 | 1 | 22 | 28 | 3 | 2 | 1 |
| 135 | 53,271 | 46 | 9 | 48 | 33 | 63 | 2 | 1 | 20 | 22 | 1 | 1 | 2 |
| 136 | 50,584 | 38 | 9 | 42 | 27 | 68 | 3 | 3 | 18 | 23 | 3 | 2 | 2 |
| 137 | 38,915 | 28 | 2 | 27 | 34 | 59 | 4 | 3 | 18 | 25 | 3 | 1 | 1 |
| 138 | 31,312 | 18 | 2 | 21 | 30 | 64 | 4 | 2 | 27 | 35 | 9 | 1 | 0 |
| 139 | 34,122 | 20 | 2 | 24 | 33 | 61 | 4 | 2 | 23 | 30 | 2 | 1 | 0 |
| 140 | 33,856 | 20 | 1 | 31 | 21 | 74 | 4 | 1 | 30 | 36 | 1 | 1 | 1 |
| 141 | 21,024 | 8 | 1 | 19 | 21 | 73 | 6 | 0 | 22 | 28 | 72 | 2 | 1 |
| 142 | 51,265 | 38 | 9 | 49 | 16 | 80 | 4 | 1 | 25 | 29 | 3 | 1 | 4 |
| 143 | 30,052 | 16 | 1 | 18 | 26 | 70 | 4 | 0 | 30 | 38 | 2 | 1 | 0 |
| 144 | 29,780 | 16 | 3 | 30 | 21 | 74 | 4 | 1 | 23 | 29 | 9 | 10 | 1 |
| 145 | 37,287 | 24 | 3 | 28 | 25 | 68 | 5 | 2 | 25 | 32 | 1 | 1 | 0 |
| 146 | 35,065 | 22 | 2 | 24 | 25 | 68 | 5 | 2 | 23 | 31 | 3 | 2 | 0 |
| 147 | 32,933 | 18 | 1 | 20 | 31 | 56 | 5 | 8 | 21 | 28 | 2 | 1 | 0 |
| 148 | 39,856 | 28 | 3 | 28 | 25 | 70 | 4 | 1 | 26 | 32 | 0 | 1 | 0 |
| 149 | 29,152 | 14 | 2 | 22 | 30 | 62 | 3 | 4 | 24 | 32 | 1 | 1 | 0 |
| 150 | 28,922 | 14 | 1 | 23 | 30 | 63 | 4 | 4 | 25 | 33 | 2 | 3 | 0 |

# NORTH CAROLINA
## State Senate Districts

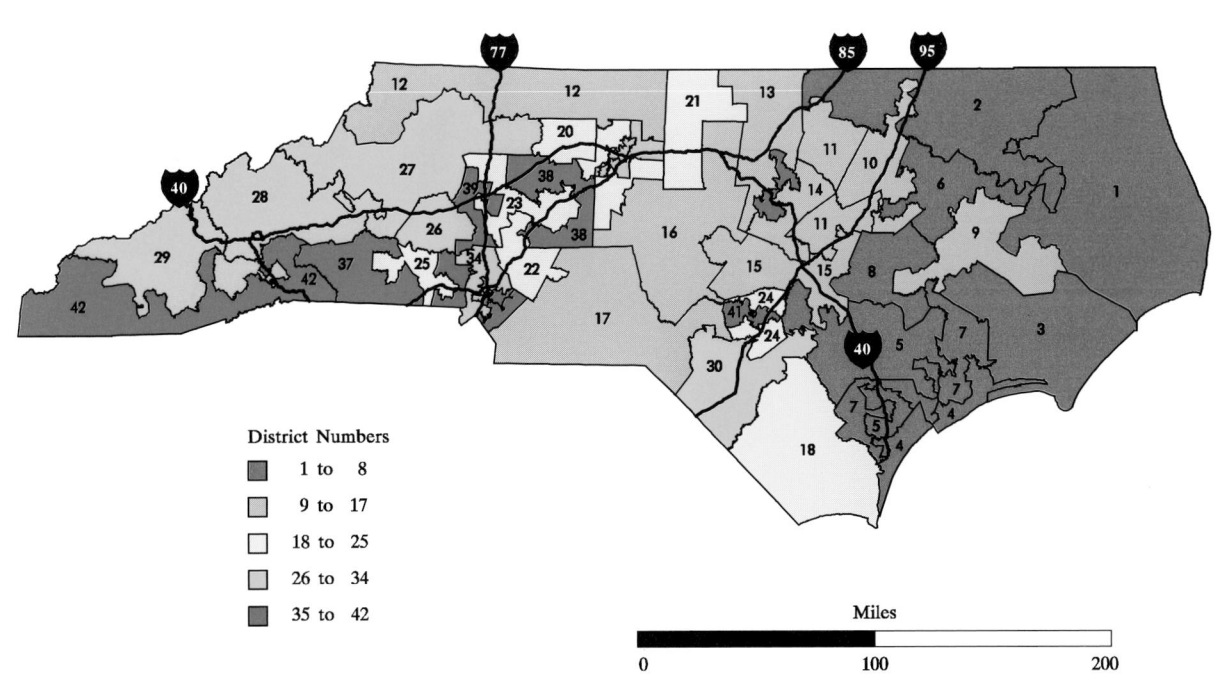

**District Numbers**

- 1 to 8
- 9 to 17
- 18 to 25
- 26 to 34
- 35 to 42

Miles

0    100    200

## CHARLOTTE

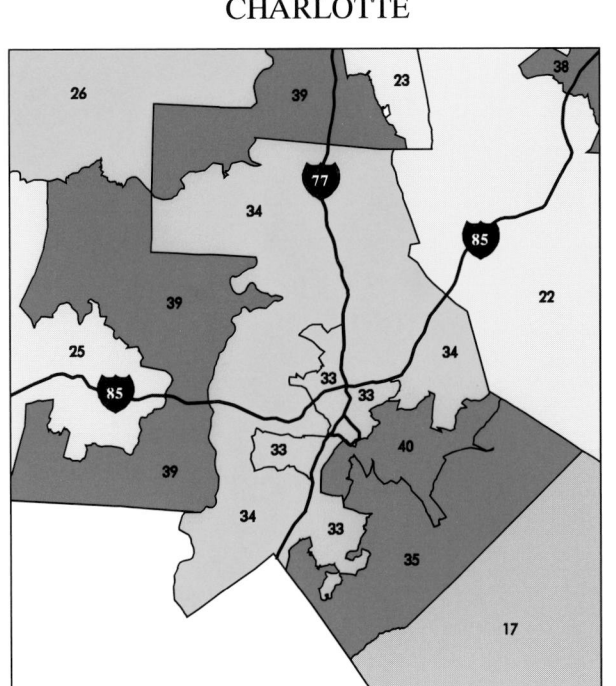

## GREENSBORO

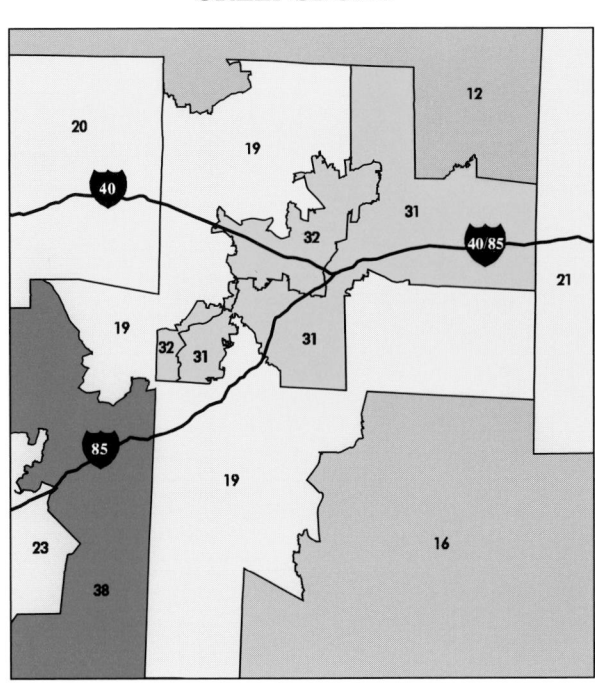

# North Carolina State Senate Districts: Demographic Data

| Senate District | Household Income Avg. ($) | Household Income > $50K (%) | Household Income >$100K (%) | College Educ. (%) | Manf. (%) | Employment Type Service (%) | Employment Type Govt. (%) | Employment Type Farm (%) | Age 55+ (%) | Receives Soc. Sec. (%) | African Amer. (%) | Hispanic Amer. (%) | Asian Amer. (%) |
|---|---|---|---|---|---|---|---|---|---|---|---|---|---|
| N.C. | 33,243 | 18 | 3 | 24 | 35 | 59 | 4 | 3 | 21 | 26 | 22 | 1 | 1 |
| 1 | 29,787 | 14 | 2 | 19 | 27 | 58 | 7 | 7 | 24 | 31 | 26 | 1 | 0 |
| 2 | 23,721 | 9 | 1 | 13 | 41 | 47 | 5 | 8 | 26 | 35 | 59 | 0 | 0 |
| 3 | 30,056 | 14 | 2 | 22 | 24 | 62 | 10 | 5 | 22 | 26 | 21 | 2 | 1 |
| 4 | 36,229 | 22 | 3 | 29 | 24 | 68 | 5 | 3 | 21 | 24 | 8 | 1 | 1 |
| 5 | 27,128 | 11 | 1 | 17 | 32 | 54 | 6 | 8 | 20 | 26 | 28 | 3 | 1 |
| 6 | 24,649 | 11 | 1 | 14 | 40 | 52 | 3 | 5 | 22 | 29 | 58 | 1 | 0 |
| 7 | 22,742 | 8 | 0 | 17 | 29 | 62 | 6 | 3 | 13 | 24 | 43 | 4 | 1 |
| 8 | 27,711 | 12 | 1 | 19 | 32 | 57 | 5 | 6 | 19 | 26 | 32 | 1 | 1 |
| 9 | 31,605 | 17 | 2 | 27 | 30 | 62 | 3 | 4 | 20 | 26 | 26 | 1 | 1 |
| 10 | 31,688 | 16 | 2 | 19 | 36 | 57 | 3 | 4 | 22 | 27 | 32 | 1 | 0 |
| 11 | 31,345 | 16 | 2 | 20 | 37 | 54 | 5 | 4 | 22 | 28 | 29 | 1 | 0 |
| 12 | 28,945 | 14 | 2 | 16 | 44 | 50 | 2 | 4 | 23 | 30 | 9 | 1 | 0 |
| 13 | 36,457 | 24 | 3 | 36 | 25 | 70 | 4 | 2 | 19 | 22 | 35 | 1 | 1 |
| 14 | 38,160 | 25 | 4 | 37 | 21 | 69 | 8 | 2 | 17 | 20 | 27 | 1 | 2 |
| 15 | 27,846 | 13 | 1 | 18 | 39 | 51 | 5 | 5 | 22 | 29 | 22 | 2 | 0 |
| 16 | 35,355 | 20 | 4 | 32 | 34 | 60 | 3 | 3 | 23 | 27 | 15 | 1 | 1 |
| 17 | 30,473 | 15 | 2 | 16 | 46 | 48 | 3 | 4 | 21 | 29 | 24 | 1 | 0 |
| 18 | 26,748 | 12 | 1 | 16 | 35 | 56 | 4 | 6 | 25 | 33 | 26 | 1 | 0 |
| 19 | 42,813 | 29 | 5 | 30 | 36 | 60 | 3 | 2 | 19 | 21 | 5 | 1 | 1 |
| 20 | 39,068 | 24 | 4 | 31 | 28 | 68 | 3 | 1 | 22 | 24 | 25 | 1 | 1 |
| 21 | 32,457 | 17 | 2 | 20 | 43 | 52 | 3 | 2 | 25 | 30 | 23 | 1 | 0 |
| 22 | 34,000 | 20 | 2 | 18 | 40 | 56 | 2 | 2 | 23 | 28 | 12 | 1 | 0 |
| 23 | 30,453 | 15 | 2 | 19 | 46 | 49 | 3 | 3 | 25 | 30 | 23 | 1 | 0 |
| 24 | 33,012 | 18 | 2 | 26 | 24 | 67 | 8 | 2 | 16 | 18 | 22 | 4 | 2 |
| 25 | 31,703 | 17 | 2 | 18 | 47 | 49 | 2 | 2 | 23 | 29 | 17 | 1 | 0 |
| 26 | 34,766 | 18 | 2 | 21 | 50 | 47 | 2 | 1 | 21 | 25 | 9 | 1 | 1 |
| 27 | 28,884 | 13 | 1 | 14 | 50 | 44 | 2 | 5 | 23 | 28 | 4 | 1 | 0 |
| 28 | 29,698 | 13 | 2 | 23 | 37 | 57 | 3 | 3 | 26 | 32 | 7 | 1 | 1 |
| 29 | 28,255 | 13 | 1 | 22 | 33 | 60 | 4 | 4 | 30 | 36 | 3 | 1 | 0 |
| 30 | 25,626 | 10 | 1 | 16 | 46 | 45 | 4 | 5 | 19 | 27 | 27 | 1 | 0 |
| 31 | 29,093 | 14 | 1 | 19 | 35 | 60 | 3 | 1 | 20 | 27 | 52 | 1 | 1 |
| 32 | 40,685 | 24 | 6 | 38 | 26 | 71 | 3 | 1 | 22 | 24 | 16 | 1 | 2 |
| 33 | 34,542 | 20 | 3 | 28 | 24 | 73 | 2 | 1 | 17 | 21 | 57 | 1 | 2 |
| 34 | 39,083 | 28 | 3 | 27 | 25 | 71 | 3 | 1 | 16 | 20 | 25 | 1 | 1 |
| 35 | 61,232 | 49 | 11 | 52 | 19 | 78 | 2 | 1 | 16 | 17 | 4 | 1 | 2 |
| 36 | 52,448 | 43 | 8 | 55 | 22 | 71 | 6 | 1 | 12 | 12 | 9 | 1 | 3 |
| 37 | 30,118 | 14 | 2 | 17 | 52 | 44 | 2 | 2 | 24 | 30 | 16 | 1 | 0 |
| 38 | 34,498 | 20 | 2 | 19 | 46 | 50 | 2 | 2 | 22 | 25 | 7 | 0 | 0 |
| 39 | 35,681 | 21 | 2 | 19 | 45 | 52 | 2 | 2 | 20 | 26 | 9 | 1 | 1 |
| 40 | 36,123 | 20 | 3 | 35 | 19 | 77 | 3 | 1 | 18 | 20 | 22 | 2 | 2 |
| 41 | 28,200 | 12 | 1 | 25 | 20 | 68 | 10 | 2 | 9 | 14 | 43 | 6 | 3 |
| 42 | 30,958 | 16 | 2 | 23 | 40 | 54 | 3 | 4 | 31 | 36 | 2 | 1 | 0 |

# NORTH CAROLINA
## State House Districts

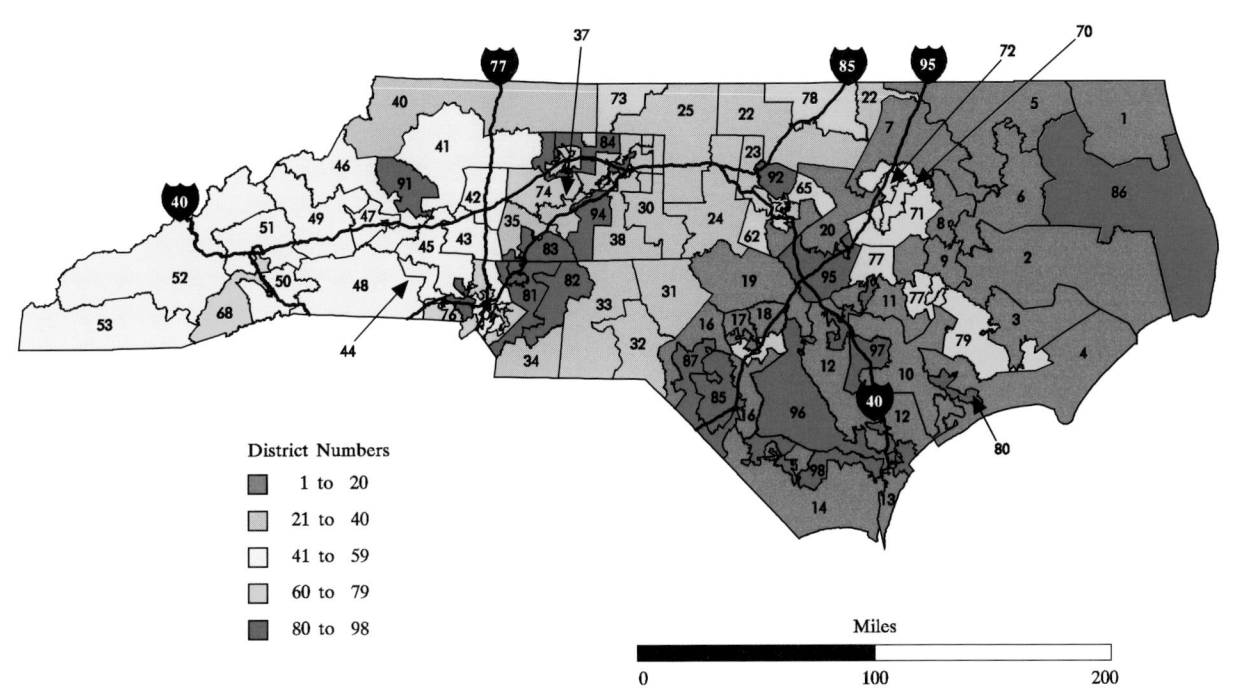

District Numbers

- 1 to 20
- 21 to 40
- 41 to 59
- 60 to 79
- 80 to 98

Miles

0            100            200

## RALEIGH

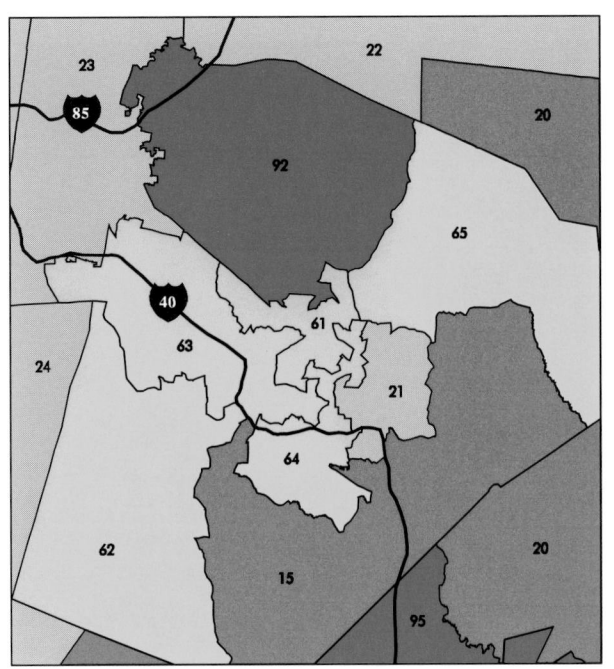

## FAYETTEVILLE

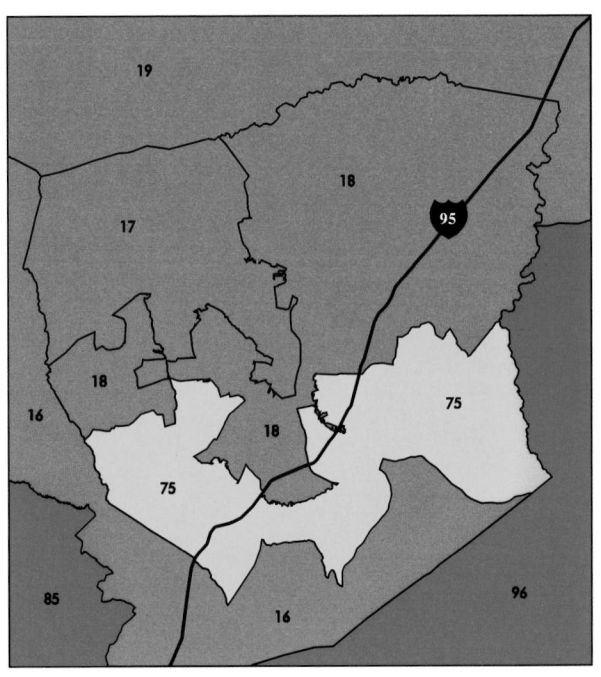

# GREENSBORO
## State House Districts

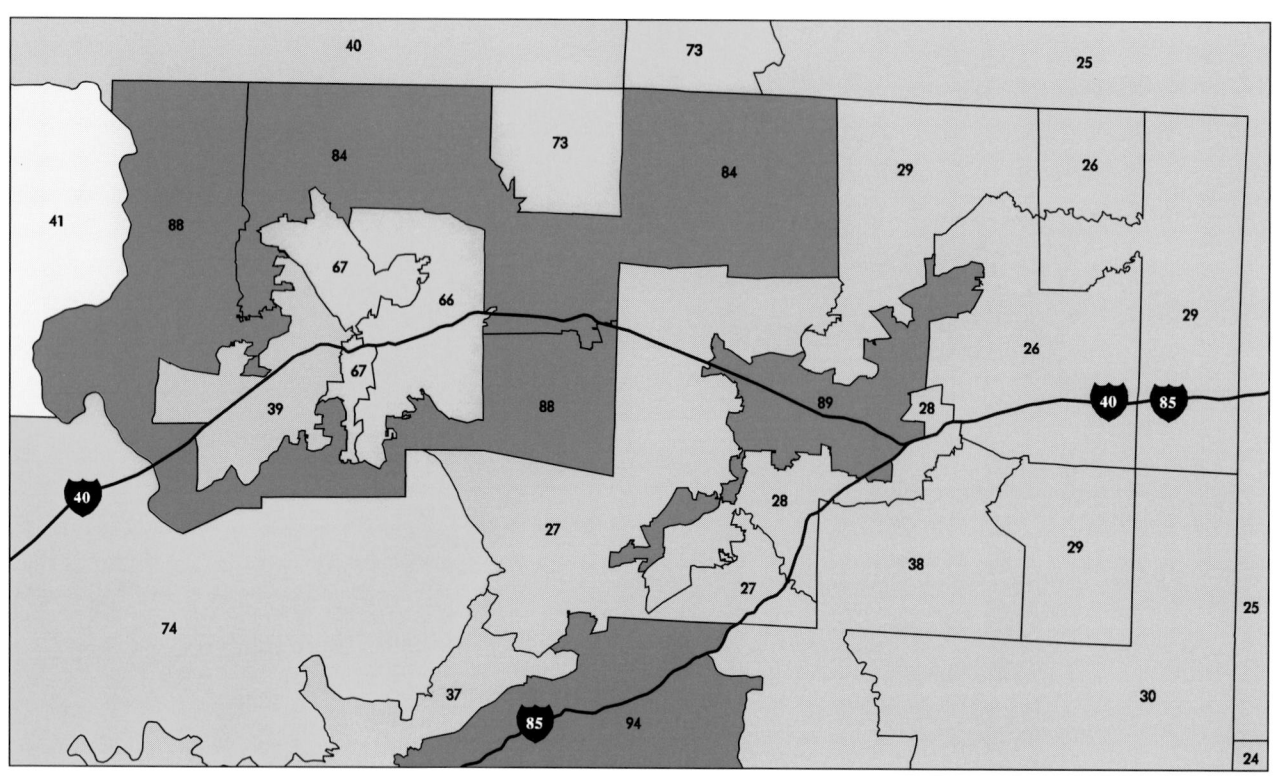

# CHARLOTTE
## State House Districts

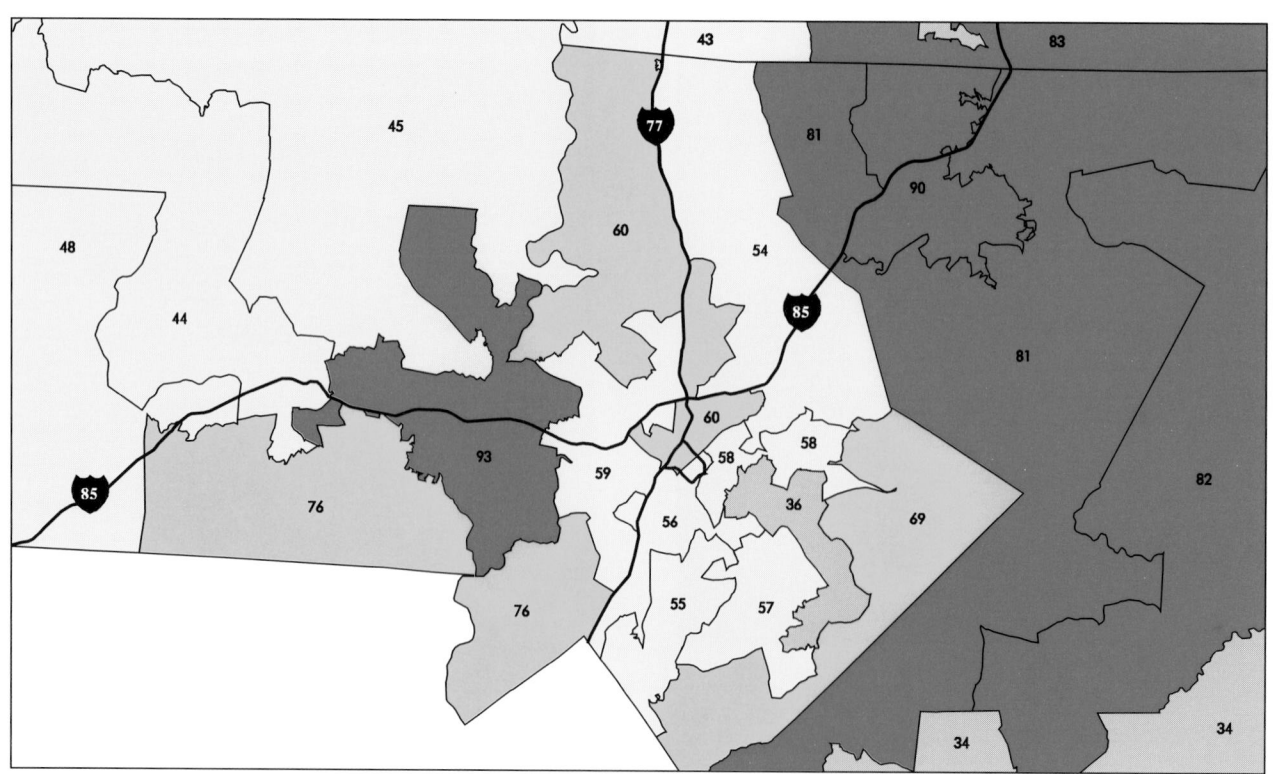

# North Carolina State House Districts: Demographic Data

| House District* | Household Income Avg. ($) | Household Income > $50K (%) | Household Income >$100K (%) | College Educ. (%) | Manf. (%) | Employment Type Service (%) | Employment Type Govt. (%) | Farm (%) | Age 55+ (%) | Receives Soc. Sec. (%) | African Amer. (%) | Hispanic Amer. (%) | Asian Amer. (%) |
|---|---|---|---|---|---|---|---|---|---|---|---|---|---|
| N.C. | 33,243 | 18 | 3 | 24 | 35 | 59 | 4 | 3 | 21 | 26 | 22 | 1 | 1 |
| 1 | 29,624 | 13 | 2 | 18 | 26 | 61 | 9 | 5 | 23 | 31 | 29 | 1 | 0 |
| 2 | 28,104 | 14 | 2 | 17 | 37 | 52 | 3 | 8 | 24 | 31 | 30 | 1 | 0 |
| 3 | 31,388 | 16 | 2 | 23 | 25 | 62 | 10 | 4 | 19 | 23 | 17 | 3 | 1 |
| 4 | 30,202 | 14 | 2 | 22 | 19 | 66 | 11 | 5 | 17 | 24 | 16 | 3 | 1 |
| 5 | 24,090 | 9 | 1 | 14 | 41 | 46 | 5 | 9 | 25 | 35 | 59 | 0 | 0 |
| 6 | 26,370 | 12 | 1 | 20 | 35 | 55 | 4 | 6 | 22 | 28 | 39 | 0 | 0 |
| 7 | 22,632 | 7 | 1 | 11 | 43 | 45 | 4 | 8 | 23 | 33 | 63 | 0 | 0 |
| 8 | 24,953 | 10 | 1 | 16 | 37 | 53 | 3 | 7 | 20 | 28 | 59 | 1 | 0 |
| 9 | 33,885 | 21 | 3 | 35 | 26 | 67 | 4 | 3 | 17 | 22 | 24 | 1 | 1 |
| 10 | 24,162 | 8 | 1 | 13 | 35 | 50 | 6 | 9 | 16 | 26 | 21 | 3 | 1 |
| 11 | 29,863 | 14 | 2 | 22 | 29 | 60 | 5 | 7 | 21 | 26 | 29 | 1 | 1 |
| 12 | 26,570 | 12 | 2 | 17 | 36 | 51 | 4 | 9 | 23 | 32 | 32 | 2 | 0 |
| 13 | 37,532 | 23 | 3 | 32 | 23 | 71 | 4 | 2 | 21 | 25 | 6 | 1 | 1 |
| 14 | 29,547 | 15 | 2 | 20 | 30 | 61 | 4 | 5 | 26 | 32 | 17 | 1 | 0 |
| 15 | 41,738 | 31 | 3 | 31 | 25 | 64 | 8 | 3 | 13 | 15 | 16 | 1 | 1 |
| 16 | 27,581 | 12 | 1 | 18 | 42 | 51 | 4 | 4 | 19 | 26 | 26 | 1 | 0 |
| 17 | 26,464 | 11 | 1 | 24 | 19 | 69 | 10 | 1 | 9 | 14 | 46 | 6 | 2 |
| 18 | 34,214 | 19 | 2 | 30 | 21 | 69 | 8 | 2 | 14 | 17 | 25 | 4 | 2 |
| 19 | 28,564 | 13 | 1 | 19 | 39 | 51 | 5 | 4 | 21 | 27 | 22 | 2 | 0 |
| 20 | 31,504 | 16 | 1 | 17 | 39 | 51 | 6 | 5 | 19 | 24 | 20 | 1 | 0 |
| 21 | 31,589 | 17 | 1 | 30 | 19 | 71 | 9 | 1 | 17 | 20 | 55 | 1 | 1 |
| 22 | 29,995 | 15 | 2 | 17 | 38 | 53 | 4 | 5 | 24 | 30 | 32 | 1 | 0 |
| 23 | 36,638 | 25 | 3 | 42 | 18 | 77 | 4 | 1 | 18 | 21 | 40 | 1 | 2 |
| 24 | 38,753 | 25 | 5 | 49 | 19 | 75 | 3 | 3 | 17 | 20 | 17 | 1 | 2 |
| 25 | 31,954 | 17 | 2 | 19 | 44 | 51 | 2 | 2 | 24 | 30 | 24 | 1 | 0 |
| 26 | 27,214 | 12 | 1 | 19 | 31 | 64 | 3 | 2 | 21 | 27 | 57 | 1 | 0 |
| 27 | 41,987 | 27 | 5 | 32 | 35 | 61 | 3 | 1 | 21 | 22 | 7 | 1 | 1 |
| 28 | 30,087 | 15 | 2 | 20 | 38 | 59 | 2 | 1 | 20 | 27 | 58 | 1 | 1 |
| 29 | 50,655 | 39 | 8 | 43 | 26 | 69 | 3 | 2 | 21 | 22 | 9 | 1 | 1 |
| 30 | 29,451 | 13 | 1 | 14 | 51 | 43 | 2 | 4 | 25 | 28 | 13 | 1 | 0 |
| 31 | 36,313 | 19 | 4 | 28 | 37 | 55 | 4 | 5 | 33 | 38 | 19 | 1 | 0 |
| 32 | 25,977 | 10 | 1 | 15 | 47 | 47 | 3 | 4 | 23 | 32 | 29 | 1 | 0 |
| 33 | 27,600 | 11 | 1 | 13 | 55 | 37 | 3 | 5 | 24 | 32 | 33 | 1 | 0 |
| 34 | 34,868 | 21 | 3 | 19 | 39 | 54 | 2 | 5 | 19 | 27 | 21 | 1 | 0 |
| 35 | 30,593 | 15 | 2 | 22 | 40 | 55 | 3 | 2 | 28 | 33 | 28 | 1 | 0 |
| 36 | 35,335 | 21 | 2 | 35 | 19 | 77 | 2 | 1 | 15 | 17 | 19 | 2 | 2 |
| 37 | 29,751 | 14 | 2 | 16 | 53 | 43 | 2 | 1 | 22 | 26 | 18 | 1 | 1 |
| 38 | 34,682 | 19 | 2 | 17 | 48 | 47 | 3 | 2 | 20 | 24 | 4 | 0 | 0 |
| 39 | 49,780 | 32 | 8 | 46 | 21 | 76 | 3 | 1 | 26 | 26 | 7 | 1 | 1 |
| 40 | 28,249 | 13 | 2 | 17 | 42 | 51 | 2 | 4 | 23 | 29 | 4 | 1 | 0 |
| 41 | 28,911 | 13 | 2 | 14 | 46 | 45 | 2 | 7 | 23 | 28 | 5 | 1 | 0 |
| 42 | 32,657 | 17 | 2 | 19 | 47 | 47 | 2 | 4 | 23 | 30 | 20 | 1 | 0 |
| 43 | 35,295 | 20 | 2 | 17 | 48 | 49 | 2 | 2 | 22 | 27 | 10 | 1 | 0 |
| 44 | 28,167 | 12 | 1 | 13 | 51 | 45 | 2 | 2 | 23 | 30 | 21 | 1 | 0 |
| 45 | 33,726 | 18 | 2 | 17 | 49 | 47 | 2 | 1 | 20 | 23 | 8 | 1 | 0 |
| 46 | 30,368 | 14 | 2 | 18 | 49 | 46 | 2 | 3 | 23 | 29 | 6 | 1 | 0 |
| 47 | 30,013 | 14 | 2 | 20 | 49 | 46 | 3 | 2 | 24 | 29 | 9 | 0 | 1 |
| 48 | 30,450 | 14 | 2 | 18 | 51 | 45 | 2 | 2 | 25 | 31 | 16 | 1 | 0 |
| 49 | 26,247 | 10 | 1 | 15 | 54 | 40 | 3 | 4 | 25 | 33 | 4 | 0 | 0 |
| 50 | 32,649 | 17 | 2 | 26 | 38 | 55 | 2 | 4 | 33 | 39 | 2 | 1 | 0 |

# North Carolina State House Districts: Demographic Data (cont.)

| House District* | Household Income Avg. ($) | > $50K (%) | >$100K (%) | College Educ. (%) | Manf. (%) | Employment Type Service (%) | Govt. (%) | Farm (%) | Age 55+ (%) | Receives Soc. Sec. (%) | African Amer. (%) | Hispanic Amer. (%) | Asian Amer. (%) |
|---|---|---|---|---|---|---|---|---|---|---|---|---|---|
| N.C. | 33,243 | 18 | 3 | 24 | 35 | 59 | 4 | 3 | 21 | 26 | 22 | 1 | 1 |
| 51 | 30,635 | 14 | 2 | 25 | 31 | 63 | 3 | 3 | 26 | 33 | 9 | 1 | 0 |
| 52 | 26,485 | 11 | 1 | 20 | 33 | 59 | 4 | 4 | 27 | 34 | 1 | 1 | 0 |
| 53 | 25,029 | 9 | 1 | 17 | 39 | 53 | 3 | 5 | 33 | 39 | 1 | 1 | 0 |
| 54 | 37,337 | 27 | 2 | 34 | 22 | 73 | 3 | 2 | 14 | 18 | 29 | 1 | 2 |
| 55 | 53,277 | 38 | 8 | 52 | 20 | 78 | 2 | 1 | 18 | 18 | 7 | 1 | 2 |
| 56 | 39,069 | 23 | 5 | 38 | 21 | 76 | 2 | 1 | 21 | 25 | 33 | 2 | 1 |
| 57 | 65,468 | 51 | 14 | 59 | 18 | 80 | 1 | 1 | 17 | 16 | 5 | 1 | 2 |
| 58 | 38,924 | 21 | 4 | 32 | 21 | 76 | 3 | 1 | 18 | 19 | 32 | 1 | 2 |
| 59 | 30,297 | 16 | 1 | 15 | 27 | 69 | 3 | 1 | 18 | 23 | 55 | 1 | 1 |
| 60 | 31,191 | 19 | 2 | 21 | 25 | 71 | 3 | 1 | 20 | 25 | 57 | 1 | 0 |
| 61 | 51,701 | 40 | 8 | 61 | 16 | 76 | 7 | 1 | 18 | 18 | 10 | 1 | 2 |
| 62 | 49,483 | 41 | 6 | 48 | 24 | 68 | 6 | 2 | 14 | 14 | 13 | 1 | 2 |
| 63 | 37,567 | 25 | 3 | 52 | 19 | 73 | 6 | 2 | 11 | 12 | 15 | 2 | 4 |
| 64 | 36,513 | 23 | 4 | 38 | 19 | 70 | 9 | 2 | 19 | 23 | 28 | 1 | 1 |
| 65 | 42,094 | 29 | 5 | 37 | 26 | 65 | 7 | 2 | 14 | 16 | 20 | 1 | 1 |
| 66 | 26,578 | 14 | 1 | 16 | 31 | 65 | 3 | 1 | 23 | 29 | 56 | 1 | 0 |
| 67 | 29,915 | 15 | 2 | 30 | 25 | 71 | 3 | 1 | 21 | 25 | 49 | 1 | 1 |
| 68 | 35,910 | 21 | 3 | 31 | 36 | 59 | 3 | 3 | 29 | 34 | 6 | 1 | 0 |
| 69 | 52,999 | 46 | 6 | 42 | 22 | 74 | 3 | 1 | 12 | 13 | 5 | 1 | 1 |
| 70 | 22,552 | 8 | 1 | 12 | 39 | 56 | 2 | 3 | 22 | 30 | 65 | 0 | 0 |
| 71 | 29,810 | 15 | 1 | 16 | 38 | 52 | 3 | 7 | 21 | 28 | 33 | 1 | 0 |
| 72 | 39,846 | 25 | 4 | 30 | 31 | 64 | 3 | 2 | 22 | 24 | 19 | 1 | 1 |
| 73 | 30,297 | 16 | 1 | 15 | 49 | 47 | 2 | 2 | 24 | 31 | 16 | 1 | 0 |
| 74 | 36,979 | 22 | 3 | 20 | 42 | 53 | 2 | 3 | 21 | 24 | 6 | 0 | 0 |
| 75 | 30,968 | 15 | 2 | 19 | 28 | 63 | 7 | 2 | 15 | 18 | 18 | 3 | 1 |
| 76 | 40,878 | 29 | 4 | 27 | 37 | 59 | 3 | 1 | 18 | 21 | 11 | 1 | 1 |
| 77 | 31,538 | 15 | 2 | 19 | 32 | 59 | 4 | 5 | 22 | 28 | 20 | 1 | 0 |
| 78 | 24,903 | 10 | 1 | 13 | 43 | 48 | 4 | 5 | 24 | 32 | 54 | 1 | 0 |
| 79 | 25,481 | 11 | 1 | 18 | 30 | 58 | 8 | 4 | 23 | 30 | 51 | 1 | 1 |
| 80 | 28,952 | 12 | 1 | 24 | 14 | 74 | 11 | 1 | 8 | 11 | 19 | 6 | 3 |
| 81 | 42,139 | 30 | 4 | 23 | 34 | 62 | 2 | 3 | 17 | 21 | 5 | 0 | 0 |
| 82 | 30,402 | 15 | 1 | 15 | 48 | 46 | 3 | 3 | 23 | 29 | 10 | 1 | 0 |
| 83 | 30,938 | 16 | 1 | 16 | 43 | 53 | 2 | 2 | 23 | 29 | 5 | 1 | 0 |
| 84 | 42,313 | 29 | 4 | 29 | 32 | 63 | 3 | 2 | 19 | 22 | 7 | 1 | 0 |
| 85 | 28,025 | 12 | 2 | 19 | 48 | 44 | 4 | 4 | 17 | 24 | 16 | 1 | 0 |
| 86 | 30,626 | 15 | 3 | 21 | 26 | 59 | 6 | 8 | 26 | 31 | 24 | 1 | 0 |
| 87 | 22,454 | 8 | 1 | 13 | 50 | 42 | 4 | 5 | 20 | 30 | 50 | 1 | 0 |
| 88 | 48,172 | 35 | 7 | 35 | 28 | 68 | 3 | 2 | 19 | 20 | 7 | 1 | 1 |
| 89 | 38,104 | 21 | 4 | 35 | 26 | 71 | 3 | 1 | 21 | 25 | 18 | 1 | 2 |
| 90 | 32,337 | 17 | 2 | 18 | 39 | 56 | 3 | 1 | 25 | 31 | 19 | 1 | 0 |
| 91 | 32,789 | 17 | 3 | 18 | 52 | 44 | 2 | 2 | 21 | 25 | 6 | 1 | 0 |
| 92 | 56,513 | 47 | 10 | 50 | 26 | 69 | 5 | 1 | 13 | 15 | 9 | 1 | 2 |
| 93 | 32,961 | 19 | 2 | 17 | 44 | 53 | 2 | 1 | 24 | 30 | 8 | 1 | 1 |
| 94 | 31,077 | 15 | 2 | 13 | 55 | 42 | 2 | 1 | 21 | 25 | 4 | 0 | 0 |
| 95 | 29,139 | 13 | 2 | 18 | 36 | 53 | 6 | 6 | 23 | 31 | 17 | 2 | 0 |
| 96 | 30,308 | 16 | 2 | 19 | 39 | 52 | 4 | 6 | 23 | 29 | 28 | 1 | 0 |
| 97 | 23,925 | 8 | 1 | 17 | 35 | 53 | 5 | 6 | 18 | 28 | 47 | 2 | 1 |
| 98 | 24,420 | 11 | 1 | 17 | 33 | 60 | 4 | 3 | 22 | 29 | 50 | 1 | 0 |

\* House districts 23, 25, 40, 48, and 51 have three representatives; house districts 4, 14, 17, 18, 19, 22, 24, 41, 45, 46, 52, and 89 have two representatives; all others have one representative.

# NORTH DAKOTA
## State Legislative Districts

District Numbers

1 to 10
11 to 20
21 to 30
31 to 40
41 to 49

Miles

0      50      100

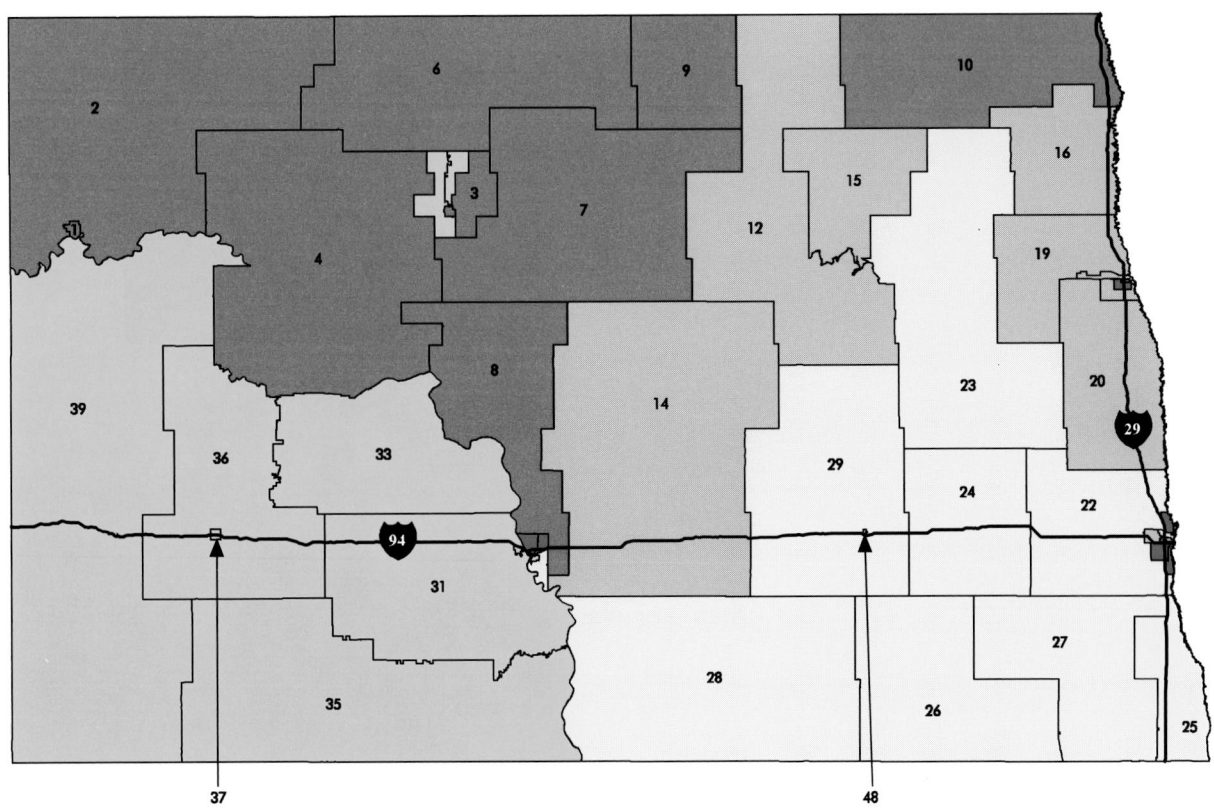

37

48

## MINOT

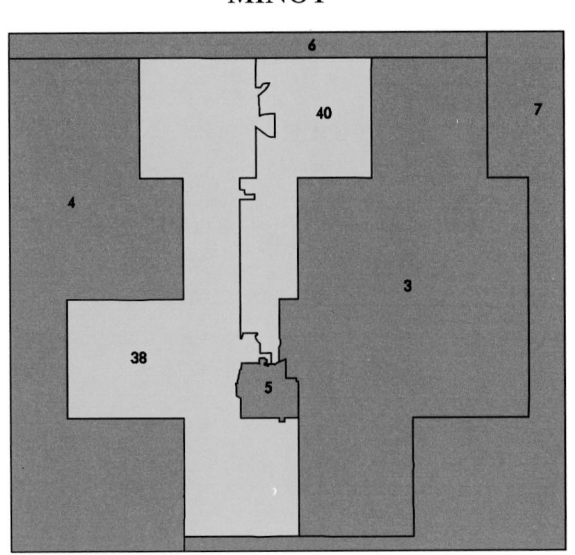

## GRAND FORKS

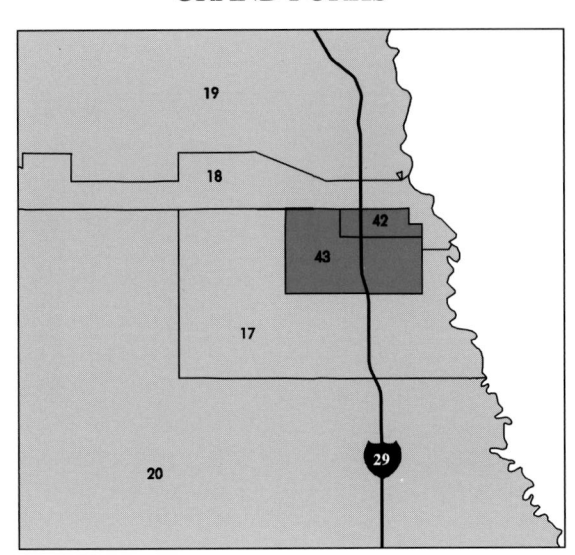

# BISMARCK
## State Legislative Districts

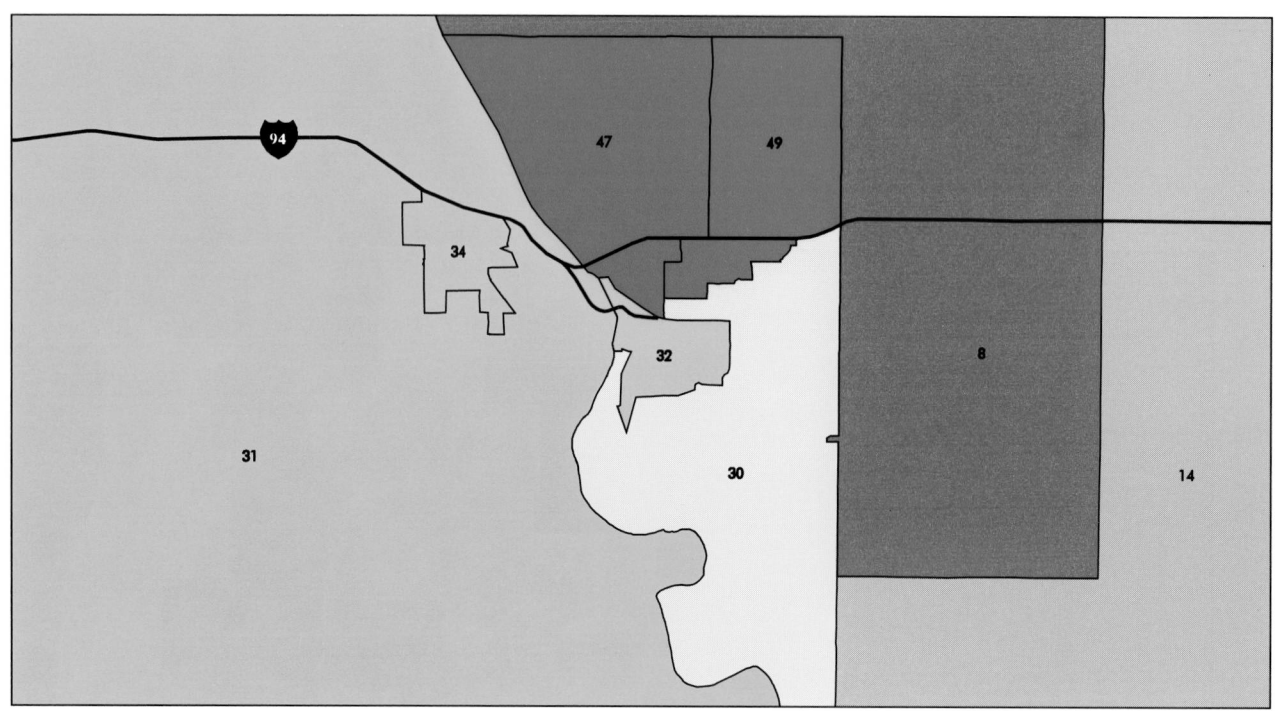

# FARGO
## State Legislative Districts

# North Dakota State Legislative Districts: Demographic Data

| Legislative District | Household Income Avg. ($) | > $50K (%) | >$100K (%) | College Educ. (%) | Manf. (%) | Employment Type Service (%) | Govt. (%) | Farm (%) | Age 55+ (%) | Receives Soc. Sec. (%) | African Amer. (%) | Hispanic Amer. (%) | Asian Amer. (%) |
|---|---|---|---|---|---|---|---|---|---|---|---|---|---|
| N. Dakota | 28,713 | 13 | 2 | 28 | 12 | 69 | 5 | 14 | 23 | 29 | 1 | 1 | 1 |
| 1 | 28,591 | 12 | 2 | 30 | 8 | 74 | 5 | 13 | 23 | 30 | 0 | 1 | 0 |
| 2 | 26,914 | 10 | 1 | 21 | 8 | 60 | 4 | 28 | 28 | 34 | 0 | 0 | 0 |
| 3 | 26,499 | 10 | 1 | 24 | 11 | 78 | 6 | 5 | 20 | 25 | 1 | 1 | 1 |
| 4 | 24,324 | 7 | 1 | 22 | 10 | 58 | 7 | 25 | 25 | 34 | 0 | 1 | 0 |
| 5 | 30,247 | 16 | 2 | 32 | 8 | 85 | 5 | 2 | 26 | 32 | 1 | 1 | 1 |
| 6 | 26,095 | 10 | 1 | 24 | 7 | 63 | 6 | 24 | 31 | 39 | 0 | 0 | 0 |
| 7 | 23,432 | 7 | 0 | 22 | 10 | 59 | 5 | 26 | 31 | 40 | 0 | 0 | 0 |
| 8 | 30,379 | 16 | 1 | 26 | 11 | 62 | 6 | 21 | 24 | 34 | 0 | 0 | 0 |
| 9 | 20,787 | 7 | 0 | 22 | 17 | 63 | 10 | 10 | 17 | 28 | 0 | 1 | 0 |
| 10 | 28,200 | 11 | 2 | 23 | 12 | 59 | 5 | 23 | 30 | 37 | 0 | 0 | 0 |
| 11 | 32,497 | 15 | 2 | 34 | 11 | 85 | 3 | 1 | 17 | 19 | 0 | 1 | 1 |
| 12 | 21,579 | 7 | 1 | 19 | 14 | 52 | 6 | 28 | 28 | 38 | 0 | 0 | 0 |
| 13 | 31,385 | 15 | 1 | 30 | 20 | 77 | 3 | 1 | 11 | 16 | 0 | 1 | 0 |
| 14 | 25,199 | 10 | 1 | 20 | 7 | 57 | 5 | 30 | 31 | 38 | 0 | 0 | 0 |
| 15 | 27,568 | 11 | 1 | 27 | 13 | 71 | 6 | 11 | 29 | 35 | 0 | 0 | 0 |
| 16 | 28,670 | 11 | 2 | 22 | 11 | 64 | 4 | 20 | 28 | 36 | 0 | 3 | 0 |
| 17 | 40,509 | 26 | 4 | 43 | 11 | 81 | 6 | 2 | 20 | 19 | 1 | 1 | 1 |
| 18 | 24,304 | 7 | 1 | 27 | 13 | 80 | 5 | 1 | 16 | 22 | 3 | 2 | 1 |
| 19 | 26,306 | 8 | 0 | 27 | 11 | 64 | 9 | 16 | 14 | 19 | 5 | 2 | 2 |
| 20 | 29,847 | 13 | 2 | 26 | 12 | 65 | 4 | 18 | 26 | 33 | 0 | 1 | 0 |
| 21 | 22,153 | 7 | 0 | 31 | 15 | 80 | 3 | 2 | 19 | 24 | 0 | 1 | 1 |
| 22 | 37,002 | 20 | 3 | 31 | 17 | 63 | 3 | 17 | 21 | 26 | 0 | 0 | 0 |
| 23 | 23,772 | 8 | 1 | 21 | 12 | 55 | 4 | 29 | 35 | 42 | 0 | 0 | 0 |
| 24 | 25,145 | 10 | 1 | 25 | 12 | 66 | 4 | 18 | 30 | 38 | 0 | 0 | 0 |
| 25 | 29,158 | 14 | 2 | 32 | 21 | 63 | 3 | 13 | 21 | 27 | 0 | 0 | 1 |
| 26 | 25,418 | 9 | 1 | 22 | 14 | 56 | 3 | 27 | 31 | 39 | 0 | 0 | 0 |
| 27 | 27,675 | 9 | 1 | 21 | 17 | 53 | 2 | 28 | 33 | 40 | 0 | 0 | 0 |
| 28 | 23,032 | 7 | 1 | 15 | 8 | 52 | 4 | 36 | 38 | 44 | 0 | 0 | 0 |
| 29 | 28,061 | 12 | 2 | 23 | 13 | 71 | 4 | 12 | 27 | 34 | 0 | 0 | 0 |
| 30 | 28,126 | 12 | 1 | 30 | 12 | 76 | 9 | 3 | 19 | 25 | 0 | 1 | 0 |
| 31 | 29,151 | 14 | 1 | 21 | 14 | 60 | 5 | 21 | 22 | 31 | 0 | 0 | 0 |
| 32 | 30,749 | 14 | 2 | 32 | 14 | 75 | 9 | 2 | 14 | 20 | 0 | 0 | 0 |
| 33 | 32,089 | 19 | 1 | 24 | 12 | 55 | 3 | 30 | 20 | 27 | 0 | 0 | 0 |
| 34 | 26,662 | 12 | 1 | 22 | 18 | 73 | 6 | 3 | 24 | 30 | 0 | 0 | 0 |
| 35 | 22,978 | 8 | 1 | 18 | 7 | 51 | 7 | 36 | 27 | 36 | 0 | 0 | 0 |
| 36 | 25,711 | 10 | 1 | 20 | 10 | 58 | 3 | 30 | 20 | 27 | 0 | 1 | 0 |
| 37 | 27,655 | 14 | 1 | 28 | 11 | 75 | 4 | 11 | 24 | 33 | 0 | 1 | 0 |
| 38 | 29,724 | 12 | 1 | 32 | 7 | 80 | 10 | 2 | 9 | 15 | 6 | 3 | 2 |
| 39 | 26,091 | 10 | 1 | 22 | 8 | 51 | 3 | 38 | 26 | 33 | 0 | 0 | 0 |
| 40 | 27,215 | 13 | 1 | 31 | 7 | 83 | 8 | 2 | 12 | 17 | 3 | 2 | 1 |
| 41 | 39,617 | 23 | 5 | 48 | 14 | 81 | 3 | 1 | 10 | 10 | 0 | 1 | 1 |
| 42 | 25,807 | 12 | 2 | 47 | 7 | 86 | 5 | 2 | 8 | 14 | 1 | 1 | 2 |
| 43 | 30,393 | 14 | 1 | 41 | 12 | 80 | 6 | 2 | 13 | 16 | 1 | 1 | 1 |
| 44 | 34,548 | 20 | 4 | 43 | 11 | 83 | 5 | 1 | 23 | 25 | 0 | 1 | 1 |
| 45 | 32,873 | 18 | 3 | 46 | 11 | 84 | 4 | 2 | 12 | 19 | 0 | 1 | 3 |
| 46 | 39,323 | 25 | 5 | 47 | 12 | 85 | 2 | 1 | 17 | 15 | 0 | 1 | 1 |
| 47 | 42,777 | 30 | 5 | 52 | 9 | 77 | 12 | 2 | 20 | 22 | 0 | 1 | 1 |
| 48 | 23,422 | 6 | 0 | 20 | 17 | 78 | 3 | 2 | 21 | 28 | 0 | 0 | 0 |
| 49 | 34,286 | 19 | 2 | 39 | 11 | 74 | 12 | 3 | 24 | 25 | 0 | 1 | 0 |

# OHIO
## State Senate Districts

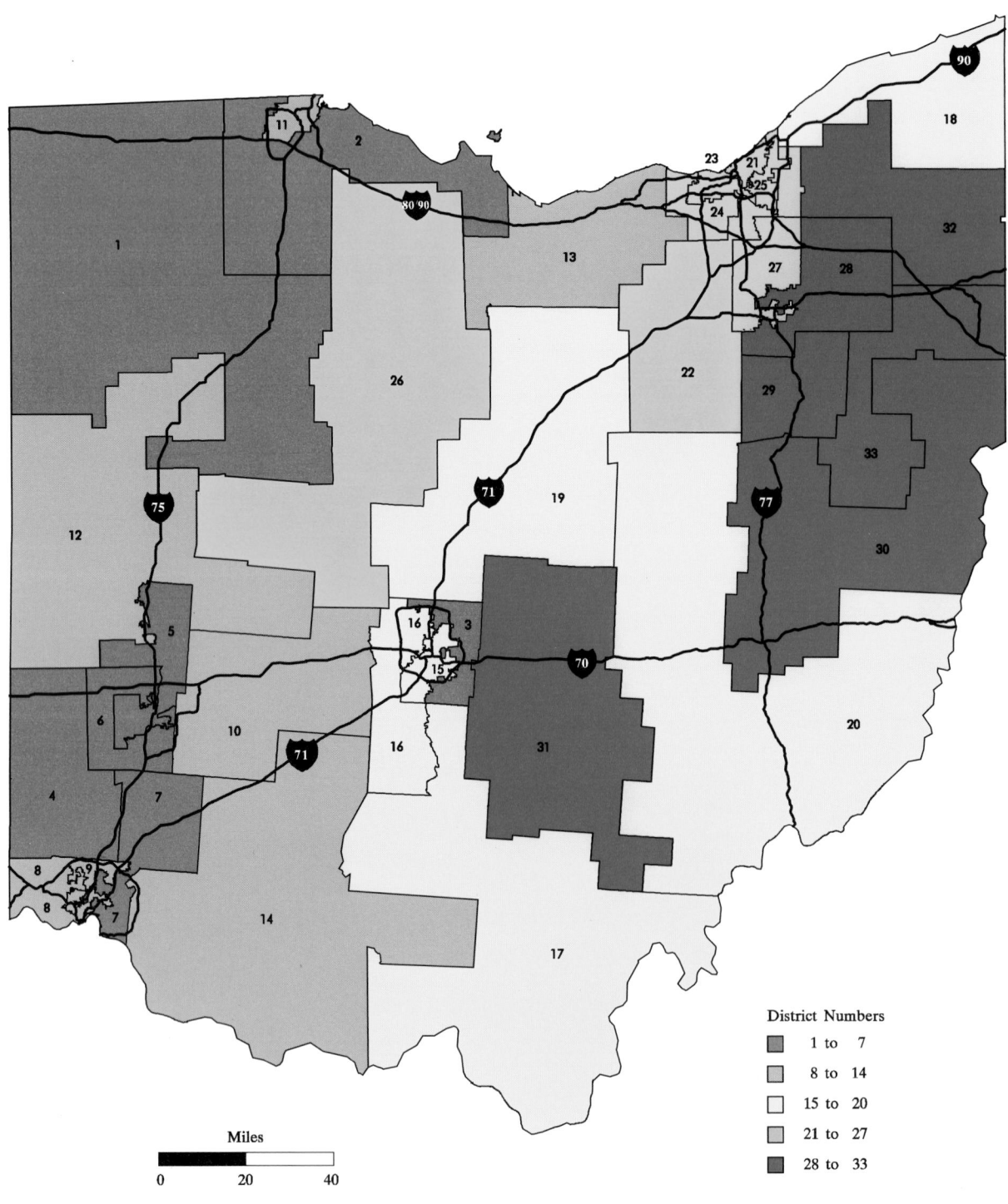

District Numbers

| | |
|---|---|
| | 1 to 7 |
| | 8 to 14 |
| | 15 to 20 |
| | 21 to 27 |
| | 28 to 33 |

Miles

0    20    40

# Ohio State Senate Districts: Demographic Data

| Senate District | Household Income Avg. ($) | Household Income > $50K (%) | Household Income >$100K (%) | College Educ. (%) | Manf. (%) | Employment Type Service (%) | Employment Type Govt. (%) | Farm (%) | Age 55+ (%) | Receives Soc. Sec. (%) | African Amer. (%) | Hispanic Amer. (%) | Asian Amer. (%) |
|---|---|---|---|---|---|---|---|---|---|---|---|---|---|
| Ohio | 35,348 | 21 | 3 | 22 | 29 | 65 | 4 | 2 | 22 | 28 | 11 | 1 | 1 |
| 1 | 34,308 | 19 | 2 | 17 | 42 | 51 | 2 | 5 | 21 | 28 | 1 | 3 | 0 |
| 2 | 40,738 | 27 | 4 | 25 | 28 | 67 | 3 | 2 | 21 | 26 | 3 | 2 | 1 |
| 3 | 43,212 | 30 | 4 | 36 | 18 | 75 | 6 | 1 | 15 | 16 | 7 | 1 | 2 |
| 4 | 37,646 | 26 | 3 | 23 | 32 | 64 | 2 | 2 | 19 | 24 | 4 | 0 | 1 |
| 5 | 29,971 | 16 | 1 | 20 | 28 | 63 | 8 | 1 | 20 | 26 | 29 | 1 | 1 |
| 6 | 42,536 | 29 | 5 | 31 | 28 | 66 | 5 | 1 | 23 | 25 | 3 | 1 | 1 |
| 7 | 47,860 | 32 | 7 | 34 | 28 | 67 | 3 | 2 | 22 | 26 | 4 | 1 | 1 |
| 8 | 37,830 | 24 | 3 | 25 | 25 | 70 | 4 | 1 | 22 | 28 | 7 | 1 | 1 |
| 9 | 31,240 | 18 | 3 | 28 | 22 | 73 | 4 | 1 | 21 | 25 | 47 | 1 | 1 |
| 10 | 36,055 | 23 | 2 | 23 | 27 | 62 | 9 | 2 | 20 | 25 | 8 | 1 | 1 |
| 11 | 31,619 | 18 | 2 | 22 | 24 | 71 | 3 | 1 | 22 | 29 | 20 | 4 | 1 |
| 12 | 34,107 | 19 | 2 | 16 | 40 | 52 | 3 | 5 | 22 | 29 | 4 | 1 | 1 |
| 13 | 35,769 | 23 | 2 | 19 | 36 | 59 | 3 | 2 | 20 | 26 | 6 | 5 | 0 |
| 14 | 31,969 | 18 | 2 | 16 | 33 | 59 | 3 | 4 | 20 | 27 | 1 | 0 | 0 |
| 15 | 25,846 | 11 | 1 | 18 | 17 | 74 | 7 | 1 | 18 | 23 | 36 | 1 | 2 |
| 16 | 42,832 | 29 | 5 | 40 | 17 | 76 | 5 | 1 | 19 | 21 | 4 | 1 | 2 |
| 17 | 26,324 | 12 | 1 | 13 | 28 | 63 | 5 | 5 | 23 | 32 | 3 | 0 | 0 |
| 18 | 37,225 | 24 | 3 | 20 | 36 | 59 | 3 | 3 | 22 | 28 | 2 | 1 | 1 |
| 19 | 35,129 | 19 | 3 | 19 | 34 | 58 | 3 | 4 | 22 | 27 | 4 | 1 | 0 |
| 20 | 27,724 | 12 | 1 | 14 | 30 | 60 | 3 | 7 | 24 | 32 | 2 | 0 | 0 |
| 21 | 24,498 | 11 | 2 | 19 | 23 | 72 | 5 | 1 | 23 | 30 | 65 | 2 | 1 |
| 22 | 49,619 | 34 | 8 | 29 | 31 | 64 | 2 | 3 | 22 | 25 | 2 | 1 | 1 |
| 23 | 29,932 | 15 | 1 | 18 | 29 | 66 | 4 | 1 | 24 | 30 | 3 | 6 | 1 |
| 24 | 46,224 | 34 | 5 | 30 | 25 | 71 | 4 | 1 | 27 | 31 | 1 | 1 | 1 |
| 25 | 38,117 | 23 | 4 | 26 | 24 | 71 | 4 | 1 | 28 | 33 | 39 | 1 | 1 |
| 26 | 31,886 | 16 | 2 | 15 | 39 | 54 | 3 | 4 | 22 | 29 | 2 | 2 | 0 |
| 27 | 40,670 | 26 | 5 | 29 | 28 | 68 | 3 | 1 | 23 | 29 | 5 | 1 | 1 |
| 28 | 32,400 | 18 | 2 | 19 | 31 | 64 | 3 | 2 | 21 | 26 | 15 | 1 | 1 |
| 29 | 34,558 | 19 | 2 | 20 | 32 | 64 | 2 | 1 | 24 | 29 | 7 | 1 | 0 |
| 30 | 27,802 | 12 | 1 | 13 | 33 | 60 | 2 | 5 | 26 | 34 | 2 | 0 | 0 |
| 31 | 33,271 | 19 | 2 | 20 | 27 | 64 | 6 | 3 | 20 | 26 | 2 | 1 | 1 |
| 32 | 38,406 | 24 | 4 | 20 | 37 | 59 | 2 | 2 | 23 | 29 | 5 | 1 | 0 |
| 33 | 29,923 | 15 | 2 | 17 | 28 | 67 | 2 | 2 | 27 | 35 | 13 | 2 | 0 |

# OHIO
## State House Districts

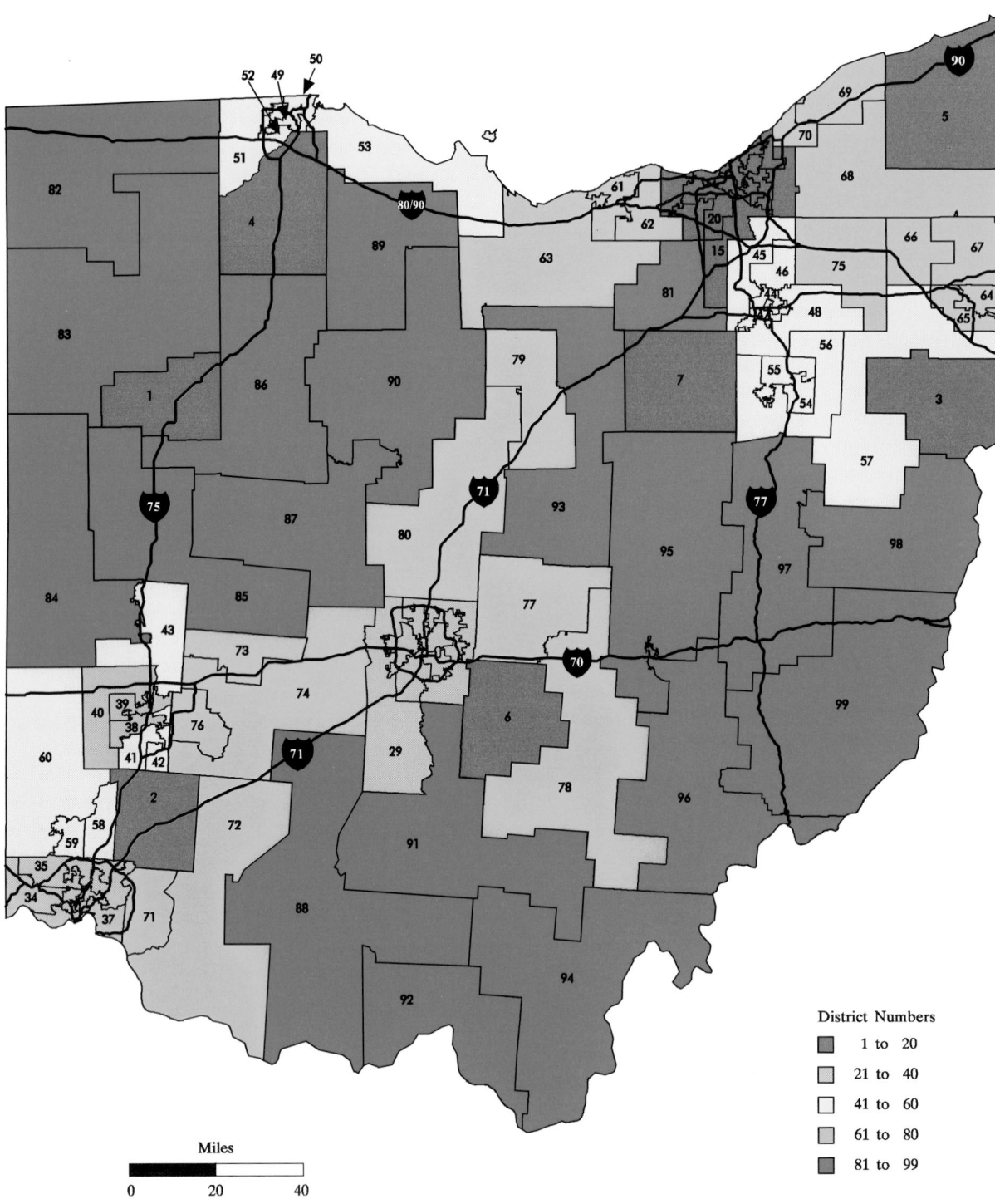

District Numbers

- 1 to 20
- 21 to 40
- 41 to 60
- 61 to 80
- 81 to 99

Miles

0    20    40

# CINCINNATI
## State House Districts

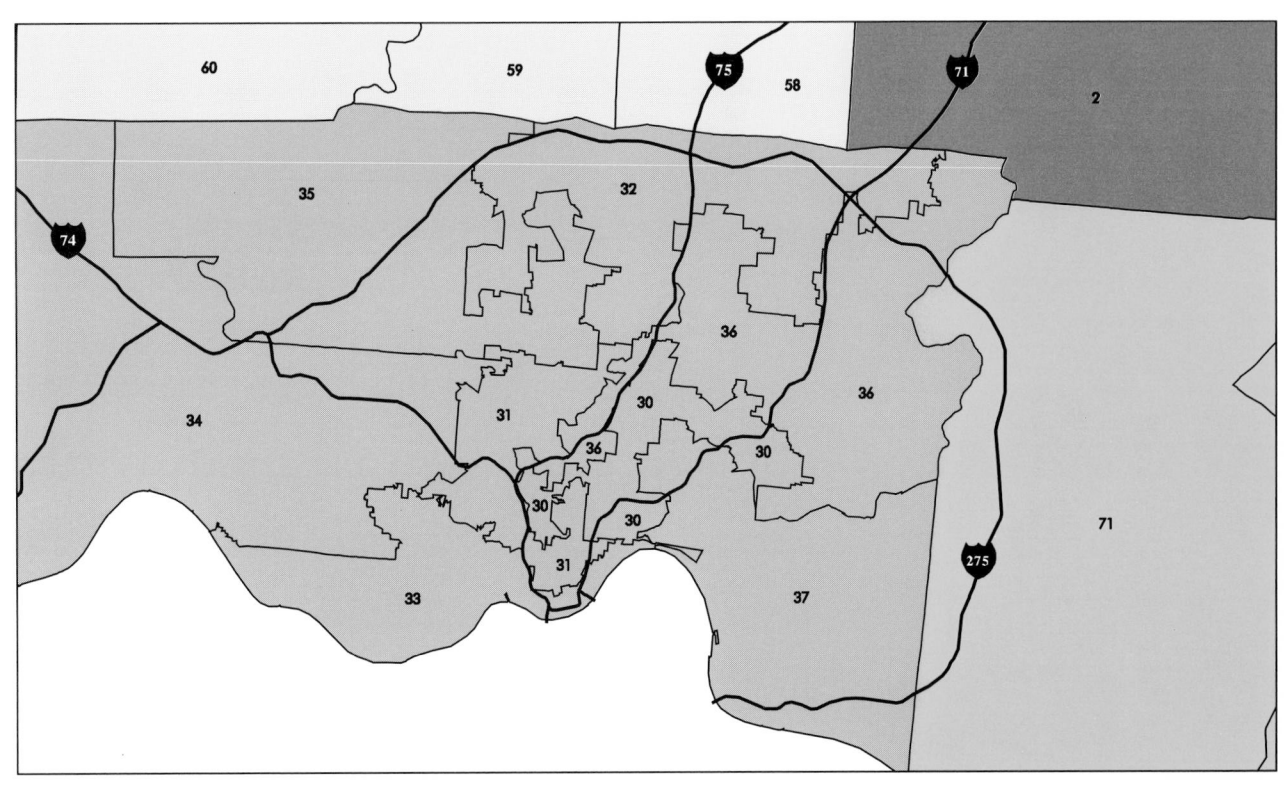

# CLEVELAND
## State House Districts

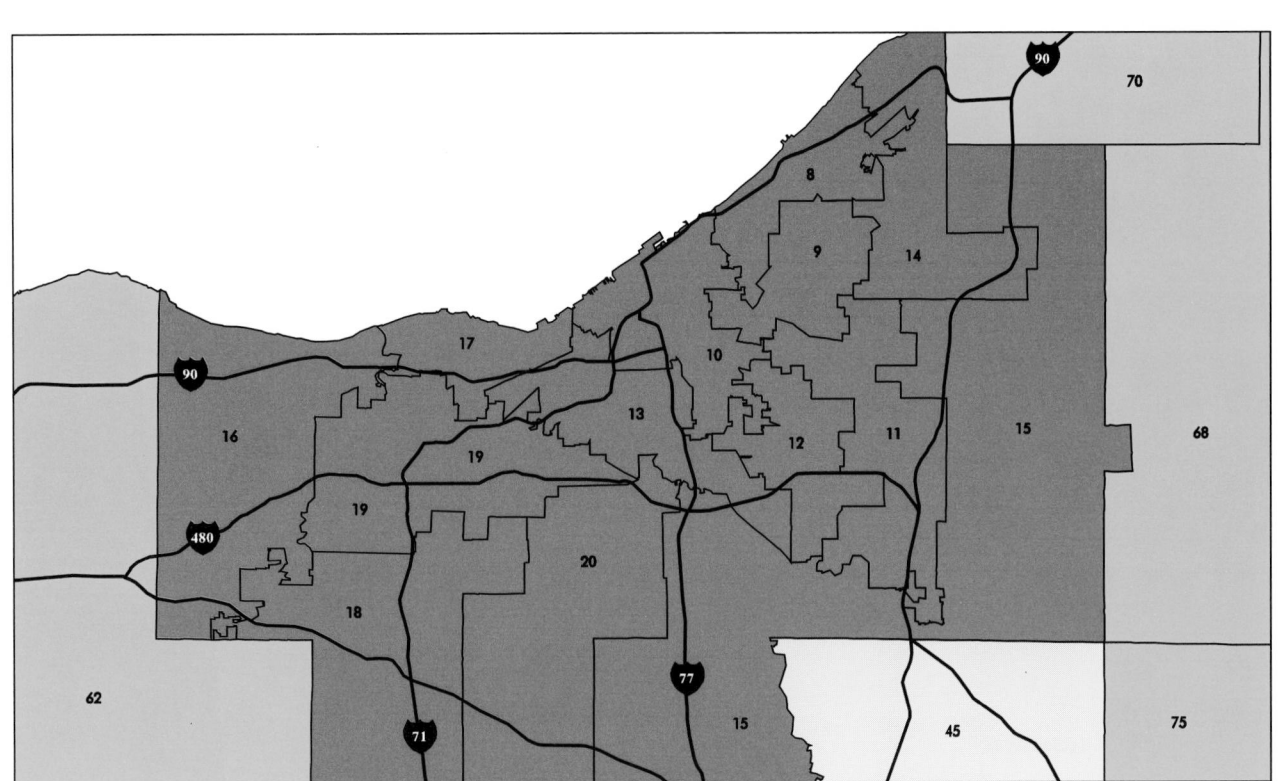

# COLUMBUS
## State House Districts

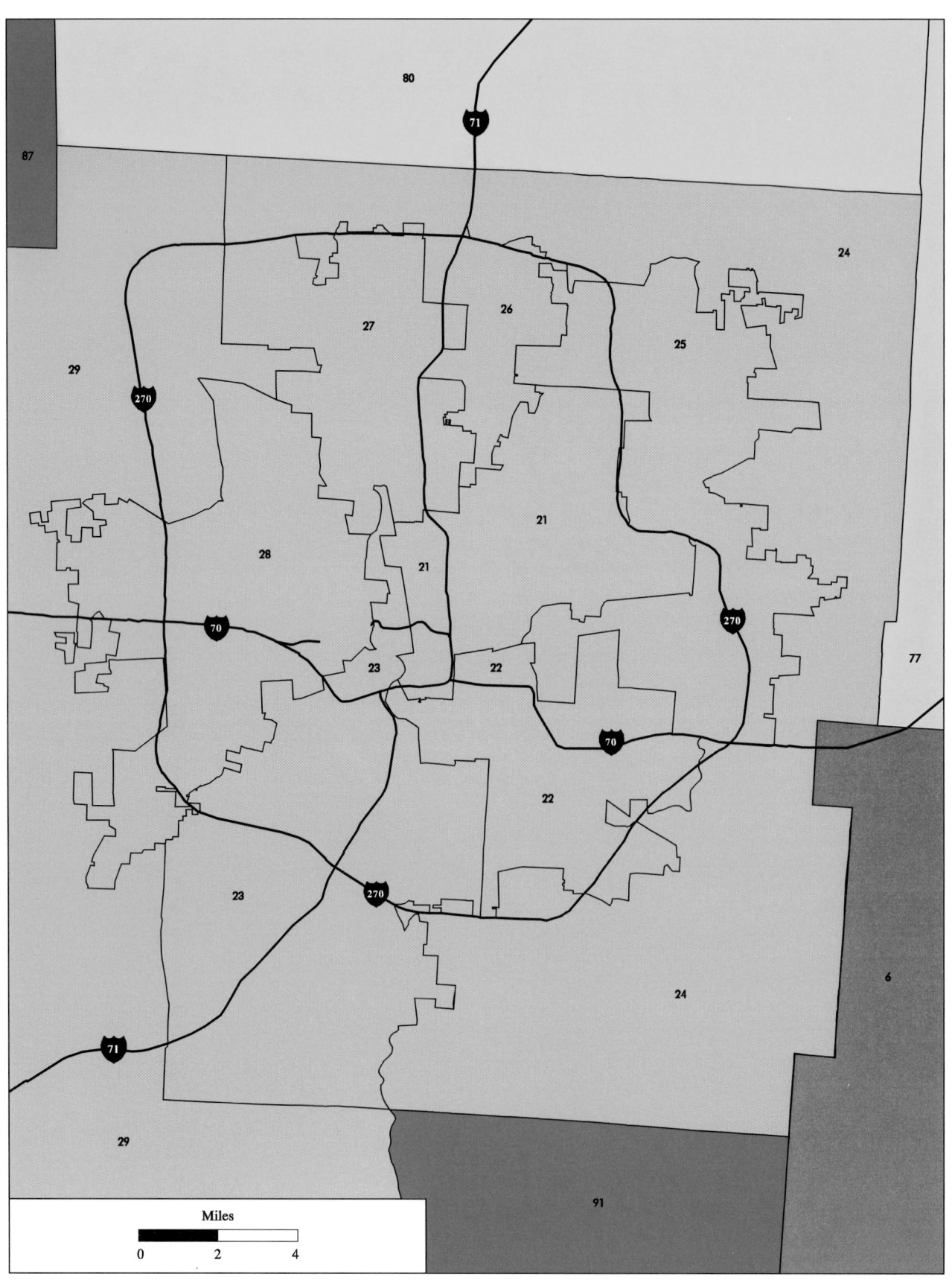

Miles

0    2    4

## Ohio State House Districts: Demographic Data

| House District | Household Income Avg. ($) | > $50K (%) | >$100K (%) | College Educ. (%) | Manf. (%) | Service (%) | Govt. (%) | Farm (%) | Age 55+ (%) | Receives Soc. Sec. (%) | African Amer. (%) | Hispanic Amer. (%) | Asian Amer. (%) |
|---|---|---|---|---|---|---|---|---|---|---|---|---|---|
| Ohio | 35,348 | 21 | 3 | 22 | 29 | 65 | 4 | 2 | 22 | 28 | 11 | 1 | 1 |
| 1 | 32,385 | 17 | 2 | 17 | 32 | 62 | 4 | 2 | 22 | 30 | 11 | 1 | 1 |
| 2 | 42,045 | 30 | 4 | 24 | 33 | 61 | 3 | 3 | 17 | 22 | 2 | 0 | 1 |
| 3 | 27,950 | 12 | 1 | 13 | 35 | 59 | 2 | 4 | 25 | 33 | 1 | 0 | 0 |
| 4 | 38,879 | 25 | 4 | 29 | 26 | 69 | 3 | 2 | 18 | 23 | 1 | 3 | 1 |
| 5 | 28,698 | 13 | 1 | 13 | 36 | 57 | 2 | 5 | 24 | 31 | 3 | 2 | 0 |
| 6 | 37,805 | 25 | 3 | 21 | 28 | 63 | 6 | 3 | 20 | 25 | 1 | 0 | 0 |
| 7 | 34,564 | 18 | 2 | 18 | 36 | 55 | 2 | 6 | 20 | 24 | 2 | 0 | 1 |
| 8 | 23,804 | 10 | 1 | 14 | 25 | 69 | 5 | 1 | 26 | 34 | 66 | 1 | 1 |
| 9 | 32,724 | 19 | 3 | 33 | 17 | 78 | 4 | 1 | 21 | 26 | 62 | 1 | 2 |
| 10 | 16,614 | 5 | 0 | 8 | 29 | 66 | 4 | 1 | 21 | 29 | 67 | 3 | 1 |
| 11 | 48,022 | 30 | 8 | 38 | 21 | 74 | 4 | 1 | 24 | 27 | 43 | 1 | 1 |
| 12 | 28,014 | 14 | 1 | 11 | 26 | 69 | 5 | 1 | 26 | 34 | 68 | 1 | 0 |
| 13 | 25,249 | 11 | 1 | 11 | 33 | 63 | 4 | 1 | 23 | 32 | 3 | 11 | 1 |
| 14 | 38,292 | 24 | 4 | 31 | 23 | 72 | 4 | 2 | 32 | 36 | 9 | 1 | 2 |
| 15 | 69,818 | 50 | 17 | 42 | 24 | 72 | 3 | 1 | 28 | 30 | 3 | 1 | 2 |
| 16 | 54,064 | 41 | 9 | 41 | 22 | 73 | 4 | 1 | 26 | 29 | 0 | 1 | 2 |
| 17 | 30,826 | 15 | 2 | 26 | 26 | 69 | 4 | 1 | 21 | 26 | 3 | 5 | 2 |
| 18 | 44,761 | 34 | 4 | 29 | 25 | 71 | 3 | 1 | 24 | 29 | 1 | 1 | 1 |
| 19 | 33,240 | 18 | 2 | 18 | 28 | 67 | 5 | 1 | 27 | 33 | 4 | 2 | 1 |
| 20 | 40,118 | 28 | 3 | 22 | 27 | 69 | 3 | 1 | 29 | 36 | 0 | 1 | 1 |
| 21 | 21,324 | 8 | 1 | 19 | 14 | 78 | 7 | 1 | 16 | 21 | 54 | 1 | 2 |
| 22 | 28,448 | 13 | 1 | 19 | 18 | 72 | 10 | 1 | 20 | 25 | 45 | 1 | 1 |
| 23 | 27,650 | 13 | 1 | 17 | 19 | 74 | 6 | 1 | 17 | 22 | 10 | 1 | 2 |
| 24 | 43,648 | 32 | 4 | 31 | 19 | 73 | 7 | 1 | 15 | 17 | 4 | 1 | 1 |
| 25 | 44,394 | 29 | 5 | 35 | 17 | 75 | 7 | 1 | 17 | 18 | 8 | 1 | 1 |
| 26 | 41,635 | 28 | 4 | 42 | 17 | 77 | 5 | 1 | 13 | 14 | 9 | 1 | 3 |
| 27 | 39,251 | 26 | 4 | 46 | 14 | 79 | 5 | 1 | 22 | 23 | 4 | 1 | 3 |
| 28 | 44,010 | 28 | 7 | 39 | 16 | 77 | 5 | 1 | 22 | 24 | 5 | 1 | 2 |
| 29 | 45,662 | 33 | 5 | 34 | 21 | 73 | 5 | 2 | 13 | 16 | 4 | 1 | 2 |
| 30 | 27,317 | 13 | 2 | 27 | 19 | 76 | 4 | 1 | 24 | 28 | 60 | 1 | 1 |
| 31 | 20,231 | 8 | 1 | 20 | 19 | 77 | 4 | 1 | 17 | 22 | 59 | 1 | 1 |
| 32 | 47,021 | 34 | 7 | 36 | 28 | 69 | 3 | 1 | 21 | 24 | 24 | 1 | 1 |
| 33 | 32,606 | 18 | 2 | 24 | 23 | 71 | 5 | 1 | 23 | 28 | 8 | 1 | 1 |
| 34 | 40,915 | 28 | 4 | 26 | 25 | 70 | 4 | 1 | 23 | 29 | 3 | 0 | 1 |
| 35 | 40,815 | 28 | 3 | 26 | 26 | 70 | 3 | 1 | 21 | 26 | 9 | 1 | 1 |
| 36 | 53,397 | 34 | 10 | 37 | 27 | 69 | 3 | 1 | 27 | 29 | 7 | 1 | 1 |
| 37 | 47,305 | 31 | 8 | 39 | 24 | 71 | 3 | 1 | 22 | 25 | 2 | 1 | 1 |
| 38 | 23,264 | 9 | 1 | 15 | 24 | 67 | 8 | 1 | 24 | 32 | 44 | 1 | 1 |
| 39 | 29,378 | 15 | 1 | 22 | 25 | 65 | 9 | 1 | 19 | 25 | 40 | 1 | 1 |
| 40 | 39,042 | 26 | 3 | 24 | 30 | 64 | 4 | 2 | 22 | 26 | 4 | 1 | 1 |
| 41 | 43,573 | 28 | 5 | 35 | 28 | 66 | 5 | 1 | 25 | 28 | 2 | 1 | 1 |
| 42 | 44,842 | 31 | 6 | 36 | 26 | 67 | 6 | 1 | 22 | 23 | 2 | 1 | 2 |
| 43 | 37,880 | 24 | 2 | 22 | 34 | 57 | 6 | 2 | 18 | 23 | 4 | 1 | 1 |
| 44 | 24,561 | 10 | 1 | 14 | 27 | 69 | 4 | 1 | 22 | 29 | 43 | 1 | 1 |
| 45 | 52,897 | 38 | 8 | 37 | 28 | 68 | 3 | 1 | 25 | 28 | 5 | 1 | 1 |
| 46 | 45,790 | 33 | 6 | 38 | 28 | 69 | 2 | 1 | 21 | 25 | 1 | 1 | 1 |
| 47 | 25,183 | 10 | 0 | 13 | 30 | 66 | 3 | 1 | 24 | 33 | 8 | 1 | 1 |
| 48 | 37,454 | 24 | 2 | 20 | 33 | 62 | 2 | 2 | 23 | 28 | 1 | 0 | 0 |
| 49 | 23,912 | 11 | 1 | 15 | 25 | 70 | 4 | 1 | 20 | 28 | 51 | 5 | 1 |
| 50 | 28,103 | 14 | 1 | 14 | 29 | 67 | 3 | 0 | 20 | 29 | 7 | 5 | 1 |

# Ohio State House Districts:  Demographic Data (cont.)

| House District | Household Income Avg. ($) | Household Income > $50K (%) | Household Income >$100K (%) | College Educ. (%) | Manf. (%) | Employment Type Service (%) | Employment Type Govt. (%) | Farm (%) | Age 55+ (%) | Receives Soc. Sec. (%) | African Amer. (%) | Hispanic Amer. (%) | Asian Amer. (%) |
|---|---|---|---|---|---|---|---|---|---|---|---|---|---|
| Ohio | 35,348 | 21 | 3 | 22 | 29 | 65 | 4 | 2 | 22 | 28 | 11 | 1 | 1 |
| 51 | 47,827 | 34 | 7 | 30 | 26 | 70 | 2 | 2 | 21 | 24 | 2 | 2 | 1 |
| 52 | 41,380 | 27 | 5 | 35 | 20 | 76 | 3 | 1 | 25 | 29 | 5 | 2 | 2 |
| 53 | 35,564 | 22 | 2 | 17 | 33 | 62 | 3 | 2 | 25 | 31 | 6 | 3 | 0 |
| 54 | 26,603 | 11 | 1 | 13 | 31 | 65 | 3 | 1 | 26 | 33 | 15 | 1 | 0 |
| 55 | 40,646 | 25 | 4 | 28 | 29 | 67 | 3 | 1 | 24 | 28 | 4 | 1 | 1 |
| 56 | 36,422 | 21 | 2 | 17 | 35 | 61 | 2 | 2 | 21 | 25 | 2 | 1 | 0 |
| 57 | 31,571 | 16 | 2 | 15 | 35 | 60 | 2 | 4 | 25 | 32 | 3 | 0 | 0 |
| 58 | 43,139 | 33 | 5 | 29 | 35 | 62 | 2 | 1 | 19 | 23 | 6 | 1 | 1 |
| 59 | 34,702 | 22 | 2 | 21 | 30 | 67 | 2 | 1 | 21 | 25 | 5 | 1 | 1 |
| 60 | 35,244 | 22 | 2 | 18 | 32 | 62 | 2 | 3 | 18 | 25 | 1 | 0 | 1 |
| 61 | 30,214 | 16 | 1 | 16 | 34 | 61 | 3 | 1 | 21 | 28 | 14 | 11 | 1 |
| 62 | 39,868 | 28 | 3 | 22 | 34 | 61 | 4 | 2 | 19 | 24 | 4 | 1 | 1 |
| 63 | 37,451 | 24 | 3 | 18 | 39 | 55 | 3 | 4 | 21 | 27 | 1 | 1 | 0 |
| 64 | 22,210 | 8 | 1 | 12 | 24 | 71 | 4 | 1 | 29 | 38 | 35 | 4 | 0 |
| 65 | 35,702 | 21 | 3 | 24 | 25 | 72 | 2 | 1 | 28 | 34 | 2 | 1 | 1 |
| 66 | 33,590 | 20 | 2 | 15 | 40 | 56 | 2 | 1 | 25 | 30 | 12 | 1 | 0 |
| 67 | 34,112 | 19 | 2 | 17 | 32 | 64 | 2 | 2 | 26 | 33 | 2 | 1 | 0 |
| 68 | 49,385 | 36 | 8 | 28 | 37 | 57 | 2 | 4 | 19 | 24 | 1 | 0 | 0 |
| 69 | 42,844 | 32 | 3 | 25 | 35 | 60 | 3 | 2 | 18 | 25 | 2 | 1 | 1 |
| 70 | 39,268 | 25 | 3 | 22 | 36 | 60 | 3 | 1 | 25 | 29 | 1 | 1 | 1 |
| 71 | 39,659 | 28 | 3 | 23 | 32 | 64 | 2 | 2 | 16 | 21 | 1 | 1 | 0 |
| 72 | 31,052 | 16 | 1 | 13 | 35 | 58 | 3 | 4 | 20 | 28 | 1 | 0 | 0 |
| 73 | 31,103 | 16 | 2 | 17 | 30 | 64 | 5 | 1 | 24 | 31 | 12 | 1 | 0 |
| 74 | 38,153 | 25 | 2 | 22 | 27 | 59 | 9 | 4 | 19 | 24 | 4 | 1 | 0 |
| 75 | 35,193 | 21 | 3 | 23 | 33 | 62 | 2 | 2 | 17 | 22 | 3 | 1 | 1 |
| 76 | 39,395 | 28 | 3 | 31 | 23 | 63 | 12 | 1 | 18 | 20 | 8 | 1 | 2 |
| 77 | 34,945 | 20 | 2 | 19 | 26 | 64 | 8 | 3 | 21 | 27 | 2 | 0 | 0 |
| 78 | 27,336 | 13 | 1 | 19 | 26 | 65 | 5 | 5 | 19 | 26 | 1 | 1 | 1 |
| 79 | 31,785 | 17 | 2 | 16 | 37 | 57 | 4 | 2 | 23 | 28 | 9 | 1 | 0 |
| 80 | 43,668 | 28 | 6 | 26 | 30 | 63 | 4 | 4 | 19 | 22 | 1 | 0 | 0 |
| 81 | 42,168 | 32 | 3 | 23 | 32 | 63 | 2 | 2 | 17 | 21 | 1 | 1 | 1 |
| 82 | 34,480 | 19 | 2 | 16 | 46 | 48 | 2 | 4 | 21 | 27 | 1 | 5 | 0 |
| 83 | 33,592 | 18 | 1 | 15 | 43 | 49 | 2 | 6 | 22 | 29 | 1 | 3 | 0 |
| 84 | 34,392 | 18 | 2 | 15 | 41 | 50 | 2 | 7 | 23 | 30 | 1 | 1 | 0 |
| 85 | 35,570 | 20 | 2 | 16 | 47 | 46 | 3 | 5 | 21 | 27 | 2 | 1 | 1 |
| 86 | 34,813 | 19 | 2 | 21 | 36 | 55 | 2 | 6 | 22 | 27 | 1 | 2 | 1 |
| 87 | 31,613 | 17 | 2 | 14 | 37 | 56 | 3 | 4 | 22 | 29 | 3 | 1 | 0 |
| 88 | 25,456 | 10 | 1 | 11 | 34 | 55 | 4 | 7 | 24 | 32 | 2 | 0 | 0 |
| 89 | 32,352 | 17 | 2 | 16 | 40 | 54 | 2 | 4 | 23 | 30 | 2 | 5 | 0 |
| 90 | 31,692 | 16 | 2 | 15 | 40 | 52 | 2 | 6 | 23 | 29 | 2 | 1 | 0 |
| 91 | 29,803 | 16 | 2 | 14 | 34 | 57 | 6 | 4 | 21 | 28 | 4 | 0 | 0 |
| 92 | 24,330 | 10 | 1 | 13 | 24 | 68 | 6 | 3 | 25 | 36 | 3 | 0 | 0 |
| 93 | 30,229 | 15 | 1 | 16 | 36 | 55 | 3 | 6 | 23 | 30 | 1 | 1 | 0 |
| 94 | 24,979 | 10 | 1 | 13 | 25 | 65 | 3 | 7 | 23 | 32 | 2 | 0 | 0 |
| 95 | 30,247 | 14 | 2 | 13 | 35 | 54 | 2 | 9 | 22 | 28 | 1 | 0 | 0 |
| 96 | 27,117 | 12 | 1 | 16 | 29 | 63 | 4 | 5 | 23 | 31 | 4 | 0 | 0 |
| 97 | 28,518 | 12 | 1 | 14 | 33 | 59 | 3 | 6 | 24 | 31 | 1 | 0 | 0 |
| 98 | 26,901 | 12 | 1 | 13 | 31 | 62 | 3 | 4 | 28 | 37 | 5 | 0 | 0 |
| 99 | 26,028 | 11 | 1 | 14 | 25 | 64 | 3 | 8 | 28 | 36 | 1 | 0 | 0 |

# OKLAHOMA
## State Senate Districts

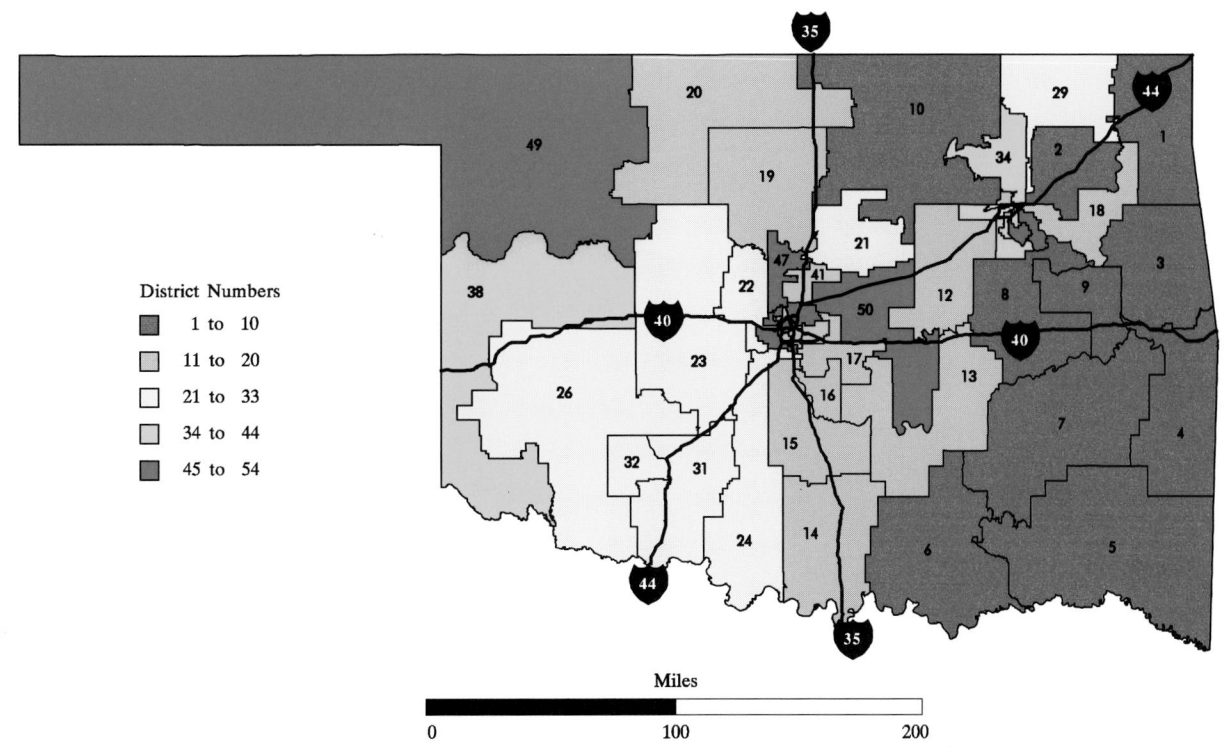

District Numbers
- 1 to 10
- 11 to 20
- 21 to 33
- 34 to 44
- 45 to 54

Miles

0          100          200

## OKLAHOMA CITY

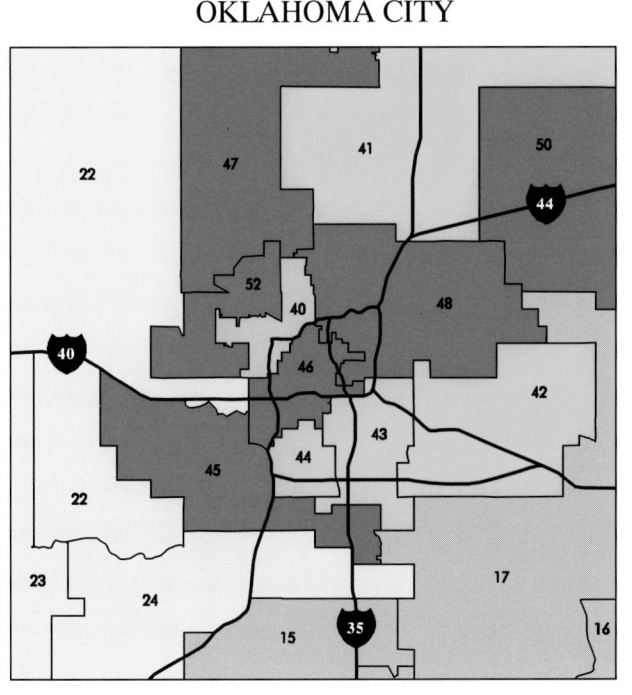

## TULSA

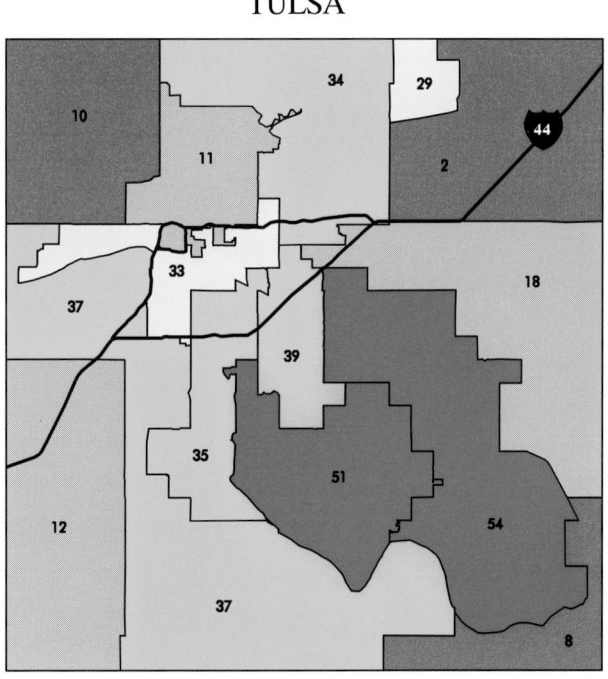

# Oklahoma State Senate Districts: Demographic Data

| Senate District* | Household Income Avg. ($) | Household Income > $50K (%) | Household Income >$100K (%) | College Educ. (%) | Manf. (%) | Employment Type Service (%) | Employment Type Govt. (%) | Farm (%) | Age 55+ (%) | Receives Soc. Sec. (%) | African Amer. (%) | Hispanic Amer. (%) | Asian Amer. (%) |
|---|---|---|---|---|---|---|---|---|---|---|---|---|---|
| Oklahoma | 30,567 | 16 | 2 | 23 | 20 | 66 | 6 | 7 | 22 | 28 | 7 | 3 | 1 |
| 1 | 23,614 | 8 | 2 | 16 | 28 | 60 | 4 | 8 | 30 | 38 | 1 | 1 | 0 |
| 2 | 31,947 | 18 | 2 | 20 | 29 | 61 | 4 | 6 | 21 | 26 | 1 | 1 | 0 |
| 3 | 23,531 | 9 | 1 | 19 | 25 | 60 | 5 | 9 | 23 | 30 | 1 | 1 | 0 |
| 4 | 24,157 | 8 | 1 | 16 | 32 | 57 | 4 | 6 | 24 | 33 | 2 | 1 | 0 |
| 5 | 20,610 | 7 | 1 | 12 | 27 | 58 | 6 | 8 | 26 | 34 | 9 | 1 | 0 |
| 6 | 22,311 | 8 | 1 | 17 | 25 | 60 | 6 | 10 | 28 | 37 | 2 | 1 | 0 |
| 7 | 23,787 | 8 | 1 | 16 | 21 | 59 | 10 | 10 | 29 | 37 | 3 | 1 | 0 |
| 8 | 23,177 | 8 | 1 | 15 | 25 | 64 | 5 | 7 | 28 | 35 | 10 | 1 | 0 |
| 9 | 26,051 | 13 | 1 | 19 | 26 | 64 | 6 | 4 | 25 | 33 | 14 | 1 | 0 |
| 10 | 29,254 | 15 | 2 | 19 | 26 | 57 | 6 | 11 | 25 | 31 | 2 | 1 | 0 |
| 11 | 20,328 | 6 | 0 | 14 | 22 | 70 | 5 | 3 | 23 | 32 | 52 | 3 | 1 |
| 12 | 27,780 | 13 | 1 | 14 | 29 | 61 | 4 | 6 | 23 | 29 | 4 | 1 | 0 |
| 13 | 24,109 | 9 | 1 | 17 | 22 | 62 | 7 | 9 | 28 | 36 | 3 | 1 | 0 |
| 14 | 27,481 | 11 | 2 | 16 | 22 | 61 | 4 | 13 | 27 | 32 | 6 | 2 | 0 |
| 15 | 32,550 | 18 | 3 | 25 | 17 | 67 | 7 | 9 | 22 | 26 | 2 | 2 | 1 |
| 16 | 28,093 | 14 | 2 | 34 | 14 | 75 | 8 | 3 | 15 | 19 | 4 | 2 | 3 |
| 17 | 32,819 | 19 | 1 | 21 | 21 | 63 | 13 | 3 | 19 | 25 | 3 | 2 | 1 |
| 18 | 30,166 | 16 | 1 | 16 | 30 | 63 | 3 | 4 | 21 | 25 | 3 | 2 | 1 |
| 19 | 28,587 | 12 | 2 | 21 | 14 | 70 | 6 | 11 | 25 | 30 | 3 | 2 | 1 |
| 20 | 28,751 | 13 | 2 | 23 | 24 | 57 | 4 | 15 | 29 | 35 | 1 | 2 | 0 |
| 21 | 26,474 | 13 | 2 | 33 | 16 | 74 | 5 | 6 | 18 | 23 | 7 | 2 | 3 |
| 22 | 34,670 | 22 | 2 | 23 | 19 | 68 | 7 | 6 | 17 | 21 | 4 | 3 | 1 |
| 23 | 26,152 | 11 | 2 | 16 | 20 | 60 | 6 | 14 | 25 | 32 | 5 | 3 | 0 |
| 24 | 29,539 | 16 | 1 | 18 | 20 | 59 | 7 | 14 | 23 | 29 | 2 | 3 | 1 |
| 26 | 24,081 | 9 | 1 | 15 | 16 | 59 | 7 | 18 | 29 | 38 | 4 | 6 | 0 |
| 29 | 35,267 | 22 | 3 | 28 | 21 | 62 | 3 | 13 | 27 | 33 | 2 | 1 | 1 |
| 31 | 27,770 | 12 | 1 | 20 | 17 | 65 | 10 | 9 | 19 | 26 | 13 | 5 | 2 |
| 32 | 29,719 | 14 | 2 | 25 | 14 | 72 | 11 | 2 | 16 | 20 | 18 | 7 | 3 |
| 33 | 34,270 | 15 | 4 | 31 | 21 | 72 | 3 | 4 | 25 | 29 | 4 | 2 | 1 |
| 34 | 28,512 | 13 | 1 | 15 | 27 | 64 | 3 | 5 | 21 | 26 | 4 | 2 | 0 |
| 35 | 43,721 | 26 | 7 | 44 | 14 | 78 | 3 | 5 | 25 | 26 | 6 | 2 | 1 |
| 37 | 31,359 | 17 | 1 | 20 | 26 | 66 | 4 | 4 | 18 | 23 | 5 | 2 | 0 |
| 38 | 26,744 | 13 | 2 | 22 | 15 | 64 | 7 | 14 | 22 | 29 | 6 | 9 | 1 |
| 39 | 39,898 | 28 | 5 | 41 | 17 | 77 | 2 | 4 | 24 | 22 | 5 | 3 | 2 |
| 40 | 39,347 | 18 | 5 | 32 | 14 | 77 | 6 | 4 | 29 | 31 | 6 | 3 | 2 |
| 41 | 47,123 | 34 | 7 | 46 | 13 | 74 | 7 | 6 | 13 | 15 | 3 | 2 | 2 |
| 42 | 35,052 | 20 | 2 | 25 | 15 | 63 | 21 | 2 | 19 | 21 | 9 | 3 | 2 |
| 43 | 27,055 | 12 | 1 | 16 | 22 | 62 | 14 | 2 | 19 | 23 | 13 | 7 | 2 |
| 44 | 26,009 | 10 | 1 | 12 | 21 | 68 | 9 | 2 | 26 | 30 | 4 | 8 | 2 |
| 45 | 38,705 | 27 | 2 | 24 | 22 | 66 | 10 | 3 | 11 | 13 | 2 | 3 | 3 |
| 46 | 23,065 | 8 | 2 | 20 | 19 | 71 | 7 | 3 | 21 | 28 | 20 | 10 | 4 |
| 47 | 44,303 | 29 | 6 | 42 | 12 | 76 | 7 | 5 | 16 | 16 | 8 | 2 | 2 |
| 48 | 28,682 | 13 | 2 | 22 | 16 | 70 | 12 | 2 | 21 | 27 | 62 | 2 | 1 |
| 49 | 27,940 | 12 | 2 | 18 | 12 | 60 | 5 | 23 | 26 | 31 | 0 | 5 | 0 |
| 50 | 26,975 | 12 | 1 | 15 | 23 | 58 | 11 | 9 | 25 | 32 | 5 | 1 | 0 |
| 51 | 58,570 | 44 | 11 | 48 | 18 | 75 | 2 | 5 | 11 | 12 | 2 | 2 | 1 |
| 52 | 40,478 | 26 | 5 | 36 | 15 | 75 | 7 | 4 | 24 | 24 | 6 | 3 | 2 |
| 54 | 34,381 | 21 | 2 | 28 | 22 | 72 | 3 | 3 | 12 | 14 | 5 | 3 | 2 |

\* Senate districts are numbered from 1 to 54 excluding numbers 25, 27, 28, 30, 36, and 53.

# OKLAHOMA
## State House Districts

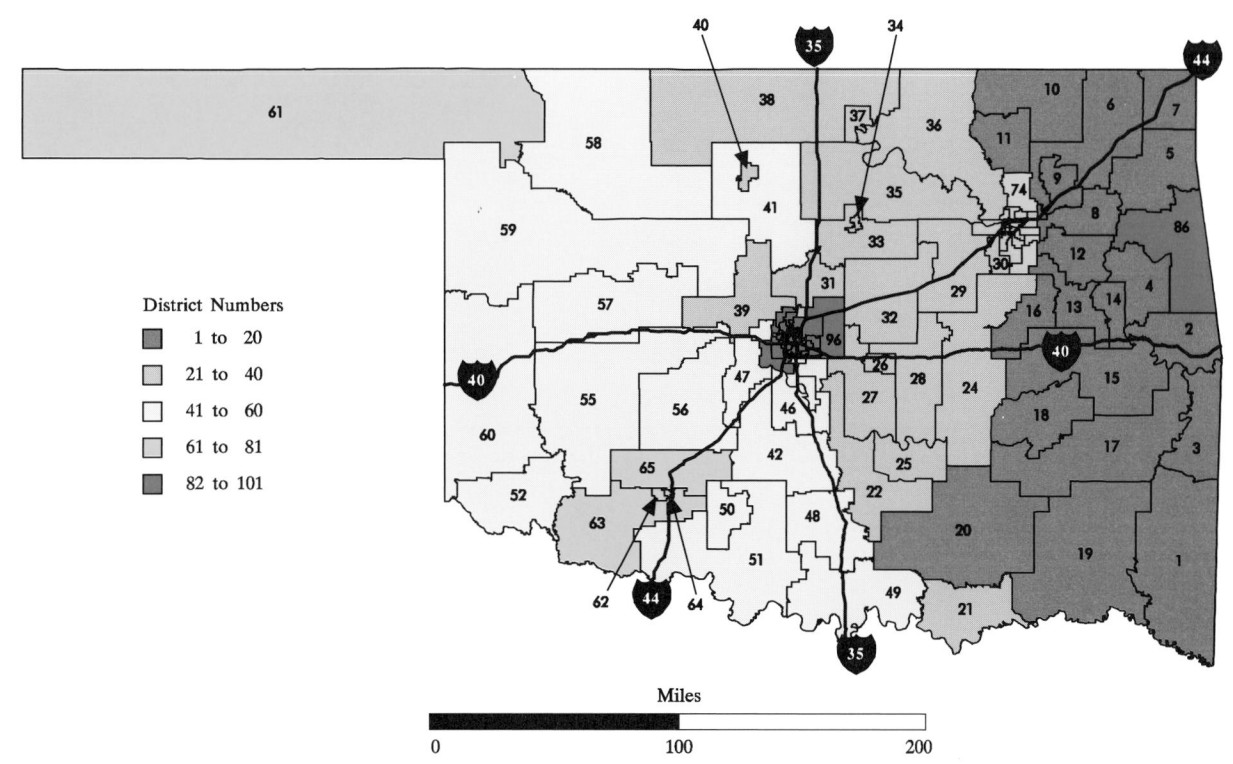

District Numbers

- 1 to 20
- 21 to 40
- 41 to 60
- 61 to 81
- 82 to 101

Miles

0          100          200

## OKLAHOMA CITY          TULSA

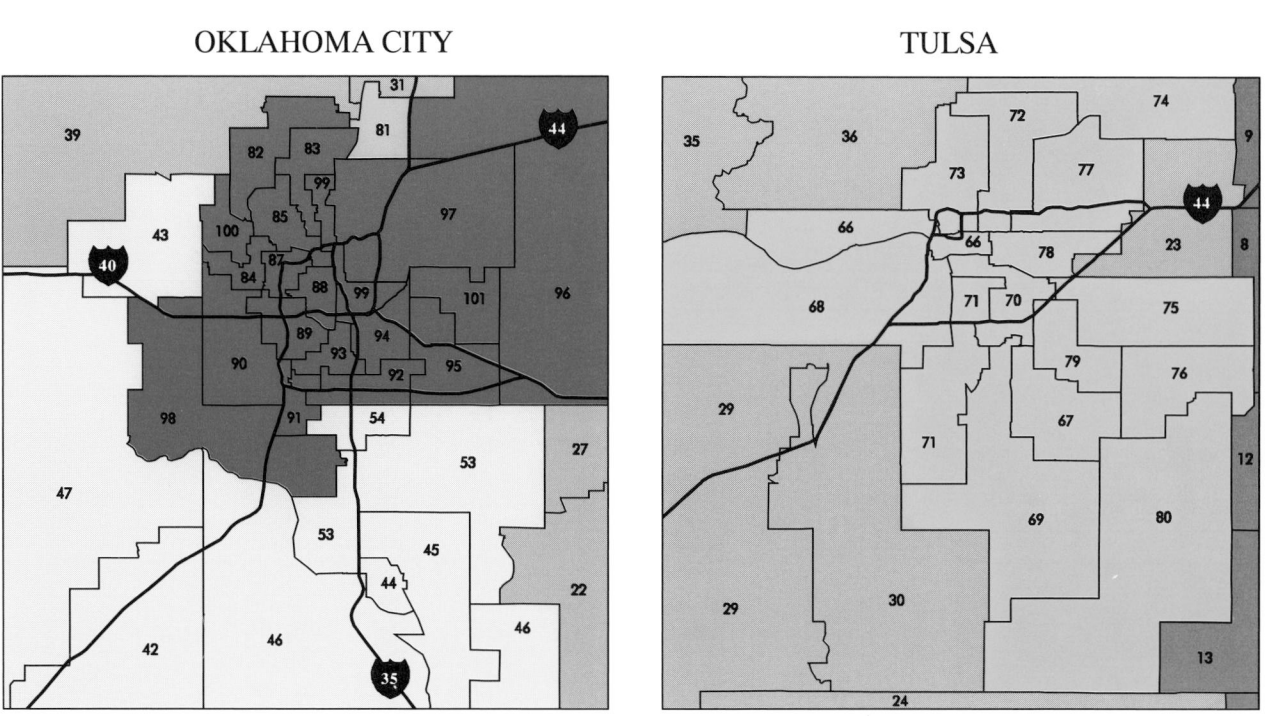

## Oklahoma State House Districts: Demographic Data

| House District | Household Income Avg. ($) | > $50K (%) | >$100K (%) | College Educ. (%) | Manf. (%) | Employment Type Service (%) | Govt. (%) | Farm (%) | Age 55+ (%) | Receives Soc. Sec. (%) | African Amer. (%) | Hispanic Amer. (%) | Asian Amer. (%) |
|---|---|---|---|---|---|---|---|---|---|---|---|---|---|
| Oklahoma | 30,567 | 16 | 2 | 23 | 20 | 66 | 6 | 7 | 22 | 28 | 7 | 3 | 1 |
| 1 | 21,564 | 8 | 1 | 12 | 31 | 56 | 4 | 9 | 24 | 30 | 11 | 1 | 0 |
| 2 | 24,616 | 8 | 1 | 13 | 34 | 57 | 4 | 6 | 22 | 30 | 2 | 1 | 0 |
| 3 | 24,205 | 9 | 1 | 17 | 31 | 58 | 4 | 6 | 23 | 33 | 3 | 1 | 0 |
| 4 | 25,501 | 11 | 1 | 26 | 17 | 70 | 6 | 7 | 23 | 31 | 1 | 1 | 0 |
| 5 | 24,613 | 9 | 2 | 15 | 30 | 58 | 4 | 8 | 33 | 40 | 0 | 1 | 0 |
| 6 | 30,088 | 16 | 2 | 17 | 26 | 62 | 3 | 9 | 23 | 30 | 2 | 1 | 0 |
| 7 | 22,527 | 7 | 1 | 18 | 27 | 63 | 4 | 7 | 29 | 38 | 1 | 1 | 0 |
| 8 | 31,801 | 18 | 2 | 19 | 32 | 59 | 3 | 5 | 21 | 27 | 0 | 1 | 0 |
| 9 | 32,633 | 18 | 2 | 23 | 27 | 64 | 4 | 5 | 21 | 24 | 1 | 1 | 0 |
| 10 | 25,078 | 9 | 1 | 15 | 22 | 62 | 3 | 13 | 28 | 35 | 4 | 2 | 0 |
| 11 | 43,456 | 33 | 5 | 38 | 21 | 60 | 3 | 16 | 27 | 30 | 2 | 1 | 1 |
| 12 | 31,654 | 19 | 1 | 16 | 28 | 64 | 3 | 5 | 20 | 27 | 5 | 1 | 0 |
| 13 | 26,776 | 14 | 1 | 20 | 26 | 64 | 6 | 3 | 24 | 31 | 24 | 1 | 0 |
| 14 | 26,706 | 13 | 1 | 20 | 26 | 66 | 5 | 3 | 25 | 33 | 4 | 1 | 0 |
| 15 | 21,676 | 7 | 1 | 14 | 22 | 60 | 7 | 11 | 32 | 41 | 3 | 1 | 0 |
| 16 | 22,262 | 7 | 1 | 15 | 24 | 65 | 5 | 6 | 28 | 38 | 13 | 1 | 0 |
| 17 | 22,796 | 8 | 1 | 17 | 25 | 57 | 8 | 10 | 26 | 36 | 1 | 1 | 0 |
| 18 | 25,519 | 10 | 1 | 17 | 20 | 61 | 12 | 7 | 30 | 37 | 4 | 1 | 0 |
| 19 | 19,984 | 7 | 1 | 11 | 24 | 61 | 7 | 8 | 29 | 37 | 7 | 1 | 0 |
| 20 | 19,872 | 6 | 1 | 13 | 23 | 54 | 10 | 14 | 27 | 37 | 3 | 1 | 0 |
| 21 | 23,049 | 9 | 1 | 20 | 24 | 66 | 4 | 6 | 26 | 34 | 1 | 1 | 0 |
| 22 | 26,160 | 10 | 1 | 14 | 23 | 59 | 7 | 11 | 25 | 33 | 4 | 2 | 0 |
| 23 | 32,099 | 18 | 1 | 22 | 26 | 68 | 3 | 3 | 16 | 16 | 5 | 3 | 2 |
| 24 | 22,722 | 6 | 1 | 12 | 23 | 59 | 7 | 11 | 29 | 37 | 7 | 1 | 0 |
| 25 | 25,293 | 11 | 2 | 22 | 21 | 66 | 6 | 6 | 26 | 33 | 3 | 1 | 0 |
| 26 | 26,877 | 12 | 1 | 19 | 21 | 65 | 11 | 3 | 25 | 34 | 3 | 2 | 1 |
| 27 | 29,072 | 15 | 1 | 14 | 24 | 56 | 14 | 6 | 20 | 27 | 1 | 1 | 0 |
| 28 | 23,910 | 8 | 1 | 14 | 25 | 55 | 9 | 11 | 27 | 36 | 9 | 1 | 0 |
| 29 | 26,863 | 12 | 1 | 13 | 31 | 61 | 3 | 6 | 20 | 25 | 4 | 1 | 0 |
| 30 | 32,379 | 17 | 1 | 19 | 27 | 65 | 3 | 6 | 21 | 28 | 2 | 2 | 0 |
| 31 | 39,407 | 25 | 5 | 25 | 17 | 68 | 7 | 7 | 19 | 23 | 8 | 2 | 1 |
| 32 | 25,786 | 11 | 1 | 13 | 23 | 59 | 8 | 10 | 26 | 33 | 3 | 1 | 0 |
| 33 | 28,724 | 13 | 2 | 27 | 19 | 69 | 4 | 8 | 19 | 27 | 7 | 1 | 2 |
| 34 | 25,222 | 14 | 1 | 48 | 13 | 80 | 5 | 2 | 14 | 17 | 4 | 2 | 3 |
| 35 | 28,576 | 13 | 2 | 16 | 28 | 57 | 5 | 10 | 25 | 32 | 1 | 1 | 0 |
| 36 | 25,828 | 13 | 1 | 15 | 24 | 59 | 6 | 12 | 22 | 30 | 15 | 2 | 0 |
| 37 | 34,345 | 19 | 2 | 29 | 31 | 56 | 3 | 9 | 26 | 32 | 3 | 2 | 1 |
| 38 | 25,700 | 10 | 2 | 20 | 22 | 55 | 6 | 18 | 30 | 37 | 1 | 2 | 0 |
| 39 | 35,555 | 20 | 3 | 26 | 16 | 67 | 8 | 9 | 19 | 24 | 4 | 3 | 0 |
| 40 | 22,499 | 7 | 0 | 16 | 16 | 74 | 6 | 5 | 24 | 31 | 6 | 3 | 1 |
| 41 | 34,109 | 17 | 4 | 26 | 11 | 70 | 6 | 13 | 26 | 28 | 1 | 1 | 1 |
| 42 | 26,293 | 11 | 1 | 13 | 20 | 59 | 6 | 15 | 25 | 32 | 1 | 1 | 0 |
| 43 | 41,387 | 31 | 3 | 29 | 19 | 70 | 6 | 4 | 13 | 17 | 2 | 2 | 2 |
| 44 | 29,508 | 16 | 3 | 48 | 9 | 83 | 6 | 2 | 17 | 21 | 4 | 3 | 4 |
| 45 | 28,445 | 15 | 1 | 31 | 17 | 73 | 8 | 3 | 13 | 15 | 4 | 3 | 1 |
| 46 | 32,313 | 18 | 3 | 27 | 17 | 68 | 9 | 7 | 19 | 21 | 2 | 2 | 2 |
| 47 | 29,795 | 16 | 2 | 19 | 24 | 61 | 8 | 7 | 23 | 28 | 5 | 2 | 0 |
| 48 | 28,065 | 11 | 3 | 17 | 19 | 65 | 4 | 12 | 29 | 33 | 11 | 2 | 0 |
| 49 | 27,157 | 12 | 2 | 16 | 29 | 54 | 5 | 12 | 26 | 33 | 3 | 2 | 0 |
| 50 | 28,782 | 15 | 1 | 20 | 19 | 57 | 4 | 19 | 29 | 35 | 3 | 3 | 0 |

# Oklahoma State House Districts:  Demographic Data (cont.)

| House District | Household Income Avg. ($) | Household Income > $50K (%) | Household Income >$100K (%) | College Educ. (%) | Manf. (%) | Employment Type Service (%) | Employment Type Govt. (%) | Farm (%) | Age 55+ (%) | Receives Soc. Sec. (%) | African Amer. (%) | Hispanic Amer. (%) | Asian Amer. (%) |
|---|---|---|---|---|---|---|---|---|---|---|---|---|---|
| Oklahoma | 30,567 | 16 | 2 | 23 | 20 | 66 | 6 | 7 | 22 | 28 | 7 | 3 | 1 |
| 51 | 22,231 | 8 | 1 | 11 | 19 | 55 | 5 | 20 | 30 | 39 | 1 | 2 | 0 |
| 52 | 26,698 | 12 | 1 | 23 | 11 | 68 | 12 | 8 | 20 | 28 | 9 | 12 | 1 |
| 53 | 45,352 | 31 | 4 | 33 | 21 | 66 | 10 | 3 | 11 | 11 | 2 | 3 | 2 |
| 54 | 34,032 | 20 | 2 | 24 | 20 | 67 | 11 | 2 | 14 | 15 | 2 | 3 | 1 |
| 55 | 24,461 | 10 | 2 | 14 | 17 | 56 | 5 | 22 | 29 | 37 | 3 | 5 | 0 |
| 56 | 24,299 | 9 | 1 | 14 | 18 | 59 | 8 | 14 | 25 | 32 | 3 | 4 | 0 |
| 57 | 27,001 | 13 | 1 | 23 | 18 | 64 | 4 | 14 | 22 | 26 | 4 | 6 | 1 |
| 58 | 27,696 | 12 | 2 | 19 | 12 | 64 | 4 | 21 | 27 | 33 | 0 | 2 | 0 |
| 59 | 27,535 | 12 | 2 | 17 | 14 | 59 | 4 | 24 | 28 | 34 | 2 | 3 | 0 |
| 60 | 25,192 | 11 | 2 | 16 | 13 | 59 | 6 | 22 | 29 | 39 | 3 | 5 | 0 |
| 61 | 28,889 | 13 | 1 | 19 | 12 | 59 | 5 | 24 | 25 | 30 | 0 | 8 | 0 |
| 62 | 34,789 | 17 | 2 | 31 | 15 | 73 | 11 | 2 | 14 | 14 | 20 | 6 | 4 |
| 63 | 26,863 | 12 | 1 | 19 | 17 | 63 | 11 | 8 | 21 | 29 | 13 | 8 | 1 |
| 64 | 23,696 | 8 | 1 | 18 | 14 | 75 | 10 | 2 | 21 | 26 | 17 | 7 | 3 |
| 65 | 30,449 | 14 | 2 | 22 | 15 | 66 | 11 | 8 | 13 | 20 | 18 | 7 | 2 |
| 66 | 27,109 | 12 | 2 | 22 | 27 | 66 | 4 | 4 | 25 | 29 | 6 | 2 | 1 |
| 67 | 62,630 | 48 | 15 | 60 | 15 | 77 | 1 | 7 | 13 | 11 | 2 | 2 | 2 |
| 68 | 30,776 | 17 | 1 | 17 | 28 | 65 | 4 | 3 | 18 | 25 | 6 | 2 | 0 |
| 69 | 51,462 | 31 | 10 | 41 | 17 | 75 | 3 | 5 | 17 | 17 | 5 | 3 | 2 |
| 70 | 52,642 | 32 | 11 | 47 | 14 | 78 | 3 | 6 | 31 | 30 | 3 | 2 | 1 |
| 71 | 35,515 | 18 | 5 | 40 | 16 | 77 | 3 | 4 | 20 | 22 | 9 | 3 | 1 |
| 72 | 19,635 | 4 | 0 | 12 | 24 | 70 | 3 | 3 | 21 | 31 | 26 | 4 | 1 |
| 73 | 21,219 | 9 | 1 | 17 | 19 | 72 | 6 | 3 | 25 | 35 | 71 | 2 | 0 |
| 74 | 32,966 | 19 | 1 | 18 | 27 | 65 | 3 | 4 | 19 | 24 | 2 | 1 | 0 |
| 75 | 33,581 | 20 | 2 | 31 | 20 | 74 | 2 | 3 | 14 | 14 | 5 | 3 | 3 |
| 76 | 40,028 | 29 | 2 | 34 | 20 | 74 | 2 | 4 | 10 | 13 | 3 | 2 | 1 |
| 77 | 25,744 | 9 | 0 | 14 | 27 | 68 | 3 | 2 | 25 | 30 | 3 | 3 | 1 |
| 78 | 32,212 | 18 | 2 | 31 | 19 | 73 | 4 | 4 | 29 | 31 | 4 | 2 | 1 |
| 79 | 41,244 | 29 | 5 | 46 | 16 | 78 | 2 | 4 | 22 | 21 | 5 | 3 | 2 |
| 80 | 42,342 | 29 | 3 | 32 | 21 | 72 | 3 | 4 | 12 | 15 | 3 | 2 | 1 |
| 81 | 45,916 | 34 | 7 | 49 | 11 | 77 | 7 | 5 | 15 | 18 | 4 | 2 | 3 |
| 82 | 54,335 | 40 | 9 | 54 | 11 | 78 | 7 | 4 | 13 | 11 | 4 | 2 | 2 |
| 83 | 47,988 | 25 | 7 | 48 | 10 | 77 | 8 | 4 | 20 | 19 | 12 | 2 | 2 |
| 84 | 33,049 | 18 | 2 | 29 | 16 | 74 | 6 | 4 | 26 | 26 | 5 | 3 | 2 |
| 85 | 49,314 | 29 | 8 | 45 | 11 | 79 | 6 | 5 | 34 | 33 | 5 | 2 | 1 |
| 86 | 22,379 | 7 | 1 | 13 | 36 | 47 | 4 | 13 | 22 | 29 | 0 | 1 | 0 |
| 87 | 29,009 | 12 | 2 | 27 | 16 | 75 | 6 | 3 | 29 | 32 | 7 | 4 | 3 |
| 88 | 24,426 | 10 | 2 | 25 | 16 | 73 | 8 | 3 | 19 | 27 | 19 | 9 | 6 |
| 89 | 19,361 | 4 | 0 | 8 | 25 | 68 | 4 | 2 | 22 | 32 | 8 | 16 | 1 |
| 90 | 30,410 | 15 | 2 | 20 | 22 | 69 | 7 | 3 | 18 | 18 | 9 | 4 | 3 |
| 91 | 36,088 | 24 | 2 | 22 | 19 | 68 | 11 | 2 | 19 | 18 | 3 | 4 | 3 |
| 92 | 30,019 | 16 | 1 | 19 | 19 | 64 | 14 | 2 | 15 | 17 | 14 | 5 | 3 |
| 93 | 21,678 | 6 | 0 | 8 | 26 | 64 | 7 | 3 | 29 | 38 | 4 | 12 | 1 |
| 94 | 27,195 | 11 | 1 | 15 | 21 | 61 | 16 | 2 | 21 | 24 | 13 | 4 | 2 |
| 95 | 33,284 | 17 | 2 | 24 | 13 | 65 | 21 | 1 | 23 | 25 | 7 | 3 | 2 |
| 96 | 36,955 | 25 | 2 | 21 | 18 | 60 | 18 | 3 | 17 | 21 | 4 | 2 | 0 |
| 97 | 34,080 | 19 | 3 | 24 | 17 | 69 | 12 | 3 | 22 | 27 | 64 | 1 | 0 |
| 98 | 40,692 | 30 | 2 | 25 | 21 | 66 | 9 | 3 | 9 | 11 | 1 | 2 | 3 |
| 99 | 22,327 | 8 | 0 | 17 | 16 | 72 | 10 | 2 | 23 | 29 | 70 | 2 | 1 |
| 100 | 36,578 | 24 | 3 | 35 | 14 | 75 | 7 | 4 | 15 | 18 | 6 | 3 | 2 |
| 101 | 31,034 | 15 | 1 | 23 | 16 | 64 | 19 | 2 | 16 | 18 | 26 | 3 | 2 |

# OREGON
## State Senate Districts

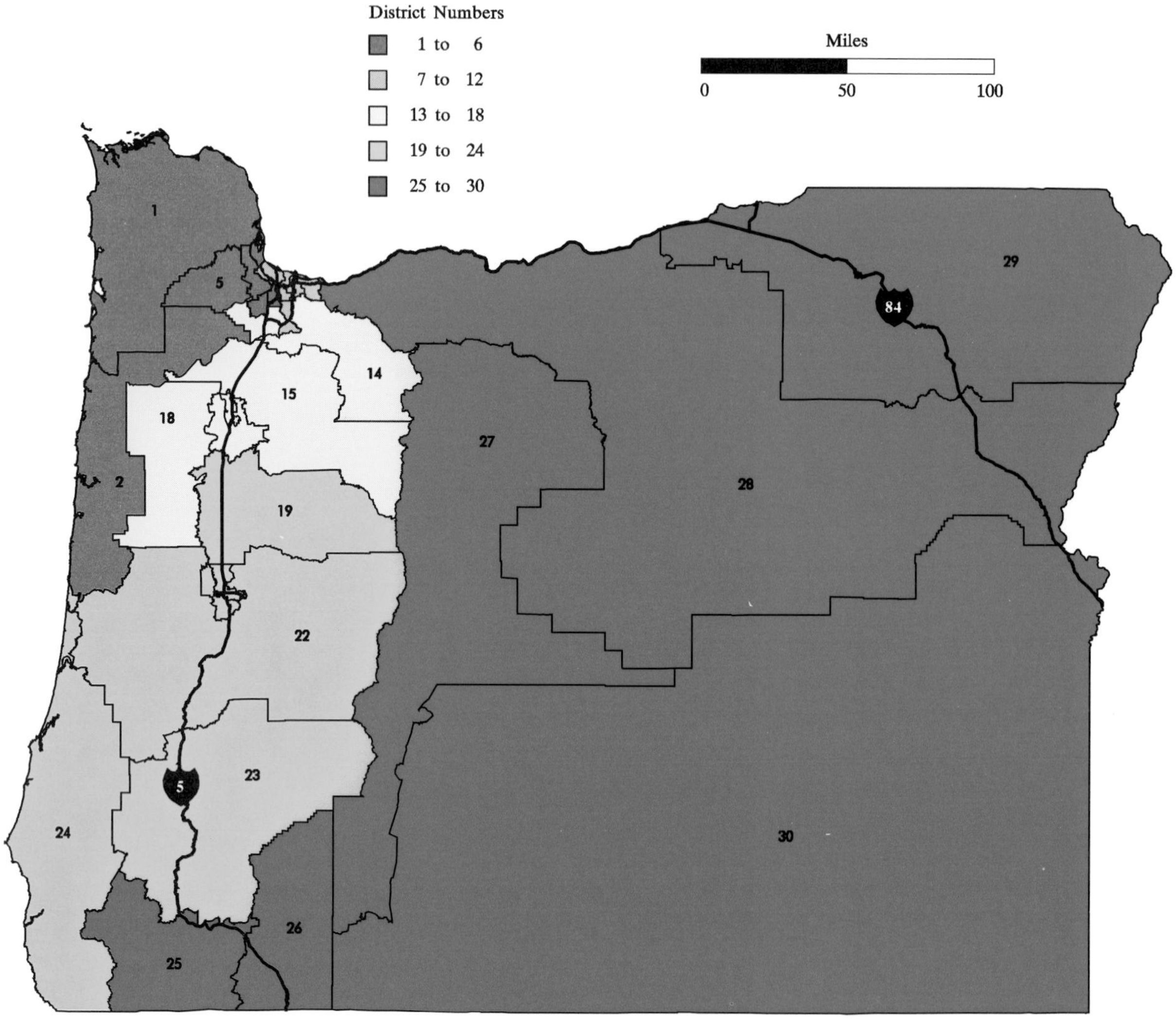

District Numbers
- 1 to 6
- 7 to 12
- 13 to 18
- 19 to 24
- 25 to 30

Miles

0    50    100

1

5

14

15

18

2

27

28

29

84

19

22

23

5

24

30

26

25

EUGENE

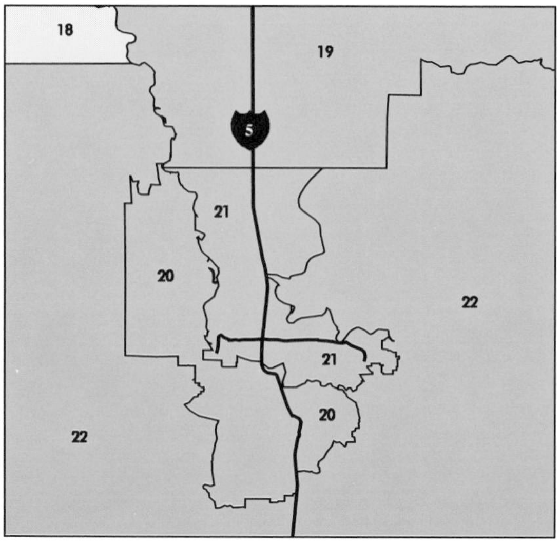

18

19

5

21

20

22

21

22

20

SALEM

15

18

17

16

19

5

# PORTLAND
## State Senate Districts

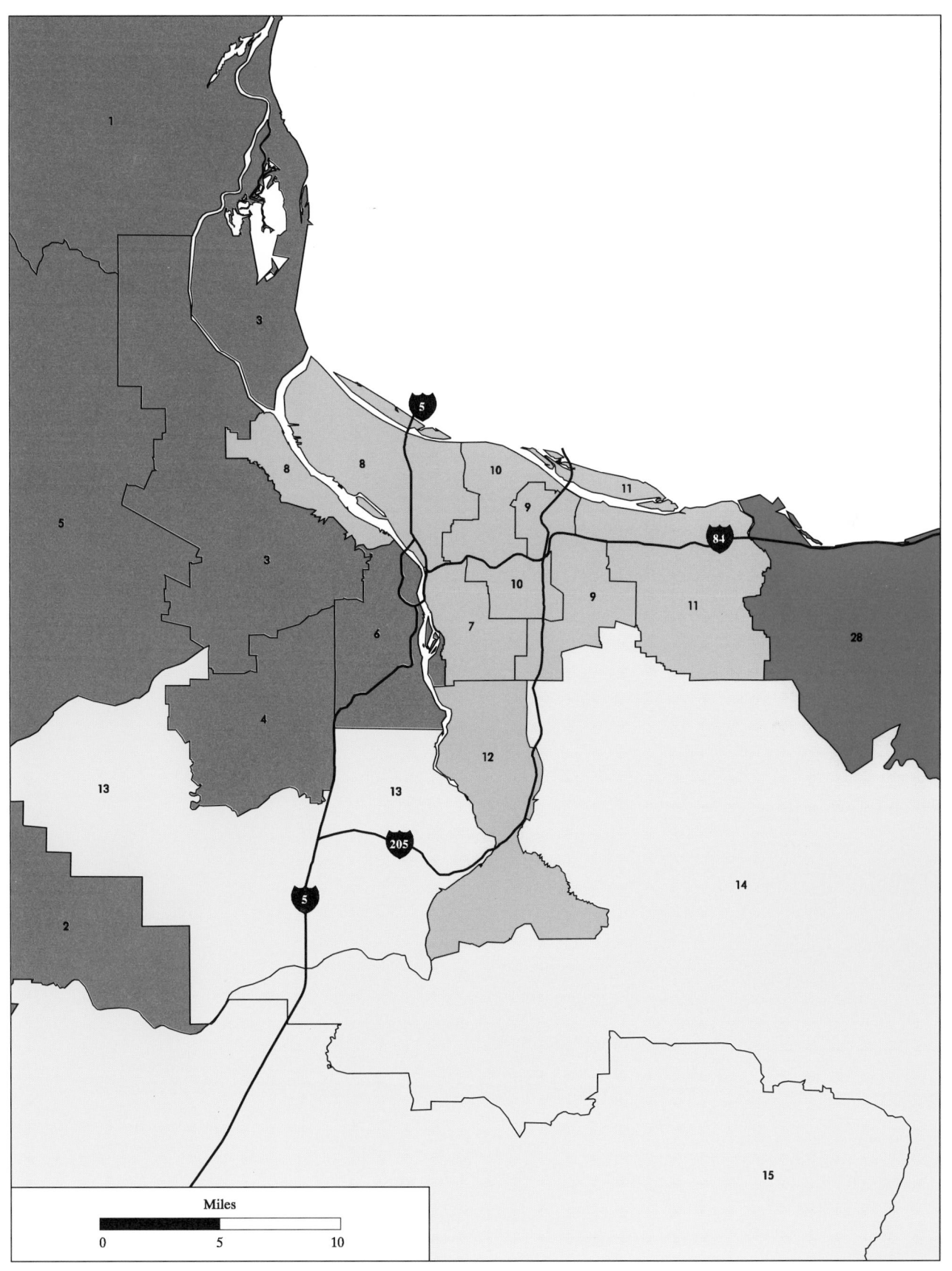

Miles

0　　　　　5　　　　　10

# Oregon State Senate Districts: Demographic Data

| Senate District | Household Income Avg. ($) | > $50K (%) | >$100K (%) | College Educ. (%) | Manf. (%) | Employment Type Service (%) | Govt. (%) | Farm (%) | Age 55+ (%) | Receives Soc. Sec. (%) | African Amer. (%) | Hispanic Amer. (%) | Asian Amer. (%) |
|---|---|---|---|---|---|---|---|---|---|---|---|---|---|
| Oregon | 34,128 | 19 | 3 | 28 | 24 | 66 | 4 | 5 | 22 | 28 | 2 | 4 | 2 |
| 1 | 31,825 | 17 | 2 | 20 | 29 | 60 | 4 | 6 | 25 | 32 | 0 | 2 | 1 |
| 2 | 32,922 | 17 | 2 | 23 | 26 | 63 | 5 | 7 | 26 | 33 | 0 | 4 | 1 |
| 3 | 47,640 | 34 | 6 | 45 | 25 | 70 | 3 | 2 | 16 | 18 | 1 | 3 | 6 |
| 4 | 42,738 | 30 | 5 | 43 | 22 | 74 | 3 | 1 | 20 | 23 | 1 | 3 | 5 |
| 5 | 37,809 | 24 | 3 | 27 | 35 | 56 | 3 | 6 | 16 | 22 | 0 | 9 | 3 |
| 6 | 45,935 | 28 | 8 | 52 | 16 | 79 | 3 | 2 | 22 | 21 | 2 | 2 | 4 |
| 7 | 27,965 | 12 | 1 | 29 | 21 | 74 | 3 | 1 | 21 | 25 | 2 | 3 | 7 |
| 8 | 26,453 | 11 | 1 | 20 | 25 | 71 | 3 | 2 | 20 | 29 | 26 | 4 | 4 |
| 9 | 30,108 | 13 | 1 | 19 | 25 | 71 | 2 | 2 | 23 | 29 | 1 | 3 | 4 |
| 10 | 33,793 | 19 | 2 | 34 | 20 | 74 | 4 | 2 | 23 | 29 | 4 | 3 | 6 |
| 11 | 36,564 | 22 | 2 | 25 | 22 | 72 | 3 | 3 | 18 | 22 | 1 | 3 | 3 |
| 12 | 35,235 | 21 | 2 | 25 | 26 | 70 | 3 | 2 | 22 | 27 | 0 | 2 | 2 |
| 13 | 55,939 | 43 | 10 | 48 | 21 | 72 | 3 | 3 | 16 | 18 | 0 | 2 | 2 |
| 14 | 42,802 | 30 | 4 | 26 | 25 | 66 | 4 | 5 | 19 | 24 | 0 | 3 | 2 |
| 15 | 33,415 | 17 | 2 | 19 | 28 | 54 | 4 | 14 | 23 | 32 | 0 | 11 | 1 |
| 16 | 38,514 | 23 | 3 | 31 | 18 | 66 | 11 | 5 | 22 | 28 | 1 | 4 | 2 |
| 17 | 28,505 | 12 | 1 | 23 | 19 | 65 | 12 | 4 | 21 | 29 | 2 | 7 | 3 |
| 18 | 31,295 | 18 | 3 | 39 | 21 | 67 | 5 | 7 | 18 | 23 | 1 | 4 | 4 |
| 19 | 31,396 | 16 | 2 | 20 | 33 | 57 | 3 | 7 | 23 | 31 | 0 | 2 | 1 |
| 20 | 33,388 | 19 | 3 | 38 | 20 | 74 | 3 | 3 | 19 | 25 | 1 | 3 | 3 |
| 21 | 29,324 | 13 | 2 | 28 | 23 | 71 | 3 | 3 | 20 | 24 | 1 | 3 | 2 |
| 22 | 32,656 | 17 | 2 | 22 | 30 | 59 | 3 | 7 | 23 | 29 | 0 | 2 | 1 |
| 23 | 28,154 | 11 | 1 | 18 | 31 | 59 | 4 | 6 | 26 | 33 | 0 | 3 | 1 |
| 24 | 27,458 | 11 | 2 | 19 | 23 | 63 | 5 | 8 | 31 | 38 | 0 | 2 | 1 |
| 25 | 28,188 | 12 | 2 | 17 | 27 | 63 | 4 | 6 | 29 | 37 | 0 | 3 | 1 |
| 26 | 32,339 | 16 | 2 | 27 | 19 | 72 | 4 | 5 | 25 | 31 | 0 | 5 | 1 |
| 27 | 33,028 | 17 | 3 | 25 | 28 | 61 | 4 | 7 | 23 | 28 | 0 | 3 | 1 |
| 28 | 30,774 | 15 | 2 | 21 | 23 | 56 | 4 | 17 | 25 | 31 | 0 | 5 | 1 |
| 29 | 27,951 | 12 | 1 | 21 | 22 | 58 | 6 | 14 | 23 | 29 | 1 | 7 | 1 |
| 30 | 28,196 | 12 | 2 | 20 | 22 | 58 | 5 | 15 | 24 | 31 | 0 | 9 | 1 |

# OREGON
## State House Districts

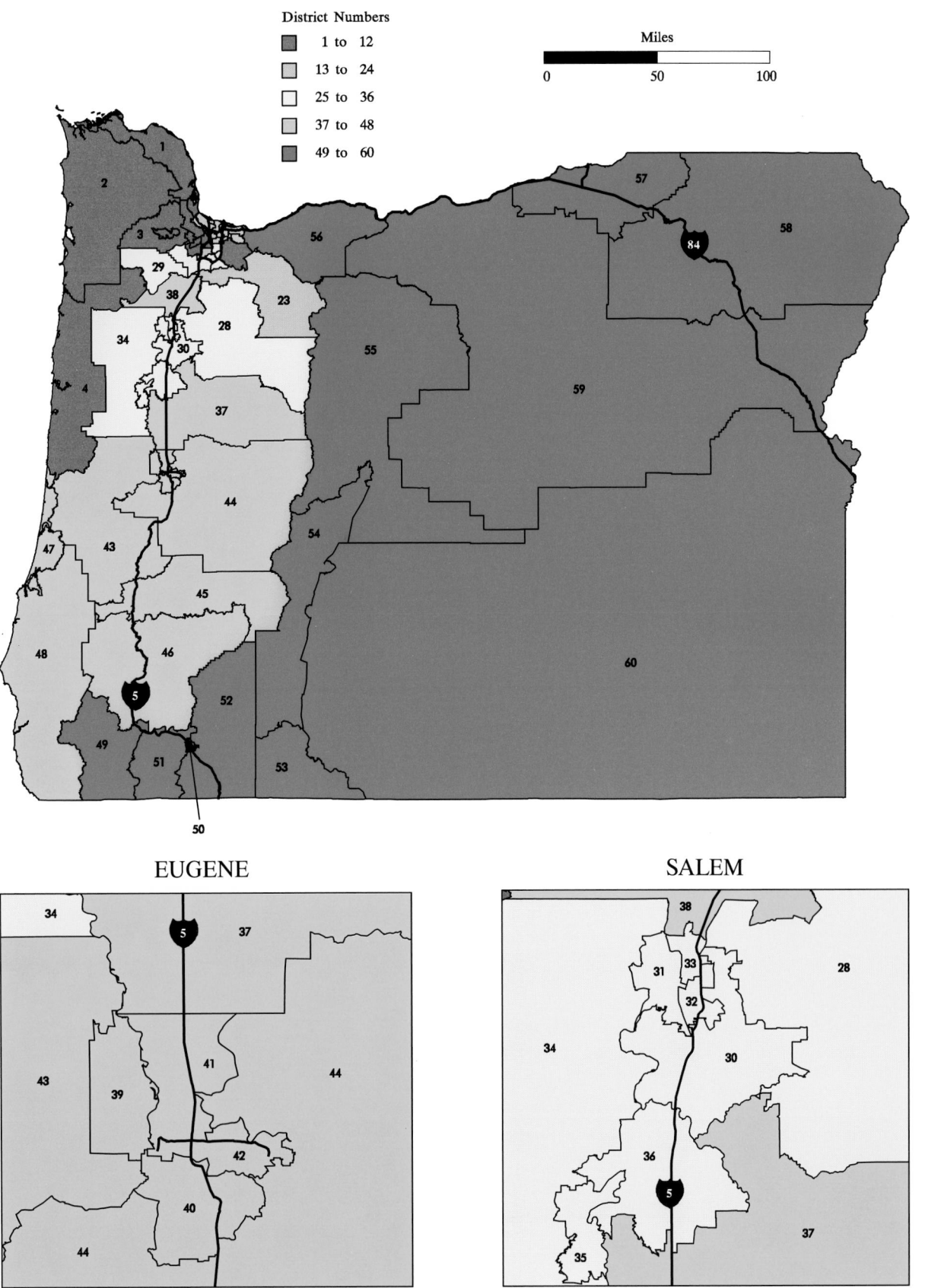

District Numbers

1 to 12
13 to 24
25 to 36
37 to 48
49 to 60

Miles

0    50    100

EUGENE

SALEM

# PORTLAND
## State House Districts

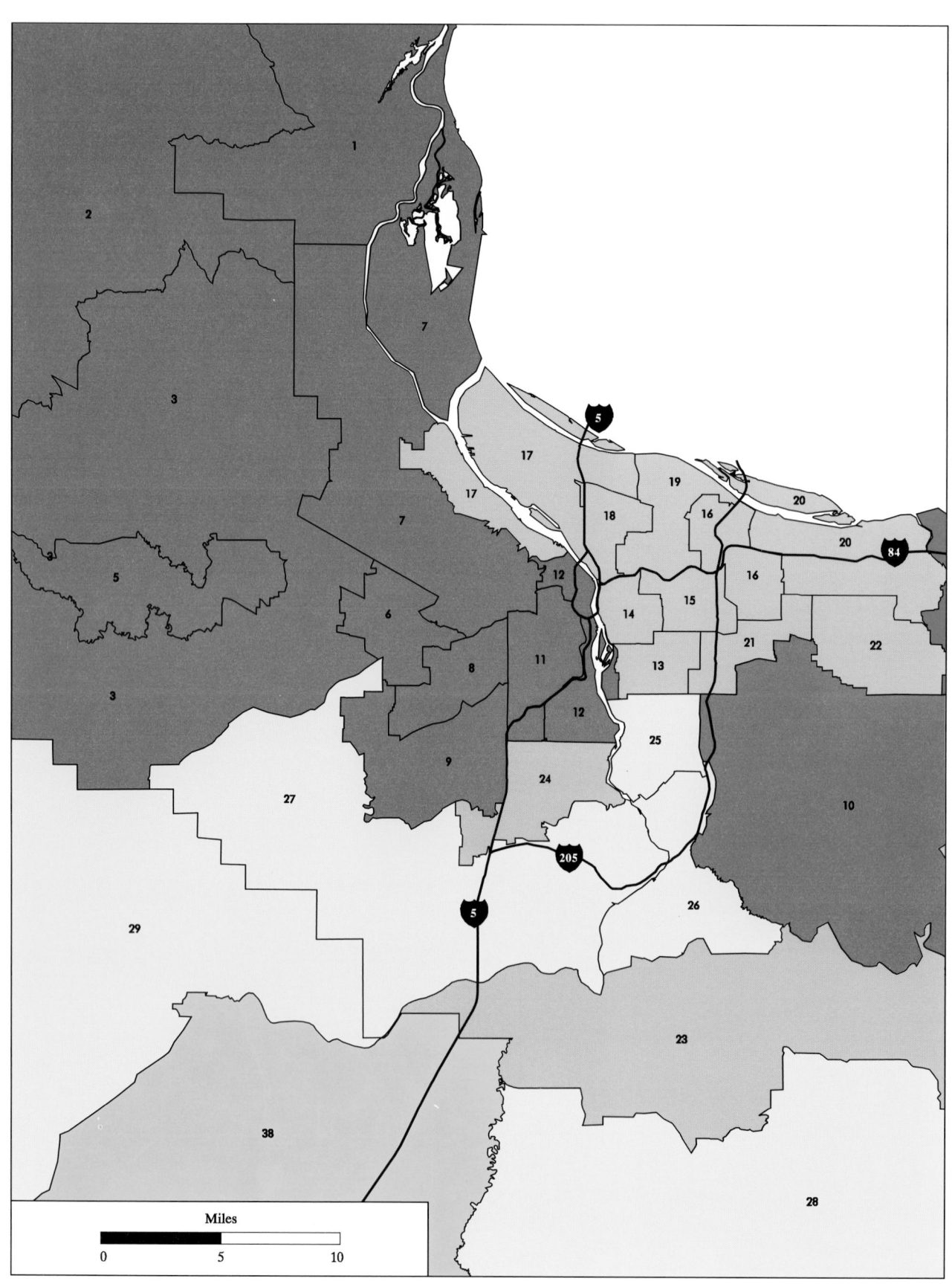

Miles

0    5    10

# Oregon State House Districts: Demographic Data

| House District | Household Income Avg. ($) | > $50K (%) | >$100K (%) | College Educ. (%) | Manf. (%) | Service (%) | Govt. (%) | Farm (%) | Age 55+ (%) | Receives Soc. Sec. (%) | African Amer. (%) | Hispanic Amer. (%) | Asian Amer. (%) |
|---|---|---|---|---|---|---|---|---|---|---|---|---|---|
| Oregon | 34,128 | 19 | 3 | 28 | 24 | 66 | 4 | 5 | 22 | 28 | 2 | 4 | 2 |
| 1 | 33,596 | 20 | 2 | 19 | 33 | 59 | 4 | 4 | 22 | 29 | 0 | 2 | 1 |
| 2 | 30,283 | 15 | 2 | 21 | 26 | 61 | 4 | 9 | 28 | 35 | 0 | 2 | 1 |
| 3 | 42,334 | 29 | 3 | 30 | 35 | 56 | 3 | 6 | 15 | 20 | 0 | 5 | 3 |
| 4 | 28,692 | 14 | 2 | 21 | 21 | 67 | 5 | 7 | 30 | 37 | 0 | 2 | 1 |
| 5 | 32,613 | 19 | 1 | 24 | 35 | 56 | 3 | 6 | 17 | 25 | 0 | 13 | 2 |
| 6 | 38,951 | 25 | 3 | 38 | 29 | 67 | 3 | 1 | 15 | 18 | 1 | 3 | 7 |
| 7 | 56,276 | 42 | 10 | 51 | 22 | 73 | 3 | 2 | 18 | 19 | 1 | 2 | 5 |
| 8 | 43,291 | 30 | 6 | 46 | 21 | 75 | 3 | 1 | 19 | 20 | 1 | 3 | 6 |
| 9 | 42,197 | 30 | 4 | 40 | 22 | 73 | 3 | 2 | 21 | 27 | 1 | 2 | 3 |
| 10 | 45,224 | 34 | 5 | 29 | 24 | 68 | 4 | 4 | 18 | 22 | 0 | 2 | 2 |
| 11 | 54,484 | 36 | 11 | 57 | 16 | 80 | 3 | 1 | 21 | 20 | 1 | 2 | 4 |
| 12 | 38,849 | 22 | 6 | 48 | 15 | 79 | 4 | 2 | 22 | 22 | 3 | 3 | 4 |
| 13 | 30,901 | 14 | 2 | 25 | 24 | 72 | 3 | 1 | 23 | 30 | 1 | 3 | 5 |
| 14 | 25,315 | 10 | 1 | 32 | 19 | 77 | 3 | 1 | 18 | 21 | 4 | 4 | 8 |
| 15 | 32,629 | 16 | 2 | 30 | 21 | 74 | 4 | 1 | 24 | 30 | 2 | 3 | 7 |
| 16 | 32,015 | 15 | 1 | 22 | 24 | 72 | 3 | 2 | 27 | 32 | 1 | 3 | 5 |
| 17 | 28,777 | 12 | 1 | 18 | 27 | 69 | 2 | 2 | 21 | 29 | 9 | 4 | 5 |
| 18 | 24,036 | 10 | 1 | 22 | 22 | 73 | 4 | 2 | 19 | 29 | 44 | 5 | 3 |
| 19 | 34,919 | 22 | 3 | 37 | 18 | 75 | 4 | 2 | 22 | 29 | 6 | 3 | 5 |
| 20 | 35,560 | 20 | 2 | 24 | 23 | 72 | 3 | 3 | 19 | 22 | 2 | 3 | 3 |
| 21 | 27,973 | 12 | 1 | 16 | 27 | 69 | 2 | 2 | 19 | 25 | 1 | 4 | 4 |
| 22 | 37,728 | 24 | 2 | 27 | 21 | 72 | 3 | 3 | 17 | 22 | 1 | 3 | 3 |
| 23 | 40,139 | 25 | 3 | 24 | 26 | 64 | 3 | 7 | 20 | 26 | 0 | 4 | 1 |
| 24 | 61,887 | 47 | 13 | 56 | 18 | 77 | 3 | 2 | 17 | 18 | 0 | 2 | 2 |
| 25 | 34,085 | 20 | 2 | 25 | 25 | 71 | 2 | 2 | 24 | 30 | 1 | 2 | 2 |
| 26 | 36,519 | 22 | 2 | 25 | 26 | 68 | 4 | 1 | 20 | 24 | 0 | 2 | 2 |
| 27 | 50,840 | 40 | 7 | 41 | 24 | 68 | 3 | 4 | 15 | 18 | 0 | 3 | 2 |
| 28 | 34,933 | 19 | 3 | 20 | 28 | 56 | 4 | 12 | 22 | 29 | 0 | 4 | 1 |
| 29 | 37,738 | 20 | 3 | 25 | 30 | 60 | 4 | 6 | 21 | 28 | 0 | 6 | 1 |
| 30 | 36,637 | 19 | 3 | 24 | 21 | 62 | 10 | 6 | 22 | 29 | 1 | 4 | 1 |
| 31 | 40,317 | 26 | 4 | 39 | 15 | 70 | 12 | 3 | 23 | 27 | 1 | 4 | 2 |
| 32 | 27,656 | 13 | 1 | 23 | 18 | 66 | 12 | 4 | 20 | 31 | 2 | 6 | 3 |
| 33 | 29,268 | 12 | 1 | 24 | 19 | 64 | 13 | 4 | 21 | 28 | 1 | 8 | 2 |
| 34 | 31,748 | 17 | 2 | 27 | 25 | 59 | 7 | 10 | 21 | 27 | 0 | 5 | 1 |
| 35 | 30,839 | 19 | 3 | 55 | 16 | 76 | 4 | 4 | 15 | 20 | 1 | 3 | 8 |
| 36 | 33,415 | 19 | 2 | 25 | 31 | 59 | 4 | 5 | 21 | 27 | 0 | 3 | 1 |
| 37 | 29,330 | 13 | 2 | 16 | 34 | 54 | 3 | 9 | 25 | 35 | 0 | 2 | 1 |
| 38 | 31,739 | 15 | 2 | 17 | 27 | 52 | 4 | 17 | 25 | 36 | 1 | 18 | 1 |
| 39 | 30,082 | 14 | 1 | 23 | 26 | 68 | 3 | 2 | 20 | 28 | 1 | 3 | 1 |
| 40 | 36,603 | 24 | 4 | 53 | 15 | 79 | 4 | 3 | 19 | 22 | 1 | 2 | 4 |
| 41 | 31,232 | 16 | 3 | 37 | 18 | 75 | 4 | 3 | 20 | 24 | 1 | 3 | 3 |
| 42 | 27,094 | 10 | 1 | 19 | 28 | 67 | 3 | 3 | 19 | 25 | 1 | 3 | 1 |
| 43 | 33,408 | 17 | 3 | 23 | 31 | 59 | 3 | 7 | 23 | 30 | 0 | 2 | 1 |
| 44 | 31,932 | 16 | 2 | 22 | 30 | 59 | 3 | 8 | 22 | 29 | 0 | 2 | 1 |
| 45 | 29,881 | 13 | 1 | 21 | 27 | 63 | 5 | 5 | 26 | 32 | 0 | 3 | 1 |
| 46 | 26,484 | 10 | 1 | 16 | 36 | 55 | 3 | 7 | 26 | 33 | 0 | 2 | 1 |
| 47 | 26,819 | 11 | 1 | 20 | 22 | 68 | 4 | 6 | 30 | 36 | 0 | 2 | 1 |
| 48 | 28,083 | 12 | 2 | 19 | 25 | 58 | 6 | 10 | 33 | 39 | 0 | 2 | 1 |
| 49 | 26,440 | 11 | 2 | 18 | 28 | 63 | 3 | 6 | 32 | 40 | 0 | 3 | 1 |
| 50 | 33,182 | 16 | 3 | 23 | 20 | 73 | 4 | 3 | 25 | 31 | 0 | 5 | 1 |

# Oregon State House Districts:  Demographic Data (cont.)

| House District | Household Income Avg. ($) | Household Income > $50K (%) | Household Income >$100K (%) | College Educ. (%) | Manf. (%) | Employment Type Service (%) | Employment Type Govt. (%) | Farm (%) | Age 55+ (%) | Receives Soc. Sec. (%) | African Amer. (%) | Hispanic Amer. (%) | Asian Amer. (%) |
|---|---|---|---|---|---|---|---|---|---|---|---|---|---|
| Oregon | 34,128 | 19 | 3 | 28 | 24 | 66 | 4 | 5 | 22 | 28 | 2 | 4 | 2 |
| 51 | 30,123 | 13 | 2 | 17 | 26 | 63 | 4 | 6 | 27 | 34 | 0 | 3 | 1 |
| 52 | 31,633 | 16 | 2 | 30 | 19 | 71 | 4 | 6 | 25 | 31 | 0 | 4 | 1 |
| 53 | 27,971 | 11 | 1 | 19 | 25 | 64 | 4 | 7 | 24 | 30 | 1 | 6 | 1 |
| 54 | 31,800 | 15 | 2 | 27 | 27 | 66 | 4 | 3 | 24 | 28 | 0 | 2 | 1 |
| 55 | 34,270 | 18 | 4 | 23 | 29 | 56 | 5 | 10 | 22 | 28 | 0 | 5 | 0 |
| 56 | 32,930 | 19 | 2 | 23 | 21 | 62 | 4 | 13 | 22 | 28 | 0 | 9 | 1 |
| 57 | 28,332 | 12 | 2 | 21 | 23 | 58 | 6 | 13 | 21 | 27 | 1 | 10 | 1 |
| 58 | 27,595 | 12 | 1 | 22 | 22 | 58 | 5 | 15 | 25 | 31 | 0 | 4 | 1 |
| 59 | 28,683 | 12 | 2 | 19 | 24 | 50 | 5 | 21 | 27 | 34 | 0 | 2 | 0 |
| 60 | 28,418 | 12 | 2 | 20 | 20 | 52 | 5 | 23 | 25 | 32 | 0 | 12 | 2 |

# PENNSYLVANIA
## State Senate Districts

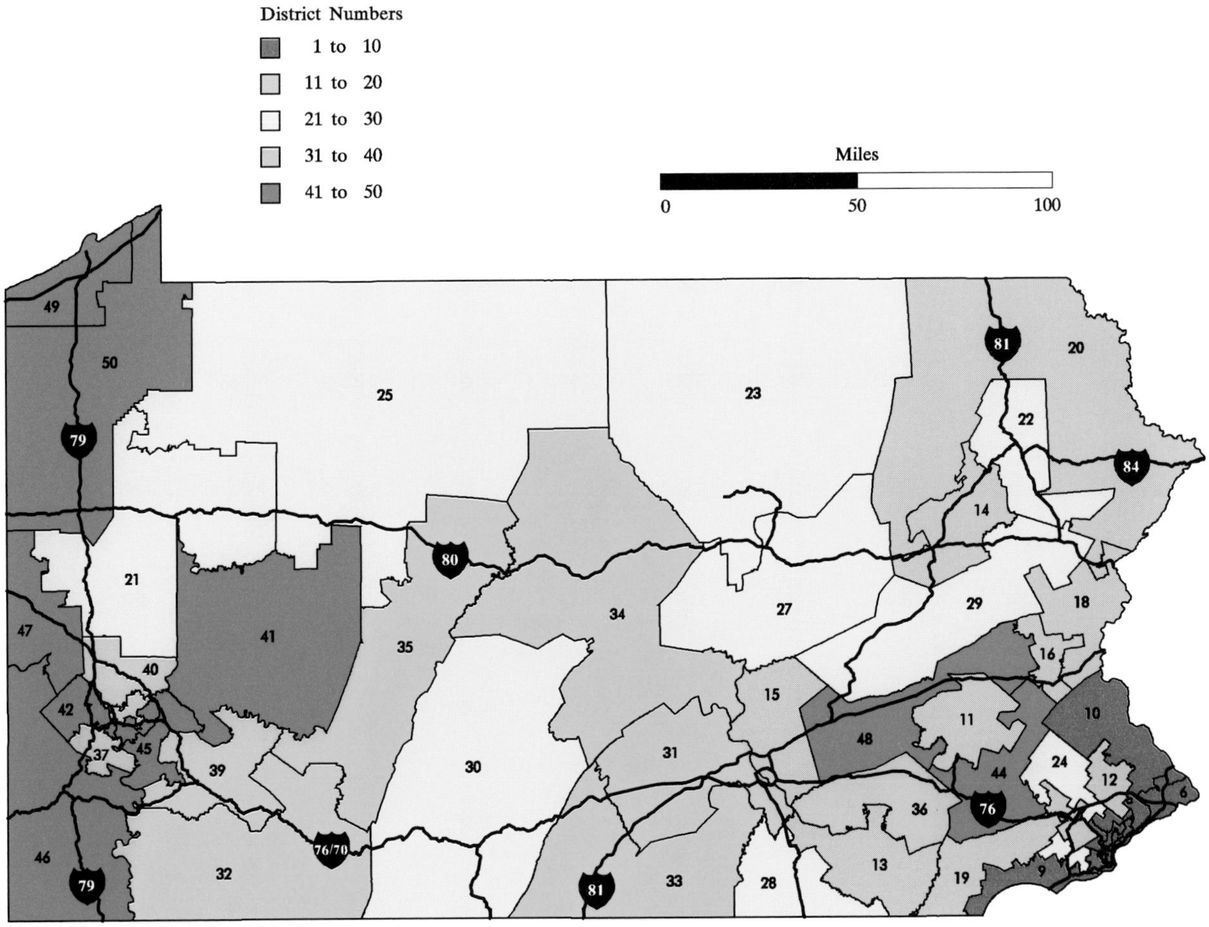

**District Numbers**
- 1 to 10
- 11 to 20
- 21 to 30
- 31 to 40
- 41 to 50

Miles

0   50   100

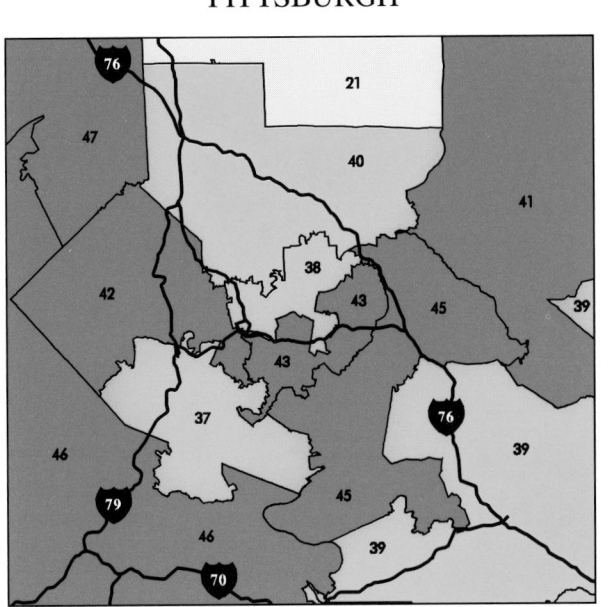

PITTSBURGH

PHILADELPHIA

# Pennsylvania State Senate Districts:  Demographic Data

| Senate District | Household Income Avg. ($) | > $50K (%) | >$100K (%) | College Educ. (%) | Manf. (%) | Service (%) | Govt. (%) | Farm (%) | Age 55+ (%) | Receives Soc. Sec. (%) | African Amer. (%) | Hispanic Amer. (%) | Asian Amer. (%) |
|---|---|---|---|---|---|---|---|---|---|---|---|---|---|
| Penn. | 36,662 | 22 | 4 | 23 | 27 | 67 | 4 | 2 | 25 | 32 | 9 | 2 | 1 |
| 1 | 34,380 | 19 | 4 | 27 | 18 | 76 | 6 | 1 | 25 | 29 | 16 | 4 | 4 |
| 2 | 27,586 | 14 | 1 | 12 | 24 | 67 | 7 | 1 | 25 | 35 | 12 | 23 | 3 |
| 3 | 25,646 | 13 | 1 | 13 | 20 | 71 | 8 | 0 | 23 | 33 | 60 | 6 | 4 |
| 4 | 41,495 | 27 | 5 | 31 | 15 | 77 | 8 | 0 | 24 | 28 | 61 | 1 | 1 |
| 5 | 38,691 | 26 | 3 | 18 | 22 | 69 | 8 | 0 | 27 | 33 | 4 | 2 | 2 |
| 6 | 43,010 | 33 | 3 | 24 | 28 | 67 | 4 | 1 | 20 | 25 | 5 | 2 | 2 |
| 7 | 28,906 | 15 | 2 | 22 | 15 | 76 | 8 | 1 | 25 | 33 | 62 | 1 | 2 |
| 8 | 27,733 | 15 | 1 | 17 | 15 | 76 | 8 | 0 | 22 | 30 | 60 | 1 | 3 |
| 9 | 45,356 | 34 | 6 | 28 | 25 | 69 | 3 | 3 | 24 | 29 | 16 | 2 | 1 |
| 10 | 60,160 | 48 | 12 | 39 | 29 | 66 | 3 | 2 | 20 | 23 | 1 | 1 | 1 |
| 11 | 35,537 | 21 | 2 | 18 | 35 | 60 | 2 | 2 | 26 | 32 | 4 | 7 | 1 |
| 12 | 56,775 | 44 | 10 | 38 | 26 | 69 | 3 | 1 | 24 | 27 | 4 | 1 | 2 |
| 13 | 38,687 | 23 | 3 | 22 | 34 | 61 | 2 | 4 | 24 | 28 | 4 | 6 | 1 |
| 14 | 28,872 | 13 | 1 | 17 | 29 | 65 | 5 | 1 | 32 | 41 | 1 | 1 | 0 |
| 15 | 36,767 | 22 | 3 | 25 | 20 | 65 | 14 | 1 | 24 | 27 | 15 | 3 | 1 |
| 16 | 36,308 | 22 | 3 | 23 | 31 | 65 | 3 | 1 | 26 | 32 | 3 | 6 | 1 |
| 17 | 69,396 | 48 | 16 | 48 | 19 | 77 | 3 | 1 | 26 | 29 | 4 | 1 | 2 |
| 18 | 37,742 | 23 | 3 | 23 | 33 | 63 | 3 | 1 | 25 | 32 | 2 | 5 | 1 |
| 19 | 58,100 | 45 | 11 | 43 | 25 | 70 | 2 | 3 | 20 | 22 | 9 | 2 | 1 |
| 20 | 33,298 | 18 | 2 | 20 | 30 | 62 | 4 | 4 | 26 | 34 | 1 | 1 | 0 |
| 21 | 31,517 | 16 | 2 | 19 | 27 | 65 | 3 | 5 | 24 | 31 | 1 | 0 | 0 |
| 22 | 31,620 | 16 | 2 | 21 | 29 | 66 | 5 | 1 | 30 | 40 | 1 | 1 | 1 |
| 23 | 29,469 | 13 | 2 | 19 | 35 | 57 | 3 | 5 | 25 | 33 | 2 | 1 | 0 |
| 24 | 50,495 | 40 | 7 | 33 | 32 | 64 | 2 | 1 | 23 | 26 | 7 | 2 | 2 |
| 25 | 28,633 | 12 | 1 | 16 | 37 | 56 | 3 | 4 | 27 | 34 | 0 | 0 | 0 |
| 26 | 44,689 | 33 | 6 | 30 | 21 | 74 | 4 | 1 | 26 | 33 | 4 | 1 | 3 |
| 27 | 29,397 | 13 | 2 | 16 | 34 | 58 | 3 | 4 | 26 | 34 | 0 | 1 | 0 |
| 28 | 37,303 | 22 | 3 | 18 | 39 | 57 | 3 | 2 | 23 | 28 | 4 | 2 | 1 |
| 29 | 29,504 | 14 | 1 | 14 | 39 | 54 | 4 | 3 | 30 | 39 | 1 | 1 | 0 |
| 30 | 27,949 | 11 | 1 | 14 | 29 | 62 | 4 | 4 | 26 | 34 | 1 | 0 | 0 |
| 31 | 39,206 | 25 | 3 | 25 | 23 | 64 | 11 | 2 | 22 | 25 | 1 | 1 | 1 |
| 32 | 26,280 | 10 | 1 | 14 | 26 | 66 | 3 | 6 | 28 | 38 | 2 | 0 | 0 |
| 33 | 36,165 | 20 | 3 | 19 | 32 | 56 | 8 | 4 | 23 | 27 | 2 | 1 | 1 |
| 34 | 30,618 | 15 | 2 | 25 | 27 | 65 | 4 | 4 | 20 | 27 | 1 | 1 | 2 |
| 35 | 26,320 | 10 | 1 | 14 | 24 | 66 | 4 | 6 | 29 | 39 | 2 | 0 | 0 |
| 36 | 40,135 | 26 | 3 | 19 | 38 | 55 | 2 | 6 | 21 | 24 | 1 | 1 | 1 |
| 37 | 48,040 | 34 | 7 | 39 | 19 | 77 | 3 | 1 | 27 | 31 | 1 | 1 | 1 |
| 38 | 30,018 | 14 | 3 | 25 | 14 | 80 | 5 | 1 | 28 | 34 | 35 | 1 | 1 |
| 39 | 31,764 | 17 | 2 | 21 | 26 | 69 | 3 | 2 | 27 | 34 | 1 | 0 | 0 |
| 40 | 43,180 | 30 | 5 | 32 | 23 | 73 | 2 | 1 | 26 | 32 | 1 | 0 | 1 |
| 41 | 28,451 | 13 | 1 | 16 | 26 | 63 | 2 | 9 | 26 | 35 | 1 | 0 | 0 |
| 42 | 34,797 | 20 | 3 | 24 | 18 | 77 | 5 | 1 | 27 | 34 | 9 | 1 | 1 |
| 43 | 36,091 | 20 | 4 | 30 | 15 | 81 | 3 | 1 | 30 | 35 | 11 | 1 | 1 |
| 44 | 47,481 | 36 | 6 | 29 | 34 | 62 | 2 | 3 | 20 | 25 | 3 | 1 | 1 |
| 45 | 32,584 | 19 | 2 | 23 | 22 | 74 | 3 | 1 | 29 | 37 | 7 | 1 | 1 |
| 46 | 29,874 | 15 | 1 | 16 | 25 | 66 | 3 | 5 | 28 | 37 | 3 | 1 | 0 |
| 47 | 28,494 | 13 | 1 | 17 | 24 | 71 | 3 | 2 | 30 | 38 | 6 | 1 | 0 |
| 48 | 40,659 | 26 | 4 | 22 | 32 | 61 | 3 | 4 | 25 | 29 | 1 | 2 | 1 |
| 49 | 33,369 | 17 | 2 | 22 | 32 | 65 | 2 | 1 | 23 | 30 | 6 | 1 | 1 |
| 50 | 29,509 | 13 | 2 | 17 | 32 | 60 | 3 | 4 | 26 | 34 | 3 | 0 | 0 |

# PENNSYLVANIA
## State House Districts

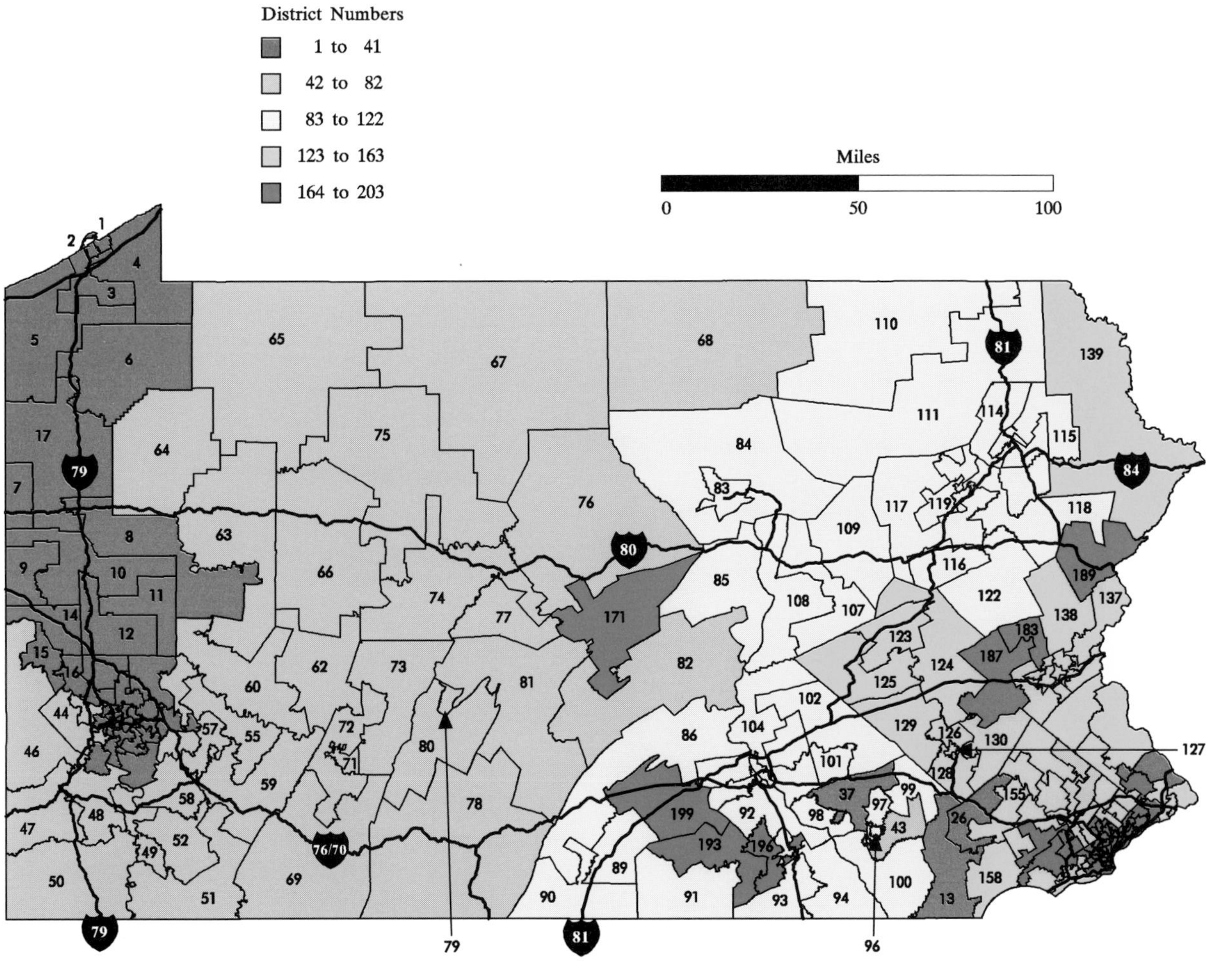

District Numbers
- ■ 1 to 41
- ■ 42 to 82
- □ 83 to 122
- ■ 123 to 163
- ■ 164 to 203

Miles
0        50        100

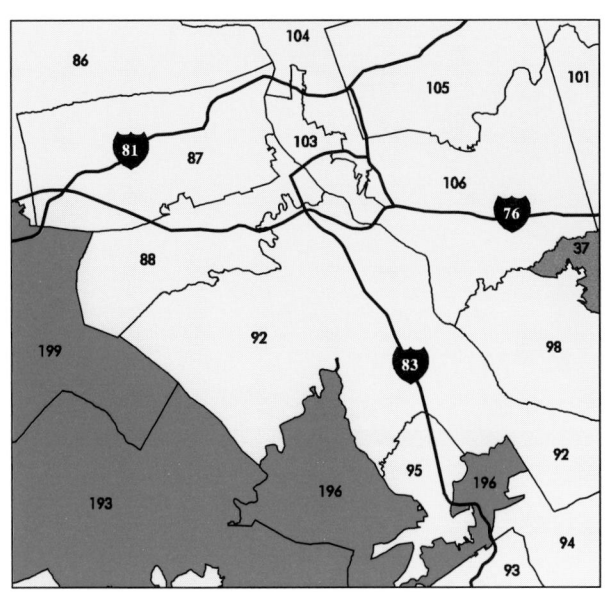

## HARRISBURG/YORK

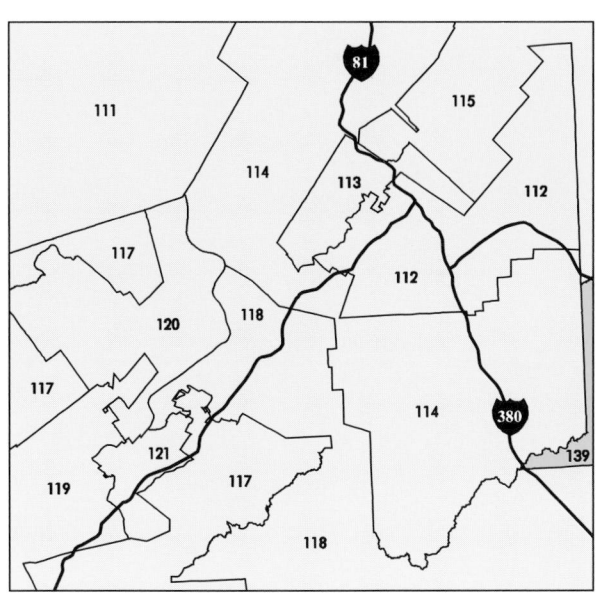

## WILKES-BARRE/SCRANTON

# PHILADELPHIA
## State House Districts

# PITTSBURGH
## State House Districts

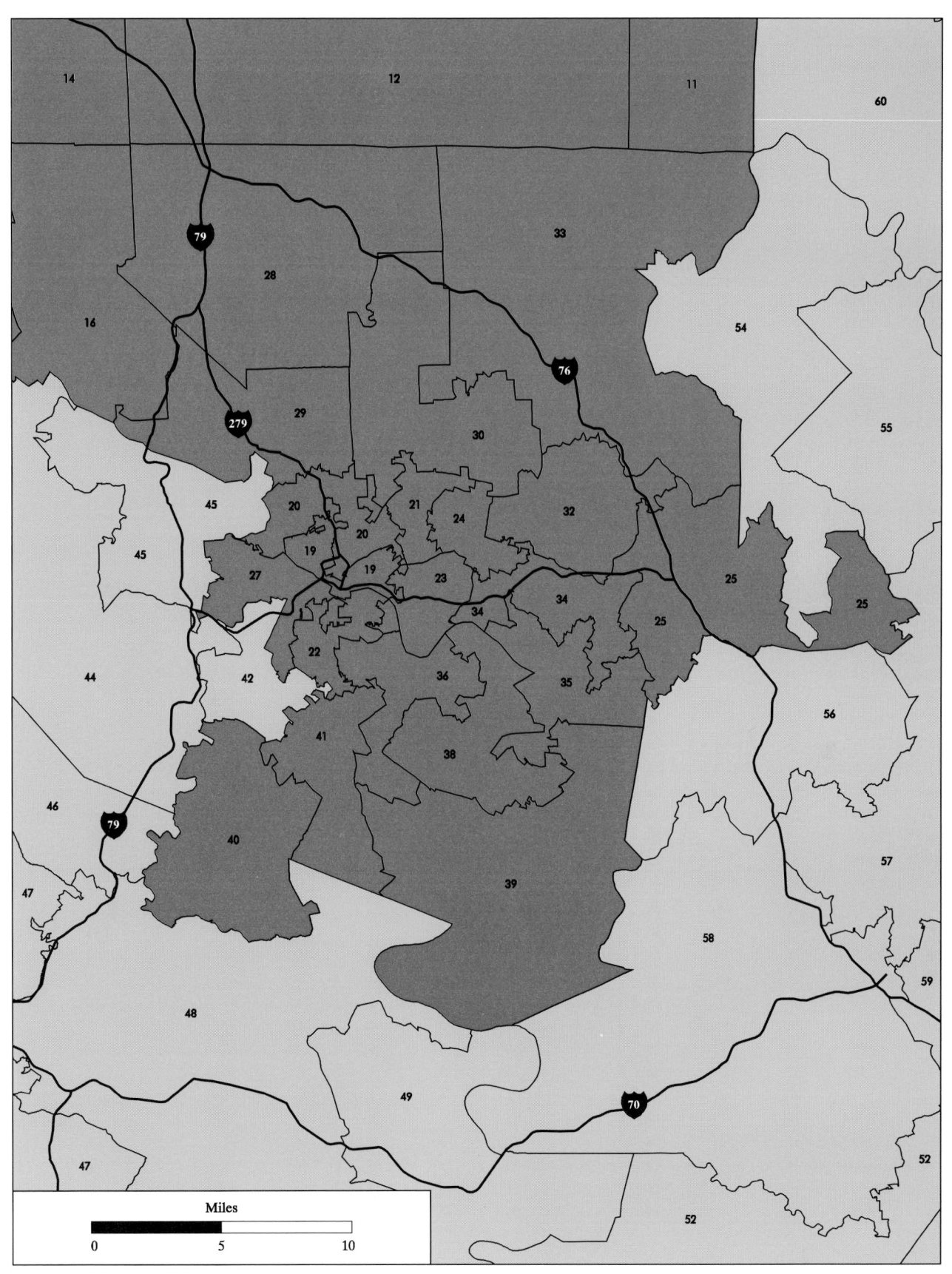

# Pennsylvania State House Districts: Demographic Data

| House District | Household Income Avg. ($) | Household Income > $50K (%) | Household Income >$100K (%) | College Educ. (%) | Manf. (%) | Employment Type Service (%) | Employment Type Govt. (%) | Farm (%) | Age 55+ (%) | Receives Soc. Sec. (%) | African Amer. (%) | Hispanic Amer. (%) | Asian Amer. (%) |
|---|---|---|---|---|---|---|---|---|---|---|---|---|---|
| Penn. | 36,662 | 22 | 4 | 23 | 27 | 67 | 4 | 2 | 25 | 32 | 9 | 2 | 1 |
| 1 | 25,400 | 10 | 0 | 14 | 34 | 62 | 3 | 1 | 24 | 35 | 14 | 3 | 0 |
| 2 | 29,386 | 13 | 2 | 24 | 25 | 71 | 3 | 0 | 26 | 33 | 8 | 2 | 0 |
| 3 | 40,744 | 24 | 4 | 28 | 31 | 66 | 2 | 2 | 23 | 27 | 1 | 0 | 1 |
| 4 | 32,364 | 17 | 2 | 17 | 40 | 54 | 2 | 5 | 21 | 30 | 1 | 0 | 0 |
| 5 | 36,125 | 18 | 3 | 22 | 36 | 59 | 2 | 4 | 21 | 28 | 1 | 0 | 0 |
| 6 | 28,654 | 12 | 2 | 16 | 33 | 59 | 3 | 4 | 24 | 32 | 2 | 0 | 0 |
| 7 | 28,563 | 13 | 2 | 17 | 29 | 67 | 3 | 1 | 31 | 40 | 9 | 1 | 0 |
| 8 | 27,879 | 12 | 1 | 18 | 23 | 66 | 4 | 7 | 24 | 34 | 2 | 0 | 0 |
| 9 | 28,454 | 13 | 2 | 16 | 26 | 68 | 4 | 2 | 31 | 40 | 4 | 0 | 0 |
| 10 | 29,791 | 14 | 2 | 17 | 28 | 65 | 3 | 4 | 25 | 33 | 1 | 0 | 0 |
| 11 | 31,367 | 17 | 1 | 19 | 30 | 64 | 3 | 4 | 25 | 32 | 1 | 0 | 0 |
| 12 | 39,881 | 25 | 3 | 27 | 27 | 68 | 2 | 3 | 21 | 25 | 0 | 0 | 0 |
| 13 | 41,592 | 30 | 3 | 20 | 33 | 58 | 2 | 8 | 18 | 24 | 6 | 2 | 0 |
| 14 | 26,479 | 11 | 1 | 14 | 26 | 69 | 2 | 3 | 26 | 35 | 6 | 0 | 0 |
| 15 | 35,458 | 21 | 2 | 24 | 23 | 73 | 3 | 1 | 30 | 36 | 2 | 0 | 0 |
| 16 | 36,340 | 17 | 4 | 23 | 18 | 77 | 3 | 1 | 32 | 39 | 10 | 1 | 0 |
| 17 | 30,461 | 13 | 2 | 16 | 32 | 60 | 3 | 5 | 26 | 32 | 1 | 0 | 0 |
| 18 | 43,059 | 32 | 3 | 28 | 26 | 68 | 5 | 1 | 16 | 21 | 7 | 2 | 4 |
| 19 | 20,556 | 8 | 1 | 19 | 12 | 83 | 5 | 0 | 23 | 34 | 59 | 1 | 1 |
| 20 | 26,284 | 12 | 1 | 15 | 17 | 77 | 5 | 0 | 31 | 41 | 11 | 1 | 1 |
| 21 | 30,564 | 15 | 3 | 29 | 14 | 81 | 5 | 1 | 29 | 32 | 15 | 1 | 2 |
| 22 | 26,346 | 11 | 1 | 16 | 16 | 77 | 6 | 1 | 30 | 39 | 6 | 1 | 0 |
| 23 | 45,963 | 26 | 10 | 50 | 8 | 88 | 3 | 0 | 26 | 30 | 8 | 1 | 5 |
| 24 | 25,637 | 12 | 2 | 25 | 11 | 83 | 5 | 1 | 27 | 32 | 68 | 1 | 1 |
| 25 | 43,628 | 33 | 5 | 39 | 22 | 75 | 2 | 1 | 23 | 26 | 4 | 1 | 2 |
| 26 | 42,456 | 29 | 4 | 22 | 32 | 61 | 1 | 5 | 20 | 25 | 14 | 2 | 1 |
| 27 | 33,181 | 18 | 2 | 24 | 17 | 78 | 5 | 0 | 26 | 33 | 9 | 0 | 1 |
| 28 | 60,348 | 48 | 13 | 47 | 22 | 75 | 2 | 1 | 22 | 24 | 1 | 1 | 1 |
| 29 | 39,037 | 25 | 4 | 31 | 19 | 77 | 3 | 1 | 29 | 33 | 1 | 0 | 1 |
| 30 | 61,792 | 40 | 12 | 38 | 20 | 77 | 2 | 1 | 26 | 29 | 0 | 0 | 1 |
| 31 | 76,090 | 64 | 20 | 56 | 22 | 73 | 4 | 1 | 17 | 17 | 1 | 1 | 2 |
| 32 | 35,495 | 21 | 2 | 26 | 20 | 77 | 3 | 1 | 28 | 34 | 13 | 0 | 0 |
| 33 | 34,842 | 20 | 2 | 24 | 29 | 68 | 2 | 1 | 29 | 36 | 1 | 0 | 0 |
| 34 | 36,602 | 23 | 4 | 36 | 16 | 79 | 3 | 1 | 30 | 35 | 12 | 1 | 1 |
| 35 | 22,157 | 7 | 1 | 13 | 19 | 76 | 4 | 1 | 33 | 43 | 23 | 1 | 0 |
| 36 | 32,399 | 18 | 2 | 21 | 18 | 78 | 3 | 1 | 31 | 37 | 1 | 1 | 0 |
| 37 | 44,759 | 32 | 5 | 25 | 35 | 58 | 1 | 6 | 20 | 22 | 1 | 1 | 1 |
| 38 | 27,012 | 12 | 1 | 16 | 19 | 76 | 4 | 1 | 33 | 43 | 7 | 1 | 0 |
| 39 | 32,574 | 18 | 2 | 22 | 23 | 73 | 3 | 1 | 30 | 40 | 6 | 1 | 1 |
| 40 | 66,241 | 53 | 15 | 52 | 21 | 74 | 3 | 2 | 22 | 23 | 1 | 1 | 2 |
| 41 | 38,809 | 25 | 3 | 29 | 18 | 78 | 3 | 1 | 28 | 34 | 1 | 0 | 0 |
| 42 | 54,028 | 38 | 10 | 48 | 16 | 80 | 3 | 1 | 30 | 32 | 1 | 1 | 2 |
| 43 | 42,050 | 26 | 4 | 20 | 32 | 60 | 1 | 6 | 24 | 28 | 1 | 2 | 1 |
| 44 | 37,128 | 25 | 2 | 26 | 22 | 73 | 3 | 1 | 25 | 30 | 3 | 1 | 1 |
| 45 | 34,319 | 20 | 2 | 25 | 20 | 75 | 4 | 1 | 28 | 33 | 5 | 1 | 1 |
| 46 | 32,664 | 18 | 2 | 16 | 28 | 67 | 2 | 3 | 24 | 32 | 3 | 1 | 0 |
| 47 | 29,852 | 15 | 2 | 18 | 26 | 67 | 3 | 4 | 26 | 34 | 5 | 0 | 0 |
| 48 | 32,543 | 16 | 2 | 17 | 26 | 66 | 3 | 5 | 30 | 38 | 3 | 0 | 0 |
| 49 | 26,371 | 11 | 1 | 16 | 22 | 71 | 3 | 4 | 33 | 42 | 4 | 1 | 0 |
| 50 | 25,287 | 10 | 1 | 14 | 18 | 66 | 5 | 11 | 28 | 39 | 2 | 0 | 0 |

# Pennsylvania State House Districts: Demographic Data (cont.)

| House District | Household Income Avg. ($) | > $50K (%) | >$100K (%) | College Educ. (%) | Manf. (%) | Service (%) | Govt. (%) | Farm (%) | Age 55+ (%) | Receives Soc. Sec. (%) | African Amer. (%) | Hispanic Amer. (%) | Asian Amer. (%) |
|---|---|---|---|---|---|---|---|---|---|---|---|---|---|
| Penn. | 36,662 | 22 | 4 | 23 | 27 | 67 | 4 | 2 | 25 | 32 | 9 | 2 | 1 |
| 51 | 25,763 | 11 | 1 | 13 | 24 | 66 | 3 | 7 | 28 | 38 | 4 | 0 | 0 |
| 52 | 24,646 | 9 | 1 | 13 | 28 | 66 | 2 | 3 | 29 | 39 | 2 | 0 | 0 |
| 53 | 42,916 | 32 | 3 | 27 | 39 | 58 | 2 | 1 | 22 | 25 | 2 | 2 | 3 |
| 54 | 31,513 | 18 | 2 | 21 | 32 | 65 | 2 | 1 | 31 | 39 | 4 | 0 | 0 |
| 55 | 29,955 | 15 | 1 | 17 | 32 | 63 | 2 | 3 | 28 | 36 | 1 | 0 | 0 |
| 56 | 33,152 | 19 | 1 | 23 | 26 | 71 | 2 | 1 | 26 | 34 | 1 | 0 | 0 |
| 57 | 29,855 | 15 | 1 | 23 | 23 | 72 | 3 | 1 | 28 | 34 | 2 | 0 | 0 |
| 58 | 28,494 | 14 | 1 | 17 | 26 | 69 | 3 | 2 | 29 | 38 | 3 | 0 | 0 |
| 59 | 35,401 | 19 | 3 | 22 | 26 | 68 | 3 | 4 | 26 | 33 | 0 | 0 | 0 |
| 60 | 27,855 | 11 | 1 | 13 | 29 | 59 | 2 | 10 | 27 | 36 | 1 | 0 | 0 |
| 61 | 65,641 | 54 | 14 | 46 | 29 | 67 | 2 | 1 | 24 | 24 | 4 | 1 | 4 |
| 62 | 28,465 | 14 | 2 | 21 | 16 | 70 | 3 | 11 | 21 | 31 | 2 | 0 | 1 |
| 63 | 26,945 | 11 | 1 | 14 | 25 | 63 | 2 | 9 | 24 | 33 | 0 | 0 | 0 |
| 64 | 27,901 | 12 | 1 | 15 | 29 | 64 | 4 | 3 | 26 | 33 | 1 | 0 | 0 |
| 65 | 30,441 | 13 | 2 | 16 | 34 | 60 | 3 | 4 | 27 | 33 | 1 | 1 | 0 |
| 66 | 26,967 | 10 | 1 | 13 | 30 | 59 | 3 | 8 | 26 | 35 | 0 | 0 | 0 |
| 67 | 27,241 | 11 | 1 | 16 | 38 | 54 | 4 | 4 | 27 | 36 | 0 | 0 | 0 |
| 68 | 27,491 | 11 | 1 | 18 | 32 | 56 | 3 | 9 | 24 | 33 | 0 | 0 | 0 |
| 69 | 27,957 | 10 | 2 | 12 | 30 | 58 | 3 | 10 | 26 | 34 | 0 | 0 | 0 |
| 70 | 40,624 | 30 | 4 | 25 | 28 | 68 | 3 | 1 | 25 | 30 | 16 | 2 | 2 |
| 71 | 26,857 | 11 | 2 | 18 | 19 | 76 | 4 | 1 | 33 | 41 | 5 | 1 | 0 |
| 72 | 28,005 | 11 | 1 | 15 | 24 | 67 | 4 | 5 | 30 | 40 | 0 | 0 | 0 |
| 73 | 25,729 | 9 | 1 | 12 | 24 | 62 | 4 | 10 | 25 | 37 | 1 | 0 | 0 |
| 74 | 27,878 | 12 | 2 | 17 | 26 | 64 | 3 | 8 | 25 | 32 | 1 | 0 | 1 |
| 75 | 29,033 | 12 | 1 | 17 | 41 | 52 | 3 | 3 | 27 | 34 | 0 | 0 | 0 |
| 76 | 28,871 | 12 | 2 | 17 | 35 | 58 | 4 | 4 | 23 | 32 | 2 | 0 | 0 |
| 77 | 31,314 | 19 | 3 | 52 | 11 | 85 | 3 | 2 | 11 | 17 | 3 | 2 | 5 |
| 78 | 26,687 | 10 | 1 | 11 | 34 | 54 | 4 | 8 | 25 | 33 | 0 | 0 | 0 |
| 79 | 26,505 | 10 | 1 | 14 | 22 | 73 | 4 | 0 | 28 | 38 | 1 | 0 | 0 |
| 80 | 30,843 | 14 | 2 | 16 | 28 | 65 | 3 | 4 | 25 | 33 | 0 | 0 | 0 |
| 81 | 27,962 | 11 | 1 | 14 | 33 | 57 | 5 | 5 | 25 | 33 | 3 | 0 | 0 |
| 82 | 29,591 | 12 | 1 | 11 | 40 | 48 | 4 | 7 | 24 | 30 | 0 | 0 | 0 |
| 83 | 29,930 | 14 | 2 | 22 | 33 | 63 | 3 | 1 | 27 | 34 | 4 | 1 | 1 |
| 84 | 30,924 | 14 | 1 | 18 | 40 | 53 | 3 | 4 | 23 | 30 | 1 | 1 | 0 |
| 85 | 32,889 | 16 | 3 | 20 | 34 | 57 | 4 | 5 | 21 | 28 | 2 | 1 | 1 |
| 86 | 33,759 | 18 | 1 | 15 | 27 | 58 | 11 | 5 | 19 | 24 | 1 | 1 | 0 |
| 87 | 46,087 | 32 | 6 | 32 | 17 | 70 | 12 | 1 | 23 | 25 | 1 | 1 | 2 |
| 88 | 43,674 | 30 | 4 | 32 | 14 | 73 | 12 | 1 | 25 | 28 | 2 | 1 | 1 |
| 89 | 33,384 | 18 | 2 | 19 | 27 | 58 | 11 | 4 | 25 | 28 | 3 | 1 | 1 |
| 90 | 34,281 | 17 | 2 | 16 | 38 | 51 | 7 | 5 | 23 | 28 | 2 | 1 | 0 |
| 91 | 35,444 | 18 | 2 | 18 | 37 | 54 | 5 | 4 | 23 | 28 | 1 | 1 | 0 |
| 92 | 38,816 | 24 | 2 | 19 | 33 | 57 | 8 | 2 | 19 | 22 | 1 | 1 | 1 |
| 93 | 41,924 | 29 | 3 | 23 | 37 | 58 | 3 | 3 | 22 | 25 | 0 | 1 | 1 |
| 94 | 39,107 | 25 | 3 | 19 | 41 | 54 | 3 | 3 | 22 | 27 | 1 | 1 | 1 |
| 95 | 29,159 | 13 | 2 | 14 | 38 | 59 | 3 | 1 | 23 | 31 | 16 | 6 | 1 |
| 96 | 28,319 | 12 | 1 | 17 | 34 | 61 | 3 | 1 | 21 | 28 | 12 | 19 | 2 |
| 97 | 47,407 | 33 | 6 | 34 | 32 | 65 | 2 | 2 | 28 | 29 | 1 | 1 | 1 |
| 98 | 36,827 | 23 | 2 | 20 | 38 | 56 | 3 | 3 | 21 | 25 | 2 | 1 | 1 |
| 99 | 38,289 | 22 | 2 | 14 | 41 | 51 | 1 | 6 | 20 | 26 | 0 | 1 | 1 |
| 100 | 38,487 | 24 | 3 | 16 | 32 | 57 | 2 | 9 | 19 | 22 | 1 | 1 | 0 |

# Pennsylvania State House Districts:  Demographic Data (cont.)

| House District | Household Income Avg. ($) | Household Income > $50K (%) | Household Income >$100K (%) | College Educ. (%) | Manf. (%) | Service (%) | Govt. (%) | Farm (%) | Age 55+ (%) | Receives Soc. Sec. (%) | African Amer. (%) | Hispanic Amer. (%) | Asian Amer. (%) |
|---|---|---|---|---|---|---|---|---|---|---|---|---|---|
| Penn. | 36,662 | 22 | 4 | 23 | 27 | 67 | 4 | 2 | 25 | 32 | 9 | 2 | 1 |
| 101 | 33,087 | 18 | 2 | 18 | 32 | 61 | 5 | 2 | 26 | 31 | 1 | 4 | 1 |
| 102 | 36,423 | 21 | 3 | 13 | 34 | 56 | 4 | 6 | 23 | 27 | 0 | 1 | 1 |
| 103 | 26,787 | 12 | 1 | 18 | 15 | 65 | 20 | 0 | 22 | 28 | 47 | 7 | 2 |
| 104 | 36,693 | 22 | 3 | 22 | 24 | 60 | 13 | 2 | 28 | 32 | 6 | 1 | 1 |
| 105 | 44,440 | 30 | 4 | 32 | 18 | 68 | 13 | 1 | 22 | 22 | 4 | 1 | 1 |
| 106 | 39,433 | 26 | 3 | 27 | 22 | 67 | 10 | 1 | 24 | 27 | 3 | 1 | 1 |
| 107 | 26,244 | 10 | 1 | 14 | 31 | 61 | 5 | 4 | 32 | 41 | 0 | 0 | 0 |
| 108 | 30,144 | 13 | 2 | 15 | 34 | 59 | 3 | 4 | 25 | 33 | 1 | 1 | 0 |
| 109 | 28,955 | 13 | 1 | 17 | 36 | 59 | 2 | 3 | 25 | 33 | 0 | 1 | 0 |
| 110 | 30,380 | 15 | 2 | 19 | 33 | 57 | 3 | 7 | 23 | 31 | 0 | 0 | 0 |
| 111 | 29,936 | 14 | 1 | 18 | 36 | 56 | 3 | 6 | 25 | 33 | 0 | 0 | 0 |
| 112 | 29,209 | 15 | 2 | 22 | 24 | 71 | 5 | 1 | 32 | 42 | 2 | 1 | 1 |
| 113 | 28,375 | 13 | 1 | 18 | 28 | 67 | 5 | 0 | 31 | 41 | 0 | 0 | 0 |
| 114 | 40,476 | 24 | 5 | 26 | 27 | 67 | 5 | 2 | 26 | 33 | 0 | 0 | 1 |
| 115 | 29,047 | 14 | 1 | 18 | 34 | 60 | 5 | 1 | 31 | 42 | 0 | 1 | 0 |
| 116 | 30,273 | 14 | 2 | 16 | 34 | 61 | 3 | 2 | 32 | 42 | 1 | 1 | 1 |
| 117 | 35,190 | 19 | 3 | 20 | 32 | 61 | 4 | 3 | 24 | 32 | 3 | 1 | 0 |
| 118 | 31,873 | 17 | 2 | 19 | 32 | 62 | 6 | 1 | 30 | 38 | 1 | 1 | 0 |
| 119 | 25,250 | 10 | 1 | 15 | 28 | 65 | 5 | 1 | 33 | 43 | 0 | 0 | 0 |
| 120 | 35,602 | 19 | 3 | 26 | 24 | 71 | 5 | 1 | 31 | 37 | 0 | 0 | 1 |
| 121 | 25,307 | 9 | 1 | 17 | 23 | 71 | 5 | 1 | 32 | 41 | 3 | 1 | 1 |
| 122 | 30,025 | 14 | 2 | 13 | 40 | 55 | 3 | 2 | 30 | 39 | 0 | 1 | 0 |
| 123 | 25,075 | 9 | 1 | 10 | 39 | 54 | 4 | 3 | 35 | 48 | 1 | 1 | 0 |
| 124 | 32,048 | 17 | 2 | 15 | 41 | 51 | 2 | 5 | 28 | 36 | 0 | 1 | 0 |
| 125 | 30,044 | 14 | 1 | 14 | 41 | 51 | 4 | 4 | 29 | 37 | 1 | 0 | 0 |
| 126 | 36,141 | 22 | 3 | 18 | 34 | 62 | 2 | 2 | 31 | 35 | 4 | 6 | 1 |
| 127 | 25,625 | 10 | 1 | 12 | 36 | 60 | 2 | 2 | 25 | 33 | 9 | 20 | 2 |
| 128 | 46,085 | 31 | 6 | 28 | 30 | 66 | 2 | 2 | 29 | 32 | 1 | 1 | 1 |
| 129 | 42,489 | 29 | 4 | 24 | 32 | 62 | 2 | 4 | 24 | 28 | 1 | 1 | 1 |
| 130 | 41,315 | 29 | 3 | 19 | 41 | 55 | 2 | 3 | 22 | 27 | 1 | 1 | 0 |
| 131 | 30,430 | 14 | 1 | 16 | 32 | 64 | 3 | 1 | 24 | 30 | 5 | 12 | 1 |
| 132 | 33,842 | 19 | 3 | 27 | 26 | 70 | 3 | 1 | 29 | 35 | 4 | 10 | 1 |
| 133 | 34,226 | 20 | 2 | 23 | 30 | 66 | 3 | 1 | 24 | 31 | 2 | 9 | 1 |
| 134 | 54,644 | 42 | 9 | 37 | 32 | 65 | 1 | 1 | 24 | 26 | 0 | 1 | 2 |
| 135 | 42,542 | 27 | 6 | 30 | 29 | 68 | 3 | 1 | 28 | 34 | 2 | 9 | 2 |
| 136 | 34,203 | 19 | 2 | 19 | 33 | 62 | 3 | 2 | 24 | 33 | 5 | 3 | 1 |
| 137 | 43,209 | 30 | 4 | 25 | 36 | 59 | 3 | 2 | 27 | 33 | 1 | 1 | 1 |
| 138 | 39,336 | 27 | 2 | 19 | 36 | 61 | 2 | 2 | 22 | 26 | 0 | 1 | 0 |
| 139 | 33,056 | 18 | 2 | 20 | 29 | 63 | 5 | 4 | 27 | 35 | 1 | 2 | 0 |
| 140 | 39,290 | 29 | 2 | 19 | 30 | 64 | 5 | 1 | 22 | 28 | 6 | 3 | 1 |
| 141 | 38,762 | 27 | 2 | 15 | 30 | 66 | 4 | 1 | 20 | 26 | 6 | 2 | 2 |
| 142 | 50,468 | 43 | 7 | 32 | 25 | 70 | 3 | 1 | 19 | 24 | 2 | 1 | 1 |
| 143 | 61,255 | 46 | 13 | 40 | 29 | 66 | 3 | 3 | 23 | 25 | 1 | 1 | 1 |
| 144 | 50,173 | 43 | 6 | 32 | 31 | 65 | 3 | 2 | 19 | 21 | 2 | 2 | 1 |
| 145 | 42,977 | 30 | 3 | 23 | 39 | 57 | 2 | 2 | 22 | 27 | 1 | 1 | 1 |
| 146 | 39,031 | 27 | 3 | 21 | 34 | 61 | 3 | 2 | 23 | 31 | 6 | 2 | 1 |
| 147 | 47,920 | 39 | 5 | 29 | 39 | 58 | 2 | 2 | 18 | 21 | 1 | 1 | 1 |
| 148 | 82,480 | 53 | 22 | 52 | 18 | 79 | 2 | 1 | 28 | 29 | 2 | 1 | 2 |
| 149 | 80,856 | 49 | 20 | 54 | 19 | 78 | 2 | 1 | 28 | 29 | 5 | 1 | 3 |
| 150 | 50,622 | 43 | 6 | 34 | 29 | 67 | 3 | 1 | 19 | 22 | 8 | 2 | 2 |

# Pennsylvania State House Districts:  Demographic Data (cont.)

| House District | Household Income Avg. ($) | > $50K (%) | >$100K (%) | College Educ. (%) | Manf. (%) | Employment Type Service (%) | Govt. (%) | Farm (%) | Age 55+ (%) | Receives Soc. Sec. (%) | African Amer. (%) | Hispanic Amer. (%) | Asian Amer. (%) |
|---|---|---|---|---|---|---|---|---|---|---|---|---|---|
| Penn. | 36,662 | 22 | 4 | 23 | 27 | 67 | 4 | 2 | 25 | 32 | 9 | 2 | 1 |
| 151 | 61,340 | 48 | 13 | 44 | 26 | 70 | 2 | 1 | 23 | 23 | 4 | 1 | 3 |
| 152 | 55,916 | 41 | 10 | 35 | 26 | 69 | 3 | 1 | 27 | 30 | 1 | 1 | 1 |
| 153 | 60,257 | 42 | 12 | 38 | 22 | 75 | 3 | 1 | 31 | 34 | 8 | 1 | 2 |
| 154 | 62,169 | 47 | 15 | 49 | 17 | 80 | 3 | 1 | 33 | 33 | 11 | 1 | 4 |
| 155 | 54,412 | 46 | 9 | 39 | 29 | 67 | 2 | 3 | 17 | 20 | 3 | 1 | 1 |
| 156 | 52,825 | 43 | 8 | 48 | 22 | 75 | 2 | 1 | 18 | 20 | 8 | 3 | 1 |
| 157 | 66,868 | 49 | 16 | 50 | 26 | 71 | 2 | 2 | 23 | 23 | 4 | 1 | 2 |
| 158 | 64,590 | 53 | 16 | 45 | 25 | 64 | 2 | 10 | 19 | 20 | 4 | 5 | 1 |
| 159 | 26,751 | 13 | 1 | 12 | 25 | 70 | 4 | 1 | 21 | 32 | 53 | 3 | 0 |
| 160 | 47,279 | 39 | 5 | 27 | 28 | 67 | 3 | 2 | 22 | 27 | 3 | 1 | 1 |
| 161 | 45,414 | 34 | 6 | 29 | 23 | 73 | 3 | 1 | 27 | 33 | 4 | 1 | 1 |
| 162 | 34,885 | 21 | 1 | 13 | 27 | 68 | 4 | 1 | 22 | 30 | 8 | 1 | 1 |
| 163 | 39,414 | 28 | 3 | 25 | 22 | 74 | 3 | 1 | 26 | 32 | 3 | 1 | 1 |
| 164 | 37,615 | 24 | 4 | 27 | 18 | 76 | 4 | 1 | 25 | 32 | 3 | 1 | 6 |
| 165 | 62,457 | 50 | 13 | 42 | 19 | 77 | 3 | 1 | 31 | 34 | 1 | 1 | 3 |
| 166 | 57,509 | 47 | 11 | 46 | 15 | 81 | 3 | 1 | 27 | 32 | 2 | 1 | 2 |
| 167 | 76,792 | 58 | 19 | 55 | 22 | 75 | 2 | 2 | 22 | 23 | 3 | 1 | 2 |
| 168 | 64,732 | 49 | 15 | 46 | 22 | 74 | 3 | 1 | 28 | 30 | 8 | 1 | 2 |
| 169 | 40,286 | 30 | 2 | 16 | 22 | 69 | 9 | 1 | 24 | 28 | 2 | 2 | 2 |
| 170 | 40,085 | 30 | 3 | 21 | 23 | 70 | 7 | 0 | 26 | 28 | 2 | 2 | 3 |
| 171 | 31,049 | 16 | 2 | 23 | 29 | 63 | 3 | 4 | 24 | 30 | 0 | 0 | 0 |
| 172 | 33,310 | 20 | 1 | 14 | 21 | 70 | 9 | 0 | 33 | 41 | 1 | 1 | 1 |
| 173 | 31,992 | 18 | 1 | 11 | 24 | 67 | 9 | 0 | 25 | 36 | 10 | 3 | 1 |
| 174 | 32,851 | 20 | 2 | 20 | 19 | 73 | 8 | 1 | 39 | 44 | 1 | 2 | 3 |
| 175 | 30,386 | 16 | 2 | 15 | 26 | 68 | 6 | 1 | 24 | 32 | 9 | 5 | 2 |
| 176 | 37,098 | 26 | 2 | 20 | 20 | 70 | 10 | 0 | 32 | 39 | 1 | 2 | 2 |
| 177 | 27,427 | 14 | 1 | 8 | 29 | 65 | 6 | 0 | 26 | 36 | 1 | 3 | 1 |
| 178 | 62,506 | 56 | 13 | 38 | 25 | 70 | 3 | 1 | 18 | 19 | 1 | 1 | 1 |
| 179 | 24,349 | 11 | 0 | 11 | 26 | 65 | 7 | 1 | 15 | 24 | 37 | 31 | 8 |
| 180 | 17,357 | 5 | 0 | 3 | 32 | 60 | 5 | 3 | 13 | 23 | 18 | 61 | 2 |
| 181 | 28,465 | 15 | 4 | 22 | 14 | 78 | 7 | 1 | 19 | 27 | 72 | 6 | 4 |
| 182 | 40,839 | 24 | 7 | 51 | 10 | 85 | 4 | 1 | 25 | 23 | 17 | 3 | 4 |
| 183 | 36,326 | 23 | 2 | 19 | 34 | 62 | 2 | 2 | 25 | 31 | 1 | 1 | 1 |
| 184 | 27,372 | 14 | 1 | 10 | 20 | 73 | 7 | 1 | 28 | 39 | 8 | 2 | 5 |
| 185 | 29,670 | 19 | 2 | 12 | 18 | 72 | 10 | 0 | 26 | 34 | 30 | 1 | 2 |
| 186 | 22,556 | 9 | 1 | 11 | 18 | 72 | 9 | 1 | 25 | 36 | 61 | 2 | 5 |
| 187 | 42,675 | 29 | 3 | 25 | 35 | 61 | 1 | 3 | 20 | 25 | 1 | 1 | 1 |
| 188 | 27,608 | 13 | 2 | 27 | 12 | 81 | 7 | 0 | 16 | 20 | 77 | 1 | 4 |
| 189 | 38,228 | 25 | 3 | 24 | 27 | 67 | 5 | 1 | 23 | 28 | 2 | 2 | 1 |
| 190 | 21,939 | 9 | 1 | 18 | 13 | 79 | 7 | 1 | 22 | 29 | 82 | 1 | 4 |
| 191 | 29,360 | 17 | 1 | 16 | 15 | 76 | 8 | 1 | 24 | 31 | 69 | 1 | 2 |
| 192 | 30,055 | 17 | 2 | 19 | 13 | 77 | 9 | 1 | 29 | 36 | 65 | 1 | 1 |
| 193 | 35,771 | 19 | 2 | 15 | 41 | 52 | 3 | 4 | 23 | 28 | 0 | 1 | 0 |
| 194 | 35,829 | 22 | 2 | 25 | 17 | 74 | 8 | 1 | 27 | 33 | 31 | 1 | 1 |
| 195 | 26,799 | 14 | 3 | 27 | 14 | 79 | 6 | 1 | 22 | 30 | 65 | 4 | 2 |
| 196 | 42,920 | 27 | 3 | 22 | 36 | 60 | 3 | 1 | 25 | 28 | 1 | 1 | 1 |
| 197 | 21,165 | 7 | 1 | 7 | 21 | 70 | 8 | 1 | 24 | 38 | 98 | 1 | 0 |
| 198 | 39,098 | 23 | 5 | 34 | 15 | 78 | 7 | 1 | 22 | 28 | 60 | 2 | 1 |
| 199 | 35,363 | 20 | 2 | 23 | 28 | 61 | 8 | 4 | 21 | 25 | 2 | 1 | 1 |
| 200 | 41,163 | 30 | 4 | 34 | 14 | 75 | 10 | 1 | 23 | 26 | 67 | 1 | 1 |

# Pennsylvania State House Districts:  Demographic Data (cont.)

| House District | Household Income | | | College Educ. | Manf. | Employment Type | | Farm | Age 55+ | Receives Soc. Sec. | African Amer. | Hispanic Amer. | Asian Amer. |
| | Avg. ($) | > $50K (%) | >$100K (%) | (%) | (%) | Service (%) | Govt. (%) | (%) | (%) | (%) | (%) | (%) | (%) |
|---|---|---|---|---|---|---|---|---|---|---|---|---|---|
| Penn. | 36,662 | 22 | 4 | 23 | 27 | 67 | 4 | 2 | 25 | 32 | 9 | 2 | 1 |
| 201 | 28,296 | 14 | 1 | 19 | 15 | 76 | 9 | 0 | 20 | 28 | 88 | 1 | 1 |
| 202 | 29,696 | 16 | 1 | 16 | 19 | 72 | 8 | 1 | 24 | 33 | 40 | 7 | 8 |
| 203 | 33,747 | 20 | 1 | 20 | 17 | 73 | 9 | 0 | 21 | 26 | 70 | 3 | 4 |

# RHODE ISLAND
## State Senate Districts

District Numbers

- ■ 1 to 10
- ▨ 11 to 20
- □ 21 to 30
- ▨ 31 to 40
- ▨ 41 to 50

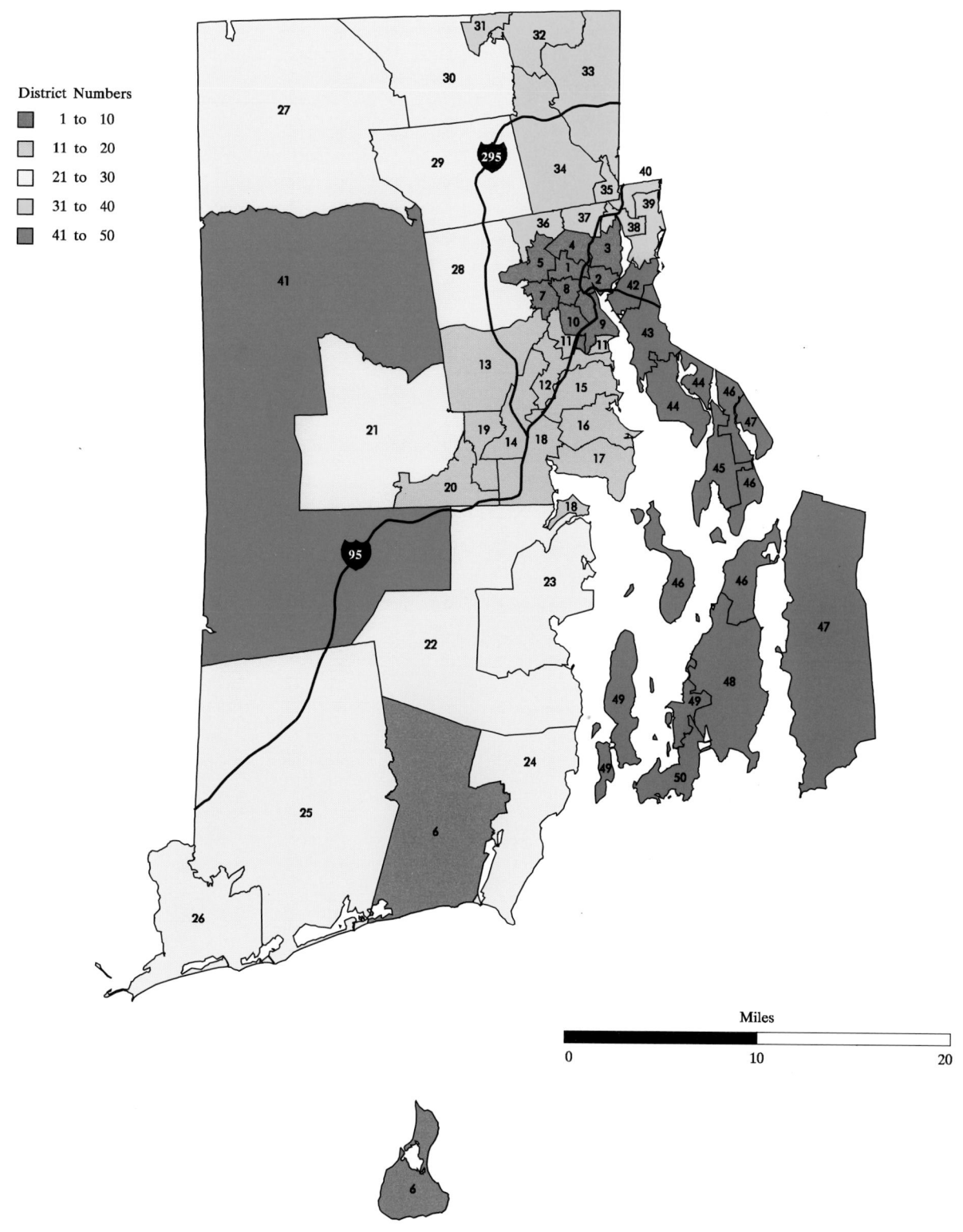

Miles

0          10          20

# Rhode Island State Senate Districts: Demographic Data

| Senate District | Household Income Avg. ($) | > $50K (%) | >$100K (%) | College Educ. (%) | Manf. (%) | Employment Type Service (%) | Govt. (%) | Farm (%) | Age 55+ (%) | Receives Soc. Sec. (%) | African Amer. (%) | Hispanic Amer. (%) | Asian Amer. (%) |
|---|---|---|---|---|---|---|---|---|---|---|---|---|---|
| R. I. | 39,078 | 26 | 4 | 28 | 29 | 65 | 5 | 1 | 24 | 30 | 4 | 5 | 2 |
| 1 | 29,744 | 17 | 2 | 26 | 27 | 66 | 6 | 1 | 21 | 28 | 6 | 11 | 7 |
| 2 | 37,353 | 21 | 7 | 53 | 12 | 85 | 3 | 0 | 17 | 23 | 6 | 4 | 7 |
| 3 | 51,453 | 33 | 12 | 56 | 18 | 78 | 4 | 0 | 24 | 24 | 14 | 4 | 3 |
| 4 | 29,232 | 16 | 2 | 21 | 28 | 66 | 6 | 1 | 29 | 37 | 8 | 7 | 1 |
| 5 | 35,934 | 25 | 3 | 24 | 25 | 68 | 6 | 1 | 30 | 36 | 1 | 3 | 1 |
| 6 | 46,894 | 33 | 6 | 46 | 17 | 75 | 4 | 4 | 16 | 23 | 2 | 1 | 3 |
| 7 | 27,857 | 13 | 1 | 13 | 35 | 58 | 6 | 1 | 23 | 29 | 6 | 11 | 4 |
| 8 | 20,135 | 6 | 1 | 12 | 43 | 52 | 4 | 1 | 21 | 29 | 16 | 27 | 8 |
| 9 | 24,389 | 11 | 1 | 14 | 40 | 56 | 3 | 1 | 15 | 23 | 35 | 25 | 7 |
| 10 | 26,870 | 11 | 1 | 14 | 43 | 52 | 5 | 1 | 14 | 19 | 30 | 35 | 13 |
| 11 | 33,419 | 21 | 2 | 27 | 27 | 66 | 6 | 1 | 28 | 37 | 3 | 3 | 3 |
| 12 | 38,933 | 28 | 3 | 26 | 25 | 68 | 6 | 1 | 27 | 35 | 4 | 3 | 2 |
| 13 | 44,487 | 33 | 5 | 28 | 27 | 67 | 6 | 1 | 26 | 31 | 1 | 1 | 1 |
| 14 | 47,083 | 33 | 7 | 32 | 22 | 73 | 4 | 1 | 35 | 39 | 2 | 1 | 2 |
| 15 | 38,872 | 27 | 4 | 26 | 24 | 69 | 5 | 1 | 29 | 36 | 1 | 1 | 1 |
| 16 | 39,715 | 29 | 3 | 25 | 26 | 68 | 5 | 1 | 26 | 32 | 1 | 1 | 1 |
| 17 | 43,092 | 30 | 4 | 26 | 27 | 66 | 5 | 2 | 21 | 28 | 1 | 1 | 1 |
| 18 | 44,124 | 32 | 8 | 36 | 25 | 70 | 4 | 1 | 30 | 33 | 1 | 1 | 1 |
| 19 | 36,444 | 26 | 2 | 22 | 33 | 61 | 5 | 1 | 23 | 28 | 1 | 2 | 1 |
| 20 | 37,231 | 25 | 2 | 20 | 33 | 62 | 5 | 1 | 23 | 27 | 0 | 1 | 1 |
| 21 | 42,606 | 33 | 3 | 25 | 32 | 62 | 5 | 1 | 21 | 26 | 0 | 1 | 0 |
| 22 | 63,001 | 48 | 14 | 47 | 24 | 69 | 5 | 3 | 19 | 23 | 0 | 1 | 1 |
| 23 | 48,028 | 35 | 6 | 38 | 23 | 70 | 5 | 2 | 20 | 24 | 1 | 1 | 1 |
| 24 | 42,380 | 31 | 6 | 45 | 17 | 73 | 7 | 3 | 22 | 26 | 1 | 1 | 1 |
| 25 | 41,197 | 30 | 3 | 29 | 37 | 56 | 4 | 3 | 19 | 24 | 0 | 1 | 1 |
| 26 | 41,888 | 30 | 5 | 29 | 32 | 63 | 4 | 1 | 26 | 31 | 1 | 1 | 1 |
| 27 | 39,947 | 30 | 3 | 26 | 30 | 64 | 4 | 2 | 19 | 25 | 0 | 0 | 0 |
| 28 | 37,910 | 28 | 3 | 20 | 30 | 64 | 5 | 2 | 27 | 32 | 1 | 1 | 1 |
| 29 | 46,107 | 40 | 5 | 33 | 25 | 70 | 5 | 1 | 21 | 28 | 1 | 1 | 1 |
| 30 | 39,628 | 31 | 3 | 23 | 32 | 62 | 4 | 2 | 26 | 31 | 1 | 1 | 1 |
| 31 | 27,221 | 15 | 1 | 13 | 40 | 55 | 3 | 1 | 24 | 32 | 4 | 4 | 5 |
| 32 | 34,879 | 22 | 2 | 21 | 33 | 63 | 3 | 1 | 24 | 28 | 2 | 2 | 1 |
| 33 | 47,360 | 37 | 7 | 31 | 33 | 63 | 4 | 0 | 26 | 30 | 0 | 2 | 0 |
| 34 | 47,604 | 32 | 7 | 31 | 25 | 70 | 4 | 1 | 29 | 33 | 0 | 1 | 1 |
| 35 | 24,014 | 10 | 0 | 10 | 53 | 44 | 2 | 0 | 24 | 32 | 4 | 26 | 1 |
| 36 | 41,313 | 27 | 4 | 28 | 25 | 68 | 6 | 1 | 29 | 32 | 1 | 2 | 1 |
| 37 | 31,799 | 17 | 2 | 17 | 39 | 57 | 3 | 1 | 22 | 28 | 5 | 8 | 1 |
| 38 | 29,229 | 13 | 1 | 16 | 43 | 54 | 2 | 1 | 24 | 29 | 5 | 9 | 1 |
| 39 | 36,820 | 21 | 3 | 25 | 32 | 64 | 4 | 0 | 30 | 36 | 1 | 2 | 0 |
| 40 | 28,329 | 14 | 1 | 16 | 42 | 55 | 3 | 1 | 26 | 33 | 2 | 7 | 1 |
| 41 | 47,348 | 37 | 5 | 31 | 29 | 64 | 5 | 2 | 18 | 23 | 0 | 1 | 0 |
| 42 | 34,084 | 19 | 2 | 16 | 37 | 59 | 3 | 1 | 30 | 36 | 5 | 2 | 0 |
| 43 | 35,535 | 22 | 2 | 22 | 29 | 67 | 4 | 1 | 29 | 34 | 5 | 1 | 1 |
| 44 | 65,034 | 49 | 15 | 49 | 22 | 74 | 3 | 1 | 25 | 29 | 0 | 1 | 1 |
| 45 | 36,326 | 22 | 3 | 22 | 36 | 58 | 3 | 2 | 28 | 33 | 0 | 2 | 0 |
| 46 | 41,712 | 32 | 3 | 27 | 30 | 62 | 6 | 2 | 24 | 29 | 1 | 1 | 1 |
| 47 | 46,034 | 34 | 6 | 30 | 28 | 63 | 5 | 4 | 25 | 32 | 0 | 1 | 0 |
| 48 | 45,814 | 37 | 5 | 40 | 20 | 68 | 10 | 3 | 21 | 23 | 3 | 2 | 2 |
| 49 | 39,815 | 26 | 4 | 35 | 19 | 70 | 8 | 3 | 14 | 20 | 9 | 3 | 2 |
| 50 | 41,541 | 29 | 6 | 42 | 14 | 76 | 8 | 2 | 23 | 27 | 5 | 2 | 1 |

# RHODE ISLAND
## State House Districts

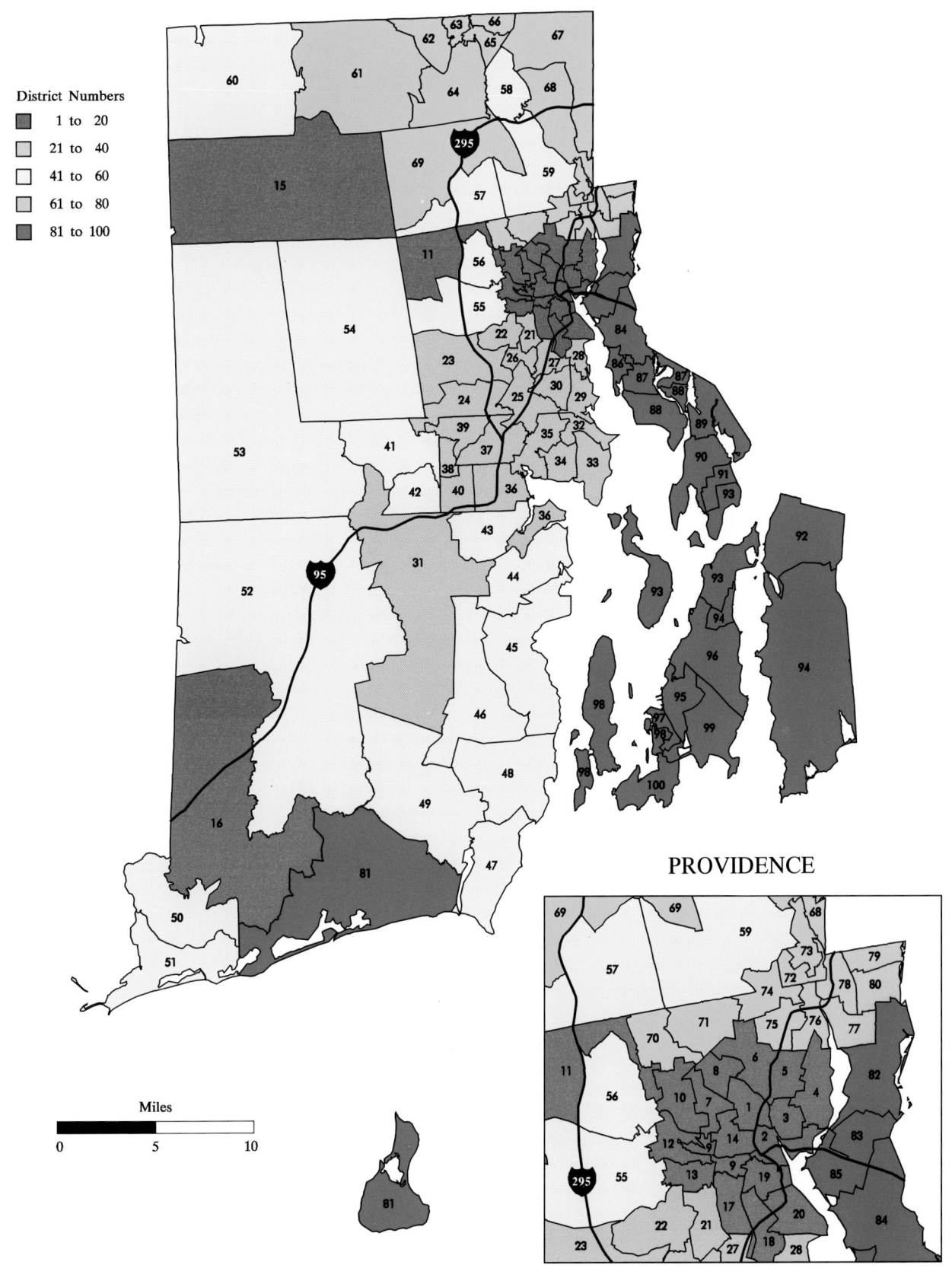

District Numbers

1 to 20
21 to 40
41 to 60
61 to 80
81 to 100

Miles

0    5    10

PROVIDENCE

# Rhode Island State House Districts:  Demographic Data

| House District | Household Income Avg. ($) | > $50K (%) | >$100K (%) | College Educ. (%) | Manf. (%) | Employment Type Service (%) | Govt. (%) | Farm (%) | Age 55+ (%) | Receives Soc. Sec. (%) | African Amer. (%) | Hispanic Amer. (%) | Asian Amer. (%) |
|---|---|---|---|---|---|---|---|---|---|---|---|---|---|
| R. I. | 39,078 | 26 | 4 | 28 | 29 | 65 | 5 | 1 | 24 | 30 | 4 | 5 | 2 |
| 1 | 26,143 | 11 | 1 | 21 | 31 | 66 | 3 | 1 | 18 | 23 | 16 | 18 | 11 |
| 2 | 28,790 | 16 | 4 | 37 | 17 | 80 | 3 | 0 | 25 | 30 | 9 | 6 | 4 |
| 3 | 45,380 | 27 | 11 | 69 | 8 | 89 | 3 | 0 | 9 | 14 | 9 | 5 | 11 |
| 4 | 69,909 | 44 | 21 | 74 | 14 | 81 | 5 | 0 | 25 | 23 | 2 | 2 | 3 |
| 5 | 35,818 | 23 | 4 | 46 | 16 | 80 | 4 | 1 | 24 | 26 | 24 | 5 | 2 |
| 6 | 26,645 | 13 | 1 | 16 | 30 | 64 | 5 | 1 | 30 | 39 | 5 | 5 | 1 |
| 7 | 33,069 | 22 | 3 | 29 | 24 | 65 | 10 | 1 | 31 | 34 | 2 | 6 | 1 |
| 8 | 34,092 | 20 | 3 | 31 | 23 | 70 | 6 | 1 | 25 | 37 | 4 | 3 | 1 |
| 9 | 20,189 | 7 | 0 | 10 | 50 | 45 | 4 | 1 | 16 | 21 | 21 | 33 | 11 |
| 10 | 34,181 | 22 | 2 | 25 | 23 | 71 | 6 | 0 | 28 | 36 | 2 | 5 | 1 |
| 11 | 38,751 | 29 | 2 | 24 | 28 | 65 | 5 | 1 | 23 | 29 | 0 | 1 | 0 |
| 12 | 26,087 | 12 | 0 | 13 | 37 | 56 | 6 | 1 | 20 | 28 | 10 | 17 | 4 |
| 13 | 28,711 | 13 | 1 | 14 | 32 | 61 | 6 | 2 | 25 | 31 | 2 | 7 | 3 |
| 14 | 21,387 | 7 | 1 | 17 | 34 | 60 | 4 | 1 | 26 | 34 | 5 | 18 | 2 |
| 15 | 43,130 | 34 | 3 | 32 | 28 | 65 | 4 | 2 | 17 | 23 | 0 | 0 | 0 |
| 16 | 38,528 | 29 | 2 | 24 | 42 | 51 | 3 | 3 | 18 | 25 | 0 | 1 | 0 |
| 17 | 29,303 | 11 | 1 | 14 | 41 | 53 | 6 | 1 | 15 | 20 | 25 | 30 | 15 |
| 18 | 26,347 | 12 | 2 | 16 | 42 | 53 | 4 | 1 | 14 | 21 | 33 | 37 | 10 |
| 19 | 19,482 | 8 | 0 | 10 | 42 | 55 | 3 | 1 | 16 | 22 | 46 | 33 | 9 |
| 20 | 27,485 | 14 | 1 | 14 | 43 | 53 | 3 | 1 | 11 | 18 | 26 | 21 | 7 |
| 21 | 31,686 | 20 | 1 | 18 | 29 | 64 | 6 | 1 | 33 | 43 | 1 | 2 | 3 |
| 22 | 34,727 | 24 | 2 | 19 | 28 | 64 | 6 | 1 | 31 | 35 | 1 | 1 | 1 |
| 23 | 51,363 | 40 | 8 | 35 | 24 | 70 | 5 | 0 | 28 | 30 | 0 | 1 | 1 |
| 24 | 50,680 | 38 | 6 | 33 | 22 | 71 | 6 | 1 | 26 | 31 | 1 | 1 | 1 |
| 25 | 35,754 | 24 | 3 | 20 | 25 | 70 | 4 | 1 | 28 | 44 | 9 | 4 | 1 |
| 26 | 44,383 | 33 | 5 | 33 | 25 | 68 | 7 | 0 | 32 | 34 | 1 | 1 | 3 |
| 27 | 33,627 | 19 | 1 | 25 | 29 | 65 | 5 | 1 | 27 | 36 | 1 | 2 | 1 |
| 28 | 42,502 | 30 | 5 | 38 | 23 | 71 | 5 | 1 | 24 | 30 | 4 | 3 | 2 |
| 29 | 42,436 | 31 | 5 | 34 | 20 | 72 | 6 | 1 | 30 | 37 | 1 | 1 | 0 |
| 30 | 36,532 | 26 | 3 | 21 | 26 | 67 | 6 | 1 | 29 | 34 | 1 | 1 | 1 |
| 31 | 57,557 | 46 | 12 | 37 | 26 | 67 | 4 | 3 | 20 | 23 | 0 | 1 | 1 |
| 32 | 38,034 | 28 | 2 | 24 | 28 | 66 | 5 | 1 | 26 | 31 | 1 | 1 | 1 |
| 33 | 43,789 | 31 | 5 | 27 | 25 | 67 | 6 | 2 | 21 | 26 | 1 | 1 | 1 |
| 34 | 39,777 | 27 | 3 | 22 | 28 | 66 | 5 | 1 | 22 | 31 | 1 | 1 | 1 |
| 35 | 39,785 | 29 | 3 | 26 | 26 | 68 | 5 | 1 | 23 | 29 | 1 | 1 | 1 |
| 36 | 51,185 | 39 | 11 | 46 | 23 | 71 | 4 | 1 | 28 | 33 | 1 | 1 | 1 |
| 37 | 41,159 | 27 | 5 | 30 | 26 | 69 | 4 | 1 | 36 | 36 | 1 | 1 | 1 |
| 38 | 29,509 | 17 | 1 | 15 | 38 | 57 | 4 | 1 | 25 | 29 | 1 | 2 | 1 |
| 39 | 35,477 | 22 | 3 | 20 | 33 | 60 | 5 | 1 | 26 | 32 | 1 | 2 | 1 |
| 40 | 43,278 | 35 | 3 | 30 | 30 | 65 | 5 | 1 | 18 | 20 | 1 | 2 | 1 |
| 41 | 39,064 | 29 | 2 | 22 | 32 | 63 | 5 | 1 | 22 | 28 | 0 | 1 | 0 |
| 42 | 37,812 | 25 | 2 | 17 | 32 | 62 | 5 | 1 | 23 | 29 | 0 | 1 | 0 |
| 43 | 64,288 | 46 | 16 | 51 | 22 | 73 | 4 | 2 | 25 | 27 | 0 | 1 | 1 |
| 44 | 46,460 | 32 | 4 | 35 | 23 | 69 | 6 | 2 | 20 | 23 | 1 | 1 | 1 |
| 45 | 49,381 | 37 | 8 | 42 | 24 | 70 | 4 | 3 | 22 | 26 | 2 | 1 | 1 |
| 46 | 54,037 | 45 | 10 | 43 | 16 | 76 | 5 | 2 | 7 | 16 | 2 | 2 | 2 |
| 47 | 41,097 | 29 | 6 | 40 | 14 | 75 | 7 | 4 | 25 | 28 | 1 | 1 | 1 |
| 48 | 43,553 | 34 | 6 | 48 | 20 | 70 | 7 | 2 | 19 | 24 | 1 | 1 | 1 |
| 49 | 47,090 | 36 | 6 | 48 | 19 | 72 | 5 | 4 | 19 | 20 | 2 | 1 | 4 |
| 50 | 36,928 | 26 | 2 | 24 | 34 | 60 | 5 | 1 | 22 | 28 | 1 | 1 | 1 |

# Rhode Island State House Districts:  Demographic Data (cont.)

| House District | Household Income Avg. ($) | Household Income > $50K (%) | Household Income >$100K (%) | College Educ. (%) | Manf. (%) | Service (%) | Govt. (%) | Farm (%) | Age 55+ (%) | Receives Soc. Sec. (%) | African Amer. (%) | Hispanic Amer. (%) | Asian Amer. (%) |
|---|---|---|---|---|---|---|---|---|---|---|---|---|---|
| R. I. | 39,078 | 26 | 4 | 28 | 29 | 65 | 5 | 1 | 24 | 30 | 4 | 5 | 2 |
| 51 | 47,381 | 34 | 8 | 34 | 30 | 66 | 4 | 1 | 32 | 35 | 1 | 1 | 1 |
| 52 | 46,987 | 35 | 4 | 30 | 32 | 61 | 5 | 2 | 15 | 19 | 1 | 1 | 1 |
| 53 | 45,333 | 37 | 3 | 28 | 31 | 60 | 6 | 2 | 18 | 25 | 0 | 1 | 0 |
| 54 | 52,834 | 42 | 7 | 34 | 29 | 64 | 5 | 2 | 20 | 22 | 0 | 1 | 0 |
| 55 | 33,548 | 23 | 3 | 17 | 29 | 64 | 4 | 2 | 32 | 36 | 1 | 1 | 1 |
| 56 | 38,006 | 27 | 3 | 18 | 30 | 63 | 5 | 1 | 27 | 31 | 1 | 1 | 1 |
| 57 | 42,422 | 36 | 4 | 29 | 29 | 66 | 5 | 0 | 25 | 29 | 0 | 0 | 1 |
| 58 | 46,020 | 33 | 6 | 31 | 29 | 65 | 4 | 1 | 27 | 29 | 0 | 1 | 1 |
| 59 | 48,572 | 33 | 7 | 32 | 24 | 71 | 4 | 0 | 29 | 34 | 0 | 1 | 1 |
| 60 | 37,160 | 26 | 2 | 24 | 28 | 66 | 4 | 2 | 22 | 28 | 0 | 1 | 0 |
| 61 | 45,151 | 38 | 4 | 26 | 35 | 60 | 3 | 2 | 19 | 26 | 0 | 0 | 0 |
| 62 | 35,091 | 24 | 3 | 18 | 35 | 59 | 4 | 1 | 26 | 30 | 3 | 3 | 3 |
| 63 | 26,182 | 15 | 1 | 15 | 39 | 56 | 3 | 2 | 27 | 37 | 3 | 3 | 6 |
| 64 | 35,941 | 25 | 2 | 19 | 31 | 62 | 5 | 2 | 27 | 31 | 1 | 1 | 1 |
| 65 | 29,031 | 13 | 1 | 13 | 38 | 59 | 2 | 1 | 23 | 30 | 2 | 2 | 2 |
| 66 | 31,822 | 20 | 1 | 18 | 31 | 64 | 4 | 1 | 26 | 29 | 2 | 3 | 1 |
| 67 | 55,560 | 47 | 10 | 39 | 28 | 68 | 4 | 0 | 24 | 25 | 0 | 1 | 0 |
| 68 | 41,270 | 30 | 5 | 25 | 38 | 58 | 4 | 0 | 27 | 33 | 0 | 2 | 0 |
| 69 | 54,260 | 45 | 8 | 37 | 19 | 76 | 5 | 0 | 18 | 29 | 1 | 1 | 1 |
| 70 | 39,288 | 28 | 3 | 29 | 22 | 71 | 6 | 1 | 33 | 36 | 1 | 1 | 1 |
| 71 | 46,966 | 29 | 6 | 28 | 28 | 65 | 6 | 1 | 26 | 26 | 1 | 2 | 2 |
| 72 | 22,863 | 9 | 0 | 10 | 52 | 45 | 3 | 0 | 21 | 31 | 5 | 29 | 1 |
| 73 | 25,162 | 11 | 0 | 10 | 54 | 43 | 2 | 0 | 26 | 33 | 2 | 23 | 1 |
| 74 | 32,568 | 19 | 2 | 17 | 39 | 57 | 3 | 1 | 23 | 27 | 4 | 8 | 0 |
| 75 | 29,459 | 13 | 1 | 15 | 46 | 52 | 1 | 1 | 20 | 25 | 7 | 11 | 1 |
| 76 | 28,810 | 13 | 2 | 22 | 38 | 59 | 2 | 1 | 26 | 30 | 7 | 11 | 1 |
| 77 | 31,857 | 17 | 1 | 18 | 42 | 54 | 3 | 1 | 27 | 34 | 3 | 6 | 1 |
| 78 | 25,774 | 11 | 0 | 16 | 43 | 53 | 3 | 0 | 24 | 31 | 3 | 10 | 1 |
| 79 | 33,105 | 19 | 1 | 16 | 39 | 57 | 3 | 1 | 27 | 32 | 1 | 3 | 0 |
| 80 | 33,000 | 17 | 1 | 19 | 35 | 61 | 3 | 1 | 29 | 36 | 1 | 2 | 0 |
| 81 | 43,875 | 27 | 6 | 37 | 24 | 67 | 4 | 6 | 25 | 29 | 1 | 1 | 1 |
| 82 | 43,020 | 26 | 5 | 32 | 28 | 68 | 4 | 0 | 32 | 39 | 2 | 1 | 1 |
| 83 | 32,896 | 18 | 2 | 15 | 35 | 60 | 4 | 0 | 30 | 41 | 8 | 2 | 0 |
| 84 | 38,022 | 23 | 2 | 24 | 27 | 68 | 5 | 1 | 32 | 34 | 6 | 1 | 1 |
| 85 | 31,725 | 18 | 1 | 13 | 41 | 56 | 2 | 1 | 27 | 31 | 4 | 3 | 1 |
| 86 | 33,166 | 20 | 1 | 21 | 30 | 66 | 4 | 1 | 25 | 34 | 3 | 2 | 0 |
| 87 | 51,506 | 42 | 7 | 40 | 22 | 73 | 4 | 1 | 24 | 30 | 1 | 1 | 1 |
| 88 | 78,037 | 57 | 23 | 58 | 22 | 74 | 3 | 1 | 26 | 27 | 0 | 1 | 1 |
| 89 | 36,787 | 24 | 3 | 21 | 35 | 60 | 3 | 2 | 27 | 32 | 0 | 1 | 0 |
| 90 | 43,911 | 32 | 5 | 28 | 33 | 61 | 5 | 1 | 28 | 33 | 0 | 1 | 1 |
| 91 | 33,925 | 20 | 1 | 17 | 41 | 54 | 4 | 2 | 27 | 30 | 1 | 2 | 0 |
| 92 | 38,292 | 26 | 3 | 22 | 29 | 63 | 6 | 2 | 27 | 34 | 0 | 1 | 0 |
| 93 | 40,850 | 30 | 3 | 29 | 25 | 66 | 6 | 2 | 23 | 28 | 1 | 1 | 1 |
| 94 | 53,611 | 43 | 9 | 39 | 27 | 62 | 5 | 6 | 24 | 30 | 0 | 1 | 1 |
| 95 | 39,490 | 27 | 2 | 30 | 17 | 69 | 12 | 2 | 18 | 23 | 6 | 3 | 2 |
| 96 | 48,441 | 40 | 7 | 45 | 21 | 67 | 10 | 2 | 15 | 18 | 3 | 2 | 2 |
| 97 | 30,524 | 18 | 2 | 31 | 14 | 74 | 9 | 4 | 16 | 21 | 14 | 4 | 2 |
| 98 | 45,229 | 31 | 6 | 41 | 21 | 69 | 8 | 2 | 20 | 26 | 5 | 2 | 1 |
| 99 | 44,881 | 34 | 7 | 43 | 18 | 71 | 8 | 3 | 26 | 26 | 3 | 2 | 1 |
| 100 | 45,428 | 33 | 7 | 43 | 14 | 78 | 6 | 2 | 23 | 27 | 3 | 2 | 1 |

# SOUTH CAROLINA
## State Senate Districts

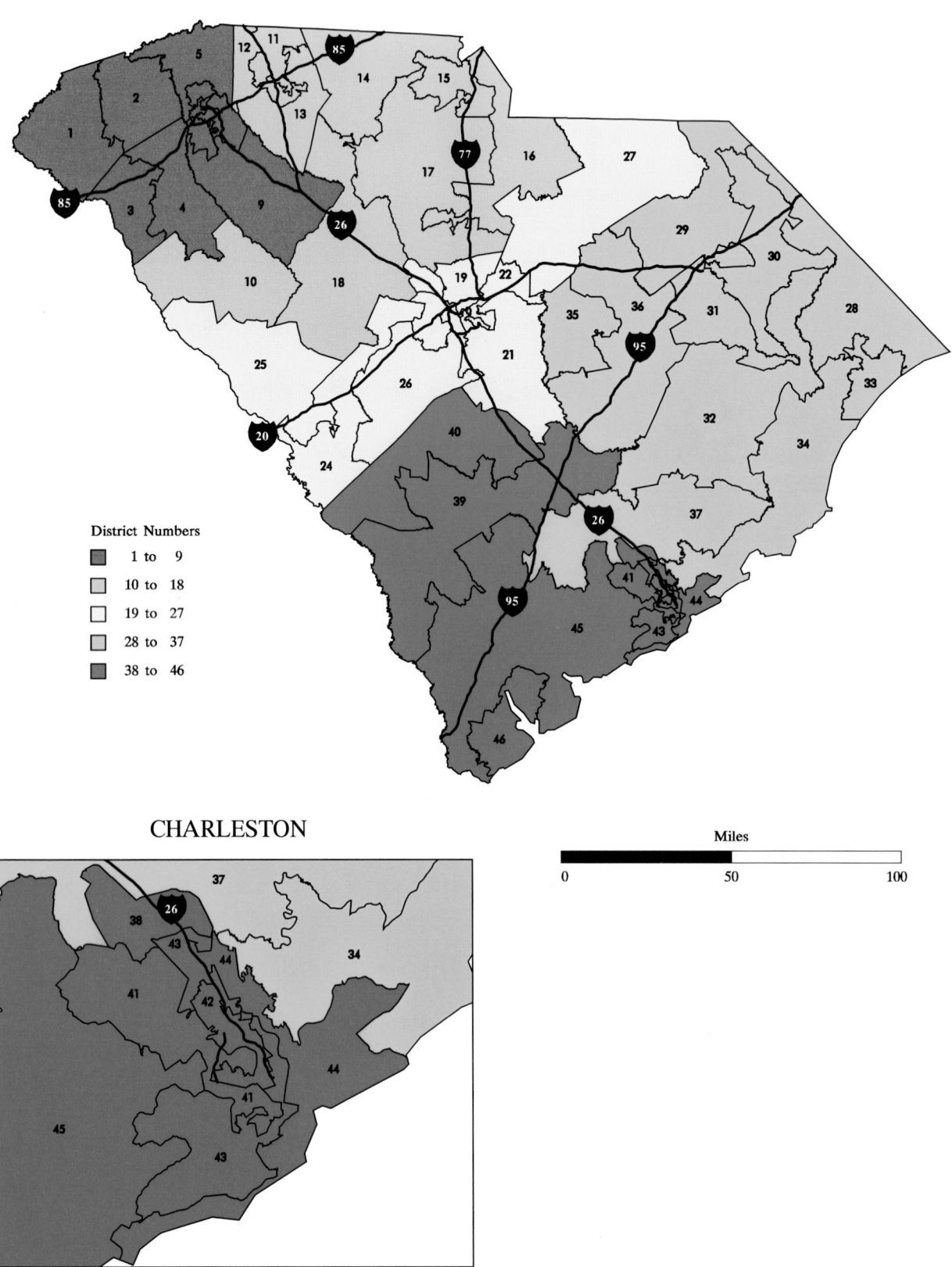

District Numbers

- 1 to 9
- 10 to 18
- 19 to 27
- 28 to 37
- 38 to 46

CHARLESTON

Miles

0          50          100

# COLUMBIA

## State Senate Districts

# GREENVILLE

## State Senate Districts

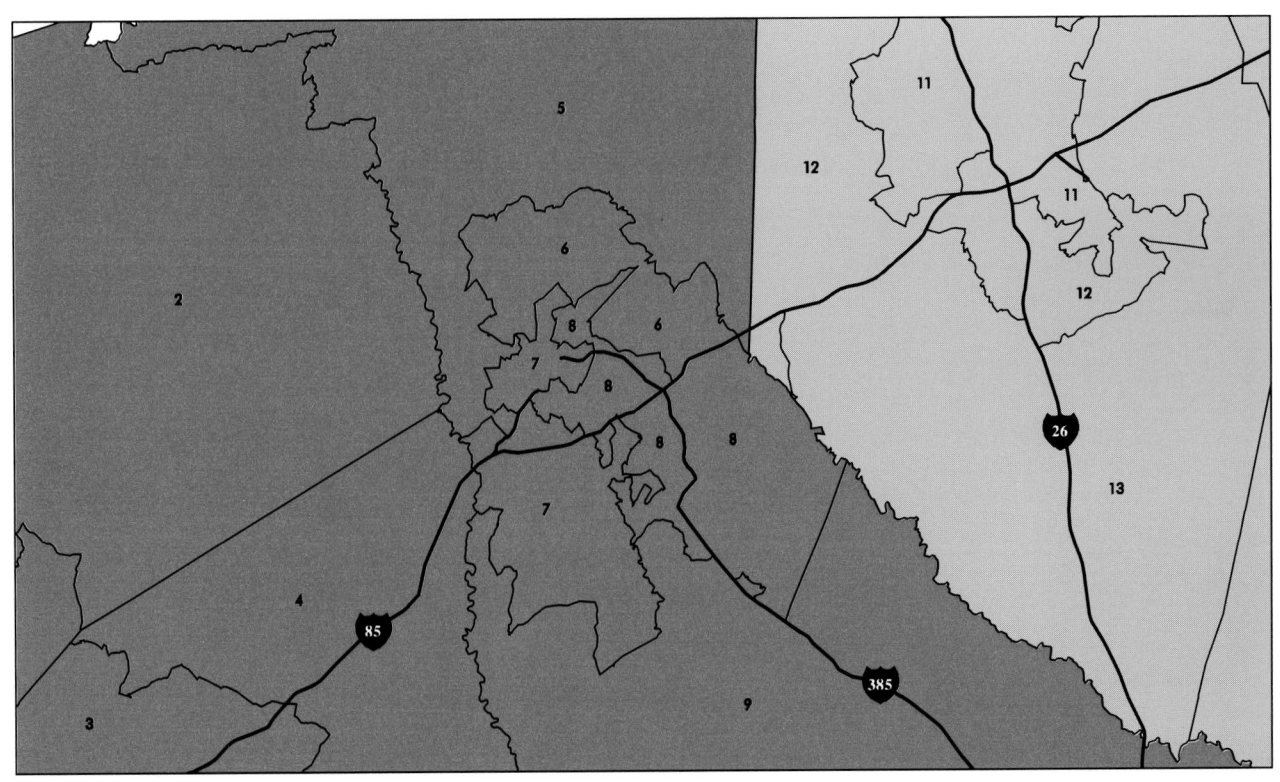

# South Carolina State Senate Districts: Demographic Data

| Senate District | Household Income Avg. ($) | Household Income > $50K (%) | Household Income >$100K (%) | College Educ. (%) | Manf. (%) | Employment Type Service (%) | Employment Type Govt. (%) | Farm (%) | Age 55+ (%) | Receives Soc. Sec. (%) | African Amer. (%) | Hispanic Amer. (%) | Asian Amer. (%) |
|---|---|---|---|---|---|---|---|---|---|---|---|---|---|
| S.C. | 32,228 | 18 | 2 | 23 | 35 | 58 | 5 | 2 | 20 | 26 | 30 | 1 | 1 |
| 1 | 31,631 | 18 | 2 | 24 | 40 | 56 | 2 | 2 | 21 | 30 | 9 | 1 | 1 |
| 2 | 31,411 | 16 | 1 | 19 | 44 | 52 | 2 | 1 | 21 | 26 | 6 | 1 | 0 |
| 3 | 30,612 | 16 | 2 | 21 | 42 | 55 | 2 | 2 | 25 | 34 | 20 | 0 | 0 |
| 4 | 31,358 | 16 | 2 | 18 | 47 | 49 | 2 | 2 | 21 | 29 | 14 | 0 | 0 |
| 5 | 30,324 | 15 | 1 | 16 | 41 | 55 | 3 | 1 | 22 | 29 | 10 | 1 | 0 |
| 6 | 41,749 | 31 | 5 | 39 | 31 | 66 | 2 | 1 | 19 | 22 | 5 | 1 | 1 |
| 7 | 27,127 | 12 | 2 | 17 | 38 | 58 | 3 | 1 | 22 | 30 | 50 | 1 | 0 |
| 8 | 44,542 | 31 | 5 | 42 | 31 | 66 | 2 | 1 | 20 | 23 | 9 | 1 | 1 |
| 9 | 30,675 | 15 | 1 | 17 | 47 | 49 | 3 | 2 | 22 | 29 | 24 | 0 | 0 |
| 10 | 29,208 | 15 | 1 | 21 | 45 | 50 | 3 | 2 | 24 | 32 | 31 | 0 | 0 |
| 11 | 27,487 | 13 | 1 | 14 | 45 | 51 | 2 | 1 | 21 | 29 | 33 | 1 | 1 |
| 12 | 35,439 | 21 | 3 | 25 | 40 | 56 | 2 | 1 | 22 | 27 | 16 | 1 | 1 |
| 13 | 33,817 | 19 | 2 | 21 | 44 | 52 | 2 | 1 | 22 | 27 | 14 | 1 | 1 |
| 14 | 31,308 | 16 | 2 | 16 | 51 | 45 | 2 | 2 | 22 | 28 | 18 | 0 | 0 |
| 15 | 37,639 | 26 | 3 | 27 | 36 | 60 | 3 | 1 | 18 | 23 | 14 | 1 | 1 |
| 16 | 31,646 | 18 | 2 | 17 | 48 | 47 | 2 | 2 | 22 | 29 | 23 | 0 | 0 |
| 17 | 26,985 | 12 | 1 | 14 | 49 | 46 | 3 | 2 | 21 | 31 | 52 | 0 | 0 |
| 18 | 29,759 | 15 | 2 | 18 | 41 | 50 | 5 | 4 | 25 | 32 | 30 | 0 | 0 |
| 19 | 29,567 | 14 | 1 | 24 | 20 | 70 | 9 | 1 | 17 | 24 | 68 | 1 | 0 |
| 20 | 36,280 | 23 | 3 | 44 | 14 | 75 | 10 | 1 | 17 | 18 | 25 | 1 | 1 |
| 21 | 26,539 | 12 | 2 | 23 | 22 | 66 | 9 | 3 | 16 | 25 | 54 | 2 | 1 |
| 22 | 47,048 | 35 | 6 | 45 | 18 | 71 | 10 | 1 | 18 | 21 | 20 | 2 | 2 |
| 23 | 42,799 | 32 | 4 | 37 | 21 | 70 | 8 | 1 | 13 | 16 | 7 | 1 | 1 |
| 24 | 40,609 | 28 | 4 | 29 | 35 | 57 | 5 | 3 | 20 | 24 | 17 | 1 | 1 |
| 25 | 29,801 | 17 | 1 | 16 | 40 | 53 | 4 | 3 | 21 | 30 | 36 | 1 | 0 |
| 26 | 31,522 | 16 | 1 | 19 | 30 | 61 | 7 | 3 | 19 | 24 | 17 | 1 | 0 |
| 27 | 29,044 | 15 | 2 | 16 | 48 | 44 | 3 | 5 | 22 | 29 | 32 | 0 | 0 |
| 28 | 27,818 | 13 | 2 | 16 | 32 | 58 | 4 | 6 | 23 | 32 | 26 | 0 | 0 |
| 29 | 27,623 | 14 | 2 | 16 | 42 | 51 | 3 | 4 | 21 | 30 | 42 | 0 | 0 |
| 30 | 23,270 | 9 | 1 | 13 | 40 | 53 | 3 | 4 | 20 | 32 | 60 | 0 | 0 |
| 31 | 34,712 | 20 | 3 | 25 | 30 | 63 | 3 | 3 | 19 | 24 | 24 | 0 | 0 |
| 32 | 23,335 | 9 | 1 | 13 | 46 | 45 | 3 | 5 | 20 | 30 | 62 | 0 | 0 |
| 33 | 33,132 | 16 | 3 | 27 | 19 | 76 | 4 | 2 | 23 | 26 | 11 | 1 | 1 |
| 34 | 30,249 | 14 | 2 | 20 | 32 | 60 | 5 | 3 | 19 | 25 | 39 | 1 | 1 |
| 35 | 30,436 | 15 | 2 | 25 | 33 | 57 | 7 | 3 | 15 | 21 | 33 | 1 | 1 |
| 36 | 22,473 | 8 | 1 | 13 | 42 | 48 | 4 | 6 | 21 | 31 | 63 | 1 | 0 |
| 37 | 30,296 | 16 | 1 | 16 | 35 | 55 | 7 | 2 | 16 | 22 | 29 | 1 | 1 |
| 38 | 37,478 | 24 | 2 | 26 | 29 | 62 | 8 | 2 | 11 | 14 | 13 | 2 | 1 |
| 39 | 24,260 | 10 | 1 | 14 | 38 | 51 | 5 | 6 | 21 | 31 | 59 | 1 | 0 |
| 40 | 27,847 | 14 | 2 | 22 | 36 | 56 | 4 | 3 | 20 | 28 | 54 | 0 | 0 |
| 41 | 39,418 | 26 | 3 | 36 | 22 | 69 | 8 | 1 | 17 | 19 | 14 | 1 | 1 |
| 42 | 23,215 | 9 | 0 | 18 | 22 | 69 | 8 | 1 | 18 | 25 | 59 | 1 | 1 |
| 43 | 33,133 | 18 | 3 | 26 | 22 | 68 | 8 | 2 | 15 | 20 | 33 | 2 | 1 |
| 44 | 42,353 | 29 | 5 | 38 | 22 | 69 | 8 | 1 | 17 | 18 | 13 | 2 | 2 |
| 45 | 25,818 | 11 | 1 | 15 | 31 | 57 | 6 | 6 | 21 | 30 | 58 | 1 | 0 |
| 46 | 42,305 | 27 | 6 | 35 | 17 | 73 | 6 | 3 | 20 | 25 | 23 | 3 | 1 |

# SOUTH CAROLINA
## State House Districts

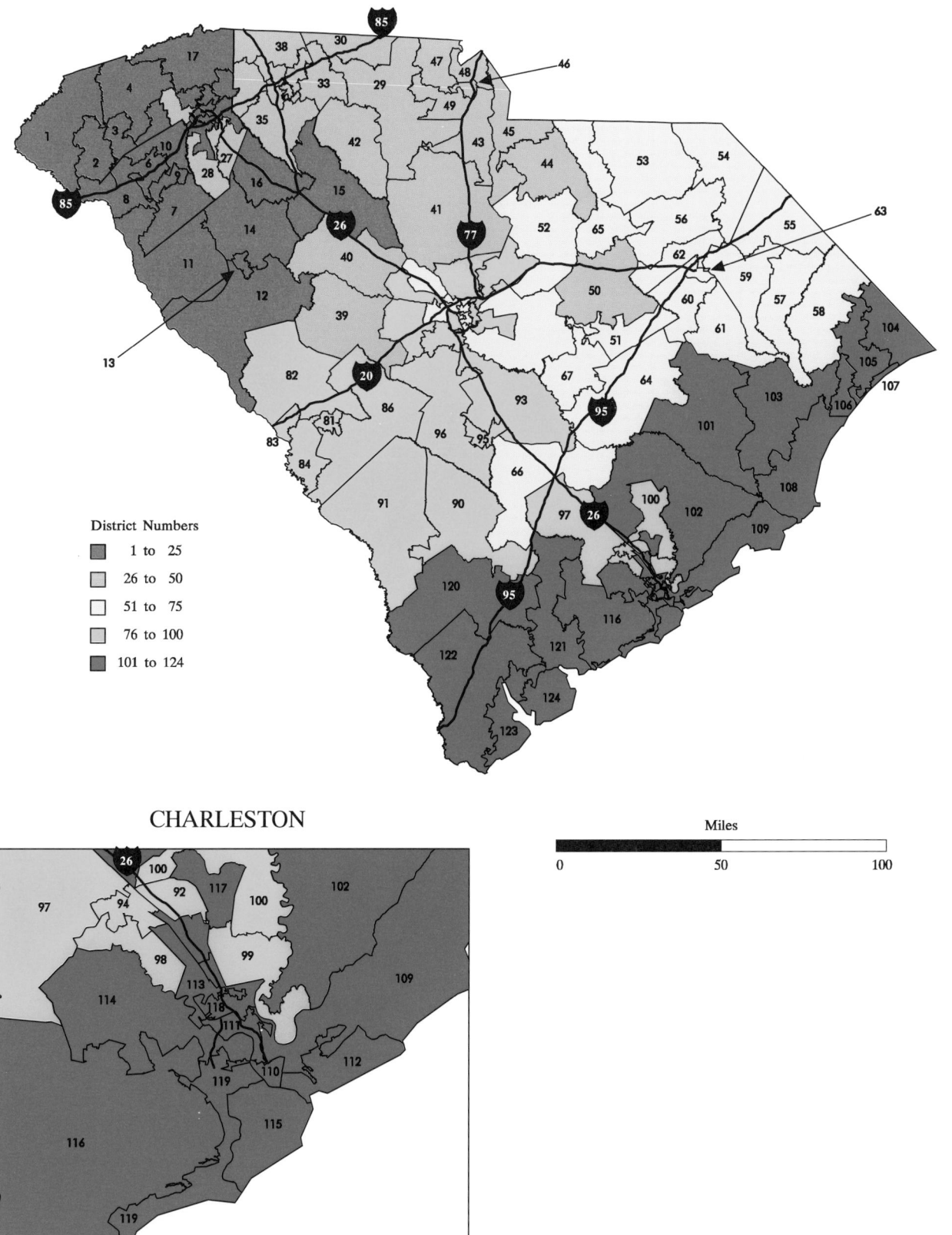

District Numbers

- 1 to 25
- 26 to 50
- 51 to 75
- 76 to 100
- 101 to 124

CHARLESTON

Miles

0    50    100

# COLUMBIA
## State House Districts

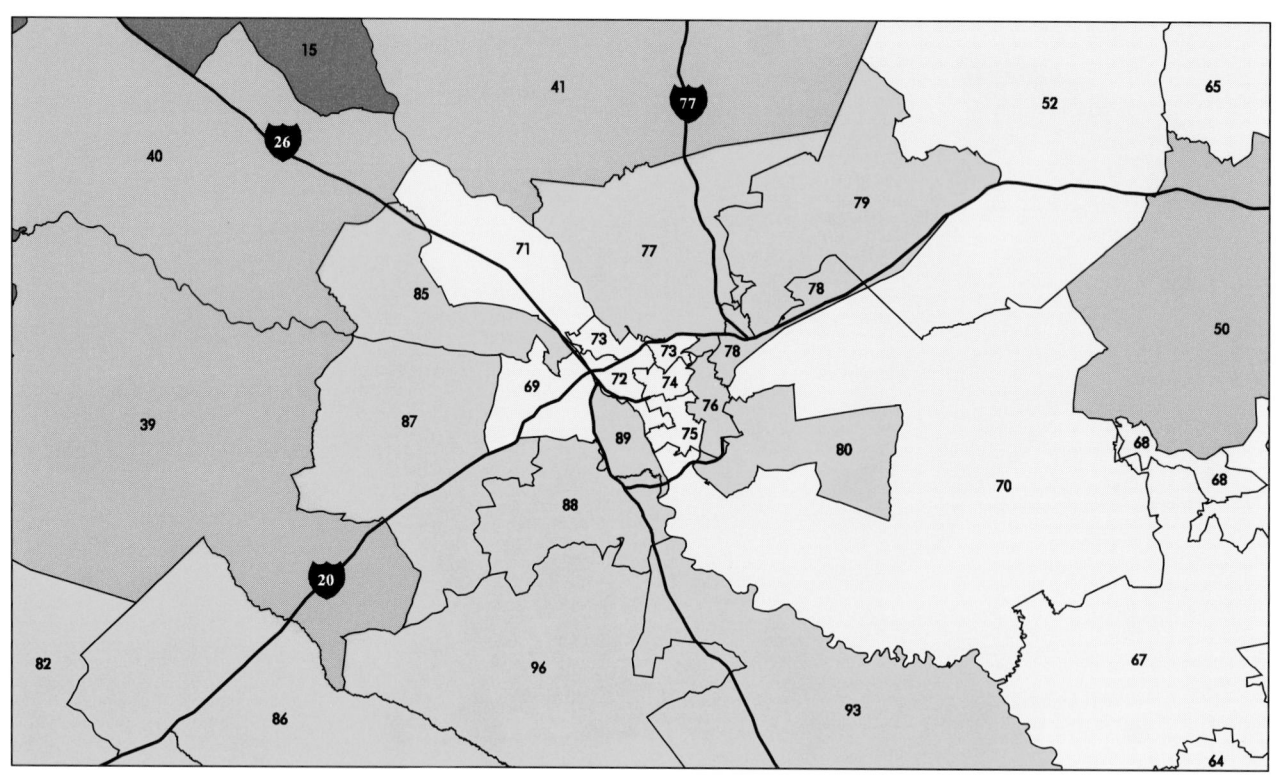

# GREENVILLE
## State House Districts

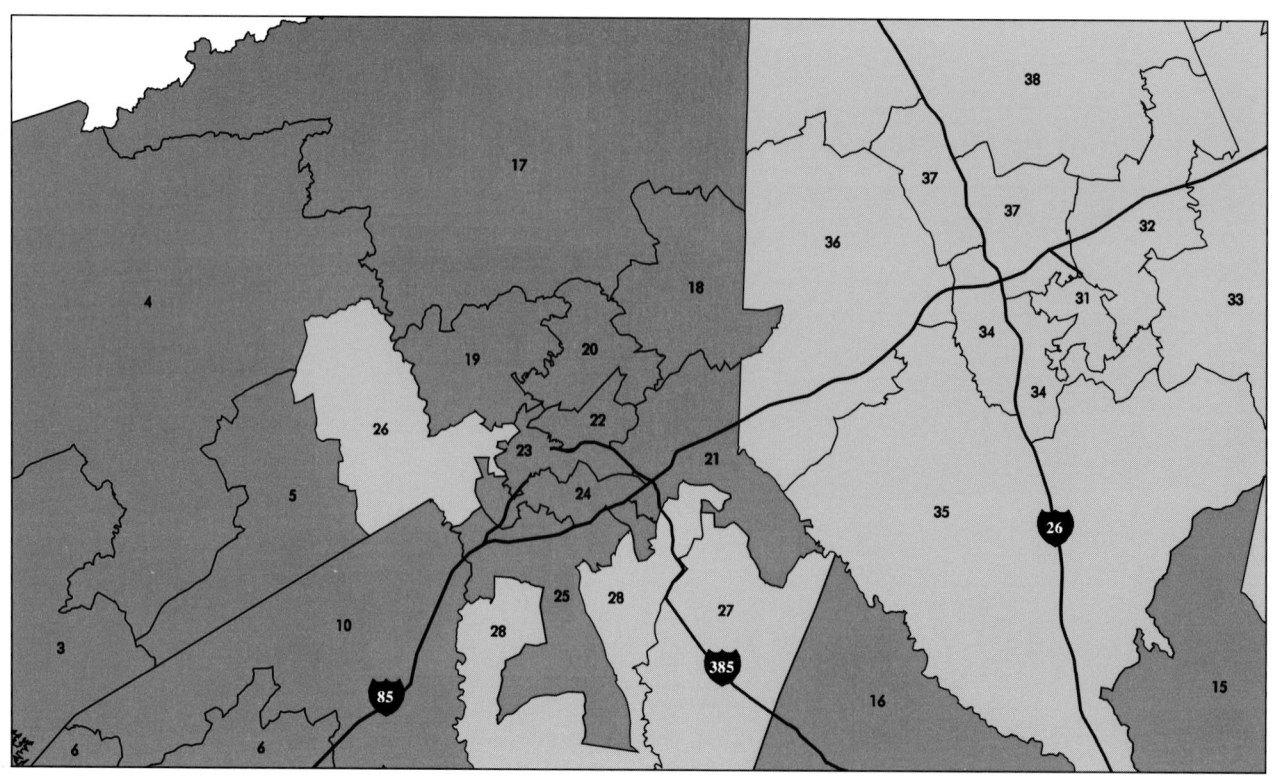

# South Carolina State House Districts:  Demographic Data

| House District | Household Income Avg. ($) | > $50K (%) | >$100K (%) | College Educ. (%) | Manf. (%) | Employment Type Service (%) | Govt. (%) | Farm (%) | Age 55+ (%) | Receives Soc. Sec. (%) | African Amer. (%) | Hispanic Amer. (%) | Asian Amer. (%) |
|---|---|---|---|---|---|---|---|---|---|---|---|---|---|
| S.C. | 32,228 | 18 | 2 | 23 | 35 | 58 | 5 | 2 | 20 | 26 | 30 | 1 | 1 |
| 1 | 31,743 | 16 | 2 | 17 | 51 | 44 | 2 | 2 | 26 | 34 | 4 | 1 | 0 |
| 2 | 32,041 | 19 | 2 | 21 | 42 | 54 | 2 | 1 | 23 | 29 | 14 | 1 | 0 |
| 3 | 31,269 | 21 | 2 | 45 | 22 | 73 | 3 | 2 | 15 | 22 | 10 | 1 | 2 |
| 4 | 28,414 | 12 | 1 | 15 | 51 | 45 | 3 | 1 | 22 | 29 | 5 | 0 | 0 |
| 5 | 32,697 | 17 | 2 | 19 | 45 | 52 | 2 | 1 | 22 | 27 | 9 | 1 | 0 |
| 6 | 31,898 | 17 | 2 | 24 | 39 | 57 | 3 | 2 | 25 | 36 | 23 | 0 | 0 |
| 7 | 28,840 | 13 | 1 | 14 | 53 | 43 | 2 | 1 | 24 | 32 | 19 | 0 | 0 |
| 8 | 32,287 | 17 | 1 | 18 | 46 | 51 | 2 | 2 | 22 | 30 | 11 | 0 | 0 |
| 9 | 30,358 | 16 | 2 | 24 | 36 | 60 | 2 | 1 | 27 | 35 | 25 | 0 | 0 |
| 10 | 33,974 | 20 | 1 | 20 | 44 | 52 | 2 | 3 | 19 | 24 | 8 | 0 | 0 |
| 11 | 27,122 | 12 | 1 | 14 | 50 | 44 | 3 | 3 | 24 | 34 | 27 | 0 | 0 |
| 12 | 30,436 | 16 | 2 | 19 | 47 | 46 | 4 | 2 | 24 | 33 | 34 | 0 | 0 |
| 13 | 27,526 | 14 | 2 | 25 | 40 | 57 | 3 | 0 | 23 | 31 | 36 | 1 | 1 |
| 14 | 28,497 | 12 | 1 | 17 | 48 | 47 | 3 | 2 | 22 | 29 | 25 | 0 | 0 |
| 15 | 29,714 | 13 | 1 | 16 | 47 | 47 | 4 | 2 | 23 | 34 | 28 | 0 | 0 |
| 16 | 29,229 | 14 | 1 | 15 | 47 | 48 | 3 | 2 | 22 | 29 | 31 | 0 | 0 |
| 17 | 31,365 | 15 | 1 | 15 | 44 | 52 | 2 | 2 | 21 | 30 | 7 | 1 | 0 |
| 18 | 29,731 | 16 | 1 | 18 | 40 | 56 | 2 | 1 | 23 | 29 | 18 | 1 | 0 |
| 19 | 29,703 | 14 | 1 | 18 | 35 | 60 | 3 | 2 | 23 | 27 | 6 | 1 | 0 |
| 20 | 38,931 | 27 | 3 | 35 | 29 | 68 | 2 | 1 | 20 | 23 | 9 | 1 | 1 |
| 21 | 54,903 | 48 | 8 | 53 | 32 | 66 | 2 | 1 | 13 | 14 | 4 | 1 | 2 |
| 22 | 37,719 | 23 | 3 | 44 | 24 | 73 | 2 | 1 | 23 | 27 | 9 | 1 | 2 |
| 23 | 22,572 | 8 | 1 | 17 | 35 | 63 | 2 | 1 | 25 | 37 | 61 | 1 | 0 |
| 24 | 43,612 | 26 | 8 | 36 | 30 | 67 | 2 | 1 | 27 | 31 | 11 | 1 | 1 |
| 25 | 31,049 | 15 | 2 | 18 | 40 | 56 | 3 | 1 | 17 | 22 | 56 | 1 | 0 |
| 26 | 28,302 | 13 | 1 | 14 | 41 | 56 | 2 | 1 | 20 | 29 | 11 | 1 | 0 |
| 27 | 41,548 | 30 | 3 | 31 | 44 | 53 | 2 | 1 | 15 | 20 | 11 | 1 | 1 |
| 28 | 38,563 | 27 | 2 | 27 | 41 | 55 | 3 | 1 | 18 | 22 | 13 | 1 | 1 |
| 29 | 30,824 | 14 | 2 | 15 | 51 | 44 | 2 | 2 | 19 | 26 | 22 | 0 | 0 |
| 30 | 26,218 | 11 | 1 | 13 | 53 | 44 | 2 | 2 | 23 | 30 | 24 | 1 | 1 |
| 31 | 20,267 | 7 | 1 | 12 | 38 | 58 | 2 | 1 | 23 | 36 | 65 | 0 | 0 |
| 32 | 37,339 | 21 | 4 | 31 | 36 | 61 | 2 | 1 | 24 | 25 | 11 | 1 | 1 |
| 33 | 36,449 | 21 | 3 | 24 | 44 | 53 | 2 | 1 | 24 | 30 | 12 | 1 | 2 |
| 34 | 37,123 | 23 | 2 | 31 | 35 | 61 | 3 | 1 | 20 | 23 | 18 | 1 | 2 |
| 35 | 33,738 | 19 | 2 | 18 | 48 | 48 | 2 | 2 | 20 | 28 | 14 | 0 | 0 |
| 36 | 31,666 | 18 | 1 | 14 | 50 | 47 | 2 | 2 | 23 | 27 | 13 | 1 | 0 |
| 37 | 30,614 | 15 | 1 | 17 | 46 | 51 | 2 | 1 | 21 | 27 | 16 | 1 | 1 |
| 38 | 31,903 | 17 | 2 | 16 | 48 | 48 | 2 | 2 | 20 | 26 | 10 | 1 | 0 |
| 39 | 28,555 | 14 | 1 | 13 | 41 | 48 | 4 | 7 | 23 | 31 | 29 | 1 | 0 |
| 40 | 28,158 | 13 | 1 | 20 | 39 | 52 | 4 | 4 | 24 | 31 | 36 | 0 | 0 |
| 41 | 27,130 | 12 | 1 | 14 | 45 | 47 | 5 | 3 | 22 | 32 | 56 | 0 | 0 |
| 42 | 25,448 | 9 | 1 | 13 | 56 | 39 | 4 | 1 | 25 | 34 | 30 | 0 | 0 |
| 43 | 29,890 | 17 | 1 | 15 | 48 | 48 | 3 | 1 | 21 | 30 | 28 | 0 | 0 |
| 44 | 28,841 | 14 | 1 | 11 | 56 | 39 | 2 | 3 | 22 | 29 | 24 | 0 | 0 |
| 45 | 31,087 | 17 | 2 | 18 | 50 | 46 | 2 | 2 | 21 | 28 | 26 | 0 | 0 |
| 46 | 35,718 | 23 | 3 | 29 | 32 | 64 | 3 | 1 | 23 | 27 | 12 | 1 | 1 |
| 47 | 37,057 | 25 | 3 | 21 | 44 | 51 | 2 | 2 | 18 | 23 | 14 | 1 | 0 |
| 48 | 45,180 | 36 | 5 | 33 | 34 | 62 | 2 | 1 | 20 | 23 | 6 | 1 | 1 |
| 49 | 29,807 | 16 | 1 | 16 | 42 | 54 | 3 | 1 | 17 | 26 | 56 | 0 | 0 |
| 50 | 23,763 | 9 | 1 | 12 | 41 | 46 | 6 | 8 | 19 | 28 | 60 | 1 | 1 |

| House District | Household Income Avg. ($) | > $50K (%) | >$100K (%) | College Educ. (%) | Manf. (%) | Employment Type Service (%) | Govt. (%) | Farm (%) | Age 55+ (%) | Receives Soc. Sec. (%) | African Amer. (%) | Hispanic Amer. (%) | Asian Amer. (%) |
|---|---|---|---|---|---|---|---|---|---|---|---|---|---|
| S.C. | 32,228 | 18 | 2 | 23 | 35 | 58 | 5 | 2 | 20 | 26 | 30 | 1 | 1 |
| 51 | 22,305 | 9 | 0 | 15 | 42 | 49 | 4 | 5 | 21 | 29 | 66 | 1 | 0 |
| 52 | 32,283 | 18 | 2 | 20 | 40 | 52 | 4 | 4 | 24 | 30 | 32 | 1 | 0 |
| 53 | 26,282 | 12 | 1 | 13 | 54 | 38 | 2 | 6 | 22 | 29 | 35 | 0 | 0 |
| 54 | 22,450 | 8 | 1 | 11 | 47 | 43 | 4 | 6 | 21 | 33 | 49 | 0 | 0 |
| 55 | 23,770 | 9 | 1 | 13 | 43 | 48 | 4 | 5 | 20 | 31 | 43 | 0 | 0 |
| 56 | 30,282 | 16 | 2 | 16 | 42 | 50 | 3 | 5 | 20 | 27 | 34 | 0 | 0 |
| 57 | 23,105 | 9 | 1 | 13 | 47 | 46 | 3 | 5 | 21 | 30 | 56 | 0 | 0 |
| 58 | 24,253 | 10 | 1 | 15 | 30 | 58 | 5 | 8 | 21 | 28 | 28 | 1 | 0 |
| 59 | 26,307 | 10 | 1 | 14 | 35 | 58 | 3 | 4 | 18 | 26 | 56 | 0 | 0 |
| 60 | 30,724 | 17 | 1 | 20 | 32 | 60 | 4 | 4 | 16 | 22 | 34 | 0 | 0 |
| 61 | 26,076 | 11 | 2 | 14 | 41 | 51 | 2 | 5 | 20 | 27 | 39 | 0 | 0 |
| 62 | 23,519 | 9 | 1 | 14 | 34 | 60 | 3 | 4 | 21 | 32 | 63 | 0 | 0 |
| 63 | 41,572 | 26 | 5 | 35 | 22 | 73 | 3 | 1 | 22 | 26 | 13 | 1 | 1 |
| 64 | 24,200 | 9 | 1 | 15 | 38 | 51 | 4 | 7 | 22 | 30 | 55 | 1 | 0 |
| 65 | 28,262 | 15 | 2 | 19 | 47 | 46 | 2 | 5 | 22 | 29 | 34 | 0 | 0 |
| 66 | 22,093 | 8 | 1 | 14 | 39 | 50 | 4 | 7 | 22 | 31 | 65 | 0 | 0 |
| 67 | 32,029 | 17 | 2 | 24 | 39 | 53 | 6 | 3 | 14 | 20 | 31 | 1 | 1 |
| 68 | 29,515 | 14 | 2 | 29 | 26 | 65 | 8 | 1 | 16 | 25 | 31 | 2 | 1 |
| 69 | 41,331 | 28 | 3 | 39 | 20 | 71 | 7 | 1 | 16 | 18 | 8 | 1 | 1 |
| 70 | 27,938 | 13 | 1 | 17 | 31 | 57 | 9 | 3 | 11 | 19 | 59 | 3 | 1 |
| 71 | 39,653 | 27 | 2 | 45 | 16 | 73 | 11 | 1 | 12 | 12 | 21 | 1 | 1 |
| 72 | 29,695 | 14 | 2 | 38 | 13 | 75 | 10 | 2 | 13 | 19 | 37 | 1 | 2 |
| 73 | 27,048 | 12 | 0 | 25 | 18 | 71 | 11 | 1 | 15 | 23 | 71 | 1 | 1 |
| 74 | 23,960 | 11 | 1 | 26 | 16 | 72 | 9 | 2 | 23 | 29 | 72 | 1 | 0 |
| 75 | 27,793 | 14 | 3 | 42 | 12 | 78 | 8 | 2 | 21 | 27 | 31 | 1 | 1 |
| 76 | 52,003 | 39 | 9 | 57 | 12 | 78 | 10 | 1 | 29 | 30 | 8 | 1 | 1 |
| 77 | 33,741 | 18 | 2 | 23 | 21 | 68 | 10 | 2 | 17 | 23 | 64 | 1 | 1 |
| 78 | 41,243 | 28 | 4 | 42 | 18 | 72 | 10 | 1 | 17 | 18 | 28 | 3 | 3 |
| 79 | 49,539 | 39 | 7 | 36 | 26 | 64 | 8 | 1 | 13 | 15 | 16 | 1 | 2 |
| 80 | 34,836 | 21 | 2 | 28 | 22 | 67 | 10 | 1 | 13 | 15 | 39 | 3 | 1 |
| 81 | 37,579 | 26 | 4 | 34 | 34 | 58 | 6 | 3 | 26 | 31 | 28 | 1 | 1 |
| 82 | 29,852 | 16 | 1 | 16 | 41 | 51 | 3 | 5 | 20 | 28 | 40 | 0 | 0 |
| 83 | 39,820 | 28 | 4 | 29 | 33 | 63 | 4 | 1 | 19 | 22 | 19 | 1 | 1 |
| 84 | 29,136 | 16 | 1 | 10 | 44 | 51 | 3 | 3 | 21 | 29 | 21 | 1 | 0 |
| 85 | 52,994 | 47 | 8 | 51 | 15 | 75 | 9 | 1 | 13 | 15 | 7 | 1 | 1 |
| 86 | 35,137 | 23 | 3 | 21 | 43 | 47 | 5 | 5 | 19 | 24 | 28 | 1 | 0 |
| 87 | 40,997 | 28 | 3 | 25 | 26 | 64 | 7 | 3 | 16 | 20 | 7 | 1 | 0 |
| 88 | 35,297 | 20 | 1 | 20 | 30 | 63 | 6 | 1 | 13 | 17 | 9 | 1 | 0 |
| 89 | 31,376 | 15 | 1 | 24 | 21 | 70 | 8 | 1 | 25 | 30 | 18 | 1 | 1 |
| 90 | 25,461 | 12 | 2 | 18 | 36 | 53 | 6 | 5 | 21 | 32 | 54 | 1 | 0 |
| 91 | 28,550 | 15 | 2 | 16 | 39 | 49 | 6 | 5 | 20 | 29 | 47 | 1 | 0 |
| 92 | 39,626 | 25 | 1 | 26 | 29 | 61 | 8 | 1 | 6 | 9 | 9 | 2 | 2 |
| 93 | 29,223 | 14 | 2 | 22 | 36 | 55 | 4 | 5 | 22 | 28 | 53 | 0 | 0 |
| 94 | 36,320 | 25 | 2 | 28 | 27 | 63 | 8 | 2 | 13 | 16 | 17 | 2 | 1 |
| 95 | 27,706 | 15 | 2 | 28 | 30 | 65 | 3 | 1 | 20 | 29 | 64 | 0 | 1 |
| 96 | 27,474 | 13 | 1 | 13 | 42 | 50 | 4 | 4 | 18 | 25 | 27 | 0 | 0 |
| 97 | 28,463 | 14 | 2 | 12 | 40 | 50 | 6 | 3 | 19 | 27 | 43 | 1 | 0 |
| 98 | 37,764 | 25 | 1 | 32 | 27 | 64 | 8 | 1 | 10 | 12 | 11 | 2 | 2 |
| 99 | 33,315 | 17 | 1 | 22 | 28 | 60 | 12 | 1 | 10 | 11 | 14 | 4 | 4 |
| 100 | 30,622 | 16 | 1 | 20 | 31 | 60 | 8 | 1 | 13 | 19 | 26 | 2 | 1 |

# South Carolina State House Districts: Demographic Data (cont.)

| House District | Household Income Avg. ($) | > $50K (%) | >$100K (%) | College Educ. (%) | Manf. (%) | Employment Type Service (%) | Govt. (%) | Farm (%) | Age 55+ (%) | Receives Soc. Sec. (%) | African Amer. (%) | Hispanic Amer. (%) | Asian Amer. (%) |
|---|---|---|---|---|---|---|---|---|---|---|---|---|---|
| S.C. | 32,228 | 18 | 2 | 23 | 35 | 58 | 5 | 2 | 20 | 26 | 30 | 1 | 1 |
| 101 | 22,948 | 9 | 1 | 14 | 47 | 44 | 4 | 6 | 20 | 31 | 67 | 0 | 0 |
| 102 | 27,005 | 13 | 1 | 11 | 42 | 50 | 6 | 3 | 18 | 27 | 51 | 1 | 0 |
| 103 | 24,384 | 10 | 1 | 9 | 49 | 45 | 3 | 4 | 17 | 27 | 53 | 0 | 0 |
| 104 | 30,301 | 15 | 3 | 20 | 23 | 70 | 3 | 3 | 27 | 34 | 25 | 0 | 0 |
| 105 | 29,605 | 14 | 2 | 21 | 23 | 70 | 4 | 3 | 14 | 20 | 18 | 1 | 1 |
| 106 | 32,677 | 16 | 2 | 26 | 21 | 74 | 4 | 1 | 29 | 30 | 5 | 1 | 1 |
| 107 | 36,901 | 19 | 5 | 30 | 15 | 79 | 4 | 2 | 25 | 27 | 8 | 1 | 1 |
| 108 | 34,964 | 20 | 4 | 28 | 30 | 63 | 4 | 4 | 26 | 32 | 35 | 0 | 0 |
| 109 | 34,757 | 23 | 4 | 32 | 20 | 71 | 6 | 3 | 13 | 23 | 46 | 1 | 0 |
| 110 | 35,643 | 19 | 6 | 38 | 13 | 82 | 4 | 1 | 20 | 28 | 46 | 1 | 1 |
| 111 | 22,821 | 10 | 0 | 15 | 24 | 67 | 8 | 1 | 23 | 31 | 68 | 1 | 0 |
| 112 | 46,921 | 35 | 7 | 47 | 19 | 74 | 6 | 2 | 18 | 19 | 10 | 1 | 1 |
| 113 | 30,666 | 13 | 1 | 23 | 25 | 63 | 11 | 1 | 11 | 12 | 22 | 3 | 2 |
| 114 | 40,683 | 26 | 4 | 39 | 20 | 71 | 8 | 1 | 17 | 18 | 19 | 1 | 1 |
| 115 | 39,356 | 27 | 4 | 33 | 21 | 69 | 8 | 2 | 20 | 24 | 22 | 1 | 0 |
| 116 | 29,520 | 15 | 2 | 19 | 27 | 61 | 6 | 6 | 18 | 24 | 54 | 1 | 0 |
| 117 | 33,615 | 18 | 1 | 21 | 27 | 62 | 10 | 1 | 10 | 13 | 16 | 2 | 2 |
| 118 | 22,211 | 7 | 1 | 11 | 28 | 62 | 8 | 2 | 14 | 16 | 41 | 2 | 1 |
| 119 | 36,359 | 22 | 3 | 34 | 21 | 72 | 6 | 2 | 25 | 28 | 28 | 1 | 1 |
| 120 | 24,099 | 9 | 1 | 12 | 37 | 53 | 5 | 5 | 20 | 31 | 55 | 0 | 0 |
| 121 | 29,712 | 15 | 2 | 22 | 26 | 62 | 8 | 4 | 17 | 24 | 39 | 2 | 1 |
| 122 | 24,722 | 9 | 1 | 12 | 28 | 60 | 6 | 6 | 17 | 24 | 52 | 2 | 1 |
| 123 | 54,826 | 39 | 11 | 46 | 17 | 78 | 2 | 3 | 32 | 32 | 12 | 1 | 0 |
| 124 | 32,261 | 19 | 3 | 27 | 17 | 67 | 11 | 5 | 18 | 28 | 36 | 3 | 1 |

# SOUTH DAKOTA
## State Legislative Districts

District Numbers

- 1 to 7
- 8 to 14
- 15 to 21
- 22 to 28
- 29 to 35

Miles

0    50    100

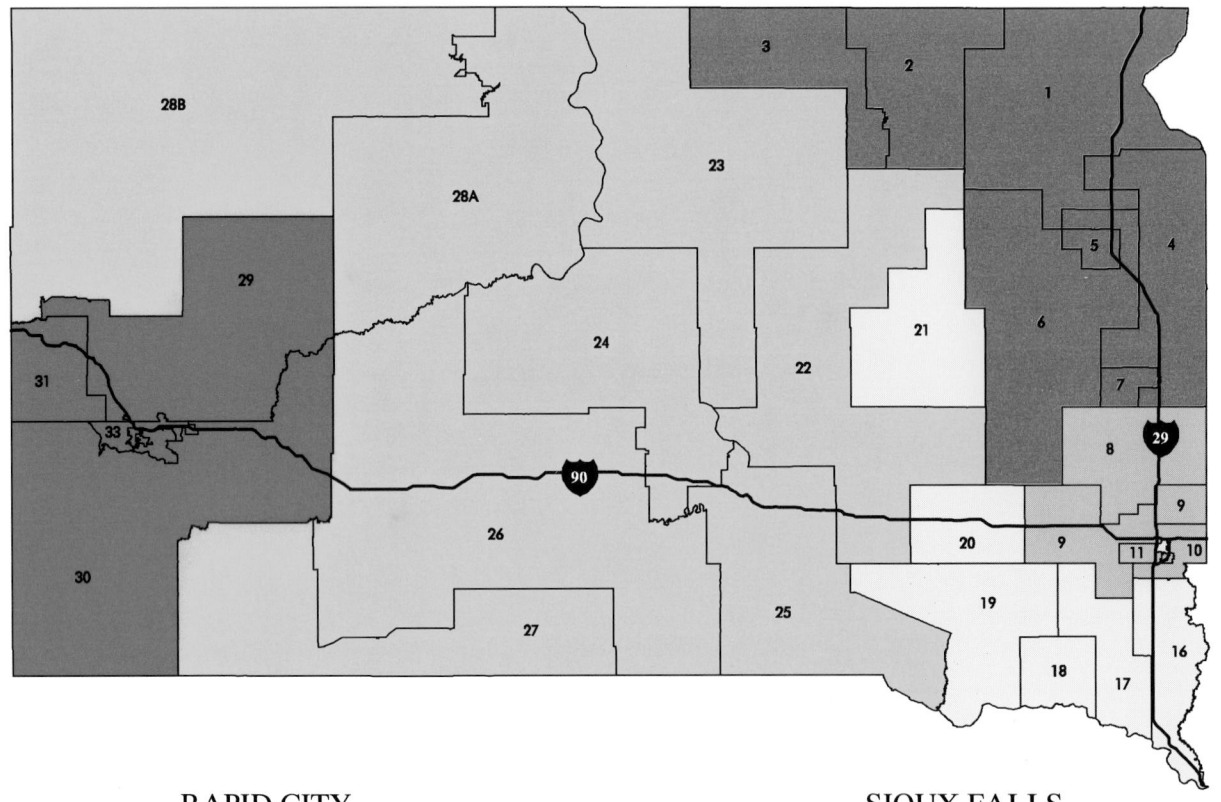

## RAPID CITY

## SIOUX FALLS

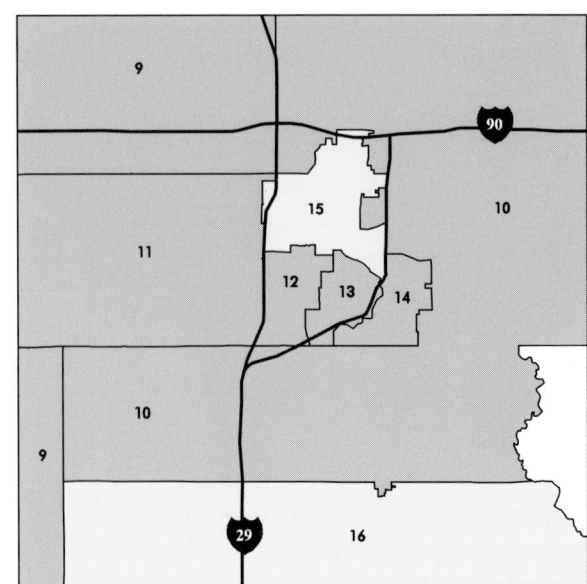

# South Dakota State Legislative Districts:  Demographic Data

| Legislative District* | Household Income Avg. ($) | > $50K (%) | >$100K (%) | College Educ. (%) | Manf. (%) | Service (%) | Govt. (%) | Farm (%) | Age 55+ (%) | Receives Soc. Sec. (%) | African Amer. (%) | Hispanic Amer. (%) | Asian Amer. (%) |
|---|---|---|---|---|---|---|---|---|---|---|---|---|---|
| S.D. | 28,179 | 12 | 2 | 25 | 17 | 65 | 5 | 13 | 23 | 30 | 0 | 1 | 0 |
| 1 | 22,487 | 6 | 1 | 18 | 15 | 54 | 5 | 26 | 31 | 41 | 0 | 0 | 0 |
| 2 | 27,316 | 12 | 1 | 25 | 17 | 65 | 5 | 13 | 25 | 32 | 0 | 0 | 0 |
| 3 | 29,464 | 13 | 2 | 28 | 13 | 72 | 6 | 8 | 26 | 33 | 0 | 0 | 0 |
| 4 | 26,874 | 11 | 1 | 21 | 18 | 56 | 3 | 24 | 25 | 33 | 0 | 0 | 0 |
| 5 | 26,555 | 11 | 2 | 21 | 27 | 66 | 3 | 4 | 24 | 29 | 0 | 0 | 0 |
| 6 | 24,640 | 8 | 1 | 17 | 17 | 49 | 3 | 31 | 33 | 41 | 0 | 0 | 0 |
| 7 | 26,125 | 12 | 1 | 37 | 19 | 71 | 4 | 6 | 18 | 25 | 0 | 0 | 2 |
| 8 | 28,717 | 10 | 1 | 23 | 18 | 62 | 3 | 16 | 26 | 35 | 0 | 0 | 0 |
| 9 | 28,499 | 11 | 1 | 21 | 17 | 63 | 4 | 16 | 26 | 33 | 0 | 0 | 0 |
| 10 | 39,697 | 25 | 4 | 28 | 20 | 73 | 3 | 4 | 13 | 16 | 0 | 0 | 0 |
| 11 | 36,620 | 19 | 1 | 31 | 17 | 77 | 3 | 2 | 14 | 17 | 0 | 0 | 0 |
| 12 | 32,020 | 13 | 3 | 32 | 17 | 78 | 4 | 2 | 25 | 29 | 1 | 1 | 1 |
| 13 | 35,688 | 18 | 4 | 37 | 15 | 81 | 4 | 1 | 25 | 29 | 1 | 1 | 1 |
| 14 | 44,808 | 28 | 5 | 38 | 15 | 80 | 3 | 1 | 14 | 17 | 0 | 0 | 1 |
| 15 | 24,311 | 8 | 1 | 17 | 27 | 68 | 3 | 2 | 21 | 27 | 1 | 1 | 1 |
| 16 | 28,077 | 10 | 1 | 20 | 24 | 58 | 3 | 15 | 27 | 35 | 0 | 0 | 0 |
| 17 | 24,474 | 9 | 1 | 33 | 9 | 73 | 3 | 15 | 22 | 30 | 0 | 1 | 1 |
| 18 | 26,655 | 9 | 1 | 26 | 25 | 62 | 4 | 9 | 23 | 30 | 1 | 0 | 0 |
| 19 | 22,455 | 6 | 1 | 19 | 15 | 54 | 5 | 27 | 34 | 40 | 0 | 0 | 0 |
| 20 | 25,434 | 8 | 1 | 25 | 19 | 67 | 3 | 10 | 26 | 35 | 0 | 0 | 0 |
| 21 | 25,654 | 9 | 1 | 22 | 19 | 60 | 5 | 16 | 28 | 35 | 0 | 0 | 0 |
| 22 | 23,549 | 9 | 1 | 20 | 10 | 56 | 6 | 28 | 30 | 38 | 0 | 0 | 0 |
| 23 | 24,059 | 8 | 1 | 21 | 9 | 57 | 4 | 30 | 33 | 40 | 0 | 0 | 0 |
| 24 | 30,153 | 15 | 2 | 29 | 10 | 59 | 21 | 11 | 20 | 26 | 0 | 1 | 0 |
| 25 | 22,908 | 7 | 1 | 18 | 10 | 55 | 5 | 30 | 28 | 37 | 0 | 0 | 0 |
| 26 | 25,609 | 8 | 2 | 18 | 11 | 54 | 7 | 29 | 24 | 31 | 0 | 0 | 0 |
| 27 | 17,832 | 4 | 1 | 19 | 10 | 61 | 18 | 11 | 12 | 26 | 0 | 2 | 0 |
| 28 | 23,708 | 9 | 2 | 17 | 10 | 47 | 9 | 35 | 22 | 29 | 0 | 1 | 0 |
| 28A | 20,391 | 7 | 1 | 16 | 9 | 51 | 15 | 25 | 16 | 22 | 0 | 1 | 0 |
| 28B | 26,278 | 10 | 2 | 17 | 10 | 44 | 4 | 41 | 27 | 34 | 0 | 1 | 0 |
| 29 | 27,303 | 11 | 1 | 23 | 17 | 60 | 5 | 17 | 22 | 29 | 0 | 1 | 0 |
| 30 | 29,083 | 13 | 2 | 23 | 15 | 64 | 5 | 15 | 27 | 34 | 0 | 1 | 0 |
| 31 | 29,376 | 14 | 1 | 25 | 16 | 59 | 4 | 21 | 22 | 29 | 0 | 2 | 0 |
| 32 | 30,334 | 13 | 2 | 32 | 18 | 74 | 6 | 2 | 20 | 25 | 1 | 2 | 1 |
| 33 | 35,670 | 18 | 3 | 34 | 16 | 73 | 8 | 3 | 11 | 12 | 4 | 3 | 2 |
| 34 | 36,105 | 20 | 4 | 35 | 20 | 73 | 5 | 2 | 21 | 25 | 1 | 2 | 1 |
| 35 | 25,509 | 8 | 1 | 20 | 22 | 70 | 6 | 2 | 15 | 23 | 1 | 3 | 1 |

\* Senate districts are the same as house districts except for Senate District 28 which is comprised of House District 28A and 28B.  Each district elects one senator and two representatives (except District 28 which elects one representative for part A and one for part B).

# TENNESSEE
## State Senate Districts

District Numbers
- 1 to 7
- 8 to 14
- 15 to 20
- 21 to 27
- 28 to 33

Miles

0    100    200

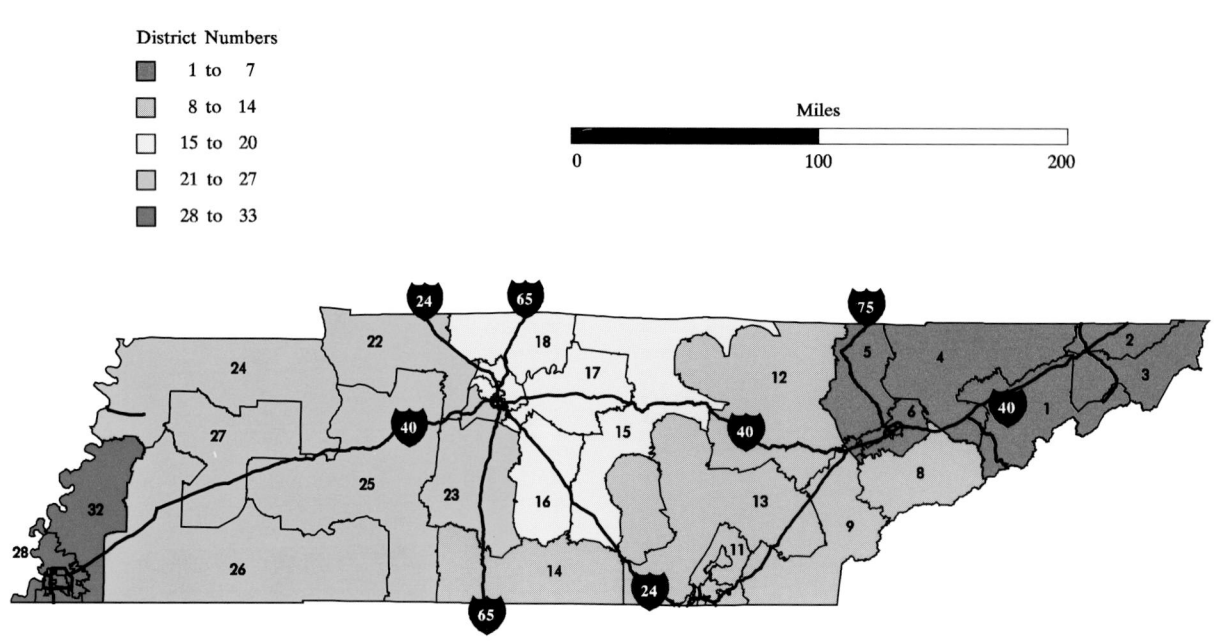

CHATTANOOGA

KNOXVILLE

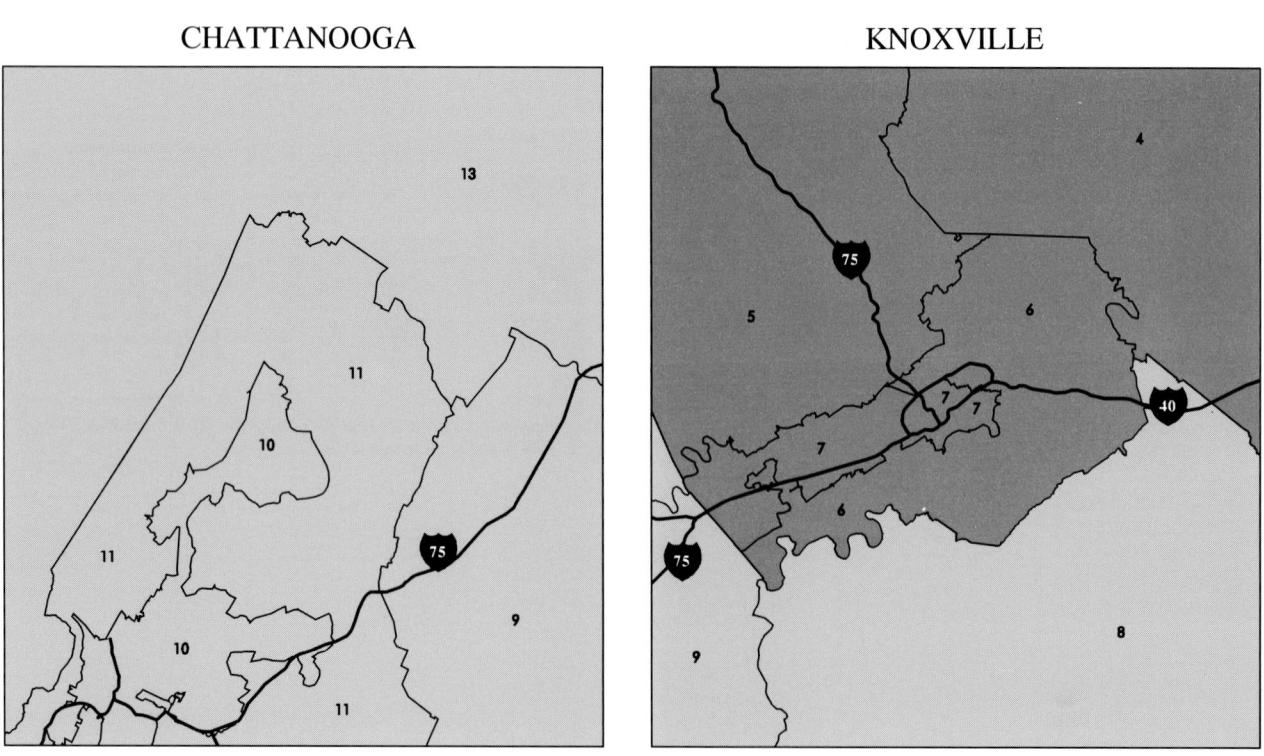

# MEMPHIS
## State Senate Districts

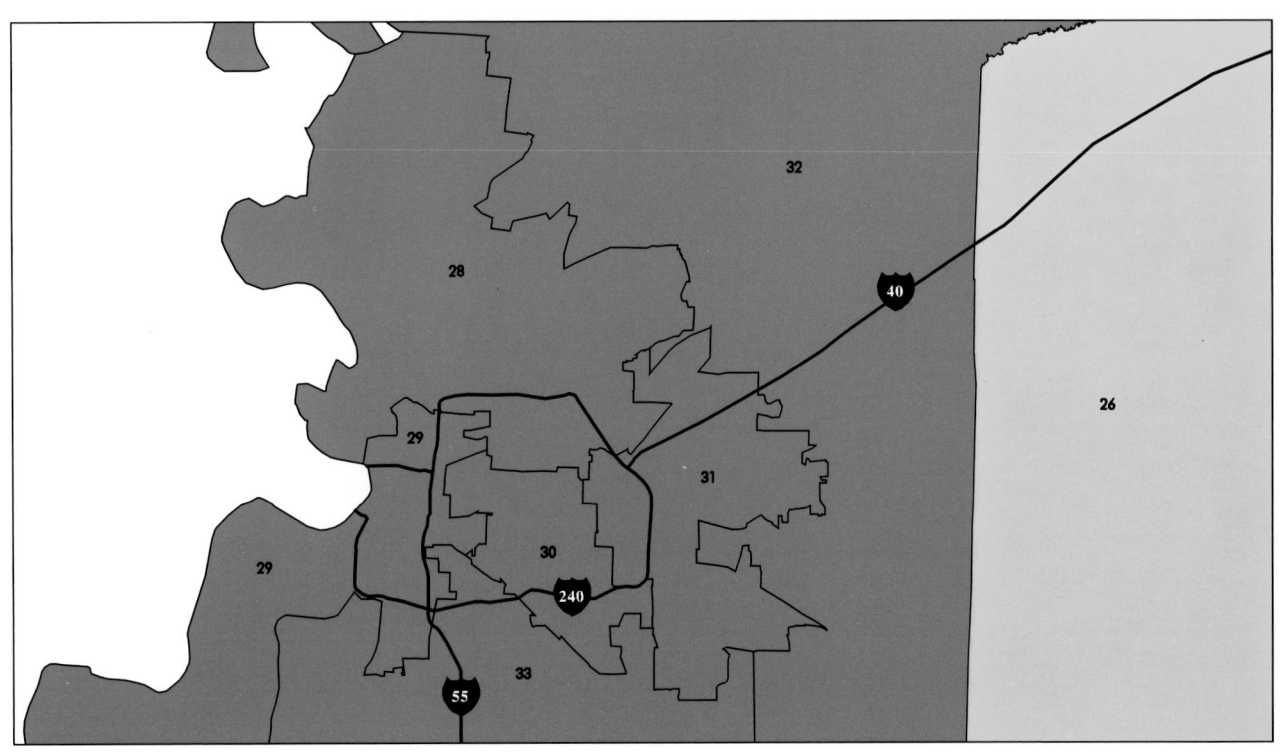

# NASHVILLE
## State Senate Districts

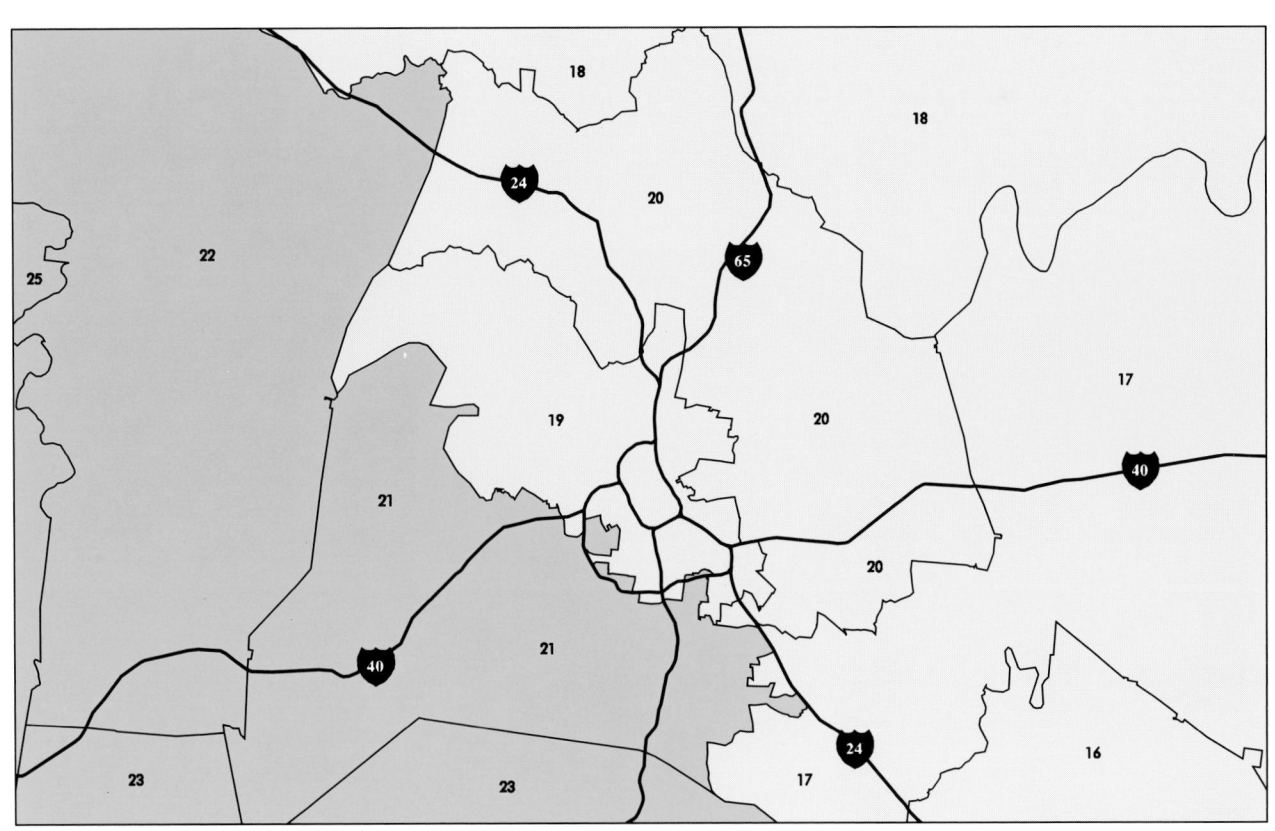

## Tennessee State Senate Districts: Demographic Data

| Senate District | Household Income Avg. ($) | Household Income > $50K (%) | Household Income >$100K (%) | College Educ. (%) | Manf. (%) | Employment Type Service (%) | Employment Type Govt. (%) | Farm (%) | Age 55+ (%) | Receives Soc. Sec. (%) | African Amer. (%) | Hispanic Amer. (%) | Asian Amer. (%) |
|---|---|---|---|---|---|---|---|---|---|---|---|---|---|
| Tenn. | 31,860 | 17 | 3 | 20 | 31 | 62 | 4 | 3 | 22 | 27 | 16 | 1 | 1 |
| 1 | 26,212 | 10 | 1 | 13 | 45 | 49 | 3 | 3 | 24 | 30 | 3 | 0 | 0 |
| 2 | 32,039 | 18 | 2 | 21 | 36 | 59 | 3 | 2 | 25 | 31 | 2 | 0 | 0 |
| 3 | 27,395 | 12 | 2 | 19 | 34 | 61 | 3 | 2 | 24 | 31 | 2 | 0 | 0 |
| 4 | 24,946 | 10 | 1 | 11 | 43 | 48 | 3 | 6 | 23 | 30 | 2 | 0 | 0 |
| 5 | 30,538 | 17 | 2 | 20 | 30 | 62 | 5 | 3 | 24 | 31 | 2 | 0 | 0 |
| 6 | 38,433 | 23 | 4 | 28 | 22 | 73 | 4 | 2 | 24 | 29 | 3 | 0 | 1 |
| 7 | 31,042 | 18 | 3 | 31 | 19 | 76 | 4 | 1 | 20 | 25 | 16 | 1 | 2 |
| 8 | 30,689 | 15 | 2 | 17 | 28 | 66 | 3 | 3 | 23 | 29 | 2 | 0 | 0 |
| 9 | 29,067 | 14 | 2 | 15 | 45 | 50 | 2 | 3 | 22 | 28 | 3 | 1 | 0 |
| 10 | 27,868 | 13 | 2 | 21 | 25 | 69 | 4 | 2 | 24 | 30 | 35 | 1 | 1 |
| 11 | 40,925 | 27 | 5 | 29 | 25 | 70 | 3 | 2 | 22 | 25 | 4 | 1 | 1 |
| 12 | 25,149 | 10 | 1 | 12 | 38 | 52 | 5 | 5 | 25 | 34 | 1 | 0 | 0 |
| 13 | 25,084 | 10 | 1 | 11 | 47 | 46 | 3 | 4 | 23 | 31 | 3 | 0 | 0 |
| 14 | 27,292 | 12 | 1 | 13 | 41 | 48 | 4 | 8 | 25 | 31 | 7 | 1 | 0 |
| 15 | 27,070 | 12 | 2 | 15 | 41 | 51 | 4 | 4 | 24 | 30 | 2 | 1 | 1 |
| 16 | 33,524 | 20 | 2 | 21 | 34 | 60 | 4 | 3 | 17 | 21 | 9 | 1 | 1 |
| 17 | 37,087 | 23 | 2 | 24 | 27 | 66 | 5 | 2 | 16 | 18 | 9 | 1 | 1 |
| 18 | 36,420 | 22 | 3 | 17 | 33 | 60 | 4 | 3 | 19 | 24 | 7 | 1 | 0 |
| 19 | 23,042 | 10 | 1 | 18 | 19 | 73 | 6 | 1 | 20 | 27 | 62 | 1 | 1 |
| 20 | 34,077 | 19 | 2 | 22 | 21 | 72 | 6 | 1 | 21 | 23 | 10 | 1 | 1 |
| 21 | 50,200 | 31 | 9 | 45 | 15 | 78 | 5 | 1 | 22 | 22 | 6 | 1 | 2 |
| 22 | 29,885 | 14 | 1 | 19 | 29 | 61 | 8 | 3 | 17 | 22 | 13 | 2 | 1 |
| 23 | 43,135 | 29 | 6 | 27 | 33 | 60 | 3 | 3 | 19 | 24 | 10 | 1 | 0 |
| 24 | 26,595 | 11 | 1 | 11 | 41 | 51 | 4 | 5 | 26 | 34 | 10 | 0 | 0 |
| 25 | 26,346 | 11 | 1 | 10 | 44 | 48 | 5 | 4 | 24 | 31 | 4 | 0 | 0 |
| 26 | 24,684 | 9 | 1 | 10 | 44 | 48 | 3 | 5 | 25 | 33 | 23 | 1 | 0 |
| 27 | 28,027 | 13 | 2 | 16 | 38 | 55 | 4 | 3 | 25 | 33 | 24 | 0 | 0 |
| 28 | 29,458 | 15 | 1 | 17 | 21 | 71 | 6 | 1 | 19 | 24 | 36 | 1 | 1 |
| 29 | 18,957 | 7 | 1 | 13 | 18 | 74 | 6 | 1 | 21 | 31 | 87 | 0 | 1 |
| 30 | 33,774 | 17 | 4 | 27 | 17 | 77 | 5 | 1 | 23 | 27 | 39 | 1 | 1 |
| 31 | 52,087 | 37 | 8 | 41 | 16 | 78 | 5 | 1 | 18 | 17 | 8 | 1 | 1 |
| 32 | 44,365 | 32 | 7 | 25 | 27 | 64 | 6 | 3 | 15 | 21 | 17 | 1 | 1 |
| 33 | 31,270 | 18 | 1 | 21 | 18 | 74 | 7 | 1 | 14 | 19 | 73 | 1 | 0 |

# TENNESSEE
## State House Districts

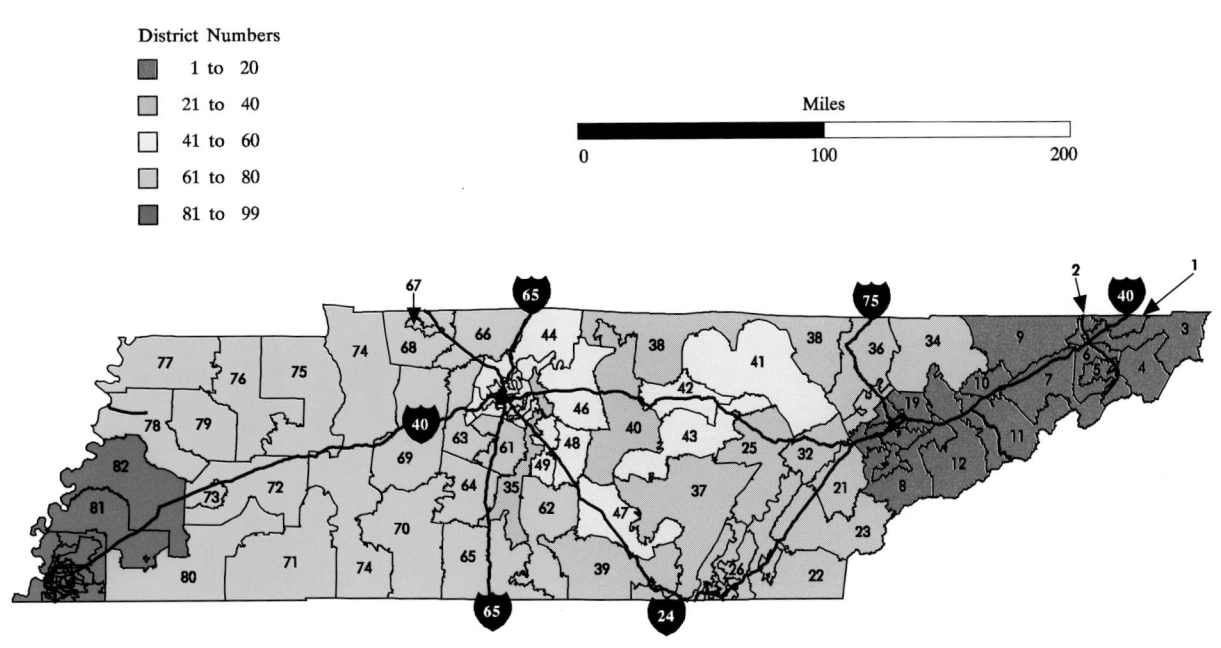

District Numbers
- 1 to 20
- 21 to 40
- 41 to 60
- 61 to 80
- 81 to 99

Miles

0    100    200

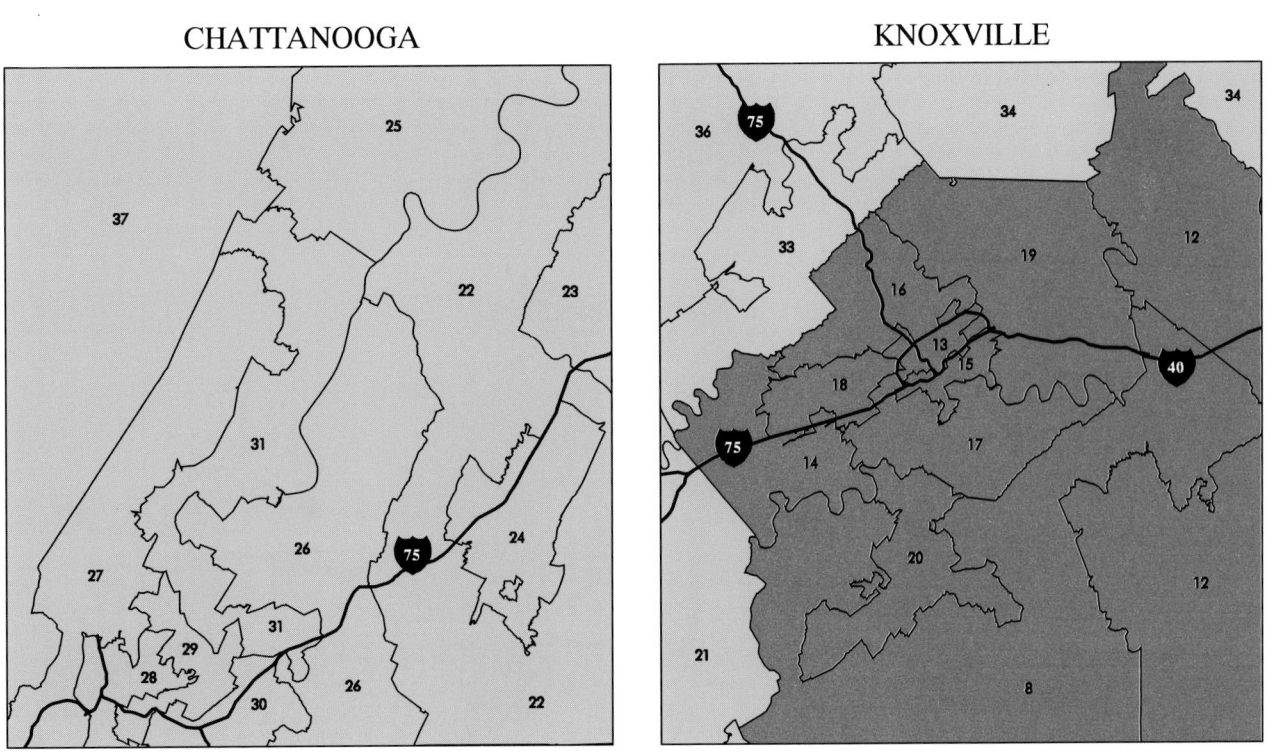

CHATTANOOGA

KNOXVILLE

# MEMPHIS
## State House Districts

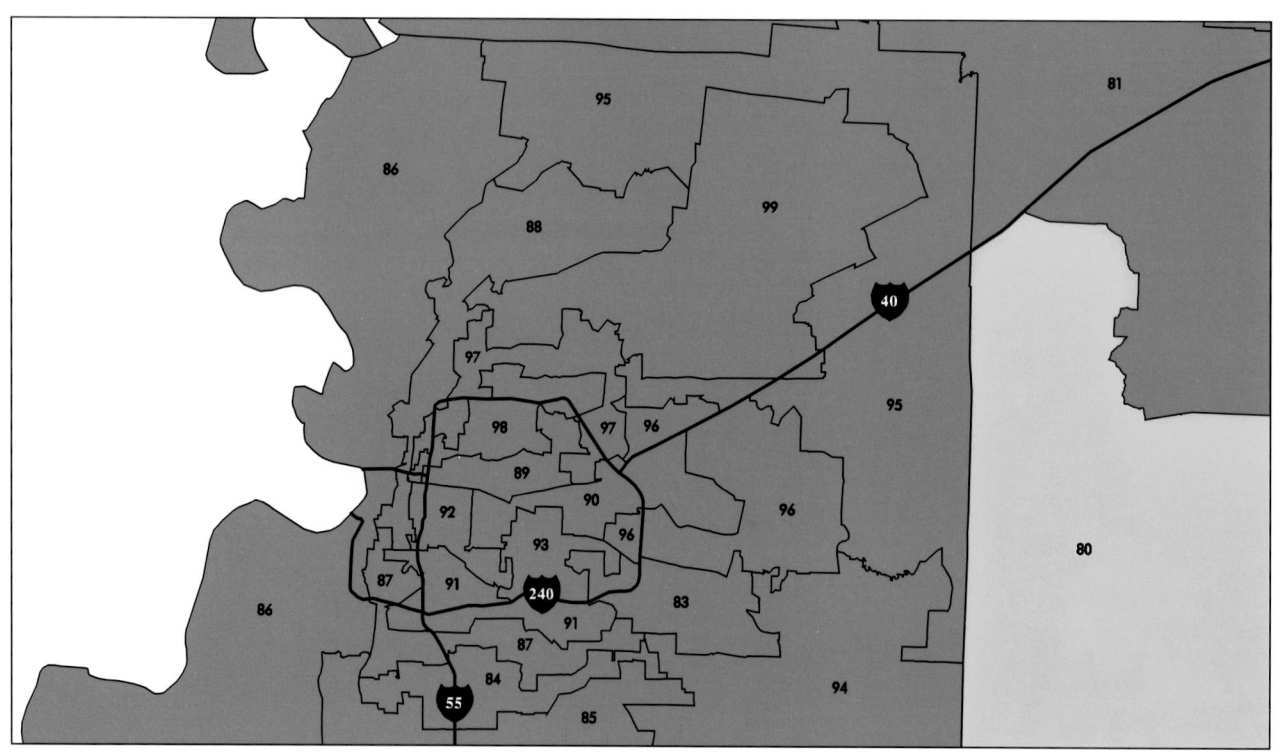

# NASHVILLE
## State House Districts

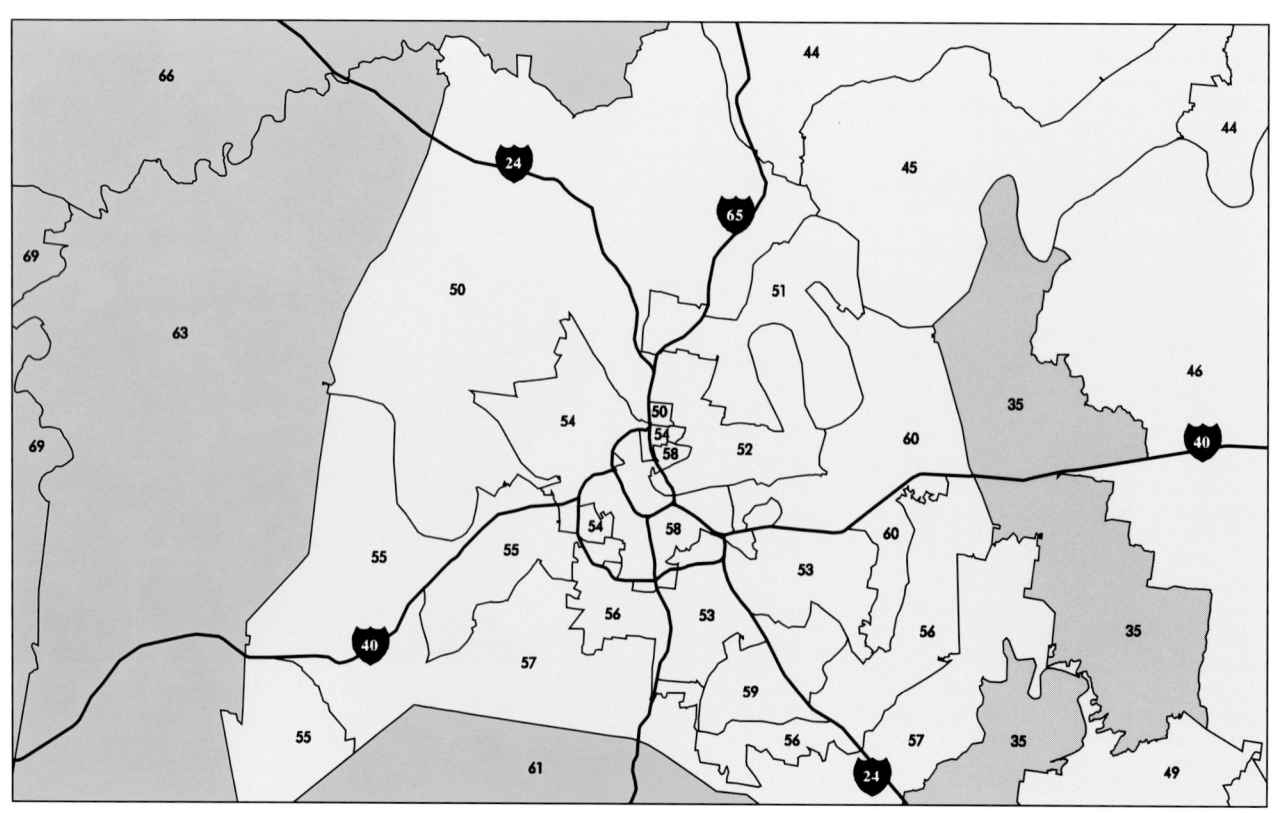

# Tennessee State House Districts: Demographic Data

| House District | Household Income Avg. ($) | > $50K (%) | >$100K (%) | College Educ. (%) | Manf. (%) | Service (%) | Govt. (%) | Farm (%) | Age 55+ (%) | Receives Soc. Sec. (%) | African Amer. (%) | Hispanic Amer. (%) | Asian Amer. (%) |
|---|---|---|---|---|---|---|---|---|---|---|---|---|---|
| Tenn. | 31,860 | 17 | 3 | 20 | 31 | 62 | 4 | 3 | 22 | 27 | 16 | 1 | 1 |
| 1 | 31,798 | 17 | 2 | 20 | 35 | 61 | 2 | 1 | 24 | 31 | 1 | 0 | 0 |
| 2 | 30,624 | 16 | 3 | 19 | 38 | 58 | 3 | 1 | 29 | 36 | 3 | 0 | 0 |
| 3 | 30,354 | 17 | 2 | 19 | 40 | 54 | 3 | 3 | 22 | 28 | 1 | 0 | 0 |
| 4 | 24,343 | 9 | 1 | 15 | 39 | 55 | 4 | 2 | 25 | 34 | 1 | 0 | 0 |
| 5 | 27,099 | 13 | 2 | 19 | 31 | 64 | 3 | 2 | 27 | 34 | 4 | 1 | 0 |
| 6 | 32,957 | 18 | 3 | 26 | 29 | 65 | 3 | 2 | 21 | 26 | 2 | 0 | 1 |
| 7 | 25,679 | 9 | 1 | 13 | 45 | 48 | 3 | 4 | 25 | 31 | 2 | 0 | 0 |
| 8 | 32,036 | 16 | 2 | 15 | 30 | 63 | 3 | 3 | 21 | 27 | 1 | 0 | 0 |
| 9 | 25,570 | 11 | 1 | 11 | 46 | 47 | 2 | 5 | 23 | 31 | 2 | 0 | 0 |
| 10 | 28,587 | 14 | 2 | 15 | 46 | 50 | 2 | 2 | 22 | 28 | 5 | 0 | 0 |
| 11 | 24,533 | 8 | 1 | 11 | 44 | 49 | 3 | 4 | 23 | 29 | 2 | 0 | 0 |
| 12 | 27,595 | 11 | 2 | 15 | 31 | 61 | 3 | 5 | 23 | 28 | 1 | 0 | 0 |
| 13 | 22,600 | 8 | 0 | 16 | 22 | 73 | 4 | 1 | 26 | 34 | 11 | 1 | 0 |
| 14 | 54,777 | 43 | 9 | 50 | 21 | 75 | 3 | 2 | 15 | 16 | 2 | 1 | 2 |
| 15 | 16,947 | 4 | 1 | 20 | 17 | 78 | 3 | 1 | 19 | 31 | 40 | 1 | 2 |
| 16 | 33,293 | 21 | 2 | 23 | 24 | 71 | 4 | 1 | 24 | 28 | 1 | 0 | 0 |
| 17 | 43,287 | 25 | 7 | 35 | 19 | 76 | 3 | 2 | 26 | 30 | 2 | 1 | 1 |
| 18 | 39,604 | 26 | 4 | 41 | 18 | 76 | 4 | 1 | 18 | 18 | 5 | 1 | 1 |
| 19 | 31,437 | 17 | 2 | 14 | 28 | 66 | 3 | 2 | 24 | 31 | 3 | 0 | 0 |
| 20 | 31,258 | 17 | 2 | 21 | 27 | 69 | 3 | 2 | 26 | 32 | 5 | 0 | 1 |
| 21 | 28,634 | 14 | 2 | 14 | 39 | 54 | 3 | 4 | 25 | 31 | 2 | 0 | 0 |
| 22 | 28,410 | 12 | 1 | 12 | 49 | 44 | 3 | 4 | 20 | 27 | 1 | 0 | 0 |
| 23 | 26,073 | 12 | 1 | 13 | 51 | 43 | 3 | 3 | 23 | 29 | 4 | 0 | 0 |
| 24 | 30,889 | 16 | 2 | 20 | 43 | 54 | 2 | 1 | 21 | 26 | 5 | 1 | 0 |
| 25 | 24,776 | 10 | 1 | 13 | 40 | 52 | 4 | 4 | 27 | 34 | 1 | 0 | 0 |
| 26 | 42,797 | 31 | 4 | 28 | 27 | 68 | 3 | 2 | 17 | 20 | 3 | 1 | 1 |
| 27 | 40,890 | 25 | 6 | 34 | 24 | 71 | 3 | 2 | 24 | 27 | 4 | 1 | 1 |
| 28 | 19,910 | 6 | 2 | 15 | 23 | 70 | 4 | 3 | 26 | 36 | 67 | 0 | 0 |
| 29 | 27,982 | 12 | 1 | 20 | 25 | 69 | 4 | 2 | 25 | 31 | 36 | 1 | 1 |
| 30 | 36,234 | 21 | 3 | 28 | 22 | 73 | 4 | 1 | 26 | 28 | 5 | 1 | 1 |
| 31 | 39,384 | 27 | 4 | 26 | 27 | 67 | 4 | 2 | 19 | 22 | 4 | 1 | 1 |
| 32 | 30,448 | 17 | 2 | 18 | 33 | 58 | 6 | 2 | 26 | 33 | 3 | 0 | 0 |
| 33 | 34,495 | 22 | 2 | 28 | 30 | 62 | 7 | 1 | 26 | 32 | 5 | 1 | 1 |
| 34 | 22,514 | 7 | 1 | 8 | 44 | 45 | 3 | 8 | 22 | 30 | 1 | 0 | 0 |
| 35 | 39,121 | 27 | 2 | 20 | 33 | 62 | 3 | 2 | 14 | 18 | 4 | 1 | 0 |
| 36 | 22,505 | 8 | 1 | 9 | 35 | 56 | 4 | 6 | 24 | 36 | 0 | 0 | 0 |
| 37 | 24,385 | 9 | 1 | 9 | 41 | 46 | 4 | 8 | 22 | 30 | 3 | 0 | 0 |
| 38 | 23,774 | 7 | 1 | 8 | 49 | 41 | 3 | 6 | 24 | 32 | 0 | 0 | 0 |
| 39 | 27,975 | 13 | 1 | 15 | 38 | 53 | 5 | 5 | 23 | 30 | 5 | 0 | 0 |
| 40 | 25,692 | 10 | 1 | 9 | 47 | 43 | 3 | 6 | 26 | 32 | 2 | 0 | 0 |
| 41 | 21,072 | 5 | 1 | 8 | 45 | 45 | 6 | 5 | 23 | 33 | 1 | 0 | 0 |
| 42 | 28,148 | 13 | 2 | 19 | 33 | 61 | 3 | 2 | 22 | 27 | 2 | 1 | 1 |
| 43 | 25,452 | 9 | 1 | 10 | 45 | 46 | 2 | 7 | 25 | 32 | 2 | 1 | 0 |
| 44 | 31,379 | 17 | 2 | 13 | 41 | 53 | 3 | 3 | 19 | 25 | 8 | 0 | 0 |
| 45 | 43,562 | 31 | 4 | 25 | 25 | 70 | 4 | 1 | 18 | 20 | 3 | 1 | 0 |
| 46 | 33,264 | 18 | 2 | 15 | 36 | 57 | 4 | 3 | 22 | 26 | 9 | 0 | 0 |
| 47 | 27,696 | 14 | 1 | 17 | 37 | 54 | 5 | 4 | 24 | 31 | 3 | 1 | 1 |
| 48 | 30,236 | 15 | 2 | 24 | 28 | 66 | 4 | 2 | 18 | 23 | 15 | 1 | 2 |
| 49 | 38,987 | 28 | 2 | 26 | 33 | 61 | 4 | 2 | 13 | 16 | 5 | 1 | 1 |
| 50 | 34,759 | 21 | 2 | 18 | 23 | 68 | 8 | 1 | 21 | 24 | 21 | 1 | 1 |

# Tennessee State House Districts: Demographic Data (cont.)

| House District | Household Income Avg. ($) | > $50K (%) | >$100K (%) | College Educ. (%) | Manf. (%) | Employment Type Service (%) | Govt. (%) | Farm (%) | Age 55+ (%) | Receives Soc. Sec. (%) | African Amer. (%) | Hispanic Amer. (%) | Asian Amer. (%) |
|---|---|---|---|---|---|---|---|---|---|---|---|---|---|
| Tenn. | 31,860 | 17 | 3 | 20 | 31 | 62 | 4 | 3 | 22 | 27 | 16 | 1 | 1 |
| 51 | 28,932 | 14 | 1 | 17 | 21 | 72 | 6 | 1 | 24 | 30 | 20 | 1 | 1 |
| 52 | 28,330 | 15 | 1 | 18 | 21 | 71 | 6 | 1 | 22 | 26 | 31 | 1 | 1 |
| 53 | 31,706 | 15 | 1 | 24 | 20 | 73 | 6 | 1 | 20 | 20 | 11 | 1 | 3 |
| 54 | 24,496 | 13 | 1 | 23 | 17 | 76 | 6 | 1 | 21 | 29 | 70 | 1 | 1 |
| 55 | 45,170 | 28 | 8 | 43 | 17 | 76 | 5 | 1 | 23 | 24 | 5 | 1 | 2 |
| 56 | 48,344 | 33 | 6 | 48 | 15 | 79 | 5 | 1 | 18 | 19 | 8 | 1 | 1 |
| 57 | 68,246 | 45 | 15 | 55 | 14 | 79 | 5 | 1 | 21 | 19 | 3 | 1 | 1 |
| 58 | 19,342 | 6 | 1 | 18 | 17 | 77 | 5 | 1 | 21 | 28 | 68 | 1 | 1 |
| 59 | 32,428 | 16 | 1 | 27 | 20 | 74 | 6 | 1 | 12 | 12 | 14 | 1 | 2 |
| 60 | 37,400 | 23 | 2 | 27 | 19 | 74 | 7 | 1 | 17 | 17 | 6 | 1 | 1 |
| 61 | 66,035 | 53 | 14 | 47 | 22 | 72 | 3 | 3 | 15 | 16 | 4 | 1 | 1 |
| 62 | 28,170 | 13 | 2 | 13 | 42 | 47 | 4 | 6 | 26 | 31 | 11 | 1 | 0 |
| 63 | 36,143 | 22 | 2 | 20 | 30 | 64 | 4 | 3 | 17 | 22 | 7 | 1 | 0 |
| 64 | 31,619 | 16 | 2 | 17 | 39 | 55 | 4 | 3 | 23 | 28 | 16 | 1 | 0 |
| 65 | 28,718 | 13 | 1 | 12 | 48 | 42 | 3 | 7 | 25 | 31 | 10 | 0 | 0 |
| 66 | 33,731 | 18 | 2 | 14 | 34 | 56 | 4 | 5 | 20 | 26 | 10 | 0 | 0 |
| 67 | 29,736 | 13 | 2 | 23 | 21 | 68 | 10 | 1 | 15 | 19 | 22 | 4 | 2 |
| 68 | 30,092 | 14 | 1 | 20 | 30 | 59 | 8 | 3 | 15 | 21 | 14 | 3 | 1 |
| 69 | 28,694 | 14 | 2 | 11 | 38 | 53 | 5 | 3 | 22 | 29 | 5 | 0 | 0 |
| 70 | 25,592 | 9 | 1 | 9 | 47 | 46 | 3 | 4 | 24 | 32 | 2 | 0 | 0 |
| 71 | 23,680 | 8 | 1 | 8 | 48 | 45 | 3 | 4 | 27 | 34 | 5 | 0 | 0 |
| 72 | 31,367 | 16 | 2 | 18 | 37 | 56 | 4 | 3 | 21 | 27 | 11 | 0 | 0 |
| 73 | 26,437 | 12 | 2 | 20 | 28 | 66 | 5 | 1 | 26 | 33 | 44 | 1 | 0 |
| 74 | 24,628 | 9 | 1 | 9 | 45 | 44 | 6 | 4 | 27 | 34 | 2 | 0 | 0 |
| 75 | 25,177 | 9 | 1 | 11 | 39 | 53 | 3 | 5 | 30 | 37 | 8 | 0 | 0 |
| 76 | 25,285 | 9 | 1 | 10 | 47 | 46 | 3 | 4 | 28 | 37 | 8 | 0 | 0 |
| 77 | 27,512 | 13 | 1 | 11 | 41 | 50 | 5 | 5 | 24 | 32 | 12 | 0 | 0 |
| 78 | 28,224 | 12 | 2 | 12 | 43 | 48 | 3 | 5 | 25 | 31 | 13 | 0 | 0 |
| 79 | 25,624 | 10 | 1 | 11 | 47 | 45 | 3 | 4 | 29 | 37 | 19 | 0 | 0 |
| 80 | 25,469 | 10 | 1 | 11 | 39 | 53 | 4 | 4 | 23 | 31 | 30 | 1 | 0 |
| 81 | 28,008 | 12 | 1 | 10 | 35 | 55 | 6 | 5 | 19 | 28 | 29 | 1 | 0 |
| 82 | 23,549 | 9 | 1 | 10 | 46 | 42 | 5 | 7 | 24 | 34 | 41 | 1 | 0 |
| 83 | 53,598 | 39 | 9 | 45 | 15 | 80 | 4 | 1 | 22 | 20 | 5 | 1 | 2 |
| 84 | 31,615 | 17 | 1 | 23 | 17 | 74 | 8 | 1 | 13 | 17 | 68 | 1 | 1 |
| 85 | 35,467 | 21 | 1 | 21 | 19 | 74 | 6 | 1 | 11 | 16 | 68 | 0 | 0 |
| 86 | 23,984 | 11 | 1 | 12 | 22 | 70 | 6 | 2 | 19 | 29 | 72 | 0 | 0 |
| 87 | 28,829 | 14 | 1 | 19 | 18 | 74 | 7 | 1 | 18 | 23 | 71 | 1 | 0 |
| 88 | 18,135 | 7 | 0 | 10 | 21 | 71 | 7 | 1 | 19 | 29 | 71 | 1 | 1 |
| 89 | 26,063 | 10 | 2 | 19 | 20 | 76 | 3 | 1 | 24 | 30 | 35 | 1 | 1 |
| 90 | 47,497 | 28 | 9 | 35 | 14 | 81 | 4 | 1 | 27 | 31 | 27 | 2 | 1 |
| 91 | 24,016 | 10 | 0 | 15 | 20 | 73 | 6 | 1 | 20 | 23 | 72 | 1 | 1 |
| 92 | 24,876 | 12 | 3 | 23 | 16 | 77 | 5 | 1 | 23 | 29 | 65 | 1 | 2 |
| 93 | 30,441 | 14 | 2 | 25 | 18 | 76 | 5 | 1 | 24 | 31 | 37 | 1 | 1 |
| 94 | 61,428 | 49 | 12 | 44 | 20 | 75 | 4 | 1 | 11 | 12 | 10 | 1 | 1 |
| 95 | 42,872 | 32 | 5 | 26 | 20 | 70 | 8 | 2 | 11 | 15 | 13 | 2 | 1 |
| 96 | 61,816 | 48 | 13 | 51 | 16 | 79 | 4 | 1 | 15 | 13 | 5 | 1 | 2 |
| 97 | 33,606 | 21 | 2 | 20 | 19 | 73 | 6 | 2 | 22 | 27 | 34 | 1 | 1 |
| 98 | 21,159 | 7 | 1 | 14 | 20 | 73 | 6 | 2 | 21 | 28 | 70 | 1 | 0 |
| 99 | 40,564 | 30 | 3 | 25 | 20 | 72 | 7 | 1 | 11 | 15 | 24 | 1 | 1 |

# TEXAS
## State Senate Districts

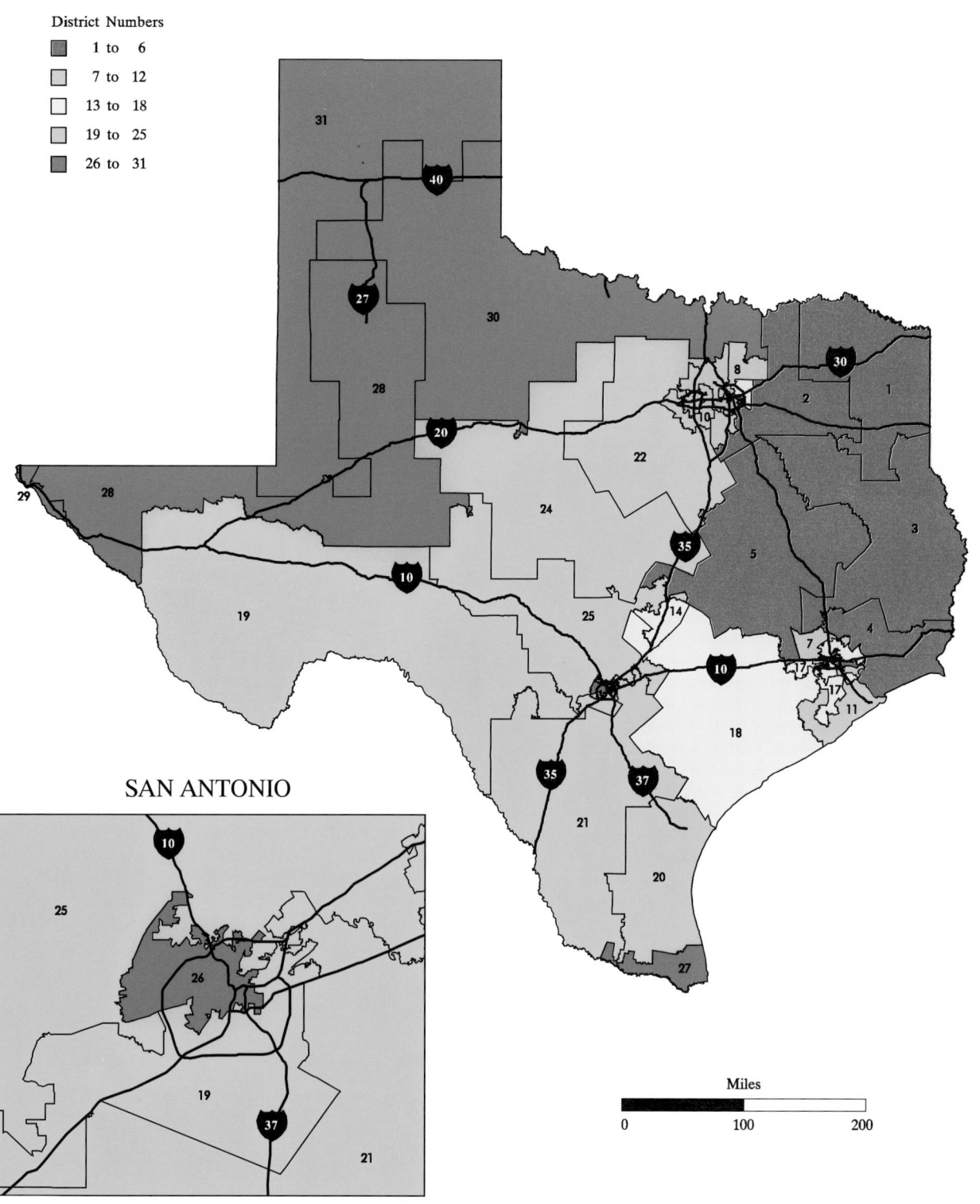

District Numbers
- 1 to 6
- 7 to 12
- 13 to 18
- 19 to 25
- 26 to 31

SAN ANTONIO

Miles

0    100    200

# DALLAS/FT. WORTH
## State Senate Districts

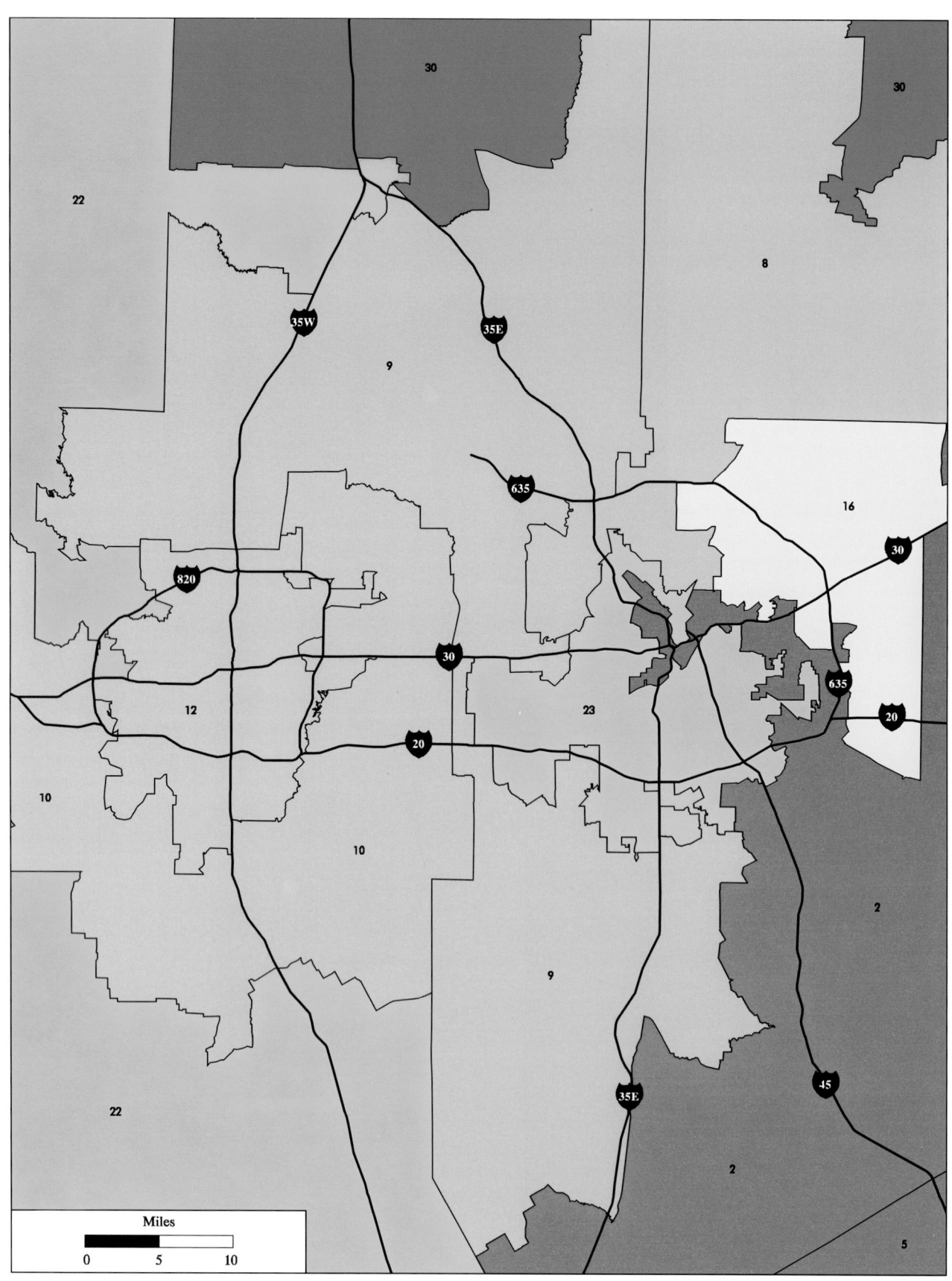

Miles

0 5 10

# HOUSTON
## State Senate Districts

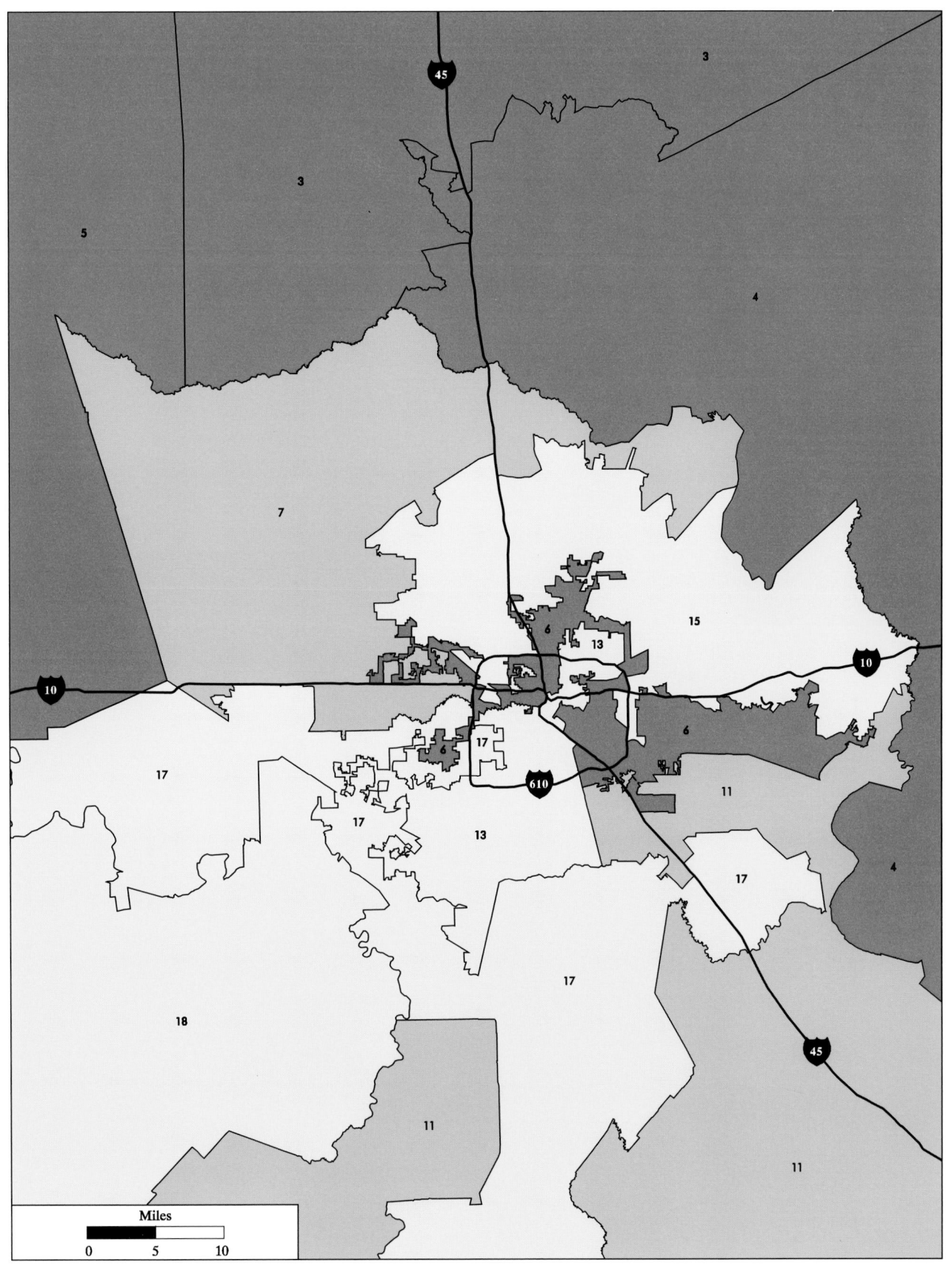

Miles

0 5 10

## Texas State Senate Districts: Demographic Data

| Senate District | Household Income Avg. ($) | Household Income > $50K (%) | Household Income >$100K (%) | College Educ. (%) | Manf. (%) | Employment Type Service (%) | Employment Type Govt. (%) | Farm (%) | Age 55+ (%) | Receives Soc. Sec. (%) | African Amer. (%) | Hispanic Amer. (%) | Asian Amer. (%) |
|---|---|---|---|---|---|---|---|---|---|---|---|---|---|
| Texas | 35,667 | 21 | 4 | 26 | 22 | 68 | 5 | 5 | 18 | 22 | 12 | 26 | 2 |
| 1 | 29,960 | 15 | 2 | 21 | 26 | 62 | 5 | 7 | 24 | 31 | 18 | 3 | 0 |
| 2 | 29,573 | 15 | 2 | 17 | 28 | 64 | 3 | 4 | 21 | 28 | 16 | 19 | 1 |
| 3 | 28,746 | 14 | 2 | 16 | 26 | 63 | 5 | 6 | 25 | 33 | 14 | 5 | 0 |
| 4 | 35,368 | 23 | 3 | 22 | 27 | 66 | 4 | 4 | 20 | 26 | 17 | 5 | 1 |
| 5 | 28,660 | 15 | 2 | 22 | 20 | 66 | 7 | 8 | 21 | 28 | 17 | 11 | 1 |
| 6 | 26,176 | 11 | 1 | 13 | 30 | 64 | 2 | 3 | 14 | 21 | 12 | 60 | 2 |
| 7 | 58,518 | 45 | 11 | 44 | 20 | 70 | 2 | 7 | 12 | 11 | 5 | 11 | 4 |
| 8 | 59,673 | 41 | 13 | 48 | 20 | 75 | 2 | 3 | 15 | 15 | 5 | 10 | 3 |
| 9 | 45,672 | 35 | 5 | 36 | 23 | 71 | 3 | 2 | 10 | 11 | 6 | 9 | 3 |
| 10 | 44,635 | 33 | 5 | 35 | 25 | 70 | 4 | 2 | 12 | 12 | 6 | 7 | 3 |
| 11 | 36,582 | 24 | 3 | 21 | 30 | 64 | 4 | 3 | 17 | 20 | 13 | 19 | 2 |
| 12 | 34,521 | 20 | 3 | 24 | 30 | 65 | 4 | 2 | 19 | 24 | 19 | 18 | 2 |
| 13 | 36,537 | 20 | 5 | 32 | 15 | 78 | 3 | 4 | 16 | 19 | 52 | 14 | 4 |
| 14 | 35,334 | 21 | 4 | 39 | 17 | 71 | 10 | 2 | 13 | 14 | 11 | 22 | 3 |
| 15 | 33,468 | 20 | 2 | 19 | 25 | 69 | 3 | 4 | 13 | 17 | 28 | 19 | 3 |
| 16 | 44,949 | 31 | 6 | 37 | 22 | 73 | 3 | 2 | 15 | 15 | 9 | 9 | 4 |
| 17 | 51,827 | 38 | 8 | 45 | 22 | 69 | 4 | 6 | 13 | 13 | 7 | 13 | 7 |
| 18 | 32,360 | 19 | 3 | 20 | 22 | 63 | 4 | 11 | 21 | 28 | 9 | 26 | 2 |
| 19 | 24,407 | 9 | 1 | 13 | 18 | 68 | 9 | 6 | 18 | 26 | 8 | 63 | 1 |
| 20 | 29,618 | 15 | 2 | 19 | 19 | 66 | 7 | 8 | 18 | 25 | 3 | 61 | 1 |
| 21 | 28,057 | 14 | 2 | 18 | 15 | 69 | 7 | 9 | 17 | 24 | 3 | 63 | 1 |
| 22 | 29,279 | 15 | 2 | 19 | 26 | 64 | 4 | 6 | 24 | 30 | 7 | 10 | 1 |
| 23 | 30,965 | 16 | 2 | 19 | 23 | 71 | 4 | 2 | 15 | 21 | 48 | 22 | 1 |
| 24 | 27,922 | 12 | 2 | 20 | 19 | 67 | 8 | 7 | 21 | 29 | 11 | 14 | 2 |
| 25 | 44,862 | 31 | 6 | 37 | 17 | 73 | 6 | 4 | 21 | 23 | 2 | 16 | 1 |
| 26 | 27,232 | 13 | 1 | 21 | 15 | 74 | 9 | 1 | 18 | 24 | 6 | 64 | 1 |
| 27 | 25,034 | 11 | 2 | 16 | 18 | 71 | 5 | 6 | 18 | 28 | 0 | 83 | 0 |
| 28 | 30,150 | 15 | 2 | 21 | 16 | 69 | 4 | 11 | 19 | 24 | 6 | 33 | 1 |
| 29 | 29,641 | 15 | 2 | 20 | 24 | 68 | 6 | 2 | 16 | 22 | 3 | 71 | 1 |
| 30 | 30,083 | 15 | 2 | 21 | 22 | 64 | 4 | 10 | 24 | 31 | 6 | 10 | 1 |
| 31 | 34,072 | 18 | 3 | 22 | 17 | 64 | 4 | 14 | 20 | 24 | 4 | 20 | 1 |

# TEXAS
## State House Districts

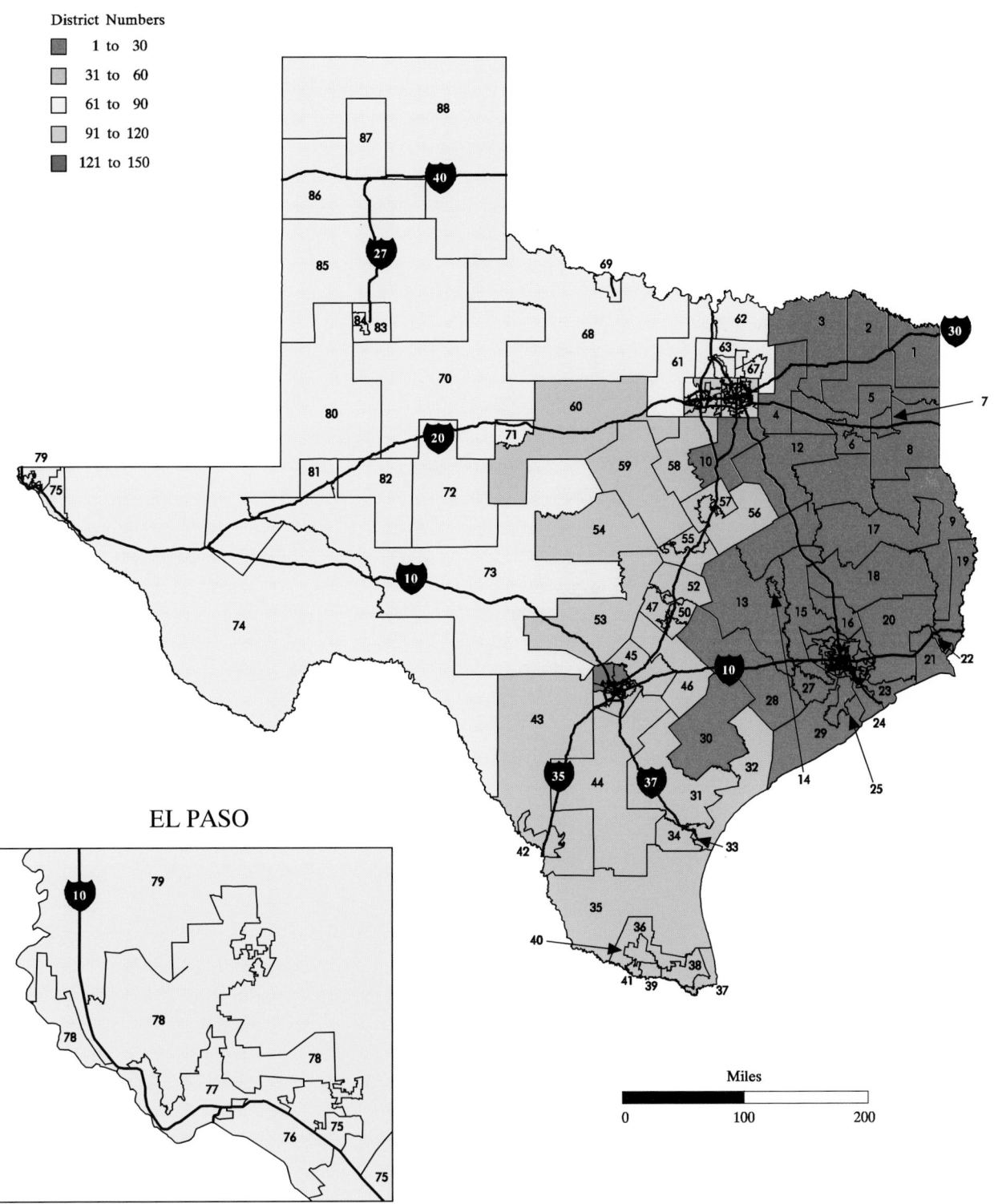

District Numbers

- 1 to 30
- 31 to 60
- 61 to 90
- 91 to 120
- 121 to 150

EL PASO

Miles

0    100    200

# DALLAS/FT. WORTH
## State House Districts

Miles

0          10          20

# HOUSTON
## State House Districts

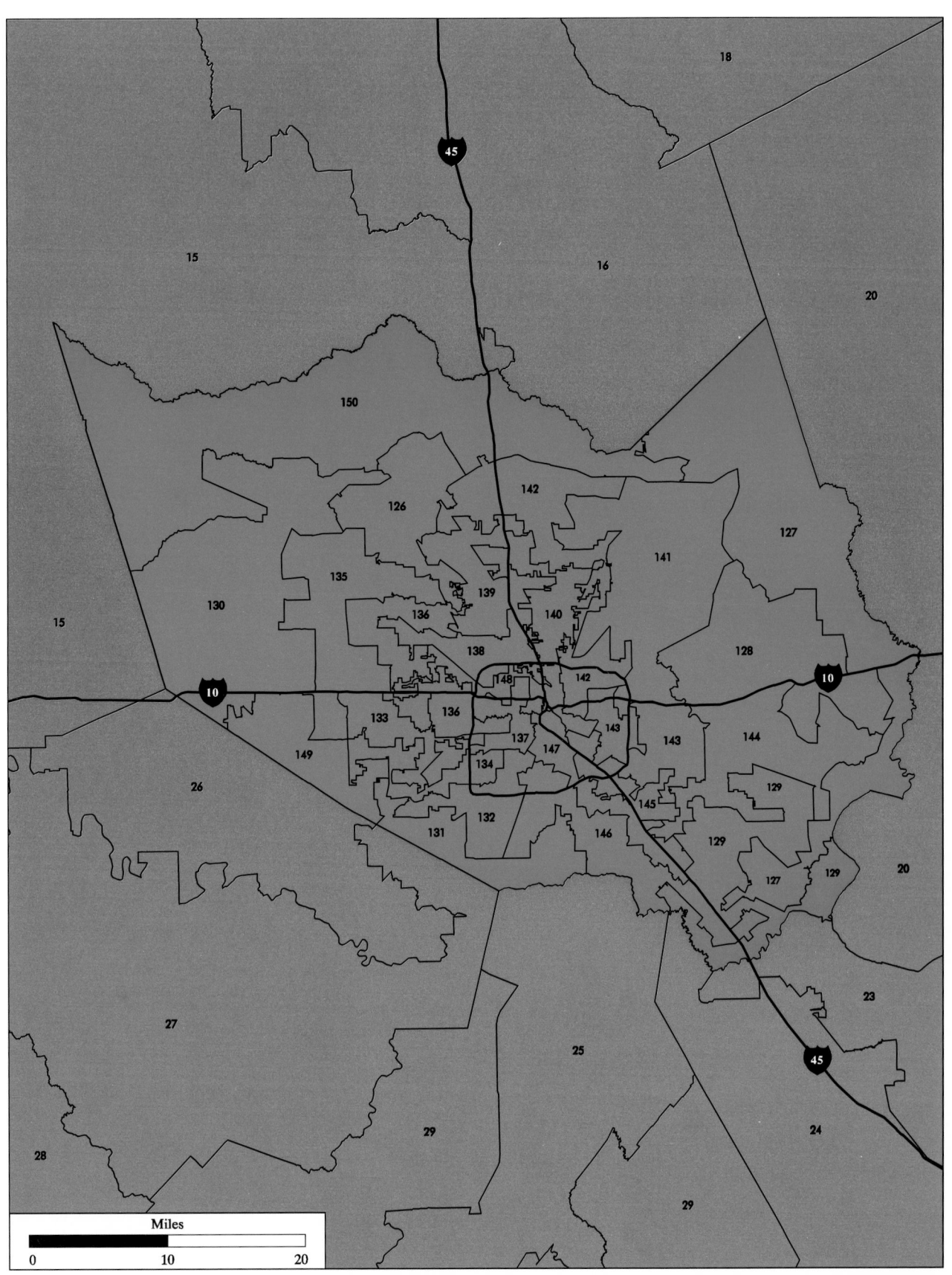

Miles

0        10        20

# AUSTIN/SAN ANTONIO
## State House Districts

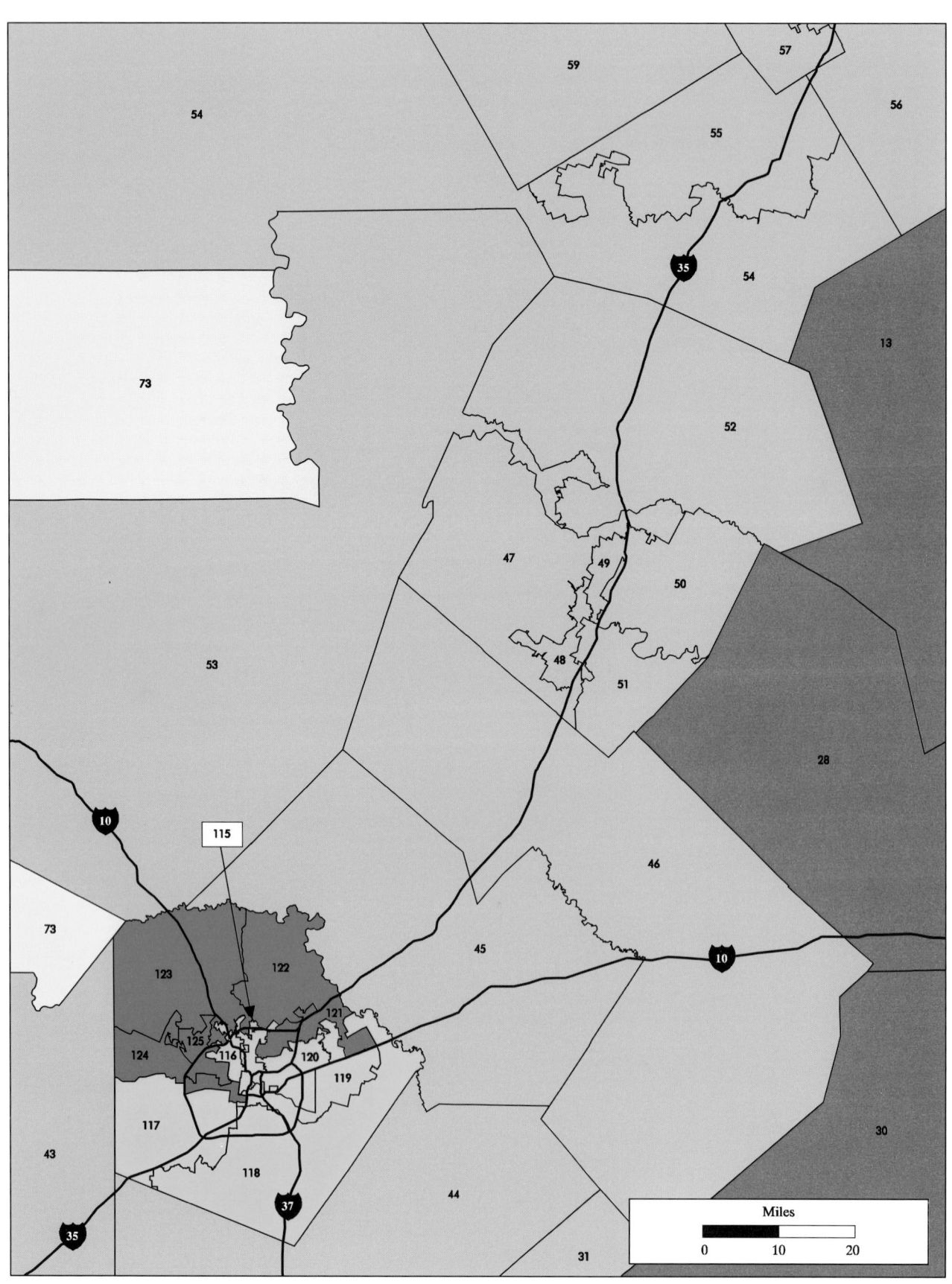

## Texas State House Districts: Demographic Data

| House District | Household Income Avg. ($) | Household Income > $50K (%) | Household Income >$100K (%) | College Educ. (%) | Manf. (%) | Employment Type Service (%) | Employment Type Govt. (%) | Farm (%) | Age 55+ (%) | Receives Soc. Sec. (%) | African Amer. (%) | Hispanic Amer. (%) | Asian Amer. (%) |
|---|---|---|---|---|---|---|---|---|---|---|---|---|---|
| Texas | 35,667 | 21 | 4 | 26 | 22 | 68 | 5 | 5 | 18 | 22 | 12 | 26 | 2 |
| 1 | 29,075 | 15 | 2 | 18 | 24 | 59 | 14 | 3 | 24 | 30 | 21 | 2 | 0 |
| 2 | 27,142 | 12 | 2 | 14 | 27 | 59 | 4 | 10 | 29 | 38 | 16 | 4 | 0 |
| 3 | 27,290 | 13 | 2 | 16 | 28 | 60 | 4 | 9 | 28 | 36 | 10 | 2 | 0 |
| 4 | 32,228 | 19 | 2 | 18 | 32 | 60 | 4 | 3 | 22 | 29 | 12 | 5 | 0 |
| 5 | 26,198 | 11 | 1 | 15 | 27 | 62 | 4 | 7 | 25 | 35 | 23 | 6 | 0 |
| 6 | 36,730 | 22 | 4 | 32 | 20 | 72 | 4 | 5 | 23 | 27 | 11 | 4 | 1 |
| 7 | 32,220 | 18 | 3 | 25 | 27 | 64 | 3 | 6 | 22 | 28 | 19 | 3 | 0 |
| 8 | 27,684 | 14 | 2 | 17 | 27 | 61 | 3 | 9 | 24 | 32 | 24 | 3 | 0 |
| 9 | 25,671 | 12 | 2 | 17 | 26 | 63 | 3 | 8 | 25 | 33 | 18 | 3 | 0 |
| 10 | 33,744 | 20 | 3 | 17 | 30 | 61 | 4 | 5 | 21 | 28 | 10 | 12 | 0 |
| 11 | 25,990 | 11 | 1 | 14 | 22 | 59 | 10 | 9 | 25 | 35 | 20 | 8 | 0 |
| 12 | 27,465 | 13 | 2 | 16 | 23 | 66 | 4 | 7 | 29 | 36 | 13 | 5 | 0 |
| 13 | 29,873 | 16 | 2 | 18 | 23 | 61 | 4 | 12 | 25 | 32 | 15 | 10 | 0 |
| 14 | 28,368 | 15 | 2 | 42 | 11 | 81 | 4 | 3 | 11 | 14 | 12 | 15 | 4 |
| 15 | 40,877 | 28 | 6 | 27 | 21 | 66 | 5 | 9 | 17 | 22 | 15 | 9 | 1 |
| 16 | 35,758 | 23 | 3 | 17 | 24 | 67 | 5 | 4 | 18 | 23 | 5 | 8 | 1 |
| 17 | 28,701 | 13 | 2 | 16 | 28 | 62 | 5 | 5 | 25 | 34 | 19 | 7 | 0 |
| 18 | 26,515 | 12 | 2 | 16 | 21 | 60 | 13 | 5 | 25 | 34 | 18 | 7 | 0 |
| 19 | 31,415 | 18 | 2 | 16 | 35 | 60 | 3 | 2 | 21 | 26 | 9 | 2 | 1 |
| 20 | 30,475 | 17 | 2 | 13 | 31 | 58 | 4 | 7 | 20 | 28 | 11 | 4 | 0 |
| 21 | 39,781 | 26 | 4 | 27 | 27 | 67 | 4 | 2 | 23 | 27 | 12 | 4 | 1 |
| 22 | 23,541 | 10 | 1 | 15 | 23 | 71 | 3 | 2 | 25 | 35 | 54 | 7 | 3 |
| 23 | 35,204 | 23 | 3 | 26 | 24 | 68 | 4 | 3 | 19 | 23 | 18 | 16 | 2 |
| 24 | 38,753 | 27 | 4 | 25 | 24 | 69 | 4 | 3 | 20 | 23 | 17 | 13 | 1 |
| 25 | 43,026 | 33 | 4 | 26 | 33 | 58 | 5 | 4 | 15 | 17 | 5 | 17 | 1 |
| 26 | 63,699 | 55 | 13 | 48 | 18 | 70 | 3 | 8 | 9 | 10 | 8 | 12 | 10 |
| 27 | 37,161 | 25 | 2 | 23 | 22 | 67 | 5 | 6 | 11 | 15 | 34 | 28 | 2 |
| 28 | 28,733 | 15 | 2 | 16 | 20 | 61 | 6 | 14 | 25 | 33 | 13 | 18 | 0 |
| 29 | 32,900 | 21 | 2 | 15 | 35 | 55 | 4 | 6 | 17 | 23 | 14 | 21 | 1 |
| 30 | 31,262 | 16 | 2 | 17 | 25 | 61 | 3 | 10 | 24 | 31 | 7 | 29 | 0 |
| 31 | 27,262 | 13 | 2 | 17 | 20 | 61 | 5 | 13 | 21 | 28 | 2 | 48 | 0 |
| 32 | 35,786 | 21 | 3 | 27 | 18 | 66 | 7 | 8 | 21 | 25 | 3 | 25 | 2 |
| 33 | 31,368 | 17 | 2 | 22 | 17 | 71 | 8 | 3 | 17 | 21 | 3 | 61 | 1 |
| 34 | 28,360 | 14 | 2 | 16 | 23 | 65 | 6 | 6 | 19 | 29 | 7 | 61 | 0 |
| 35 | 21,520 | 10 | 1 | 13 | 15 | 62 | 7 | 16 | 17 | 26 | 1 | 83 | 0 |
| 36 | 23,822 | 10 | 1 | 12 | 19 | 67 | 4 | 10 | 18 | 29 | 0 | 81 | 0 |
| 37 | 22,740 | 9 | 1 | 15 | 21 | 72 | 5 | 3 | 16 | 25 | 0 | 89 | 0 |
| 38 | 25,950 | 12 | 2 | 17 | 19 | 70 | 5 | 6 | 18 | 28 | 0 | 79 | 0 |
| 39 | 21,292 | 7 | 1 | 11 | 19 | 66 | 4 | 11 | 18 | 31 | 0 | 86 | 0 |
| 40 | 24,896 | 12 | 2 | 17 | 17 | 70 | 5 | 8 | 15 | 23 | 0 | 85 | 0 |
| 41 | 28,084 | 13 | 3 | 17 | 18 | 71 | 5 | 7 | 18 | 27 | 0 | 83 | 0 |
| 42 | 27,398 | 12 | 2 | 18 | 11 | 78 | 7 | 4 | 16 | 23 | 0 | 93 | 0 |
| 43 | 23,234 | 9 | 2 | 13 | 16 | 63 | 5 | 16 | 18 | 28 | 1 | 71 | 0 |
| 44 | 25,973 | 12 | 2 | 13 | 16 | 61 | 6 | 17 | 21 | 29 | 1 | 61 | 0 |
| 45 | 33,739 | 20 | 2 | 22 | 25 | 65 | 6 | 5 | 23 | 29 | 4 | 27 | 1 |
| 46 | 29,968 | 16 | 2 | 23 | 18 | 67 | 7 | 8 | 18 | 23 | 6 | 31 | 0 |
| 47 | 59,630 | 47 | 13 | 55 | 20 | 70 | 7 | 2 | 15 | 13 | 2 | 7 | 2 |
| 48 | 40,886 | 24 | 5 | 44 | 16 | 71 | 12 | 1 | 12 | 12 | 5 | 20 | 3 |
| 49 | 30,453 | 17 | 2 | 45 | 17 | 74 | 8 | 1 | 13 | 14 | 7 | 14 | 5 |
| 50 | 27,623 | 13 | 1 | 26 | 18 | 69 | 11 | 2 | 16 | 19 | 32 | 22 | 2 |

# Texas State House Districts:  Demographic Data (cont.)

| House District | Household Income Avg. ($) | > $50K (%) | >$100K (%) | College Educ. (%) | Manf. (%) | Employment Type Service (%) | Govt. (%) | Farm (%) | Age 55+ (%) | Receives Soc. Sec. (%) | African Amer. (%) | Hispanic Amer. (%) | Asian Amer. (%) |
|---|---|---|---|---|---|---|---|---|---|---|---|---|---|
| Texas | 35,667 | 21 | 4 | 26 | 22 | 68 | 5 | 5 | 18 | 22 | 12 | 26 | 2 |
| 51 | 23,919 | 9 | 1 | 26 | 17 | 69 | 11 | 2 | 11 | 14 | 10 | 44 | 2 |
| 52 | 37,279 | 25 | 3 | 30 | 27 | 62 | 7 | 3 | 14 | 18 | 5 | 15 | 1 |
| 53 | 33,355 | 18 | 3 | 24 | 21 | 67 | 5 | 7 | 29 | 35 | 1 | 14 | 1 |
| 54 | 26,789 | 11 | 1 | 21 | 17 | 65 | 12 | 6 | 18 | 23 | 16 | 15 | 3 |
| 55 | 31,592 | 17 | 3 | 27 | 20 | 71 | 6 | 2 | 17 | 22 | 16 | 12 | 2 |
| 56 | 32,540 | 19 | 3 | 27 | 19 | 72 | 4 | 5 | 23 | 28 | 12 | 8 | 1 |
| 57 | 24,798 | 10 | 1 | 16 | 27 | 66 | 4 | 3 | 23 | 31 | 21 | 16 | 0 |
| 58 | 33,579 | 20 | 2 | 17 | 31 | 60 | 4 | 5 | 21 | 27 | 2 | 8 | 0 |
| 59 | 26,800 | 11 | 1 | 19 | 17 | 62 | 11 | 11 | 18 | 27 | 12 | 10 | 2 |
| 60 | 28,715 | 15 | 2 | 16 | 24 | 62 | 4 | 11 | 29 | 35 | 2 | 8 | 0 |
| 61 | 34,272 | 20 | 2 | 18 | 30 | 58 | 4 | 7 | 21 | 27 | 1 | 5 | 0 |
| 62 | 30,998 | 16 | 2 | 20 | 32 | 62 | 3 | 3 | 26 | 32 | 6 | 3 | 0 |
| 63 | 43,458 | 30 | 6 | 28 | 27 | 65 | 4 | 4 | 17 | 21 | 5 | 8 | 1 |
| 64 | 41,162 | 32 | 4 | 37 | 23 | 72 | 3 | 2 | 9 | 11 | 6 | 7 | 2 |
| 65 | 43,676 | 33 | 4 | 44 | 22 | 73 | 3 | 2 | 8 | 9 | 5 | 7 | 4 |
| 66 | 68,316 | 56 | 17 | 61 | 20 | 76 | 1 | 3 | 7 | 7 | 3 | 4 | 4 |
| 67 | 50,488 | 43 | 6 | 39 | 27 | 67 | 3 | 3 | 10 | 12 | 4 | 8 | 2 |
| 68 | 27,494 | 13 | 2 | 15 | 20 | 60 | 4 | 17 | 30 | 37 | 3 | 7 | 0 |
| 69 | 30,387 | 15 | 2 | 22 | 21 | 70 | 5 | 4 | 21 | 27 | 10 | 9 | 2 |
| 70 | 27,353 | 12 | 2 | 16 | 15 | 60 | 5 | 19 | 26 | 32 | 4 | 25 | 0 |
| 71 | 31,787 | 16 | 2 | 26 | 15 | 76 | 5 | 4 | 20 | 25 | 7 | 15 | 1 |
| 72 | 30,422 | 15 | 2 | 21 | 18 | 70 | 5 | 8 | 22 | 28 | 4 | 26 | 1 |
| 73 | 26,785 | 12 | 2 | 17 | 18 | 60 | 4 | 17 | 29 | 37 | 2 | 22 | 0 |
| 74 | 23,574 | 10 | 2 | 16 | 14 | 65 | 9 | 12 | 19 | 26 | 1 | 73 | 0 |
| 75 | 26,670 | 13 | 2 | 13 | 33 | 60 | 4 | 3 | 11 | 17 | 1 | 85 | 0 |
| 76 | 26,477 | 12 | 1 | 14 | 25 | 68 | 6 | 1 | 20 | 27 | 2 | 82 | 0 |
| 77 | 21,885 | 8 | 1 | 16 | 25 | 70 | 4 | 1 | 21 | 28 | 2 | 83 | 1 |
| 78 | 42,887 | 28 | 6 | 37 | 15 | 75 | 8 | 1 | 15 | 18 | 8 | 37 | 2 |
| 79 | 28,537 | 13 | 1 | 20 | 22 | 68 | 9 | 2 | 11 | 15 | 6 | 63 | 2 |
| 80 | 29,443 | 14 | 2 | 14 | 12 | 56 | 4 | 28 | 20 | 27 | 3 | 41 | 0 |
| 81 | 30,374 | 15 | 2 | 16 | 20 | 65 | 3 | 12 | 18 | 22 | 5 | 31 | 1 |
| 82 | 41,875 | 26 | 5 | 31 | 11 | 64 | 3 | 21 | 17 | 21 | 7 | 22 | 1 |
| 83 | 24,899 | 11 | 1 | 17 | 17 | 74 | 4 | 5 | 17 | 23 | 13 | 36 | 1 |
| 84 | 38,678 | 23 | 4 | 39 | 11 | 81 | 4 | 3 | 18 | 20 | 3 | 10 | 1 |
| 85 | 26,669 | 11 | 2 | 15 | 16 | 55 | 4 | 24 | 24 | 32 | 4 | 39 | 0 |
| 86 | 37,857 | 23 | 4 | 30 | 16 | 72 | 5 | 7 | 19 | 22 | 1 | 14 | 1 |
| 87 | 27,287 | 11 | 2 | 17 | 24 | 68 | 4 | 4 | 21 | 27 | 8 | 22 | 2 |
| 88 | 30,275 | 14 | 2 | 17 | 19 | 57 | 4 | 21 | 27 | 33 | 3 | 11 | 0 |
| 89 | 33,259 | 18 | 2 | 21 | 31 | 62 | 5 | 2 | 19 | 23 | 4 | 12 | 2 |
| 90 | 23,409 | 8 | 1 | 11 | 39 | 57 | 2 | 2 | 18 | 28 | 16 | 47 | 2 |
| 91 | 41,397 | 29 | 4 | 30 | 25 | 69 | 4 | 2 | 14 | 16 | 8 | 6 | 2 |
| 92 | 43,113 | 32 | 4 | 35 | 21 | 75 | 3 | 1 | 13 | 12 | 4 | 6 | 3 |
| 93 | 36,059 | 21 | 3 | 32 | 26 | 70 | 3 | 1 | 9 | 9 | 12 | 13 | 4 |
| 94 | 46,727 | 36 | 7 | 41 | 23 | 72 | 4 | 1 | 14 | 15 | 5 | 6 | 4 |
| 95 | 25,688 | 12 | 1 | 12 | 30 | 65 | 4 | 2 | 20 | 28 | 57 | 11 | 1 |
| 96 | 45,709 | 37 | 4 | 36 | 29 | 65 | 4 | 2 | 10 | 11 | 8 | 7 | 3 |
| 97 | 51,261 | 35 | 8 | 46 | 26 | 68 | 3 | 2 | 23 | 23 | 5 | 6 | 2 |
| 98 | 49,355 | 38 | 8 | 32 | 25 | 70 | 3 | 2 | 13 | 14 | 2 | 7 | 3 |
| 99 | 53,425 | 36 | 9 | 49 | 18 | 78 | 2 | 2 | 14 | 11 | 6 | 11 | 5 |
| 100 | 31,294 | 14 | 4 | 28 | 18 | 77 | 3 | 3 | 16 | 18 | 49 | 15 | 3 |

# Texas State House Districts: Demographic Data (cont.)

| House District | Household Income Avg. ($) | > $50K (%) | >$100K (%) | College Educ. (%) | Manf. (%) | Service (%) | Govt. (%) | Farm (%) | Age 55+ (%) | Receives Soc. Sec. (%) | African Amer. (%) | Hispanic Amer. (%) | Asian Amer. (%) |
|---|---|---|---|---|---|---|---|---|---|---|---|---|---|
| Texas | 35,667 | 21 | 4 | 26 | 22 | 68 | 5 | 5 | 18 | 22 | 12 | 26 | 2 |
| 101 | 41,408 | 30 | 3 | 29 | 22 | 72 | 4 | 2 | 12 | 13 | 6 | 9 | 3 |
| 102 | 61,428 | 41 | 15 | 55 | 17 | 78 | 2 | 3 | 17 | 15 | 8 | 5 | 5 |
| 103 | 29,400 | 13 | 2 | 19 | 27 | 69 | 2 | 3 | 13 | 18 | 15 | 43 | 3 |
| 104 | 26,715 | 10 | 1 | 8 | 37 | 57 | 3 | 3 | 14 | 24 | 14 | 60 | 1 |
| 105 | 30,865 | 16 | 1 | 14 | 25 | 69 | 4 | 2 | 17 | 24 | 16 | 16 | 1 |
| 106 | 36,327 | 22 | 2 | 25 | 26 | 69 | 3 | 2 | 12 | 14 | 11 | 18 | 4 |
| 107 | 34,025 | 18 | 4 | 32 | 19 | 75 | 3 | 3 | 17 | 19 | 14 | 31 | 3 |
| 108 | 64,758 | 39 | 14 | 58 | 13 | 81 | 2 | 3 | 24 | 23 | 4 | 5 | 2 |
| 109 | 31,993 | 20 | 2 | 18 | 22 | 72 | 5 | 2 | 15 | 21 | 53 | 11 | 1 |
| 110 | 35,613 | 22 | 2 | 27 | 19 | 73 | 6 | 1 | 14 | 17 | 58 | 7 | 1 |
| 111 | 35,178 | 23 | 3 | 21 | 21 | 73 | 4 | 2 | 16 | 21 | 55 | 10 | 1 |
| 112 | 47,383 | 37 | 6 | 38 | 26 | 70 | 3 | 2 | 16 | 16 | 5 | 9 | 6 |
| 113 | 46,668 | 36 | 4 | 33 | 26 | 68 | 3 | 2 | 9 | 10 | 10 | 10 | 3 |
| 114 | 52,978 | 37 | 9 | 39 | 20 | 76 | 2 | 2 | 18 | 17 | 5 | 12 | 4 |
| 115 | 24,690 | 10 | 2 | 18 | 17 | 75 | 6 | 2 | 23 | 31 | 3 | 68 | 1 |
| 116 | 25,521 | 11 | 1 | 20 | 15 | 75 | 8 | 1 | 22 | 27 | 4 | 69 | 1 |
| 117 | 26,650 | 10 | 1 | 14 | 19 | 67 | 13 | 2 | 12 | 17 | 6 | 63 | 2 |
| 118 | 24,180 | 8 | 1 | 8 | 21 | 68 | 8 | 2 | 17 | 24 | 2 | 67 | 0 |
| 119 | 26,347 | 12 | 1 | 14 | 18 | 71 | 10 | 1 | 20 | 29 | 7 | 61 | 1 |
| 120 | 25,491 | 10 | 1 | 18 | 15 | 75 | 9 | 1 | 19 | 26 | 35 | 32 | 2 |
| 121 | 46,545 | 29 | 7 | 40 | 11 | 78 | 9 | 2 | 23 | 25 | 7 | 18 | 2 |
| 122 | 49,154 | 38 | 6 | 45 | 13 | 78 | 7 | 2 | 12 | 12 | 3 | 18 | 2 |
| 123 | 49,112 | 34 | 8 | 47 | 11 | 82 | 6 | 1 | 18 | 16 | 2 | 24 | 2 |
| 124 | 30,586 | 17 | 1 | 21 | 16 | 71 | 12 | 1 | 14 | 18 | 6 | 65 | 1 |
| 125 | 30,377 | 16 | 1 | 24 | 15 | 75 | 10 | 1 | 13 | 18 | 4 | 65 | 1 |
| 126 | 61,127 | 50 | 13 | 47 | 22 | 69 | 2 | 7 | 10 | 9 | 7 | 9 | 5 |
| 127 | 59,646 | 52 | 12 | 44 | 26 | 65 | 3 | 5 | 12 | 13 | 4 | 6 | 2 |
| 128 | 37,064 | 25 | 3 | 18 | 31 | 64 | 3 | 3 | 12 | 16 | 16 | 16 | 2 |
| 129 | 49,530 | 42 | 5 | 40 | 32 | 61 | 5 | 2 | 11 | 10 | 3 | 9 | 4 |
| 130 | 54,252 | 44 | 8 | 43 | 22 | 66 | 2 | 10 | 9 | 9 | 4 | 11 | 3 |
| 131 | 34,305 | 21 | 3 | 32 | 16 | 77 | 4 | 4 | 12 | 15 | 52 | 14 | 5 |
| 132 | 47,613 | 31 | 9 | 47 | 13 | 81 | 3 | 4 | 19 | 19 | 30 | 14 | 5 |
| 133 | 57,112 | 39 | 13 | 54 | 14 | 76 | 2 | 8 | 19 | 14 | 5 | 15 | 6 |
| 134 | 40,824 | 23 | 7 | 44 | 15 | 77 | 3 | 5 | 13 | 13 | 17 | 23 | 6 |
| 135 | 56,674 | 43 | 9 | 42 | 22 | 68 | 3 | 7 | 9 | 9 | 6 | 12 | 6 |
| 136 | 68,318 | 37 | 14 | 45 | 18 | 74 | 2 | 6 | 20 | 17 | 6 | 16 | 4 |
| 137 | 35,399 | 18 | 5 | 39 | 16 | 78 | 2 | 4 | 12 | 14 | 9 | 37 | 4 |
| 138 | 31,030 | 17 | 2 | 16 | 26 | 67 | 3 | 4 | 19 | 24 | 21 | 27 | 2 |
| 139 | 31,238 | 17 | 1 | 22 | 20 | 73 | 4 | 3 | 10 | 13 | 49 | 15 | 6 |
| 140 | 24,821 | 10 | 1 | 7 | 31 | 63 | 3 | 3 | 14 | 22 | 13 | 53 | 1 |
| 141 | 28,532 | 15 | 1 | 13 | 22 | 71 | 4 | 2 | 15 | 20 | 52 | 16 | 1 |
| 142 | 25,497 | 11 | 1 | 14 | 20 | 72 | 4 | 3 | 15 | 21 | 52 | 19 | 2 |
| 143 | 25,692 | 10 | 1 | 7 | 35 | 60 | 3 | 3 | 16 | 24 | 4 | 65 | 1 |
| 144 | 33,256 | 20 | 2 | 14 | 36 | 59 | 3 | 2 | 16 | 21 | 5 | 27 | 1 |
| 145 | 25,966 | 11 | 1 | 10 | 34 | 62 | 2 | 2 | 14 | 22 | 5 | 65 | 3 |
| 146 | 31,562 | 20 | 2 | 24 | 20 | 74 | 4 | 3 | 17 | 20 | 55 | 11 | 4 |
| 147 | 26,457 | 13 | 1 | 19 | 20 | 74 | 4 | 2 | 17 | 21 | 50 | 19 | 3 |
| 148 | 26,744 | 13 | 2 | 13 | 30 | 63 | 2 | 5 | 16 | 22 | 10 | 62 | 2 |
| 149 | 44,074 | 33 | 5 | 42 | 18 | 72 | 2 | 7 | 7 | 7 | 12 | 15 | 17 |
| 150 | 45,683 | 35 | 5 | 30 | 20 | 72 | 4 | 5 | 10 | 12 | 6 | 9 | 2 |

# UTAH
## State Senate Districts

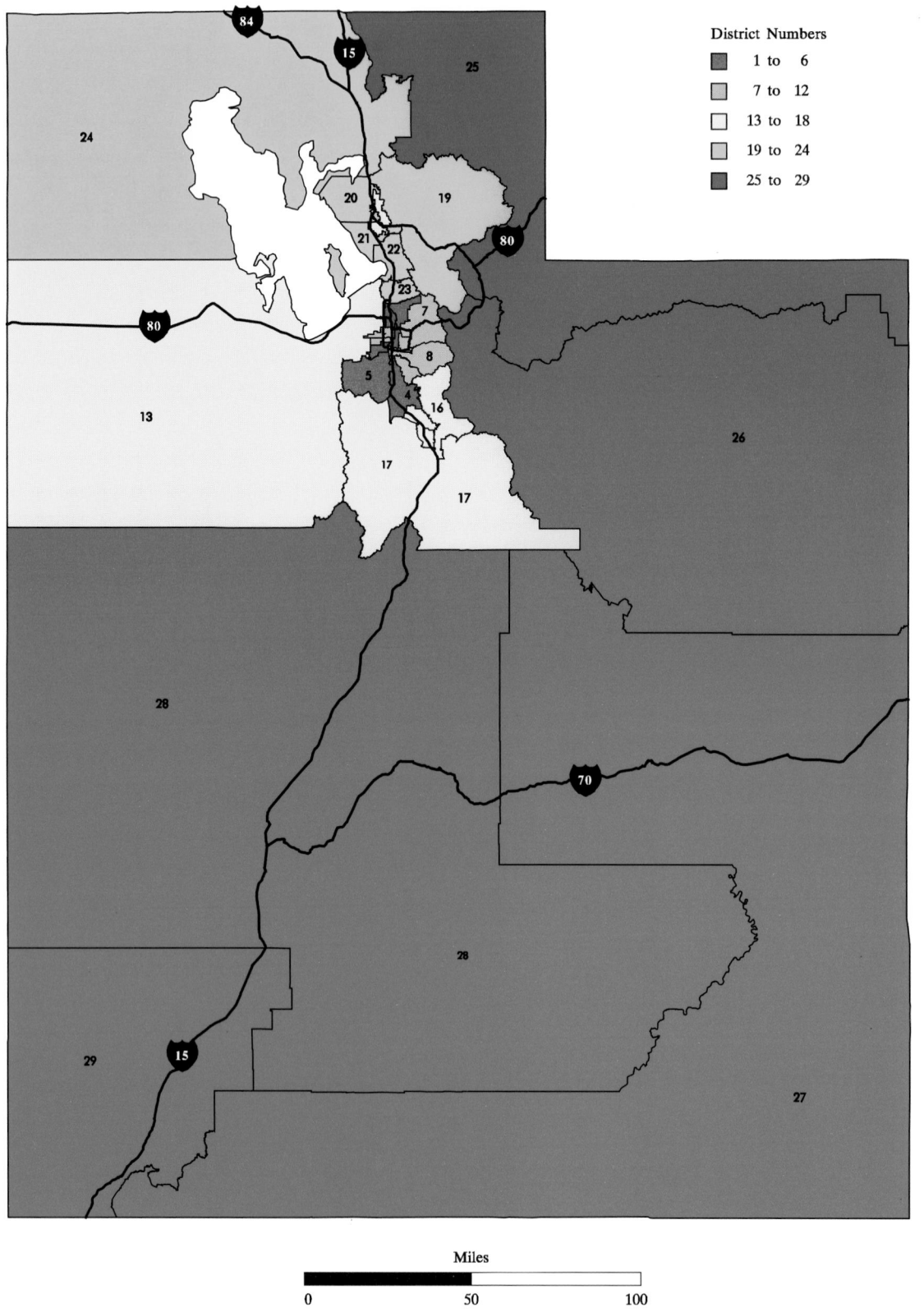

District Numbers

| | |
|---|---|
| ▨ | 1 to 6 |
| ▨ | 7 to 12 |
| ☐ | 13 to 18 |
| ▨ | 19 to 24 |
| ▨ | 25 to 29 |

Miles

0          50          100

# SALT LAKE CITY
## State Senate Districts

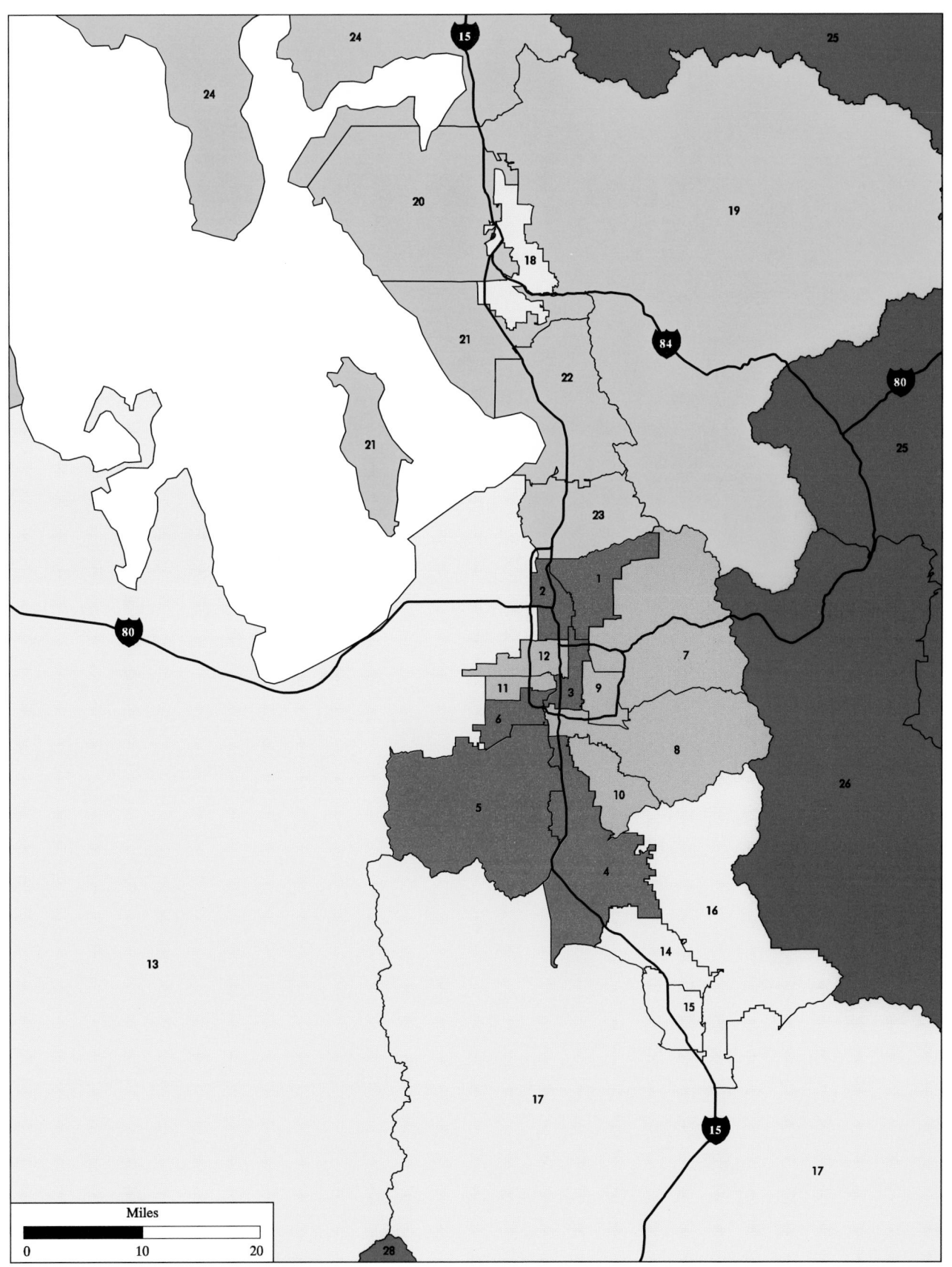

Miles

0        10        20

# Utah State Senate Districts:  Demographic Data

| Senate District | Household Income Avg. ($) | > $50K (%) | >$100K (%) | College Educ. (%) | Manf. (%) | Employment Type Service (%) | Govt. (%) | Farm (%) | Age 55+ (%) | Receives Soc. Sec. (%) | African Amer. (%) | Hispanic Amer. (%) | Asian Amer. (%) |
|---|---|---|---|---|---|---|---|---|---|---|---|---|---|
| Utah | 35,066 | 20 | 3 | 30 | 22 | 67 | 7 | 4 | 15 | 22 | 1 | 5 | 2 |
| 1 | 33,072 | 17 | 4 | 49 | 12 | 83 | 4 | 1 | 18 | 22 | 1 | 6 | 5 |
| 2 | 24,666 | 8 | 1 | 20 | 23 | 70 | 5 | 2 | 21 | 28 | 3 | 17 | 6 |
| 3 | 28,100 | 12 | 1 | 25 | 20 | 74 | 5 | 2 | 20 | 25 | 1 | 7 | 3 |
| 4 | 37,261 | 22 | 2 | 27 | 24 | 66 | 6 | 3 | 11 | 18 | 0 | 5 | 2 |
| 5 | 37,542 | 23 | 1 | 25 | 25 | 66 | 5 | 4 | 7 | 12 | 0 | 5 | 1 |
| 6 | 37,215 | 21 | 1 | 25 | 24 | 67 | 6 | 2 | 6 | 10 | 0 | 6 | 2 |
| 7 | 49,304 | 35 | 9 | 49 | 14 | 80 | 4 | 1 | 27 | 33 | 0 | 2 | 2 |
| 8 | 43,819 | 31 | 6 | 36 | 18 | 76 | 4 | 2 | 14 | 18 | 0 | 4 | 1 |
| 9 | 43,334 | 28 | 6 | 39 | 17 | 78 | 4 | 2 | 25 | 27 | 0 | 2 | 2 |
| 10 | 51,339 | 42 | 6 | 39 | 18 | 75 | 5 | 2 | 8 | 12 | 0 | 2 | 1 |
| 11 | 31,683 | 15 | 0 | 22 | 25 | 67 | 5 | 2 | 11 | 16 | 1 | 7 | 3 |
| 12 | 29,269 | 13 | 1 | 18 | 27 | 65 | 5 | 3 | 11 | 17 | 1 | 7 | 4 |
| 13 | 32,254 | 15 | 1 | 18 | 31 | 54 | 12 | 3 | 12 | 17 | 1 | 9 | 2 |
| 14 | 36,128 | 21 | 2 | 36 | 25 | 69 | 4 | 2 | 10 | 20 | 0 | 3 | 1 |
| 15 | 34,548 | 18 | 2 | 39 | 20 | 75 | 3 | 2 | 13 | 21 | 0 | 4 | 2 |
| 16 | 30,933 | 15 | 3 | 48 | 14 | 83 | 2 | 1 | 10 | 17 | 0 | 4 | 3 |
| 17 | 31,824 | 14 | 1 | 26 | 32 | 60 | 3 | 5 | 14 | 24 | 0 | 4 | 1 |
| 18 | 31,217 | 16 | 2 | 24 | 21 | 59 | 19 | 2 | 19 | 24 | 3 | 11 | 2 |
| 19 | 35,627 | 22 | 2 | 30 | 23 | 56 | 17 | 3 | 19 | 26 | 1 | 4 | 1 |
| 20 | 36,171 | 22 | 1 | 21 | 22 | 52 | 23 | 3 | 15 | 19 | 1 | 4 | 1 |
| 21 | 33,787 | 17 | 1 | 23 | 21 | 54 | 23 | 2 | 9 | 13 | 2 | 7 | 3 |
| 22 | 45,667 | 37 | 4 | 39 | 18 | 67 | 14 | 2 | 11 | 15 | 1 | 3 | 1 |
| 23 | 43,784 | 30 | 4 | 35 | 19 | 74 | 6 | 1 | 17 | 22 | 0 | 2 | 1 |
| 24 | 36,955 | 22 | 2 | 26 | 40 | 48 | 6 | 7 | 15 | 23 | 0 | 4 | 1 |
| 25 | 29,668 | 14 | 1 | 36 | 28 | 62 | 4 | 7 | 14 | 21 | 0 | 3 | 3 |
| 26 | 34,672 | 18 | 3 | 25 | 16 | 64 | 5 | 14 | 15 | 22 | 0 | 4 | 0 |
| 27 | 27,769 | 14 | 1 | 21 | 15 | 64 | 7 | 14 | 18 | 28 | 0 | 5 | 0 |
| 28 | 26,421 | 10 | 1 | 22 | 18 | 60 | 6 | 16 | 21 | 34 | 0 | 2 | 1 |
| 29 | 29,501 | 14 | 2 | 28 | 18 | 71 | 4 | 6 | 22 | 33 | 0 | 2 | 1 |

# UTAH
## State House Districts

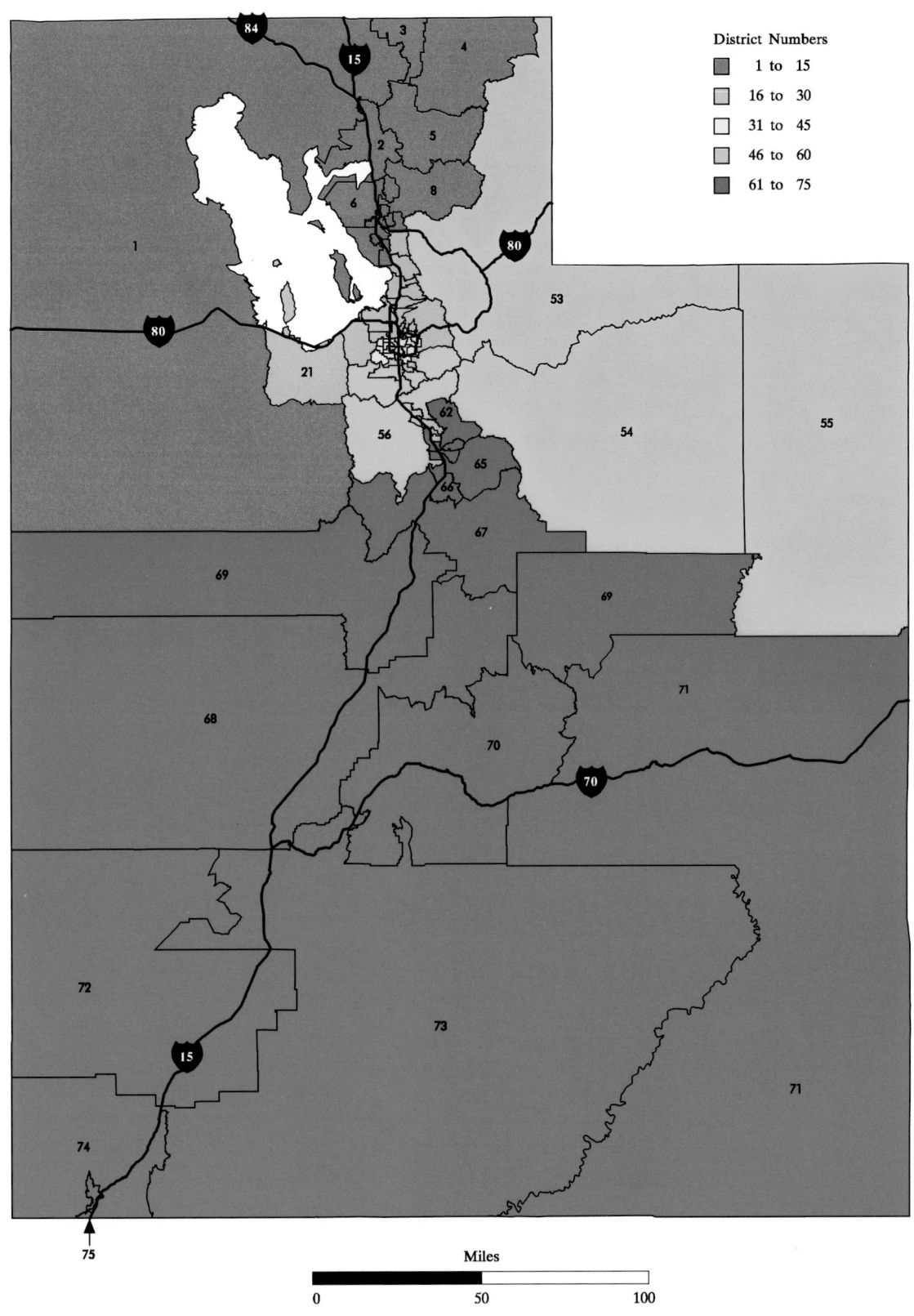

District Numbers

- 1 to 15
- 16 to 30
- 31 to 45
- 46 to 60
- 61 to 75

Miles

0    50    100

# SALT LAKE CITY
## State House Districts

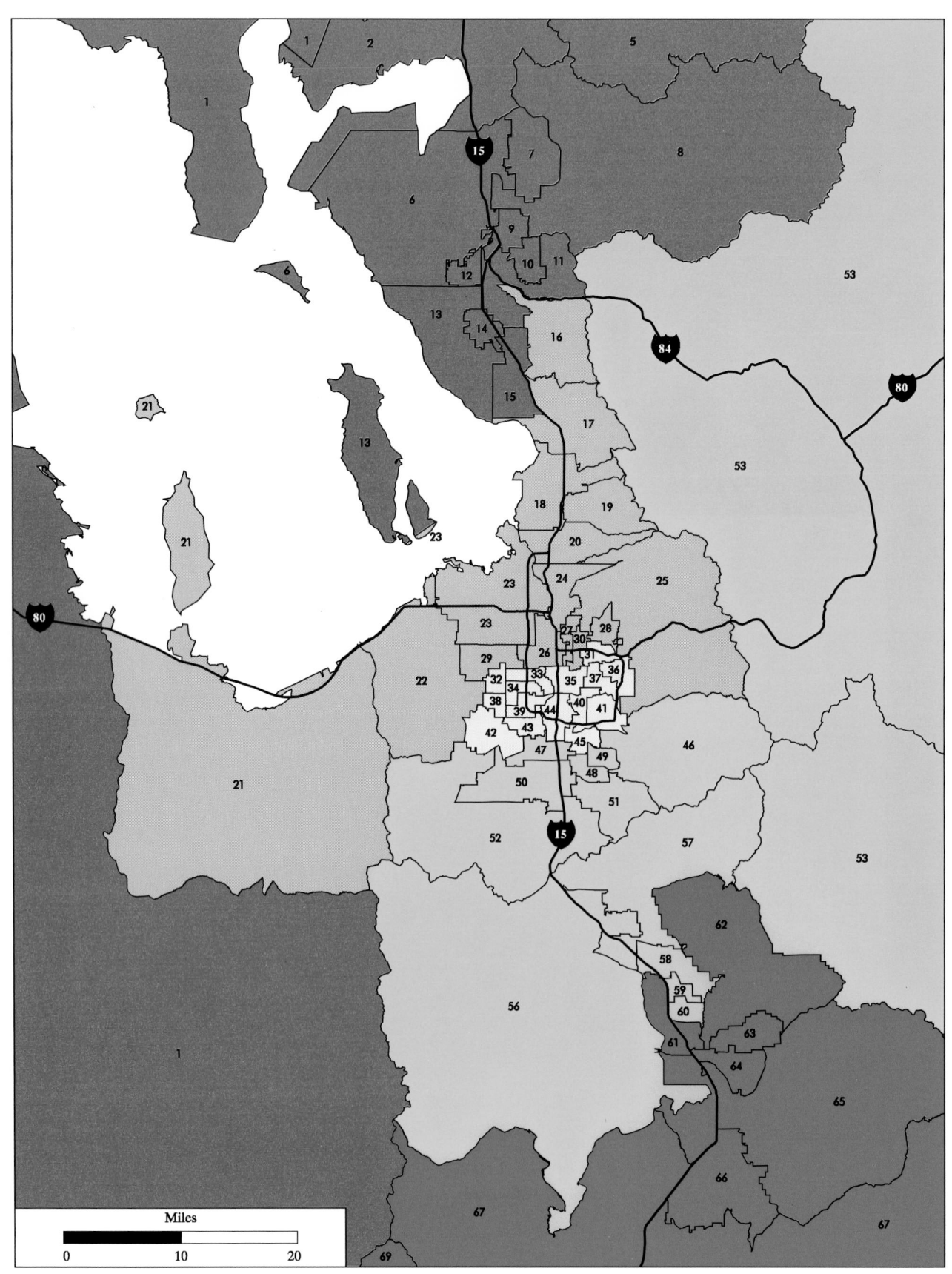

Miles

0        10        20

# Utah State House Districts: Demographic Data

| House District | Household Income Avg. ($) | > $50K (%) | >$100K (%) | College Educ. (%) | Manf. (%) | Employment Type Service (%) | Govt. (%) | Farm (%) | Age 55+ (%) | Receives Soc. Sec. (%) | African Amer. (%) | Hispanic Amer. (%) | Asian Amer. (%) |
|---|---|---|---|---|---|---|---|---|---|---|---|---|---|
| Utah | 35,066 | 20 | 3 | 30 | 22 | 67 | 7 | 4 | 15 | 22 | 1 | 5 | 2 |
| 1 | 34,439 | 19 | 1 | 21 | 36 | 46 | 7 | 12 | 14 | 21 | 1 | 7 | 1 |
| 2 | 37,730 | 22 | 2 | 27 | 41 | 46 | 8 | 4 | 19 | 27 | 0 | 5 | 1 |
| 3 | 30,653 | 15 | 1 | 31 | 34 | 56 | 3 | 7 | 14 | 21 | 0 | 2 | 2 |
| 4 | 28,444 | 15 | 2 | 51 | 22 | 73 | 2 | 3 | 12 | 18 | 1 | 3 | 6 |
| 5 | 35,184 | 19 | 2 | 29 | 36 | 53 | 5 | 6 | 12 | 19 | 0 | 3 | 1 |
| 6 | 37,335 | 23 | 1 | 22 | 24 | 51 | 20 | 5 | 14 | 18 | 0 | 3 | 1 |
| 7 | 38,189 | 25 | 1 | 29 | 26 | 52 | 19 | 3 | 15 | 20 | 1 | 4 | 1 |
| 8 | 31,576 | 17 | 1 | 26 | 22 | 56 | 19 | 3 | 22 | 29 | 1 | 6 | 1 |
| 9 | 20,993 | 5 | 0 | 15 | 27 | 54 | 17 | 2 | 21 | 29 | 4 | 22 | 2 |
| 10 | 39,840 | 25 | 5 | 37 | 16 | 67 | 15 | 1 | 25 | 29 | 1 | 4 | 2 |
| 11 | 37,250 | 22 | 2 | 26 | 17 | 61 | 20 | 2 | 16 | 20 | 3 | 4 | 2 |
| 12 | 37,805 | 24 | 0 | 22 | 22 | 50 | 26 | 2 | 14 | 18 | 1 | 5 | 2 |
| 13 | 36,242 | 19 | 1 | 23 | 19 | 54 | 25 | 2 | 9 | 13 | 1 | 6 | 2 |
| 14 | 29,930 | 12 | 1 | 17 | 22 | 54 | 23 | 1 | 13 | 17 | 4 | 8 | 4 |
| 15 | 30,883 | 15 | 1 | 22 | 22 | 53 | 23 | 2 | 11 | 13 | 2 | 7 | 2 |
| 16 | 50,590 | 44 | 5 | 38 | 17 | 63 | 18 | 1 | 10 | 12 | 1 | 3 | 2 |
| 17 | 46,248 | 37 | 5 | 44 | 16 | 71 | 10 | 2 | 10 | 15 | 0 | 1 | 1 |
| 18 | 42,181 | 31 | 2 | 35 | 19 | 73 | 7 | 1 | 10 | 14 | 0 | 2 | 1 |
| 19 | 44,106 | 29 | 5 | 38 | 20 | 74 | 5 | 1 | 22 | 26 | 0 | 2 | 1 |
| 20 | 46,103 | 34 | 5 | 36 | 17 | 76 | 6 | 1 | 16 | 20 | 0 | 2 | 1 |
| 21 | 32,593 | 19 | 0 | 18 | 37 | 41 | 20 | 2 | 18 | 22 | 0 | 9 | 1 |
| 22 | 32,007 | 12 | 0 | 19 | 29 | 61 | 6 | 4 | 8 | 14 | 0 | 8 | 2 |
| 23 | 27,132 | 9 | 0 | 18 | 23 | 69 | 7 | 1 | 17 | 25 | 3 | 17 | 6 |
| 24 | 27,138 | 12 | 2 | 38 | 14 | 79 | 4 | 2 | 23 | 26 | 2 | 9 | 4 |
| 25 | 41,396 | 25 | 8 | 59 | 10 | 85 | 4 | 1 | 19 | 21 | 1 | 4 | 6 |
| 26 | 23,399 | 7 | 0 | 12 | 30 | 64 | 4 | 3 | 19 | 27 | 2 | 16 | 8 |
| 27 | 20,958 | 5 | 0 | 20 | 23 | 71 | 5 | 1 | 21 | 30 | 3 | 15 | 5 |
| 28 | 53,212 | 37 | 11 | 60 | 12 | 83 | 4 | 1 | 25 | 32 | 0 | 2 | 4 |
| 29 | 31,930 | 15 | 0 | 18 | 30 | 63 | 4 | 3 | 8 | 13 | 1 | 7 | 4 |
| 30 | 25,826 | 9 | 1 | 28 | 18 | 76 | 5 | 1 | 20 | 26 | 1 | 7 | 3 |
| 31 | 37,691 | 21 | 3 | 41 | 15 | 79 | 5 | 1 | 26 | 36 | 0 | 3 | 2 |
| 32 | 33,797 | 17 | 1 | 21 | 26 | 66 | 5 | 3 | 9 | 14 | 1 | 7 | 3 |
| 33 | 28,732 | 12 | 1 | 22 | 23 | 69 | 6 | 2 | 14 | 16 | 1 | 7 | 4 |
| 34 | 34,765 | 18 | 1 | 25 | 25 | 68 | 5 | 2 | 9 | 12 | 1 | 7 | 3 |
| 35 | 26,731 | 11 | 1 | 24 | 19 | 74 | 4 | 2 | 19 | 23 | 1 | 6 | 3 |
| 36 | 54,190 | 43 | 10 | 49 | 16 | 78 | 4 | 2 | 28 | 29 | 0 | 1 | 2 |
| 37 | 42,666 | 29 | 7 | 42 | 17 | 78 | 3 | 2 | 27 | 33 | 0 | 2 | 1 |
| 38 | 29,325 | 10 | 0 | 16 | 27 | 66 | 5 | 3 | 12 | 20 | 0 | 8 | 3 |
| 39 | 39,687 | 28 | 1 | 27 | 24 | 69 | 6 | 2 | 7 | 11 | 0 | 5 | 3 |
| 40 | 35,429 | 20 | 2 | 35 | 19 | 75 | 5 | 1 | 23 | 23 | 0 | 3 | 1 |
| 41 | 50,256 | 33 | 8 | 42 | 15 | 79 | 4 | 1 | 23 | 24 | 0 | 2 | 2 |
| 42 | 34,578 | 14 | 1 | 25 | 26 | 66 | 6 | 2 | 3 | 6 | 0 | 7 | 2 |
| 43 | 37,958 | 22 | 1 | 25 | 25 | 66 | 6 | 3 | 6 | 9 | 0 | 6 | 2 |
| 44 | 33,835 | 17 | 2 | 25 | 19 | 74 | 5 | 2 | 16 | 22 | 1 | 6 | 2 |
| 45 | 36,975 | 23 | 2 | 31 | 18 | 76 | 4 | 1 | 12 | 16 | 0 | 4 | 1 |
| 46 | 59,656 | 53 | 12 | 46 | 18 | 76 | 4 | 2 | 10 | 13 | 0 | 2 | 1 |
| 47 | 30,881 | 16 | 1 | 21 | 26 | 66 | 4 | 3 | 11 | 18 | 0 | 9 | 3 |
| 48 | 43,552 | 33 | 3 | 33 | 19 | 74 | 5 | 2 | 9 | 13 | 0 | 3 | 1 |
| 49 | 60,620 | 55 | 9 | 47 | 15 | 78 | 5 | 2 | 7 | 10 | 0 | 2 | 1 |
| 50 | 41,726 | 30 | 2 | 29 | 23 | 68 | 5 | 3 | 9 | 13 | 0 | 3 | 2 |

# Utah State House Districts: Demographic Data (cont.)

| House District | Household Income Avg. ($) | > $50K (%) | >$100K (%) | College Educ. (%) | Manf. (%) | Employment Type Service (%) | Govt. (%) | Farm (%) | Age 55+ (%) | Receives Soc. Sec. (%) | African Amer. (%) | Hispanic Amer. (%) | Asian Amer. (%) |
|---|---|---|---|---|---|---|---|---|---|---|---|---|---|
| Utah | 35,066 | 20 | 3 | 30 | 22 | 67 | 7 | 4 | 15 | 22 | 1 | 5 | 2 |
| 51 | 55,220 | 44 | 7 | 39 | 20 | 74 | 5 | 2 | 5 | 8 | 0 | 2 | 1 |
| 52 | 39,306 | 22 | 2 | 23 | 25 | 63 | 6 | 6 | 9 | 16 | 1 | 4 | 1 |
| 53 | 45,576 | 29 | 6 | 35 | 20 | 66 | 7 | 8 | 13 | 16 | 0 | 2 | 0 |
| 54 | 31,176 | 13 | 2 | 22 | 19 | 61 | 5 | 15 | 15 | 24 | 0 | 3 | 0 |
| 55 | 27,755 | 11 | 1 | 17 | 12 | 60 | 8 | 20 | 15 | 23 | 0 | 3 | 0 |
| 56 | 34,705 | 18 | 1 | 27 | 25 | 64 | 8 | 4 | 13 | 25 | 0 | 2 | 1 |
| 57 | 37,499 | 22 | 2 | 33 | 26 | 68 | 4 | 3 | 11 | 21 | 0 | 2 | 1 |
| 58 | 41,220 | 27 | 4 | 40 | 25 | 69 | 4 | 2 | 10 | 19 | 0 | 2 | 1 |
| 59 | 33,898 | 16 | 1 | 35 | 27 | 68 | 3 | 2 | 9 | 19 | 0 | 3 | 2 |
| 60 | 37,733 | 22 | 3 | 44 | 18 | 77 | 3 | 1 | 15 | 23 | 0 | 3 | 1 |
| 61 | 34,037 | 18 | 2 | 38 | 21 | 74 | 3 | 2 | 13 | 18 | 0 | 4 | 2 |
| 62 | 43,805 | 28 | 6 | 53 | 13 | 84 | 2 | 1 | 13 | 22 | 0 | 3 | 2 |
| 63 | 24,717 | 9 | 2 | 52 | 9 | 88 | 1 | 1 | 6 | 11 | 0 | 3 | 3 |
| 64 | 20,675 | 6 | 0 | 35 | 19 | 77 | 2 | 1 | 10 | 18 | 0 | 6 | 3 |
| 65 | 30,676 | 13 | 1 | 29 | 31 | 63 | 3 | 3 | 15 | 22 | 0 | 3 | 1 |
| 66 | 32,382 | 14 | 1 | 26 | 34 | 59 | 3 | 4 | 15 | 26 | 0 | 3 | 1 |
| 67 | 31,255 | 13 | 1 | 23 | 31 | 55 | 3 | 11 | 14 | 25 | 0 | 5 | 0 |
| 68 | 27,156 | 10 | 1 | 26 | 17 | 60 | 5 | 18 | 19 | 33 | 0 | 4 | 1 |
| 69 | 29,320 | 15 | 1 | 21 | 14 | 62 | 7 | 17 | 21 | 32 | 0 | 8 | 0 |
| 70 | 28,186 | 12 | 1 | 21 | 14 | 63 | 6 | 17 | 20 | 31 | 0 | 2 | 0 |
| 71 | 24,657 | 10 | 1 | 20 | 14 | 64 | 9 | 13 | 17 | 24 | 0 | 4 | 0 |
| 72 | 27,723 | 14 | 1 | 28 | 17 | 69 | 6 | 8 | 17 | 27 | 0 | 2 | 1 |
| 73 | 25,106 | 9 | 1 | 20 | 21 | 59 | 7 | 13 | 23 | 35 | 0 | 2 | 0 |
| 74 | 31,141 | 15 | 2 | 24 | 21 | 70 | 4 | 5 | 22 | 35 | 0 | 2 | 1 |
| 75 | 28,740 | 13 | 1 | 29 | 17 | 75 | 3 | 4 | 27 | 39 | 0 | 2 | 1 |

# VERMONT
## State Senate Districts

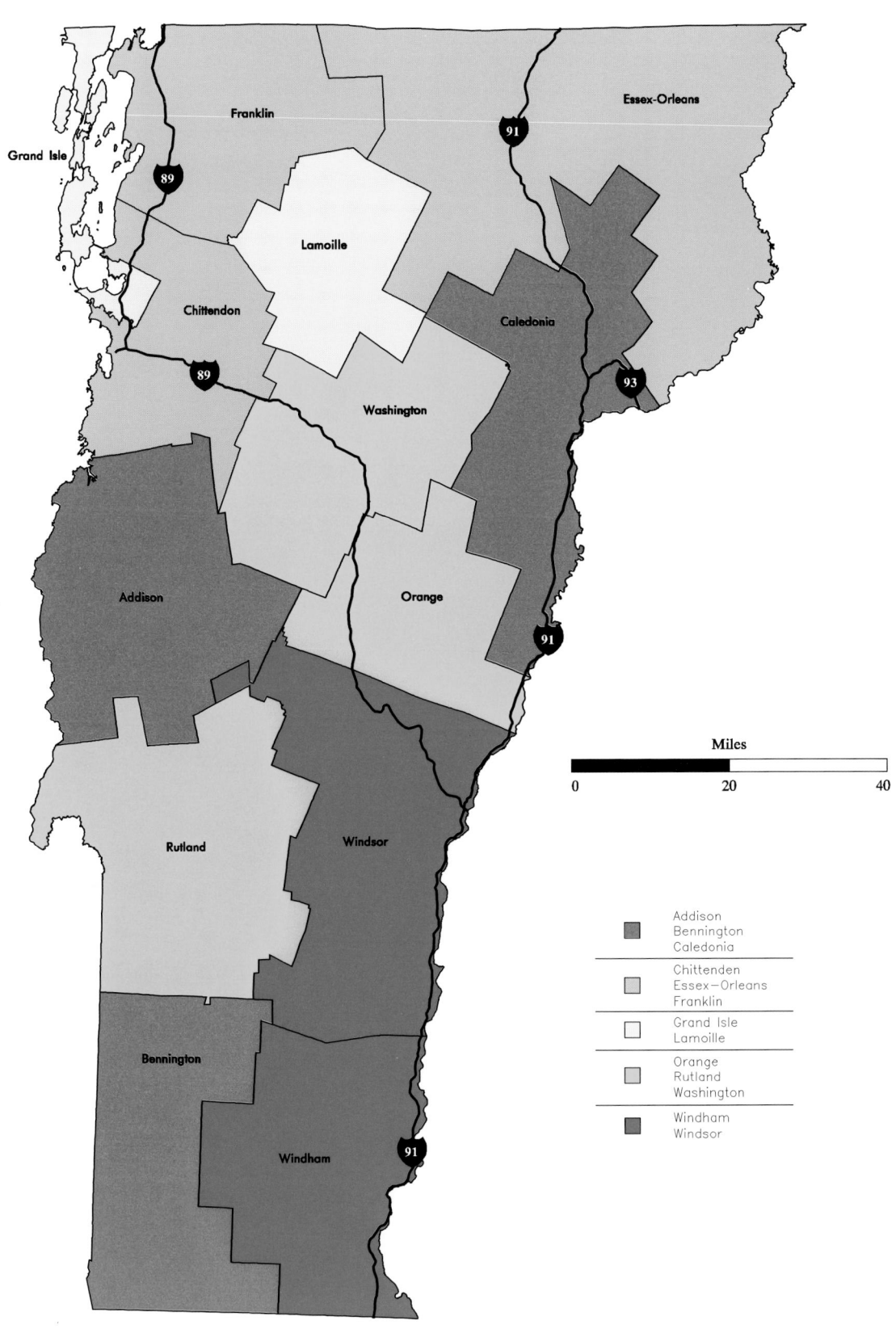

Grand Isle

Franklin

Essex-Orleans

89

91

Lamoille

Chittendon

Caledonia

93

89

Washington

Addison

Orange

91

Miles

0    20    40

Rutland

Windsor

Bennington

Windham

91

Addison
Bennington
Caledonia

Chittenden
Essex—Orleans
Franklin

Grand Isle
Lamoille

Orange
Rutland
Washington

Windham
Windsor

# Vermont State Senate Districts: Demographic Data

| Senate District* | Household Income Avg. ($) | > $50K (%) | >$100K (%) | College Educ. (%) | Manf. (%) | Employment Type Service (%) | Govt. (%) | Farm (%) | Age 55+ (%) | Receives Soc. Sec. (%) | African Amer. (%) | Hispanic Amer. (%) | Asian Amer. (%) |
|---|---|---|---|---|---|---|---|---|---|---|---|---|---|
| Vermont | 35,491 | 21 | 3 | 32 | 24 | 67 | 4 | 5 | 20 | 25 | 0 | 1 | 1 |
| Ad | 35,307 | 21 | 2 | 30 | 27 | 60 | 3 | 9 | 18 | 25 | 0 | 1 | 1 |
| Be | 35,021 | 20 | 3 | 31 | 28 | 66 | 2 | 3 | 24 | 30 | 0 | 1 | 1 |
| Ca | 29,959 | 13 | 2 | 25 | 26 | 64 | 4 | 6 | 22 | 29 | 0 | 0 | 0 |
| Ch | 42,828 | 31 | 5 | 43 | 19 | 75 | 4 | 2 | 15 | 19 | 1 | 1 | 1 |
| EsOl | 27,345 | 10 | 1 | 18 | 31 | 54 | 5 | 10 | 23 | 31 | 0 | 0 | 0 |
| Fr | 32,934 | 18 | 2 | 21 | 28 | 58 | 5 | 9 | 18 | 25 | 0 | 0 | 0 |
| GI | 41,385 | 30 | 3 | 36 | 22 | 71 | 4 | 3 | 14 | 16 | 0 | 1 | 1 |
| La | 33,393 | 18 | 2 | 32 | 24 | 65 | 4 | 6 | 19 | 24 | 0 | 0 | 0 |
| Og | 32,999 | 18 | 2 | 29 | 24 | 64 | 4 | 8 | 19 | 24 | 0 | 0 | 0 |
| Ru | 32,848 | 18 | 2 | 28 | 26 | 66 | 3 | 5 | 23 | 29 | 0 | 0 | 0 |
| Wa | 34,911 | 20 | 3 | 32 | 20 | 67 | 10 | 3 | 21 | 27 | 0 | 1 | 0 |
| Wm | 33,055 | 17 | 2 | 31 | 24 | 69 | 3 | 4 | 21 | 27 | 0 | 1 | 1 |
| Wr | 35,406 | 21 | 3 | 31 | 28 | 65 | 4 | 4 | 24 | 28 | 0 | 0 | 1 |

\* Senate districts are identified by name rather than by number.

KEY:

Ad = Addison
Be = Bennington
Ca = Caledonia
Ch =Chittenden
EsOl = Essex-Orleans
Fr = Franklin
GI =Grand Isle
La = Lamoille
Og = Orange
Ru = Rutland
Wa = Washington
Wm = Windham
Wr = Windsor

# VERMONT
## State House Districts

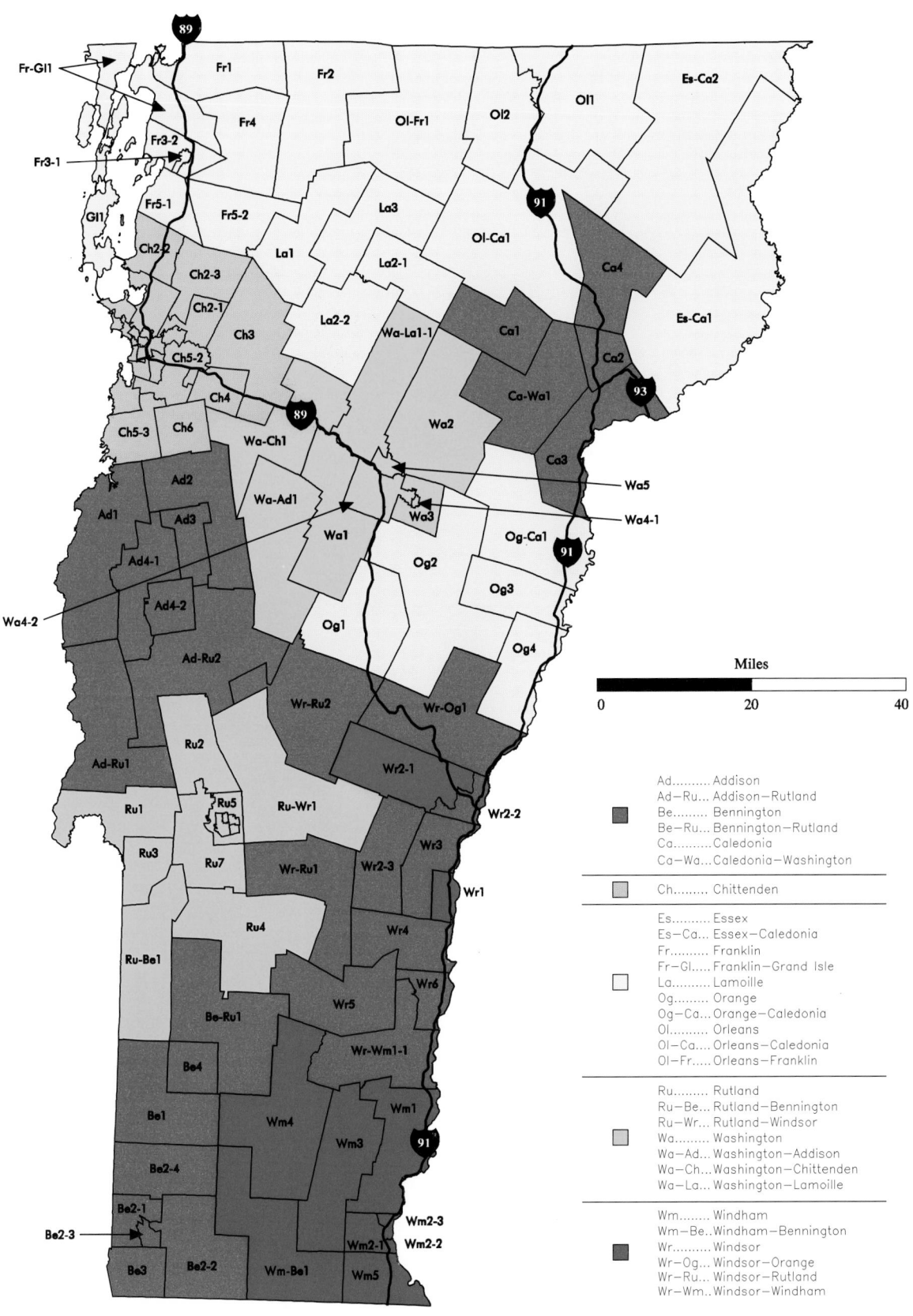

**Miles**

0                      20                      40

| | |
|---|---|
| Ad.......... | Addison |
| Ad–Ru... | Addison–Rutland |
| Be......... | Bennington |
| Be–Ru... | Bennington–Rutland |
| Ca.......... | Caledonia |
| Ca–Wa... | Caledonia–Washington |
| Ch......... | Chittenden |
| Es.......... | Essex |
| Es–Ca... | Essex–Caledonia |
| Fr.......... | Franklin |
| Fr–Gl..... | Franklin–Grand Isle |
| La.......... | Lamoille |
| Og.......... | Orange |
| Og–Ca... | Orange–Caledonia |
| Ol.......... | Orleans |
| Ol–Ca.... | Orleans–Caledonia |
| Ol–Fr..... | Orleans–Franklin |
| Ru......... | Rutland |
| Ru–Be... | Rutland–Bennington |
| Ru–Wr... | Rutland–Windsor |
| Wa......... | Washington |
| Wa–Ad... | Washington–Addison |
| Wa–Ch... | Washington–Chittenden |
| Wa–La... | Washington–Lamoille |
| Wm........ | Windham |
| Wm–Be.. | Windham–Bennington |
| Wr......... | Windsor |
| Wr–Og... | Windsor–Orange |
| Wr–Ru... | Windsor–Rutland |
| Wr–Wm.. | Windsor–Windham |

# BURLINGTON
## State House Districts

# RUTLAND
## State House Districts

# Vermont State House Districts: Demographic Data

| House District* | Household Income Avg. ($) | > $50K (%) | >$100K (%) | College Educ. (%) | Manf. (%) | Employment Type Service (%) | Govt. (%) | Farm (%) | Age 55+ (%) | Receives Soc. Sec. (%) | African Amer. (%) | Hispanic Amer. (%) | Asian Amer. (%) |
|---|---|---|---|---|---|---|---|---|---|---|---|---|---|
| Vermont | 35,491 | 21 | 3 | 32 | 24 | 67 | 4 | 5 | 20 | 25 | 0 | 1 | 1 |
| Ad1 | 35,322 | 20 | 2 | 27 | 29 | 53 | 4 | 15 | 18 | 25 | 0 | 1 | 0 |
| Ad2 | 34,280 | 22 | 1 | 34 | 33 | 56 | 4 | 7 | 14 | 21 | 0 | 0 | 0 |
| Ad3 | 31,333 | 16 | 1 | 25 | 36 | 56 | 3 | 5 | 18 | 23 | 0 | 1 | 0 |
| Ad4-1 | 39,425 | 25 | 5 | 37 | 22 | 61 | 4 | 13 | 19 | 25 | 0 | 1 | 1 |
| Ad4-2 | 37,263 | 23 | 3 | 42 | 18 | 77 | 2 | 3 | 18 | 26 | 1 | 1 | 1 |
| Ad-Ru1 | 34,107 | 17 | 3 | 26 | 24 | 54 | 2 | 19 | 19 | 27 | 0 | 0 | 0 |
| Ad-Ru2 | 35,998 | 20 | 4 | 31 | 28 | 59 | 3 | 10 | 18 | 24 | 0 | 0 | 0 |
| Be1 | 33,913 | 17 | 2 | 30 | 32 | 60 | 3 | 4 | 25 | 33 | 0 | 0 | 0 |
| Be2-1 | 34,170 | 19 | 3 | 26 | 28 | 68 | 2 | 2 | 21 | 30 | 1 | 1 | 1 |
| Be2-2 | 35,649 | 16 | 2 | 23 | 30 | 65 | 3 | 2 | 23 | 29 | 0 | 1 | 0 |
| Be2-3 | 30,817 | 15 | 2 | 28 | 31 | 66 | 2 | 2 | 28 | 33 | 0 | 1 | 1 |
| Be2-4 | 38,877 | 27 | 4 | 36 | 30 | 60 | 4 | 6 | 21 | 27 | 0 | 1 | 0 |
| Be3 | 31,276 | 16 | 2 | 28 | 35 | 62 | 1 | 3 | 19 | 26 | 0 | 0 | 0 |
| Be4 | 38,897 | 24 | 5 | 40 | 18 | 77 | 2 | 3 | 27 | 31 | 0 | 0 | 0 |
| Be-Ru1 | 41,823 | 28 | 6 | 42 | 23 | 67 | 3 | 7 | 27 | 28 | 0 | 0 | 0 |
| Ca1 | 28,716 | 12 | 2 | 19 | 30 | 58 | 5 | 7 | 20 | 30 | 0 | 0 | 0 |
| Ca2 | 26,770 | 11 | 1 | 23 | 27 | 67 | 5 | 1 | 26 | 34 | 0 | 0 | 0 |
| Ca3 | 33,089 | 16 | 2 | 27 | 25 | 62 | 3 | 9 | 21 | 28 | 0 | 0 | 0 |
| Ca4 | 29,751 | 14 | 2 | 27 | 24 | 69 | 3 | 4 | 19 | 25 | 0 | 0 | 0 |
| Ca-Wa1 | 35,246 | 18 | 4 | 34 | 27 | 55 | 5 | 13 | 21 | 30 | 0 | 0 | 0 |
| Ch1-1 | 40,240 | 29 | 3 | 37 | 21 | 74 | 4 | 1 | 11 | 13 | 1 | 1 | 1 |
| Ch1-2 | 48,415 | 42 | 5 | 41 | 23 | 73 | 3 | 1 | 11 | 12 | 0 | 1 | 0 |
| Ch1-3 | 30,840 | 17 | 2 | 24 | 21 | 72 | 5 | 1 | 22 | 25 | 1 | 1 | 1 |
| Ch2-1 | 51,405 | 48 | 5 | 49 | 20 | 73 | 6 | 1 | 10 | 14 | 1 | 1 | 1 |
| Ch2-2 | 38,553 | 26 | 2 | 23 | 26 | 66 | 5 | 3 | 10 | 17 | 0 | 0 | 0 |
| Ch2-3 | 43,605 | 33 | 4 | 34 | 25 | 67 | 5 | 4 | 9 | 14 | 0 | 0 | 0 |
| Ch2-4 | 42,139 | 35 | 2 | 40 | 19 | 74 | 5 | 1 | 17 | 19 | 1 | 1 | 2 |
| Ch3 | 52,234 | 48 | 6 | 53 | 22 | 71 | 4 | 2 | 11 | 13 | 0 | 1 | 0 |
| Ch4 | 45,031 | 38 | 4 | 44 | 22 | 68 | 7 | 4 | 11 | 17 | 0 | 1 | 0 |
| Ch5-1 | 58,525 | 52 | 8 | 59 | 20 | 74 | 4 | 3 | 14 | 15 | 0 | 1 | 1 |
| Ch5-2 | 48,104 | 41 | 5 | 50 | 20 | 74 | 4 | 2 | 16 | 15 | 1 | 1 | 1 |
| Ch5-3 | 60,609 | 52 | 14 | 61 | 23 | 66 | 4 | 8 | 14 | 16 | 0 | 1 | 1 |
| Ch5-4 | 58,752 | 47 | 11 | 52 | 21 | 74 | 3 | 2 | 19 | 22 | 0 | 1 | 1 |
| Ch6 | 44,410 | 31 | 4 | 40 | 21 | 73 | 2 | 3 | 10 | 13 | 0 | 1 | 0 |
| Ch7-1 | 35,175 | 21 | 4 | 46 | 16 | 80 | 3 | 1 | 18 | 21 | 1 | 1 | 1 |
| Ch7-2 | 22,327 | 5 | 1 | 29 | 18 | 78 | 3 | 1 | 16 | 24 | 1 | 1 | 2 |
| Ch7-3 | 32,453 | 19 | 2 | 57 | 9 | 86 | 3 | 2 | 12 | 17 | 1 | 1 | 2 |
| Ch7-4 | 26,585 | 11 | 1 | 36 | 17 | 79 | 2 | 2 | 16 | 20 | 1 | 1 | 2 |
| Ch7-5 | 40,646 | 28 | 4 | 41 | 18 | 78 | 4 | 0 | 22 | 22 | 1 | 1 | 1 |
| Ch7-6 | 44,663 | 27 | 5 | 35 | 19 | 76 | 4 | 1 | 22 | 23 | 1 | 1 | 1 |
| Ch7-7 | 61,269 | 40 | 12 | 61 | 9 | 84 | 4 | 2 | 15 | 28 | 1 | 2 | 2 |
| Ch7-8 | 53,582 | 44 | 10 | 56 | 14 | 80 | 5 | 2 | 20 | 16 | 1 | 1 | 2 |
| Ch7-9 | 50,609 | 37 | 7 | 57 | 13 | 80 | 6 | 1 | 18 | 18 | 0 | 1 | 2 |
| Ch7-10 | 43,407 | 32 | 2 | 38 | 20 | 74 | 4 | 1 | 22 | 25 | 1 | 1 | 2 |
| Es-Ca1 | 27,458 | 11 | 1 | 16 | 38 | 53 | 4 | 5 | 23 | 31 | 0 | 0 | 0 |
| Es-Ca2 | 24,731 | 9 | 0 | 12 | 34 | 54 | 5 | 7 | 25 | 34 | 0 | 0 | 0 |
| Fr1 | 33,752 | 17 | 3 | 15 | 28 | 52 | 6 | 14 | 16 | 23 | 0 | 0 | 0 |
| Fr2 | 27,440 | 11 | 1 | 15 | 27 | 55 | 5 | 13 | 21 | 28 | 0 | 0 | 0 |
| Fr3-1 | 29,085 | 13 | 3 | 21 | 27 | 65 | 7 | 1 | 24 | 34 | 0 | 1 | 0 |
| Fr3-2 | 39,887 | 25 | 2 | 26 | 30 | 54 | 7 | 9 | 21 | 19 | 0 | 0 | 0 |

# Vermont State House Districts:  Demographic Data (cont.)

| House District* | Household Income Avg. ($) | > $50K (%) | >$100K (%) | College Educ. (%) | Manf. (%) | Employment Type Service (%) | Govt. (%) | Farm (%) | Age 55+ (%) | Receives Soc. Sec. (%) | African Amer. (%) | Hispanic Amer. (%) | Asian Amer. (%) |
|---|---|---|---|---|---|---|---|---|---|---|---|---|---|
| Vermont | 35,491 | 21 | 3 | 32 | 24 | 67 | 4 | 5 | 20 | 25 | 0 | 1 | 1 |
| Fr4 | 31,451 | 13 | 2 | 17 | 28 | 47 | 4 | 21 | 14 | 19 | 0 | 0 | 0 |
| Fr5-1 | 41,631 | 32 | 2 | 31 | 25 | 67 | 4 | 4 | 10 | 15 | 0 | 0 | 0 |
| Fr5-2 | 36,988 | 26 | 1 | 36 | 29 | 59 | 4 | 8 | 12 | 17 | 0 | 0 | 0 |
| Fr-GI1 | 29,358 | 14 | 1 | 15 | 32 | 56 | 5 | 7 | 21 | 29 | 0 | 0 | 0 |
| GI1 | 41,164 | 26 | 4 | 34 | 24 | 62 | 5 | 8 | 19 | 22 | 0 | 0 | 0 |
| La1 | 33,668 | 17 | 1 | 33 | 34 | 55 | 3 | 8 | 16 | 19 | 0 | 0 | 0 |
| La2-1 | 29,611 | 14 | 2 | 26 | 25 | 64 | 5 | 6 | 17 | 28 | 0 | 0 | 0 |
| La2-2 | 35,678 | 20 | 3 | 35 | 21 | 68 | 4 | 6 | 23 | 27 | 0 | 0 | 0 |
| La3 | 28,397 | 12 | 1 | 24 | 22 | 67 | 5 | 5 | 13 | 23 | 0 | 1 | 1 |
| Og1 | 31,066 | 17 | 1 | 29 | 24 | 65 | 3 | 8 | 21 | 29 | 0 | 0 | 0 |
| Og2 | 31,648 | 15 | 2 | 21 | 27 | 60 | 6 | 8 | 19 | 23 | 0 | 1 | 0 |
| Og3 | 30,542 | 14 | 2 | 28 | 24 | 68 | 3 | 5 | 21 | 26 | 0 | 1 | 0 |
| Og4 | 38,798 | 21 | 3 | 41 | 20 | 70 | 2 | 8 | 17 | 20 | 0 | 0 | 0 |
| Og-Ca1 | 29,265 | 13 | 2 | 22 | 31 | 57 | 3 | 8 | 24 | 29 | 0 | 0 | 0 |
| Ol1 | 29,964 | 13 | 2 | 22 | 29 | 58 | 5 | 9 | 21 | 27 | 0 | 0 | 0 |
| Ol2 | 27,775 | 9 | 2 | 17 | 32 | 53 | 5 | 9 | 24 | 32 | 0 | 0 | 0 |
| Ol-Ca1 | 27,196 | 10 | 2 | 24 | 28 | 54 | 4 | 14 | 23 | 30 | 0 | 0 | 0 |
| Ol-Fr1 | 26,872 | 12 | 1 | 16 | 30 | 55 | 4 | 11 | 20 | 27 | 0 | 0 | 0 |
| Ru1 | 30,930 | 15 | 1 | 29 | 24 | 68 | 3 | 5 | 20 | 27 | 0 | 1 | 0 |
| Ru2 | 32,845 | 21 | 1 | 22 | 31 | 59 | 4 | 6 | 22 | 29 | 0 | 0 | 0 |
| Ru3 | 28,799 | 14 | 1 | 28 | 27 | 65 | 4 | 4 | 22 | 32 | 0 | 0 | 0 |
| Ru4 | 32,360 | 18 | 1 | 27 | 32 | 56 | 4 | 7 | 20 | 27 | 0 | 0 | 0 |
| Ru5 | 43,027 | 32 | 4 | 39 | 22 | 74 | 2 | 3 | 22 | 23 | 0 | 1 | 0 |
| Ru6-1 | 42,095 | 32 | 5 | 38 | 17 | 78 | 5 | 1 | 30 | 37 | 0 | 1 | 1 |
| Ru6-2 | 32,271 | 17 | 1 | 26 | 18 | 79 | 2 | 1 | 33 | 36 | 0 | 0 | 0 |
| Ru6-3 | 24,029 | 8 | 0 | 16 | 29 | 67 | 2 | 2 | 23 | 28 | 1 | 0 | 0 |
| Ru6-4 | 30,127 | 15 | 1 | 27 | 20 | 72 | 6 | 2 | 25 | 36 | 0 | 1 | 1 |
| Ru7 | 32,665 | 16 | 1 | 24 | 34 | 58 | 4 | 4 | 20 | 29 | 0 | 0 | 0 |
| Ru-Be1 | 31,600 | 14 | 3 | 26 | 30 | 56 | 3 | 11 | 25 | 31 | 0 | 0 | 0 |
| Ru-Wr1 | 41,933 | 30 | 6 | 38 | 23 | 71 | 3 | 4 | 19 | 21 | 0 | 0 | 0 |
| Wa1 | 33,263 | 20 | 2 | 29 | 19 | 70 | 8 | 4 | 18 | 27 | 0 | 1 | 1 |
| Wa2 | 34,920 | 21 | 2 | 37 | 17 | 66 | 10 | 6 | 17 | 21 | 1 | 1 | 0 |
| Wa3 | 39,984 | 29 | 3 | 26 | 26 | 61 | 10 | 4 | 22 | 24 | 0 | 1 | 0 |
| Wa4-1 | 31,758 | 15 | 1 | 22 | 17 | 73 | 8 | 2 | 30 | 33 | 0 | 2 | 0 |
| Wa4-2 | 28,146 | 11 | 2 | 14 | 23 | 64 | 11 | 3 | 26 | 36 | 0 | 2 | 0 |
| Wa5 | 34,331 | 21 | 4 | 46 | 12 | 72 | 16 | 1 | 24 | 30 | 0 | 1 | 1 |
| Wa-Ad1 | 41,084 | 25 | 4 | 44 | 25 | 67 | 4 | 4 | 15 | 17 | 0 | 1 | 0 |
| Wa-Ch1 | 39,243 | 24 | 3 | 33 | 23 | 66 | 9 | 2 | 16 | 21 | 0 | 0 | 0 |
| Wa-La1-1 | 36,555 | 23 | 2 | 45 | 17 | 65 | 16 | 3 | 15 | 22 | 0 | 1 | 0 |
| Wm1 | 35,021 | 20 | 3 | 36 | 27 | 66 | 3 | 5 | 17 | 20 | 0 | 1 | 1 |
| Wm2-1 | 32,693 | 15 | 2 | 30 | 23 | 72 | 3 | 2 | 25 | 33 | 1 | 1 | 1 |
| Wm2-2 | 30,528 | 7 | 1 | 27 | 18 | 77 | 3 | 1 | 23 | 31 | 1 | 1 | 1 |
| Wm2-3 | 31,411 | 17 | 3 | 37 | 17 | 75 | 4 | 3 | 25 | 26 | 1 | 1 | 2 |
| Wm3 | 36,791 | 19 | 2 | 38 | 25 | 67 | 4 | 5 | 20 | 22 | 0 | 1 | 1 |
| Wm4 | 32,984 | 18 | 2 | 30 | 27 | 65 | 3 | 5 | 21 | 24 | 0 | 0 | 0 |
| Wm5 | 38,388 | 25 | 3 | 28 | 24 | 67 | 3 | 5 | 18 | 23 | 0 | 1 | 0 |
| Wm-Be1 | 32,935 | 16 | 3 | 27 | 24 | 70 | 2 | 4 | 19 | 23 | 0 | 0 | 0 |
| Wr1 | 33,120 | 18 | 1 | 28 | 23 | 68 | 7 | 2 | 28 | 32 | 0 | 0 | 0 |
| Wr2-1 | 43,449 | 31 | 4 | 41 | 21 | 70 | 3 | 6 | 20 | 21 | 0 | 0 | 0 |
| Wr2-2 | 34,106 | 23 | 2 | 31 | 16 | 78 | 4 | 2 | 23 | 25 | 1 | 1 | 1 |

# Vermont State House Districts: Demographic Data (cont.)

| House District* | Household Income Avg. ($) | > $50K (%) | >$100K (%) | College Educ. (%) | Manf. (%) | Employment Type Service (%) | Govt. (%) | Farm (%) | Age 55+ (%) | Receives Soc. Sec. (%) | African Amer. (%) | Hispanic Amer. (%) | Asian Amer. (%) |
|---|---|---|---|---|---|---|---|---|---|---|---|---|---|
| Vermont | 35,491 | 21 | 3 | 32 | 24 | 67 | 4 | 5 | 20 | 25 | 0 | 1 | 1 |
| Wr2-3 | 39,413 | 25 | 5 | 42 | 21 | 69 | 4 | 6 | 26 | 31 | 0 | 0 | 0 |
| Wr3 | 46,563 | 30 | 5 | 33 | 28 | 62 | 4 | 6 | 20 | 22 | 0 | 0 | 1 |
| Wr4 | 33,179 | 17 | 3 | 21 | 38 | 54 | 3 | 5 | 26 | 30 | 0 | 0 | 0 |
| Wr5 | 31,515 | 16 | 1 | 29 | 35 | 57 | 4 | 4 | 25 | 28 | 0 | 0 | 0 |
| Wr6 | 28,753 | 14 | 2 | 21 | 38 | 54 | 3 | 4 | 27 | 39 | 0 | 1 | 1 |
| Wr-Wml-1 | 29,131 | 13 | 1 | 26 | 33 | 62 | 2 | 3 | 26 | 33 | 0 | 1 | 0 |
| Wr-Og1 | 40,623 | 28 | 7 | 47 | 19 | 72 | 4 | 5 | 18 | 20 | 0 | 0 | 1 |
| Wr-Ru1 | 33,485 | 19 | 2 | 27 | 32 | 59 | 5 | 4 | 25 | 29 | 0 | 0 | 0 |
| Wr-Ru2 | 32,515 | 16 | 2 | 29 | 34 | 59 | 3 | 4 | 22 | 26 | 0 | 1 | 0 |

\* House districts are identified by name rather than by number. House is officially divided into 73 districts—some districts have been subdivided resulting in a total of 109 districts.

The following 41 districts have two representatives:

Addison 1,
Addison 4-2,
Bennington 2-1,
Bennington 2-3,
Caledonia 2,
Caledonia 4,
Chittenden 1-1,
Chittenden 1-2,
Chittenden 1-3,
Chittenden 2-1,

Chittenden 2-2,
Chittenden 2-4,
Chittenden 3,
Chittenden 7-1,
Chittenden 7-2,
Chittenden 7-3,
Chittenden 7-6,
Franklin 2,
Franklin 3-1,
Franklin-Grand Isle 1,

Lamoille 2-2,
Orange 1,
Orange 2,
Orleans 1,
Orleans 2,
Orleans-Caledonia 1,
Rutland 1,
Rutland 2,
Rutland 6-3,
Rutland 7,

Washington 1,
Washington 2,
Washington 3,
Washington 4-2,
Washington 5,
Washington-Chittenden 1,
Windham 1,
Windsor 2-2,
Windsor 6
Windsor-Orange 1,
Windsor-Windham 1-1.

# VIRGINIA
## State Senate Districts

District Numbers
- 1 to 8
- 9 to 16
- 17 to 24
- 25 to 32
- 33 to 40

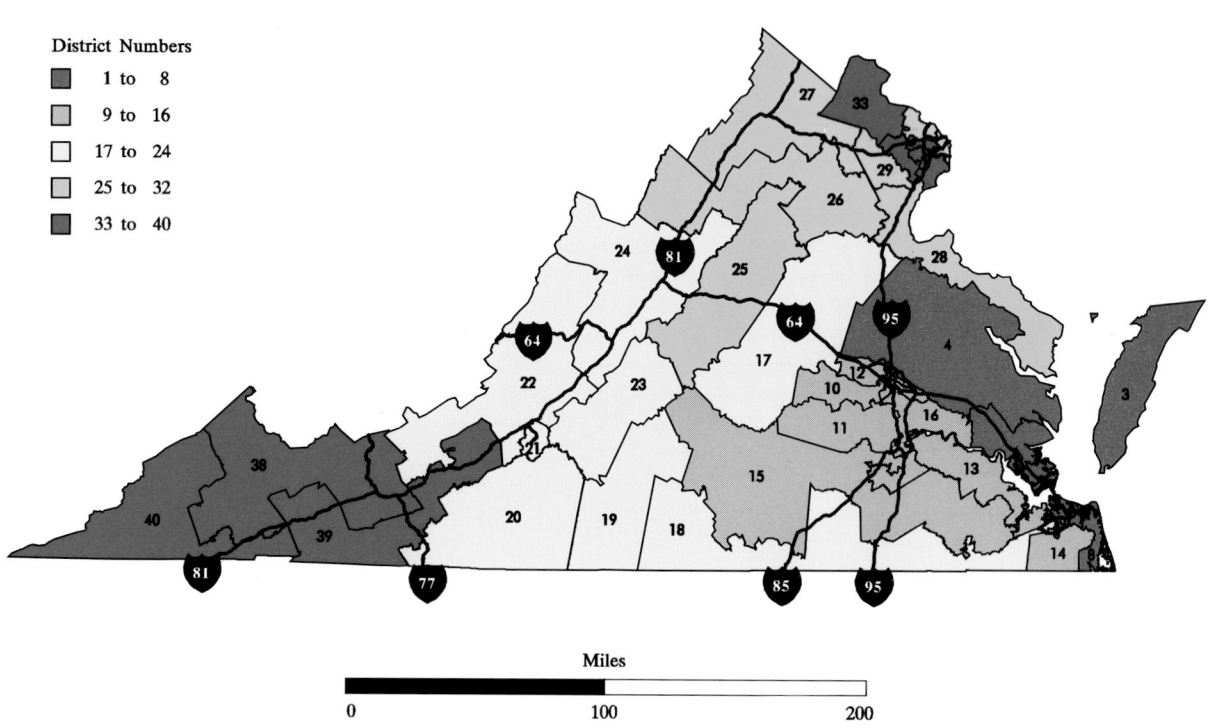

Miles

0          100          200

## NORTHERN VIRGINIA

## NORFOLK

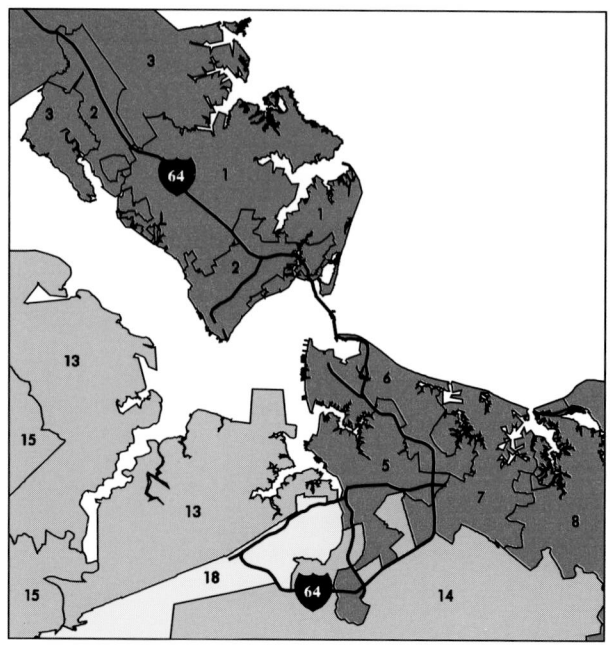

# RICHMOND
## State Senate Districts

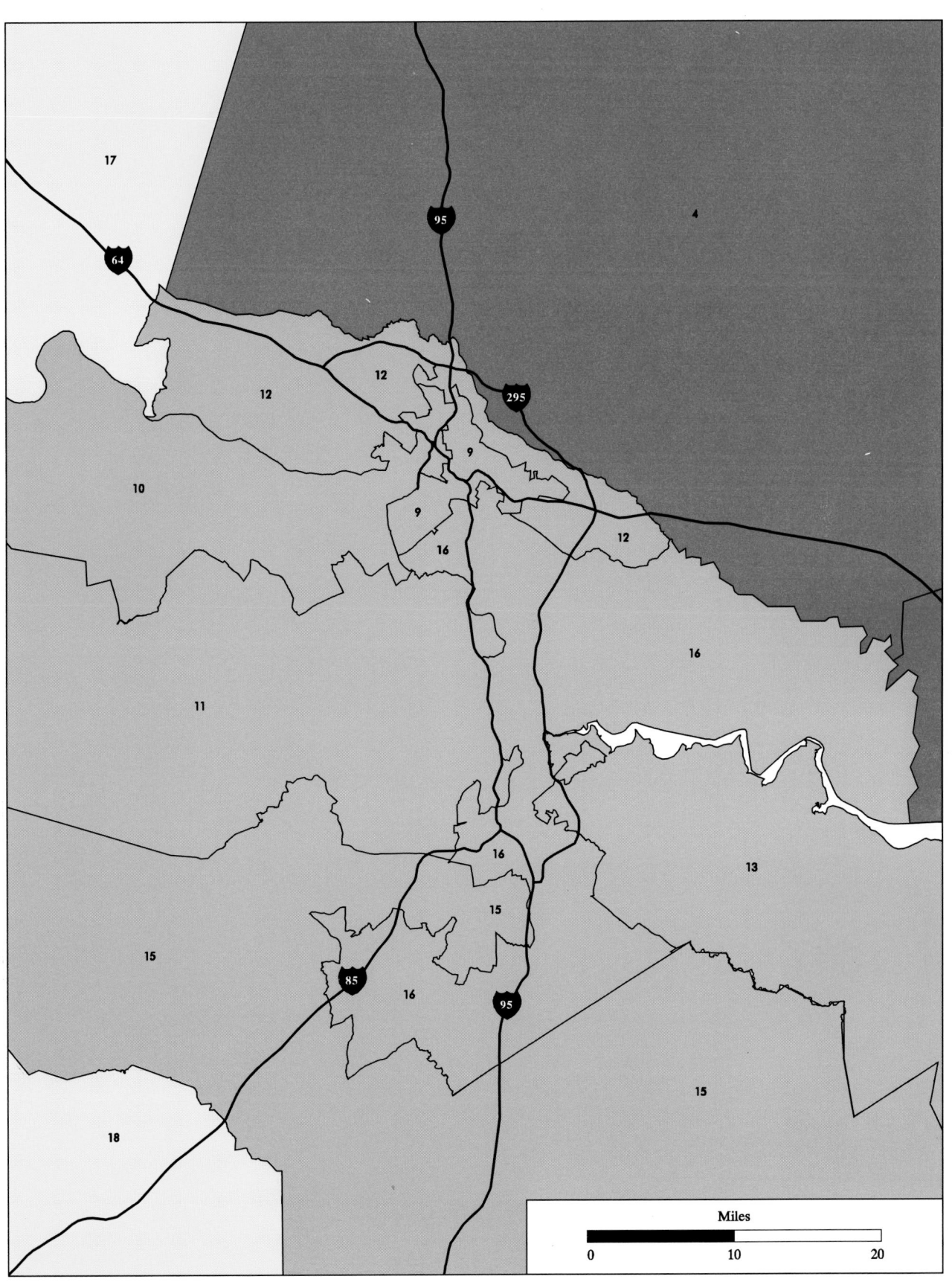

# Virginia State Senate Districts:  Demographic Data

| Senate District | Household Income Avg. ($) | Household Income > $50K (%) | Household Income >$100K (%) | College Educ. (%) | Manf. (%) | Employment Type Service (%) | Employment Type Govt. (%) | Employment Type Farm (%) | Age 55+ (%) | Receives Soc. Sec. (%) | African Amer. (%) | Hispanic Amer. (%) | Asian Amer. (%) |
|---|---|---|---|---|---|---|---|---|---|---|---|---|---|
| Virginia | 41,713 | 29 | 5 | 30 | 24 | 64 | 10 | 3 | 19 | 23 | 19 | 3 | 3 |
| 1 | 38,706 | 26 | 2 | 31 | 28 | 60 | 11 | 1 | 17 | 19 | 18 | 2 | 2 |
| 2 | 29,324 | 14 | 1 | 21 | 27 | 62 | 10 | 1 | 17 | 22 | 53 | 2 | 2 |
| 3 | 37,575 | 25 | 4 | 28 | 22 | 65 | 9 | 4 | 21 | 26 | 23 | 2 | 1 |
| 4 | 39,022 | 26 | 3 | 20 | 27 | 61 | 8 | 4 | 23 | 28 | 21 | 1 | 0 |
| 5 | 28,456 | 14 | 2 | 21 | 19 | 71 | 9 | 1 | 20 | 26 | 60 | 1 | 2 |
| 6 | 31,893 | 15 | 2 | 21 | 19 | 68 | 12 | 1 | 16 | 20 | 21 | 4 | 4 |
| 7 | 43,216 | 29 | 4 | 31 | 17 | 73 | 8 | 1 | 15 | 17 | 13 | 3 | 4 |
| 8 | 41,885 | 27 | 5 | 32 | 18 | 72 | 9 | 1 | 12 | 14 | 13 | 3 | 2 |
| 9 | 28,612 | 14 | 1 | 23 | 20 | 71 | 8 | 1 | 22 | 27 | 63 | 1 | 1 |
| 10 | 51,211 | 38 | 8 | 43 | 18 | 74 | 7 | 1 | 20 | 23 | 11 | 1 | 1 |
| 11 | 44,203 | 34 | 4 | 27 | 29 | 62 | 8 | 2 | 15 | 18 | 14 | 1 | 2 |
| 12 | 48,888 | 35 | 7 | 40 | 17 | 75 | 6 | 1 | 20 | 21 | 11 | 1 | 2 |
| 13 | 36,547 | 23 | 2 | 22 | 30 | 59 | 9 | 2 | 20 | 25 | 26 | 1 | 1 |
| 14 | 43,936 | 33 | 3 | 29 | 21 | 67 | 10 | 1 | 11 | 14 | 15 | 2 | 5 |
| 15 | 29,235 | 15 | 2 | 15 | 36 | 52 | 7 | 5 | 25 | 33 | 35 | 0 | 0 |
| 16 | 28,618 | 15 | 1 | 15 | 27 | 63 | 9 | 2 | 20 | 27 | 60 | 1 | 1 |
| 17 | 37,964 | 25 | 3 | 20 | 26 | 61 | 9 | 4 | 20 | 26 | 21 | 1 | 1 |
| 18 | 25,772 | 11 | 1 | 12 | 38 | 51 | 7 | 4 | 24 | 31 | 59 | 1 | 0 |
| 19 | 29,613 | 15 | 1 | 16 | 44 | 51 | 3 | 2 | 25 | 32 | 26 | 0 | 0 |
| 20 | 29,462 | 13 | 2 | 14 | 53 | 42 | 2 | 4 | 25 | 31 | 16 | 0 | 0 |
| 21 | 34,050 | 19 | 3 | 25 | 22 | 73 | 4 | 1 | 26 | 31 | 16 | 1 | 1 |
| 22 | 32,760 | 18 | 2 | 21 | 33 | 61 | 4 | 2 | 25 | 31 | 5 | 1 | 0 |
| 23 | 33,564 | 18 | 2 | 23 | 31 | 64 | 3 | 2 | 24 | 31 | 19 | 1 | 0 |
| 24 | 32,744 | 17 | 2 | 20 | 36 | 55 | 4 | 5 | 24 | 30 | 6 | 1 | 0 |
| 25 | 38,749 | 24 | 5 | 35 | 22 | 69 | 4 | 4 | 20 | 24 | 14 | 1 | 2 |
| 26 | 38,678 | 24 | 4 | 21 | 29 | 58 | 6 | 6 | 20 | 25 | 7 | 1 | 1 |
| 27 | 38,746 | 24 | 3 | 21 | 32 | 58 | 5 | 5 | 22 | 26 | 5 | 1 | 1 |
| 28 | 43,850 | 33 | 4 | 26 | 21 | 61 | 15 | 3 | 17 | 21 | 17 | 3 | 2 |
| 29 | 55,165 | 50 | 7 | 33 | 19 | 65 | 14 | 1 | 8 | 9 | 11 | 4 | 3 |
| 30 | 53,603 | 41 | 9 | 53 | 11 | 68 | 20 | 1 | 18 | 14 | 19 | 10 | 5 |
| 31 | 54,091 | 42 | 10 | 57 | 10 | 68 | 20 | 1 | 18 | 16 | 10 | 13 | 7 |
| 32 | 89,814 | 70 | 29 | 64 | 11 | 72 | 16 | 1 | 20 | 16 | 3 | 4 | 7 |
| 33 | 61,945 | 58 | 11 | 48 | 17 | 69 | 12 | 3 | 10 | 10 | 8 | 4 | 5 |
| 34 | 58,587 | 51 | 12 | 51 | 14 | 70 | 15 | 1 | 17 | 15 | 7 | 13 | 11 |
| 35 | 68,147 | 67 | 15 | 60 | 11 | 70 | 18 | 1 | 12 | 9 | 4 | 5 | 10 |
| 36 | 58,537 | 52 | 11 | 44 | 13 | 67 | 19 | 1 | 15 | 14 | 17 | 6 | 7 |
| 37 | 71,959 | 66 | 17 | 57 | 13 | 70 | 16 | 1 | 8 | 8 | 5 | 4 | 6 |
| 38 | 26,360 | 11 | 1 | 14 | 26 | 54 | 4 | 17 | 22 | 35 | 2 | 0 | 0 |
| 39 | 27,145 | 12 | 1 | 23 | 36 | 58 | 3 | 3 | 21 | 27 | 3 | 1 | 2 |
| 40 | 24,360 | 10 | 1 | 13 | 27 | 56 | 4 | 13 | 25 | 37 | 2 | 0 | 0 |

# VIRGINIA
## State House Districts

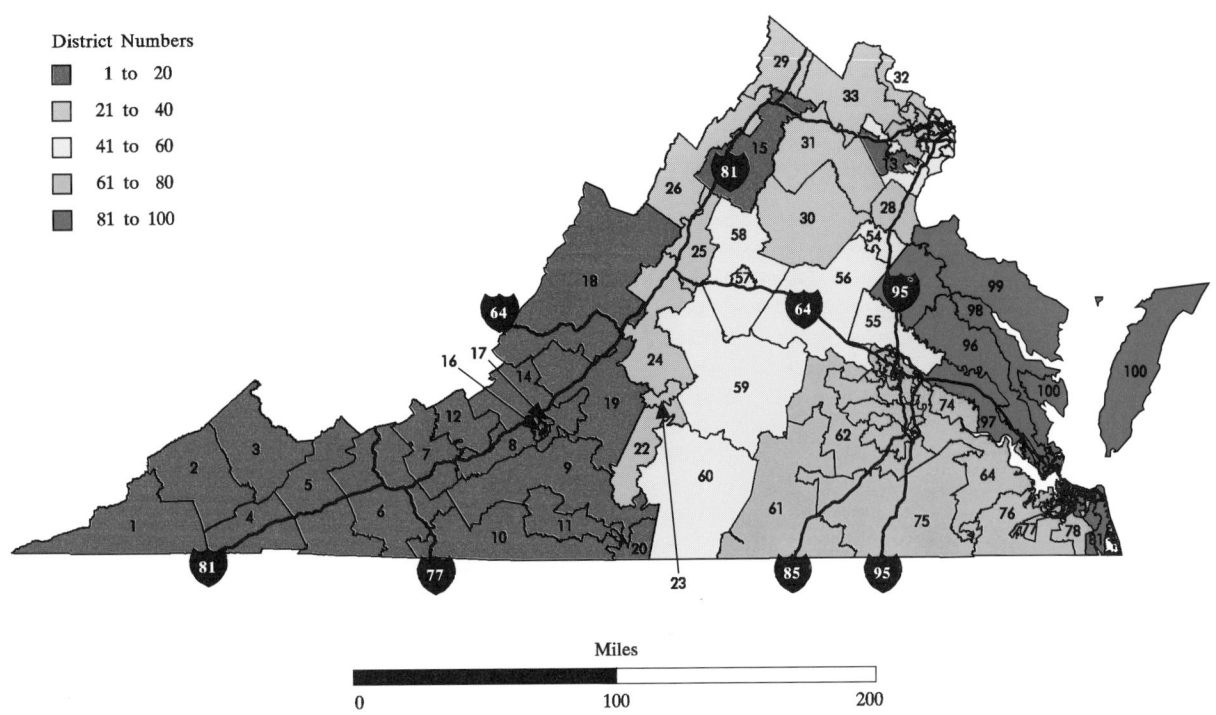

District Numbers
- 1 to 20
- 21 to 40
- 41 to 60
- 61 to 80
- 81 to 100

Miles

0   100   200

## NORTHERN VIRGINIA

## NORFOLK

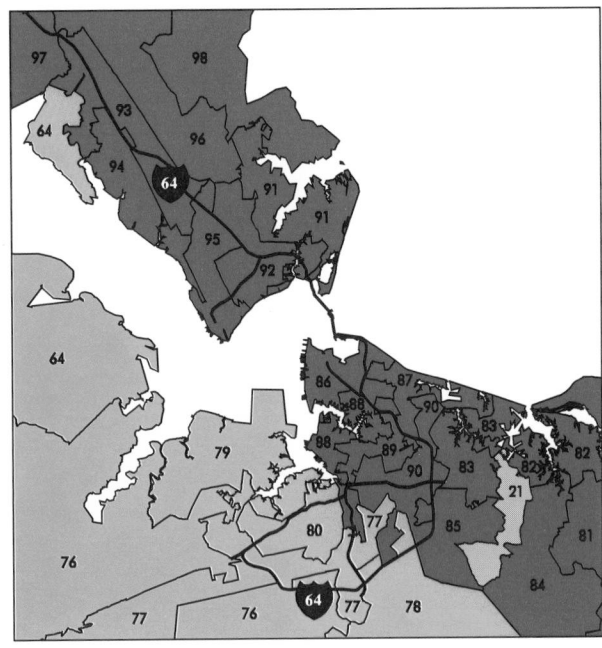

# RICHMOND
## State House Districts

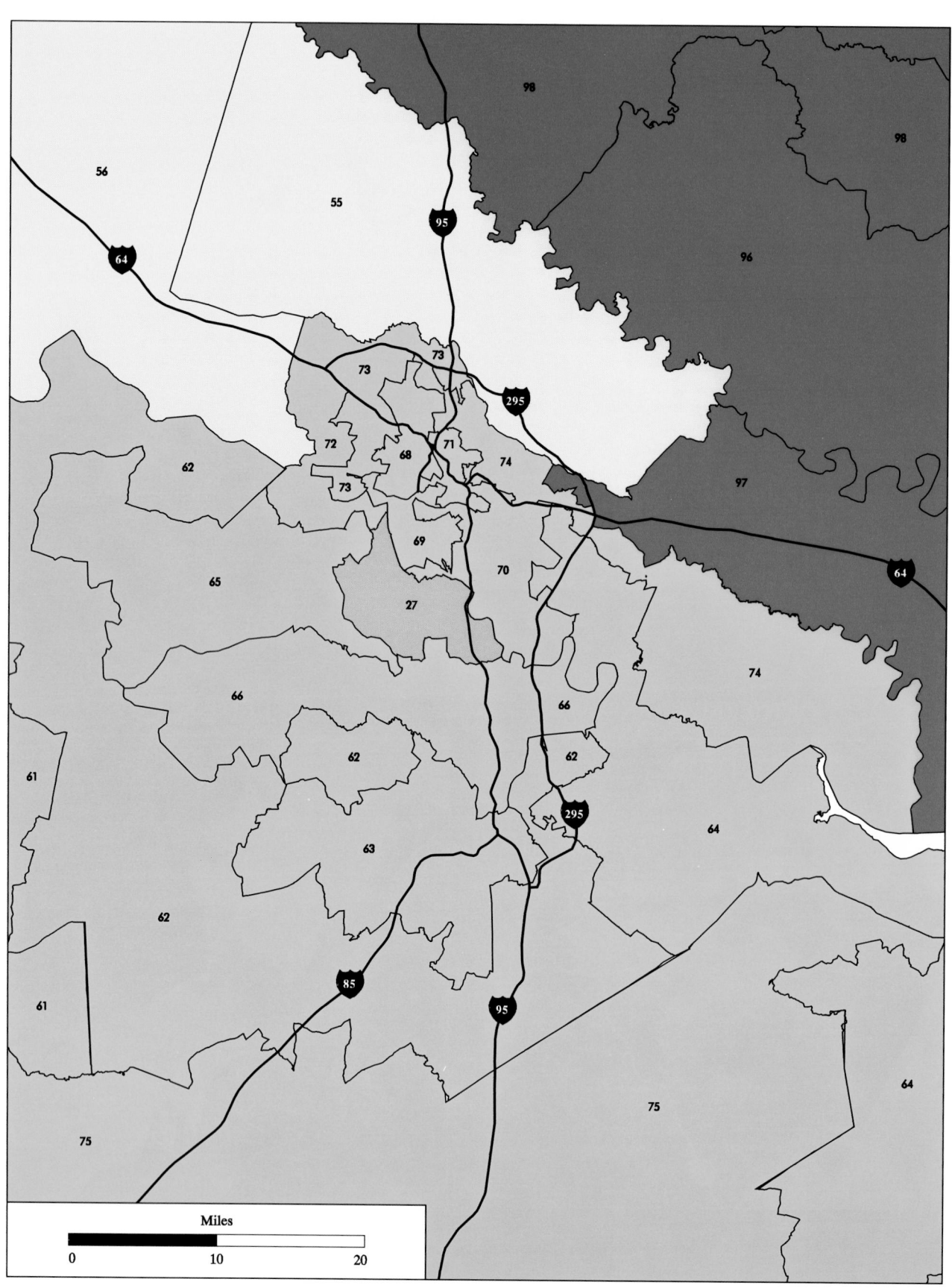

Miles

0        10        20

# Virginia State House Districts: Demographic Data

| House District | Household Income Avg. ($) | > $50K (%) | >$100K (%) | College Educ. (%) | Manf. (%) | Service (%) | Govt. (%) | Farm (%) | Age 55+ (%) | Receives Soc. Sec. (%) | African Amer. (%) | Hispanic Amer. (%) | Asian Amer. (%) |
|---|---|---|---|---|---|---|---|---|---|---|---|---|---|
| Virginia | 41,713 | 29 | 5 | 30 | 24 | 64 | 10 | 3 | 19 | 23 | 19 | 3 | 3 |
| 1 | 22,718 | 9 | 1 | 10 | 30 | 53 | 4 | 14 | 26 | 38 | 1 | 0 | 0 |
| 2 | 24,097 | 10 | 1 | 11 | 19 | 56 | 4 | 21 | 22 | 36 | 1 | 0 | 0 |
| 3 | 25,587 | 9 | 1 | 10 | 15 | 53 | 2 | 30 | 19 | 36 | 0 | 1 | 0 |
| 4 | 27,489 | 12 | 2 | 19 | 34 | 57 | 4 | 5 | 26 | 33 | 3 | 0 | 0 |
| 5 | 25,533 | 10 | 1 | 14 | 38 | 52 | 4 | 6 | 26 | 36 | 3 | 0 | 0 |
| 6 | 25,234 | 9 | 1 | 14 | 45 | 46 | 4 | 5 | 27 | 34 | 3 | 0 | 0 |
| 7 | 28,063 | 12 | 1 | 20 | 39 | 55 | 4 | 2 | 23 | 31 | 5 | 1 | 1 |
| 8 | 38,960 | 25 | 4 | 28 | 27 | 68 | 4 | 2 | 23 | 27 | 3 | 0 | 1 |
| 9 | 30,702 | 15 | 2 | 15 | 44 | 47 | 3 | 6 | 24 | 31 | 14 | 0 | 0 |
| 10 | 27,915 | 11 | 1 | 11 | 56 | 39 | 2 | 3 | 24 | 31 | 15 | 1 | 0 |
| 11 | 30,361 | 14 | 2 | 15 | 55 | 41 | 2 | 2 | 25 | 31 | 23 | 0 | 0 |
| 12 | 29,190 | 17 | 2 | 42 | 20 | 75 | 3 | 2 | 13 | 18 | 4 | 1 | 5 |
| 13 | 60,263 | 56 | 10 | 43 | 18 | 65 | 16 | 1 | 8 | 8 | 7 | 3 | 2 |
| 14 | 37,014 | 24 | 2 | 21 | 27 | 68 | 4 | 2 | 22 | 28 | 2 | 0 | 0 |
| 15 | 32,133 | 16 | 2 | 14 | 39 | 51 | 4 | 6 | 24 | 30 | 2 | 1 | 0 |
| 16 | 35,432 | 20 | 4 | 33 | 20 | 76 | 3 | 1 | 26 | 30 | 24 | 1 | 1 |
| 17 | 29,386 | 12 | 1 | 16 | 25 | 70 | 4 | 1 | 26 | 33 | 16 | 1 | 1 |
| 18 | 29,521 | 14 | 2 | 17 | 33 | 57 | 5 | 5 | 26 | 34 | 7 | 0 | 0 |
| 19 | 34,886 | 20 | 3 | 20 | 35 | 57 | 4 | 4 | 25 | 29 | 9 | 0 | 0 |
| 20 | 28,051 | 14 | 1 | 18 | 42 | 54 | 3 | 1 | 28 | 35 | 35 | 1 | 0 |
| 21 | 39,750 | 25 | 2 | 30 | 17 | 72 | 9 | 1 | 9 | 10 | 16 | 4 | 7 |
| 22 | 31,876 | 17 | 1 | 19 | 39 | 56 | 3 | 2 | 21 | 28 | 14 | 1 | 1 |
| 23 | 31,722 | 16 | 3 | 24 | 27 | 69 | 3 | 1 | 26 | 34 | 29 | 1 | 1 |
| 24 | 32,016 | 16 | 2 | 20 | 31 | 61 | 4 | 4 | 24 | 30 | 11 | 1 | 0 |
| 25 | 35,726 | 19 | 2 | 22 | 38 | 54 | 3 | 5 | 24 | 29 | 5 | 1 | 0 |
| 26 | 33,206 | 18 | 3 | 23 | 30 | 61 | 3 | 6 | 21 | 27 | 4 | 1 | 1 |
| 27 | 42,366 | 31 | 3 | 26 | 28 | 64 | 7 | 1 | 14 | 16 | 17 | 2 | 2 |
| 28 | 49,185 | 42 | 5 | 27 | 21 | 62 | 16 | 1 | 12 | 15 | 7 | 2 | 1 |
| 29 | 36,573 | 21 | 3 | 21 | 33 | 60 | 4 | 3 | 20 | 24 | 5 | 1 | 1 |
| 30 | 36,613 | 22 | 3 | 20 | 31 | 56 | 6 | 7 | 23 | 29 | 15 | 1 | 1 |
| 31 | 48,839 | 37 | 7 | 25 | 24 | 60 | 10 | 6 | 18 | 22 | 10 | 1 | 1 |
| 32 | 58,904 | 58 | 8 | 43 | 18 | 68 | 13 | 2 | 8 | 8 | 7 | 3 | 4 |
| 33 | 59,461 | 49 | 12 | 38 | 20 | 64 | 8 | 8 | 17 | 20 | 7 | 1 | 2 |
| 34 | 101,211 | 72 | 32 | 64 | 12 | 73 | 14 | 1 | 16 | 14 | 5 | 5 | 8 |
| 35 | 79,221 | 68 | 25 | 61 | 11 | 72 | 15 | 1 | 18 | 14 | 3 | 4 | 8 |
| 36 | 72,386 | 64 | 19 | 64 | 14 | 73 | 13 | 1 | 11 | 9 | 9 | 4 | 5 |
| 37 | 67,500 | 62 | 17 | 56 | 13 | 71 | 15 | 1 | 17 | 15 | 5 | 6 | 10 |
| 38 | 58,208 | 49 | 12 | 49 | 13 | 69 | 16 | 1 | 21 | 19 | 6 | 15 | 11 |
| 39 | 63,147 | 58 | 13 | 53 | 12 | 70 | 18 | 1 | 19 | 14 | 6 | 7 | 11 |
| 40 | 80,206 | 74 | 23 | 63 | 13 | 72 | 14 | 1 | 9 | 7 | 4 | 4 | 7 |
| 41 | 69,496 | 72 | 14 | 63 | 11 | 68 | 20 | 1 | 7 | 6 | 4 | 5 | 10 |
| 42 | 63,848 | 57 | 13 | 46 | 13 | 68 | 18 | 1 | 11 | 11 | 17 | 5 | 9 |
| 43 | 57,455 | 53 | 9 | 46 | 13 | 64 | 22 | 1 | 14 | 12 | 11 | 6 | 8 |
| 44 | 56,877 | 50 | 12 | 45 | 13 | 68 | 19 | 1 | 17 | 16 | 20 | 6 | 6 |
| 45 | 58,275 | 44 | 12 | 54 | 10 | 70 | 19 | 1 | 19 | 17 | 23 | 8 | 2 |
| 46 | 48,761 | 36 | 7 | 54 | 10 | 69 | 20 | 1 | 17 | 12 | 19 | 10 | 6 |
| 47 | 52,230 | 43 | 9 | 52 | 12 | 67 | 20 | 1 | 17 | 15 | 9 | 16 | 9 |
| 48 | 65,607 | 50 | 16 | 64 | 9 | 71 | 19 | 1 | 20 | 17 | 6 | 11 | 6 |
| 49 | 48,077 | 37 | 8 | 53 | 12 | 66 | 22 | 1 | 19 | 16 | 16 | 16 | 7 |
| 50 | 52,542 | 46 | 6 | 29 | 21 | 67 | 10 | 2 | 10 | 11 | 9 | 5 | 3 |

# Virginia State House Districts: Demographic Data (cont.)

| House District | Household Income Avg. ($) | > $50K (%) | >$100K (%) | College Educ. (%) | Manf. (%) | Service (%) | Govt. (%) | Farm (%) | Age 55+ (%) | Receives Soc. Sec. (%) | African Amer. (%) | Hispanic Amer. (%) | Asian Amer. (%) |
|---|---|---|---|---|---|---|---|---|---|---|---|---|---|
| Virginia | 41,713 | 29 | 5 | 30 | 24 | 64 | 10 | 3 | 19 | 23 | 19 | 3 | 3 |
| 51 | 54,280 | 52 | 5 | 34 | 16 | 63 | 20 | 1 | 7 | 8 | 15 | 5 | 4 |
| 52 | 47,960 | 40 | 4 | 30 | 18 | 64 | 17 | 1 | 8 | 9 | 15 | 6 | 3 |
| 53 | 62,899 | 55 | 13 | 57 | 12 | 71 | 16 | 1 | 17 | 13 | 5 | 9 | 11 |
| 54 | 43,301 | 33 | 4 | 28 | 20 | 65 | 12 | 2 | 15 | 20 | 13 | 2 | 1 |
| 55 | 45,774 | 36 | 4 | 24 | 23 | 67 | 7 | 3 | 20 | 23 | 10 | 1 | 0 |
| 56 | 39,131 | 23 | 4 | 17 | 28 | 61 | 7 | 4 | 21 | 28 | 24 | 1 | 0 |
| 57 | 38,863 | 22 | 5 | 46 | 14 | 80 | 4 | 1 | 17 | 21 | 17 | 1 | 3 |
| 58 | 41,160 | 28 | 4 | 31 | 30 | 62 | 3 | 5 | 20 | 24 | 8 | 1 | 1 |
| 59 | 28,409 | 13 | 2 | 15 | 32 | 55 | 6 | 7 | 24 | 33 | 31 | 1 | 0 |
| 60 | 26,336 | 11 | 1 | 12 | 49 | 42 | 4 | 6 | 27 | 34 | 36 | 0 | 0 |
| 61 | 26,341 | 10 | 1 | 13 | 39 | 47 | 8 | 6 | 28 | 36 | 39 | 0 | 0 |
| 62 | 35,044 | 21 | 2 | 16 | 30 | 57 | 10 | 3 | 19 | 24 | 30 | 2 | 1 |
| 63 | 29,277 | 16 | 1 | 18 | 24 | 65 | 9 | 2 | 23 | 30 | 60 | 1 | 1 |
| 64 | 35,262 | 22 | 2 | 19 | 35 | 54 | 8 | 4 | 17 | 24 | 31 | 3 | 1 |
| 65 | 56,458 | 49 | 8 | 45 | 22 | 71 | 6 | 1 | 11 | 13 | 7 | 1 | 2 |
| 66 | 44,245 | 36 | 3 | 26 | 30 | 59 | 10 | 1 | 16 | 19 | 8 | 1 | 1 |
| 67 | 69,953 | 67 | 15 | 57 | 13 | 72 | 14 | 1 | 8 | 7 | 5 | 3 | 7 |
| 68 | 43,081 | 26 | 6 | 39 | 15 | 78 | 6 | 1 | 27 | 29 | 11 | 1 | 2 |
| 69 | 27,956 | 12 | 1 | 23 | 22 | 69 | 9 | 1 | 22 | 25 | 60 | 1 | 1 |
| 70 | 26,139 | 13 | 1 | 14 | 27 | 64 | 8 | 1 | 22 | 30 | 61 | 1 | 0 |
| 71 | 30,677 | 16 | 3 | 30 | 16 | 75 | 7 | 1 | 25 | 29 | 58 | 1 | 1 |
| 72 | 65,212 | 51 | 13 | 56 | 15 | 78 | 6 | 1 | 17 | 17 | 4 | 1 | 2 |
| 73 | 49,703 | 37 | 6 | 44 | 16 | 77 | 6 | 1 | 21 | 21 | 9 | 1 | 3 |
| 74 | 32,115 | 19 | 1 | 18 | 24 | 67 | 9 | 1 | 21 | 24 | 58 | 1 | 1 |
| 75 | 26,947 | 12 | 1 | 13 | 35 | 51 | 8 | 6 | 25 | 34 | 55 | 0 | 0 |
| 76 | 38,902 | 26 | 3 | 21 | 30 | 58 | 8 | 4 | 20 | 26 | 25 | 1 | 1 |
| 77 | 30,037 | 16 | 1 | 15 | 28 | 62 | 9 | 1 | 18 | 24 | 58 | 1 | 1 |
| 78 | 45,125 | 36 | 3 | 28 | 22 | 66 | 10 | 2 | 13 | 15 | 13 | 1 | 1 |
| 79 | 35,162 | 21 | 2 | 21 | 26 | 63 | 10 | 1 | 19 | 25 | 28 | 2 | 2 |
| 80 | 26,014 | 11 | 1 | 12 | 29 | 61 | 9 | 1 | 23 | 28 | 62 | 1 | 1 |
| 81 | 36,890 | 22 | 3 | 28 | 19 | 70 | 9 | 2 | 9 | 12 | 15 | 3 | 2 |
| 82 | 57,004 | 43 | 12 | 47 | 16 | 76 | 7 | 1 | 21 | 22 | 5 | 2 | 1 |
| 83 | 39,236 | 23 | 3 | 27 | 17 | 73 | 8 | 1 | 15 | 17 | 19 | 3 | 3 |
| 84 | 37,647 | 23 | 1 | 26 | 18 | 71 | 10 | 1 | 8 | 9 | 16 | 4 | 5 |
| 85 | 49,520 | 41 | 4 | 38 | 17 | 73 | 9 | 1 | 12 | 12 | 10 | 2 | 9 |
| 86 | 34,156 | 16 | 3 | 25 | 19 | 69 | 11 | 1 | 7 | 17 | 23 | 5 | 3 |
| 87 | 30,870 | 14 | 1 | 18 | 20 | 67 | 12 | 1 | 14 | 18 | 19 | 4 | 4 |
| 88 | 34,013 | 19 | 3 | 33 | 16 | 73 | 10 | 1 | 21 | 26 | 25 | 2 | 3 |
| 89 | 25,128 | 9 | 2 | 13 | 21 | 68 | 9 | 1 | 20 | 28 | 63 | 1 | 2 |
| 90 | 30,172 | 17 | 2 | 19 | 20 | 69 | 10 | 1 | 21 | 26 | 56 | 2 | 2 |
| 91 | 39,572 | 28 | 3 | 30 | 23 | 61 | 15 | 1 | 16 | 19 | 21 | 2 | 2 |
| 92 | 29,948 | 15 | 1 | 22 | 28 | 60 | 11 | 1 | 19 | 23 | 59 | 2 | 1 |
| 93 | 34,606 | 19 | 1 | 29 | 28 | 60 | 11 | 1 | 12 | 14 | 19 | 3 | 3 |
| 94 | 40,749 | 27 | 4 | 31 | 28 | 63 | 8 | 1 | 19 | 23 | 19 | 3 | 3 |
| 95 | 25,738 | 11 | 1 | 17 | 34 | 58 | 8 | 1 | 20 | 24 | 60 | 1 | 1 |
| 96 | 38,980 | 27 | 3 | 26 | 27 | 60 | 10 | 3 | 17 | 21 | 22 | 1 | 2 |
| 97 | 43,699 | 32 | 6 | 34 | 22 | 69 | 8 | 2 | 20 | 23 | 18 | 1 | 1 |
| 98 | 39,122 | 25 | 4 | 23 | 26 | 60 | 10 | 4 | 23 | 28 | 21 | 1 | 1 |
| 99 | 35,657 | 19 | 4 | 19 | 26 | 57 | 11 | 6 | 31 | 36 | 30 | 1 | 0 |
| 100 | 27,377 | 13 | 2 | 16 | 27 | 57 | 7 | 10 | 30 | 37 | 33 | 1 | 0 |

# WASHINGTON
## State Legislative Districts

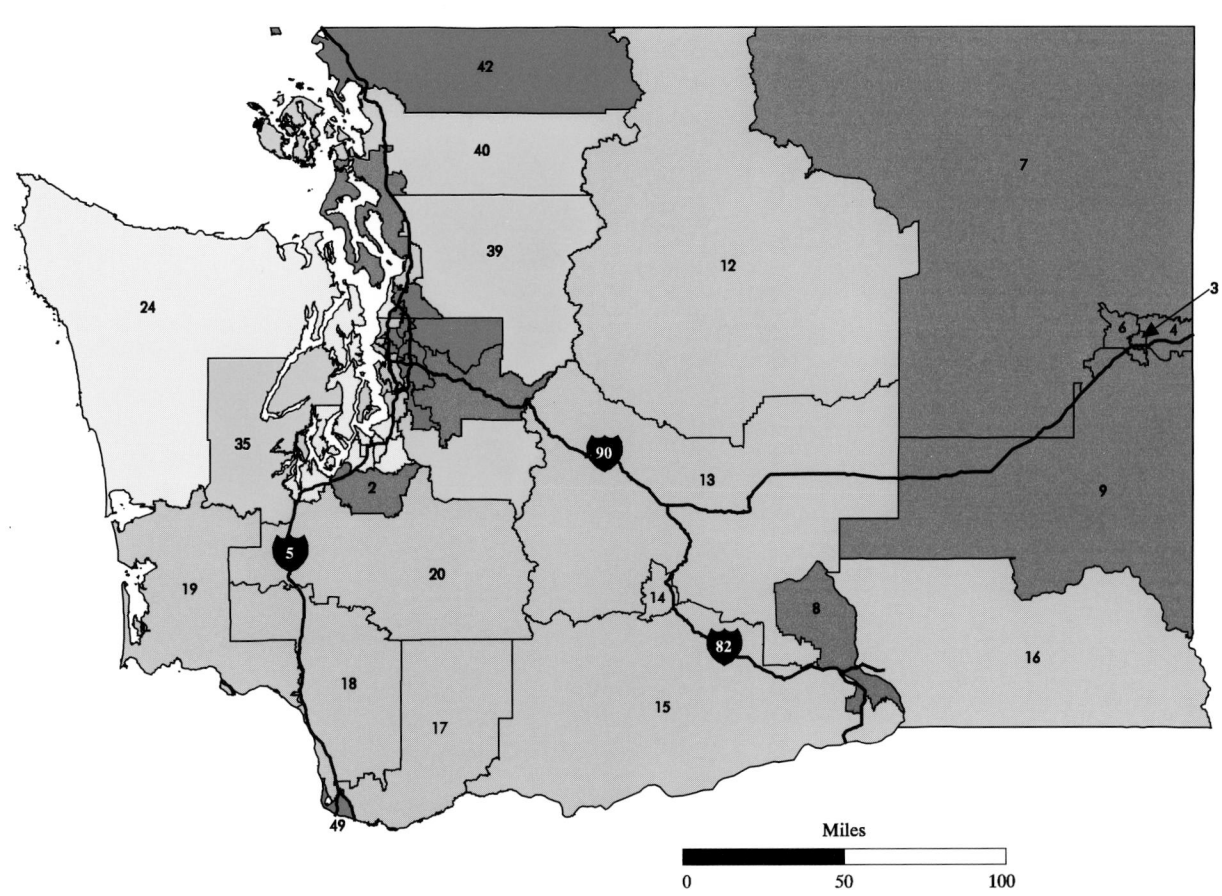

Miles

0      50      100

# SEATTLE
## State Legislative Districts

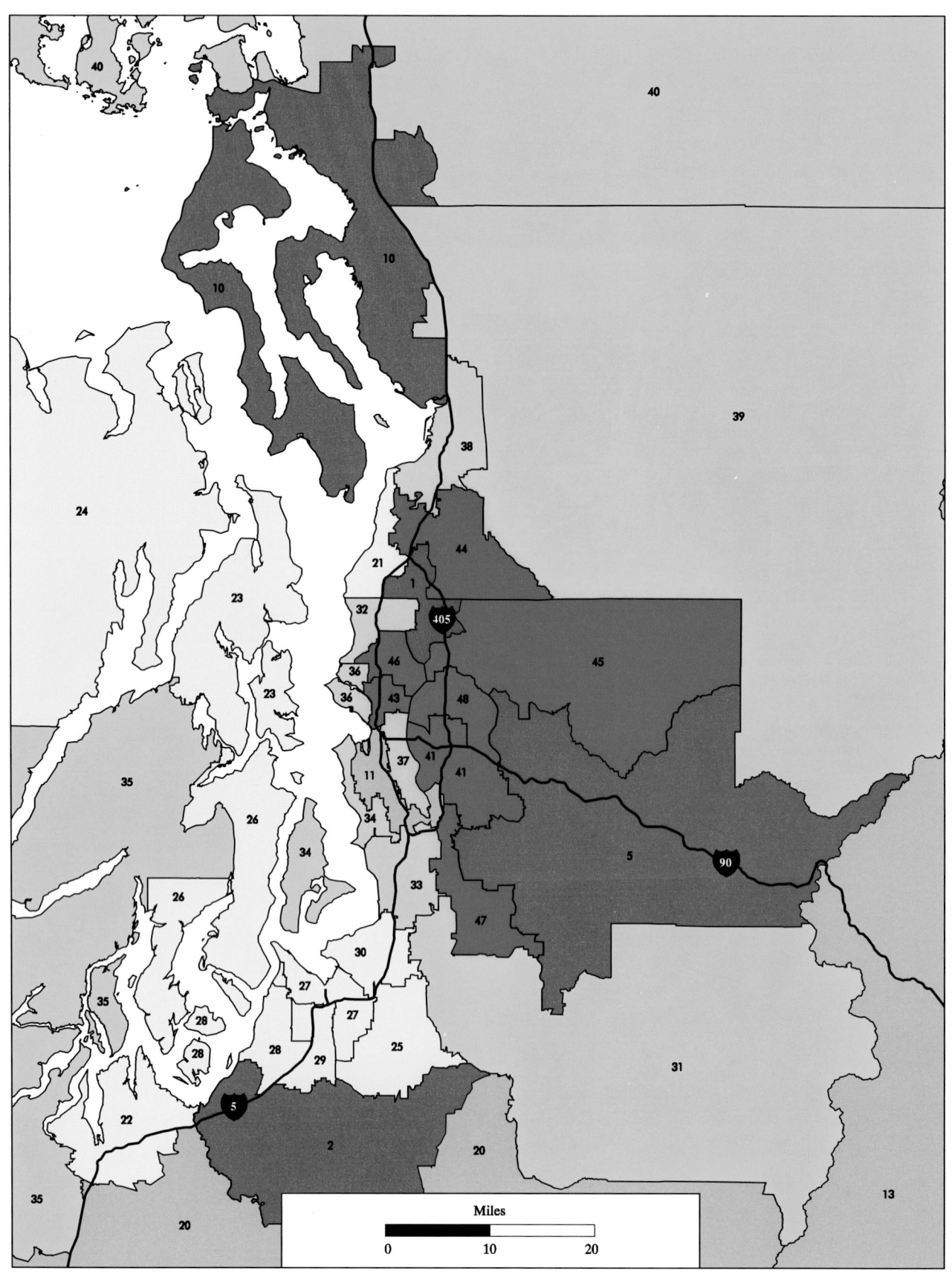

# Washington State Legislative Districts: Demographic Data

| Legislative District | Household Income Avg. ($) | > $50K (%) | >$100K (%) | College Educ. (%) | Manf. (%) | Employment Type Service (%) | Govt. (%) | Farm (%) | Age 55+ (%) | Receives Soc. Sec. (%) | African Amer. (%) | Hispanic Amer. (%) | Asian Amer. (%) |
|---|---|---|---|---|---|---|---|---|---|---|---|---|---|
| Wash. | 38,223 | 24 | 4 | 31 | 24 | 66 | 5 | 4 | 20 | 24 | 3 | 4 | 4 |
| 1 | 46,209 | 36 | 4 | 37 | 26 | 69 | 3 | 2 | 13 | 16 | 1 | 2 | 5 |
| 2 | 34,315 | 19 | 1 | 21 | 26 | 64 | 7 | 3 | 11 | 16 | 9 | 5 | 5 |
| 3 | 23,189 | 8 | 1 | 25 | 18 | 77 | 4 | 1 | 23 | 31 | 3 | 3 | 2 |
| 4 | 33,841 | 19 | 2 | 28 | 24 | 71 | 3 | 2 | 20 | 26 | 1 | 2 | 1 |
| 5 | 54,719 | 48 | 8 | 40 | 31 | 64 | 3 | 2 | 14 | 16 | 1 | 2 | 3 |
| 6 | 37,870 | 23 | 4 | 38 | 13 | 81 | 5 | 1 | 25 | 29 | 1 | 1 | 2 |
| 7 | 30,046 | 15 | 2 | 22 | 22 | 60 | 6 | 12 | 21 | 29 | 0 | 2 | 1 |
| 8 | 37,338 | 26 | 2 | 33 | 18 | 75 | 4 | 3 | 18 | 22 | 1 | 6 | 2 |
| 9 | 30,573 | 16 | 2 | 35 | 12 | 73 | 4 | 10 | 17 | 22 | 1 | 6 | 4 |
| 10 | 38,438 | 22 | 3 | 27 | 25 | 64 | 6 | 5 | 23 | 29 | 2 | 3 | 3 |
| 11 | 31,317 | 18 | 1 | 24 | 29 | 66 | 4 | 1 | 20 | 23 | 11 | 5 | 19 |
| 12 | 31,146 | 16 | 2 | 23 | 15 | 63 | 5 | 17 | 24 | 30 | 0 | 9 | 1 |
| 13 | 29,638 | 14 | 2 | 21 | 17 | 61 | 5 | 18 | 21 | 26 | 1 | 13 | 1 |
| 14 | 30,721 | 15 | 2 | 23 | 18 | 69 | 6 | 7 | 23 | 30 | 2 | 13 | 1 |
| 15 | 29,211 | 14 | 2 | 16 | 19 | 52 | 4 | 25 | 19 | 28 | 0 | 34 | 1 |
| 16 | 30,990 | 16 | 2 | 25 | 18 | 62 | 5 | 14 | 22 | 29 | 2 | 17 | 2 |
| 17 | 39,500 | 27 | 2 | 24 | 32 | 62 | 4 | 2 | 15 | 20 | 1 | 2 | 2 |
| 18 | 36,492 | 23 | 3 | 22 | 31 | 60 | 4 | 5 | 20 | 26 | 0 | 2 | 1 |
| 19 | 29,996 | 16 | 2 | 19 | 33 | 57 | 4 | 5 | 26 | 33 | 0 | 2 | 2 |
| 20 | 31,469 | 17 | 2 | 22 | 23 | 59 | 10 | 8 | 21 | 27 | 1 | 3 | 1 |
| 21 | 45,970 | 34 | 5 | 36 | 24 | 71 | 3 | 1 | 19 | 21 | 1 | 2 | 6 |
| 22 | 36,425 | 23 | 3 | 37 | 14 | 61 | 22 | 3 | 20 | 25 | 2 | 3 | 5 |
| 23 | 41,591 | 27 | 4 | 33 | 22 | 64 | 13 | 2 | 18 | 22 | 2 | 3 | 5 |
| 24 | 30,462 | 15 | 2 | 23 | 28 | 60 | 7 | 5 | 30 | 37 | 0 | 2 | 1 |
| 25 | 38,635 | 26 | 2 | 24 | 30 | 63 | 5 | 3 | 19 | 24 | 1 | 2 | 2 |
| 26 | 40,329 | 27 | 4 | 30 | 24 | 66 | 8 | 2 | 19 | 23 | 3 | 3 | 3 |
| 27 | 30,634 | 16 | 2 | 25 | 22 | 71 | 6 | 2 | 21 | 27 | 12 | 4 | 7 |
| 28 | 38,576 | 25 | 4 | 34 | 17 | 74 | 8 | 1 | 22 | 24 | 9 | 4 | 7 |
| 29 | 27,141 | 11 | 0 | 16 | 24 | 68 | 6 | 2 | 18 | 23 | 11 | 4 | 7 |
| 30 | 45,982 | 35 | 5 | 35 | 31 | 64 | 4 | 1 | 13 | 14 | 3 | 3 | 6 |
| 31 | 40,438 | 28 | 3 | 23 | 36 | 58 | 4 | 3 | 15 | 19 | 1 | 3 | 2 |
| 32 | 47,330 | 34 | 6 | 40 | 21 | 74 | 4 | 2 | 25 | 26 | 2 | 2 | 8 |
| 33 | 40,529 | 28 | 3 | 29 | 32 | 64 | 3 | 1 | 19 | 19 | 4 | 3 | 5 |
| 34 | 40,993 | 28 | 4 | 34 | 26 | 69 | 4 | 1 | 25 | 28 | 2 | 3 | 5 |
| 35 | 33,535 | 19 | 2 | 24 | 26 | 56 | 13 | 4 | 22 | 27 | 1 | 3 | 2 |
| 36 | 41,000 | 26 | 5 | 49 | 17 | 77 | 4 | 2 | 24 | 26 | 2 | 3 | 4 |
| 37 | 35,317 | 21 | 4 | 31 | 22 | 72 | 5 | 2 | 21 | 27 | 35 | 4 | 23 |
| 38 | 35,583 | 21 | 2 | 22 | 37 | 57 | 4 | 2 | 20 | 26 | 1 | 3 | 3 |
| 39 | 40,912 | 27 | 3 | 22 | 37 | 55 | 4 | 4 | 16 | 22 | 0 | 2 | 1 |
| 40 | 36,590 | 20 | 4 | 30 | 23 | 68 | 4 | 5 | 23 | 30 | 0 | 4 | 2 |
| 41 | 64,528 | 51 | 14 | 53 | 26 | 70 | 3 | 1 | 21 | 20 | 2 | 2 | 8 |
| 42 | 34,908 | 20 | 3 | 26 | 26 | 63 | 4 | 7 | 21 | 26 | 0 | 3 | 2 |
| 43 | 37,510 | 21 | 6 | 60 | 12 | 83 | 4 | 1 | 16 | 18 | 5 | 3 | 8 |
| 44 | 47,126 | 36 | 5 | 32 | 33 | 61 | 4 | 2 | 12 | 15 | 1 | 2 | 4 |
| 45 | 52,457 | 43 | 8 | 44 | 28 | 67 | 2 | 2 | 11 | 13 | 1 | 2 | 4 |
| 46 | 42,293 | 28 | 5 | 52 | 17 | 78 | 4 | 1 | 25 | 27 | 3 | 3 | 10 |
| 47 | 44,786 | 35 | 3 | 32 | 38 | 59 | 3 | 1 | 12 | 14 | 3 | 3 | 5 |
| 48 | 59,556 | 42 | 11 | 53 | 22 | 74 | 2 | 1 | 19 | 17 | 2 | 2 | 8 |
| 49 | 33,416 | 18 | 3 | 25 | 28 | 67 | 4 | 2 | 21 | 26 | 2 | 3 | 3 |

# WEST VIRGINIA
## State Senate Districts

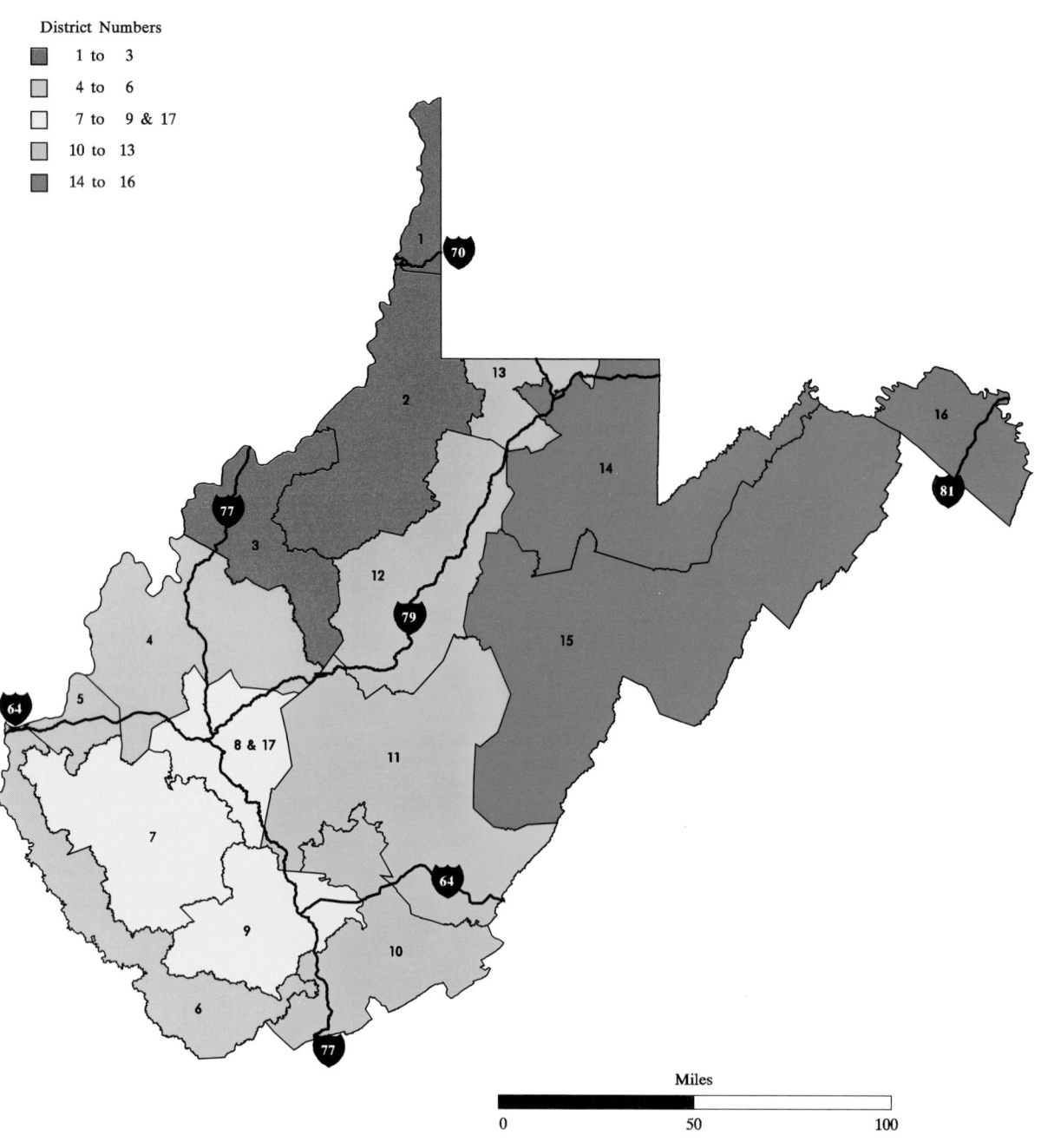

District Numbers

■ 1 to 3
■ 4 to 6
□ 7 to 9 & 17
■ 10 to 13
■ 14 to 16

Miles

0          50          100

# West Virginia State Senate Districts: Demographic Data

| Senate District* | Household Income Avg. ($) | > $50K (%) | >$100K (%) | College Educ. (%) | Manf. (%) | Service (%) | Govt. (%) | Farm (%) | Age 55+ (%) | Receives Soc. Sec. (%) | African Amer. (%) | Hispanic Amer. (%) | Asian Amer. (%) |
|---|---|---|---|---|---|---|---|---|---|---|---|---|---|
| W. V. | 27,122 | 12 | 2 | 16 | 23 | 65 | 5 | 8 | 25 | 34 | 3 | 0 | 0 |
| 1 | 31,996 | 18 | 2 | 20 | 31 | 65 | 3 | 2 | 28 | 35 | 2 | 0 | 0 |
| 2 | 25,685 | 11 | 1 | 13 | 29 | 61 | 4 | 7 | 27 | 37 | 1 | 0 | 0 |
| 3 | 28,896 | 14 | 1 | 18 | 30 | 63 | 5 | 2 | 24 | 32 | 1 | 0 | 0 |
| 4 | 27,412 | 12 | 1 | 14 | 27 | 64 | 4 | 5 | 23 | 30 | 0 | 0 | 0 |
| 5 | 29,360 | 15 | 2 | 23 | 20 | 74 | 4 | 2 | 27 | 35 | 4 | 0 | 1 |
| 6 | 22,653 | 9 | 1 | 9 | 16 | 63 | 4 | 17 | 22 | 37 | 6 | 0 | 0 |
| 7 | 23,232 | 9 | 1 | 8 | 15 | 61 | 4 | 19 | 22 | 36 | 2 | 0 | 0 |
| 8 & 17 | 31,318 | 17 | 3 | 22 | 17 | 73 | 7 | 3 | 26 | 34 | 7 | 0 | 1 |
| 9 | 25,596 | 11 | 1 | 13 | 10 | 68 | 4 | 18 | 24 | 38 | 6 | 0 | 0 |
| 10 | 24,493 | 9 | 1 | 14 | 21 | 70 | 3 | 7 | 27 | 40 | 6 | 1 | 0 |
| 11 | 22,967 | 8 | 1 | 12 | 21 | 62 | 4 | 13 | 26 | 38 | 3 | 0 | 0 |
| 12 | 24,645 | 10 | 1 | 16 | 18 | 69 | 4 | 8 | 27 | 38 | 1 | 1 | 0 |
| 13 | 27,599 | 14 | 2 | 26 | 15 | 72 | 4 | 9 | 23 | 31 | 3 | 1 | 2 |
| 14 | 25,918 | 10 | 1 | 14 | 24 | 61 | 4 | 11 | 24 | 33 | 1 | 0 | 0 |
| 15 | 24,682 | 9 | 1 | 13 | 32 | 55 | 4 | 9 | 25 | 34 | 1 | 0 | 0 |
| 16 | 32,586 | 17 | 2 | 17 | 32 | 57 | 7 | 4 | 21 | 27 | 5 | 1 | 0 |

\* Senate districts 8 and 17 have the same boundary.

# WEST VIRGINIA
## State House Districts

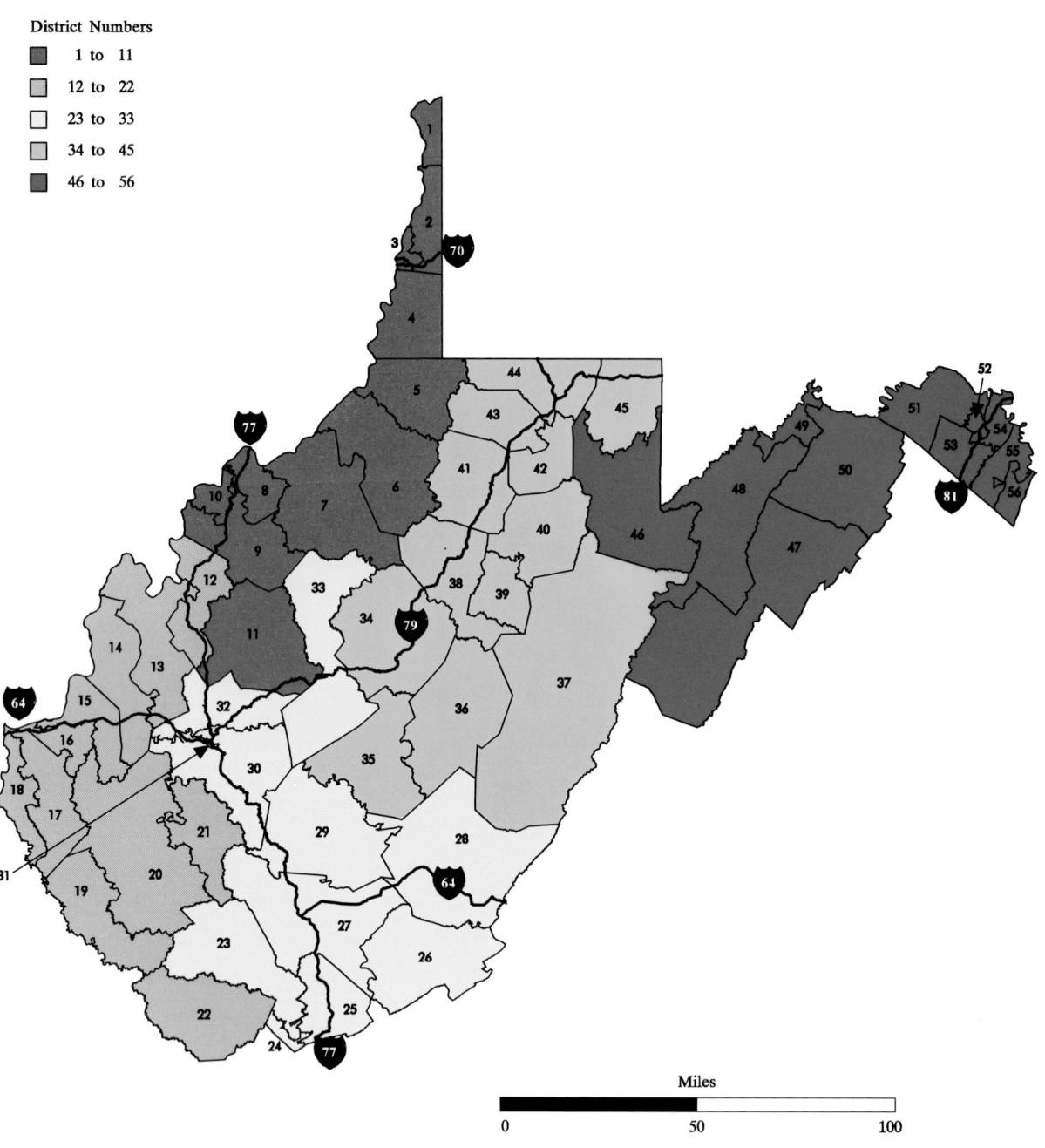

**District Numbers**

- 1 to 11
- 12 to 22
- 23 to 33
- 34 to 45
- 46 to 56

Miles

0    50    100

## West Virginia State House Districts: Demographic Data

| House District* | Household Income Avg. ($) | Household Income > $50K (%) | Household Income >$100K (%) | College Educ. (%) | Manf. (%) | Employment Type Service (%) | Employment Type Govt. (%) | Farm (%) | Age 55+ (%) | Receives Soc. Sec. (%) | African Amer. (%) | Hispanic Amer. (%) | Asian Amer. (%) |
|---|---|---|---|---|---|---|---|---|---|---|---|---|---|
| W. V. | 27,122 | 12 | 2 | 16 | 23 | 65 | 5 | 8 | 25 | 34 | 3 | 0 | 0 |
| 1 | 31,812 | 19 | 1 | 15 | 40 | 56 | 2 | 2 | 28 | 35 | 3 | 1 | 0 |
| 2 | 30,408 | 16 | 1 | 18 | 32 | 64 | 2 | 3 | 25 | 34 | 1 | 0 | 0 |
| 3 | 29,419 | 14 | 3 | 24 | 17 | 78 | 3 | 2 | 32 | 39 | 4 | 0 | 1 |
| 4 | 28,884 | 14 | 1 | 14 | 24 | 65 | 4 | 7 | 26 | 36 | 1 | 1 | 0 |
| 5 | 27,423 | 14 | 1 | 14 | 36 | 55 | 3 | 6 | 25 | 33 | 0 | 0 | 0 |
| 6 | 24,147 | 10 | 0 | 13 | 34 | 54 | 5 | 7 | 26 | 35 | 0 | 0 | 0 |
| 7 | 24,869 | 10 | 1 | 12 | 37 | 51 | 4 | 7 | 26 | 35 | 0 | 0 | 0 |
| 8 | 34,716 | 20 | 2 | 23 | 32 | 62 | 4 | 2 | 21 | 27 | 0 | 0 | 1 |
| 9 | 27,763 | 11 | 1 | 15 | 33 | 58 | 6 | 3 | 23 | 30 | 0 | 0 | 0 |
| 10 | 28,857 | 15 | 1 | 19 | 28 | 66 | 5 | 1 | 26 | 34 | 1 | 0 | 0 |
| 11 | 20,882 | 5 | 0 | 8 | 29 | 58 | 6 | 7 | 24 | 36 | 0 | 0 | 0 |
| 12 | 26,648 | 11 | 1 | 15 | 32 | 60 | 4 | 4 | 26 | 32 | 0 | 0 | 0 |
| 13 | 28,647 | 13 | 1 | 12 | 28 | 63 | 4 | 5 | 22 | 29 | 0 | 0 | 0 |
| 14 | 30,049 | 17 | 2 | 17 | 24 | 69 | 4 | 4 | 21 | 28 | 0 | 0 | 0 |
| 15 | 25,743 | 12 | 2 | 20 | 21 | 73 | 4 | 2 | 26 | 35 | 6 | 0 | 0 |
| 16 | 32,509 | 18 | 3 | 25 | 20 | 75 | 4 | 1 | 27 | 35 | 1 | 0 | 1 |
| 17 | 25,013 | 11 | 1 | 12 | 27 | 64 | 4 | 5 | 21 | 33 | 0 | 0 | 0 |
| 18 | 24,586 | 12 | 1 | 11 | 27 | 65 | 4 | 4 | 24 | 33 | 0 | 0 | 0 |
| 19 | 23,784 | 10 | 1 | 9 | 9 | 59 | 4 | 28 | 19 | 35 | 3 | 0 | 0 |
| 20 | 23,445 | 9 | 1 | 9 | 14 | 61 | 4 | 21 | 22 | 35 | 2 | 0 | 0 |
| 21 | 23,875 | 11 | 1 | 8 | 9 | 61 | 4 | 26 | 23 | 37 | 1 | 0 | 0 |
| 22 | 18,858 | 6 | 1 | 6 | 10 | 63 | 5 | 21 | 24 | 42 | 13 | 1 | 0 |
| 23 | 22,925 | 9 | 1 | 8 | 11 | 61 | 3 | 25 | 21 | 36 | 1 | 0 | 0 |
| 24 | 28,979 | 12 | 2 | 19 | 14 | 79 | 3 | 5 | 31 | 44 | 16 | 0 | 0 |
| 25 | 25,670 | 10 | 1 | 16 | 19 | 72 | 3 | 6 | 26 | 37 | 3 | 0 | 1 |
| 26 | 22,845 | 8 | 1 | 11 | 34 | 54 | 3 | 8 | 27 | 38 | 4 | 1 | 0 |
| 27 | 25,908 | 11 | 2 | 15 | 11 | 71 | 5 | 13 | 26 | 40 | 7 | 0 | 0 |
| 28 | 25,239 | 10 | 1 | 15 | 23 | 62 | 4 | 11 | 27 | 38 | 4 | 0 | 0 |
| 29 | 22,481 | 8 | 1 | 12 | 18 | 67 | 5 | 10 | 27 | 42 | 6 | 1 | 0 |
| 30 | 33,672 | 19 | 3 | 24 | 15 | 74 | 7 | 4 | 27 | 34 | 6 | 0 | 1 |
| 31 | 21,893 | 8 | 2 | 21 | 12 | 75 | 13 | 1 | 31 | 39 | 29 | 1 | 1 |
| 32 | 30,503 | 17 | 1 | 18 | 21 | 71 | 6 | 2 | 24 | 31 | 2 | 0 | 0 |
| 33 | 19,017 | 5 | 0 | 10 | 29 | 56 | 4 | 11 | 24 | 37 | 0 | 0 | 0 |
| 34 | 21,410 | 7 | 1 | 12 | 21 | 61 | 5 | 13 | 26 | 37 | 0 | 0 | 0 |
| 35 | 23,804 | 10 | 1 | 11 | 20 | 57 | 4 | 19 | 22 | 33 | 0 | 0 | 0 |
| 36 | 19,687 | 5 | 1 | 8 | 21 | 56 | 3 | 19 | 26 | 39 | 0 | 0 | 0 |
| 37 | 23,183 | 8 | 1 | 14 | 23 | 62 | 6 | 9 | 26 | 35 | 1 | 0 | 0 |
| 38 | 22,020 | 8 | 1 | 11 | 24 | 65 | 3 | 8 | 26 | 37 | 0 | 0 | 0 |
| 39 | 24,082 | 9 | 1 | 16 | 24 | 63 | 3 | 10 | 24 | 36 | 1 | 0 | 0 |
| 40 | 21,743 | 7 | 0 | 12 | 20 | 64 | 4 | 12 | 24 | 36 | 1 | 1 | 0 |
| 41 | 26,174 | 12 | 2 | 18 | 17 | 72 | 4 | 7 | 28 | 38 | 1 | 1 | 0 |
| 42 | 24,432 | 9 | 1 | 12 | 21 | 67 | 4 | 8 | 24 | 36 | 1 | 0 | 0 |
| 43 | 25,748 | 11 | 1 | 17 | 19 | 66 | 4 | 11 | 29 | 39 | 3 | 1 | 0 |
| 44 | 29,659 | 16 | 2 | 32 | 14 | 74 | 5 | 7 | 18 | 23 | 2 | 1 | 2 |
| 45 | 25,191 | 9 | 1 | 12 | 22 | 59 | 3 | 16 | 24 | 32 | 0 | 0 | 0 |
| 46 | 23,900 | 8 | 1 | 10 | 26 | 53 | 4 | 17 | 25 | 34 | 0 | 0 | 0 |
| 47 | 25,385 | 9 | 1 | 11 | 46 | 41 | 3 | 11 | 27 | 31 | 2 | 0 | 0 |
| 48 | 26,533 | 9 | 1 | 12 | 34 | 51 | 4 | 11 | 23 | 33 | 2 | 0 | 0 |
| 49 | 27,995 | 11 | 1 | 17 | 30 | 65 | 3 | 2 | 25 | 35 | 3 | 0 | 0 |
| 50 | 26,858 | 9 | 1 | 13 | 37 | 55 | 3 | 6 | 24 | 33 | 1 | 1 | 0 |

# West Virginia State House Districts:  Demographic Data (cont.)

| House District* | Avg. ($) | Household Income > $50K (%) | >$100K (%) | College Educ. (%) | Manf. (%) | Employment Type Service (%) | Govt. (%) | Farm (%) | Age 55+ (%) | Receives Soc. Sec. (%) | African Amer. (%) | Hispanic Amer. (%) | Asian Amer. (%) |
|---|---|---|---|---|---|---|---|---|---|---|---|---|---|
| W. V. | 27,122 | 12 | 2 | 16 | 23 | 65 | 5 | 8 | 25 | 34 | 3 | 0 | 0 |
| 51 | 29,320 | 13 | 1 | 15 | 32 | 57 | 6 | 5 | 25 | 30 | 1 | 0 | 0 |
| 52 | 29,099 | 15 | 2 | 19 | 30 | 61 | 7 | 2 | 26 | 33 | 8 | 1 | 1 |
| 53 | 33,836 | 18 | 2 | 13 | 37 | 53 | 6 | 4 | 18 | 21 | 2 | 1 | 0 |
| 54 | 30,644 | 15 | 1 | 15 | 36 | 56 | 5 | 3 | 21 | 26 | 4 | 0 | 1 |
| 55 | 39,791 | 24 | 4 | 23 | 26 | 60 | 7 | 7 | 17 | 22 | 8 | 1 | 0 |
| 56 | 33,472 | 19 | 2 | 16 | 30 | 57 | 8 | 5 | 23 | 28 | 7 | 1 | 0 |

\* House districts have unequal representation.  Districts 1, 2, 3, 4, 13, 14, ,19, 22, 23, 25, 28, and 37 have two representatives; districts 10, 15, 16, 29, and 43 have three representatives; districts 20, 32, 41, and 44 have four representatives; district 27 has five representatives; district 30 has seven representatives.

# WISCONSIN
## State Senate Districts

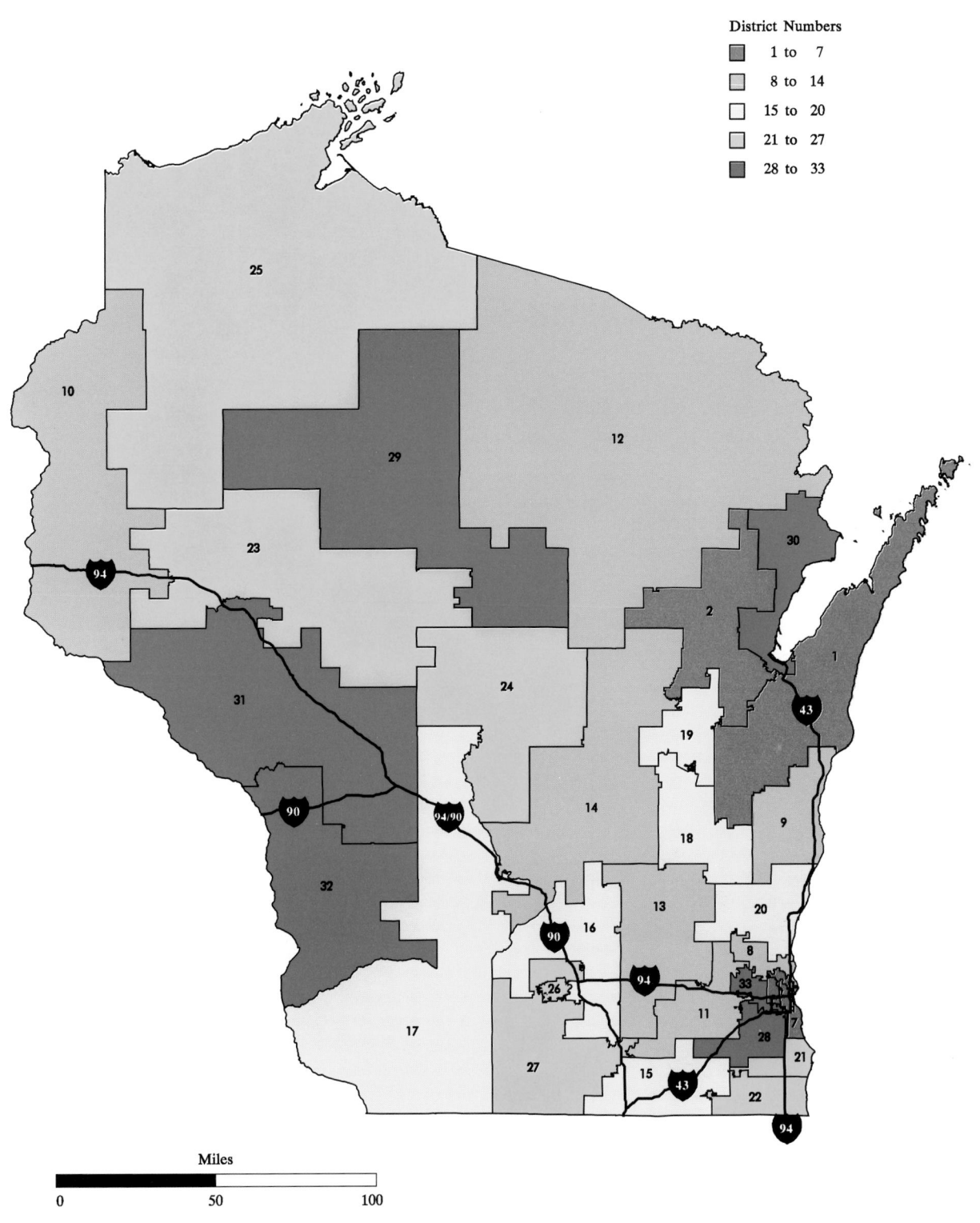

District Numbers

- 1 to 7
- 8 to 14
- 15 to 20
- 21 to 27
- 28 to 33

Miles

0    50    100

# MILWAUKEE
## State Senate Districts

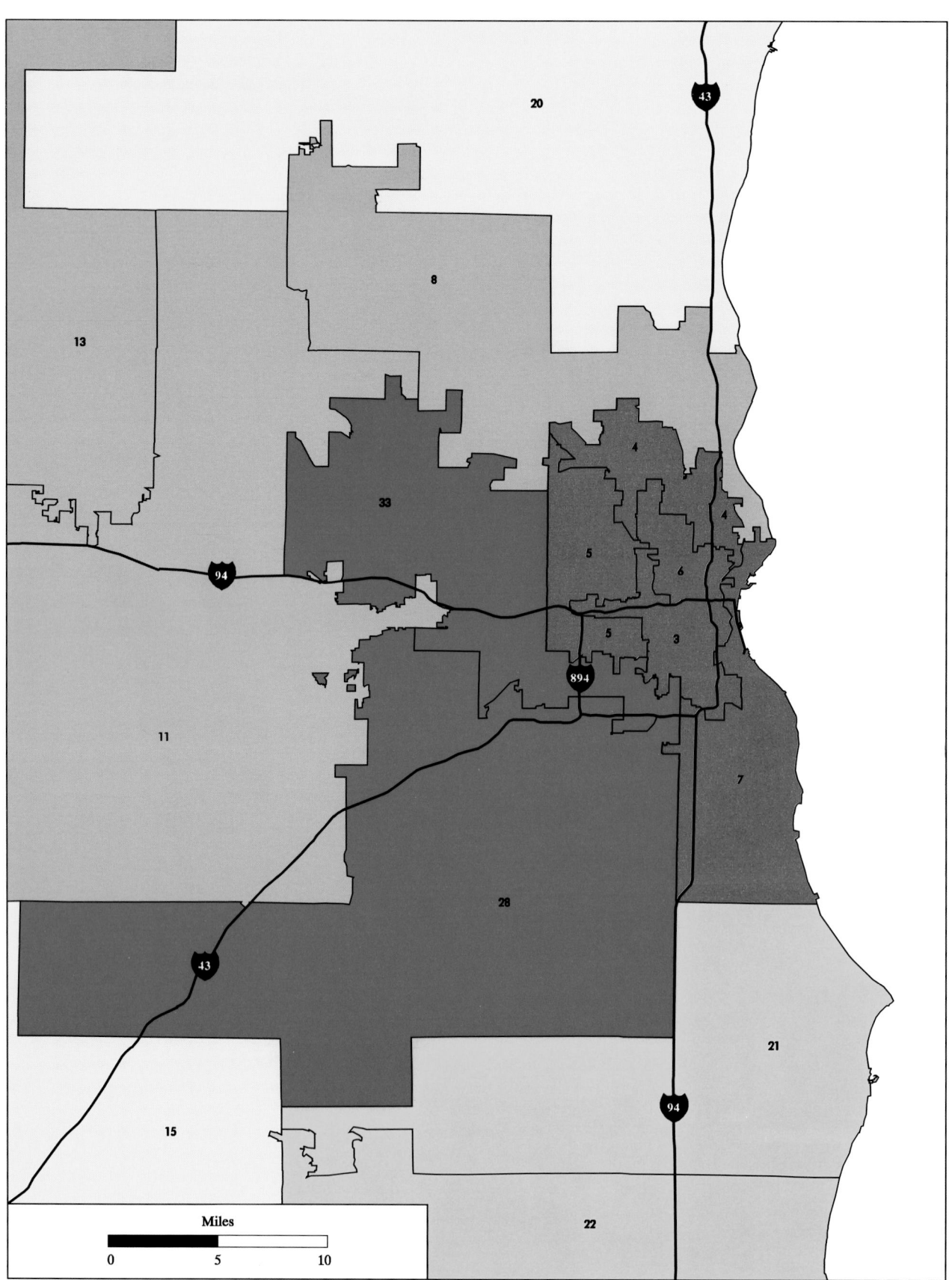

# Wisconsin State Senate Districts: Demographic Data

| Senate District | Household Income Avg. ($) | > $50K (%) | >$100K (%) | College Educ. (%) | Manf. (%) | Employment Type Service (%) | Govt. (%) | Farm (%) | Age 55+ (%) | Receives Soc. Sec. (%) | African Amer. (%) | Hispanic Amer. (%) | Asian Amer. (%) |
|---|---|---|---|---|---|---|---|---|---|---|---|---|---|
| Wisconsin | 35,222 | 20 | 3 | 25 | 30 | 62 | 3 | 5 | 22 | 28 | 5 | 2 | 1 |
| 1 | 35,609 | 19 | 2 | 21 | 38 | 51 | 2 | 9 | 21 | 28 | 0 | 0 | 0 |
| 2 | 37,360 | 22 | 3 | 22 | 33 | 59 | 2 | 6 | 20 | 27 | 0 | 1 | 0 |
| 3 | 27,195 | 12 | 1 | 17 | 30 | 66 | 3 | 1 | 22 | 30 | 4 | 16 | 3 |
| 4 | 27,998 | 13 | 1 | 17 | 29 | 67 | 3 | 1 | 19 | 25 | 51 | 3 | 1 |
| 5 | 37,163 | 23 | 2 | 30 | 25 | 72 | 3 | 1 | 29 | 34 | 3 | 1 | 1 |
| 6 | 20,170 | 8 | 0 | 16 | 24 | 72 | 4 | 1 | 13 | 23 | 68 | 4 | 3 |
| 7 | 34,775 | 20 | 2 | 27 | 27 | 68 | 4 | 1 | 22 | 25 | 2 | 3 | 1 |
| 8 | 53,301 | 39 | 9 | 42 | 26 | 71 | 2 | 1 | 23 | 26 | 5 | 1 | 1 |
| 9 | 34,357 | 18 | 2 | 21 | 43 | 51 | 2 | 3 | 25 | 31 | 0 | 1 | 2 |
| 10 | 34,456 | 21 | 2 | 24 | 30 | 58 | 3 | 9 | 20 | 28 | 0 | 0 | 1 |
| 11 | 46,469 | 35 | 5 | 33 | 32 | 63 | 3 | 3 | 15 | 20 | 1 | 3 | 1 |
| 12 | 26,967 | 10 | 1 | 17 | 31 | 58 | 4 | 7 | 29 | 38 | 0 | 0 | 0 |
| 13 | 35,464 | 19 | 2 | 21 | 39 | 51 | 3 | 7 | 23 | 30 | 0 | 1 | 0 |
| 14 | 29,785 | 13 | 1 | 18 | 35 | 53 | 3 | 9 | 28 | 36 | 0 | 1 | 0 |
| 15 | 35,579 | 21 | 2 | 21 | 40 | 55 | 2 | 3 | 22 | 28 | 4 | 2 | 1 |
| 16 | 38,402 | 25 | 2 | 29 | 24 | 65 | 6 | 5 | 19 | 24 | 1 | 1 | 0 |
| 17 | 29,585 | 13 | 2 | 19 | 26 | 55 | 3 | 16 | 24 | 33 | 0 | 0 | 0 |
| 18 | 32,565 | 16 | 2 | 22 | 33 | 60 | 4 | 4 | 22 | 29 | 1 | 1 | 1 |
| 19 | 39,876 | 25 | 3 | 28 | 37 | 59 | 2 | 2 | 20 | 25 | 0 | 1 | 1 |
| 20 | 45,579 | 31 | 5 | 28 | 39 | 56 | 2 | 3 | 20 | 25 | 0 | 1 | 0 |
| 21 | 37,408 | 24 | 3 | 23 | 38 | 57 | 3 | 1 | 21 | 28 | 11 | 6 | 1 |
| 22 | 36,121 | 22 | 2 | 20 | 35 | 60 | 3 | 2 | 21 | 29 | 4 | 4 | 1 |
| 23 | 29,624 | 13 | 2 | 19 | 27 | 57 | 3 | 14 | 22 | 30 | 0 | 0 | 1 |
| 24 | 33,393 | 18 | 2 | 22 | 28 | 64 | 2 | 6 | 22 | 29 | 0 | 1 | 1 |
| 25 | 25,766 | 10 | 1 | 20 | 24 | 63 | 5 | 7 | 27 | 37 | 0 | 0 | 0 |
| 26 | 37,965 | 23 | 5 | 60 | 11 | 81 | 8 | 1 | 14 | 17 | 5 | 2 | 5 |
| 27 | 39,576 | 25 | 3 | 31 | 23 | 65 | 6 | 6 | 18 | 22 | 2 | 1 | 1 |
| 28 | 45,588 | 36 | 4 | 30 | 31 | 65 | 2 | 2 | 19 | 23 | 1 | 2 | 1 |
| 29 | 32,572 | 17 | 2 | 21 | 33 | 57 | 2 | 8 | 23 | 31 | 0 | 0 | 2 |
| 30 | 31,160 | 15 | 1 | 21 | 31 | 63 | 3 | 3 | 21 | 28 | 0 | 1 | 2 |
| 31 | 29,856 | 14 | 2 | 22 | 23 | 61 | 5 | 12 | 24 | 32 | 0 | 1 | 1 |
| 32 | 30,086 | 14 | 2 | 26 | 24 | 65 | 3 | 8 | 23 | 30 | 0 | 1 | 2 |
| 33 | 50,080 | 38 | 7 | 33 | 29 | 67 | 3 | 1 | 27 | 30 | 0 | 1 | 1 |

# WISCONSIN
## State Assembly Districts

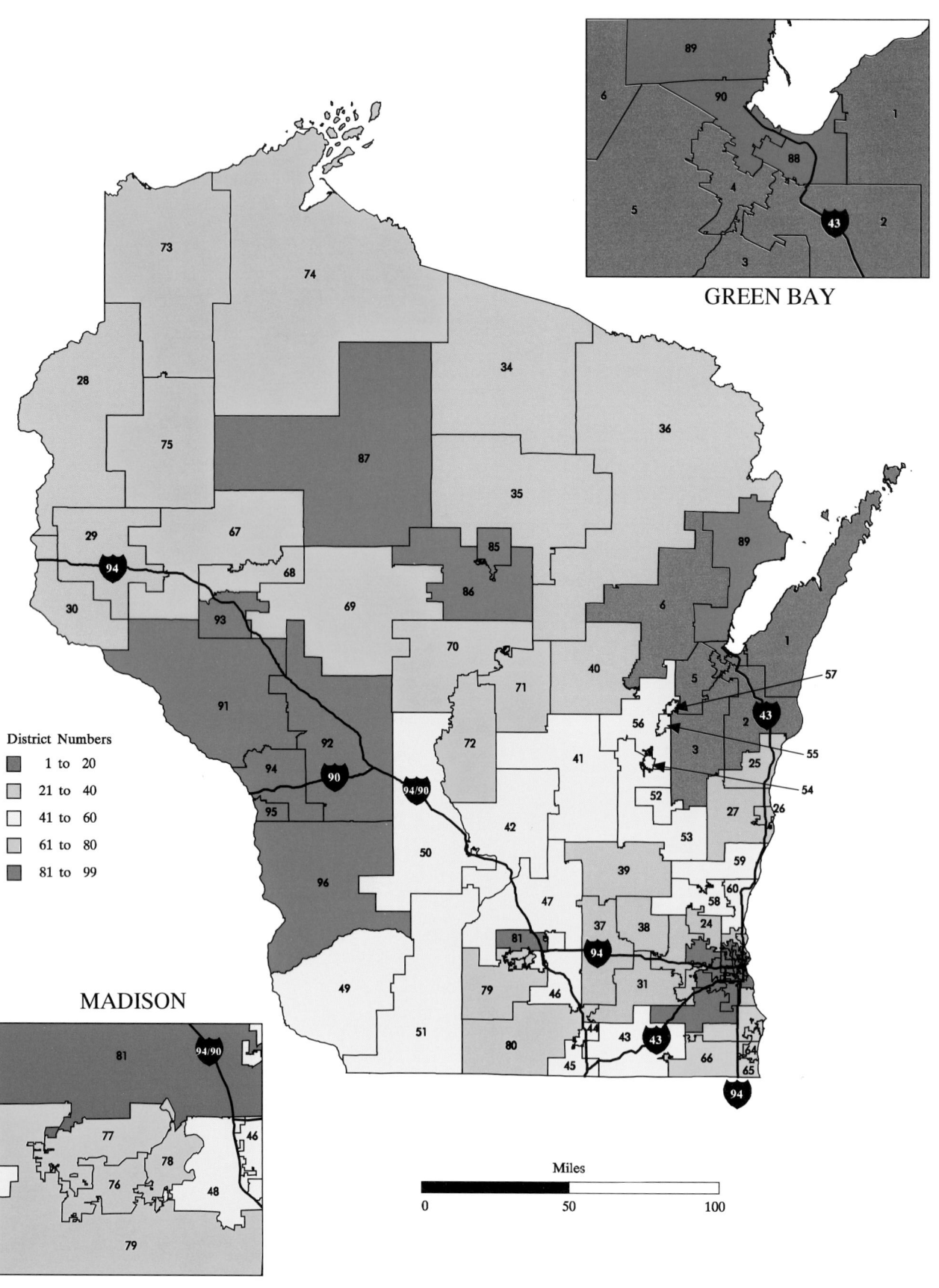

GREEN BAY

MADISON

District Numbers

- 1 to 20
- 21 to 40
- 41 to 60
- 61 to 80
- 81 to 99

Miles

0    50    100

# MILWAUKEE
## State Assembly Districts

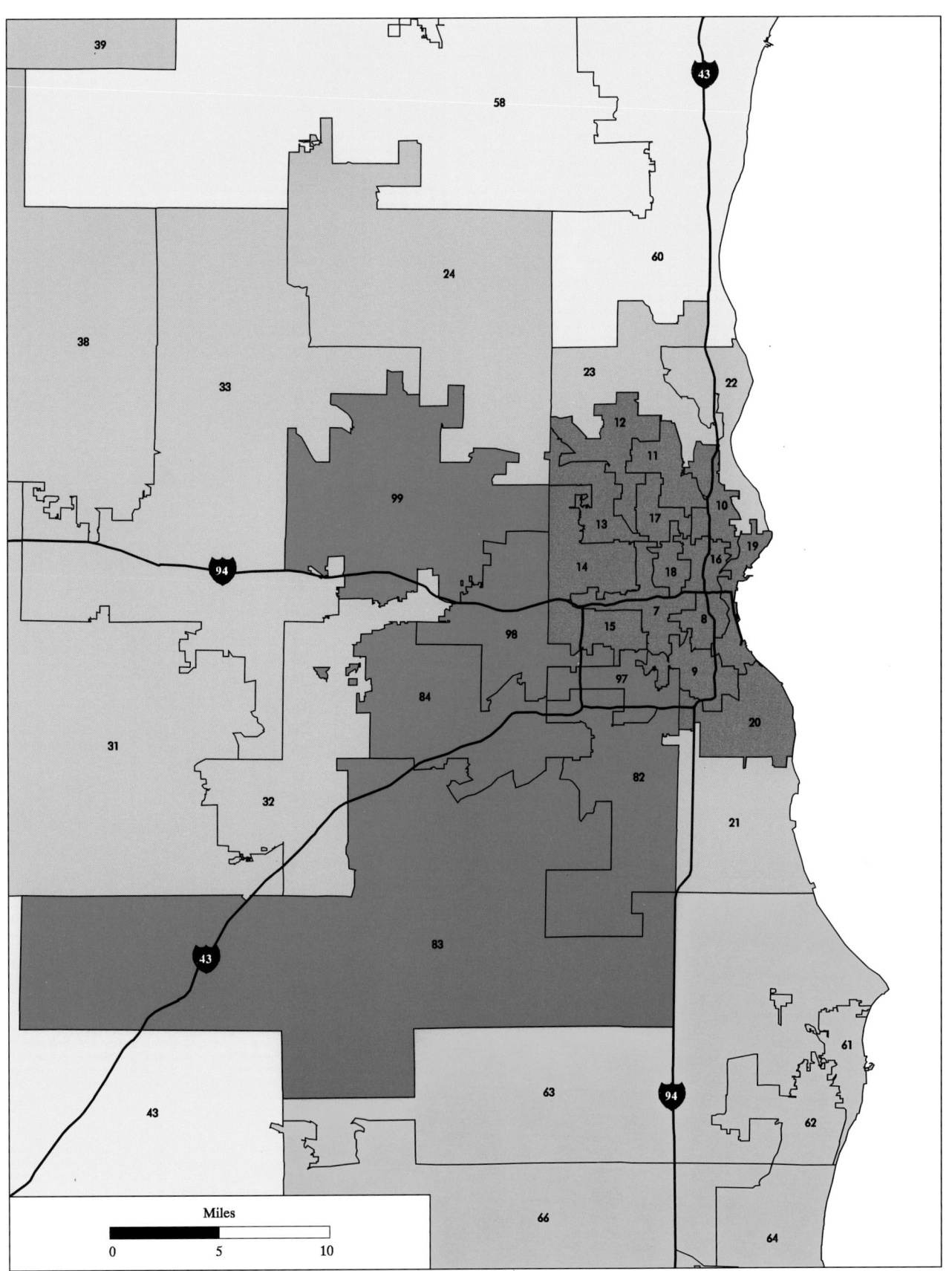

Miles

0          5          10

# Wisconsin State Assembly Districts: Demographic Data

| Assembly District | Household Income Avg. ($) | > $50K (%) | >$100K (%) | College Educ. (%) | Manf. (%) | Service (%) | Govt. (%) | Farm (%) | Age 55+ (%) | Receives Soc. Sec. (%) | African Amer. (%) | Hispanic Amer. (%) | Asian Amer. (%) |
|---|---|---|---|---|---|---|---|---|---|---|---|---|---|
| Wisconsin | 35,222 | 20 | 3 | 25 | 30 | 62 | 3 | 5 | 22 | 28 | 5 | 2 | 1 |
| 1 | 32,684 | 16 | 2 | 20 | 34 | 52 | 2 | 11 | 25 | 33 | 0 | 0 | 0 |
| 2 | 35,449 | 19 | 2 | 19 | 40 | 50 | 2 | 8 | 19 | 26 | 0 | 0 | 0 |
| 3 | 38,745 | 22 | 3 | 23 | 39 | 51 | 2 | 8 | 18 | 25 | 0 | 0 | 1 |
| 4 | 44,937 | 31 | 5 | 34 | 25 | 71 | 3 | 1 | 17 | 21 | 1 | 1 | 0 |
| 5 | 38,229 | 24 | 2 | 19 | 39 | 55 | 2 | 4 | 17 | 24 | 0 | 0 | 1 |
| 6 | 29,610 | 13 | 2 | 14 | 34 | 50 | 2 | 14 | 26 | 35 | 0 | 1 | 0 |
| 7 | 29,537 | 14 | 1 | 23 | 27 | 69 | 4 | 1 | 22 | 27 | 8 | 5 | 2 |
| 8 | 20,483 | 5 | 0 | 9 | 37 | 60 | 2 | 1 | 16 | 26 | 3 | 39 | 5 |
| 9 | 30,199 | 14 | 1 | 16 | 29 | 66 | 4 | 1 | 29 | 37 | 1 | 6 | 1 |
| 10 | 24,030 | 10 | 1 | 19 | 25 | 72 | 3 | 0 | 17 | 25 | 68 | 5 | 1 |
| 11 | 25,704 | 11 | 0 | 13 | 31 | 65 | 3 | 1 | 16 | 23 | 65 | 2 | 1 |
| 12 | 33,873 | 18 | 1 | 20 | 31 | 65 | 4 | 1 | 23 | 27 | 20 | 2 | 1 |
| 13 | 33,650 | 18 | 1 | 26 | 26 | 70 | 3 | 1 | 31 | 36 | 6 | 2 | 1 |
| 14 | 46,789 | 36 | 6 | 45 | 19 | 78 | 3 | 0 | 30 | 35 | 1 | 1 | 1 |
| 15 | 31,554 | 16 | 1 | 18 | 30 | 67 | 3 | 1 | 25 | 32 | 0 | 2 | 0 |
| 16 | 15,252 | 4 | 0 | 13 | 19 | 77 | 3 | 1 | 14 | 27 | 68 | 5 | 3 |
| 17 | 26,777 | 13 | 1 | 19 | 26 | 69 | 4 | 0 | 15 | 23 | 66 | 2 | 1 |
| 18 | 17,794 | 5 | 0 | 15 | 24 | 72 | 4 | 1 | 11 | 18 | 70 | 5 | 5 |
| 19 | 33,223 | 16 | 3 | 41 | 18 | 77 | 4 | 1 | 20 | 20 | 4 | 4 | 2 |
| 20 | 33,478 | 19 | 1 | 19 | 30 | 65 | 5 | 0 | 25 | 31 | 1 | 3 | 1 |
| 21 | 38,413 | 26 | 2 | 21 | 34 | 61 | 4 | 1 | 22 | 26 | 0 | 3 | 1 |
| 22 | 67,048 | 45 | 16 | 61 | 14 | 83 | 3 | 0 | 24 | 27 | 2 | 1 | 2 |
| 23 | 44,995 | 33 | 5 | 36 | 27 | 69 | 3 | 1 | 25 | 28 | 11 | 1 | 2 |
| 24 | 47,153 | 38 | 4 | 28 | 36 | 61 | 1 | 2 | 20 | 22 | 0 | 1 | 0 |
| 25 | 31,961 | 14 | 2 | 21 | 41 | 53 | 2 | 4 | 27 | 34 | 0 | 1 | 2 |
| 26 | 35,844 | 19 | 3 | 23 | 43 | 54 | 2 | 1 | 24 | 30 | 0 | 2 | 3 |
| 27 | 35,276 | 20 | 2 | 19 | 45 | 48 | 2 | 5 | 23 | 28 | 1 | 1 | 1 |
| 28 | 28,924 | 15 | 1 | 18 | 34 | 53 | 3 | 10 | 26 | 35 | 0 | 0 | 0 |
| 29 | 32,932 | 19 | 2 | 24 | 29 | 59 | 3 | 10 | 20 | 28 | 0 | 0 | 1 |
| 30 | 42,276 | 31 | 4 | 32 | 28 | 62 | 3 | 6 | 15 | 20 | 0 | 1 | 1 |
| 31 | 40,143 | 27 | 3 | 28 | 31 | 62 | 3 | 4 | 15 | 22 | 1 | 2 | 1 |
| 32 | 43,242 | 32 | 3 | 34 | 32 | 63 | 3 | 1 | 16 | 20 | 0 | 5 | 1 |
| 33 | 55,608 | 44 | 8 | 37 | 34 | 62 | 2 | 2 | 15 | 18 | 1 | 1 | 0 |
| 34 | 27,869 | 11 | 2 | 21 | 24 | 68 | 5 | 3 | 32 | 39 | 0 | 0 | 0 |
| 35 | 28,512 | 12 | 2 | 16 | 33 | 55 | 3 | 9 | 27 | 36 | 0 | 0 | 0 |
| 36 | 24,411 | 9 | 1 | 12 | 35 | 52 | 4 | 9 | 28 | 39 | 0 | 0 | 0 |
| 37 | 35,170 | 19 | 2 | 22 | 38 | 52 | 3 | 8 | 23 | 29 | 0 | 2 | 0 |
| 38 | 37,980 | 23 | 3 | 23 | 38 | 55 | 2 | 5 | 22 | 29 | 0 | 1 | 0 |
| 39 | 33,351 | 16 | 2 | 17 | 40 | 47 | 3 | 9 | 24 | 31 | 1 | 1 | 0 |
| 40 | 30,554 | 14 | 1 | 16 | 38 | 51 | 2 | 9 | 26 | 33 | 0 | 1 | 0 |
| 41 | 29,833 | 12 | 2 | 17 | 35 | 51 | 3 | 10 | 29 | 37 | 0 | 1 | 0 |
| 42 | 28,990 | 13 | 1 | 19 | 31 | 57 | 5 | 7 | 28 | 37 | 1 | 1 | 0 |
| 43 | 37,035 | 21 | 3 | 21 | 37 | 54 | 2 | 7 | 24 | 30 | 0 | 3 | 0 |
| 44 | 36,868 | 22 | 2 | 24 | 38 | 57 | 3 | 1 | 20 | 25 | 1 | 1 | 1 |
| 45 | 32,892 | 18 | 1 | 16 | 44 | 53 | 2 | 1 | 22 | 28 | 12 | 2 | 1 |
| 46 | 36,970 | 23 | 2 | 28 | 25 | 65 | 6 | 4 | 19 | 25 | 0 | 1 | 0 |
| 47 | 39,614 | 25 | 3 | 25 | 27 | 58 | 6 | 9 | 19 | 24 | 0 | 1 | 0 |
| 48 | 38,421 | 26 | 3 | 35 | 18 | 73 | 8 | 2 | 19 | 22 | 2 | 1 | 1 |
| 49 | 29,242 | 13 | 2 | 21 | 23 | 58 | 2 | 17 | 23 | 32 | 0 | 0 | 0 |
| 50 | 28,258 | 11 | 1 | 17 | 33 | 51 | 3 | 12 | 26 | 34 | 0 | 0 | 0 |

# Wisconsin State Assembly Districts: Demographic Data (cont.)

| Assembly District | Household Income | | | College Educ. (%) | Manf. (%) | Employment Type | | | Age 55+ (%) | Receives Soc. Sec. (%) | African Amer. (%) | Hispanic Amer. (%) | Asian Amer. (%) |
|---|---|---|---|---|---|---|---|---|---|---|---|---|---|
| | Avg. ($) | > $50K (%) | >$100K (%) | | | Service (%) | Govt. (%) | Farm (%) | | | | | |
| Wisconsin | 35,222 | 20 | 3 | 25 | 30 | 62 | 3 | 5 | 22 | 28 | 5 | 2 | 1 |
| 51 | 31,295 | 14 | 2 | 20 | 24 | 55 | 2 | 19 | 24 | 31 | 0 | 0 | 0 |
| 52 | 32,620 | 16 | 2 | 22 | 32 | 62 | 4 | 2 | 24 | 31 | 0 | 1 | 1 |
| 53 | 37,227 | 21 | 2 | 20 | 36 | 52 | 4 | 9 | 20 | 26 | 2 | 1 | 0 |
| 54 | 28,550 | 11 | 1 | 23 | 31 | 65 | 3 | 1 | 22 | 31 | 1 | 1 | 2 |
| 55 | 37,172 | 21 | 3 | 25 | 42 | 54 | 2 | 1 | 21 | 26 | 0 | 1 | 1 |
| 56 | 44,263 | 31 | 4 | 28 | 39 | 55 | 2 | 4 | 17 | 20 | 1 | 1 | 1 |
| 57 | 38,358 | 23 | 3 | 32 | 30 | 67 | 2 | 1 | 21 | 28 | 0 | 1 | 3 |
| 58 | 41,980 | 29 | 4 | 25 | 40 | 54 | 2 | 4 | 21 | 26 | 0 | 1 | 0 |
| 59 | 39,022 | 23 | 3 | 21 | 43 | 51 | 2 | 5 | 19 | 26 | 0 | 1 | 0 |
| 60 | 55,525 | 41 | 10 | 38 | 34 | 63 | 2 | 2 | 19 | 22 | 1 | 1 | 1 |
| 61 | 29,611 | 15 | 2 | 19 | 38 | 58 | 3 | 1 | 20 | 29 | 27 | 11 | 0 |
| 62 | 36,185 | 23 | 2 | 24 | 39 | 57 | 3 | 1 | 23 | 30 | 7 | 5 | 1 |
| 63 | 46,329 | 34 | 5 | 27 | 38 | 57 | 3 | 2 | 20 | 25 | 2 | 2 | 1 |
| 64 | 31,165 | 16 | 1 | 20 | 33 | 62 | 4 | 1 | 21 | 30 | 7 | 6 | 1 |
| 65 | 38,146 | 25 | 3 | 22 | 34 | 61 | 4 | 1 | 21 | 29 | 4 | 4 | 1 |
| 66 | 39,245 | 25 | 3 | 19 | 38 | 57 | 2 | 4 | 22 | 27 | 0 | 2 | 0 |
| 67 | 29,207 | 13 | 2 | 19 | 29 | 54 | 3 | 15 | 24 | 31 | 0 | 0 | 0 |
| 68 | 30,978 | 14 | 2 | 23 | 27 | 65 | 3 | 4 | 20 | 26 | 0 | 0 | 3 |
| 69 | 28,660 | 12 | 2 | 14 | 26 | 51 | 2 | 22 | 24 | 34 | 0 | 0 | 0 |
| 70 | 34,388 | 18 | 3 | 22 | 27 | 64 | 2 | 7 | 21 | 28 | 0 | 1 | 1 |
| 71 | 32,401 | 18 | 2 | 26 | 21 | 71 | 2 | 6 | 18 | 27 | 0 | 1 | 1 |
| 72 | 33,277 | 18 | 2 | 18 | 38 | 55 | 3 | 4 | 26 | 33 | 1 | 1 | 1 |
| 73 | 26,457 | 11 | 1 | 20 | 19 | 73 | 5 | 3 | 26 | 35 | 0 | 0 | 1 |
| 74 | 24,014 | 8 | 1 | 21 | 25 | 63 | 7 | 6 | 29 | 39 | 0 | 1 | 0 |
| 75 | 26,840 | 10 | 1 | 19 | 30 | 54 | 3 | 13 | 26 | 36 | 0 | 0 | 0 |
| 76 | 43,779 | 30 | 5 | 60 | 12 | 78 | 8 | 1 | 16 | 17 | 4 | 2 | 3 |
| 77 | 45,107 | 31 | 8 | 68 | 9 | 83 | 7 | 1 | 17 | 19 | 3 | 2 | 7 |
| 78 | 25,627 | 10 | 2 | 50 | 11 | 81 | 7 | 1 | 11 | 14 | 8 | 3 | 4 |
| 79 | 44,635 | 33 | 5 | 39 | 19 | 68 | 7 | 6 | 16 | 18 | 1 | 1 | 1 |
| 80 | 35,777 | 19 | 3 | 19 | 33 | 55 | 2 | 10 | 23 | 29 | 0 | 1 | 0 |
| 81 | 38,735 | 25 | 3 | 34 | 19 | 70 | 8 | 2 | 17 | 20 | 3 | 2 | 2 |
| 82 | 44,862 | 35 | 4 | 31 | 29 | 67 | 3 | 1 | 23 | 27 | 2 | 2 | 1 |
| 83 | 44,841 | 35 | 3 | 24 | 36 | 59 | 2 | 3 | 17 | 21 | 0 | 1 | 0 |
| 84 | 47,061 | 39 | 4 | 35 | 30 | 67 | 2 | 1 | 18 | 22 | 0 | 2 | 1 |
| 85 | 34,126 | 18 | 3 | 25 | 29 | 67 | 2 | 2 | 25 | 33 | 0 | 1 | 5 |
| 86 | 37,044 | 22 | 2 | 22 | 32 | 57 | 2 | 9 | 17 | 23 | 0 | 0 | 1 |
| 87 | 26,880 | 11 | 1 | 16 | 37 | 46 | 3 | 14 | 27 | 36 | 0 | 0 | 0 |
| 88 | 31,490 | 15 | 2 | 25 | 27 | 69 | 3 | 1 | 19 | 25 | 1 | 1 | 3 |
| 89 | 30,797 | 14 | 2 | 17 | 37 | 53 | 3 | 6 | 23 | 31 | 0 | 0 | 0 |
| 90 | 31,167 | 14 | 1 | 22 | 29 | 68 | 3 | 1 | 21 | 27 | 0 | 1 | 2 |
| 91 | 28,312 | 11 | 1 | 17 | 28 | 50 | 3 | 19 | 27 | 35 | 0 | 0 | 0 |
| 92 | 28,031 | 11 | 1 | 17 | 24 | 54 | 8 | 13 | 25 | 33 | 0 | 1 | 0 |
| 93 | 33,341 | 19 | 3 | 36 | 16 | 78 | 3 | 3 | 19 | 28 | 0 | 1 | 1 |
| 94 | 34,109 | 18 | 1 | 28 | 26 | 67 | 3 | 4 | 18 | 23 | 0 | 0 | 1 |
| 95 | 29,867 | 14 | 2 | 33 | 20 | 76 | 3 | 1 | 23 | 30 | 1 | 1 | 4 |
| 96 | 26,378 | 10 | 1 | 18 | 26 | 50 | 2 | 21 | 27 | 36 | 0 | 0 | 0 |
| 97 | 36,185 | 22 | 1 | 21 | 28 | 67 | 5 | 1 | 31 | 34 | 0 | 2 | 1 |
| 98 | 56,249 | 43 | 9 | 39 | 26 | 71 | 2 | 1 | 28 | 30 | 0 | 1 | 1 |
| 99 | 59,773 | 50 | 11 | 38 | 33 | 64 | 2 | 1 | 22 | 24 | 0 | 1 | 1 |

# WYOMING
## State Senate Districts

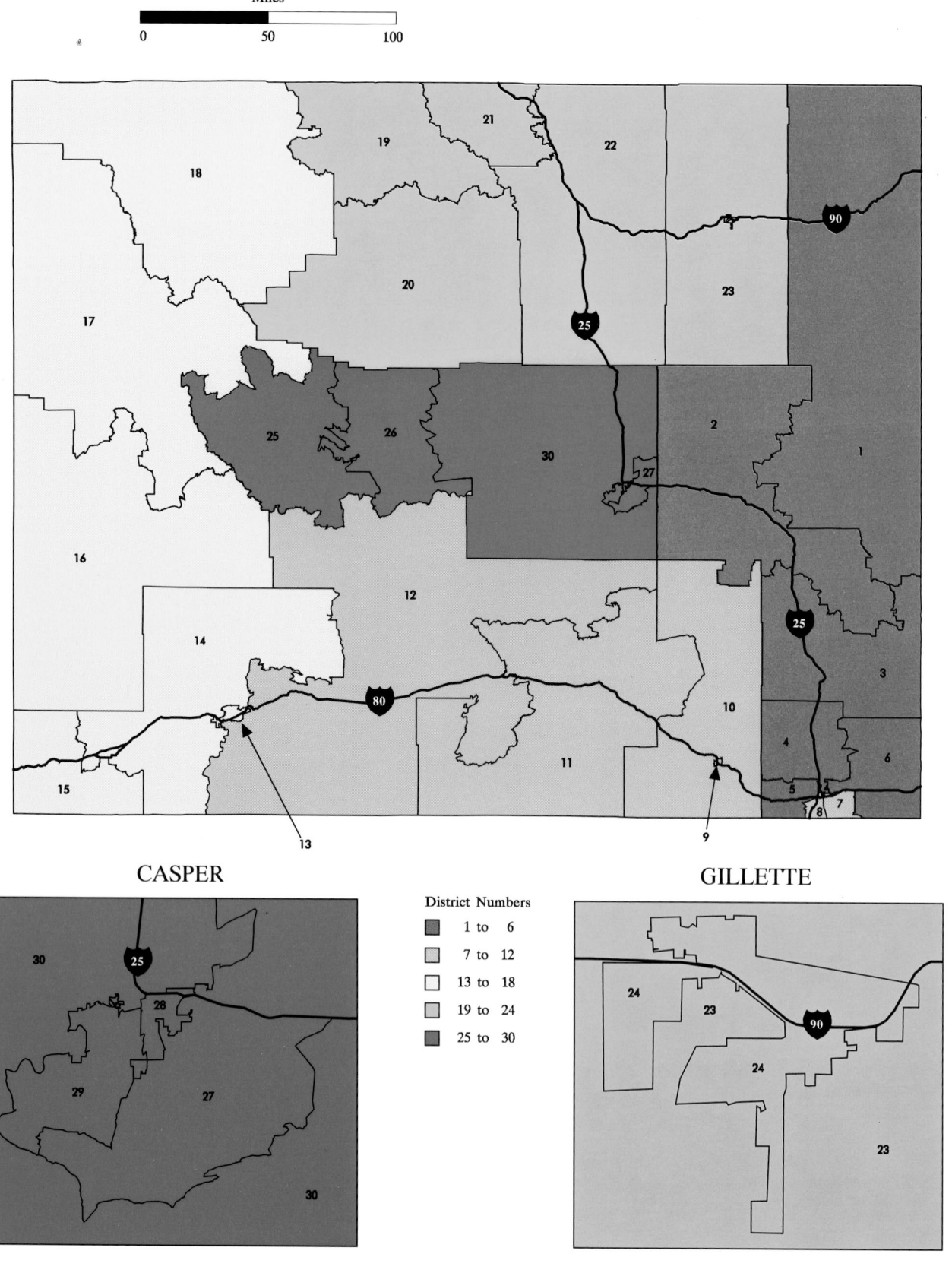

Miles
0    50    100

13

9

CASPER

GILLETTE

District Numbers

■ 1 to 6
☐ 7 to 12
☐ 13 to 18
☐ 19 to 24
■ 25 to 30

# Wyoming State Senate Districts: Demographic Data

| Senate District | Household Income Avg. ($) | > $50K (%) | >$100K (%) | College Educ. (%) | Manf. (%) | Service (%) | Govt. (%) | Farm (%) | Age 55+ (%) | Receives Soc. Sec. (%) | African Amer. (%) | Hispanic Amer. (%) | Asian Amer. (%) |
|---|---|---|---|---|---|---|---|---|---|---|---|---|---|
| Wyoming | 32,724 | 18 | 2 | 26 | 14 | 66 | 6 | 14 | 18 | 23 | 1 | 6 | 1 |
| 1 | 29,542 | 13 | 2 | 20 | 15 | 50 | 6 | 29 | 23 | 30 | 0 | 1 | 0 |
| 2 | 30,559 | 14 | 2 | 18 | 12 | 60 | 6 | 22 | 20 | 25 | 0 | 7 | 0 |
| 3 | 27,454 | 12 | 1 | 21 | 11 | 64 | 5 | 20 | 25 | 31 | 0 | 6 | 0 |
| 4 | 39,215 | 25 | 3 | 33 | 12 | 71 | 15 | 2 | 22 | 23 | 2 | 6 | 1 |
| 5 | 38,406 | 25 | 3 | 38 | 9 | 71 | 19 | 1 | 16 | 21 | 5 | 5 | 2 |
| 6 | 34,192 | 20 | 1 | 28 | 12 | 70 | 12 | 6 | 14 | 16 | 2 | 6 | 1 |
| 7 | 28,287 | 12 | 0 | 23 | 15 | 69 | 13 | 3 | 21 | 27 | 2 | 10 | 1 |
| 8 | 25,017 | 11 | 1 | 19 | 15 | 72 | 11 | 2 | 16 | 21 | 5 | 22 | 1 |
| 9 | 24,063 | 8 | 1 | 41 | 11 | 84 | 2 | 2 | 13 | 17 | 1 | 8 | 2 |
| 10 | 34,787 | 21 | 3 | 47 | 10 | 80 | 5 | 5 | 13 | 18 | 1 | 5 | 2 |
| 11 | 30,481 | 17 | 1 | 21 | 15 | 58 | 10 | 18 | 18 | 24 | 0 | 12 | 0 |
| 12 | 36,917 | 23 | 3 | 20 | 14 | 64 | 4 | 18 | 18 | 22 | 1 | 10 | 1 |
| 13 | 39,255 | 25 | 2 | 21 | 15 | 63 | 3 | 19 | 14 | 19 | 1 | 10 | 1 |
| 14 | 39,961 | 28 | 2 | 21 | 18 | 53 | 5 | 24 | 8 | 11 | 0 | 7 | 0 |
| 15 | 38,204 | 23 | 3 | 21 | 14 | 62 | 5 | 19 | 11 | 15 | 0 | 5 | 0 |
| 16 | 32,344 | 17 | 1 | 22 | 18 | 55 | 4 | 23 | 17 | 23 | 0 | 2 | 0 |
| 17 | 39,226 | 20 | 4 | 34 | 21 | 64 | 5 | 9 | 17 | 17 | 0 | 1 | 0 |
| 18 | 33,041 | 17 | 3 | 26 | 17 | 61 | 6 | 17 | 21 | 28 | 0 | 2 | 0 |
| 19 | 26,580 | 9 | 1 | 23 | 14 | 64 | 4 | 19 | 25 | 31 | 0 | 6 | 0 |
| 20 | 28,751 | 11 | 2 | 23 | 14 | 63 | 5 | 18 | 26 | 33 | 0 | 6 | 0 |
| 21 | 30,937 | 14 | 2 | 25 | 14 | 70 | 3 | 13 | 24 | 32 | 0 | 2 | 0 |
| 22 | 29,945 | 15 | 2 | 25 | 13 | 66 | 4 | 17 | 26 | 31 | 0 | 2 | 0 |
| 23 | 42,819 | 34 | 3 | 22 | 8 | 57 | 3 | 32 | 7 | 7 | 0 | 3 | 0 |
| 24 | 36,362 | 25 | 2 | 25 | 8 | 65 | 4 | 23 | 11 | 13 | 0 | 3 | 0 |
| 25 | 26,562 | 12 | 1 | 23 | 11 | 68 | 9 | 12 | 20 | 26 | 0 | 3 | 0 |
| 26 | 27,472 | 13 | 2 | 22 | 19 | 65 | 5 | 11 | 21 | 28 | 0 | 5 | 0 |
| 27 | 35,809 | 21 | 3 | 35 | 14 | 72 | 6 | 9 | 15 | 18 | 1 | 3 | 1 |
| 28 | 30,060 | 13 | 2 | 30 | 13 | 75 | 5 | 6 | 25 | 30 | 1 | 5 | 1 |
| 29 | 35,773 | 20 | 3 | 31 | 14 | 71 | 6 | 9 | 22 | 24 | 0 | 3 | 0 |
| 30 | 31,318 | 16 | 2 | 18 | 16 | 65 | 5 | 14 | 16 | 20 | 1 | 4 | 0 |

# WYOMING
## State House Districts

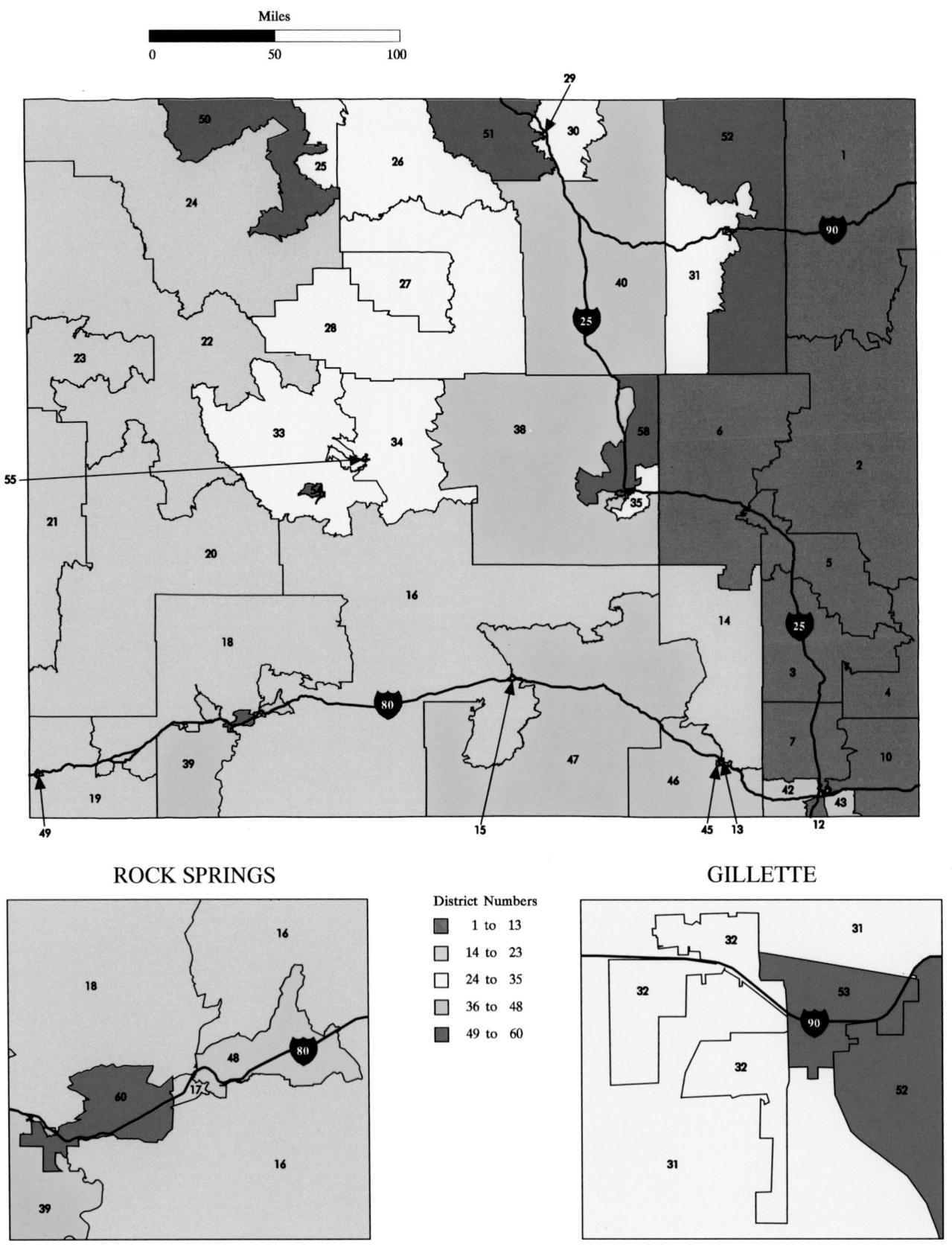

Miles

0    50    100

ROCK SPRINGS

GILLETTE

**District Numbers**

1 to 13
14 to 23
24 to 35
36 to 48
49 to 60

# CHEYENNE
## State House Districts

# CASPER
## State House Districts

# Wyoming State House Districts: Demographic Data

| House District | Household Income Avg. ($) | > $50K (%) | >$100K (%) | College Educ. (%) | Manf. (%) | Service (%) | Govt. (%) | Farm (%) | Age 55+ (%) | Receives Soc. Sec. (%) | African Amer. (%) | Hispanic Amer. (%) | Asian Amer. (%) |
|---|---|---|---|---|---|---|---|---|---|---|---|---|---|
| Wyoming | 32,724 | 18 | 2 | 26 | 14 | 66 | 6 | 14 | 18 | 23 | 1 | 6 | 1 |
| 1 | 28,279 | 12 | 1 | 21 | 15 | 50 | 4 | 30 | 21 | 29 | 0 | 1 | 0 |
| 2 | 30,974 | 15 | 3 | 18 | 14 | 50 | 8 | 28 | 25 | 31 | 0 | 2 | 0 |
| 3 | 27,775 | 12 | 1 | 19 | 9 | 64 | 5 | 22 | 24 | 32 | 0 | 8 | 0 |
| 4 | 27,095 | 13 | 1 | 24 | 14 | 63 | 6 | 17 | 27 | 31 | 0 | 5 | 0 |
| 5 | 30,107 | 12 | 3 | 18 | 12 | 64 | 7 | 18 | 23 | 30 | 0 | 8 | 0 |
| 6 | 31,150 | 16 | 2 | 19 | 12 | 55 | 5 | 28 | 15 | 18 | 0 | 6 | 0 |
| 7 | 44,504 | 32 | 5 | 39 | 12 | 70 | 15 | 2 | 19 | 20 | 2 | 5 | 1 |
| 8 | 38,974 | 25 | 3 | 40 | 8 | 72 | 19 | 1 | 24 | 28 | 2 | 5 | 1 |
| 9 | 32,290 | 16 | 1 | 30 | 9 | 76 | 14 | 1 | 9 | 9 | 4 | 7 | 1 |
| 10 | 35,153 | 22 | 1 | 27 | 14 | 67 | 12 | 8 | 17 | 19 | 1 | 6 | 1 |
| 11 | 27,745 | 12 | 0 | 24 | 15 | 69 | 13 | 2 | 25 | 31 | 2 | 10 | 1 |
| 12 | 29,225 | 15 | 1 | 20 | 15 | 72 | 12 | 1 | 11 | 13 | 4 | 16 | 1 |
| 13 | 26,410 | 12 | 1 | 49 | 10 | 85 | 2 | 2 | 14 | 17 | 1 | 6 | 2 |
| 14 | 32,018 | 21 | 2 | 58 | 7 | 82 | 6 | 5 | 7 | 10 | 1 | 4 | 3 |
| 15 | 29,530 | 15 | 1 | 20 | 12 | 68 | 14 | 7 | 18 | 27 | 1 | 21 | 0 |
| 16 | 35,213 | 23 | 2 | 19 | 14 | 62 | 5 | 19 | 16 | 19 | 1 | 11 | 1 |
| 17 | 39,663 | 27 | 1 | 23 | 13 | 66 | 3 | 19 | 13 | 17 | 1 | 8 | 1 |
| 18 | 40,105 | 26 | 1 | 18 | 16 | 55 | 4 | 25 | 9 | 10 | 0 | 5 | 0 |
| 19 | 35,063 | 22 | 2 | 19 | 16 | 60 | 5 | 19 | 11 | 12 | 0 | 5 | 1 |
| 20 | 36,027 | 22 | 1 | 21 | 14 | 53 | 5 | 28 | 15 | 20 | 0 | 2 | 0 |
| 21 | 28,105 | 11 | 1 | 22 | 22 | 57 | 4 | 18 | 18 | 27 | 0 | 1 | 0 |
| 22 | 35,088 | 18 | 4 | 30 | 20 | 60 | 6 | 14 | 19 | 19 | 0 | 1 | 0 |
| 23 | 43,133 | 22 | 4 | 37 | 22 | 68 | 5 | 5 | 15 | 15 | 0 | 2 | 0 |
| 24 | 36,132 | 18 | 4 | 29 | 19 | 59 | 6 | 15 | 22 | 28 | 0 | 2 | 0 |
| 25 | 27,373 | 10 | 1 | 27 | 11 | 70 | 2 | 16 | 23 | 27 | 0 | 7 | 1 |
| 26 | 25,920 | 9 | 1 | 19 | 16 | 58 | 5 | 21 | 26 | 34 | 0 | 6 | 0 |
| 27 | 30,105 | 10 | 2 | 24 | 18 | 63 | 6 | 13 | 23 | 29 | 0 | 10 | 1 |
| 28 | 27,510 | 12 | 2 | 22 | 11 | 64 | 3 | 22 | 30 | 36 | 0 | 2 | 0 |
| 29 | 26,045 | 9 | 1 | 19 | 14 | 74 | 3 | 9 | 23 | 34 | 0 | 2 | 1 |
| 30 | 31,292 | 16 | 2 | 25 | 13 | 71 | 3 | 13 | 24 | 31 | 0 | 2 | 0 |
| 31 | 41,668 | 32 | 2 | 25 | 9 | 62 | 3 | 26 | 8 | 7 | 0 | 3 | 0 |
| 32 | 44,826 | 38 | 1 | 30 | 8 | 58 | 4 | 31 | 7 | 10 | 0 | 3 | 0 |
| 33 | 25,427 | 11 | 1 | 19 | 12 | 60 | 10 | 18 | 17 | 21 | 0 | 3 | 0 |
| 34 | 28,325 | 14 | 2 | 20 | 19 | 62 | 5 | 14 | 18 | 24 | 0 | 5 | 0 |
| 35 | 39,394 | 25 | 4 | 41 | 14 | 70 | 7 | 9 | 12 | 15 | 1 | 2 | 1 |
| 36 | 31,555 | 17 | 2 | 28 | 13 | 75 | 4 | 8 | 19 | 21 | 1 | 4 | 1 |
| 37 | 45,291 | 30 | 6 | 39 | 11 | 74 | 5 | 10 | 19 | 20 | 0 | 2 | 0 |
| 38 | 35,993 | 20 | 3 | 24 | 15 | 63 | 6 | 16 | 15 | 14 | 0 | 2 | 0 |
| 39 | 39,824 | 30 | 2 | 25 | 20 | 52 | 6 | 22 | 7 | 11 | 0 | 9 | 1 |
| 40 | 28,543 | 13 | 2 | 25 | 13 | 61 | 5 | 20 | 27 | 31 | 0 | 1 | 0 |
| 41 | 32,494 | 16 | 1 | 26 | 11 | 73 | 14 | 3 | 28 | 27 | 2 | 7 | 1 |
| 42 | 37,512 | 24 | 3 | 34 | 10 | 69 | 19 | 2 | 8 | 11 | 8 | 5 | 2 |
| 43 | 29,090 | 13 | 0 | 21 | 15 | 69 | 13 | 4 | 16 | 22 | 2 | 11 | 1 |
| 44 | 21,747 | 7 | 1 | 19 | 15 | 73 | 10 | 2 | 21 | 28 | 7 | 29 | 1 |
| 45 | 21,950 | 5 | 1 | 33 | 12 | 83 | 2 | 3 | 13 | 17 | 1 | 11 | 2 |
| 46 | 36,831 | 21 | 3 | 40 | 11 | 79 | 4 | 6 | 19 | 24 | 1 | 6 | 1 |
| 47 | 31,224 | 18 | 1 | 23 | 17 | 51 | 7 | 26 | 18 | 22 | 0 | 6 | 1 |
| 48 | 39,994 | 23 | 3 | 22 | 13 | 68 | 3 | 16 | 23 | 28 | 2 | 7 | 1 |
| 49 | 43,502 | 24 | 4 | 23 | 12 | 65 | 5 | 19 | 10 | 20 | 0 | 4 | 0 |
| 50 | 30,435 | 15 | 2 | 24 | 15 | 62 | 5 | 18 | 21 | 27 | 0 | 3 | 0 |

# Wyoming State House Districts:  Demographic Data (cont.)

| House District | Household Income Avg. ($) | > $50K (%) | >$100K (%) | College Educ. (%) | Manf. (%) | Employment Type Service (%) | Govt. (%) | Farm (%) | Age 55+ (%) | Receives Soc. Sec. (%) | African Amer. (%) | Hispanic Amer. (%) | Asian Amer. (%) |
|---|---|---|---|---|---|---|---|---|---|---|---|---|---|
| Wyoming | 32,724 | 18 | 2 | 26 | 14 | 66 | 6 | 14 | 18 | 23 | 1 | 6 | 1 |
| 51 | 35,976 | 19 | 4 | 30 | 13 | 67 | 3 | 17 | 24 | 30 | 0 | 2 | 0 |
| 52 | 44,086 | 36 | 4 | 20 | 7 | 51 | 4 | 38 | 7 | 7 | 0 | 3 | 0 |
| 53 | 32,555 | 20 | 2 | 22 | 8 | 70 | 4 | 19 | 13 | 14 | 0 | 3 | 0 |
| 54 | 27,708 | 13 | 0 | 29 | 10 | 76 | 8 | 7 | 23 | 32 | 0 | 2 | 0 |
| 55 | 26,165 | 11 | 2 | 24 | 18 | 70 | 5 | 7 | 25 | 33 | 0 | 6 | 0 |
| 56 | 27,940 | 10 | 2 | 28 | 15 | 73 | 6 | 6 | 28 | 34 | 1 | 5 | 0 |
| 57 | 33,338 | 18 | 2 | 32 | 12 | 78 | 5 | 6 | 21 | 25 | 1 | 4 | 1 |
| 58 | 26,347 | 12 | 2 | 12 | 17 | 68 | 4 | 11 | 17 | 26 | 1 | 5 | 0 |
| 59 | 27,095 | 10 | 1 | 22 | 17 | 68 | 8 | 7 | 25 | 28 | 0 | 4 | 0 |
| 60 | 38,757 | 24 | 2 | 18 | 19 | 58 | 4 | 19 | 14 | 21 | 1 | 13 | 0 |